Hans-Michael Miedlig
Am Rande der Gesellschaft im Frühstalinismus

Herrn Köpken im Andenken an die Konferenz 28.29/3 in Göttingen überreicht von

H Michael Miedlig

Quellen und Studien zur Geschichte des östlichen Europa

Begründet von Manfred Hellmann,
weitergeführt von Erwin Oberländer
und Helmut Altrichter,
in Verbindung mit dem Vorstand des
Verbandes der Osteuropahistoriker e.V.
herausgegeben von Dittmar Dahlmann

Band 64

Hans-Michael Miedlig

Am Rande der Gesellschaft im Frühstalinismus

Die Verfolgung der Personen ohne Wahlrecht
in den Städten des Moskauer Gebiets
1928–1934

Franz Steiner Verlag 2004

Bibliografische Information der Deutschen Bibliothek
Die Deutsche Bibliothek verzeichnet diese Publikation in der Deutschen Nationalbibliografie; detaillierte bibliografische Daten sind im Internet über <http://dnb.ddb.de> abrufbar.

ISBN 3-515-08572-6

ISO 9706

Gedruckt auf säurefreiem, alterungsbeständigen Papier.
 Druck: Printservice Decker & Bokor, München
Printed in Germany

Inhalt

VORWORT

Die Personen ohne Anrecht auf Ausübung ihres Wahlrechts waren mit ihrem Stigma eines aus dem vergangenen Regime überkommenen bourgeoisen „Klassenfeindes“ in der frühen Sowjetunion der 20er bis zur Mitte der 30er Jahre eine politisch zunehmend diskriminierte und an den Rand der sozialistischen Gesellschaft gedrängte Bevölkerungsgruppe. Die Art und Weise ihrer gezielten Verfolgung durch Partei und Staat gerade im städtischen Milieu unter den besonderen, herrschaftskrisenartigen Bedingungen des Stalinschen „Großen Umbruchs“ 1928/ 1929ff. bis hin zum 2. Fünfjahrplan unter die Lupe zu nehmen, erscheint nicht zuletzt vor dem Hintergrund nur sehr weniger Vorarbeiten schon als ein a priori lohnendes Unterfangen. Die tatsächlich angestellten Forschungen in Moskau, in erster Linie im „Staatlichen Archiv des Moskauer Gebiets“, ferner im „Staatsarchiv der Russischen Föderation“, im Archiv des FSB, auch im ehemaligen Zentralen Parteiarchiv (heute „Russisches Zentrum zur Aufbewahrung und Studium von Dokumenten der neuesten Geschichte“) in den Jahren 1995 bis 1997 sollten eine solche Erwartung allerdings nicht nur bestätigen. Sie erbrachten vielmehr eine so nicht erwartete wahre Materialflut. Die vorliegende Studie stellt das Produkt intensiver Forschungen auf der Grundlage dieser brisanten Quellen dar, die zu einem großen Teil infolge ihrer strikten Geheimhaltung vorher noch kein Wissenschaftler einsehen konnte.

Danken möchte ich den Mitarbeitern in den genannten Archiven, die mich in den meisten Fällen problemlos mit den gewünschten Faszikeln versorgten und mir auch das Recht gewährten, Kopien in größerer Zahl anfertigen zu lassen. Großer Dank gilt auch meiner Gastgeberin und Freundin Prof. Dr. Natal'ja Viktorovna Ščerban' (ehemals tätig an der Lomonosov-Universität), die das Unternehmen vor Ort mit ihrem fachkundigen Rat begleitete und bei der Interpretation schwer lesbarer Handschriften eine unschätzbare Hilfe war. Ferner gilt mein Dank Herrn Prof. Dr. Karl-Heinz Schlarp (TU Dresden) für seine freundliche Unterstützung, Prof. Dr. Dietmar Neutatz (Freiburg) für wertvolle Tips und nicht zuletzt dem Franz Steiner Verlag und den Herausgebern der Reihe „Quellen und Studien zur Geschichte des östlichen Europas“, hier besonders Herrn Prof. Dr. Ludwig Steindorff, für die Aufnahme des Buches in die genannte Serie. Ich danke auch der Deutschen Forschungsgemeinschaft für die Gewährung eines Forschungsstipendiums über 2½ Jahre, ohne das die Entstehung der Studie nicht möglich gewesen wäre. Ganz besonderer Dank gilt meiner Frau, die meine lange Abwesenheit von der Familie nicht nur akzeptierte, sondern mich in jeder Hinsicht unterstützte und stärkte. Ihr soll dieser Band gewidmet sein.

Göttingen, im März 2004 Hans-Michael Miedlig

Abkürzungsverzeichnis*

Adm. otdel	Administrativnyj otdel / Administrative Abteilung
AO	Administrativnyj Otdel / Administrative Abteilung
APPO	Agitacionno-propagandistskij Otdel / Agitations- und Propagandaabteilung
Art.	Artikel (hier: in Nachschlagewerken und Gesetzestexten)
ASEER	„The American Slavic and East European Review“
avt. resp.	avtonomnaja respublika / Autonome Republik
bes.	besonders
BSĖ	„Bol’šaja Sovetskaja Ėnciklopedija“ / „Große sowjetische Enzyklopädie“
BŽ	Bjuro Žalob / Klagebüro
CAFSB	Central’nyj Archiv Federal’noj Služby Bezopasnosti / Zentrales Archiv des föderalen Sicherheitsdienstes
CGAMO	Central’nyj Gosudarstvennyj Archiv Moskovskoj Oblasti / Zentrales staatliches Archiv des Moskauer Gebiets
CIK	Central’nyj Ispolnitel’nyj Komitet / Zentrales Vollzugskomitee der UdSSR
CK	Central’nyj Komitet (VKP/b) / Zentralkomitee (ZK) der Partei
CRK	Central’nyj Rabočij Kooperativ / Zentrale Arbeiterkooperative
d.	delo (hier: archival. Ordnungseinheit, Faszikel)
Dep.	Deputat(y) / Deputierter/te (eines Rats)
ders.	derselbe

*Groß- und Kleinschreibung der russischen Abkürzungen und Begriffe richtet sich jeweils nach der Form des im Text genannten Originalzitats.

dies.	dieselbe
Dok.	Dokument
DVK	Dal'ne-Vostočnyj Kraj / Fernostprovinz
EAS	„Europe-Asia Studies"
Einw.	Einwohner
ĖKO	„Ėkonomika i Organizacija Promyšlennogo Proizvodstva" / „Wirtschaft und Organisation der industriellen Produktion"
Erg.	Ergänzung
Erl.	Erläuterung
F./f.	fond (Fonds, Ordnungsbezeichnung für Dokumentensammlungen)
Fr.	Frakcija / Fraktion (der Partei in einem Vollzugskomitee, Rat oder einer gesellschaftl. Organisation)
FZK	Fabrično-zavodskij Komitet / Fabrikgewerkschaftskomitee
GARF	Gosudarstvennyj Archiv Rossijskoj Federacii / Staatliches Archiv der Russischen Föderation
GKK	Glavnaja Kassacionaja Kollegija (Verchovnogo Suda) / Hauptkassationskollegium (des Obersten Gerichts)
GO	Gorodskoe Otdelenie / Stadtabteilung
Gorkomchoz	Gorodskoe Kommunal'noe Chozjajstvo / Städtische Kommunalwirtschaft
Gorkomissija	Gorodskaja komissija / Stadtkommission
Gorrajispolkom	Gorodskoj i rajonnyj ispolnitel'nyj komitet / Stadt- und Kreisvollzugskomitee
Gorrajprofsovet	Gorodskoj i rajonnyj professional'nyj sovet / Stadt- und Kreisgewerkschaftsrat
gub.	gubernija / Gouvernement

GUKCh	Glavnoe Upravlenie Kommunal'nogo Chozjajstva / Hauptverwaltung für Kommunalwirtschaft (beim NKVD)
HZ	„Historische Zeitschrift“
ibid.	ibidem
IS	„Istorija SSSR“ / „Geschichte der UdSSR“
IVUZ	„Izvestija Vysšich Učebnych Zavedenij“ / „Nachrichten der höheren Lehranstalten“
JbfGO	„Jahrbücher für Geschichte Osteuropas“
JMH	„Journal of Modern History“
jurbjuro	juridičeskij bjuro / Justizbüro
Kap.	Kapitel
KGB	Komitet Gosudarstvennoj Bezopasnosti / Komitee für Staatssicherheit
KK	Kontrol'naja Komissija / Kontrollkommission
kommun.	kommunal'nyj / kommunal
Koopbjuro	Kooperativnyj bjuro / Kooperativbüro
l./ll.	list/listy / Blatt/Blätter (hier: bei Archivfaszikeln)
Lavkom	Lavočnyj komitet / Verkaufsstellenkomitee
Lespromchoz	Lesovodčeskoe promyšlennoe chozjajstvo / Forstindustrielle Wirtschaft
MFO	Moskovskij Finansovyj Otdel / Moskauer Finanzabteilung (bis 1931 für Stadt *und* Gebiet Moskau zuständig)
MGB	Ministerstvo Gosudarstvennoj Bezopasnosti / Ministerium für Staatssicherheit
MGK	Moskovskij Gorodskoj Komitet / Moskauer Stadtparteikomitee (ab 1931)
MGSPS	Moskovskij Gubernskij Sojuz Professional'nych Sojuzov /

	Moskauer Gouvernementsgewerkschaftsunion
MK	Moskovskij Komitet (VKP/b) / Moskauer Parteikomitee (bis 1931 Stadt- *und* Gebietsparteikomitee)
MKK	Moskovskaja Kontrol'naja Komissija / Moskauer Kontrollkommission (bis 1931 zuständig für Stadt *und* Gebiet Moskau)
MKZ	Moskovskaja Kollegija Zaščitnikov / Moskauer Verteidigerkollegium (bis 1931 für Stadt *und* Gebiet Moskau zuständig)
MO	Moskovskaja oblast' / Moskauer Gebiet
MOFO	Moskovskij Oblastnoj Finansovyj Otdel / Moskauer Gebietsfinanzabteilung
MOIK	Moskovskij Oblastnoj Ispolnitel'nyj Komitet / Moskauer Gebietsvollzugskomitee (bis 1931 auch für die Stadt Moskau zuständig)
MOK	Moskovskij Oblastnoj Komitet / Moskauer Gebietskomitee (der Partei)
MOKK	Moskovskaja Oblastnaja Kontrol'naja Komissija / Moskauer Gebietskontrollkommission
MOKO	Moskovskij Oblastnoj Kommunal'nyj Otdel / Moskauer Gebietskommunalabteilung
MONO	Moskovskij (Oblastnoj) Otdel Narodnogo Obrazovanija / Moskauer (Gebiets-)Abteilung für Volksbildung
Mos. bzw. M.	Moskovskij / Moskauer
Mosoblispolkom	Moskovskij Oblastnoj Ispolnitel'nyj Komitet / Moskauer Gebietsvollzugskomitee

Mosobltorgotdel	Moskovskij Oblastnoj Torgovyj Otdel / Moskauer Gebietshandelsabteilung
MOSPO	Moskovskij Oblastnoj Sojuz Potrebitel'skich Obščestv / Moskauer Gebietsunion der Verbrauchergesellschaften
Mossel'prom	Moskovskaja sel'skochozjajstvennaja promyšlennost' / Moskauer landwirtschaftliche Industrie
Mossovet	Moskovskij Sovet / Moskauer Rat (bis 1931 zuständig für Stadt *und* Gebiet Moskau)
Mostorg (otdel)	Moskovskaja torgovlja bzw. Moskovskij torgovyj otdel / Staatliche Moskauer Handelsbehörde bzw. -abteilung
MOUNI	Moskovskoe Oblastnoe Upravlenie Nedvižimych Imuščestv / Moskauer Gebietsverwaltung für unbewegliche Besitztümer
MSNCh	Moskovskij Sovet Narodnogo Chozjajstva / Moskauer Volkswirtschaftsrat
MTS	Mašinno-traktornaja Stancija / Maschinen-Traktoren-Station
MUNI	Moskovskoe Upravlenie Nedvižimych Imuščestv / Moskauer Verwaltung für unbewegliche Besitztümer (bis 1931 auch für das Moskauer Gebiet zuständig)
MVD	Ministerstvo Vnutrennych Del / Ministerium für Innere Angelegenheiten
MVO	Moskovskij Vocnnyj Okrug / Moskauer Militärbezirk
MŽ	„Moskovskij Žurnal" / „Moskauer Journal"
Nalog. Upr.	Nalogovoe Upravlenie / Steuerverwaltung

ERRATA

Seite	**Absatz**	**Zeile**	**Wort**	**muß heißen**
167	1	26	ver-fügte	verfügte
291	2	2/3	Ausquar- .tierung	Ausquar- tierung
291	2	4/5	vom 8. April bis	vom 8.April 1929 bis
388	2	13/14	gesetz-- lichen	gesetz- lichen

NĖP	Novaja Ėkonomičeskaja Politika / Neue Ökonomische Politik
NKF	Narodnyj Komissariat Finansov / Volkskommissariat für Finanzen
NKGB	Narodnyj Komissariat Gosudarstvennoj Bezopasnosti / Volkskommissariat für Staatssicherheit
NKJu / NKJust	Narodnyj Komissariat Justicii / Volkskommissariat für Justiz
NKTorg	Narodnyj Komissariat Torgovli / Volkskommissariat für Handel
NKVD	Narodnyj Komissariat Vnutrennych Del / Volkskommissariat für innere Angelegenheiten
Oblispolkom	Oblastnoj Ispolnitel'nyj Komitet / Gebietsvollzugskomitee
Oblprokuratura	Oblastnaja prokuratura / Gebietsstaatsanwaltschaft
Oblsud	Oblastnoj sud / Gebietsgericht
(O)GPU	(Osoboe) Gosudarstvenoe Političeskoe Upravlenie / (Besondere) Staatliche Politische Verwaltung
OI	„Otečestvennaja Istorija" / „Vaterländische Geschichte"
OK	Okružnoj Komitet / Bezirkskomitee (der Partei)
OKCh	Otdel Kommunal'nogo Chozjajstva / Abteilung für Kommunalwirtschaft
OKK	Okružnaja Kontrol'naja Komissija / Bezirkskontrollkommission
OkrFO	Okružnoj Finansovyj Otdel / Bezirksfinanzabteilung
OKRIK	Okružnoj Ispolnitel'nyj Komitet / Bezirksvollzugskomitee
okrispolkom	okružnoj ispolnitel'nyj komitet / Bezirksvollzugskomitee

Okrkomchoz	Okružnoe Kommunal'noe Chozjajstvo / Bezirkskommunalwirtschaft
Okrprofsojuz	Okružnoj Professional'nyj Sojuz / Bezirksgewerkschaftsunion
Okr. Torgotdel	Okružnoj Torgovyj Otdel / Bezirkshandelsabteilung
OMCh	Otdel Mestnogo Chozjajstva / Abteilung für örtliche Wirtschaft
OO	Osobyj Otdel / Besondere Abteilung (beim OGPU)
op.	opis' / „Beschreibung" (hier: archival. Ordnungseinheit)
operupolnom.	operupolnomočennyj / Oberbevollmächtigter (des OGPU /NKVD)
Orgbjuro	Organizacionnyj bjuro / Organisationsbüro
Pom.	Pomoščnik / hier: Stellvertreter eines Dienststellen- oder Behördenleiters
(P)/ONI	(Pod-)Otdel Nedvižimych Imuščestv / (Unter-)Abteilung für unbewegliche Besitztümer
Pos.	Position
post	postanovlenie / Verordnung
PP	Polnomočnyj Predstavitel' / Bevollmächtigter Vertreter (des OGPU)
prez.	prezidium / Präsidium
Rab.	Rabočij / Arbeiter
raj. adm. otdel	rajonnyj administrativnyj otdel / Kreisadministrativabteilung
rajispolkom	rajonnyj ispolnitel'nyj komitet / Krcisvollzugskomitee
Rajpo	Rajonnoe Potrebitel'skoe Obščestvo / Kreisverbrauchergesellschaft
RAO	Rajonnyj Administrativnyj Otdel / Kreisadministrativabteilung

RCChIDNI	Rossijskij Centr Chranenija i Izučenija Dokumentov Novejšej Istorii / Russisches Zentrum für die Aufbewahrung und das Studium von Dokumenten der neuesten Geschichte
RH	„Russian History“
RIK	Rajonnyj Ispolnitel'nyj Komitet / Kreisvollzugskomitee
RK	Rajonnyj Komitet / Kreiskomitee (der Partei)
(Sovet) RK i KD	(Sovet) Rabočich, Krest'janskich i Krasnoarmejskich Deputatov / (Rat) der Arbeiter-, Bauern- und Rotarmeedeputierten
RKI	Raboče-krest'janskaja Inspekcija / Arbeiter- und Bauerninspektion
RKKA	Raboče-krest'janskaja Krasnaja Armija / Rote Arbeiter- und Bauernarmee
RKM	Raboče-krest'janskaja Milicija / Arbeiter- und Bauernmiliz
RR	„Russian Review“
RS	„Russian Studies“
RSFSR	Rossijskaja Socialističeskaja Federativnaja Sovetskaja Respublika / Russische sozialistische Föderative Sowjetrepublik
RUM	Rajonnoe Upravlenie Milicii / Kreisverwaltung der Miliz
RUNI	Rajonnoe Upravlenie Nedvižimych Imuščestv / Kreisverwaltung für unbewegliche Besitztümer
RŽSKT	Rabočee žiliščno-stroitel'no-kooperativnoe tovariščestvo / Arbeiterwohnungsbaukooperativgenossenschaft
SCRK	Serpuchovskij Central'nyj Rabočij Kooperativ / Serpu-

	chover Zentrale Arbeiterkooperative
SH	„Social History“
SI	„Sociologičeskie issledovanija“ / „Soziologische Forschungen“
SNK	Sovet Narodnych Komissarov / Rat der Volkskommissare
SPO (OGPU)	Special'nyj Otdel (OGPU) / Spezialabteilung (des OGPU)
SR	„Slavic Review“
SS	„Soviet Studies“
st.	stat'ja / hier: Paragraph (in Gesetzestexten)
SU	Sobranie Uzakonenij i Rasporjaženij Raboče-krest'janskogo Pravitel'stva RSFSR / Sammlung von Gesetzen und Verfügungen der Arbeiter- und Bauernregierung der RSFSR
SZ	Sobranie Zakonov i Rasporjaženij Raboče-krest'janskogo Pravitel'stva SSSR / Sammlung von Gesetzen und Verfügungen der Arbeiter- und Bauernregierung der UdSSR
T.	Tom / Band
tov.	tovarišč / Genosse
TPO	Tovariščeskoe Potrebitel'skoe Obščestvo / Genossenschaftliche Verbrauchergesellschaft
UdSSR	Union der Sozialistischen Sowjetrepubliken
UGB	Upravlenie Gosudarstvennoj Bezopastnosti / Verwaltung für Staatssicherheit
UIK	Uezdnyj Ispolnitel'nyj Komitet / Kreisvollzugskomitee
UITU	Upravlenie Ispravitel'no-trudovych Učreždenij / Verwaltung der Besserungs- und Arbeitseinrichtungen
UK	Uezdnyj Komitet (VKP/b) / Kreiskomitee (der Partei)

UO	Uezdnyj Otdel / Kreisabteilung (der Partei)
UPB	Uezdnyj Professional'nyj Bjuro / Kreisgewerkschaftsbüro
VCIK	Vserossijskij Central'nyj Ispolnitel'nyj Komitet / Allrussisches Zentrales Vollzugskomitee
VČK	Vserossijskaja Črezvyčajnaja Komissija / Allrussische Außerordentliche Kommission
VCSPS	Verchovnyj Central'nyj Sojuz Professional'nych Sojuzov / Oberste Zentrale Gewerkschaftsunion
VI	„Voprosy Istorii" / „Fragen zur Geschichte"
vnutr.	vnutrennij/-njaja/-nee / innerer/-re/-res
vyp.	vypusk / Folge, Lieferung (Bandbezeichnung eines mehrteiligen Werks)
VKP/b	Vsesojuznaja Kommunističeskaja Partija (bol'ševikov) / Allunionspartei der Kommunisten (Bolschewiken)
ŽAKT	Žiliščno-arendno-kooperativnoe tovariščestvo / Wohnungspachtkooperativgenossenschaft
zav.	zavedujuščij / Leiter (einer Behörde oder Abteilung)
ZKK	Zentrale Kontrollkommission (der Partei)
ŽMP	„Žurnal Moskovskoj Patriarchii" / „Zeitschrift des Moskauer Patriarchats"

1. EINLEITUNG

1.1. GEGENSTAND UND METHODE

Ziel der vorliegenden Studie ist es, am Beispiel der Verfolgung der Personen ohne Anspruch auf Ausübung ihres Wahlrechts (russ. *lišency*[1]) innerhalb eines klar eingegrenzten Territoriums die faktische Durchsetzungsmöglichkeit der politischen Repressionsgebote der Zeit des Stalinschen „Großen Umbruchs“ (*velikij perelom* bzw. *velikij povorot*)[2] oder auch „großen Aufbaus“ (*velikoe stroitel'stvo*[3]) 1929ff. in einzelnen exemplarischen Städten zu bestimmen. Bei dieser politischen Wende geht es um die vielzitierte zentral verordnete, nicht nur politische, sondern auch wirtschaftliche und kulturelle[4] „zweite Revolution“[5] während des von der Parteimehrheit im Politbüro nun angemahnten großen „sozialistischen Vormarschs“[6]. Die zu ermittelnden Befunde stehen keineswegs nur für sich: Sie sind in den Kontext einer schweren Staats- und Systemkrise einzuordnen, in die sich die Partei unter dem maßgeblichen Einfluß Stalins mit dem Ende der „Neuen Ökono-

---

[1]Vom russischen Verbum *lišit'* = berauben, entziehen.

[2]Der Begriff wurde von Stalin in seiner am 7. November 1929 in der *Pravda* erschienenen Schrift „Das Jahr des großen Umbruchs. Zum 12. Jahrestag des Oktober“ eingeführt, vgl. J.V. Stalin: *Werke*. Bd. 12, Berlin 1954, S. 105-120. Zur Übernahme dieses Etiketts in den zeitgenössischen Quellen sowie den jüngeren wie auch jüngsten einschlägigen russischen Darstellungen z.B. I.I. Šits: *Dnevnik „velikogo pereloma“ (mart 1928 - avgust 1931)*, Paris 1991; P.G. Černopitskij: *Na velikom perelome*, Rostov na donu 1965; A.K. Sokolov: *Lekcii po sovetskoj istorii 1917-1940*, Moskva 1995, S. 151ff.; G.A. Trukan: *Put' k totalitarizmu 1917-1929 gg.*, Moskva 1994, S. 146ff. u.a. Entsprechend in der westsprachlichen Literatur etwa Richard Sakwa: *Soviet Politics in Perspective*. 2. ed., London, New York 1998, S. 37.

[3]K. Bauman: *Polosa velikogo stroitel'stva. Doklad o rabote MK i Orgbjuro CK VKP(b) na I. Moskovskoj oblastnoj konferencii 16 sentjabrja 1929 g.*, Moskva 1929.

[4]Hierzu nach wie vor einschlägig der Sammelband *Cultural Revolution in Russia 1928-1931*. Ed. by Sheila Fitzpatrick, Columbia 1978, mit den Beiträgen von Sheila Fitzpatrick, Moshe Lewin, Gail Warshofsky Lapidus, Susan Gross Solomon u.a.

[5]So etwa Gottfried Schramm: Industrialisierung im Eiltempo und kollektivierte Landwirtschaft unter Stalin 1928/29-1941, in: *Handbuch der Geschichte Russlands. Band 3.II. 1856-1945. Von den autokratischen Reformen zum Sowjetstaat*, hrsg. von Gottfried Schramm unter Mitarbeit von Bernd Bonwetsch, Heiko Haumann u.a., Stuttgart 1992, S. 795; Robert C. Tucker: *Stalin in Power. The Revolution from above 1928-1941*, New York, London 1990, S. 69-90; s.a. Eugen Huskey: *Russian Lawyers and the Soviet State. The Origins and the Development of the Soviet Bar, 1917-1939*, Princeton 1986, S. 168 u.a.

[6]Zu diesem in allen wichtigen Parteibeschlüssen und Resolutionen dieser Zeit beschworenen großen Zielvorhaben sei hier exemplarisch genannt: *Obščestvo i vlast'. 1930-e gody. Povestvovanie v dokumentach,* Moskva 1998, S. 3-73. Zu den wirtschaftlichen und politischen Rahmenbedingungen, die diese „sozialistische Offensive“ gegen Ende der *NĖP* ermöglichten, vgl. auch die prägnante Zusammenfassung bei Hiroaki Kuromiya: *Stalin's Industrial Revolution. Politics and Workers 1928-1932*, Cambridge u.a. 1988, S. 21-23; s. hierzu auch Michal Reiman: The Forging of Stalin's Dictatorship, in: *The Stalin Revolution. Foundations of the Totalitarian Era*. Ed. by Robert V. Daniels, 3. ed., Massachusetts, Toronto 1990, S. 13-25.

mischen Politik“ (*NĖP*) im Gefolge der einschlägigen Beschlüsse des 15. Parteitags (Dezember 1927) und der wichtigen *ZK*-Plenen vom November 1928, April und November 1929[7] hineinmanövrierte[8]. In diesem Zusammenhang sollen auf der Grundlage der Ergebnisse empirischer Archivforschungen auch die von den lokalen Parteiführungen und Räten angewandten spezifischen Repressionsverfahren dargestellt werden. Stürzte die von der Politbüromehrheit um Stalin dem Land überhastet aufgezwungene „Revolution von oben“[9] den sozialistischen Staat gar in eine Krise der „Legitimation“ oder „Penetration“ im Sinne der bereits vor 30 Jahren von namhaften Vertretern der amerikanischen politischen Soziologie entwickelten Modelle krisenhafter Entwicklungen rasant modernisierender Gesellschaften bzw. Staaten[10]? Obwohl diese Konzepte im nachfolgenden wissenschaftlichen Diskurs von Vertretern der eigenen Fachwissenschaft stark kritisiert

[7]Zur Bedeutung dieser Beschlüsse vgl. die Ausführungen bei Manfred Hildermeier: *Geschichte der Sowjetunion 1917-1991. Entstehung und Niedergang des ersten sozialistischen Staates*, München 1998, S. 368-411. Die vorliegende Untersuchung wird auf die *lišency* in diesem Zusammenhang speziell eingehen.

[8]Zu den (sozio-)ökonomischen Aspekten der Krise, die der von Regime überstürzt verordnete Industrialisierungsschub und der starke Zustrom ungelernter, vor allem bäuerlicher Arbeitskräfte in die ohnehin überforderten Industriebetriebe verursachte, vgl. Kuromiya, S. 78ff., 288ff. Derselbe Autor verweist an anderer Stelle mit Recht darauf, daß es sich nicht nur um eine ökonomische, sondern auch politische Krise handele, ibid., S. 106.

[9]Die Verwendung dieses von Stalin selbst kanonisierten Begriffs ist in der Literatur noch gängiger als die Formel „zweite Revolution“, da gleichzeitig auf die *spezifische Art* dieser radikalen Wende verwiesen wird; s. mit gut abgesicherter Begründung Hildermeier, *Geschichte der Sowjetunion*, S. 367ff., ferner Martin McCauley: *Stalin and Stalinism*. 2. ed., London, New York 1995, S. 22; Sheila Fitz Patrick: Cultural Revolution as Class War, in: *Cultural Revolution in Russia*, S. 12 sowie Kuromiya, S. xvii.

[10]Vgl. die wichtigste Publikation dieser Forschungsrichtung: *Crises and Sequences in Political Development*, Princeton 1971 (= Studies in Political Development ; 7), mit Beiträgen von Leonard Binder, Joseph LaPalombara, Lucian W. Pye u.a. Die Autoren des Sammelbandes entwerfen fünf Krisen der politischen Entwicklung, nämlich solche der „Penetration“, „Distribution“, „Legitimation“, „Identität“ und „Partizipation“. Die erstgenannte Krise bezieht sich nach diesem Ansatz auf den Verlust wichtiger Bereiche der politischen Kontrolle eines Regimes über die Bevölkerung als Folge eines unzureichend beherrschten Verwaltungsapparats im Staat insgesamt oder nur in bestimmten Landesteilen. Dieses Problem der zentralstaatlichen *Penetration* wird dabei durch die (modernisierende) Politik der Regierenden selbst hervorgerufen. Die *Distributionskrise* ergibt sich aus dem seitens der regierenden Elite formulierten Ziel der schnellen ökonomischen Entwicklung mit breit verteiltem Wohlstand, insofern, als hier die entsprechend geweckte Erwartung bei einem Großteil der Bevölkerung hinsichtlich der schnellstmöglichen Erreichung dieses nun vergleichsweise hohen materiellen Lebensstandards vorerst dennoch nicht befriedigt werden kann. Die drei weiteren Krisentypen sind nach diesen Autoren durch die Entfremdung größerer Bevölkerungsteile bzw. einflußreicher gesellschaftlicher Gruppen von dem Regime gekennzeichnet. Dies sei mit dem Aufbau von Verweigerungshaltungen verbunden, als Ergebnis der Verletzung des bisher gültigen gesellschaftlichen Konsenses (bezogen auf grundlegende kulturelle Werte, das Gesetzessystem) durch die Politik der herrschenden Elite. Vgl. auch die in Anm. 13 zitierte Charakterisierung der Umbruchskrise in der Sowjetunion 1928/ 1929ff. von Hans-Henning Schröder, wo es um ebendiese Probleme geht!

wurden[11], haben gerade sie die weitere Forschung dennoch nicht unwesentlich beeinflußt[12]. Zudem hatte es sich gezeigt, daß zumindest einzelne ausgewählte Komponenten dieser Krisenmodelle, wie eben die genannten, durchaus operationabel sind. Gerade der Bezug auf nichtwestliche Staaten und Gesellschaften erwies sich als sinnvoll. Der Beweis dafür ist eine Fallstudie, die, wenn auch mit einem gewissen theoretischen Schematismus, in einem historischen Längsschnitt Rußland bzw. die Sowjetunion behandelt[13]. So soll in der hier vorgelegten Arbeit ohne Rückgriff auf obsolete methodische Raster u.a. überprüft werden, wie sich die beiden erwähnten Krisensyndrome der „Penetration" und „Legitimation" empirisch-konkret und in enger Verbindung mit neuen Forschungsansätzen auf die spezifischen frühstalinistischen Herrschafts- bzw. Verwaltungsprobleme des „großen Umbruchs" beziehen lassen. Es ist wichtig, zu betonen, daß damit keineswegs eine bloße Wiederbelebung der alten amerikanischen Forschungsparadigmen der *Political Development*-Forschung versucht werden soll.

Inwiefern tangierte der von Stalin lancierte „Große Umbruch" und die damit verbundene Regimekrise[14] auch das Verfolgungshandeln der örtlichen Partei- und Staatsbehörden, ja schränkte eine Verschärfung politisch motivierter Verfolgung ein oder verunmöglichte sie gar? Dabei geht es wesentlich um die Frage einer exemplarischen Klärung grundlegender *struktureller* Probleme im Zusammenspiel der städtischen Ratsbehörden untereinander sowie in Durchführung der von den

[11]So bemängelten Forscher bereits in den 70er Jahren z.B. eine (zu) starke Elitenbezogenheit des Ansatzes und auch eine einseitige Fixierung auf die Entwicklungsgeschichte der westlichen Industriestaaten, vgl. die Zusammenfassung der Kritik bei A.N. Somjee: *Development Theory: Critics and Explorations*, New York 1991, insbesondere S. 19-21.

[12]Vgl. ibid., S. 23.

[13]Vgl. Walter M. Pintner: Russia, in: *Crises of Political Development in Europe and the United States*. Ed. by Raymond Grew, Princeton 1978 (= Studies in Political Development ; 9), S. 347-382. Pintner sieht sowohl für das zaristische Rußland als auch für die Sowjetunion vor allem die „Penetrations"-, aber auch „Distributionskrisen" als wesentliche Kennzeichen der politischen Entwicklung an. Die Anwort auf diese Krisen, die sich während der 20er Jahre des 20. Jahrhunderts (*NĖP*-Phase) durch den Rückzug des sozialistischen Staates und der Partei aus wichtigen Sektoren, insbesondere der (Land)-Wirtschaft, und den damit verbundenen Verlust an obrigkeitlichen Lenkungskapazitäten ergeben hätten, sei „die neue Krise der Penetration-Distribution" im Verlauf des Umbruchs von 1929ff. gewesen. Letzterer war nach Pintner ein grundlegender Problemlösungsversuch. Vgl. ibid., S. 368, 379/80. Auf den Kontext einer Herrschaftskrise im Sinne derartiger Probleme verweist nicht zuletzt auch die folgende resümierende Gesamtbeurteilung der Situation des „Großen Umbruchs": „Verdichtung politischer Herrschaft, Verdichtung betrieblicher Herrschaft und Intensivierung administrativer Erfassung waren charakteristisch für das politische System, das sich in der Phase der forcierten Industrialisierung herausbildete. Es gab allerdings auch Gegenwirkungen. Große Teile der Arbeiterschaft und der Landbevölkerung verweigerten sich und unterliefen die intensivierten Kontrollen von oben. Zudem funktionierten die Herrschaftsapparate eher schlecht als recht und waren kaum in der Lage, die in Bewegung geratene Gesellschaft zu kontrollieren oder gar zu lenken". Hans-Henning Schröder: *Industrialisierung und Parteibürokratie in der Sowjetunion. Ein sozialgeschichtlicher Versuch über die Anfangsphase des Stalinismus (1928-1934),* Berlin 1988, S. 358.

[14]Der zitierte Soziologe Pintner bezeichnete sie als „letzte und entscheidende Krise Rußlands im 20. Jahrhundert", wobei sein Blick selbstverständlich nur bis in die Brežnev-Ära reicht. Vgl. Pintner, S. 368.

übergeordneten Instanzen vorgegebenen Weisungen. Die angesprochenen Fragen reichen in ihrer Tragweite und Bedeutung weit über die Grenzen des „Moskauer Gebiets" hinaus: Dahinter steht das aufgrund der bisherigen Forschungsergebnisse naheliegende und daher zu überprüfende Phänomen einer mangelnden Anpassung der örtlichen Machtorgane an die neue Periode des 1. Fünfjahrplans 1928-1933 nach dem Abschied von der kompromißhaften, in der politisch motivierten Repressionspraxis weit weniger restriktiven *NĖP*-Phase 1922-28[15]. Konkret betrifft dies die Wirkungsweise der Justizorgane einerseits[16], und der getrennt von der Partei angelegten Instanzenzüge der Räte, z.T. auch der Partei, andererseits, wobei gleichwohl alle Körperschaften der Verwaltung und Justiz über ihre interne jeweilige „Fraktion" bzw. „Gruppe" der Partei mit dieser verbunden waren.

Es stellt sich die grundlegende Frage nach der Beherrschungskapazität, d.h. der Kontrolle des repressiven Verwaltungshandelns durch die vorgesetzten Instanzen[17] und die *de facto* gegebenen Möglichkeiten zur Durchsetzung der von der „Stalingruppe"[18] im Politbüro vorgegebenen und von den genannten *ZK*-Plena gebilligten Radikalisierung von Politik und Gesellschaft. Konnte in diesem Sinne im Vorgehen gegen die *lišency* eine allmähliche „Stalinisierung"[19] der städtischen Gesellschaft überhaupt stattfinden? Die Beantwortung dieser Fragen stellt sich, seit die „Revisionisten" unter den westlichen Stalinismusforschern auf dem Höhepunkt der Diskussion während der 80er Jahre ein auch nur einigermaßen effizientes Funktionieren der Befehlskette vom Stalinschen Politbüro bis in die einzelnen lokalen Ebenen im wesentlichen verwarfen, wenn nicht nach wie vor in Zweifel ziehen[20]. Andererseits wurde inzwischen auf der Grundlage neu zugänglicher

[15]Bezüglich der Verfolgung der *lišency* vgl. in diesem Zusammenhang die einschlägigen Ausführungen bei Luise Kimerling: Civil Rights and Social Policy in Soviet Russia, 1918-1936, *RR* (1982), No. 1, S. 34-40.

[16]Näheres unten S. 23-28.

[17]Zur mangelhaften Effizienz selbst der *parteiamtlichen* Instanzenzüge infolge unzureichender Kontrolle der unteren Parteistellen mit deren chaotischer Organisation 1929-1933 vgl. Schröder, S. 327-337.

[18]Dieses Etikett taucht in der Forschung zur Benennung jener Gruppe radikaler Parteipolitiker auf, die den Anhängern Stalins im Politbüro des *ZK* zuzuordnen waren, vgl. Schröder, S. 195, entsprechend Kuromiya, S. 9, 13 (hier unter Verweis auf andere anglo-amerikanische Forscher) sowie S. 20, 28, 63 u.a.; s. ferner Reiman, S. 14. Zuweilen findet sich im gleichen Sinne auch der Ausdruck „Stalinpartei" (Stalin faction); vgl. J. Arch Getty; Oleg V. Naumov: *The Road to Terror. Stalin and the Self-Destruction of the Bolsheviks*, New Haven, London 1999, S. 41.

[19]Im Sinne von Gabriele Gorzka: Revolutionszeit und Machterhalt. Die sozialen Träger des Stalinismus, in: *Die Sowjetunion im Zeichen des Stalinismus*. Hrsg. von Peter Antonio und Robert Maier, Köln 1991, S. 18ff.

[20]Vgl. besonders einflußreich hier Sheila Fitzpatrick: New Perspectives on Stalinism, sowie dies.: Revisionism revisited, *RR* 45 (1986), S. 357-373 bzw. 109-413 und die anderen in diesem Diskussionsband versammelten Aufsätze amerikanischer Sozialhistoriker. Nichtsdestoweniger bedeutsam, wenn auch überwiegend auf die zweite Hälfte der 30er Jahre und ausschließlich auf den Parteiapparat bezogen in diesem Sinne J. Arch Getty: *Origins of the Great Purges. The Soviet Communist Party reconsidered, 1933-1938*. Cambridge 1985; ders.: The Politics of Repression Revisited, in: *Stalinist Terror. New Perspectives*. Ed. by J. Arch Getty and Roberta Manning, Cambridge 1993, S. 40-62. G.T. Rittersporn bezweifelte sogar generell die Kontrollierbarkeit einer

Dokumente in der Funktionsweise der Machtstrukturen ebenjene Durchsetzungskraft zentraler Entscheidungsgremien wie des von Stalin dominierten Politbüros und anderer Organe nachgewiesen[21]. Es handelt sich also um ein sehr komplexes Problem, wie die Forschung zutreffend deutlich gemacht hat. Daher nimmt es nicht wunder, daß die sich strikt gegen die alte „totalitaristische" Stalinismusinterpretation wendenden „Revisionisten" heute ihren einstigen Einfluß weitgehend eingebüßt haben[22]. Neue Ansätze wurden und werden diskutiert[23]. Auch die Meinung, daß die politische Zentrale nie alles kontrollieren könne und zwischen „zentraler Lenkung" und „lokalem Selbstlauf" kein *prinzipieller*, theoretisch zu begründender Widerspruch bestehe, hat in der Forschung ihren Platz gefunden[24].

Umsetzung der repressiven Politik Stalins vor Ort. Er erhob - wenn auch schwerpunktmäßig unter Bezug auf die *zweite* Hälfte der dreißiger Jahre - als strukturelle diesbezügliche Hinderungsmomente nicht nur chaotische Verhältnisse in den Verwaltungsstellen der örtlichen Machtorgane, sondern auch grundsätzlich konkurrierende Interessen der einzelnen Regionen als gewissermaßen „quasifeudaler Einheiten" zur prinzipiellen Annahme; vgl. G.T. Rittersporn: The State Against Itself. Socialist Tensions and Political Conflict, *Telos* (1979), No. 41, S. 87-104; ders.: Soviet Politics in the 1930s: Rehabilitating Society, *Studies in Comparative Communism* XIX (1986), S. 105-128, bes. S. 108. Vgl. auch ders.: *Stalinist Simplifications and Soviet Complications: Social Tensions and Political Conflict – the USSR 1933-1953*, Harwood, Chur 1991.

[21]Vgl. Jörg Baberowski: Stalinismus „von oben". Kulakendeportationen in der Sowjetunion 1929-1933, *JbfGO* 46 (1998), H. 4, S. 576 sowie L.I. Gincberg: Massovye deportacii krest'jan v 1930-1931 godach i uslovija ich suščestvovanija v severnych krajach: Po materialam "osobych papok" politbjuro CK VKP(b) i "komissii Andreeva", *OI* (1998), No. 2, S. 190-195; s. ferner auch die meisten Beiträge in: *Mechanisms of Power in the Soviet Union*. Ed. by Niels Erik Rosenfeldt, Bent Jensen, Erik Kulavig, Basingstoke, Hampshire 2000, mit besonderer Berücksichtigung der stalinistischen Periode.

[22]Eine kritische Gesamtschau des betont sozialgeschichtlich orientierten „revisionistischen" Konzepts für die Analyse des stalinistischen Herrschaftssystems in engem Vergleich mit anderen Forschungsansätzen s. bei E.A. Rees: The Primacy of Politics, in: *Politics, Society and Stalinism in the USSR*. Ed. by John Channon, London 1998, S. 36-67, unter Betonung der besonderen Relevanz des Faktors „Staat" im Stalinismus. Zur Kritik der Interpretation der „Revisionisten" vgl. auch Stefan Plaggenborg: Die wichtigsten Herangehensweisen an den Stalinismus in der westlichen Forschung, in: *Stalinismus. Neue Forschungen und Konzepte*. Hrsg.: Stefan Plaggenborg, Berlin 1998, S. 20-26; s.a. McCauley, S. 78ff.

[23]Einen guten Überblick bieten die Sammelbände *Stalinism. New Directions*. Ed. by Sheila Fitzpatrick, London [u.a.] 2000 sowie *Stalinism. The Essential Readings*. Ed. by David L. Hoffmann, Malden, Mass. [u.a.] 2003.

[24]Vgl. Manfred Hildermeier: Revision der Revision? Herrschaft, Anpassung und Glaube im Stalinismus, in: *Stalinismus vor dem ersten Weltkrieg. Neue Wege der Forschung / Stalinism before the Second World War. New Avenues of Research*. Hrsg. von Manfred Hildermeier unter Mitarbeit von Elisabeth Müller-Luckner, München 1998, S. 25, 26. Derselbe Autor argumentiert hiervon ausgehend an anderer Stelle, daß „die ‚totalitaristische' Hypothese von Stalin als *master mind*, und die ‚revisionistische' Auflösung des Terrors in die Eigendynamik von Organisationschaos und dezentraler Machtrivalitäten, durchaus *kompatibel*" seien. „Nichts" spreche „gegen die Annahme, daß beide Formen nebeneinander bestanden". Allerdings stellt er seine These ausdrücklich nur als Interpretations*möglichkeit* dar. Vgl. Manfred Hildermeier: Stalinismus und Terror, *Osteuropa* 50 (2000), H. 6, S. 605. Einer ähnlichen Sicht scheint Graeme Gill (*Stalinism*, Basingstoke 1990) zuzuneigen, der einerseits die Bedeutung der persönlichen Diktatur Stalins hervorhebt, wobei der Terror ein Herrschaftsmittel und „die politischen Institutionen" ein „Instru-

Eine solche Aussage ist indessen nicht unproblematisch. Der Teufel steckt auch hier im Detail[25], d.h. der Schlüssel zur endgültigen Lösung des Problems kann nur in vielen künftig zu verfassenden sorgfältigen empirischen Situationsanalysen anhand eines jeweils klar umgrenzten Gegenstands[26] liegen, eben im Rahmen einer Fallstudie wie dieser.

Wie effektiv konnte das Vorgehen gegen die *lišency* in der Umbruchskrise überhaupt sein? Wie stand es mit den *gesetzlichen* Eingriffsmöglichkeiten der Parteistellen sowie des *OGPU,* und überwogen, zumindest phasenweise, auch *ungesetzliche* Repressionsverfahren, vergleichbar jener in der Literatur im Zusammenhang mit den rüden Zwangskollektivierungen auf dem Lande besonders 1929/30 und 1932/33 als „terroristisch" bezeichneten[27] Aktionen gegen die „Kulaken"? Letzteres anders ausgedrückt: Griffen die Partei-, Rats- und Sicherheitsbehörden im Interesse einer Überwindung der Krise auch in den Städten des Moskauer Gebiets auf jenes Leninsche Ideologem vom legitimen Charakter des seitens der „Sowjetmacht" auszuübenden „Terrors" zurück? Man denke an Lenins Begriff vom

ment des Diktators" seien. Andererseits sei aber trotz der Existenz einer mächtigen zentralistischen Staatsgewalt die Schwäche einer kontinuierlichen zentralen Kontrolle über die faktische Durchführung der angeordneten Maßnahmen zu konstatieren; vgl. Introduction, in: *Politics, Society and Stalinism in the USSR*, S. 8.

[25]Zur problematischen „Diffusion" des stalinistischen Staates bzw. seiner staatlichen Autorität in der „Absorbierung", Veränderung oder abweichenden Interpretation der offiziellen Parteipolitik durch die örtlichen Funktionäre unter dem Einfluß der jeweiligen lokalen Gegebenheiten und einer spezifischen sozialen Stratifikation vgl. *Contending with Stalinism. Soviet Power and Popular Resistance in the 1930s*. Ed. by Lynne Viola, Ithaka, London 2002, S. 11, 12 der Einleitung. In diesem Band für den gegebenen Zusammenhang besonders wichtig: James Harris: Resisting the Plan in the Urals 1928-1956. Why Regional Officials Needed „Wreckers" and „Saboteurs", ibid., S. 201-227 sowie mit Bezug auf die zwanziger und dreißiger Jahre Douglas Northrop: Subaltern Dialogues. Subversion and Resistance in Soviet Uzbek Family Law, ibid., S. 109-138.

[26]Etwa James R. Harris: *The Great Urals: Regionalism and the Evolution of the Soviet System*, Ithaca, New York 1999.

[27]Beispiele: Baberowski, S. 589, 591; Stefan Merl: Bilanz der Unterwerfung - die soziale und ökonomische Reorganisation des Dorfes, in: *Stalinismus vor dem Zweiten Weltkrieg*, speziell das Kap. 3: „Die Funktionen des Terrors", S. 127-131; Markus Wehner: Stalinismus und Terror, in: *Stalinismus. Neue Forschungen und Konzepte*, S. 372-378; Gennadii Bordyugov: The Policy and Regime of Extraordinary Measures in Russia unter Lenin and Stalin, *EAS* 47 (1995), No. 4, S. 630; *Vlast' i oppozicija. Rossijskij političeskij process XX stoletija*. Moskva 1995, S. 156. Noch die Nachhut der sog. „revisionistischen" Schule in der Stalinismus-Forschung geht mit diesem Begriff eher vorsichtig um. Sie vermeidet ihn zumindest für die Zeit 1929-1935. Mit dem methodisch vorgegebenen Blick „von unten" taucht statt dessen im Zusammenhang mit den Aussiedlungsanordnungen der lokalen Stellen das russische Wort *proizvol* (Willkür) als Antwort auf die repressive Politik der Zentrale auf. Vgl. Lynne Viola: The second coming: Class enemies in the Soviet countryside, 1927-1935, in: *Stalinist Terror*, S. 69ff. Ein gutes Periodisierungsparadigma entwickelte Nicolas Werth, der das Phänomen des „Terrors" in der ersten Hälfte der dreißiger Jahre bestimmten „Repressionszyklen" zuordnete, in denen „terroristische Maßnahmen" der „Staatspartei" nur *eine*, keineswegs durchgängig in Anspruch genommene Form der Innenpolitik darstellten, vgl. Nicolas Werth: Ein Staat gegen sein Volk. Gewalt, Unterdrückung und Terror in der Sowjetunion, in: Stéphane Courtois, Nicolas Werth u.a.: *Das Schwarzbuch des Kommunismus. Unterdrückung, Verbrechen und Terror,* München, Zürich 1998, S. 199ff.

Terror als „entschlossenen Maßnahmen gegen die Gutsbesitzer, Marodeure und ihre Speichellecker - im Interesse der Arbeiter, Soldaten und Bauern“[28].

Die Personen, die schon nach den ersten beiden Verfassungen Sowjetrußlands (*RSFSR*) vom Juli 1918 sowie vom Januar 1925 von der Inanspruchnahme des politischen Wahlrechts ausgeschlossen sein sollten, wurden, in ihrer Mehrzahl „Händler“, fortan als „NĖP-Leute“ (*Nėpmany*) zu herausgehobenen Zielobjekten der Ausgrenzung aus der sowjetischen Gesellschaft[29]. Sie waren - neben den Bauern - die eigentlichen „Verlierer“[30] im sich nach 1928 herausbildenden politischen und wirtschaftlichen System qualitativ neuen Charakters in der Sowjetunion[31]. Diese neue Ordnung ist mittlerweile auch in der russischen Forschung zutreffend als „administratives Kommandosystem“ erkannt worden, das sich, je nach Sichtweise, schon im Bürgerkrieg, im Verlauf der *NĖP*-Zeit oder auch erst zu Beginn der 30er Jahre formierte und bis zur Mitte der 30er Jahre seine Endform erreichte[32].

Die Verfassung der *RSFSR* von 1918 legte den Kreis derjenigen Personen, denen das staatsbürgerlich bedeutsame politische Wahlrecht nicht zustehen sollte, in seinem Art. 65, die Konstitution von 1925 in Art. 69, fest. Nach dem letztgenannten Grundgesetz gehörten außer geistig Behinderten und gerichtlich verurteilten echten[33] Kriminellen auch folgende politisch inkriminierte Bürger dazu:

1. Personen, die sich der Lohnarbeit bedienen, mit dem Ziel, Gewinn zu erzielen;

2. Personen, die von nichtwerktätigem Einkommen leben, wie etwa: Zinsen von Kapital, Einkünften aus Unternehmen, Besitzveräußerungen und dergl.;

3. private Händler, Handels- und kommerzielle Vermittler;

4. Mönche und geistliche Diener religiöser Kulte aller Bekenntnisse und Richtungen, für die diese Beschäftigung den Beruf darstellt;

---

[28]V.I. Lenin: Plechanov o terrore, in: Ders.: *Polnoe sobranie sočinenij*. Izd. pjatoe. T. 35, Moskva 1962, S. 185f.

[29]Zu diesem prinzipiellen Umschwung in der Verfolgung der vorher überwiegend steuerlicher Ausbeutung unterworfenen Klein- und Großhändler sowie Gewerbetreibenden als Hauptzielgruppe unter den *lišency* vgl. Alan M. Ball: *Russia's Last Capitalists. The Nepmen, 1921-1929*, Berkeley u.a. 1987, S. 72ff.

[30]Vgl. Hans-Henning Schröder: Stalinismus von „unten“? Zu den gesellschaftlichen Voraussetzungen politischer Herrschaft in der Phase der Vorkriegsfünfjahrpläne, in: *Die Umwertung der sowjetischen Geschichte*, hrsg. von Dietrich Geyer, Göttingen 1991, S. 145.

[31]Dazu auch Werth, S. 189.

[32]Vgl. T.P. Koržichina: Osnovnye čerty administrativno-komandnoj sistemy upravlenija, in: *Formirovanie administrativno-komandnoj sistemy, 20-30-e gody. Sbornik statej*, Moskva 1992, S. 146; E.M. Sozinov: Istoriografija sovetskich profsojuzov 20-ch godov, in: *Idei i real'nosti 1920-1930-ch godov v sovetskoj istoričeskoj nauke. Meżvuzovskij sbornik naučnych trudov*, Ivanovo 1993, S. 14.

[33]Im Unterschied zu politisch Verfolgten.

5. Bedienstete und Agenten der ehemaligen Polizei, eines einzelnen Gendarmeriecorps und der Schutzabteilungen, Mitglieder des russischen Kaiserhauses, aber auch Personen, die die Tätigkeit der Polizei, der Gendarmerie und der Straforgane geleitet haben[34].

Der einzige inhaltliche Unterschied zur Verfassung von 1918 lag in dem Zusatz *„für die diese Beschäftigung den Beruf darstellt"* in der Bestimmung bezüglich der geistlichen *lišency*[35].

Zentrale Fragen an die vorliegende Schrift sind zunächst die nach dem ausgewählten Verwaltungsgebiet und der Städteauswahl. Darüber hinaus bedarf der oben bereits angesprochene zeitliche Rahmen einer zusätzlichen Abklärung.

Das bis 1928 Moskauer Gouvernement (*Moskovskaja gubernija*), ab 1929 in „Gebiet" *(oblast')* umbenannte Verwaltungsterritorium[36] bietet sich mit seinen wichtigsten Städten schon wegen seines vergleichsweise überschaubaren Umfangs für eine derartige Untersuchung an: Die Städteauswahl konzentriert sich einerseits aus Kapazitätserwägungen, andererseits aus inhaltlichen Gründen, die mit dem oben im Zusammenhang mit den Penetrationsmöglichkeiten bzw. -unmöglichkeiten seitens der Zentrale Gesagten[37] zusammenhängen, auf ein Gebiet im Radius von bis zu 150 km um Moskau herum. Die Stadt Moskau selbst soll hier weitgehend unberücksichtigt bleiben. Es geht also um das *podmoskov'e*, d.h. im wesentlichen um jenen geographischen Raum, der bis 1929 das Territorium des Gouvernements Moskau ausmachte[38]. Dieses erstreckte sich, eingeteilt in 53 *rajony* (Kreise), noch 1928 über nicht mehr als 44800 km², mit 36 Städten, 65 „Siedlungen städtischen Typs" nebst 10003 Dörfern und insgesamt 4527000 Einwohnern[39].

1929 erfuhr das Gebiet der neuen *oblast'* indessen eine Vergrößerung um mehr als das Dreifache[40]: Mit nun 146 Kreisen sowie 1933 bereits 67 Städten und 72 städtischen Siedlungen[41] umfaßte es auf einer Gesamtfläche von 156400 km² neben dem Gebiet des früheren Moskauer Gouvernements die Territorien der bisherigen Gouvernements Rjazan' und Tula, einen großen Teil des Gouvernements Tver' und einen kleinen Gebietsstreifen aus dem Gouvernement Kalu-

---

[34]Vgl. *Konstitucija Rossijskoj Socialističeskoj Federativnoj Sovetskoj Respubliki* [weiter zitiert als *Konstitucija RSFSR*], Moskva 1925, S. 20.

[35]Vgl. die entsprechenden Paragraphen der ersten *RSFSR*-Verfassung in: *Die Sowjetunion. Von der Oktoberrevolution bis zu Stalins Tod.* Hrsg. von Helmut Altrichter. Bd.1: Staat und Partei, München 1986, S. 157.

[36]In der Ausgabe der *BSĖ* von 1938 erschien als Fixdatum für diese Änderung der 14.I.1929, vgl. den Art. „Moskovskaja oblast'", *BSĖ*, T. 40, Moskva 1938, Sp. 419.

[37]Vgl. oben S. 2ff.

[38]Dazu Abb. 1.

[39]Beleg nach Anm. 36.

[40]Vgl. Abb. 2.

[41]*Moskovskaja oblast' za 50 let. Statističeskij sbornik*, Moskva 1967, S. 18.

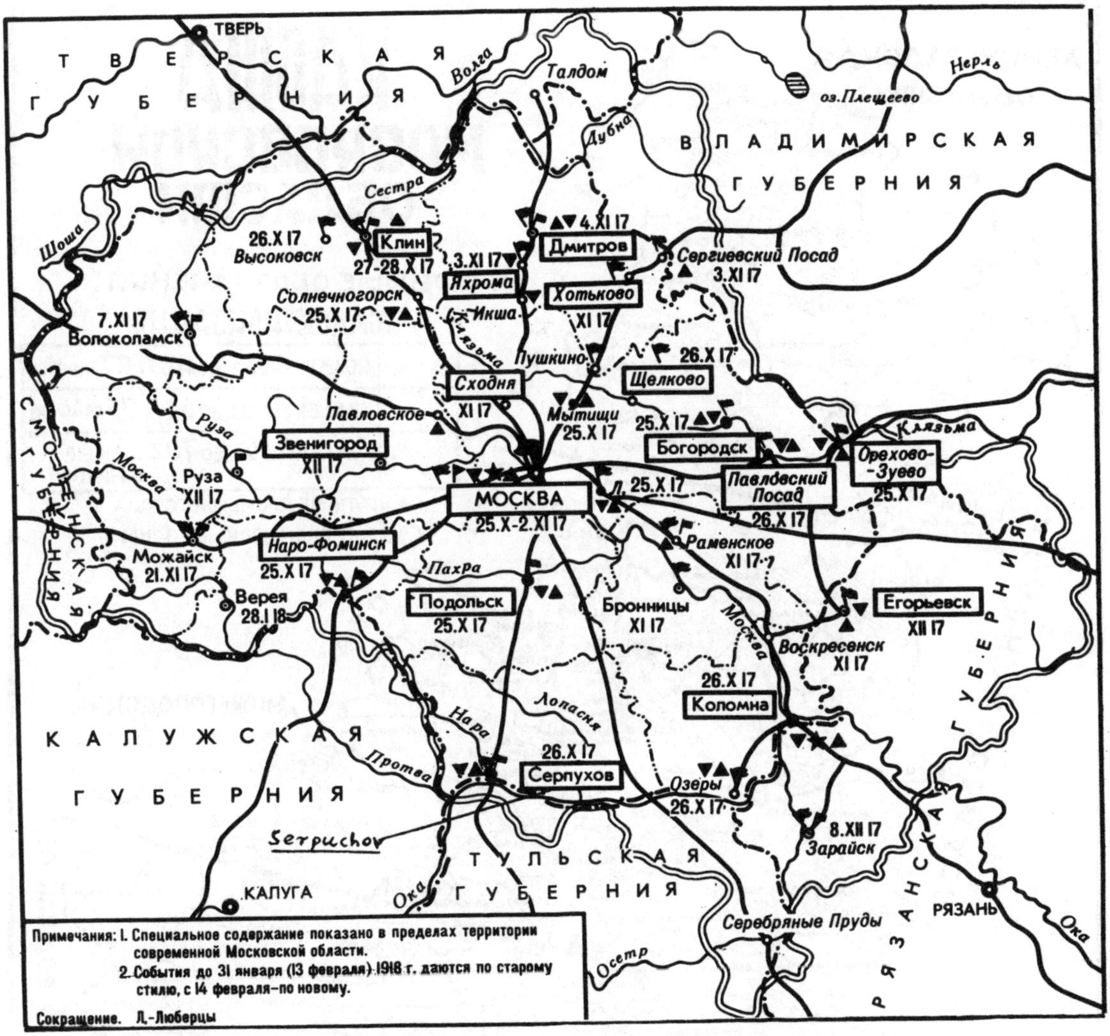

Abb.1. Das Moskauer Gouvernement 1917-1928.
Quelle: Očerki istorii Moskovskoj organizacii KPSS. Kniga II: 1917-1945, Moskva 1983. Kap. 1.

Abb. 2. Das Moskauer Gebiet 1929-1935.
Quelle: L.M. Kaganovič: Moskovskie bol'ševiki v bor'be za pobedu pjatiletki (Doklad o rabote MK i MGK na III. Moskovskoj oblastnoj i II. gorodskoj konferencijach VKP(b) 23 janvarja 1932 g.), Moskva 1932, S. 26.

ga[42]. Da das Gebiet des bisherigen *podmoskov'e* in der genannten Ausdehnung auch nach der Verwaltungsreform in der *oblast'* verblieb, sind der für die argumentative Basis der Studie wichtige Umstand der Kontinuität verwaltungsmäßiger Zuordnung und damit auch die weitere chronologische Vergleichbarkeit gewahrt.

Infolge seiner großen Bedeutung als zentraler Wirtschafts- und für die Hauptstadt deshalb wichtiger Versorgungsraum mit großen Ressourcen an Bodenschätzen (insbesondere Steinkohle-, Eisenerz-, Phosphorit- und Torfvorkommen) und besonders dichter industrieller Infrastruktur besaß schon das „Moskauer Gouvernement" eine Sonderstellung nicht nur im Staatsverband der *RSFSR*, sondern auch der *UdSSR* insgesamt. Für das Wirtschaftsjahr 1927/28 berechneten die sowjetischen Statistiker eine Gesamtzahl von 624400 Industriearbeitern im Gouvernement, 33,8% *aller* „Arbeiter" der *RSFSR*, *UdSSR*-weit nicht weniger als 24,4%! An der volkswirtschaftlichen Gesamtproduktion des Gouvernements hatte die Industrie im genannten Jahr, diesen Berechnungen zufolge, einen Anteil von 71%, der Agrarsektor nur 19 und die heimgewerbliche Produktion 10%[43]. Auch in der neuen *oblast'* stellte das Gebiet des bisherigen Moskauer Gouvernements, das *podmoskov'e*, weiter die wirtschaftlich potente Kernzone dar. Eine der während der 1. Moskauer Gebietsparteikonferenz am 16. September 1929 verabschiedeten Resolutionen betonte sogar, daß ein Viertel der gesamten industriellen Produktion der *UdSSR* im Moskauer Gebiet stattfinde[44].

So nimmt es nicht wunder, daß dieses Verwaltungsgebiet eine von der Partei bevorzugt behandelte Region war, deren Kaderorganisation Vorbildfunktion gegenüber den anderen *oblasti* ausüben sollte[45]. Trotz der in der Quantität des Bruttoproduktionsausstoßes dominanten Industrie war allerdings die Mehrheit der Bevölkerung nun durch Hinzugewinnung neuer ländlicher Regionen in noch stärkerem Maße als vorher in der *Landwirtschaft* beschäftigt. In diesem Sinne war nicht der industrielle, sondern der landwirtschaftliche Sektor dominant. Nach einer internen Unterlage des *MOIK* arbeiteten hier am 1. April 1929 nicht weniger als 5886000 Bürger, bei einer Gesamtbevölkerungszahl von 8610000! Die Zahl der überwiegend in den Städten ansässigen Arbeiter und Angestellten belief sich nach dieser Quelle so nur auf 1921000 Beschäftigte[46].

Ziel der neuen „Rajonnierung" im Zuge der Gebietsverwaltungsreform sollte die Schaffung eines „völlig neuen ökonomischen Organismus" mit der Möglich-

---

[42] *Materialy po rajonirovaniju Moskovskoj oblasti. Predvaritel'nye dannye ob okružnom i rajonnom delenii*, Moskva 1929, S. 5.

[43] Ibid.

[44] Vgl. Rezoljucija I. Oblastnoj Moskovskoj Konferencii VKP(b) po dokladu tov. Baumana, in: Bauman, *Polosa*, S. 109.

[45] *Itogi pervoj Moskovskoj oblastnoj konferencii VKP(b). Materialy dlja dokladčikov*, Moskva 1929, S. 4.

[46] Vgl. Social'nyj sostav naselenija Moskovskoj oblasti na I aprelja 1929 g., CGAMO, f. 2157, op. 5, d. 338, l. 15. Die Agitpropabteilung des *MK* betonte in ihrer Bilanz der 1. Moskauer Gebietsparteikonferenz, daß „die überwältigende Mehrheit der Bevölkerung des Moskauer Gebiets" im landwirtschaftlichen Sektor arbeite, vgl. *Itogi*, S. 30.

keit der direkten Umsetzung des „Planprinzips“ und einer rationellen Resourcenausbeutung sein. Die „neuen, ökonomisch größeren Einheiten“, wie sie nun die neu etablierten „Bezirke“ (*okrugi*) mit ihren eigenen, den „Kreisen“ (*rajony*) und Städten übergeordneten Partei-, Räte-, Justiz-, Komsomol- und Gewerkschaftsinstanzen darstellten, waren nach dem Willen der Parteiführung „besser der Entwicklung des sozialistischen Aufbaus angepaßt“ als „die alten Formen“ und „Benennungen“, die noch aus der Verwaltungstradition „des zaristischen Rußlands“ stammten[47].

Dem *podmoskov'e* ordneten sich unter den neuen Bedingungen vier der insgesamt 10 Verwaltungsbezirke der *oblast'* zu, so „Moskau“ in einem Radius von 50-90 km um die Hauptstadt herum sowie den Westen umfassend, „Orechovo-Zuevo“ im Osten, „Kolomna“ im Südosten sowie „Serpuchov“ im Süden. Unter der Führung der gleichnamigen Bezirksstädte sollten sie die Produktion der wichtigsten Industriezentren bündeln und gleichzeitig deren Versorgung mit landwirtschaftlichen Gütern sicherstellen[48]. Ein gutes Beispiel hierfür ist der „Moskauer Bezirk“. Er umfaßte einerseits sowohl alle Industriezentren im nahen Umkreis um Moskau herum mit den Industriestädten bzw. Arbeitersiedlungen Reutov[49], Mytišči[50], Ljubercy[51] unmittelbar bei der Hauptstadt, Bogorodsk[52] im Osten, Podol'sk[53] im Süden, Voskresensk[54] im Südosten, Klin im nahen Westen[55], Naro-Fominsk[56] im Südwesten sowie die teilweise von ihrem agrarischen Umland ge-

---

[47]Vgl. *Itogi*, S. 3, 18, 19.

[48]Vgl. die wichtigen „beistädtischen Gemüsezonen“ rund um die Industriestädte Bogorodsk/Noginsk, Naro-Fominsk, Orechovo-Zuevo, Egor'evsk, Serpuchov und Kolomna nach Abb. 2.

[49]Diese städtische Siedlung, schon Ende der 20er Jahre textilindustrielles Zentrum 12 km östlich von Moskau, besaß 1939 15000 Einwohner. Stadtrecht bekam der Ort erst 1940. Vgl. *Goroda Rossii. Ėnciklopedija*, Moskva 1994, S. 375.

[50]Die gleichnamige 19 km nordöstlich von Moskau gelegene Industriestadt, das Rajonzentrum, zählte 1939 60000 Einwohner. Bedeutendste Industriezweige waren schon um die Jahrhundertwende der Waggonbau, die Kunstfaserherstellung u.a. Vgl. ibid., S. 288.

[51]Diese 20 km südwestlich der Hauptstadt gelegene Stadt (dieser Status wurde 1925 verliehen) hatte seit 1897 eine große Bedeutung wegen der örtlichen Dampfmaschinenproduktion. 1926 besaß die Stadt 10000, 1939 48000 Einwohner, vgl. ibid., S. 247/248.

[52]Als bereits vor der Revolution bedeutendes textilindustrielles Zentrum, 68 km östlich von Moskau gelegen, umfaßte die auf eine mittelalterliche Gründung zurückgehende Stadt 1939 81000 Einwohner. 1930 erfolgte die Umbenennung in Noginsk, vgl. ibid., S. 49, 319/20.

[53]Diese Arbeiterstadt, 43 km südlich der Hauptstadt, wuchs von 3800 (1926) bis zum Jahr 1939 auf 72000 Einwohner an, vgl. ibid., S. 128.

[54]88 km in südöstlicher Richtung von der Hauptstadt entfernt, besaß die Stadt 1939 erst 29000 Einwohner. Bis 1938 war der aufstrebende Industriestandort (Bau- und chemische Industrie) nur eine städtische „Siedlung“, noch keine „Stadt“. Vgl. ibid., S. 93.

[55]Es handelt sich um eine 89 km nordwestlich der Hauptstadt befindliche Kreisstadt mit 1926 nur 8700 Einwohnern, bis 1939 wuchs die Einwohnerzahl auf 29300 Menschen an. Schon in den zwanziger Jahren war die Stadt industriell (von Textilverarbeitung und anderen Branchen) geprägt, vgl. ibid., S. 199/200.

[56]Diese 70 km südwestlich der Hauptstadt gelegene alte Arbeitersiedlung (1926 bekam sie Stadtrecht) besaß als Rajonzentrum 1939 32000 Einwohner, ibid., S. 292.

prägten Handelsstädte und kleinen Produktionsstandorte Sergiev[57] im Nordosten und Dmitrov[58] im Norden. Andererseits gehörten aber auch die z.T. deutlich mehr als 100 km von der Hauptstadt entfernten kleinen und wenig industrialisierten Landstädte Možajsk[59], Volokolamsk[60], Ruza[61], Vereja[62] sowie die Siedlung Šachovskaja[63] als Kreiszentren im Westen mit dazu[64]. Die dominante Stellung des agrarischen Sektors in diesem Bezirk ergab sich auch aus der amtlichen Statistik, derzufolge nur 24,5% der Bevölkerung in den Städten und städtischen Siedlungen lebten. In diesem industriearmen Westen der Verwaltungseinheit herrschten Milchwirtschaft und der Anbau von Industriepflanzen sowie das Heimgewerbe vor, im östlichen und südlichen Teil hingegen war die hier dominante industrielle Infrastruktur vornehmlich von Manufakturen und Textilfabriken (etwa in Bogorodsk, Podol'sk, Voskresensk, teilweise auch in Sergiev) geprägt. Metallverarbeitende und chemische Industrie sowie Maschinenbau fand sich bei Gründung der *oblast'* meist nur in den unmittelbar bei Moskau gelegenen Arbeitersiedlungen und Städten (z.B. Mytišči, Ljubercy, Podol'sk)[65].

Der im Osten gelegene Bezirk „Orechovo-Zuevo" gehörte zu den am stärksten industrialisierten Regionen des Moskauer Gebiets. Ein Drittel der Erwerbstätigen rekrutierte sich hier aus Industriearbeitern. Die andere wichtige Branchen wie Glasproduktion, Torfabbau u.a. dominierende Textilindustrie war an der

[57]71 km nordöstlich von Moskau entfernt, hatte die Kreisstadt 1926 21500 Einwohner, 1939 waren es 44600. 1930 wurde die noch im Mittelalter entstandene Stadt zunächst in Sergiev Posad, dann in Zagorsk umbenannt, vgl. ibid., S. 417, 143. Die Stadt war ein wichtiges religiöses Zentrum (am Ort das berühmte Sergiev-Troice-Kloster!) sowie ein Mittelpunkt der Museen, der Volkskunst und des Kunsthandwerks. In den 30er Jahren entstand hier aus mehreren genossenschaftlichen, davor heimgewerblichen Kunsthandwerksbetrieben auch eine Spielwarenfabrik, dazu V.I. Baldin: *Zagorsk. Istorija goroda i ego planirovki*, Moskva 1981, S. 75.

[58]65 km nördlich der Hauptstadt gelegen, besaß diese alte Handels- und Gewerbestadt, schon vor der Revolution Rajonzentrum, 1926 nicht mehr als 6400 Einwohner. Bereits vor 1917 hatte sich die Stadt zu einem der bedeutenderen textilindustriellen Zentren entwickelt, vgl. *Goroda Rossii*, S. 121.

[59]In dieser auf eine mittelalterliche Gründung zurückgehenden Rajonstadt, einem alten, 110 km westlich von Moskau gelegenen Handelszentrum, wohnten 1926 nur 5100, noch 1939 lediglich 11800 Menschen. In den zwanziger Jahren war die Stadt nur schwach industrialisiert, erst Ende der zwanziger sowie besonders im Verlauf der dreißiger Jahre siedelte sich in geringem Umfang konfektions- und feinmechanische Industrie an, vgl. ibid., S. 261/62 sowie B.B. Karlov: *Možajsk*, Moskva 1981, S. 92, 93.

[60]130 km nordwestlich von Moskau gelegen, besaß die Stadt 1926 erst 3400, 1939 nicht mehr als 5400 Einwohner, vgl. *Goroda Rossii*, S. 89.

[61]110 km westlich der Hauptstadt gelegenes Rajonzentrum mit 1926 lediglich 2800 Einwohnern. Der Ort, noch in den 30er Jahren abseits der großen Verkehrswege und von Wald umgeben, wurde, begünstigt durch die weitgehend fehlende Industrie, in den 40er Jahren zu einem Kurortzentrum, vgl. ibid., S. 383/84.

[62]113 km südwestlich von Moskau gelegen, umfaßte die kleine Landstadt 1926 nicht mehr als 3400 Einwohner. 1939 war sie erst auf 4900 Bürger angewachsen, vgl. ibid., S. 66.

[63]Diese kleine, 1928 erst 860 Einwohner zählende Siedlung lag damals 154 km von Moskau entfernt, vgl. *Materialy po rajonirovaniju*, S. 64.

[64]Ibid., S. 13-15.

[65]Ibid., S. 14.

industriellen Bruttogesamtproduktion mit nicht weniger als 93% beteiligt, mit einem Schwergewicht in der Baumwollverarbeitung, während die landwirtschaftlichen Produkte (meist Viehzucht und Hackfrüchteanbau) nur 24% aller im Bezirk produzierten Waren ausmachten[66]. Die landwirtschaftliche Produktion insgesamt hatte sich an den Bedürfnissen der industriellen Entwicklung im Bezirk auszurichten[67]. Die sieben *rajony* mit ihren Verwaltungszentren, die im Verlauf des Jahres 1929[68] als konstituierende Teile des neuen Bezirks geschaffen wurden, entsprachen ganz der Planung des *MK*, die dieses Verwaltungsgebiet, wie auch die *Moskovskaja oblast'* insgesamt, vor allem als einheitliches *Wirtschaftsgebiet* auswies: Die drei Kreisstädte im Norden, d.h. in West-Ost-Richtung die Stadt Pavlovo-Posad[69], der Bezirkshauptort Orechovo-Zuevo sowie die Arbeitersiedlung Petuški[70], aber auch die südlich von Pavlovo-Posad als Hauptstadt des angrenzenden *rajon* gelegene, vom dörflichen Umfeld geprägte Siedlung Kurovskaja[71] und ferner Egor'evsk[72], die Hauptstadt eines weiteren, südwestlich von Orechovo-Zuevo gelegenen Kreises, waren sämtlich Textilstandorte. Das Kreiszentrum östlich von Kurovskaja, die Torfabbausiedlung Šatura[73], belieferte mit seinem großen Umspannwerk nicht nur die Industrieunternehmen und die Arbeiterwohnungen des Bezirks, sondern die gesamte *oblast'* mit Energie aus der Torfverstromung. Nur der im äußersten Südwesten gelegene, mit keiner Eisenbahnlinie verbundene Kreis mit seinem Zentrum Dmitrievskij pogost' besaß fast gänzlich die Aufgabe der Versorgung mit landwirtschaftlichen Gütern[74]. Dementsprechend wurde diesem Bezirk vom *MK* eine zentrale Aufgabe zugewiesen: Aufgrund seiner proletarischen Prägung sollte er als „einer der wichtigsten Stütz-

---

[66]Ibid., S. 18. Ferner: *Orechovo-Zuevskij okrug. Predvaritel'nye materialy, charakterizujuščie okrug*, Orechovo-Zuevo 1929, S. II.

[67]*Orechovo-Zuevskij okrug*, S. 4.

[68]Der Bezirk Orechovo-Zuevo wurde erst am 1. April 1929 in den projektierten Grenzen eingerichtet; vgl. *Orechovo-Zuevskij okrug*, S. 1. Die „Rajonnierung" war nicht vor dem Herbst 1929 abgeschlossen.

[69]68 km östlich von Moskau gelegen, umfaßte die kleine Handelsstadt 1939 nicht mehr als 43000 Einwohner, vgl. *Goroda Rossii*, S. 342.

[70]Bis 1965 war Petuški eine Industrie- und Gewerbesiedlung städtischen Typs, dann wurde sie zur Kleinstadt mit selbst 1979 erst 17900 Einwohnern. Sie lag im äußersten Nordosten des Moskauer Gebiets. Heute ist sie dem Verwaltungsgebiet Vladimir zugeordnet, vgl. ibid., S. 354.

[71]92 km südöstlich von Moskau gelegen, zählte das industriell geprägte Kreiszentrum Kurovskaja (später auch Kurovskoe genannt) 1926 erst 3400, 1939 nicht mehr als 11400 Einwohner. 1931 formierte der Ort offiziell als „Arbeitersiedlung". Vgl. ibid., S. 229.

[72]114 km südöstlich von Moskau gelegen, umfaßte diese schon damals industriell geprägte Stadt 1926 29700, 1939 dann 56000 Einwohner, vgl. ibid., S. 128.

[73]1928 wohnten in dieser 64 km östlich von Orechovo-Zuevo und 124 km östlich von Moskau gelegenen Siedlung nicht mehr als 4800, 1939 erst 15100 Menschen. Ab 1932 wurde mit Gründung des mehrere Betriebe zusammenfassenden staatlichen Großunternehmens „Šaturtorf" der Torfabbau extensiv betrieben, besonders nachdem der Ort 1936 das Prädikat einer „Stadt" erhalten hatte. Vgl. ibid., S. 523; *Materialy po rajonirovaniju*, S. 66.

[74]Vgl. das Vorwort sowie die beigegebene Karte des Bezirks Orechovo-Zuevo in: *Orechovo-Zuevskij okrug* [ohne Seitenzahl] sowie auch ibid. S. II.

punkte der VKP" dienen[75]. Insbesondere der gleichnamigen Hauptstadt dieser Verwaltungseinheit war in dieser Beziehung eine Vorreiterfunktion zugewiesen, denn hier herrschten analoge Verhältnisse: Die Belegschaft in den zahlreichen Fabriken erreichte zahlenmäßig knapp 30% der städtischen Einwohnerschaft[76]. Gerade die Stadt Orechovo-Zuevo nahm nicht zuletzt aufgrund ihrer Geschichte eine Sonderstellung unter den anderen Arbeiterstädten ein, weshalb sie auch im Juli 1929 vom *MK* zu *der* proletarischen Musterstadt der *oblast'* erklärt wurde[77]: Als besonders ruhmreich galt die Stadt aufgrund ihrer herausgehobenen Stellung in der russischen Arbeiterbewegung. Diese begann mit dem selbstbewußten Streik der Lohnarbeiter an der Textilfabrik der Gebrüder Morozov (1885) als Protest gegen ihre Ausbeutung[78], setzte sich mit dem Besuch Lenins (1895) fort und mündete in die aktive Teilnahme der Arbeiter mehrerer örtlicher Betriebe an den Revolutionen von 1905 und 1917, sogar mit Kampfabteilungen in der Hauptstadt[79]. Lenin betonte den exemplarischen Standort Orechovo-Zuevos in der Geschichte der russischen Arbeiterbewegung auch in seinen Schriften[80]. Die nachfolgende Untersuchung wird u.a. zeigen, inwieweit die Parteiorganisationen sowie der Stadtrat von Orechovo-Zuevo willens und vor allem in der Lage waren, die hiermit verbundenen hohen Erwartungen an eine *klassenbewußte* Lokalpolitik auch in der Verfolgung der städtischen *lišency* zu erfüllen.

Kolomna[81], die Hauptstadt des südwestlich von Moskau gelegenen gleichnamigen Bezirks, war mit seinen Beistädten ein weiteres überregional wichtiges industrielles Zentrum. Auch hier spielte die Textilbranche eine zentrale Rolle, aber auch holzverarbeitende, Baustoff- und chemische Industrie und nicht zuletzt die für die Versorgung der gesamten *UdSSR* bedeutsame Dampflokomotivenfa-

---

[75]Ibid., S. II.

[76]1926 besaß diese traditionelle Arbeiterstadt 63000 Einwohner, 1928 waren es 71000, davon arbeiteten schon allein in den drei bedeutendsten Fabriken nicht weniger als 25720 Arbeiter und Angestellte. Infolge der stürmischen Industrialisierung und des starken Zuzugs von Arbeitskräften besonders vom Lande zu Beginn der 30er Jahre stieg die Einwohnerzahl bis 1939 auf 99000 Bürger. Vgl. *Goroda Rossii*, S. 334 sowie einen unveröffentlichten Auszug aus dem 1928 noch im Entstehen befindlichen Buch *Vsja Moskva* (Kap. „Orechovo-Zuevskij Uezd"), versandt vom Präsidium des Moskauer Stadt- und Gebietsrats an das Kreisvollzugskomitee von Orechovo-Zuevo am 24. Oktober 1928, CGAMO, f. 667, op. 1, d. 290, ll. 47, 48. Die später tatsächlich erschienene Veröffentlichung *Vsja Moskva* war dem Verfasser dieser Studie leider nicht zugänglich.

[77]Vgl. zum Beschluß des *MK*, Orechovo-Zuevo und dem ihm zugeordneten gleichnamigen Bezirk nach der Neuordnung der Terrorialverwaltung eine entsprechende herausgehobene Stellung einzuräumen: Predloženie k protokolu 23/11 ob-edinennogo zasedanija MK i orgbjuro CK Moskovskoj Oblasti ot 26 VII 29 g., k p. 8. CGAMO, f. 2157, op. 1, d. 68, l. 48.

[78]Vgl. dazu A.S. Trofimov: K 100-letiju Morozovskoj stački, *IS* (1985), No. 1, S. 87-94.

[79]Orechovo-Zuevskij okrug, S. 52, 53. Dazu auch *Na barrikadach revoljucii*, Orechovo-Zuevo 1927 sowie *Gorod na Kljaz'me. Kniga o slavnych, revoljucionnych, boevych i trudovych tradicijach trudjaščichsja Orechovo-Zueva*, Moskva 1977, S. 5, 6, 22, 47, 50, 57, 61, 65/66.

[80]*Gorod na Kljaz'me*, S. 14, 26, 18, mit ausführlichen Zitaten aus den gesammelten Werken Lenins.

[81]Diese bereits im Mittelalter entstandene Kreisstadt, 113 km südöstlich von Moskau gelegen, zählte 1926 35000 Einwohner, 1939 waren es 85000. Schon im 19. Jahrhundert entwickelte sich Kolomna zu einem bedeutenden textilindustriellen Zentrum. Vgl. *Goroda Rossii*, S. 204-207.

brik der Bezirksstadt[82]. Weitere bedeutende Textilstandorte waren Ozery[83] und Zarajsk[84], ferner war Bronnicy als Handelszentrum von Bedeutung[85]. Was die Landwirtschaft des Bezirks betrifft, so zeigte sie sich hauptsächlich in Getreide- und Kartoffelanbau sowie in der Milchproduktion, vor allem in einem Versorgungsgürtel um die Städte Kolomna und Zarajsk[86].

Der Bezirk „Serpuchov“ schließlich, mit seinen acht überwiegend agrarisch strukturierten *rajony*[87], umfaßte an Städten und industriell geprägten Siedlungen neben der gleichnamigen Hauptstadt vor allem die durch das Kohlekraftwerk und die Radiostation regional bedeutsame Kleinstadt Kašira[88], die Stadt Tarussa[89], die aufstrebenden „Industriedörfer“ Proletarskij[90], Lopasnja[91] sowie das ländliche Torfabbauzentrum Vysokoniči[92]. Noch im Wirtschaftsjahr 1927/28 vollzog sich auf dem Gebiet des späteren Serpuchover *okrug* planungsgemäß 85,1% der volkswirtschaftlichen Wertschöpfung im industriellen Bereich, in der Landwirtschaft waren es nur 25,4%, obwohl die Mehrheit der Bevölkerung im agrarischen Sektor tätig war. Das wichtige politische und Wirtschaftszentrum Serpuchov war, wie Orechovo-Zuevo, Kolomna und andere Städte von einem Versorgungsgürtel landwirtschaftlicher Betriebe umgeben, die der Stadt vor allem Milch und Gemüse lieferten. Die Textilindustrie war nach ihrem Anteil am volkswirtschaftlichen Ge-

---

[82]*Otčet kolomenskogo uezdnogo ispolnitel'nogo komiteta soveta rabočich, krest'janskich i krasnoarmejskich deputatov za 1926/27 i 1927/28 gg.*, Kolomna 1929, S. 54. Zur industriellen Entwicklung Kolomnas seit dem 19. bis in die 30er Jahre des 20. Jahrhunderts vgl. ausführlicher M.V. Fechner: *Kolomna*, Moskva 1966, S. 41-118; E. Golubeva, A. Guzov: *Putevoditel' po Kolomne*, Moskva 1970, S. 26-35.

[83]Diese 155 km südöstlich von Moskau befindliche kleine Kreisstadt, traditionelles Textilzentrum, zählte 1926 14100, 1939 nicht mehr als 23000 Einwohner. 1925 erhielt die bisherige Arbeitersiedlung den Status einer Kreisstadt. Vgl. *Goroda Rossii*, S. 325; *Materialy po rajonirovaniju*, S. 20.

[84]1926 besaß die 126 km südöstlich von Moskau gelegene Kleinstadt 11800, 1939 erst 17200 Einwohner, vgl. *Goroda Rossii*, S. 143/144; *Materialy po rajonirovaniju*, S. 20. 1929 wohnten in Zarajsk demzufolge ca. 13000 Menschen.

[85]Die im Kreis Ramenskoe, 52 km südöstlich der Hauptstadt gelegene kleine Stadt umfaßte 1926 nicht mehr als 3800, 1939 erst 6100 Einwohner; *Goroda Rossii*, S. 56.

[86]*Materialy po rajonirovaniju*, S. 20.

[87]Ibid., S. 185.

[88]Als Rajonzentrum 115 km südlich von Moskau am linken Ufer der Oka gelegen (mittelalterliche Gründung), zählte diese schon in den zwanziger Jahren wegen des genannten Kohlekraftwerks bekannte Kleinstadt 1959 erst 22000 Einwohner. *Goroda Rossii*, S. 184/85.

[89]25 km südwestlich von Serpuchov gelegen; *Materialy po rajonirovaniju*, S. 71. 1926 besaß das Städtchen erst 1900 Einwohner. Tarussa (später Tarusa) bekam in den zwanziger Jahren vor allem Bedeutung als Zentrum des Kunsthandwerks, auch entwickelte sich bereits Ende des 19. Jahrhunderts lederverarbeitende und Baustoffindustrie, *Goroda Rossii*, S. 459.

[90]Ca. 20 km nördlich der Kreishauptstadt Serpuchov gelegen; vgl. *Moskovskaja oblast'. Topografičeskaja karta*, o.O. 1994. Karte S. 36.

[91]Noch im 19. Jahrhundert wandelte sich der Ort, zunächst Dorf, zur Textilarbeitersiedlung. Diese, 77 km südlich von Moskau gelegen, umfaßte 1959 erst 19000 Einwohner. Die Siedlung wurde 1954 in Čechov umbenannt, vgl. *Goroda Rossii*, S. 243, 518.

[92]Der Ort liegt etwa 30 km westlich von Serpuchov. *Moskovskaja oblast'. Topografičeskaja karta*, S. 2.

samtproduktionssausstoß auch in diesem Bezirk der dominante Wirtschaftszweig. Sie konzentrierte sich allerdings im wesentlichen auf die Stadt und den Kreis Serpuchov[93].

Die Abschaffung der „Bezirke" zugunsten einer Aufwertung der „Kreise", und, wie es amtlich hieß, im Interesse „der Vereinfachung des Apparats, des entschiedenen Kampfes mit dem Bürokratismus und einer noch größeren Einbeziehung der breiten Arbeiter- und Bauernmassen in die praktische Arbeit der Räte" am 23. Juli 1930[94] änderte die hier beschriebene wirtschaftsgeographische Situation des *podmoskov'e* nicht, im übrigen auch nicht die spätere Verkleinerung der *oblast'* zunächst um das nördliche Territorium des ehemaligen Gouvernements Tver' (1935), dann zusätzlich um die ebenfalls 1929 erworbenen Kreise der einstigen Gouvernements Rjazan', Tula und Kaluga (1937)[95].

Die 99 km südlich von Moskau gelegene Textilstadt Serpuchov[96] ist für eine Untersuchung im Sinne des Themas besonders geeignet, weshalb ihr in der Studie auch eine herausgehobene Position zugewiesen wird: Erstens hat schon die Materialerhebung in den Moskauer Archiven gezeigt, daß die soziale und berufliche Schichtung der Stadtbevölkerung im gegebenen Zeitraum noch durchaus heterogen war, was auf der Grundlage einer hervorragenden Materiallage[97] einen mehrdimensionalen Ansatz zur Erforschung der jeweiligen Situation der einzelnen verfolgten innerstädtischen sozialen bzw. Berufsgruppen der *lišency* ermöglicht: Sowohl die vom Regime als führende Klasse angesehenen Arbeiter und Angestellten im nationalisierten industriellen Sektor und in den Sowjetbehörden als verkappte „ehemalige Leute"[98] bzw. mit den verfolgten Gruppen sympathisierende Oppositionelle als auch die Vertreter der städtischen „Bourgeoisie"[99] treten als repressierte *personae non gratae* gleichermaßen in den Blickwinkel der Analyse. Außerdem erlaubt die Aktenlage auch eine besonders detaillierte Bewertung der Verfolgung von Religionsgemeinschaften sowie einzelner sog. „Diener religiöser Kulte", wie es im Amtsrussisch hieß. Hierbei ist die Tatsache von Belang, daß Serpuchov auch Bischofssitz mit zahlreichen Kirchen und Klöstern war[100].

---

[93] *Materialy po rajonirovaniju*, S. 21, 22.

[94] O likvidacii okrugov, *SZ* 1930, No. 37, st. 400.

[95] Vgl. Art. „Moskovskaja oblast'", unter „Ėkonomičeskoe rajonirovanie oblasti", in: *BSĖ*, Moskva 1938, Sp. 431/32; dazu *Moskovskaja oblast' za 50 let*, S. 17.

[96] Im Wirtschaftsjahr 1928/29 umfaßte diese schon im Mittelalter gegründete Stadt 58000 Einwohner, vgl. *Materialy po rajonirovaniju*, S. 71. Schon vor der Revolution existierten hier 20 Textilfabriken und zwei lederverarbeitende Betriebe. *Goroda Rossii*, S. 421.

[97] Dazu weiteres im nachfolgenden Abschnitt 1.2.

[98] Gemeint sind jene in der Verfassung genannten Personengruppen, die gemäß den nachfolgend zu erörternden Wahlgesetzen von 1925/26 auch für ihre *ehemalige* berufliche Tätigkeit bzw. soziale Herkunft haften sollten.

[99] Es handelt sich um die in dem von der Verfassung von 1925 normierten Katalog oben unter Punkt 2. und 3. aufgeführten Personenkategorien, vgl. S. 7.

[100] Zur religiösen Infrastruktur Serpuchovs vgl. *Goroda Rossii*, S. 422.

Die erforschten Befunde stehen hier natürlich nicht für sich. Sie sollen Vergleichsgesichtspunkte zur Situation in den anderen Städten des *podmoskov'e* liefern.

Was die zeitliche Obergrenze des Themas betrifft, so gilt auch hinsichtlich der politisch motivierten Verfolgung der Personen ohne Wahlrecht die Orientierung an einer ersten Zäsur, die auf die Jahresmitte 1933 festzulegen ist. Jenes Geheimzirkular des Politbüros vom 8. Mai 33, das „das Ende der Massenrepressionen" verfügte und *UdSSR*-weit die Hälfte der in den Gefängnissen (nicht in den Lagern!) einsitzenden Gefangenen amnestierte[101], war der Beginn eines allgemeinen Verfolgungsrückgangs 1933/34. Dieser ist nach dem zu einer zusätzlichen Beruhigung der inneren Verhältnisse führenden 17. Parteitag vom Januar 1934 auch als das Ende eines ersten „Repressions-" bzw. „Terrorzyklus", ja sogar als Start einer „Dritten Revolution"[102] beschrieben worden. Hierbei steht die Ermordung Kirovs im Dezember 34 für den Beginn einer erneuten Repressionswelle[103]. Nach den parteiamtlichen Ankündigungen einer radikalen Kehrtwende in der repressiven *lišency*-Politik anläßlich des 7. Unionsrätekongresses im Februar 1935[104] wurden die gesetzlich festgelegten Kategorien der Personen ohne Wahlrecht dann durch die Bestimmungen der Verfassung von 1936 nun endgültig auch formal beseitigt[105].

Ein paar grundsätzliche Worte zur Stellung und den Wirkungsmöglichkeiten des Geheimdienstes und der Justiz 1928-34 sind im Rahmen dieser Einleitung dringend geboten. Der Staatssicherheitsdienst war mit seinem revolutionären „Klassenauftrag", die Feinde der sozialistischen Ordnung zu ermitteln und ding-

[101]Vgl. Werth, S. 200. Auch die gewaltsamen Deportationen von „Kulaken" und damit im Zusammenhang stehende Exzesse in den Dörfern wurden nach dieser Weisung untersagt; vgl. Peter H. Solomon: Local Political Power and Soviet Criminal Justice 1921-41, *SS* XXVII (1985), No. 3, S. 312/313 sowie dort Anm. 51. Nach dieser zentralen „Instruktion an alle Mitarbeiter der Partei und der Räte und alle Organe des *OGPU*, des Gerichts und der Staatsanwaltschaft" sollte infolge der vermeintlichen Lösung der Kulakenfrage nun auch eine Abkehr von der bisherigen Strafpolitik erfolgen. Demzufolge waren „Massenrepressionen" einzustellen und nur noch fallweise „gegen die aktiven Feinde der Sowjetmacht" auszuüben. Vgl. dazu das die Umsetzung der „Instruktion" einfordernde Geheimzirkular des Justizkommissars vom 3. Dezember 1933: Cirkuljar No. 51/c. Sekretno. Predsedateljam sudov, prokuroram kraev i oblastej, načal'nikam kraj/obl. UITU, NKJu ASSR. GARF, f. 1235, op. 141, d. 1507, l. 50.

[102]Dieser Begriff bei Solomon, S. 315, 318.

[103]Vgl. Werth, S. 200, 201.

[104]Molotov erklärte in der *Komsomol'skaja Pravda* anläßlich des Kongresses, daß die politisch motivierten Wahlrechtsbeschränkungen bzw. -entzüge „temporäre Maßnahmen" seien, die infolge der mittlerweile nicht mehr existierenden Bedrohung durch die alten ausbeuterischen Klassen schon bald entbehrlich sein würden. Vgl. Sheila Fitzpatrick: *Everyday Stalinism. Ordinary Life in Extraordinary Times. Soviet Russia in the 30s*, New York, Oxford 1999, S. 130.

[105]Art. 135 der Unionsverfassung von 1936 legte ausdrücklich fest, daß jeder Bürger, *unabhängig* von „sozialer Herkunft, Vermögenslage und früherer Tätigkeit", sein Wahlrecht ausüben dürfe. *Die Sowjetunion* (1), S. 290.

fest zu machen, „der treue Wächter der proletarischen Diktatur“[106] und somit „Schild und Schwert“ der Partei. Es liegen bisher keine Belege dafür vor, daß der Geheimdienst im Rahmen seiner konkreten Tätigkeit bewußt gegen die Partei arbeitete. Dies mußte auch schwerfallen, denn dem *OGPU* war bei jeder Organisationseinheit, wie bei allen Betrieben und Behörden, eine „Zelle“ (*jačejka*) der Partei angegliedert. Das bedeutet aber auch, daß jede örtliche Dependance der bis 1934[107] beim Rat der Volkskommissare der *UdSSR* als selbständige Behörde angesiedelten zentralen Leitung des Dienstes nur so stark oder so schwach wie die jeweils zugeordnete Parteiorganisation war. Erwies sich diese als träge und erfüllte ihren vorgegebenen Auftrag nur sehr bedingt, so hatte dies selbstverständlich auch seine Auswirkungen auf die politische Verfolgungspraxis, in die die *lišency* einbezogen waren[108]. Der Geheimdienst war tatsächlich nicht mehr als „der bewaffnete Teil der Partei“[109]. Es wird im Verlauf der Untersuchung zu zeigen sein, ob und in welcher Stadt des *podmoskov'e* von einer vergleichsweise schwachen, mit wenig Autorität ausgestatteten *OGPU*-Organisation aufgrund einer gleichfalls inaktiven und desinteressierten lokalen Parteiführung ausgegangen werden kann.

Grundsätzlich ist zu konstatieren, daß der Dienst seit der zweiten Hälfte der 20er Jahre einen zunehmenden Machtzuwachs erfuhr, und zwar ganz legal auf dem Wege der Kompetenzzuweisung durch die entsprechenden, vom Rat der Volkskommissare der *UdSSR* bzw. der *RSFSR* oder den zentralen Vollzugskomitees erlassenen gesetzlichen Bestimmungen[110]. Diese wurden dann von der

---

[106]Vgl. etwa das Protokol einer gemeinsamen Festsitzung der Plenen des Stadtvollzugskomitees, des städtischen Gewerkschaftsrates, der gesellschaftlichen Organisationen sowie ausgewählter Arbeiter aus verschiedenen Betrieben der Stadt Orechovo-Zuevo vom Dezember 1931 anläßlich des 14-jährigen Bestehens der *VČK/(O)GPU*; Protokol No. 6 ob-edinennogo zasedanija plenumov Gorrajispolkoma, Gorrajprofsoveta s učastiem obščestvennych organizacij i rabočich fabrik i zavodov, 21 dekabrja 1931 g., CGAMO, f. 5700, op. 1, d. 42, l. 62; sowie T. Samsonov: 12 let VČK-OGPU, *Pravda*, No. 300 (4434), 20 dekabrja 1929 g., S. 5.

[107]Am 10. Juli 1934 wurde das *OGPU* nun als „Hauptverwaltung für Staatssicherheit“ in das „Volkskommissariat für innere Angelegenheiten“ inkorporiert. *SZ* 1934, No. 36, st. 283.

[108]Zur Stellung der Personen ohne Wahlrecht im „System“ der *OGPU*-Verfolgung weiteres im folgenden.

[109]Zu dieser Formulierung auf der Basis einschlägiger Quellen S.A. Kislicyn: Archivnosledstvennye dela OGPU-NKVD kak istoričeskij istočnik izučenija ėvoljucii bol'ševistskoj političeskoj ėlity v 20-30 gg., *IVUZ. Severo-kavkazskij region* (1995), No. 1, S. 46.

[110]In der grundlegenden Vorschrift über die Rechte des Geheimdienstes vom 24. März 1924 war festgelegt, daß die Organe des *OGPU* vor allem Wirtschaftsstraftaten und Schmuggel, aber auch die Teilnahme an „konterrevolutionärer Tätigkeit, Spionage und anderen Arten von Staatsverbrechen gemäß Art. 57-73 des Strafgesetzesbuches der RSFSR“ zu ahnden hatten, allerdings nur nach Anhörung des Beklagten und Billigung des Staatsanwalts. Vgl. Položenie o pravach obedinennogo gosudarstvennogo političeskogo upravlenija v časti administrativnych vysylok, ssylok i zaključenija v koncentracionnyj lager', in: *Lubjanka. VČK - OGPU - NKVD - NKGB - MGB - MVD - KGB 1917-1960. Spravočnik*. Sost.: A.N. Kokurin, N.V. Petrov, Moskva 1997, S. 179-181. Am 15. Juni 1927 erhielt das *OGPU* vermehrte Rechte gegenüber „Weißgardisten, Konterrevolutionären, Spionen und Banditen“ in den Grenzgürteln des Unionsgebiets im außergerichtlichen Verfahren. Die Tägigkeit des Dienstes in diesen Sonderzonen ging weit über den Grenzschutz im engeren Sinne hinaus, vgl. Položenie ob ochrane gosudarstvennych granic Sojuza SSR, *SZ* 1927,

Moskauer Leitstelle in interne Instruktionen umgesetzt. So kam es auch zur Einrichtung sog. „geheimer Sektoren“ beim Moskauer Gebietsvollzugskomitee und den Räten der einzelnen Städte Ende 1928. Die neuen Planstellen waren dem *OGPU* etatmäßig zugewiesen, dessen „Spezialabteilung“ die Arbeitsordnung erließ und für sich Kontrollrechte reklamierte[111]. Ferner erhielt der Geheimdienst zunehmend unmittelbare Mitentscheidungsbefugnisse bei der Arbeit verschiedener örtlicher Kommissionen im zivilen und militärischen Bereich (etwa in Paß-, betrieblichen Einstellungs- sowie Rekrutierungskommissionen)[112].

Die entsprechenden Anklagen und Verfahren der Staatssicherheitsorgane folgten standardmäßig dem Art. 58 Absatz 10, unter Bezug auf Absatz 2 und 9 des Strafgesetzbuches der *RSFSR*[113], obwohl sich die Anklage an einer Bestrafung ausschließlich im *außergerichtlichen* Verfahren orientierte. Das Strafgesetzbuch diente lediglich als formale Rechtsgrundlage. Dabei ging es jeweils aber nur um einen Straf*antrag.* Der einzelne städtische „Bevollmächtigte“ besaß im gesamten Untersuchungszeitraum, wie auch später, nicht das Recht zur *eigenverantwortlichen* außergerichtlichen Bestrafung. Jeder Strafantrag mußte der *OGPU*- bzw. *NKVD*-Zentrale in Moskau zugeleitet werden. Nach einem internen *OGPU*-Zirkular vom 10. Oktober 1929 sollten auf der Ebene der Republiken, Provinzen und Gebiete spezielle Dreierkollegien, die berüchtigten *trojki,* abgeschlossene Ermittlungssachen der städtischen Geheimdienstfilialen „vorläufig“ begutachten und entscheiden. Das letzte Wort hatte die in dieser Beziehung bisher allein zustän-

---

No. 62, st. 625. Dies sollte sich nach einer Entscheidung der Parteifraktion des *CIK* vom Frühjahr 1930 dann ausdrücklich auch auf die Verfolgung von „Kulaken“ beziehen; Protokol No. 18 zasedanija frakcii VKP(b) Prezidiuma Central'nogo Ispolnitel'nogo Komiteta Sojuza SSR. Ot 13 aprelja 1930 goda. CGAMO, f. 2157, op. 5, d. 73, l. 20. Eine Entscheidung des *CIK* vom Juni 1929 bestätigte ferner eine zuvor ergangene *VCIK*-Verfügung, derzufolge das *OGPU* „besonders bösartige Verbrecher und unverbesserliche Wiederholungstäter“ nach Verbüßung ihrer Strafe nicht entlassen mußte, sondern „in ein Konzentrationslager oder in entfernte Gegenden“ verbannen konnte. Priloženie k protokolu No. 1 zasedanija Sekretariata Central'nogo Ispolnitel'nogo Komiteta Sojuza SSR. Ot 7-go ijunja 1929 goda, CGAMO, f. 2157, op. 5, d. 91, l. 63. 1932 wurde dem Geheimdienst auch die Miliz unterstellt. Vgl. *SZ* 1932, No. 84, st. 518, 519. Zur Entwicklung der starken rechtlichen Stellung des *OGPU* und der Erweiterung seiner Kompetenzen vgl. auch Schröder, *Industrialisierung*, S. 186-197.

[111]Vgl. Položenie o sekretnoj časti Prezidiuma Moskovskogo Soveta RK i KD. 16/XI-28 g. CGAMO, f. 2157, op. 5, d. 6, ll. 261, 262.

[112]Dazu Schröder, *Industrialisierung*, S. 186ff. Die nachfolgende Studie wird hierfür illustrative Beispiele im Zusammenhang mit der Verfolgung der städtischen *lišency* aufzeigen.

[113]Art. 58/10 stellte „Propaganda oder Agitation“ als „Aufruf zum Sturz, zur Unterwanderung oder Schwächung der Sowjetmacht oder zur Verübung einzelner konterrevolutionärer Verbrechen“ (beschrieben in Absatz 2 und 9 als bewaffneten Wider- bzw. Aufstand mit offen antisowjetischer Zielsetzung, Anschläge auf öffentliche Objekte, Verkehrswege, Wasserleitungen etc. zur Destabilisierung der staatlichen Ordnung), auch in öffentlicher Verbreitung einschlägiger Schriften, unter Strafe. Diese sollte im Regelfalle sechs Monate Gefängnis betragen. Bei provozierten „Massenunruhen“ konnte allerdings auch die „höchste Maßnahme des sozialen Schutzes“, die Sanktion der Erschießung, verhängt werden. Vgl. *Ugolovnyj kodeks RSFSR. Oficial'nyj tekst s izmenenijami na 1 ijulja 1950 g. i s priloženiem postatejno-sistematizirovannych materialov*, Moskva 1950, S. 37/38, 41/42 [Basistext nach der Fassung vom 22. November 1926].

dige sog. „Sonderkonferenz" (*osoboe soveščanie*) bei der Moskauer Zentrale mit dem Recht zur Verhängung einer dreijährigen „Verbannung" (*ssylka*) oder „Ausweisung" (*vysylka*)[114] in ein bestimmtes, meist weit entferntes Verwaltungsgebiet[115]. Die „Verbannung" sollte ausdrücklich auch den Verlust des Wahlrechts zur Folge haben[116]. De facto erfolgte ein derartiger Wahlrechtsverlust gemäß dem entsprechenden Paragraphen des Wahlgesetzes von 1926[117] jedoch nicht nur bei den „Verbannten", sondern auch bei den „Ausgewiesenen", worauf die Leiterin der sog. „Hilfe für politische Gefangene"[118], Ekaterina Pavlovna Peškova, in ihrer Korrespondenz mit Hilfesuchenden ausdrücklich hinwies[119].

Laut einer *OGPU*-Weisung vom 7. April 1931 sollten die *trojki* über die aus den lokalen Stellen zugesandten Strafanträge zwar formal weiterhin „vorläufig" im außergerichtlichen Verfahren entscheiden, der Beschluß wurde jedoch endgül-

---

[114]In einer internen Instruktion der *OGPU*-Leitung in Moskau vom 11. Januar 1930 wurde genau zwischen diesen beiden Maßnahmen unterschieden. Danach durfte eine „Ausweisung" aus dem heimischen Verwaltungsgebiet, etwa einer *oblast'*, auf drei Jahre verfügt werden. Der „Ausgewiesene" konnte seinen neuen Wohnort selbst wählen, wobei eine ganze Liste speziell festgesetzter, für den Delinquenten verbotener Städte und Regionen zu berücksichtigen war. Außerhalb dieser Zonen durfte er sich frei bewegen, konnte jedoch den gewählten Ort vor Ablauf der Strafe nicht verlassen und hatte sich alle 3-14 Tage bei der örtlichen Miliz zu melden. Der „Verbannte" hingegen, wurde in einem Zwangstransport zu dem von ihm nicht selbst bestimmten neuen Wohnort verbracht. Er besaß dort nur Bewegungsfreiheit im Umkreis von drei Kilomentern. Eine Flucht sollte mit drei Jahren Konzentrationslager bestraft werden. Vgl. Instrukcija po primeneniju Položenija o ssylke i vysylke, primenjaemych postanovleniem Osobogo Soveščanija pri OGPU. Vgl. CAFSB, vnutr. op. T. I, d. 21, ll. 41, 42.

[115]Cirkuljar OGPU ob obrazovanii troek dlja predvaritel'nogo rassmotrenija zakončennych sledstvennych del, No. 239/CK. Ibid., d. 20, ll. 37-39. Die Festsetzung des Strafmaßes bezüglich der „Ausweisung" oder „Verbannung" durch das *OGPU* aus der heimischen *oblast'* oder einer Stadt auf höchstens drei Jahre war nicht neu, im Gegensatz zur Institution der *trojki*. Bereits in der Verfügung des *CIK* vom 24. März 1924 über die Rechte des *OGPU* im Zuge solcher Maßnahmen war eine derartige zeitliche Begrenzung festgesetzt. Vgl. Položenie o pravach ob-edinennogo gosudarstvennogo političeskogo upravlenija v časti administrativnych vysylok, ssylok i zaključenija v koncentracionnyj lager', in: *Lubjanka*, S. 179.

[116]Instrukcija po primeneniju Položenija o ssylke i vysylke, CAFSB, vnutr. op. T. I, d. 21, l. 42.

[117]Dazu unten S. 42.

[118]Die „Hilfe für politische Gefangene" war eine Unterorganisation des sowjetischen Roten Kreuzes.

[119]E.P. Peškova an den Zwangsverschickten R.Ja. Kovalenko am 10.IX.1928. GARF, f. 8409, op. 1, d. 276, l. 188. Peškova bemängelte gegenüber dem *VCIK* den ungerechten Charakter der genannten Wahlrechtsbestimmung, der sich darin zeige, daß es „außerordentlich viele Kategorien" von administrativ verschickten Personen gebe, darunter Leute, denen „bloß der Verbleib in der Hauptstadt verboten", oder „außerordentlich nützliche" Arbeitskräfte, deren Wahlrechtsentzug vollkommen unnötig sei. Auch die „Ausweisung" per Gerichtsbeschluß habe ja einen Verlust des Wahlrechts nur dann zur Folge, wenn das Gericht dies ausdrücklich verordne. Deshalb bat Peškova das *VCIK*, wegen der großen Interpretationsmöglichkeiten bei der Anwendung des Gesetzes dieses angesichts der Verschiedenartigkeit der betroffenen Gruppen zu präzisieren und den „Ausgewiesenen" im Gegensatz zum „Verbannten" das politische Wahlrecht zu belassen. Vgl. E.P. Peškova. Pomoč' političeskim zaključennym. No. 1700, 28/IV-31 g. V Prezidium VCIK RSFSR. Ibid., d. 1076, l. 1. Die Eingabe hatte, wie zu erwarten, keinen Erfolg.

tig, wenn kein Staatsanwalt Beschwerde einlegte[120]. De facto verband sich so mit dem nicht unerheblichen Machtzuwachs der *trojki* eine Dezentralisierung auf dem Wege der Kompetenzdelegierung, eine Folge des durch die zunehmende Vergrößerung des Verfolgungsvolumens gegebenen Zwangs zu einer rationelleren und effektiveren Arbeit.

Mißbräuche und überzogene Ausnutzung der Entscheidungsspielräume seitens sowohl der *trojki* als auch der einzelnen örtlichen Bevollmächtigten und ihrer Vollzugsorgane lassen sich nicht zuletzt aufgrund der Akten der „Hilfe für politische Gefangene" gut dokumentieren. Auch diesbezüglich klagte deren Leiterin in den Jahren 1929-30 wiederholt über Fehlgriffe und Gesetzesbrüche der Geheimdienstbeauftragten. Diese betrieben oder begünstigten offensichtlich im Falle der Verbannten die Aberkennung nicht nur der politischen, sondern auch der bürgerlichen Rechte, wie z.B. des Rechts auf Arbeit, Nahrungserwerb, kostenlose Gesundheitsfürsorge, Bildung und gesellschaftlich nützliche Unterhaltung. Die „Verbannten" würden auch zu illegaler Zwangsarbeit verpflichtet. Dadurch gerieten die Betroffenen in eine ausweglose, z.T. lebensbedrohliche Sitution[121]. Zahlreiche Familienangehörige von Delinquenten wurden gleich ebenfalls auf Etappe geschickt, obwohl ihr einziges Vergehen darin bestand, die Verwandten (gerade auch Ehepartner) der Verschickten zu sein[122]. Viele Verfolgte aus den Städten des Moskauer Gebiets wie auch anderen Regionen klagten bei der Dienststelle Frau Peškovas darüber, gar nicht zu wissen, was man ihnen eigentlich zur Last lege[123]. Am 1. September 1931 erging eine vom Staatsanwalt sowie dem *OGPU*-Vertreter des Moskauer Gebiets ausgearbeitete Weisung des Volkskommissariats für Justiz der *RSFSR* an alle örtlichen Stellen der Staatsanwaltschaft und des Geheimdienstes im Moskauer Gebiet, bei sämtlichen, wie es hieß, „ohne Grund" verhafteten Bürgern ein sofortiges Haftentlassungsverfahren einzuleiten[124]. Die *OGPU*-Führung reagierte auf die Amtsmißbräuche der örtlichen Kader mit Befehlen und Weisungen, z.T. verbunden mit Strafandrohungen. Als Folge wurde 1933 die direkte Aufsicht der Staatsanwaltschaften über die Arbeit der *trojki* gestärkt und die Machtposition der letzteren durch Kompetenzentzug geschwächt, da für spezielle Aufgaben jeweils besondere weitere *trojki* geschaffen wurden. Dabei nannte

---

[120]Cirkuljar OGPU ob organizacii troek PP dja predvaritel'nogo razbora sledstvennych del, No. 127, CAFSB, vnutr. op. T. I,. d. 27, ll. 65-66.

[121]Vgl. z.B. E.P. Peškova, No. 100, 16/II-29 g., in der Anlage zu den Bitten zweier aus Moskau verbannter Bürger an die Führung des *OGPU*. GARF, f. 8409, op. 1, d. 406, l. 28; zu den Briefwechseln Peškovas zugunsten anderer derart betroffener Verbannter: V Prezidium OGPU, No. 593, 15/XI-29 g., ibid., l. 90; dies.: V Prezidium OGPU, 20/X-30 g., ibid., d. 547 [ohne Blattzählung] sowie Vyderžka iz pis'ma političeski vyslannogo v g. Tver', ibid., l. 130.

[122]E.P. Peškova. V Prezidium VCIK, 24/XII-29 g., ibid., l. 64.

[123]Vgl. Fälle aus den Städten des *podmoskove'*, so aus Serpuchov, Bogorodsk, Podol'sk, Zvenigorod, Kolomna, in: Perečen' zajavlenij političeskich ssylnych i zaključennych administrativnym raspredeleniem po postanovleniju osobogo soveščanija OGPU. 1929. Ibid., d. 408, ll. 57, 87, 98, 184, 211.

[124]Cirkuljar No. 47c. Vsem načal'nikam opersektorov, gorotdelenij i rajupolnomočennym PP OGPU MO. Vsem prokuroram sektorov i rajonov Moskovskoj oblasti, ibid., f. 1235, op. 141, d. 997, l. 69.

das entsprechende Zirkular nun unter Verweis auf die bisher uneinheitliche, willkürliche Praxis[125] die Personen ohne Wahlrecht ausdrücklich unter den zu verfolgenden „Personenkategorien". Bei einem Verstoß gegen das neue Paßgesetz waren „Lišency, Kulaken und Entkulakisierte" in die „Sondersiedlungen" (*specposelki*) des *OGPU* zu verbringen[126]. Unter den „Entkulakisierten" (*raskulačennye*) sollten ausdrücklich auch Werktätige in den städtischen Industriebetrieben, die vom Lande stammten, inbegriffen sein. Sie blieben aufgrund ihrer Vergangenheit in den Augen der Staatssicherheitsorgane weiter „Kulaken" und waren als solche zu behandeln[127]. So konnte das *OGPU* nun auch ganz legal ein Strafrecht gegenüber diesen „Ehemaligen" als Personen ohne Wahlrecht wahrnehmen[128].

Die Übertragung der Strafkompetenzen des Dienstes auf mehrere Dreierkollegien[129] und die damit verbundene bürokratische Zersplitterung der Machtstruktur des *OGPU* war jedoch mit dem auf schnelle Ausführung im Rahmen des militärischen Kommandosystems ausgerichteten Arbeitsprinzip unvereinbar. Die Reorganisierung des Dienstes als „Hauptabteilung für Staatssicherheit" im Ver-

---

[125]Vgl. Prikaz OGPU, No. 00213, 19/VI-1933 g.: Ob opredelenii social'nogo položenija lic, privlečennych organami OGPU po sledstvennym delam. CAFSB, vnutr. op. T. I., d. 50, l. 140.

[126]Nach dem *OGPU*-Zirkular vom 13. August 1933 sollte zur Aburteilung von Personen, die sich nach dem Dezember 1932/Januar 1933 eingeführten Paßregime eigenmächtig in den für sie laut Paßeintrag verbotenen Orten niederließen und nicht bereit waren, diese Gegenden wieder zu verlassen, eine dieser *trojki* eingesetzt werden. Das Zirkular schrieb vor, die jeweils für eine *oblast'* zuständige *trojka* mit den Leitern der Miliz, der Paß- sowie der geheimdienstlichen Operativabteilung zu besetzen. Es lag nun am Staatsanwalt als beim *OGPU* tätiges Aufsichtsorgan, die Strafmaßnahmen binnen 24 Stunden zu befürworten. Eine verbindliche Entscheidung der *trojka* über die Zwangsaussiedlung hatte im Verlauf von 48 Stunden zu erfolgen. Vgl. Cirkuljar OGPU, No. 96. PP OGPU i Prokuroram po nadzoru za PP OGPU. Ibid., d. 53, l. 149.

[127]Vgl. Prikaz OGPU, No. 00213, 19/VI-1933 g. Ibid., d. 50, l. 141. Ausführlicher zu diesem Befehl unten S. 191/192.

[128]A.Ja. Vyšinskj bemängelte noch am 22. Juni 1931 als Staatsanwalt der *RSFSR* in einem geheimen Zirkular an alle Staatsanwälte „Überspitzungen" (*peregiby*) bei den Zwangsaussiedlungen der „Kulaken" bzw. derer, die als solche eingestuft würden. Sie unterlägen häufig nur aufgrund des formalen Umstands eines Verlusts ihres Wahlrechts gewissermaßen mechanisch der Zwangsaussiedlung. Dies sei ungesetzlich. Vorher müsse in jedem Einzelfall genau die jeweilige ökonomische Situation des Wirtschaftsbetriebs überprüft werden. Entscheidend sei, ob es sich um einen Betrieb mit „ausbeuterischem Charakter" handele. Cirkuljar, sekretno. No. 34/c. Vsem kraevym i oblastnym prokuroram, prokuroram avtonomnych respublik i respublik SSR. GARF, f. 1235, op. 141, d. 997, l. 59.

[129]So wurden am 21. Mai 1933 zur Entscheidung über die Kontingente der Delinquenten sowie die Anzahl der einer Zwangsaussiedlung in die „Arbeitssiedlungen" des *OGPU* unterliegenden Familien weitere lokale *trojki* (bis hinunter zur Ebene der *oblasti*) eingesetzt. Hierbei ging es nur um gesunde unter 60 und über 18 Jahre alte Gefangene, die gerichtlich zu einer Haftstrafe von drei bis fünf Jahren, und zwar nicht für politische (etwa konterrevolutionäre) Delikte, verurteilt worden waren. Die „Diener religiöser Kulte" als Untergruppe der *lišency* sowie Sektengruppen waren ausdrücklich ausgenommen, nicht jedoch diejenigen Familienmitglieder der Betroffenen, die nach ihrer „sozialen Lage" als „Kulaken" eingestuft werden mußten und ihr Wahlrecht durch die Lebens- und Wirtschaftsgemeinschaft mit dem verurteilten Familienoberhaupt eingebüßt hatten! Pravila otbora i napravlenija zaključennych i členov ich semej v trudposelki OGPU. CASFB, vnutr. op. T. I, d. 48, ll. 134, 135.

bund des „Volkskommissariats für innere Angelegenheiten" (NKVD) im Jahre 1934 war insofern eine dringende Konsequenz[130]. Die örtlichen *NKVD*-Stellen hatten einerseits fortan die von ihnen untersuchten Fälle, auch die „konterrevolutionären", an die ordentlichen bzw. Militärgerichte zu überweisen, andererseits sollte nun die erneut einzusetzende „besondere Versammlung" im außergerichtlichen Verfahren über Strafen der Verbannung, Ausweisung, Verschickung in die Lager oder Ausbürgerung entscheiden. Hierbei durfte sie eine Sanktion von nicht nur drei, sondern bis zu fünf Jahren verhängen[131]. Aber schon 1935 wurden nach einem *ZK*-Beschluß vom Oktober 1934 in internen Befehlen und Anweisungen des Innenkommissars abermals lokale *trojki* eingesetzt, die selbständig urteilen konnten, bei Einspruch des Staatsanwalts aber die Billigung der „Sonderkonferenz" einholen mußten[132]. So trat der Geheimdienst 1934/35 in eine bis zum „großen Terror" 1936-38 relativ kurze, von Bürokratisierung einerseits, und erheblichen, jedoch von oben beschnittenen bzw. regulierten Repressionsmöglichkeiten andererseits, gekennzeichnete Phase ein. Sie verbindet sich organisch mit der genannten Zäsur in der politisch motivierten Repressionspraxis[133].

---

[130]Die Reform vereinfachte indessen nicht die bürokratische Struktur der Organisation. Alle sieben operativen Abteilungen des *OGPU* blieben erhalten. Nur das „Gerichtskollegium" wurde abgeschafft. Für den Grenz- und Brandschutz, die Miliz sowie die oberste Leitung der „Besserungsarbeitslager" und „Arbeitssiedlungen" des *OGPU* wurden getrennte „Hauptverwaltungen" etabliert. Ferner bestanden eine Abteilung für Zivilangelegenheiten sowie eine „administrative und Wirtschaftsverwaltung". Ob obrazovanii obščesojuznogo narodnogo komissariata vnutrennych del, *SZ* 1934, No. 36, st. 283. Zum Vergleich mit der Struktur des *OGPU* s. *Lubjanka*, S. 10-13. Die Zuständigkeit für die Lager gelangte jedoch bereits im Oktober 1934 wieder in die Regie der „Hauptverwaltung für Staatssicherheit"; *Lubjanka*, S. 13.

[131]Ob obrazovanii obščesojuznogo narodnogo komissariata vnutrennych del [wie Anm. 130], Art. 8. Vgl. auch die konzise Darstellung bei Francesco Benvenuti: The 'Reform' of the NKVD, 1934, *EAS* 49 (1997), No. 6, S. 1044, 1045.

[132]Die *trojki* sollten einen Delinquenten, in der Regel innerhalb des seinem Wohnort zugehörigen Gebiets, der jeweiligen Provinz oder Autonomen Republik, für bis zu fünf Jahre verschicken oder verbannen dürfen. Prikaz Narodnogo Komissara Vnutrennych Del, No. 00192, 27/V-1935 g. Soveršenno sekretno. CASFB, vnutr. op. T. I, [ohne Faszikelzählung], l. 2. Neben gerichtlich Vorbestraften mit weiterem Kontakt zu ihrem kriminellen Milieu, Personen ohne festen Wohnsitz sowie Bettler unterlagen auch Leute, die gegen das Paßregime verstoßen hatten, also meist *lišency* (vgl. unten S. 169) der Aburteilung durch die *trojki*. Priloženie k prikazu NKVD SSSR, No. 00192. Instrukcija trojkam NKVD po rassmotreniju del ob ugolovnych i deklassirovannych ėlementov i o zlostnych narušiteljach položenija o pasportach. Soveršenno sekretno. Ibid, ll. 3, 4. Der Beschluß der *trojki* wurde rechtskräftig, wenn der Staatsanwalt nicht Einspruch erhob. Dessen Befugnisse wuchsen kurze Zeit später mit einem gemeinsamen Erlaß der Regierung und des *ZK* erheblich an: Seit dem 17. Juni 1935 durften sämtliche Verhaftungen nur noch mit Einverständnis des zuständigen Staatsanwalts vorgenommen werden - eine Reaktion auf die vielbeklagten Macht- bzw. Amtsmißbräuche der Dreierkollegien. Vgl. Postanovlenie Soveta Narodnych Komissarov Sojuza SSR i Central'nogo Komiteta VKP(b). Einen guten Monat später erfolgte die Durchführungsanordnung des Innenkommissariats und des obersten Staatsanwalts der *UdSSR*. Prikaz Narodnogo Komissara Vnutrennych Del SSSR i Prokurora SSSR, No. 00233, 19-go ijulja 1935 goda. Beide Texte ibid., d. 61, ll. 163, 164.

[133]Vgl. oben S. 16.

Auf der Ebene der *OGPU*-Leitung in Moskau waren mehrere Staatsanwälte als Kontrollorgane dauernd beim Geheimdienst tätig[134], bei den einzelnen sog. „Bevollmächtigten" der Staatssicherheit auf der Ebene der *oblasti* jeweils mindestens einer[135]. Infolge des Mangels an ausgebildeten Fachkräften und des Fehlens finanzieller Mittel war jedoch eine wirklich effektive Kontrolle nur sehr bedingt möglich. Dies lag an der außerordentlich schwierigen Situation, in der sich die Ankläger auf der Ebene der Kreise, Gebiete und Provinzen befanden. Das Moskauer Gebiet ist hier ein gutes Beispiel: Im November 1930 beklagte sich der leitende Gebietsstaatsanwalt beim Vorsitzenden des *Mossovet* über krassen Personalmangel und katastrophale Arbeitsbedingungen bei den einzelnen Stadt- und Kreisanklagebehörden wegen des Fehlens selbst der allernötigsten Arbeitsmittel. In seiner eigenen Zentralbehörde gebe es nicht einmal einen ständigen hauptamtlichen Leiter, und der einzige mit einer Planstelle ausgewiesene „Stellvertreter" sei ständig und ausschließlich mit der Aufsicht über die *OGPU*-Organe beschäftigt. Dabei handele es sich stets um die Prüfung der Verfahren im Rahmen der Ahndung „konterrevolutionärer", d.h. staatsfeindlicher Tätigkeit. Im Gebietsapparat stünden zwar 23 Mitarbeiter zur Verfügung, neun davon hätten wegen ihrer mageren juristischen Kenntnisse für die Behörde jedoch nur geringen Wert[136]. Von 145 Kreisstellen seien 17 vakant, 23 weitere arbeiteten nur mit provisorischen Kräften. Andere seien mit unerfahrenen jungen Arbeitern besetzt, die sich juristisches Wissen im Schnellverfahren angeeignet hätten (*vydvižency*) und den an sie gestellten Anforderungen nicht genügten[137]. Wieder andere würden von den Kreisparteiführungen entgegen den Weisungen des *MK* „auf Dauer" in die Dörfer abkommandiert, um die Getreiderequirierungen zu überwachen, oder hiel-

[134]Dies belegen die Akten der Geheimabteilung (*sekretnyj otdel*) des *ZK* anhand verschiedentlich dokumentierter Briefwechsel mit hochgestellten Amtspersonen, vgl. z.B. RCChIDNI, f. 17, op. 85, d. 432 (Dez. 1928), d. 434 (Jan. 1929), d. 437 (März/April 1929), d. 439 (Mai/Juni 1929).

[135]Vgl. die nachfolgenden Ausführungen.

[136]Über den Ausbildungsstand der bei der Gebietsstaatsanwaltschaft tätigen Mitarbeiter informiert ein Protokoll des Moskauer Gebietsorganisationsbüros des *ZK* vom 9. Juli 1929. Bei den neun vom Staatsanwalt genannten Fachkräften handelte es sich nach dieser Unterlage um Personen mit zwar höherer Bildung, die jedoch in einem „ nicht gesetzlichen" Ausbildungsgang (etwa im Zuge privater Schulung) erworben worden war. Selbst der stellvertretende Leiter besaß nur eine „mittlere" Ausbildung, ebenso wie drei weitere, z.T. leitende Angestellte. Über eine staatlich anerkannte höhere Bildung verfügten, so diese Quelle, lediglich acht Mitarbeiter. Sostav rabotnikov prokuratury v Moskovskoj oblasti, rajonach Moskvy i okrugach. Oblastnaja Prokuratura. Priloženie k protokolu No. 9 Orgbjuro CK MO ot 9/VII. 29 g. k p. 8. CGAMO, f. 2157, op. 5, d. 107, l. 134.

[137]Hier sei auf den Bildungsstand der Ankläger, und, falls vorhanden, auch deren Stellvertreter der vier für das *podmoskov'e* relevanten Bezirksstaatsanwaltschaften im Sommer 1929 verwiesen: Nach der zuvor zitierten Quelle des Gebietsorganisationsbüros des *ZK* besaß der für den Bezirk Moskau zuständige Anklagevertreter nur eine „mittlere" Ausbildung, sein Stellvertreter sogar nur eine „niedere". Der entsprechende Behördenleiter in Kolomna verfügte ebenfalls nur über eine „mittlere", seine Kollegen in Orechovo-Zuevo und Serpuchov beide lediglich über eine „niedere" Ausbildung. Sostav rabotnikov prokuratury (weiter wie die in Anm. 136 zitierte Quelle). Rabotniki okružnych kamer Moskovskoj oblasti. Ibid.

ten sich in Moskau zu Weiterbildungszwecken auf. Die einzelnen Stellen vor Ort seien so faktisch unbesetzt. Einige Kreisstaatsanwaltschaften müßten „ohne technisches Personal“ auskommen, da wegen chronischen Geldmangels nur unattraktive Gehälter gezahlt werden könnten, für die sich keine potentiellen Arbeitskräfte fänden. Die wenigen lokalen Mitarbeiter seien „völlig unerfahren“. Diese „völlig unnormale“ Situation mache es dringend erforderlich, daß der Personalbestand der Behörde aufgestockt und ein Fernhalten der einzelnen (lokalen) Staatsanwälte und anderen beteiligten Fachkräfte von ihrer eigentlichen Arbeit per Direktive verboten würde. Außerdem müsse „die Frage der Kreditierung des Apparats der Staatsanwaltschaft“ endlich reguliert werden[138].

Die mangelnde Zuweisung von Finanzmitteln an die Gebietsstaatsanwaltschaft seitens des hier zuständigen Justizkommissariats traf nach der Auflösung der Bezirke 1930 auch die anderen „Gebiete“ und „Provinzen“ (*krai*) der *RSFSR*. Die Kreis- und städtischen Staatsanwälte gerieten so vielfach unter den Einfluß der örtlichen Vollzugskomitees, die hier als Sponsoren auftraten und so die formale Unabhängigkeit des Staatsanwalts von den Behörden seines Dienstorts de facto aufhoben[139]. Eine derartige Abhängigkeit war um so problematischer, als es ja gerade zu den grundlegenden Aufgaben jedes örtlichen Staatsanwalts gehörte, die Einhaltung der Gesetze, Direktiven und Instruktionen von Partei und Regierung seitens der lokalen Räte zu überwachen[140].

Was die Moskauer Gebietsstaatsanwaltschaft anbelangt, so handelte diese Anfang der 30er Jahre - als Folge der Umbruchskrise - entweder entgegen den geltenden Direktiven besonders repressiv gegenüber bestimmten Gruppen, die einer Strafverfolgung in einem „mechanischen“, pauschalen Verfahren unterworfen wurden[141], oder verhielt sich im Gegenteil fallweise passiv, etwa beim „Kampf mit dem Verbrechen im Maschinenbau“, mit der häufigen Nichterfüllung des Industriefinanzplans durch örtliche Betriebe oder mit den ebenfalls häufigen Störungen der Arbeitsdisziplin. Hier wurden die gleichfalls oftmals untätigen Kreisstaatsanwälte nicht zu einer entsprechenden Aktivität angewiesen. Dies führte dem Justizkommissariat das in dieser Studie oft thematisierte Problem der „mangelnden Führung“ in einem System von Verantwortungslosigkeit (*obezlička*) der

---

[138]Im Zusammenhang mit letzterem betonte der Staatsanwalt, daß die örtlichen Ankläger und Untersuchungsrichter, soweit vor Ort anwesend, ohne ihre Familien sogar in „Heuschobern“ zu übernachten hätten, „ohne Wohnung, warme Kleidung und Geld“, das der Justizkommissar nicht zuweise. Vgl. Prokuror Moskovskoj Oblasti. Predsedatelju Mossoveta, t. Uchanovu. Ibid., ll. 34, 35.

[139]Vgl. Solomon, S. 310.

[140]Ibid. Vgl. auch die Betonung dieses Umstands, im besonderen bezogen auf die Kreis- und Gebietsstaatsanwälte, in einem Brief des stellvertretenden Anklägers beim Obersten Gericht der *UdSSR* vom 5. Oktober 1932 an die Kaderabteilung des *ZK*. V otdel kadrov CK VKP(B), tov. Kantolinskomu, lično. GARF, f. 8131, op. 9, d. 53, l. 1.

[141]Zu nennen ist die weitere Verfolgung der alten „Spezialisten“ durch die Gebietsstaatsanwaltschaft, obwohl nach der berühmten Rede Stalins vom Juli 1931 eine derartige Repression nunmehr parteiamtlich untersagt war. Vgl. dazu Protokol No. 593/26 zasedanija kollegii NKJu RSFSR ot 11-go dekabrja 1931 g., ibid., d. 30, l. 115.

Gebietsanklagebehörde gegenüber den untergeordneten Stellen vor Augen[142]. Trotz dieser und noch weiterer Mängel hatte sich die Moskauer Strafverfolgungsinstanz nach dem Willen der übergeordneten Stelle dennoch „in kürzester Frist" zu einer „Vorzeigestaatsanwaltschaft" zu wandeln, beispielhaft für die Anklagebehörden der anderen *oblasti*[143]. Wie schwierig ein solcher hoher politischer Anspruch einzulösen war, zeigt auch der höchst bedenkliche Umstand, daß offensichtlich besonders die Kreisstaatsanwaltschaften, aber auch die vorgesetzte Instanz, oft gar keine regelmäßigen amtlichen Kontakte zu den Gerichten, Untersuchungsrichtern und anderen Behörden am Ort pflegen *wollten*, sondern „jeder auf seiner Linie" für sich arbeitete[144]. Die vorliegende Untersuchung wird zeigen, wie sich diese „ererbten", nunmehr im politischen Umbruch aber weit problematischeren Funktionsmängel auf die Verfolgung der *lišency* in den Städten des *podmoskov'e* auswirkten und so zu einem besonderen Problem der Beherrschungskapazitäten des Regimes wurden.

In noch stärkerem Maße als die Staatsanwälte waren die Mitglieder der „Volksgerichte" in den einzelnen Kreisen und Städten ohne fachliche Vorbildung und auch politisch oft kaum gebildet. Noch im Sommer 1932 besaßen nur 4,8% aller „Volksrichter" der *RSFSR* eine juristische Fakultas der höheren Lehranstalten (*vuzy*), 49,3%, also fast die Hälfte, hatte keinerlei Rechtsausbildung, der Rest konnte bloß die Teilnahme an einzelnen Jura-Kursen sowie Lehrgängen in Rechtsschulen auf der Ebene der „Provinzen" und „Gebiete" nachweisen. Was die Gebiets-, Provinz- und sonstigen Richter betrifft, so waren hier sogar insgesamt 56,4% ohne jede theoretische Ausbildung. Verschärft wird dieser Befund noch dadurch, daß 85% der „Volks-" und immerhin 65% der übrigen Richter zusätzlich nur eine bescheidene „niedere Allgemeinbildung" mitbrachten. Die obligatorische Arbeitserfahrung aus bis zu dreijähriger Tätigkeit in den Justizorganen vor ihrer Bestellung konnten nur 45,3% der „Volksrichter" vorweisen. Die Folge war eine qualitativ schlechte Arbeit dieser Richter[145]. Das Moskauer Gebiet war in dieser Beziehung keine Ausnahme, wovon ein „großer Zustrom von Klagen gegen falsche Entscheidungen der Gerichte" bei der Kassationsinstanz Zeugnis ablegte[146].

---

[142]Vgl. eine diese Umstände bemängelnde und entsprechende Korrekturen anmahnende Weisung des Justizkommissariats an die Staatsanwaltschaften mehrerer *oblasti* der *RSFSR*, darunter auch an die Anklagebehörde des Moskauer Gebiets, vom 1. November 1931. Postanovlenie kollegii NKJu, ibid., l. 39.

[143]Postanovlenie kollegii NKJu po dokladu o rabote Mosoblprokuratury, zaslušannomu na kollegii NKJu 5-go II 1932 g. Ibid., d. 36, ll. 27, 18.

[144]Vgl. den diese Umstände rügenden Beschluß einer Versammlung der führenden Justizkader, die vom 27. bis zum 29. Juli 1932 in Moskau stattfand. Postanovlenie soveščanija rukovodjaščich rabotnikov justicii po dokladu N.V. Krylenko o konkretnych meroprijatijach po realizacii postanovlenija CK i CIK i SNK SSSR, 27-29 VII 32g. Ibid., d. 37, l. 13.

[145]Vgl. Tezisy doklada tov. Bulata o sostojanii, izučenii i učete kadrov sudebnych rabotnikov RSFSR (Utverž. soveščaniem rukovod. sudebnych rabotnikov 23/VII-32 g.). Ibid., d. 74, l. 107.

[146]Protokol No. 3 Plenuma Prokurorskoj P/sekcii ot 27 ijunja 1929 goda. CGAMO, f. 2157, op. 1, d. 89, l. 3.

Die formale Eigenverantwortlichkeit der Gerichte wurde schon durch die finanzielle Abhängigkeit von den örtlichen Vollzugskomitees, aus deren Budgets die Richter bezahlt wurden, ad absurdum geführt. Zusätzlich waren die örtlichen Gerichte seit Ende der 20er Jahre bevorzugtes Ziel der Eingriffe der lokalen Machtorgane[147], und dies nicht zufällig: Es begann die Zeit der weitgehenden Zurückdrängung der schließlich per Regierungserlaß im Juni 1932 wieder als allein verbindlich verordneten „revolutionären Gesetzlichkeit"[148] durch eine radikale proletarische Klassenjustiz. Mit ihr verbanden sich gravierende Prozesse der Auflösung des Rechtssystems in den Anfangsjahren des „großen Umbruchs"[149]. Damit ist ein Moment angesprochen, das die ausbrechende Herrschaftskrise der Partei und des sozialistischen Staats entscheidend prägte. Es handelt sich um nicht weniger als um die Aufkündigung des seit 1922 geltenden Kompromisses[150] zwischen zwei grundverschiedenen rechtspolitischen Auffassungen[151]: Mit dem

---

[147]Vgl. Solomon, S. 305.

[148]Vgl. O revoljucionnoj zakonnosti, *SZ* 1932, No. 50, st. 298. Die Begriffe „revolutionäre Gesetzlichkeit" und „sozialistische Gesetzlichkeit" wurden von Amts wegen synonym gebraucht, vgl. Samuel Kucherov: *The Organs of Soviet Administration of Justice. Their History and Operation*, London 1970, S. 671. Zunächst noch von Lenin im Sinne eines *Systems* verstanden, änderte sich die Semantik dieses Begriffspaars seit Ende der *NĖP* schleichend, und zwar in einem *instrumentellen* Sinne. Allmählich geriet diese Wortschöpfung zur Formel und wurde nun zusehens als „bloße Methode" zur „Exekution" der Parteidirektiven und staatlichen Gesetze angesehen. Insofern war sie im „großen Umbruch" bereits ein Anachronismus, das Gesetz vom Juni 1932 eher ein „Lippenbekenntnis an die Legalität". Vgl. George Ginsburgs: The Soviet Procuracy and Forty Years of Socialist Legality, *ASEER* XVIII (1959), No. 1, S. 38-41 und Kucherov, S. 683.

[149]Dazu Stefan Plaggenborg: Stalinismus als Gewaltgeschichte, in: *Stalinismus. Neue Forschungen und Konzepte*, S. 81. So rügte der Justizkommisar der *RSFSR* noch am 1. Juli 1932 in einer Direktive an alle Provinz- und Gebietsstaatsanwälte „das Fehlen einer systematischen Aufsicht" der örtlichen Anklagebehörden über die administrative Praxis der einzelnen Vollzugskomitees. Ungesetzliche Verfügungen würden überhaupt nicht oder zu spät beanstandet und der übergeordneten Stelle angezeigt. GARF, f. 353, op. 10, d. 40, l. 168.

[150]Mit dem Beginn der *NĖP* war ein solcher Kompromiß in der Rechtspolitik von der Partei nur als vorübergehend konzipiert. Er sollte nicht als *grundsätzliche* Abkehr von der marxistischen Theorie vom gesetzmäßigen „Absterben des Rechts" verstanden werden. Vgl. Peter H. Juviler: *Revolutionary Law and Order*, New York 1976, S. 28.

[151]Ein wichtiger Schritt in diesem Zusammenhang war die 1922 erfolgte Inkraftsetzung der Zivil- und Strafgesetzbücher mit ihrem umfangreichen Katalog verbindlich gesatzter Regeln unter deutlichem Einfluß von Rechtsgelehrten des alten vorrevolutionären Regimes. Damit wurde nicht nur die Neuetablierung, sondern auch Stärkung und Aufwertung des staatlichen Rechts erreicht. Gleichzeitig schien aber das radikal-marxistische Rechtskonzept in der *Definition* der staatlichen Sanktionen durch: Nicht Strafen, sondern „Maßnahmen des sozialen Schutzes" in der Umsetzung von *Erziehungszielen* der sozialistischen Gesellschaft sollten jeden Rechtsbrecher zur Besserung führen. Dabei wurde eine deutliche Politisierung der Strafdelikte, d.h. Verschärfung der Sanktionen für politische Straftaten, ganz im Gegensatz zu Kriminaldelikten, verordnet. Dieser schwierige Kompromiß zeigte sich auch darin, daß einerseits in den Bestimmungen der im gleichen Jahr erlassenen Strafprozeßordnung detaillierte Vorschriften über die Rolle des privaten Rechtsbeistands im Verfahren verankert waren, andererseits die Festschreibung dieser Rolle im zeitgleich verfügten Statut über die Rechtsanwaltschaft jedoch fehlte. Dazu Juviler, S. 27, 30; Huskey, S. 81, 87, 89, 95.

Aufbau eines differenzierten Rechtssystems im Interesse der Absicherung der Neuen Ökonomischen Politik wurde die die Jahre zwischen 1917 und 1920 umfassende Phase der „Vereinfachung" der Rechtspflege und -praxis verlassen. In ihr war das als „bürgerlich" eingestufte staatliche Recht bewußt zurückgedrängt und durch das revolutionär-proletarische Klassenbewußtsein der im schnellen Verfahren urteilenden örtlichen „Volksrichter" ersetzt worden[152]. In den Jahren 1928/29ff. hingegen vollzog sich nun erneut ein Prozeß der Entprofessionalisierung der Justiz[153], in Analogie zu demjenigen in den Jahren nach der bolschewistischen Revolution[154]. Führende Vertreter der sowjetischen Staatsrechtslehre (z.B. E.B. Pašukanis, P.I. Stučka) oder der Justizbehörden (wichtig hier der bis 1931 stellvertretende Justizkommissar der *RSFSR* N.V. Krylenko) belebten diese utopisch-marxistische Rechtstheorie neu und machten sie zu einem Teil des beginnenden ideologischen Umbruchs[155]. Dies führte zu gravierenden Konsequenzen in der konkreten Rechtspraxis vor Ort. Unter dem Druck lokaler Parteistellen[156] trieben manche - nicht alle - „Volksgerichte" nun eine rüde „Klassenpolitik" unter Vernachlässigung der Bestimmungen des Strafgesetzbuchs und der bisher geltenden Strafprozeßordnung[157]. Die vorliegende Studie soll anhand der Situation in den Städten des Moskauer Gebiets u.a. zeigen, welche Krisenkonstellationen sich aus dieser Situation ergaben, und ob nicht das Entstehen von Normenkonflikten durch die mangelnde Akzeptanz der neuen Strafpolitik seitens einzelner Justizbehörden nicht nur in eine Penetrations-, sondern auch in eine Legitimationskrise des sozialistischen Regimes mündete: Der neue Kurs in der Rechtspraxis war ja nicht durch Gesetze oder einschlägige Leitsätze der obersten Parteiführung, sondern lediglich durch Zirkulare des Volkskommissariats für Justiz im Einklang mit der Zeitschriftenpropaganda der führenden rechtswissenschaftlichen Ausbildungsstätten abgesichtert![158].

In dieser für Staat und Partei kritischen Phase der „Erosion des Rechts" standen die simplifizierten Ad-hoc-Verfahren im Rahmen einer von Krylenko eifrig geförderten revolutionär-proletarischen Klassenjustiz gegen die vom bürgerlichen Rechtsverständnis überkommenen Leitlinien der „Stabilität, Präzision und des Professionalismus" bei der Durchführung der Verfahren[159]. Es nimmt deshalb

---

[152]Dazu ausführlich Juviler, S. 15-27. Vgl. auch Kucherov, S. 79-84.

[153]Vgl. John N. Hazard: *Settling Disputes in Soviet Society: The Formative Years of Legal Institutions*, New York 1960, S. 487.

[154]Dazu Hildermeier, *Geschichte der Sowjetunion*, S. 226.

[155]Hierzu nach wie vor grundlegend: Robert Sharlet: Pashukanis and the Withering Away of Law in the USSR, in: *Cultural Revolution in Russia 1928-1931*, S. 170-181; Huskey, S. 143-145.

[156]Zu den Rechtsbrüchen übereifriger örtlicher Parteiführungen, besonders in Rahmen der Kollektivierungskampagnen, vgl. Peter H. Solomon: *Soviet Criminal Justice under Stalin*, Cambridge u.a. 1996, S. 83ff., 99.

[157]Juviler, S. 53ff.; Sharlet, S. 181; Huskey, S. 145; Solomon, *Local Political Power*, S. 311/312.

[158]Vgl. Huskey, S. 145, 175/176; Sharlet, S. 181.

[159]Vgl. Solomon, Local Political Power, S. 309/10, 312. Zu letzterem Eugene Huskey: Vyshinskii, Krylenko, and the Shaping of the Soviet Legal Order, *SR* 46 (1987), No. 3-4, S. 414. Daher verbot die *ZKK* nach der 1932 regierungsamtlich verordneten Rückkehr zu den Prinzipien

nicht wunder, daß sich auch das Moskauer Gebietsgericht vorübergehend, im Winter 1929/30, an der allgemeinen Liquidierung der „revolutionären Gesetzlichkeit" und somit an einer kurzfristig terroristischen „Strafpolitik" der Justiz beteiligte[160] - nicht zuletzt zu ungunsten der *lišency*. So gehört es auch zu den wichtigen Themen der vorliegenden Untersuchung, den charakteristischen Ablauf und die faktischen Folgen eines krisenhaften Normen- bzw. Legitimitätskonflikts zwischen den gesetzorientierten, überkommenen Rechtsorientierungen der Justiz- und ggf. auch Verwaltungsbehörden einerseits, und den auf die Durchsetzung eines revolutionär-parteilichen Klassenrechts bedachten Hardliner-Gruppen in den städtischen Führungsorganen der Räte und den Parteiorganisationen des *podmoskov'e* andererseits, aufzuzeigen.

Methodisch stellt die vorliegende Schrift eine exemplarische Fallstudie im Sinne einer empirischen Analyse vorwiegend unveröffentlicher Archivmaterialien dar, orientiert an den bisher formulierten grundlegenden Fragen und Problemen im Kontext des gestellten Themas. Die Gliederung reflektiert die Spezifik und besondere Problematik der in jener Zeit des 1. Fünfjahrplans angewandten Repressionsmethoden im Kontext der Krise: Zunächst wird die Verfolgung der Personen ohne Wahlrecht als Gruppe *insgesamt* dargestellt, da sie behördlicherseits als Einheit betrachtet und behandelt wurde. Dann folgen die beiden Untergruppen der „nichtwerktätigen Elemente" und der „Diener religiöser Kulte", da sie von Partei und Regierung auf zentraler wie lokaler Ebene einerseits zu den *lišency* gezählt, andererseits aber aus deren Verfolgung als Gesamtgruppe ausgegliedert und zusätzlich eigenen Repressionsverfahren zugeordnet wurden. Daher folgt die innere Gliederung der Kapitel 2.1., 2.2. und 2.2.2. jeweils sachlichen Gesichtspunkten in einem deutlich chronologisch angelegten Bezugsrahmen. Die zeitliche

---

der „sozialistischen Gesetzlichkeit" im Mai 1933 alle nichtprofessionellen Gerichte und an einzelne Orte abkommandierte Justizbrigaden sowie jede Einmischung der örtlichen Partei- und Ratsbehörden in die Urteilsfindung der regulären Gerichtsinstanzen, ebenso die eigenmächtige Abkommandierung von Richtern und Staatsanwälten seitens der örtlichen Machtorgane. Gleichzeitig sollte die Justiz allerdings in ihrer „Gerichtspolitik" von den Parteistellen dennoch beobachtet und kontrolliert werden. Auch hatten ständige Kontroll- und Instruierungskontakte zwischen den Gerichtspräsidien und den Parteistellen stattzufinden, um das ebenfalls beobachtete unabhängige Nebeneinanderherarbeiten beider Instanzen künftig auszuschließen. So bewegte sich die *ZKK* auf dem problematischen schmalen Grad zwischen der als legitim und notwendig erachteten Kontrolle durch die Partei einerseits, und der Vermeidung von Eingriffen in die Rechtsfindungsprozesse bei den örtlichen Gerichten andererseits. Zusätzlich betrieb die *ZKK* eine Qualifizierungsoffensive für alle Justizangehörigen. Vgl. Rezoljucija partijnogo soveščanija po dokladu o karatel'noj politike organov justicii v svjazi s osnovnymi partijnymi ustanovkami i o partijno-organizacionnych formach obespečenija provedenija general'noj linii partii v praktike organov justicii v centre i na mestach. CGAMO, f. 807, op. 1, d. 37, ll. 125-128.

[160]Ein Prüfbericht vom 6. Oktober 1930 belegt bereits wieder die Rückkehr zur Verläßlichkeit, d.h. Orientierung an der von Partei und Regierung verordneten „Strafpolitik" des Gebietsgerichts; Akt obsledovanija po vypolnenija nakazov izbiratelej po Obl. Sudu, ibid., f. 2157, op. 1, d. 93, l. 5.

Synchronität der drei Abschnitte gewährleistet in der ideologischen und arbeitsorganisatorischen Parallelität der einzelnen Repressionskampagnen auch die inhaltliche Vergleichbarkeit. Wegen der großen Relevanz der sich ändernden gesetzlichen Regelungen und aus Gründen der Einordnung des als System- bzw. Herrschaftskrise zu beschreibenden „großen Umbruchs" in seiner Bedeutung für die Verfolgung der Personen ohne Wahlrecht ist jeweils zunächst die Entwicklung der Rechtslage und ein Überblick über die Repressionsmuster *bis* 1928 vorgeschaltet.

Von einer eingehenden Betrachtung der im April 1929 höchstamtlich angesetzten „Säuberung" aller Apparate der Rats- , Gewerkschafts- , Kooperativ- und anderer Behörden *außerhalb* des Instanzenzugs der Partei mußte allerdings abgesehen werden. Dies ist nicht nur aus Kapazitätserwägungen, sondern auch inhaltlich zu begründen: Die große *čistka* der Apparate im Moskauer Gebiet entlarvte und bestrafte Personen, denen das politische Wahlrecht nicht zustand, nur zu einem geringen Teil[161]. Das Ziel dieser „Säuberung" war ja auch vor allem die Verkleinerung (und damit Verbilligung) der Apparate auf dem Wege der Aussonderung ungeeigneter, darunter natürlich auch politisch mißliebiger, Arbeitskräfte und die Effektivierung der Arbeit der einzelnen Mitarbeiter im Sinne einer „Stärkung" des Apparats insgesamt[162]. Der komplexe Ablauf dieser von langer Hand geplanten repressiven Großaktion sollte deshalb eher Gegenstand einer getrennten Untersuchung sein, in der die einem Bestrafungsverfahren vor den betrieblichen „Säuberungskommissionen" unterliegenden Personengruppen zusammen mit den *lišency* angemessen in einem gemeinsamen Kontext berücksichtigt würden.

1.2. FORSCHUNGSSTAND UND QUELLENLAGE

Bisher fehlen systematische Darstellungen, auch Lokalstudien, zur politisch motivierten Verfolgung der Personen ohne Wahlrecht während der Zeit des 1. Fünfjahrplans, verfaßt unter dem Aspekt partei-, insbesondere räteamtlicher Repressionsverfahren als Ausdruck einer Herrschaftskrise im Übergang. Was exi-

[161]Dies belegen die Nummern des Serpuchover *Nabat* vom Jg. 1930, die Aktenfonds der städtischen *KK* von Mytišči und Serpuchov, sowie die Dokumente der *MKK* über die Überprüfung der Entscheidungen der einzelnen örtlichen Kontrollkommissionen im Zuge der Appellationsverfahren. Vgl. *Nabat*, 1930, No. 1ff.; CGAMO, f. 6609, op. 1, d. 1-3, 7, 10; f. 5805, op. 1, d. 309; f. 807, op. 1, d. 685.

[162]Nach einer zentralen „Instruktion" des Volkskommissariats der *RKI* sollte sich die Überprüfung jedes Mitarbeiters im Sowjetapparat weniger an der „klassenmäßigen Herkunft" als vielmehr an der „Bewertung der Qualität der Arbeit" orientieren, vgl. Instrukcija NK RKI SSSR po proverke i čistke sovetskogo apparata, CGAMO, f. 5805, op. 1, d. 62, l. 21. Zum Gebot der „Verbesserung, Verbilligung und Vereinfachung des Staatsapparats" vermittels der *čistka*: Položenie o šefstve predprijatija nad učreždeniem. Utverždeno na prezidiume MOBL KK RKI 29/XII-1929 goda. Ibid., l. 14. Vgl. auch den Leitartikel Čistka i šefstvo - vernoe sredstvo ukreplenija sovapparata. Bor'ba s bjurokratizmom - važnejšij učastok fronta klassovoj bor'by (XVI parts-ezd), *Pravda*, No. 82 (4887), 24 marta 1931 goda, S. 2.

stiert, sind z.B. sprachliche und inhaltliche Analysen offizieller Eingaben von *lišency* gegen die Aberkennung ihres Wahlrechts. Eine die westsibirische Region betreffende, als Dissertation erschienene Schrift, die nach Sichtung eines umfangreichen Spezialfonds des Archivs der Stadt Jalutorovsk entstanden ist und den zehnjährigen Zeitraum 1926-36 behandelt, legt ihren Schwerpunkt mehr auf eine Untersuchung der *Argumentationsformen* der Kläger und Klägerinnen gegenüber dem *VCIK* nach Maßgabe ihrer jeweiligen sozialen Zuordnung unter Erarbeitung einer Typologie der für die jeweilige Gruppe charakteristischen Beschwerden. Sie konzentriert sich weniger auf die *konkreten Verfahren* der Verfolgung vor Ort und die in diesem Zusammenhang ggf. zu beobachtenden strukturellen Schwierigkeiten und Hindernisse der Behörden im Zuge der Repression, schon gar nicht als Ausdruck eines generellen Problems politischer Herrschaft im Lande[163].

Auch die Verfolgung der *lišency* unter dem Blickwinkel der unterschiedlichen Anwendung einschlägiger Verfassungsparagraphen über die Rechtsstellung dieser Personen zweiter Klasse durch die lokalen Behörden einerseits, und die zentralen Instanzen andererseits, hat bisher als einzige Forscherin E. Kimerling, allerdings für den großen Zeitraum 1918-36, betrachtet. Dabei sieht sie die Gesetzgebung als Form des „social engineering" funktional zur Modernisierung der sowjetischen Gesellschaft. Wegen des zum Zeitpunkt ihrer Materialrecherchen noch fehlenden Zugangs zu den einschlägigen Archivalien erreicht sie ihr Ziel, „die Dynamik der Sozialpolitik gegenüber den *lishentsy*" zu untersuchen, indessen nur unvollkommen, unter Bezug auf zentral in Moskau erschienene gedruckte offizielle Quellen (Zeitungen, Publikationen des *VCIK* und *CIK*) und die dort enthaltenen Hinweise und Angaben über örtliche Verhältnisse[164]. Mitunter führt dieser eingeschränkte Blickwinkel, zuweilen zusätzlich verengt durch die fehlende Berücksichtigung einzelner zentraler Gesetzestexte, zu einseitigen oder gar falschen Schlüssen[165]. Allerdings kann Kimerling die wichtige Beobachtung belegen, daß die Zahl der Personen ohne Wahlrecht insgesamt gesehen in den Städten der *RSFSR* keine Massenerscheinung, in den schwach industrialisierten Orten jedoch oft deutlich

---

[163]Vgl. Golfo Alexopoulos: *Rights and Passage. Making Outcasts and Making Citizens in Soviet Russia 1926-1936*. Ph.D., Chicago 1996. Ähnlich dies.: The Ritual Lament: A Narrative of Appeal in the 1920s and 1930s, *RH* 24 (1997), No. 1-2, S. 117-129.

[164]Vgl. Kimerling, S. 24-46.

[165]Solche Irrtümer führen etwa zur Behauptung, daß die einschlägigen „ehemaligen" sozialen bzw. Berufsgruppen im Vergleich zu den noch tätigen „Händlern", Großbauern, Popen etc. „vermutlich" vernachlässigt werden könnten, da die meisten ohnehin die formalgesetzliche Möglichkeit gehabt hätten, nach fünf Jahren sozial nützlicher Tätigkeit ihr Wahlrecht wiederzuerlangen! Ibid., S. 32. Die vorliegende Studie wird zeigen, daß dem nicht so ist. Auch findet sich der irrige Schluß, daß die „Kulaken", die ja per se keinen Anspruch auf das Wahlrecht besaßen, gesetzlich streng von den *lišency* unterschieden worden seien. Vgl. ibid., S. 38. Im Zusammenhang mit dem Hinweis auf die Möglichkeit zur Zwangsausquartierung der „nichtwerktätigen Kategorien" aus den kommunalen Wohnungen 1929 wird dem Leser zudem vermittelt, daß die betroffenen Personen schon infolge ihrer bloßen Zugehörigkeit zu dieser Gruppe einer solchen Sanktion unterlägen. Vgl. ibid., S. 28. In Wirklichkeit sah das von der Autorin im übrigen nicht zitierte (!) Gesetz vom 8. April 1929 eine derartige Maßnahme erst bei Überschreitung einer bestimmten Einkommensobergrenze vor. Dazu die einschlägigen Ausführungen unten S. 238.

höher war als in den Industriestandorten, der Städtetyp für das *lišency*-Aufkommen also eine Rolle spielte[166]. Auch dies wird in der vorliegenden Arbeit zu überprüfen sein.

Alan M. Balls Monographie über die „NĖP-Leute“ in der Sowjetunion betrifft die Zeit des „großen Umbruchs“ nur marginal, da sie nur bis 1929 reicht[167]. Mit den „NĖP-Leuten“ behandelt sie außerdem nur die wichtigsten, nicht alle *lišency*-Kategorien. Immerhin sind hier einschlägige Grunddaten zur gesetzlichen Entwicklung der relativen Schlechterstellung dieser wichtigsten Gruppen unter den Personen ohne Wahlrecht im Vergleich zum Rest der Bevölkerung gerade in den Jahren 1926/27 zu finden, wobei sowohl die Situation der ländlichen Mittelschichten als auch die Lage der städtischen „Bourgeoisie“ geschildert werden. Soweit Ball abschließend auf wenigen Seiten ausblickhaft auch auf die tatsächliche Verfolgungssituation der „nichtwerktätigen Elemente“ in den Städten 1928-30 eingeht, werden zwar die wichtigsten Probleme, wie etwa die grassierende Wohnungsnot und das daraus abgeleitete Parteigebot der Herausdrängung der „fremden“ *personae non gratae* aus den Kommunalwohnungen, die finanzielle Auspressung dieser *lišency*-Gruppe und die schlimmen sozialen Folgen (Existenzvernichtung) thematisiert, jedoch kann sich die Argumentation aus den gleichen Gründen wie bei Kimerling auf eine nur schmale Basis gedruckter sowjetischer Quellen sowie Material in Westsprachen, etwa Berichte amerikanischer Residenten in Moskau, stützen. Schon aus diesem Grund kann Balls Schwerpunkt auch nicht in der Beschreibung des konkreten Verfolgungsverhaltens und der Methoden der städtischen Stellen vor dem Hintergrund ihrer Einordnung in generelle Zusammenhänge liegen.

In einem Aufsatz Sheila Fitzpatricks über das „Schicksal der NĖP-Unternehmer, Kleinhändler und Künstler“ in der *UdSSR* der 30er Jahre geht es ebenfalls weniger um die Methoden politisch motivierter Verfolgung dieser Berufsgruppen als Personen ohne Wahlrecht und deren strukturelle Hintergründe, sondern mehr um eine Beschreibung des „sozialen Übergangs“ dieser Personenkategorien im Prozeß der ökonomischen Transformation der Gesellschaft nach dem „großen Umbruch“[168].

Zumindest hinzuweisen ist auch auf eine unlängst erschienene neue Untersuchung derselben Autorin zum Alltag im Stalinismus in der Zeit zwischen 1918 und 1938. Darin behandelt sie in einem kurzen Kapitel über die politisch Verfolgten u.a. auch die Personen ohne Wahlrecht. Obwohl hier auf wenigen Seiten nicht mehr als ein allgemeiner Überblick über die Rechtsstellung der *lišency*, die gesetzliche Entwicklung ihrer Diskriminierung etc. gegeben wird, handelt es sich doch gleichzeitig um einen wegen seiner informativen Dichte beachtenswerten Aufriß der grundlegenden sozialen und materiellen Probleme dieser geächteten Bevölkerungsgruppe. Dabei wird die Darstellung auch durch bisher nicht veröf-

[166]Kimerling, S. 42, 43.

[167]Ball, *Russia's Last Capitalists*.

[168]Sheila Fitzpatrick: After NEP: The fate of NEP entrepreneurs, small traders, and artisans in the „Socialist Russia“ of the 1930s, *RH* 13 (1986), Nos. 2-3, S. 187-233.

fentlichte Archivalien untermauert, die mehrere Gebiete der Sowjetunion betreffen und so einen breiten Radius abstecken[169].

In den anderen bisher erschienenen Abhandlungen tauchen die Personen ohne Wahlrecht als Ziel der Repression im städtischen Milieu eher selten auf. Die spezielle Problematik ihrer Verfolgung als Herrschaftskrisensyndrom der Umbruchszeit bleibt hierbei erst recht ausgeblendet. Wenn die *lišency* zum Thema werden, dann meist im Zusammenhang mit den Kulakisierungskampagnen oder dem Terror bzw. der Hungersnot 1932/33 *in den Dörfern,*[170] was eben auch für die in neuer Sichtweise verfaßte postsowjetische Literatur gilt[171]. Zu den wenigen Ausnahmen gehören zwei Fallstudien über die Massenausweisung der „fremden Elemente" (meist Personen ohne Wahlrecht) aus der Stadt Leningrad im Jahr 1935 von Viktor A. Ivanov[172] sowie Lesley A. Rimmel[173]. Allerdings geht es hier, wenn auch ausführlich, um eine erst einige Jahre *nach* der „Revolution von oben" durchgeführte Verfolgungsmaßnahme gegen die *lišency*. Ivanov veröffentlichte auf der Grundlage neu zugänglichen Geheimdienstmaterials außerdem einen allerdings sehr groben, im Detail z.T. problematisch verkürzten Überblick über die Verfolgung der „Ehemaligen Leute", wie die *lišency* amtlich genannt wurden, in den Jahren 1917-1935. Er legte dabei erneut einen eindeutigen Schwerpunkt auf sein Spezialgebiet, das die besondere Problematik der gerade erwähnten NKVD-Operationen in Leningrad 1935 betrifft[174].

Die neue Sicht in der russischen Forschung nach dem Zusammenbruch der Sowjetunion, d.h. die Neubewertung bzw. Neubegründung der alten, von der Klassenkampfideologie geprägten methodischen Ansätze bei der Erforschung des Problems der „ehemaligen Leute" ohne Wahlrecht in den Jahren zwischen 1917- und 1936[175] zeigte sich seit 1992 mit dem dezidierten Anspruch einer Korrektur

---

[169]Dies.: *Everyday Stalinism*, S. 115-138.

[170]Vgl. als bestes Beispiel Lynne Viola: The second coming, S. 72ff.

[171]M.Ju. Lisicyn, V.V. Lyscov: Osobennosti realizacii izbiratel'nych prav graždan v period osuščestvlenija splošnoj kollektivizacii v SSSR, *Vestnik voronežskoj vysšej školy MVD Rossii* (1998), No. 1, S. 85-89. Diesbezüglich für die russische Literatur am wichtigsten T.I. Slavko: *Kulackaja ssylka na Urale. 1930-1936*, Moskva 1995, S. 14-27. Slavko widmet den bäuerlichen *lišency* immerhin ein Kapitel.

[172]Viktor A. Ivanov: Operacija "Byvšie ljudi" v Leningrade (fevral'- mart 1935g.), *Novyj časovoj* (1998), No. 6-7, S. 118-131.

[173]Lesley A. Rimmel: A Microcosm of Terror, or Class Warfare in Leningrad: The March 1935 Exile of "Alien Elements", *JbfGO* 48 (2000), H. 4, S. 528-551.

[174]Vgl. Viktor Ivanov: Byvšie ljudi, *Rodina* (1999), No. 4, S. 70-73.

[175]Das Parteiideologem von der Notwendigkeit der „Herausdrängung der kapitalistischen Elemente" aus Handel und Industrie im Rahmen eines gesetzmäßig verlaufenden „verschärften Klassenkampfs" in den Städten erzwang den „wissenschaftlichen" Nachweis des Erfolgs und der Legitimität dieses Kampfes auch aus historischer Sicht. Die *lišency* tauchten in den sowjetischen Monographien und Abhandlungen als Problem-, geschweige denn Opfergruppe nicht auf. Es ging um die Rechtfertigung der Sozial- und Wirtschaftspolitik der Partei im Interesse des Aufbaus der sozialistischen Ordnung, verbunden mit dem Bemühen, die stetige Abnahme der wirtschaftlichen Bedeutung der städtischen Privatunternehmer in der zweiten Hälfte der 20er Jahre zu beweisen. Vgl. L.F. Morozov: *Rešajuščij ėtap bor'by s nėpmanskoj buržuaziej (iz istorii likvidacii kapitalističeskich ėlementov goroda, 1926-1929)*, Moskva 1960; V.A. Archipov, L.F. Morozov: *Bor'ba*

der alten ideologischen Muster. So veröffentlichte A.I. Dobkin einen ersten Überblick sowohl über die einzelnen *lišency*-Kategorien als auch die gängigen Methoden ihrer Verfolgung zwischen 1918 und 1936, nebst einem Quellenanhang mit Denunziationen gegen vermeintliche *lišency* sowie einzelnen Klagen und Petitionen gegen den Wahlrechtsentzug aus den Jahren 1921 bis 1929[176]. Das erwachende Interesse der russischen Historiker an einer grundlegenden quellenkritischen Erfassung und Neubewertung des die Verfolgung der Personen ohne Wahlrecht dokumentierenden Materials zeigte sich auch in einem Pilotvortrag, der während einer wissenschaftlichen Konferenz über Fragen der russischen Historiographie des 20. Jahrhunderts in Moskau präsentiert und 1993 in einem Sammelband veröffentlicht wurde[177]. Die persönlichen Akten der ehemaligen *lišency* könnten nun, so das gedruckte Exposé des erwähnten Vortrags, in ihrer Eigenschaft als jetzt im Moskauer Stadtarchiv verfügbare „Massenquellen" unter Heranziehung „mathematisch-statistischer Methoden" beschrieben werden. Die Zuverlässigkeit und der hohe Informationsgehalt dieser personenbezogenen Quellendaten (besonders sichtbar in den erhaltenen Personalbögen) erlaube die Darstellung der „Biographie ganzer Generationen unterschiedlicher sozialer Gruppen", d.h. ein „entwickeltes Sozialporträt Rußlands in einer der umbruchreichsten, dramatischsten Perioden seiner Geschichte"[178]. Diese Euphorie am Beginn der neuen postsozialistischen Forschungsepoche hat im Rahmen eines Spezialprojekts zu entsprechenden Datenerhebungen im Moskauer Stadtarchiv geführt. Das Resultat ist eine 1998 erschienene Monographie über die Aberkennung des Wahlrechts in der Stadt Moskau in den 20er und 30er Jahren[179]. Unter Verwendung moderner computergestützter statistischer Verfahren wird hier nicht nur eine Analyse von Form und Inhalt des erhaltenen „Massivs" der von den Moskauer *lišency* aufgesetzten Beschwerdebriefe, insbesondere der von ihnen ausgefüllten Fragebögen, gegeben, sondern diese werden auch in das soziale und politische Bezugssystem eingeordnet. Dabei kommen auch die den Personalakten beigefügten internen dienstlichen Notizen und Anweisungen der Wahlkommissionen in den einzelnen Stadtkreisen sowie auch der für die Stadt Moskau insgesamt als Ap-

---

protiv kapitalističeskich ėlementov v promyšlennosti i torgovle, 20-e načalo 30ch godov, Moskva 1978; E.R. Lebakova: *Opyt KPSS po priobščeniju melkoj buržuazii goroda k stroitel'stvu socializma*, Moskva 1970; *Izmenenija social'noj struktury sovetskogo obščestva 1921 - seredina 30ch godov*, Moskva 1979; V.M. Selunskaja: *Social'naja struktura sovetskogo obščestva. Istorija i sovremennost'*, Moskva 1987; unter speziellem Bezug auf die einzelnen Personengruppen, denen das politische Wahlrecht bis 1936 nicht zustand s. bes. P.T. Vasilenkov: *Vybory sovetskich predstavitel'nych organov*, Moskva 1966 und A.I. Lepeškin: *Sovety - vlast' naroda. 1917-1936*, Moskva 1966.

176 A.I. Dobkin: Lišency: 1918-1936, *Zven'ja. Istoričeskij al'manach.* Vyp. 2 (1992), S. 600-621.

177 *Istočnikovedenie XX stoletija. Tezisy dokladov i soobščenij naučnoj konferencii*, Moskva 1993.

178 Vgl. V.A. Manykin: Ličnye dela lic, lišennych izbiratel'nych prav: Issledovatel'skie perspektivy i vozmožnosti. Ibid., S. 136-137.

179 V.I. Tichonov, V.S. Tjažel'nikova, I.F. Jušin: *Lišenie izbiratel'nych prav v Moskve v 1920-1930-e gody. Novye archivnye materialy i metody obrabotki*, Moskva 1998.

pellationsinstanz zuständigen Gebiets- bzw. Gouvernementswahlkommission in den Blick. Es wird allerdings von den Autoren selbst betont, daß es in der Monographie aufgrund der Natur des zugrundegelegten Materials nur um diejenigen *lišency* gehe, die sich gegen den Wahlrechtsentzug mit einer Eingabe gewehrt hatten[180]. Dadurch bleiben die vielen Betroffenen, die nicht schriftlich intervenierten, bewußt außerhalb der Betrachtung, ebenso wie jene, die zwar einer Aberkennung ihres Wahlrechts nach dem Gesetz unterlagen, jedoch aus Gründen mangelhafter Arbeitsweisen der Wahlkommissionen und Administrativen Abteilungen oder wegen anderer Ursachen nicht erfaßt wurden, selbst wenn die Zeitungen über sie schrieben[181]. Auch wird auf die Rolle des *OGPU* im Zuge der Repression gegen den inkriminierten Personenkreis kaum eingegangen, da hierzu noch andere Quellen hätten eingesehen werden müssen, ebensowenig auf die Spezifik der Verfolgungen im Licht der schweren politischen Übergangskrise während der Zeit des „großen Umbruchs". Durch diese Einschränkungen ist das Gesamtbild des Problemkomplexes um die Personen ohne gesetzlichen Anspruch auf die Ausübung ihres Wahlrechts a priori beträchtlich zurechtgestutzt. Dies gilt auch für eine analog angelegte, allerdings nur in Form eines kurzen Aufsatzes veröffentlichte Untersuchung auf der Grundlage eines Archivfonds mit Klageakten der *lišency* aus der Stadt Novosibirsk 1927-1936, unter Nutzung derselben computergestützten statistischen Erfassungsmethoden[182].

Nichtsdestoweniger werden nun auch *Spezialprobleme* im Zusammenhang mit der Verfolgung der Personen ohne Wahlrecht, wie sie z.B. deren Einordnung in die Ersatzreserveeinheiten des diskriminierenden *tylovoe opolčenie* darstellten, erstmals kritisch unter Einbeziehung neu zugänglicher Quellen behandelt[183]. T.M. Smirnova behandelt eine spezielle frühe Phase in der Verfolgung der *lišency*. Sie widmet sich der repressiven, von revolutionärer Gewalt geprägten „Sozialpolitik" der Bolschwiken gegenüber den „Ehemaligen" als „äußerst buntem Konglomerat verschiedenartiger Klassen, Schichten, Bevölkerungsgruppen" in den unruhigen Jahren zwischen der Oktoberrevolution und 1921[184].

Speziell zum Kampf der Ratsbehörden gegen die „nichtwerktätigen Elemente" an der „Wohnungsfront" in den Städten 1928ff. gab es zwischen 1991 und 1999 nur wenige – zuweilen recht unbefriedigende[185] - Untersuchungen. Mittler-

---

[180]Vvedenie, ibid., S. 3-16 sowie S. 50.

[181]Derartige Fälle werden nachfolgend darzustellen sein.

[182]Vgl. Marina Salamatova: Lišennye izbiratel'nych prav v Novosibirske v 1927-1936 gg., in: *Korni travy. Sbornik statej molodych istorikov*, Moskva 1996, S. 9-22.

[183]Vgl. S.A. Krasil'nikov: Tyloopolčency, *ĖKO* (1994), No. 3, S. 176-188; ders.: *Na izlomach social'noj struktury. Marginaly v poslerevoljucionnom rossijskom obščestve (17 – konec 1930-ch gg.)*, Novosibirsk 1998; ders. mit D.D. Minenkov: Tylovoe opolčenie kak ėlement sistemy prinuditel'nogo truda: ėtap stanovlenija (1930-1933 gg.), *Gumanitarnye nauki v Sibiri. Serija: Otečestvennaja istorija* (2001), No. 2, S. 41-46.

[184]T.M. Smirnova: Byvšie. Štrichi k social'noj politike sovetskoj vlasti, *OI* (2000), No. 2, S. 37-48.

[185]Vor einigen Jahren hat ein russischer Autor einen Artikel über die staatliche Wohnungspolitik sowohl in der *NĖP*-Zeit als auch Ende der 20er/Anfang der 30er Jahre publiziert. Es geht um die Zeit, als die Partei- und Staatsführung eine an Klassengesichtspunkten orientierte grund-

weile beginnt die Forschung zögerlich, diesen Untersuchungsgegenstand differenzierter in den Blick zu nehmen. In diesem Zusammenhang sei ein Aufsatz von Ju. Obertreis über die Verfolgungen der „ehemaligen Leute“ an der Wohnungsfront in Leningrad in den 20er und 30er Jahren erwähnt[186]. Stephen Lovell mit seiner Untersuchung über die sowjetischen Datschen und ihre Bewohner in ihren sozialen Bezugsfeldern und Lebenswelten zwischen „Modernisierung“ und „Traditionalismus“ unter den jeweiligen politischen Rahmenbedingungen ist hier – in zweiter Linie - ebenfalls zu nennen. Gegenstand der Betrachtung sind die großen beistädtischen Datschensiedlungen Moskaus und Leningrads 1917-1939[187]. Dabei ist die Verfolgung der vielen politisch inkriminierten „ehemaligen Leute“ bzw. der „nichtwerktätigen Elemente“ unter den *dačniki*, wie sie das Regime in der „Revolution von oben“ betrieb, allerdings immer noch nicht mehr als ein Nebenthema.

Die Materiallage als Grundlage für die Bearbeitung des hier gestellten Themas kann infolge der Öffnung der russischen Archive als relativ günstig bezeichnet werden. Daher baut die vorliegende Studie auch überwiegend auf bisher unveröffentlichten Archivalien auf. Entsprechend der Themenstellung sind natürlich die einschlägigen Fonds des Moskauer Gebietsarchivs von besonderer Bedeutung, insbesondere die Materialien des Moskauer Gebietsvollzugskomitees. Hier wurden nach 1992 auch bis dahin streng unter Verschluß gehaltene Akten des Komitees zugänglich, darunter Quellen zur Zwangsaussiedlung „nichtwerktätiger Elemente“ sowie zur illegalen wie auch legalen Schließung von Kirchen, zur z.T. rechtswidrigen, nicht den Geboten der Partei entsprechenden Arbeitspraxis des Gebietsgerichts und der örtlichen Gerichtsinstanzen in Verbindung mit den *lišency*-Gruppen, zur Politik und spezifischen Repressionspraxis der örtlichen Räte gegenüber dieser städtischen „Bourgeoisie“ u.a.[188] Die einzelnen *städtebezogenen* Fonds sind, soweit erhalten, natürlich besonders wertvoll. Am ergiebigsten ist das Material zur Situation in der Stadt Serpuchov. Hier sind nicht nur die Dokumente

---

sätzliche Neuverteilung des Wohnraums unter Einführung von erhöhten Steuern und Mieten für diese inkriminierten Personengruppen anstrebte. Der Verfasser hebt die durch den Zuzug vom Lande angesichts des knappen Wohnraums extreme Verschärfung der Wohnungssituation in den Städten hervor und begründet hiermit die Regierungspolitik. Auf die konkreten Verfahren und Methoden in der Auseinandersetzung mit den sich gegen eine Zwangsausquartierung wehrenden „nichtwerktätigen Elementen“ und die damit im Zusammenhang stehenden Probleme der örtlichen, aber auch der übergeordneten verantwortlichen Stellen geht er jedoch nicht ein. Vgl. A.I. Černych: Žiliščnyj peredel. Politika 20-ch godov v sfere žil'ja, *SI* (1995), No. 10, S. 71-78. Ähnliches gilt auch für A. Levintov: Municipalizacija po-sovetski. Stranicy istorii, *Ėkonomika i organizacija promyšlennogo proizvodstva* (1993), No.11, S. 183-192.

[186]Ju. Obertreis: 'Byvšee' i 'izlišnee' – izmenenie social'nych norm v žiliščnoj sfere v 1920 - 1930-e gody: Na materialach Leningrada, in: *Normy i cennosti povsednevnoj žizni. Stanovlenie socialističeskogo obraza žizni v Rossii, 1920 – 1930-e gody*. Pod obščej redakciej Timo Vichavajnena, Sankt-Peterburg 2000, S. 75-98.

[187]Vgl. Stephen Lovell: The Making of the Stalin-Era-Dacha, *JMH* 74 (2002), No. 2, S. 253-288.

[188]CGAMO, f. 2157, op. 1 und op. 5.

des Serpuchover Kreis- bzw. Stadtvollzugskomitees[189], sondern auch die der städtischen Wahlkommission[190] von besonderer Bedeutung für das Thema, ferner auch die gleichfalls gut erhaltenen entsprechenden Quellenfonds aus der Stadt Orechovo-Zuevo[191]. Zu den anderen Städten birgt insbesondere der genannte Fonds des Gebietsvollzugskomitees relevantes Vergleichsmaterial, zusammen mit den für das Vorgehen der Administrativen Abteilungen gegen die „nichtwerktätigen Elemente" wichtigen Akten des *MUNI* bzw. *MOUNI* meist noch nie zuvor wissenschaftlich bearbeitete Quellen von unschätzbarem Wert[192]. Zuweilen versorgt auch die Materialsammlung der *MKK* mit Informationen über die Arbeit der Justizorgane oder der Ratsbehörden in einschlägigen themenrelevanten Zusammenhängen[193].

Unter den für die Untersuchung wichtigen Quellen des *GARF* sind besonders die Dokumente des einst „geheimen Sektors" des *VCIK* zu nennen, die nicht nur Diskussionen des *VCIK*-Präsidiums über Gesetzesentwürfe, sondern auch interne Zirkulare und Weisungen an die untergeordneten Ratsstellen, Dossiers über den Gang der Wahlkampagnen im Moskauer Gebiet u.a., bergen[194]. Wertvoll sind ferner die Justiz-Archivalien des ehemaligen *RSFSR*-Archivs, das heute eine Dependance des *GARF* darstellt, insbesondere die Akten der Staatsanwaltschaft der *RSFSR*[195].

Was das *OGPU* betrifft, so ist der oben bereits erwähnte Fonds „Hilfe für politische Gefangene" für eine Studie wie die vorliegende in seinem Wert nicht hoch genug einzuschätzen, da in den hier versammelten Bürgereingaben und dem daraufhin in Gang gesetzten Briefwechsel zwischen der Hilfsorganisation und den zuständigen Machtorganen die - oft mißbräuchliche - Arbeitsweise des Geheimdienstes, auch in Verbindung mit den *lišency*, besonders klar zutage tritt[196].

Mitte der 90er Jahre wurden die Personalakten der *OGPU/NKVD*-Stellen des Moskauer Gebiets vom *FSB*-Archiv ins *GARF* transferiert und dort als spezieller Fonds inventarisiert. Sie sind wegen unzureichender Findmittel allerdings vorerst nur eingeschränkt benutzbar. Glücklicherweise konnte der Verfasser aufgrund umfangreicher Vorarbeiten eine ganze Reihe von solchen personenbezogenen Archivalien sichten. Sie bestätigen u.a. die spärlichen Erkenntnisse über die typischen Ermittlungsweisen und -wege der örtlichen *OGPU*-Residenten gegenüber den „politischen Verbrechern", die die russische Forschung entweder in vorerst nur sehr groben Aufrissen[197] oder durch Veröffentlichung einiger weniger perso-

[189]Ibid., f. 2139, op. 1; f. 4502, op. 1.
[190]Ibid., f. 5812, op. 1.
[191]Ibid., f. 667, op. 1; f. 5700, op. 1; f. 5736, op. 1.
[192]Zu letzterem ibid., f. 956, op. 1.
[193]Ibid., f. 807, op. 1.
[194]GARF, f. 1235, op. 140 und op. 141.
[195]Ibid., f. 353, op. 10.
[196]Ibid., f. 8409, op. 1.
[197]Vgl. Kislicyn: Archivno-sledstvennye dela OGPU-NKVD, S. 46.

nenbezogener Dokumente[198] publiziert hat. Zudem legen diese Quellen des *GARF* ein beredtes Zeugnis von der Entscheidungspraxis der außergerichtlich urteilenden, für das Moskauer Gebiet zuständigen *trojka* des *OGPU* und der großen Bedeutung des inkriminierenden Status der *lišency* für die Einschätzung der jeweiligen Person und deren Vergehens durch die Vertreter der Staatssicherheit ab[199]. Die „Befehle" und Zirkulare der Moskauer Geheimdienstzentrale aus den Jahren 1929ff., die im Original im *FSB*-Archiv verwahrt werden und zu einem geringen Teil auch auf die *lišency* Bezug nehmen, konnten ebenfalls in der Monographie Berücksichtigung finden[200]. Dagegen sind die Aktenbestände des ehemaligen Zentralen Parteiarchivs (*RCChIDNI*) für das Thema höchstens mittelbar relevant. Dies ist nicht verwunderlich: Die Verfolgung der Personen ohne Wahlrecht fiel eben in erster Linie in den Aufgabenbereich der örtlichen Räte, also der *Administration,* nicht der Parteiorgane. Daneben war im wesentlichen nur noch das *OGPU* mit der Abstrafung dieses Personenkreises befaßt.

Was die benutzten *gedruckten* Quellen anbelangt, so kommt den Zeitungen eine zentrale Bedeutung zu. Hier ist zunächst die *Pravda* als oberstes Parteiblatt mit seiner normativen Funktion gerade hinsichtlich der Einleitung politischer Kampagnen zu nennen. Dabei sind für den gegebenen Zusammenhang die Mobilisierungsperioden der Wahlen zu den Räten durch die damit verbundene repressive Tätigkeit der einzelnen Wahlkommissionen besonders von Belang. Ferner stehen auch die *örtlichen* Presseorgane der Partei[201] im Vordergrund, an erster Stelle - beispielhaft - das Serpuchover Blatt *Nabat* („Sturmleuten"), das, wie alle Parteizeitungen, mit seinen „Anmerkungen" genannten denunziatorischen Zuschriften der „Arbeiter"- und „Bauernkorrespondenten" sowie anderer klassenbewußter Bürger auch einen politisch motivierten Verfolgungsauftrag hatte[202]. An-

[198]Vgl. hierzu Michail Vostryšev: Sledstvennoe delo No. 36960 (po archivam KGB), *ŽMP* (1993), No. 3, S. 15-18. In dieser Publikation sind Verhöre einiger verhafteter Bischöfe abgedruckt, die noch in den Jahren 1926 und 1927 stattfanden; s.a. die Veröffentlichung einzelner *OGPU*- bzw. *NKVD*-Personalakten (ohne Verhörprotokolle) in: *Rekviem. Kniga pamjati žertv političeskich repressij na Orlovščine.* T. 3, Orel 1996, S. 81-96. Vgl. überdies: Osuždeny k rasstrelu..., *Čelovek* (1997), No. 5, S. 163-182, mit personenbezogenen Strafakten des *NKVD* aus den Jahren 1937-1938.

[199]GARF, f. 10035, op. 1.

[200]CAFSB, vnutr. op. T. I.

[201]Der Wert der lokalen sowjetischen Zeitungen als historische Quelle ist inzwischen auch von der westlichen Forschung erkannt worden, sei es als informatives Material zur Geschichte der Alltagsprobleme der Menschen in einer bestimmten Region, sei es als Fundgrube für eine Untersuchung der Bitten, Beschwerden, Denunziationen der Bürger, letztere auch in der Funktion von „Bauernkorrespondenten". Zum erstgenannten Aspekt Anne Rassweiler: The Local Press as a Source: Dneprostroj Newspapers, 1927-33, *RH* 12 (1985), No. 2-4, S. 338, zu letzterem Sheila Fitzpatrick: Supplicants and Citizens: Public Letter Writing in Soviet Russia in the 1930s, *SR* 55 (1996), No. 1, S. 78ff.; dies.: Signals from Below: Soviet Letters of Denunciation of the 1930s, in: *Accusatory Practices: Denunciation in Modern European History, 1789-1989.* Ed. by Sheila Fitzpatrick and Robert Gellately. Chicago, London 1997, S. 100ff.

[202]Zu dieser Funktion der Zeitungen: Fitzpatrick, Supplicants and Citizens, S. 81. In den nachfolgenden Kapiteln soll dies überprüft werden.

dere örtliche Zeitungen werden im Einzelfall ebenfalls herangezogen, etwa der *Kolomenskij rabočij* („Arbeiter von Kolomna") aus der Stadt Kolomna oder die *Kolotuška* („Hämmerchen") aus Orechovo-Zuevo. Weiter sind als wichtige gedruckte Quellen auch die amtlichen Rechenschaftsberichte der Regierung der *RSFSR* sowie insbesondere der einzelnen Stadt- bzw. Kreisräte hier anzuführen. Sie beinhalten z.T. sehr detaillierte Angaben zur wirtschaftlichen Bedeutung und quantitativen Größe der örtlichen „Bourgeoisie", zu der die meisten *lišency*-Gruppen zu rechnen waren, zur Anzahl der in privater Regie von „nichtwerktätigen Elementen" geführten noch nicht munizipalisierten Wohnungen u.a.m.[203] Ferner geben Direktivmaterialien, einschließlich einschlägiger getrennt veröffentlichter Gesetzesinstruktionen[204], die publizierten Protokolle, Beschlußprojekte, Resolutionen und Einzelvorträge des *MK*, der Moskauer Gebiets- sowie der örtlichen Parteikonferenzen, aber auch themenbezogene Propagandaschriften, etwa zum antireligiösen Kampf, z.T. wichtige Daten bezüglich der von der Stalingruppe im

[203]Vgl. z.B. *God raboty pravitel'stva RSFSR. Materialy k otčetu pravitel'stva za 1926-27 g.*, Moskva 1928; *God raboty pravitel'stva RSFSR. Materialy k otčetu pravitel'stva za 1927-28 g.*, Moskva 1929; *Otčet ispolnitel'nogo komiteta serpuchovskogo uezdnogo soveta za 1926-27 g. i za 1927-28 g.*, o.O. 1928; *Otčet ispolnitel'nogo komiteta serpuchovskogo uezdnogo soveta rabočich, krest'janskich i krasnoarmejskich deputatov za oktjabr' - mart 1926/27 goda*, Serpuchov 1927; *Rezoljucii po rabote serpuchovskogo Uispolkoma i socialističeskomu pereustrojstvu sel'skogo chozjajstva, prinjatye na XIV uezdnom s-ezde sovetov v marte 1929 goda*, Serpuchov 1929; *Otčet o rabote orechovo-zuevskogo gorodskogo soveta r.k. i k.d. za 1928-29 god*, o.O., o.J.; *Materialy k otčetu o sostojanii i perspektivach raboty orechovo-zuevskogo okrispolkoma sovetov r.k. i k.d. Bloknot dlja dokladčikov*, Orechovo-Zuevo, o.J.; *Otčet kolomenskogo uezdnogo ispolnitel'nogo komiteta soveta rabočich, krest'janskich i krasnoarmejskich deputatov za 1926/27 i 1927/28 gg.*, Kolomna 1929.

[204]Etwa *KPSS v rezoljucijach i rešenijach, s-ezdov, konferencij i plenumov CK. T. 2-4 (1917-1931)*, Moskva 1970; Idem, izd. 9-oe. T. 3 (1922-1925), T. 4 ((1926-1929), Moskva 1984; *Graždanskij kodeks Rossijskoj Socialističeskoj Federativnoj Sovetskoj Respubliki. Prinjatyj na IV sessii Vserossijskogo Central'nogo Ispolnitel'nogo Komiteta IX sozyva 31 oktjabrja 1922 g. S izmenenijami i dopolnenijami po 25 ijulja 1926 g.*, Moskva 1926; *Žiliščnoe zakonodatel'stvo. Spravočnik postanovlenij i rasporjaženij central'nych i mestnych vlasti s priloženiem sudebnoj praktiki za 1928 god*, Moskva 1929; *Žiliščnoe zakonodatel'stvo. Sbornik dekretov, rasporjaženij i instrukcij, s kommentarijami*, Moskva 1929; *Dejstvujuščee zakonodatel'stvo o pečati. Sistematičeskij sbornik.* Izd. vtoroe. Sostavil L.G. Fogelevič, Moskva 1929; *O bol'ševistskoj pečati i rabsel'korach. Sbornik postanovlenij CK, CKK i Sredazbjuro CK VKP(b)*, Moskva, Taškent 1933; *O vedenii edinoj pasportnoj sistemy v SSSR. Zakonodatel'nye i direktivnye materialy. S vstupitel'noj statej A.J. Vyšinskogo*, o.O. 1933; *Sbornik dejstvujuščich na territorii RSFSR administrativnych zakonov. S priloženiem važnejšich vedomstv, cirkuljarov i instrukcij.* Sostavili S.S. Kiškin, B.P. Uskov, Moskva 1927; *Instrukcija o vyborach sovetov i ispolkomov RSFSR. Tekst i postatejnyj komentarij s dopolnenijami i raz-jasnenijami prezidiuma VCIK i Vserossijskoj Izbiratel'noj Komissii.* Pod obščej redakciej i s predisloviem Ja.V. Polujana, Moskva 1928 u.a., von den regulär im offiziellen Gesetzblatt der *UdSSR* und *RSFSR* veröffentlichten sonstigen Gesetzen und Verordnungen (*SZ* bzw. *SU* 1924-34), die ohnehin in der Studie Berücksichtigung finden, einmal abgesehen.

Politbüro mit der Politikwende zum „Klassenkrieg“[205] heraufbeschworenen Krisensituation in den einzelnen Städten im einschlägigen Zusammenhang[206].

---

[205]So Fitzpatrick, Cultural Revolution, S. 9, 11.

[206]*XVI. Moskovskaja gubernskaja konferencija. Stenografičeskij otčet*, Moskva 1928; *Rezoljucii XVII Moskovskoj gubkonferencii*, Moskva, Leningrad 1929; K. Bauman: *Polosa velikogo stroitel'stva. Doklad o rabote MK i Orgbjuro CK VKP (b) na I. Moskovskoj oblastnoj konferencii 16 sentjabrja 1929 g.*, Moskva 1929; *IV. plenum Moskovskogo oblastnogo komiteta VKP (b). Stenografičeskij otčet*, Moskva 1930; L.M. Kaganovič: *Moskovskie bol'ševiki v bor'be za pobedu pjatiletki (Doklad o rabote MK i MGK na III. Moskovskoj oblastnoj i II. gorodskoj konferencijach VKP (b) 23 janvarja 1932 g.)*, Moskva 1932; *Materialy XXII-j serpuchovskoj uezdnoj partijnoj konferencii 15-18 dekabr' 1928 god*, Serpuchov 1929; *Proekt predloženij k 1-oj okružnoj Partkonferencii (Delegatam 1-oj okružnoj Partkonferencii)*, o.O. 1929; *Rezoljucii 1-voj okružnoj konferencii VKP (b) i Plan Raboty Okružkoma na 6 mesjacev (oktjabr' - mart 1929-30 g.)*, Serpuchov 1929; *Rezoljucii pervoj okružnoj partijnoj konferencii Orechovo-Zuevskoj organizacii VKP (b) 5-8 sentjabrja 1929 g.*, o.O., o.J.; *Rezoljucii pervoj okružnoj partijnoj konferencii VKP (b),* Kolomna 1929; *Religija i klassovaja bor'ba (Materialy dlja dokljadčikov)*, Moskva 1930; *Rezoljucii plenuma Orechovo-Zuevskogo Gorkoma VKP(b), sovmestno s partaktivom, 12 i 14 fevralja 1933 g.*, Orechovo-Zuevo 1933, u.a.

2. ZIELGRUPPEN, VERLÄUFE UND MECHANISMEN DER REPRESSION

2.1. DIE PERSONEN OHNE WAHLRECHT (LIŠENCY) ALS GRUPPE INSGESAMT

2.1.1. Die gesetzliche Entwicklung und Ausgrenzungsmaßnahmen der städtischen Organe bis 1928

Der in den *RSFSR*-Verfassungen von 1918 und 1925 ganz konkret benannte Personenkreis der *lišency* als Bürger minderen Rechts ist oben bereits dargestellt worden[207]. Diese grundlegenden Ausschlußbestimmungen wurden sowohl mit einem wichtigen weiteren Verfassungsparagraphen als auch Gesetzen und „Instruktionen" des *CIK*, *VCIK* und des *SNK* sowie einzelner Volkskommissariate ausgefüllt und erläutert. Art. 14 der Verfassung von 1925 kommt hier besondere Bedeutung zu: Die *RSFSR* behielt sich nämlich vor, die Rechte einzelner „Personen und Personengruppen", soweit sie „zum Schaden für die Interessen der sozialistischen Revolution" genutzt würden, zu kassieren[208]. Dieser Gummiparagraph wurde im Wahlgesetz vom 16. Januar 1925 direkt auf die Tätigkeit der Wahlkommissionen im Zuge der zu ihrem Kompetenzbereich gehörigen Zusammenstellung und Überprüfung der *lišency*-Listen (vor den Wahlen zu den Räten) bezogen: Die Kommissionen hatten sich bei ihrer Arbeit maßgeblich auf ihn und die anderen oben genannten Artikel zu stützen[209].

Das erwähnte Wahlgesetz hielt sich streng an die in den Verfassungen definierten Kategorien der Bürger ohne Wahlrecht, spezifizierte nur noch genauer die zaristischen Amtsträger aus Polizei, Gendarmerie, Justiz, Militär und Verwaltung sowie auch die entsprechenden Berufsgruppen unter den „konterrevolutionären Regierungen" der „Weißen" während der Bürgerkriegszeit[210]. Ein entscheidendes Novum gegenüber den genannten Verfassungstexten stellt allerdings die Tatsache dar, daß alle in ihren Rechten beschnittenen Personen nicht nur für ihre *gegenwärtige*, sondern auch für ihre *ehemalige* Tätigkeit haften sollten. Immerhin wurde ihnen die Möglichkeit konzidiert, durch Vorweisen entsprechender Bescheinigungen des Fabrik- oder Gewerkschaftskomitees die Arbeit als Werktätiger ohne Ausbeutung „fremder Arbeit" nachzuweisen. In diesem Fall sollte die zuständige Gouvernementswahlkommission das Wahlrecht wieder zuerkennen können[211]. Die Betroffenen hatten also die Möglichkeit, das Stigma ihrer Vergangenheit durch staats- bzw. regimegemäße Berufstätigkeit wieder loszuwerden. Dies

---

[207]Vgl. EINLEITUNG, S. 7/8.

[208]*Konstitucija RSFSR*, S. 8.

[209]Ob instrukcii o perevyborach v sovety, *SZ* 1925, No. 6, st. 55, vgl. Kap. IV, Art. 19.

[210]Ibid., vgl. Kap. IV, Art. 20-22.

[211]Ibid., Art. 20.

änderte sich allerdings schon nach Erlaß der novellierten Wahlverordnung vom 28. September 1926: Jetzt wurden die *lišency* in zwei Gruppen von „Ehemaligen" (*byvšie*) geteilt. Zur ersten Gruppe rechneten „die ehemaligen Angestellten der Polizei, der Gefängnisbehörden, des Gendarmeriecorps und dergleichen". Ihnen stand künftig nur „in einzelnen Fällen" die Wiederzuerkennung des Wahlrechts seitens der zentralen Vollzugskomitees der einzelnen Unionsrepubliken offen, falls sie „zur gegenwärtigen Zeit" in der Produktion tätig waren bzw. „gesellschaftlich nützlicher Arbeit" nachgingen. Als zusätzliches Erfordernis wurde der Nachweis ihrer „Loyalität gegenüber der Sowjetmacht" erwartet. Ähnlich hoch angesetzte Vorleistungen hatten die Angehörigen der anderen Gruppe zu erbringen, wollten sie ihren *lišency*-Status verlieren. Es handelte sich hier um „Personen, die ihre Rechte als Angehörige der Klasse der Ausbeuter (Gutsbesitzer, Bourgeoisie, Personen, die zu den Dienern religiöser Kulte gehören) verloren" hatten. Sie sollten ihr Wahlrecht durch den Spruch der Gouvernements- bzw. einer höheren Wahlkommission zurückerhalten können, wenn sie „im Verlauf von nicht weniger als fünf Jahren" alle auch für die Angehörigen der anderen Gruppe geltenden Erfordernisse erfüllten[212]. Eine gesondert in den ausführlichen Katalog der Personen ohne Wahlrecht aufgenommene Personengruppe, nämlich „ehemalige Offiziere und Beamte der weißen Armeen, aber auch Führer konterrevolutionärer Banden", konnten die Rückgabe ihres Wahlrechts nur im Ausnahmefall durch spezielle Verfügung der Regierung der *UdSSR* oder der jeweiligen Unionsrepublik erreichen[213]. Nur für den Dienst in den „weißen" Armeen *zwangsmobilisierte* „Arbeiter und werktätige Bauern, Kosaken, Heimgewerbetreibende und Handwerker", bei den Kirchen tätiges administrativ-technisches bzw. Wachpersonal sowie mit „gesellschaftlich nützlicher Arbeit" befaßte Freiberufler brauchten keine Aberkennung ihres Wahlrechts zu fürchten[214].

Insgesamt verringerte also das neue Gesetz die Möglichkeiten, aus der Position eines Bürgers minderen Rechts herauszukommen, wenn es auch jedem formal gestattet war, gegen den Entzug des Wahlrechts bei der zuständigen Wahlkommission zu klagen[215]. Zudem war nun auch die Regelung der Sippenhaft gesetzlich verankert: Jeder Familienangehörige eines *lišenec* sollte als solcher nur dann von der Verfolgung ausgenommen sein, wenn er von der Person ohne Wahlrecht nicht materiell abhing „und die Quelle seiner Existenz [...] eine selbständige gesellschaftlich nützliche Arbeit" darstellte[216].

Die neue Wahlinstruktion umschrieb die unter die *lišency* fallenden Personen nicht zufällig besonders ausführlich, da auf dem gesamten Gebiet der *UdSSR* offenbar sehr viele Mißbräuche bei der Aberkennung des Wahlrechts vorgekommen waren[217]: Neben den genannten Personen bzw. sozialen oder Berufsgruppen

---

212 Instrukcija o vyborach v sovety, *SZ* 1926, No. 66, st. 501. Vgl. Kap. III, Art. 13, 14.

213 Ibid., Kap. II, Art. 12g).

214 Ibid., Art. 12g), ž), z).

215 Vgl. ibid., Kap. III, Art. 15-22.

216 Ibid., Kap. II, Art. 12i).

217 Vgl. dazu das *CIK*-Zirkular vom 8. April 1925, worin diese Mißbräuche gerügt wurden. Dabei ging es um Tatbestände wie die Aberkennung des Wahlrechts ohne vorherige Prüfung

im urbanen Bereich waren hier auch „Heimgewerbetreibende und Handwerker“, die ständig abhängige Arbeitskräfte beschäftigten, sowie „Besitzer von Unternehmen industriellen Typs, die die Bevölkerung auf dem Wege der Vergabe von Arbeit für ihr Haus ausbeuteten“, betroffen. Ferner sollten auch „Pächter und Besitzer von Unternehmen vom Typ einer Fabrik oder eines Werks“ und nicht zuletzt als neue Kategorie „administrativ“ (durch das *OGPU*) und auf gerichtlichem Wege Zwangsverschickte dem Verlust des Wahlrechts unterliegen[218]. Durch Verschickung oder Verbannung verlor ein Delinquent also automatisch dieses Recht.

Wie das *CIK*-Gesetz, so sah auch die für die *RSFSR* und somit gleichzeitig für das Moskauer Gouvernement gültige *VCIK*-Verordnung vom 4. November 1926 ein hierarchisch gestuftes System von Wahlkommissionen vor: In jeder Stadt (und jedem Dorf) war, je nach der Größe des Ortes, jeweils vor den Wahlen mindestens eine solche Kommission einzurichten. Sie hatte für die ordnungsgemäße Vorbereitung und Durchführung der Ratswahlen zu sorgen, wozu, wie schon angemerkt, auch die Zusammenstellung der Listen mit den Personen gehörte, denen das Wahlrecht aberkannt war oder künftig nicht mehr zustehen sollte. Über der lokalen (städtischen bzw. dörflichen) Kommission stand die jeweils übergeordnete Kreis-, darüber, wie im Falle des Moskauer Gouvernements, die Gouvernementswahlkommission und als letzte Instanz schließlich die „Zentrale Wahlkommission“ des *VCIK* der *RSFSR*. Diese hatte die oberste Leitung sowie „Instruierung“ aller anderen Wahlkommissionen wahrzunehmen. Außerdem oblag dem zentralen Organ auch die letzte Entscheidung über Klagen der einzelnen *lišency* gegen die aberkennenden Beschlüsse der untergeordneten Instanzen. Jeder von der Aberkennung des Wahlrechts Betroffene hatte das Recht, zunächst bei seiner örtlichen Kommission zu klagen, wonach dann der Instanzenweg nach oben, ggf. bis zur „Zentralen Wahlkommission“, beschritten werden sollte. Als Grundlage der Entscheidungen der einzelnen Wahlkommissionen dienten einschlägige Unterlagen der jeweiligen lokalen Justiz-, Administrativ- und Finanzorgane. Letztere mußten Handelspatente privater Unternehmer bescheinigen und Daten über die Besteuerung „nichtwerktätiger Einkünfte“ liefern[219]. Zum Aufspüren der ehemaligen zaristischen Amts- bzw. Hoheitsträger sollte auch das *OGPU* Unterlagen bereitstellen[220]. Jede Kommission war verpflichtet, die von ihr zusammengestellten *lišency*-Listen vor Ort durch Aushang öffentlich bekanntzumachen[221].

---

einschlägiger Dokumente oder die unerlaubte Verfügung einer solchen Maßnahme gegenüber Heimgewerbetreibenden, die nur kleine „Hilfsbetriebe“ (etwa eine „Butterkammer“) führten, oder „Kultdienern“. Das Zirkular ordnete in allen Orten der *UdSSR* eine Überprüfung der *lišency*-Listen an. Vgl. O primenenii instrukcii o perevyborach v sovety, *SZ* 1925, No. 42, st. 313.

[218]Instrukcija o vyborach v sovety, Kap. II, Art. 10, 11.

[219]*Instrukcija o vyborach sovetov i ispolkomov RSFSR*, Art. 1, 2, 21, 22, 27, 30, 31, 32; S. 7-9, 47, 48, 50-52.

[220]Ibid., Art. 22d), S. 48.

[221]Ibid., Art. 25, S. 49.

Für das hier gestellte Thema ist nicht zuletzt die genau festgelegte Zusammensetzung der städtischen Wahlkommissionen von Belang: Neben dem vom jeweiligen Vollzugskomitee des Rates bevollmächtigten Vorsitzenden gehörten dem Gremium sechs weitere Personen an: zwei Vertreter des Stadtrats sowie je einer der roten Armee, der Gewerkschaften, des Komsomol und schließlich auch eine Werktätige, „gewählt auf der allgemeinstädtischen Delegiertenversammlung der Arbeiterinnen“[222].

Nach den Richtlinien des *VCIK*-Wahlgesetzes sollten die Wahlen vor Ort unter der Aufsicht einer speziellen *trojka*, bestehend aus einem Bevollmächtigten der Wahlkommission und zwei von der Wahlversammlung gewählten Bürgern, stattfinden. Die Personen ohne Wahlrecht hatten sich dabei vom Wahlort fernzuhalten. Aufgabe der *trojka* war es, die Wahl zu leiten und zu Beginn u.a. auch die *lišency*-Liste zu verlesen. Es oblag ihr zudem, über den Verlauf der Wahlen ein genaues Protokoll anzufertigen[223]. Letzteres reichte allerdings wenig später schon nicht mehr aus: Eine unionseinheitliche Vorschrift des *CIK* von 19. November 1926 schrieb eine penible Rechenschaftslegung hinsichtlich „Verlauf und Resultate der Wahlen zu den Räten“ vor. Alle zuständigen zentralen und lokalen Machtorgane bzw. deren Vollzugskomitees hatten auf speziellen Formblättern sämtliche Wahlbürger, auch die neuen sowie die abgewählten Ratsmitglieder, und nicht zuletzt auch die *lišency* namentlich zu erfassen. Letztere waren exakt ihrer jeweiligen Gruppe nach der genannten Spezifizierung gemäß Art. 69 der Verfassung der *RSFSR* zuzuordnen. Neben dem Namen des *lišenec* gab es noch eine ggf. auszufüllende Spalte für besondere „Anmerkungen“[224]. Ein knappes Jahr später, am 12. November 1927, schrieb eine weitere Bundesverordnung nicht nur vor, die Daten über die Personen ohne Wahlrecht durch Geburts- und Geschlechtsangaben zu vervollständigen, sondern auch, auf zwei neu entwickelten Formblättern „das Schema der informativen Rechenschaftsablegung“ zur „Registrierung der Wähleraktivitäten“ gerade *vor* den Wahlen während der Rechenschaftskampagnen der Räte zu erweitern[225]. Somit war der nächste Schritt getan, die Bürger zu überwachen, in ihrem Handeln zu kontrollieren und kurz vor den Wahlen etwaige oder wirkliche Regimegegner, wie sie die *lišency* angeblich darstellten, auszusondern.

---

[222]Auf der Ebene der Gouvernements, Provinzen und Autonomen Republiken traten noch je ein Bevollmächtigter der nationalen Minderheiten, der „Arbeiterinnnenabteilung“ des Parteikomitees sowie noch zwei Vertreter der Bauernorganisationen hinzu. Ibid., Art. 7, 3, S. 14, 11.

[223]Ibid., Art. 38, 39, 42, 47, S. 55-57, 60.

[224]Vgl. O formach učeta choda i rezul'tatov vyborov v sovety, na s-ezdy sovetov i v ispolnitel'nye komitety i o formach spiskov učeta izbiratelej, *SZ* 1926, No. 75, st. 593 und Anlagen ibid.: formy No. 1-19.

[225]Bei genauer Ausfüllung der vorgedruckten Spalten ergab sich ein klares Bild darüber, ob und wie viele der einzelnen sozialen Gruppen bei den Rechenschaftsversammlungen mit Redebeiträgen auftraten bzw. sich *nicht* exponierten. Das Ordnungsschema unterschied dabei zwischen „Frauen“, „Arbeitern“, „Angestellten“ und „Sonstigen“ einerseits, und Partei- und Komsomolmitgliedern andererseits. Außerdem waren auch die politisch motivierten Gründe für die Ablösung dieses oder jenes Ratsmitglieds im einzelnen zu nennen. Vgl. O formach učeta choda i rezul'tatov vyborov v sovety, na s-ezdy sovetov i v ispolnitel'nye komitety i o formach spiskov učeta izbiratelej, *SZ* 1927, No. 67, st. 682 und ibid.: formy No. 20, 21.

Gesetzliche Erleichterungen selbst für bestimmte Kategorien *der Angehörigen* des hier behandelten Personenkreises gab es nur wenige. So milderte die *VCIK*-Wahlinstruktion das oben genannte Prinzip der Sippenhaftung in bestimmten Fällen insofern, als die „Familienmitglieder von niederen Angestellten“ der ehemaligen Polizei, Gendarmerie, Justiz und Verwaltung, die nach Art. 69 der Verfassung dem Entzug des Wahlrechts unterlagen, nicht gleichfalls mit dieser Sanktion belegt werden sollten[226]. Das ehemalige *rangniedere* Personal des genannten staatlichen Behördenbereichs der Zarenzeit kam nach einer *VCIK*-Verordnung vom 14. Februar 1927 zudem schließlich auch in den Genuß jener Bestimmungen, die, wie oben dargestellt, schon für andere *lišency*-Gruppen galten: Bedingung für die erneute Zuerkennung des Wahlrechts war so die Erfüllung der genannten Anforderungen der „fünfjährigen gesellschaftlich nützlichen Arbeit“ und des Nachweises der Loyalität gegenüber dem Staat[227].

Die Bürger ohne Wahlrecht wurden schon vor 1928 noch weiteren schweren gesetzlichen Benachteiligungen unterworfen. So war ihnen bereits seit dem 19. August 1924 der Zugang zu den kooperativ verwalteten Wohnungen verwehrt[228]. Mit *CIK*-Gesetz vom 18. September 1925[229] verlor endgültig jeder *lišenec* das Recht auf regulären Wehrdienst in der Roten Armee und wurde bestimmten Ersatzdiensteinheiten (*tylovoe opolčenie*), de facto Strafbataillons, zugeordnet, wie sie schon vorher nach Art. 10 der *RSFSR*-Verfassung für nur *eine* bestimmte *lišency*-Gruppe, die „nichtwerktätigen Elemente“, vorgesehen gewesen waren[230].

Einen neuen wichtigen Akzent in der Verfolgung der dem Wahlrechtsentzug potentiell unterliegenden privaten Unternehmer setzten schließlich die Leitsätze des *ZK*-Plenums vom 3. November 1927 sowie die Beschlüsse des 15. Parteitags vom Dezember dieses Jahres. Das *ZK*-Plenum gebot nun erstmalig, die „Rolle des Privatkapitals“, das beim Großhandel immer noch um die 40% ausmache, „systematisch zu verkleinern“ und zugunsten des staatlichen und kooperativen Handels „völlig [...] vom Markt zu drängen“[231], während der 15. Parteitag den „Privathändler“ mit dem ruralen „Kulaken“ explizit auf eine Stufe stellte: Nach Überwindung der Linksabweichung in der Partei habe das „Proletariat“ als „Arbeiter- und Bauern-Block“ nunmehr „die Möglichkeit, künftig zu einer systematischeren und beharrlicheren Beschränkung des Kulaken und des Privathändlers überzugehen“. Erneut wurde die „weitere Herausdrängung des Privathändlers vom Markt“ gefordert[232].

---

[226] *Instrukcija o vyborach sovetov i ispolkomov RSFSR*, Art. 15p), primečanie, S. 32.

[227] Die „ehemaligen Offiziere und Beamten der weißen Armeen“ konnten ihrerseits nach einer Verfügung vom 28. Februar 1927 ihr Wahlrecht zurückerlangen, auch wenn sie nicht mehr in der Roten Armee oder der Flotte dienten, jedoch einer Arbeit im öffentlichen Sektor nachgingen und gleichzeitig Gewerkschaftsmitglied waren. Ibid., Erg. zu Art. 18, S. 43, 44.

[228] O žiliščnoj kooperacii, *SZ* 1924, No. 5, st. 60.

[229] O vedenii v dejstvie zakona ob objazatel’noj voennoj službe, *SZ* 1925, No. 62, st. 462.

[230] Vgl. unten S. 205, dazu dort Anm. 936.

[231] *KPSS v rezoljucijach i rešenijach*, T. 3, S. 442.

[232] Ibid., T. 4, S. 32, 35, 43.

Die städtischen Kommissionen, die die oben erwähnte, am 8. April 1925 vom *CIK* angeordnete Überprüfung der Aberkennungen des Wahlrechts durchführen sollten, orientierten sich offenbar auch an den von der zuständigen örtlichen Militärkommandantur bereitgestellten Listen mit den Namen derer, die zur Ableistung des genannten außerordentlichen Militärersatzdienstes mobilisiert waren[233]. In Serpuchov bestand die Überprüfungskommission aus je einem Vertreter des Kreisvollzugskomitees, des Kreisgewerkschaftsrats sowie des *OGPU* und der Milizverwaltung[234]. Damit waren nun nicht nur die Vetreter der örtlichen Räte und der gesellschaftlichen Organisationen, sondern auch die operativ und konspirativ arbeitenden Sicherheitsorgane direkt in die Entscheidungsfindung über einen Wahlrechtsentzug eingebunden.

Auch die *finanzielle* Ausbeutung dieser Bürger zweiter Klasse spielte eine wichtige Rolle: Am 6. November 1925 sowie am 31. Dezember 1926 erhielten zusätzlich besondere Richtlinien Gesetzeskraft, denen zufolge jede zum speziellen Wehrersatzdienst mobilisierte Person ohne Wahlrecht eine nicht gerade niedrig angesetzte „Militärsteuer" zu entrichten hatte[235]. Am 25. August 1927 verloren die *lišency* schließlich auf Beschluß des Präsidiums der zentralen Gewerkschaftsunion das in der Praxis oftmals schon vorher verwehrte Recht auf Mitgliedschaft in der für sie zuständigen Fachgewerkschaft. Zudem durften sie nicht bei staatlichen Stellen beruflich tätig sein und waren vom Recht der Werktätigen, in Mensen zu speisen und überhaupt am System der staatlich subventionierten „öffentlichen Ernährung" zu partizipieren, wenn auch nicht ausdrücklich de iure, so doch in der Praxis ausgeschlossen[236]. Auch ein Anrecht auf Inanspruchnahme der staatlichen Sozialversicherung mit den daraus erwachsenden Ansprüchen auf Unterstützungsgelder im Bedürftigkeitsfall (etwa Arbeitslosenhilfe) sollte nach den Schritt für Schritt in Kraft tretenden einschlägigen gesetzlichen Bestimmungen *nur abhängig beschäftigten* Arbeitern und Angestellten zustehen. Die vielfach unter die Gruppe der *lišency* fallenden Selbständigen waren also vom Genuß dieser so-

[233]Vgl. z.B. die Liste des Kreismilitärkommandos von Serpuchov vom 30. August 1926, die alle zum Herbst 1926 einzuberufenden jungen Männer des Jahrgangs 1904 enthielt: Spisok graždan 1904 podležaščich prizyvu, otnesennych voenno-učetnymi stolami v kategoriju tylovogo opolčenija. CGAMO, f. 2139, op. 1, d. 366, l. 8. Die sich hierauf beziehende *lišency*-Liste der städtischen bzw. Kreisüberprüfungskommission wies dieselben Namen auf. Vgl. Protokol No. 1 zasedanija komissii pri Serpuchovskom UIK-e po peresmotru lic neimejuščich pravo byt' izbrannym i izbirat' ot 16 IX. 1926 g. Ibid., l. 5. Bei den Erfaßten handelte es sich überwiegend um „Händler" oder private Geschäftsleute bestimmter Unternehmensbranchen.

[234]Protokol No. 1 zasedanija komissii pri Serpuchovskom UIK-e po peresmotru lic neimejuščich pravo byt' izbrannym i izbirat' ot 16 IX.1926 g., ibid., l. 4.

[235]O special'nom voennom naloge s graždan, začislennych v tylovoe opolčenie, *SZ* 1925, No. 76, st. 577, sowie Ob izmenenii statej 2 i 4 postanovlenija Central'nogo Ispolnitel'nogo Komiteta i Soveta Narodnych Komissarov Sojuza SSR ot 6 nojabrja 1925 goda o special'nom voennom naloge s graždan, začislennych v tylovoe opolčenie, *SZ* 1927, No. 3, st. 31. In dieser letztgenannten Verordnung wurde die zu zahlende Sondersteuer von 20% des jeweils geltenden Einkommensteuersatzes noch um weitere 5% erhöht!

[236]Dazu Dobkin, Lišency, S. 608.

zialen Leistungen ausgeschlossen[237]. Das Anrecht auf die staatliche Altersversorgung („Pension“) war auch den Personen, die der Aberkennung des Wahlrechts unterlagen, zwar zunächst weiterhin gesetzlich garantiert[238], mit einem Pensionsentzug hatte jedoch jeder vom *OGPU* Zwangsverschickte und/ oder Internierte zu rechnen[239].

Die Verschärfung der gesetzlichen Bestimmungen zu Lasten der *lišency* bedeutete indessen keineswegs auch die entsprechende Umsetzung der Repressionsgebote im konkreten Fall vor Ort, im Gegenteil: Die gesetzeskonforme Vorbereitung und Abhaltung der Wahlen in den einzelnen Städten stieß zuweilen schon infolge gravierender Unregelmäßigkeiten auf große Schwierigkeiten. Dies betraf auch den gleichermaßen bürokratischen wie folgenschweren Akt zu Beginn des Verfolgungsmechanismus gegen die Personen ohne Wahlrecht, nämlich die Zusammenstellung der *lišency*-Listen und deren weitere Behandlung. Ende 1926 ließ die Kreiswahlkommission in Orechovo-Zuevo Leitthesen für die Vorbereitung der Anfang 1927 anstehenden Wahlen erstellen. In diesen wurde dem Aufspüren von Personen ohne Wahlrecht ganz besonderes Gewicht eingeräumt: Anläßlich der 1926 durchgeführten Wahlen sei ein starker Rückgang der *lišency* konstatiert worden, obwohl die Anzahl der hier zu verfolgenden Zielgruppen 1925 deutlich angestiegen sei. Dieser „Fehler“ der für die Zusammenstellung der Listen Verantwortlichen müsse jetzt in genauer Übereinstimmung mit den Verfassungsparagraphen „entschieden“ verbessert werden[240]. Die Richtlinien sind auch im Licht eines am 26. November 26 erlassenen Zirkulars der Zentrale an alle Vollzugskomitees der Unionsrepubliken zu sehen, in dem warnend auf das schlechte Beispiel des Verlaufs der Kampagnen zu den Wahlen der einzelnen Räte 1925-26 (miserable Vorbereitung, mangelnde Teilnahme der Gewerkschaften und des Komsomol und andere „Mängel“)[241] verwiesen und die schlampige Wahrnehmung der Rechen-

[237]O social'nom strachovanii lic, zanjatych po najmu v domašnem chozjajstvu, *SZ* 1925, No. 66, st. 491; O merach obespečenija pravil'noj zarabotnoj platy rabočim, služaščim i krest'janam, zanjatym na rabotach u častnych podrjadčikov (postavščikov), a takže vznosov za social'noe strachovanie ukazannych lic, *SZ* 1927, No. 53, st. 536; grundlegende Regelung für alle Werktätigen (abhängig Beschäftigten) in diesem Sinne dann: Vremennoe položenie o posobijach, vydavaemych organami socijal'nogo strachovanija. *SZ* 1928, No. 4, st. 33 und Položenie ob obespečenii v porjadke social'nogo strachovanija po slučaju invalidnosti i po slučaju poteri kormil'ca, *SZ* 1928, No. 17, st. 146.

[238]Noch am 6. Februar 1929 erschien in der zentralen *Pravda* eine Reihe von Artikeln, in denen in dieser Frage auf die mangelnde Übereinstimmung der formalen Gesetzgebung mit der „Klassenlinie“ der Partei verwiesen und verlangt wurde, „allen unseren ehemaligen und jetzigen Feinden, Fürsten, Gutsbesitzern, Fabrikanten, das Recht auf die staatliche soziale Sicherung zu entziehen“, vgl. *Pravda*, No. 30 (4164), 6 fevralja 1929 g., S. 4.

[239]Vgl. den eindeutigen Bescheid der Leiterin der Gefangenenhilfsorganisation des Roten Kreuzes an den Delinquenten V.N. Petrov vom 10. August 1928, GARF, f. 8409, op. 1, d. 275, l. 54.

[240]Tezisy dlja dokladčikov o perevyborach sovetov v 1927 godu, CGAMO, f. 5736, op. 1, d. 5, l. 20.

[241]Vgl. in diesem Zusammenhang auch den offiziellen Rechenschaftsbericht der Regierung der *RSFSR*, der herausstellte, daß sich „in der Mehrheit der Städte“ 1925-26 nur 25-30% der Wahlberechtigten zur Teilnahme an den vor den Wahlen stattfindenden Rechenschaftsversammlungen

schaftspflicht gegenüber den übergeordneten Behörden moniert wurde. Das Zirkular verlangte die Beseitigung aller derartiger Regelwidrigkeiten und Gesetzesverstöße und verordnete dabei nicht ohne Grund abermals auch die Überprüfung der vorhandenen *lišency*-Listen. Rechtzeitig zu den Wahlen sollten diese noch einmal ganz neu erstellt werden[242]. Der Druck zeitigte Folgen: Nach dem Jahresbericht der Regierung der *RSFSR* stieg die Anzahl der Teilnehmer an den turnusmäßigen Rechenschaftsversammlungen der einzelnen Räte 1926-27 in den meisten Städten auf „durchschnittlich 45-50%" der Wähler, also eine deutliche Zunahme der Beteiligung gegenüber dem Vorjahr[243].

Die Wahlkommission des Kreises Orechovo-Zuevo bestätigte in ihrer Sitzung vom 30. Dezember 1926 für die gleichnamige Stadt nun die für einen proletarisch geprägten Ort von 63000 Einwohnern zwar beachtliche, aber, wie noch gezeigt werden wird, dennoch im interstädtischen Vergleich im Verhältnis zur Gesamteinwohnerzahl immer noch eher kleine Gruppe von 1011 Personen ohne Wahlrecht. Sie erließ gleichzeitig die obligate Weisung, die Listen in der örtlichen Parteizeitung *Kolotuška* zu veröffentlichen. Ferner erging die Verfügung, unter die Liste einen besonderen „Aufruf an die Arbeiter" zu setzen, bei der Ermittlung derjenigen „Personen, die sich verbergen und aus diesen oder jenen Gründen nicht rechtzeitig in die Listen eingehen", zu helfen[244]. Am 6. Januar 27 verabschiedete dieselbe Kommission eine weitere Liste mit 73 zusätzlichen *lišency*. Nur einer einzigen Person billigte sie das Wahlrecht wegen nachweislich unabhängigen werktätigen Einkommens wieder zu[245]. Die genannte quantitative Größe an festgestellten *lišency* war offensichtlich kein gesondert zu betrachtender Einzelfall: Für die ähnlich große Stadt Serpuchov belegen die Quellen den hiervon nur geringfügig nach oben abweichenden Wert von 1122 Personen, denen 1927 das Wahlrecht aberkannt wurde[246]. Somit waren in beiden Städten zwischen 1 und 2% der Stadtbevölkerung von dieser Ausgrenzung aus dem politischen und gesellschaftlichen Leben betroffen. Was Orechovo-Zuevo betrifft, so muß allerdings auch dieser Wert infolge der vielen mißbräuchlichen Entscheidungen, die zum Wahlrechtsentzug führten, als korrekturbedürftig gelten. Die Tätigkeit der Wahlkommission in Orechovo-Zuevo traf nämlich auf herbe Kritik selbst bei ihren Hilfsorganen, die Ungerechtigkeiten bei der Entscheidungsfindung und offen-

---

angemeldet hatten. *God raboty pravitel'stva RSFSR. Materialy k otčetu pravitel'stva za 1926-27 g.*, S. 35.

[242]O podgotovke i provedenii očerednych vyborov v sovety na s-ezdy sovetov i v ispolnitel'nye komitety. Cirkuljarno. *SZ* 1926, No. 75, st. 594.

[243]Vgl. *God raboty pravitel'stva RSFSR*, S. 35.

[244]Protokol No. 3 zasedanija Orechovo-Zuevskoj uezdnoj izbiratel'noj komissii po perevyboram sovetov, 30-go dekabrja 1926 g., CGAMO, f. 5736, op. 1, d. 5, l. 18.

[245]Protokol No. 4 zasedanija Orechovo-Zuevskoj izbiratel'noj komissii po perevyboram sovetov sovmestno s predsedateljami volostnych izbiratel'nych komissij ot 6-go janv. 1927 g., ibid., l. 24.

[246]Vermutlich Ende Dezember 1928 (genaues Datum nicht zu ermitteln) stellte das Sekretariat der städtischen Wahlkommission dem Stadtrat von Serpuchov eine entsprechende Mitteilung zu. Služebnaja zapiska, No. 084, ibid., f. 2139, op. 1, d. 459, l. 34. Zur Einordnung sei daran erinnert, daß 1928 die Stadt 58000 Einwohner zählte, vgl. EINLEITUNG, S. 15, Anm. 96.

sichtliche Geringschätzung ihrer Arbeit durch die vorgesetzten Stellen anprangerten: Nach der Protokollabschrift einer am 8. Januar 27 in der Stadt abgehaltenen Versammlung aller ebendort tätigen Wahlbevollmächtigten und der Vertreter der für die Wahlvorbereitungen zuständigen „Unterkommissionen" monierte ein Teilnehmer, daß selbst gewerkschaftlich organisierte „ehemalige Händler" ohne Mitgliedschaft in der Partei das Wahlrecht eingebüßt hätten, während Parteimitglieder mit derselben Vergangenheit keine Aufnahme in die Ausschlußlisten fänden. Außerdem blieben die „ehemaligen Spekulanten" von der Aberkennung des Wahlrechts verschont. Ein anderer Bevollmächtigter beklagte, daß die *lišency*-Listen nicht an die einzelnen die Wahlen bei den Fabriken und Gewerkschaften vorbereitenden Kollegen und „Unterkommissionen" geschickt würden, so daß die Verantwortlichen an den verschiedenen städtischen Wahlstellen gar nicht wüßten, wer in ihrem Erfassungsbereich denn nun eigentlich das Wahlrecht besitze und wer nicht. Ein weiterer Teilnehmer an der Versammlung kritisierte, daß „die vorbereitende Arbeit zur Rechenschaftskampagne" des Stadtrats[247] „schlecht" vonstatten gehe. An die Beauftragten an den Wahlorten in der Stadt seien nur „Datumsverzeichnisse" und keine weiteren Unterlagen versandt worden. Als „hier schuldig" benannte der Bevollmächtigte „die Kreiswahlkommission und andere Organe, die höher stehen"[248]. Die Versammlung beschloß, „die Kreiswahlkommission zu bitten, dringend an die Fabriken und Gewerkschaftsunionen in der Stadt Orechovo-Zuevo Listen der ehemaligen Händler, der ehemaligen Polizeivorsteher und der gerichtlich zum Verlust des Wahlrechts Verurteilten" zu versenden[249].

So zeigte ausgerechnet die Situation in dieser Arbeiterstadt, die wegen ihrer „großen" proletarisch-revolutionären Vergangenheit in den Augen der Partei einen ganz besonderen Status besaß[250], daß die praktische Durchführung der Repressionsgebote gegen die *lišency* bereits zu *NĖP*-Zeiten ein großes Problem darstellte. Dieses verweist damit auf den oben unter Berufung auf W.M. Pintner dargestellten Zusammenhang, wonach die Kapazitäten von Staat und Partei zur Kontrolle der lokalen Instanzen und somit auch der verordneten Verfolgungsverfahren vor Ort schon vor 1928 nicht ausreichten, und deutet in der Tat auf eine latent bestehende Krise der staatlichen und parteiamtlichen „Penetration" der örtlichen Machtstrukturen hin.

Zusätzlich kompliziert wurde die Situation durch die oben schon erwähnte, im Bereich der gesamten *UdSSR* in dieser Zeit häufige Tendenz der örtlichen Wahlkommissionen zu gesetzwidrigen bzw. fehlerhaften Entscheidungen. Auch hier

---

[247]Vor jeder Wahl hatte der Stadtrat durch spezielle Beauftragte auf Wählerversammlungen vor allen stimmberechtigten Bürgern Rechenschaft über seine bisherige Arbeit abzulegen. Hierzu vgl. die nachfolgenden Ausführungen.

[248]Vgl. Prenija po dokladu tov. Komina na soveščanii upolnomočennych po perevyboram gorsoveta i izbiratel'nych Podkomissij po voprosu o podgotovitel'noj rabote i perevyboram ot 8/I-1927 goda, CGAMO, f. 5736, op. 1, d. 5, l. 59.

[249]Protokol No. 1 soveščanija izbiratel'nych podkomissij i upolnomočennych po perevyboram gorsoveta goroda Orechovo-Zueva, ibid., l. 1.

[250]Vgl. oben S. 13.

belegen die erhaltenen Archivalien gerade für die Verhältnisse in den Städten und städtischen Siedlungen des Kreises Orechovo-Zuevo einschlägiges Material. Aufgrund vieler Klagen vom Wahlrechtsentzug Betroffener setzte die zuständige Kreiskommission in Orechovo-Zuevo nämlich eine besondere *trojka* „zur Begutachtung dringender Fragen“ ein. Diese entschied am 17. Januar 1927, von vier eingereichten Beschwerden aus der Siedlung Kosterevo[251] einer stattzugeben und die Entscheidung über eine weitere bis zur Beschaffung zusätzlicher Dokumente auszusetzen. Von 15 aus der Kleinstadt Pokrov[252] eingereichten Klagen wurde zweien stattgegeben. Nicht weniger als sechs Kommissionsbeschlüsse gingen an die Pokrover Wahlkommission zur Klärung wichtiger Einzelfragen (z.B. der Frage, ob sich der Betreffende *wirklich* und *wann* in der Vergangenheit als „Händler“, die größte Gruppe unter den betroffenen „Ehemaligen“, betätigte) mit aufschiebender Wirkung zurück. Zwei Beschwerden aus der Stadt Orechovo-Zuevo wurden positiv entschieden und die Streichung der betreffenden Namen aus der *lišency*-Liste verfügt[253]. Am 20. Januar setzte die Wahlkommission am selben Ort nicht weniger als drei von sechs zusätzlichen Namen städtischer „Ehemaliger“ ab, weil die Betreffenden bereits fünf Jahre „gesellschaftlich nützlich“ tätig waren bzw. „selbständig von werktätigen Einkünften“ lebten[254]. Von 10 weiteren Klagen, die Bürger aus Orechovo-Zuevo eingereicht hatten, gab die Kommission am 24. Januar zweien statt[255], zwei weitere und eine kurz vorher noch auf den Index gesetzte Person strich die nachfolgend tagende *trojka*[256].

Die Streichungen aus der *lišency*-Liste seitens der überprüfenden Organe belegen demnach in der Tat, daß die städtischen Wahlkommissionen häufig oberflächliche Entscheidungen, auch unrichtige Einschätzungen vornahmen und zu-

[251]Die städtische Textilarbeitersiedlung Kosterevo, ca. 36 km östlich von Orechovo-Zuevo am äußersten Ostrand des Moskauer Gouvernements gelegen, besaß auch 1979 erst 11100 Einwohner, vgl. *Goroda Rossii*, S. 210 sowie *Moskovskaja Oblast'. Topografičeskaja karta*, S. 24/25.

[252]Pokrov war neben dem Kreiszentrum Orechovo-Zuevo die einzige „Stadt“ im Kreis. 1926 umfaßte diese im äußersten Osten des Gouvernements gelegene Kleinstadt nicht mehr als 2700 Einwohner, 1928 waren es 3414, vgl. *Goroda Rossii*, S. 359 sowie CGAMO, f. 667, op. 1, d. 290, l. 47.

[253]Protokol No. 1 zasedanija Trojki pri Orechovo-Zuevskom uizbirkome po rassmotreniju sročnych voprosov ot 17/I-27 g., CGAMO, f. 5736, op. 1, d. 5, ll. 55, 56.

[254]Protokol No. 6 zasedanija uizbirkoma po perevyboram sovetov ot 20-go janvarja 1927 g., ibid., l. 50.

[255]Vgl. Protokol No. 7 zasedanija Orechovo-Zuevskoj Uezdnoj Izbiratel'noj Komissii po perevyboram sovetov ot 24-go janvarja 1927 goda, ibid., l. 62.

[256]Protokol No. 2 zasedanija otvetstvennoj trojki iz sostava Orechovo-Zuevskoj Uezdnoj Izbiratel'noj Komissii po perevyboram sovetov. 27 janvarja 1927 goda, ibid., l. 63 und Protokol No. 9 zasedanija Trojki Orechovo-Zuevskogo izbirkoma, 5 II 27 goda, ibid., ll. 69. 70. Eine solche Streichung mußte jedoch nicht bedeuten, daß der Betroffene nun endgültig von der Aberkennung seines Wahlrechts verschont war: Einer der am 20. Januar gestrichenen Namen wurde noch am 15. März, kurz vor den Wahlen, erneut von der Kreiswahlkommission in Orechovo-Zuevo auf einen speziellen Index derjenigen Personen gesetzt, in deren Fällen noch weiteres Material für eine Entscheidungsfindung recherchiert werden sollte. Vgl. Protokol No. 11 zasedanija Orechovo-Zuevskoj Uezdnoj Izbiratel'noj Komissii po perevyboram sovetov ot 15-go marta 1927 goda, ibid., l. 74.

dem mit ergänzungsbedürftigen Unterlagen arbeiteten. Noch mehr als in Orechovo-Zuevo und dem Städtchen Pokrov desselben Kreises scheint dies indessen in den anderen Städten (und Dörfern) des Moskauer Gouvernements vorgekommen zu sein. Hiervon zeugen nicht zuletzt die Beschlüsse des Präsidiums des *Mossovet*, das hier als Korrektiv wirkte: Während die Klagen zweier Bürger aus Orechovo-Zuevo gegen das negative Urteil der örtlichen überprüfenden *trojka* wie auch gleichartige Beschwerden aus Serpuchov und Egor'evsk in Moskau kein Gehör fanden, wurden *alle* Appellationen aus anderen Städten und Dörfern vom *Mossovet* positiv beschieden. Dies gilt für sämtliche Klagen aus dem Kreis Sergiev (allein drei davon aus der gleichnamigen Stadt), Bronnicy, Kašira, Klin, Bogorodsk, sowie den Landkreisen Lenino und Moskau, wobei in dieser Beziehung neben Sergiev die Städte Ramenskoe[257] (Kreis Bronnicy) und Kašira besonders ins Auge fallen[258]. Bestätigt wird dieser Befund auch durch die ergänzenden Entscheidungen des *Mossovet* am 27. Juni 1927, wonach alle Kläger aus den Städten und Kreisen Zvenigorod[259], Dmitrov sowie erneut aus Kašira und Klin Recht bekamen. Die negativen Urteile aus Možajsk und Orechovo-Zuevo sowie erneut aus Bronnicy, Bogorodsk, Egor'evsk, Orechovo-Zuevo, Serpuchov und dem Landkreis Moskau wurden hingegen teils bestätigt, teils verworfen. Über letzteres konnten sich mehrheitlich die Kläger aus Možajsk und Orechovo-Zuevo freuen[260]. Ein ähnliches Bild vermittelt auch eine entsprechende Liste derselben Behörde vom 24. August desselben Jahres. Auch hier wurde den Klagen der *lišency* sowohl aus den alten kleinen Land- und Handelsstädten (in diesem Fall etwa Zvenigorod, Ruza) als auch aus den industriellen Produktionsstandorten (Ozery) stattgegeben[261].

Es ist davon auszugehen, daß zahlreiche Beschwerden der *lišency* gegen die Entscheidungen der örtlichen Wahlkommissionen auch *nach* den Wahlen im Frühjahr 1927 zunächst unentschieden auf dem Tisch des Präsidiums des *Mossovet* verblieben, sonst wäre die relativ geringe Anzahl der Entscheidungen der letztgenannten Stelle[262] mit Sicherheit höher gewesen: Schließlich hatten die ört-

[257]Ramenskoe, 46 km südöstlich von Moskau gelegen, besaß 1926 14000 Einwohner, eine Zahl, die sich bis 1939 verdoppelte, vgl. *Goroda Rossii*, S. 374.

[258]Vypiska iz protokola Prezidiuma Moskovskogo Soveta Rab., Krest'janskich i Krasnoarmejskich Deputatov, No. 42 ot 20 maja 1927 g., CGAMO, f. 2139, op. 1, d. 365, l. 22.

[259]46 km westlich von Moskau gelegene Kreisstadt mit 1926 3100, 1939 erst 6300 Einwohnern. Das weitgehend von Wald umgebene, nicht industriell geprägte Zvenigorod, eine der ältesten Städte Rußlands, galt und gilt als Kur- und Erholungs- sowie auch museales Zentrum, vgl. *Goroda Rossii*, S. 145/46.

[260]Vypiska iz protokola Prezidiuma Moskovskogo Soveta R.K. i K.D., No. 52, 27 ijunja 1927 goda, CGAMO, f. 2139, op. 1, d. 365, ll. 7, 8.

[261]Vypiska iz protokola prezidiuma Mossoveta No. 68, ot 24 VIII 1927 g.: Chodatajstva o vosstanovlenii v izbiratel'nych pravach graždan Moskovskoj Gubernii, lišennych takovych vo vremja perevyborov v sovety v 1927 godu. Ibid., d. 405, ll. 2-5.

[262]Für Kreis und Stadt Možajsk und den ganzen Moskauer *uezd* belegen die beiden letztgenannten Protokolle des Präsidiums des *Mossovet* je acht Fälle, für die Kreise (und Städte) Orechovo-Zuevo, Egor'evsk und Bronnicy nicht mehr als je fünf, für Sergiev und Klin je vier, Bogorodsk drei, Serpuchov und Kašira je zwei und Dmitrov einen Fall.

lichen Stellen *jeden* Aktenvorgang über eine abgelehnte Klage nach Moskau zu schicken[263]. Ein wesentlicher Grund für die ebendort verzögerte Arbeit dürfte die unzureichende Erläuterung der einzelnen Aberkennungsbescheide durch die lokalen Behörden gegenüber der vorgesetzten Instanz in der Hauptstadt sein, was eine Begutachtung und Entscheidung hier sehr erschwerte und verlangsamte: In einem Zirkular der Gouvernementswahlkommission an alle Kreisvollzugskomitees vom 27. Dezember 27 wurde ausdrücklich auf deren „Pflicht" zur genauen „Motivierung" der Aberkennungen verwiesen. Außerdem ermahnte das Zirkular alle untergeordneten Behörden, unerledigte Klagen „in nächster Zeit" mit allen Unterlagen nach Moskau zu leiten. Zugleich erinnerte es die Adressaten an die Regel, der Gouvernementskommission alle im Zusammenhang mit der Aberkennung des Wahlrechts auftauchenden Fragen und Unklarheiten mit den zugehörigen Dokumenten über die einzelnen Betroffenen zur Begutachtung und Entscheidung zuzustellen[264]. Ohne konkrete Anlässe wäre ein derartiges Zirkular nicht denkbar gewesen!

So ergibt sich, daß vor den massiven Verfolgungen 1928ff. die Möglichkeiten für die von der Aberkennung des Wahlrechts betroffenen Personen im Moskauer Gouvernement, ihrem stigmatisierten Dasein als *lišenec* auf dem Klagewege doch noch zu entgehen, durch die genannten verbreiteten Mängel in der konkreten Verfolgungspraxis der Behörden vor Ort und dem unzureichenden, von ganz oben zwingend vorgeschriebenen Austausch mit der übergeordneten Stelle einerseits gar nicht so schlecht waren. Andererseits bedingten gerade die strukturellen Schwächen in der Funktionsweise des Instanzenzuges und damit auch die mangelnden Kontrollmöglichkeiten von oben ein großes Maß an Unwägbarkeit für den Betroffenen. Die zitierten Quellen untermauern zudem den Schluß, daß sowohl in den kleinen, traditionell überwiegend vom Handel und/oder dem ländlichen Umfeld geprägten, schwach oder gar nicht industrialisierten Städten als auch in den proletarisch dominierten Fabrikstandorten Klageakte der *lišency* gleichermaßen gesetz- bzw. regelwidrig behandelt wurden. Ein grundsätzlicher Gegensatz zwischen diesen beiden Städtetypen, etwa als signifikante Unterscheidung zwischen dem agrarischen West- und dem industriellen Ostteil der *oblast'*, läßt sich in dieser Beziehung also nicht statuieren.

Der Befund, daß die Wahlkommissionen in der *Mehrheit* der Kreisstädte des Moskauer Gouvernements ihre Aberkennungsentscheidungen gesetzwidrig fällten, z.T., ohne ihr Urteil durch beweiskräftige Dokumente untermauern zu können, läßt - insbesondere 1927 - auf die schwindende Bedeutung der staatlichen Gesetzesordnung der *NĖP* in den Köpfen der lokalen Entscheidungsträger vor dem stetig wachsenden Einfluß der oben einleitend erörterten radikal-marxisti-

---

[263]Vgl. *Instrukcija o vyborach sovetov i ispolkomov RSFSR*, Art. 26, S. 49.

[264]Prezidiumu ...uezdnomu ispolnitel'nogo komiteta. Cirkuljarno. CGAMO, f. 667, op. 1, d. 293, l. 5.

schen „Warentauschtheorie des Rechts“[265] eines Pašukanis und anderer schließen. Als simplifizierender Ersatz für das Staatsrecht diente nun die revolutionär-proletarische „Klassenlinie“. Die gerade für Orechovo-Zuevo belegten Fälle eines offensichtlichen Schutzes einzelner städtischer „Händler“ und „ehemaliger Spekulanten“ vor dem Wahlrechtsentzug zeigen umgekehrt noch ein gewisses Rechtsbewußtsein und von daher eine mangelnde Anpassung mancher Wahlkommissionsmitglieder an die repressiven Aussschlußbestimmungen der Wahlgesetze unter dem Einfluß des vorrevolutionären Erbes liberaler Ideen, wie sie besonders seit der zweiten Hälfte des vergangenen Jahrhunderts in die Jurisprudenz breiten Eingang gefunden hatten[266]. Andererseits wirkte sich auch der ökonomische/stadtpolitische Einfluß mancher vermögender örtlicher Unternehmer bzw. Gewerbetreibender aus, da diese lukrative Steuerzahler darstellten - wichtig für das karge städtische Budget[267]. Schließlich dürften die durchaus unterschiedlichen (uneinheitlichen) Signale der Regierung bezüglich einer Repression der Mitglieder der städtischen „Bourgeoisie“ bis zum Ende der *NĖP*-Periode das Entscheidungsverhalten der lokalen Machtorgane beeinflußt haben[268].

2.1.2. Die Verschärfung der Repression 1928-1931

Die genannten Schwierigkeiten und „Mängel“, die sich bei den Vorbereitungen und Kampagnen zu den Wahlen gezeigt hatten, bewog die Staatsführung der *UdSSR* am 23. November 1927 zu einer energischen Weisung gegenüber den Vollzugskomitees der *RSFSR* sowie fünf anderer Unionsrepubliken: Die Wahlperiode 1927-28 sollte von einer „Erhöhung der Aktivität aller Werktätigen“ bei den Wahlen sowie einer „Stärkung der führenden Rolle des Proletariats in den Räten“ gekennzeichnet sein. Es sei jetzt „eine der wichtigsten Verpflichtungen der Räte“, die bisherigen Schwächen, die nicht zuletzt in der mangelnden Beteiligung vor allem der „Tagelöhner und Frauen“ an den Wahlvorgängen, der nach wie vor „unzureichenden Rechenschaftslegung der Räte vor den Wählern“ und der mangelhaften Wahrnehmung der Berichtspflicht der örtlichen Stellen über die „Wahlkampagne und deren Resultate“ bestünden, bei den anstehenden Wahlkampagnen wirkungsvoll zu eliminieren. In Anspielung auf die auch amtlich belegten schwachen Aktivitäten der Gewerkschaften[269] und anderer „gesellschaftlicher Organisationen“ in den Wahlkampagnen, vor allem in den Städten, wies die Weisung den örtlichen Behörden hier eine besondere Verantwortung zur Änderung dieses unerwünschten Zustandes zu. Die Verfügung lenkte dabei auch ihr Augenmerk

[265]Sharlet, Pashukanis, S. 170.

[266]Hierzu Huskey, *Russian Lawyers*, S. 22. Weiteres dazu im folgenden.

[267]Vgl. auch unten S. 217/218.

[268]Dazu Ball, S. 32ff.

[269]So nachgewiesen im letzten Tätigkeitsbericht der Regierung der *RSFSR*, vgl. *God raboty pravitel'stva RSFSR. Materialy k otčetu pravitel'stva za 1926-27 g.*, S. 35.

auf die *lišency*-Listen. Bei deren Zusammenstellung dürfe es keinerlei „Abweichungen von der gültigen Instruktion" geben[270].

Das Moskauer Gouvernementsvollzugskomitee setzte nach Erhalt entsprechender Weisungen des *VCIK* diesen eindeutigen Auftrag mit Verfügung vom 22. Dezember 1927 um. Die anstehenden Wahlen müßten „vollkommen" unter dem Primat einer „festen politischen Klassenlinie der Partei und der Räte" stehen. „Alle gesellschaftlichen Organisationen" und alle anderen „Kräfte" seien „richtig" zu nutzen, um diese Linie bei der personellen Besetzung der Wahlkommissionen zu verwirklichen, „streng orientiert an der Ausführung der Instruktion über den Entzug der Wahlrechte"[271].

Am 5. Januar des Folgejahres genehmigte das Kreisvollzugskomitee in der Stadt Orechovo-Zuevo einen entsprechenden „Plan" für die Durchführung der Wahlen, unter wörtlicher Übernahme der eben zitierten Anweisungen aus Moskau. Das Papier enthielt überdies einen gesonderten Abschnitt über „die Aberkennung der Wahlrechte". Die Ermittlung aller derjenigen, die nach der Verfassung ihr Wahlrecht einbüßten, müßte „mit aller Strenge" betrieben und die *lišency*-Listen spätestens 20 Tage vor den Wahlen „an sichtbarer Stelle in jedem Wahlbezirk" der Stadt ausgehängt werden[272]. Außerdem war vorgesehen, die Verzeichnisse, wie schon bei den Wahlkampagnen im Vorjahr, in der Parteizeitung *Kolotuška* zu veröffentlichen, nicht ohne den erneuten Aufruf an die werktätige Bevölkerung, diejenigen Personen anzuzeigen, „denen ihr Wahlrecht noch nicht aberkannt" sei, die aber einer solchen Maßnahme unterlägen[273]. Es ist aufschlußreich, daß diese Textversion des Plans vorher mit Bleistift verbessert worden war. Zunächst wurde nämlich konzipiert, „die Arbeiter" aufzurufen, diejenigen Personen ausfindig zu machen, „die sich der Aberkennung ihrer Wahlrechte entzogen" hätten[274]. Diese die Böswilligkeit der Betroffenen herausstreichende Formulierung machte die besonders von den Anhängern der „Stalingruppe" in der Partei forcierte Kriminalisierung der betroffenen Bevölkerungsgruppen deutlich. Die Verbesserung des Textes läßt auf Meinungsverschiedenheiten unter den Redaktoren schließen, woraus sich ergibt, daß sich offensichtlich nicht jeder der an der Erstellung des Textes Beteiligten einer harten und unerbittlichen „proletarischen Klassenlinie" verpflichtet fühlte.

Auch andernorts bemühten sich die Ratsbehörden, den Vorgaben zu entsprechen. Am 6. Januar schickte die Finanzabteilung des Serpuchover Kreisrats eine Liste mit 159 Namen von Personen, die 1927/28 Patente für Industrie- und Handelsunternehmen erworben hatten, an die zuständige neu eingesetzte Wahlkommission. Die meisten der verzeichneten Personen stammten vom Lande, aber auch mindestens acht aus der Stadt Serpuchov, 36 aus der Arbeitersiedlung Lo-

---

[270]Vgl. O perevyborach sovetov v 1927-1928 godu, *SZ* 1927, No. 67, st. 683.

[271]Postanovlenie Moskovskoj Gubernskoj ispolnitel'nogo komiteta o vyborach sovetov gubernii, CGAMO, f. 667, op. 1, d. 238, ll. 20, 21.

[272]Plan provedenii perevyborov sovetov po Orechovo-Zuevskomu uezdu na 1927-1928 god., ibid., ll. 24-26.

[273]Ibid., l. 26.

[274]Ibid.

pasnja und noch weitere aus anderen städtischen Siedlungen des Kreises. Überwiegend handelte es sich bei diesen potentiellen *lišency* um Handeltreibende, d.h. Kaufleute mit eigenen Läden[275].

Nach Erlaß entsprechender Anordnungen des *VCIK* der *RSFSR* verfügten das Moskauer Gouvernementsvollzugskomitee und die angegliederte Wahlkommission in Anlehnung an die genannten zentralen Verordnungen „Über die Registrierungsformen des Ablaufs und der Resultate der Wahlen zu den Räten“[276] für Städte und Dörfer getrennte Formvorschriften amtlicher Kontrollmitteilungen „über den Gang und die Resultate der Rechenschaftslegungs- und Vorwahlkampagne“ 1927/28. Nach diesen Richtlinien sollten die einzelnen Stadt- bzw. Siedlungsräte (bei Siedlungen „städtischen Typs“) in zwei vierzehntägigen Berichten und einem Abschlußreport genau darüber Auskunft geben, 1. wie die Rechenschaftskampagne organisiert war, 2. wie sich die „Aktivität der einzelnen sozialen Gruppen der städtischen Bevölkerung“ während der Kampagne äußerte, 3. welche „Stimmungen der einzelnen Gruppen“ sich zeigten und wie diese städtischen Gruppen untereinander verkehrten. Außerdem waren 4. „die wichtigsten die Stadtbevölkerung interessierenden Fragen“ sowie 5. „allgemeine Ergebnisse der Kampagne“ mitzuteilen[277]. Für die Repression gegen die *lišency* sowie andere gedachte bzw. tatsächliche Regimegegner spielte Punkt 2. die größte Rolle. Er war in sechs als Fragen formulierte Unterabschnitte gegliedert, von denen vier wegen ihrer besonderen Relevanz für den Untersuchungsgegenstand hier zitiert werden sollen:

> 2. Wie war die Aktivität der kleinbürgerlichen Gruppen der nichtorganisierten Bevölkerung[278], worin drückte sie sich konkret aus, und inwieweit verliefen ihre Versammlungen organisiert [?].
>
> 4. Die Aktivität, die die städtische Bourgeoisie vermittels der Personen zeigte, die in der vergangenen Kampagne kein Wahlrecht [...] besaßen und überhaupt von seiten des antisowjetischen Elements. Worin drückte sie sich konkret aus? Waren sie [d.h. die Personen ohne Wahlrecht etc. - *Erl. v. H.-M. Miedlig*] bei den Versammlungen des nichtorganisierten Teils der Bevölkerung anwesend? Traten sie dort auf? Worin bestanden ihre Auftritte? Wie verhielt sich die Versammlung insgesamt gegenüber ihren Auftritten? Welche Art von Sympathie wurde gegenüber ihren Auftritten deutlich [?] usw.
>
> 5. Probierte er es und berief dieser Teil der Stadtbevölkerung eigene konspirative Versammlungen [?]. Fanden diese Versammlungen statt, und waren viele Leute dort

---

275 Spisok lic, vybravšich na 1927-28 g. na torgovye i promyšlennye predprijatija po 3-mu učastku Serpuchovskogo uezda, po sostojaniju na 5/I 28 g., ibid., f. 2139, op. 1, d. 459, ll. 103-106.

276 Vgl. die in Anm. 224 und 225 zitierten Gesetzestexte.

277 Forma No. 2: Schema političeskoj informacionnoj spravki o chode i rezul'tatach otčetno-predvybornoj kampanii gorodskich i poselkovych (gorodskogo tipa) sovetov Moskovskoj Gubernii v 1927-28 godu, CGAMO, f. 4502, op. 1, d. 38. l. 36.

278 Näheres hierzu Anm. 281.

[?]. Gab er [d.h. dieser Bevölkerungsteil - *Erl. v. H.-M. Miedlig*] irgendwelche gedruckten Proklamationen und Aufrufe heraus und welcher Art [?].

6. Von welcher Art war der Einfluß dieser Gruppe auf den nichtorganisierten Teil der Bevölkerung, und zwar auf welchen Teil, und mit welchen Methoden verbreitete sie diesen Einfluß [?][279].

Ferner ist für den gegebenen Zusammenhang auch der 1. Absatz von Punkt 2. des Abschnitts III. über die „Stimmung" der nichtorganisierten Wähler von Bedeutung:

Charakterisieren Sie die Stimmung der nichtorganisierten Bevölkerung und deren Beziehung zu den Arbeitern und Angestellten der Stadt sowie zur Bauernschaft des Kreises, und führen Sie Beispiele der ausgedrückten Unzufriedenheit an[280].

Die Berichte der einzelnen städtischen Wahlkommissionen orientierten sich mehr oder weniger strikt an diesen standardisierten Punkten. So teilte die Serpuchover Kommission nach Moskau mit, daß „überhaupt keine kleinbürgerlichen Bevölkerungsgruppen" bei den Versammlungen in Erscheinung getreten seien. Dies sei indessen nicht verwunderlich, da man mit einem Auftreten dieser Gruppen erst später, bei den auf den 18. Februar 28 angesetzten „Stadtteilversammlungen"[281], zu rechnen habe (!). Das bisher zusammengetragene Material ergebe, „daß die städtische Bourgeoisie sich nicht zeigte, so gab es auch keine antisowjetischen Auftritte". Ebensowenig gebe es „Zeugnisse über illegale und konspirative Versammlungen der städtischen Bourgeoisie". Man könne daher annehmen, daß keine derartigen Versammlungen des „antisowjetischen Elements" stattgefunden hätten[282]. Angesichts der zum damaligen Zeitpunkt immer noch großen Bedeutung der meist zu den *lišency* zu zählenden „bourgeoisen" Bevölkerungsgruppen in der Stadt, handelte es sich nun um vermögende Rentiers, private Unternehmer und Kaufleute, Gewerbetreibende mit mehreren abhängigen Ar-

---

[279]Forma No. 2: Schema političeskoj informacionnoj spravki, CGAMO, f. 4502, op. 1, d. 38, l. 37.

[280]Ibid.

[281]Die „nichtorganisierte Bevölkerung", d.h. derjenige Teil der Stadtbürger, der im häuslichen Bereich oder anderweitig (nicht in staatlichen bzw. kooperativen Betrieben und Behörden) tätig war (etwa Hausfrauen, Heimgewerbetreibende), konnte natürlich nicht an Wahlversammlungen, die immer bei den jeweiligen Betrieben bzw. Fabriken abgehalten wurden, teilnehmen. Deshalb gab es für diesen Teil der Stadtbevölkerung die Möglichkeit, seine im Wahlgesetz verbürgten Rechte auf „Stadtteilversammlungen" wahrzunehmen. Vgl. den undatierten Maßnahmenkatalog des *Mossovet* für die Durchführung der Wahlen bzw. Wahlkampagnen 1927/28: Meroprijatija po provedeniju perevyborov v sovety Moskovskoj Gubernii, ibid., f. 667, op. 1, d. 238, l. 1.

[282]Informacionnaja svodka o chode i rezul'tatach otčetnoj kampanii o rabote serpuchovskogo gorodskogo soveta /po forme No. 2/, ibid., f. 4502, op. 1, d. 38, ll. 30, 31.

beitskräften oder um Hausbesitzer mit oder ohne Wahlrecht[283], scheinen solche Aussagen zumindest nicht in allen Punkten und nicht in dieser Ausschließlichkeit die real gegebene Situation wiederzugeben. Außerdem verwies der Bericht mit dem Hinweis auf später an anderer Stelle zu erwartende einschlägige, das Gegenteil bezeugende Befunde selbst auf die Vorläufigkeit des Ergebnisses. Was es indessen - schon nach den genannten Erstberichten - gab, war grundlegende Kritik von *proletarischer* Seite, vor allem an der Wirtschaftspolitik der Partei, verbunden mit einem Eintreten für das private Unternehmertum. Hier erweisen sich nicht die Protokolle und Berichte der Wahlkommissionen selbst, sondern vielmehr die ihrer jeweiligen „Bevollmächtigten" über die Versammlungen an den einzelnen innerstädtischen Wahlstellen als mitunter sehr aufschlußreich. So besagt ein Report vom 18. Januar 28 über den Verlauf einer Vorwahlversammlung bei der Gewerkschaft der Bauleute in Orechovo-Zuevo, daß es „keine besonderen antisowjetischen Auftritte" gegeben habe, allerdings mit folgender schwerwiegenden Ausnahme: Der Arbeiter Viteev aus dem Büro des Unternehmens „Staatlicher Industriebau" habe sich offen und deutlich „für die Entwicklung des Privatkapitals nicht nur im Handel, sondern auch in der Industrie" ausgesprochen und verlangt, das „Handelsmonopol" des Staates „zu vernichten". Nach seiner Rede habe er von seinen Kollegen Applaus erhalten[284]. Damit redete ausgerechnet ein Arbeiter den gedachten oder auch tatsächlichen „Feinden" des Regimes, nämlich den Angehörigen der „Bourgeoisie", das Wort. Der Vorfall muß vor dem Hintergrund gesehen werden, daß gerade für Orechovo-Zuevo besonders viele Zeugnisse über die Stärke und Bedeutung des privaten Handels erhalten sind, der in dieser Zeit manche Branchen, wie einzelne Bereiche des Nahrungsmittelsektors, sogar monopolisierte. Die Redebeiträge und (An-)Fragen der Wahlberechtigten auf den Vorwahl- und Rechenschaftsversammlungen bei den einzelnen Betrieben der Arbeiterstadt sind in dieser Beziehung sehr aussagekräftig[285]. Dabei ist im Auge zu behalten, daß die nach wie vor starke Stellung des privaten Handels mit den daraus resultierenden besonderen Problemen für die Staats- und Parteiführung eine *allgemein* verbreitete Erscheinung war[286]. Darauf, daß dies für das Moskauer Gouvernement

[283]Zur Bedeutung dieser Gruppen vgl. die dominante Stellung der „Händler" aus Serpuchov und anderen Städten des gleichnamigen Kreises nach Maßgabe der in Anm. 233 und 275 genannten Quellen.

[284]Dokladnaja zapiska ot upolnomočennogo Izbiratel'noj Komissii po Sojuzu Stroitelej, CGAMO, f. 5736, op. 1, d. 9, l. 28. Viteev wurde zwar vom *OGPU* verhört, konnte jedoch weiter in seinem Betrieb arbeiten und dort ein Jahr später erneut oppositionell auftreten, dazu ausführlich unten S. 106, 113.

[285]Vgl. hier besonders viele Belege in: Svodka predloženij prinjatych na otčetnych sobranijach po otčetam členov gorsoveta po gorodu Orechovo-Zuevo, CGAMO, f. 667, op. 1, d. 239, ll. 49-70 sowie in Protokol No. 2 konferencij rabočich i služaščich po otčetu uezdnogo ispolkoma Tkackoj fabriki No. 3 „Proletarskoj diktatury", ot 11/II 1928 g., ibid., d. 240, l. 3, ferner wichtig: Voprosy, zadannye po dakladu tov. Fedorova o rabote uispolkoma na obščem sobranii rabočich i služaščich stancii Orechovo, 12/I 1928 g., ibid., l. 102.

[286]Nach den Angaben eines zu Neujahr 1928 im Serpuchover *Nabat* erschienenen Leitartikels betrug noch 1926-1927 der Anteil der von den privaten Produzenten in Umlauf gebrachten Waren im Großhandel 5%, im Kleinhandel jedoch nicht weniger als 35,5%! Offensichtlich beziehen sich

in besonderem Maße galt, weist der oben bereits erwähnte Maßnahmenkatalog des Gouvernementsvollzugskomitees für die im Frühjahr 1928 durchzuführenden Wahlen hin. Hieß es hier zunächst, es sei unumgänglich, „die Aberkennung der Wahlrechte aller ausbeuterischen Elemente[287] durchzuführen", erschien mit Datum vom 21. Januar 28 der Zusatz: „mit aller Strenge"[288]. Die folgenden Ausführungen werden zeigen, daß dies sowohl als Anzeichen für Schwierigkeiten bei der Verfolgung der *lišency* als auch als Signal für die weitere Verschärfung der Kampagne gegen diese Personen gewertet werden kann.

Zunächst wurde schon vorher, nämlich zu Jahresbeginn 1928, die Presse in besonderem Maße in die städtische Wahlkampagne einbezogen. Dies war seit den vergangenen Wahlen mit einem *ZK*-Zirkular vom Dezember 1926 zur Vorschrift erhoben worden. Die Zeitungen sollten „Fragen der Vorwahlkampagne" breiten Raum widmen[289]. Bereits in der Wahlperiode 1926-27 zeigten so auch die lokalen Parteizeitungen des Moskauer Gouvernements großes Engagement, etwa der *Krasnyj put'* in der Industriestadt Egor'evsk[290]. Das Parteiblatt des Moskauer Gouvernements, *Rabočaja Moskva*, stellte sich, wie auch andere regional bedeutsame Presseorgane, an die Spitze[291].

Während der neuen Wahlkampagne 1927/28 nahm auch das Serpuchover Parteiblatt *Nabat* besonderen Anteil an der Fortführung dieser Tradition, nun jedoch im Sinne verschärften Druckes auf die Personen ohne Wahlrecht. In seiner Ausgabe vom 5. Januar 28 erschien ein programmatischer Artikel, in dem die Aufgaben der „Arbeiter- und Bauernkorrespondenten"[292] in der Vorwahlkampagne genau umschrieben wurden. Diese Informanten sollten dem Artikel zufolge nicht nur den Gang der Wahlvorbereitungen in den Wand- und anderen Zeitungen „beleuchten", zu den „Auftritten" der Werktätigen auf den Versammlungen eige-

---

die Zahlen auf das gesamte Staatsgebiet der *UdSSR*. Vgl. C novymi silami...na nėpmana i kulaka (k postanovlenijam XV parts-ezda), *Nabat*, No. 1 (1741), 1.I.1928 g., S. 1.

[287]Auch nach dem *VCIK*-Wahlgesetz vom 4. November 1926 wurde - in Anlehnung an den oben genannten Paragraphen der entsprechenden *CIK*-Verordnung - die *lišency*-Gruppe der privaten „Händler" zur Kategorie „der Ausbeuter" gezählt. Vgl. *Instrukcija o vyborach sovetov i ispolkomov RSFSR*, Art. 19, S. 44.

[288]Diese Ergänzung wurde doppelt unterstrichen. Vgl. dazu das in Anm. 281 genannte Quellenzitat.

[289]Vgl. *Pečat' SSSR. K XV-mu parts-ezdu. Sbornik pod obščej redakciej E.O. Bumažnogo*, Moskva, Leningrad 1928, S. 32.

[290]Ibid., S. 33.

[291]Ibid., S. 38.

[292]Tätigkeitsfeld und Bestimmung des Korrespondenten definierte bereits eine Verfügung des *ZK* vom 1. Juni 1925. Danach sollte dieser als „Wegweiser des proletarischen kommunistischen Einflusses auf die breiten Massen der Werktätigen" ein Hilfsorgan der Partei „bei der Arbeit zur Verbesserung des Sowjetapparats, im Kampf mit den existierenden Mängeln, bürokratischen Entstellungen und dergl." sein. Für seine Tätigkeit standen ihm spezielle, bei den einzelnen Zeitungsredaktionen angesiedelte „Büros" oder „Zirkel" zu Gebote. Vgl. Postanovlenie Orgbjuro CK VKP(b) o rabsel'korovskom dviženii. *KPSS v rezoljucijach i rešenijach*, izd. 9-oe. T. 3, S. 397, 398.

ne Kommentare und Vorschläge übermitteln und die Umsetzung der „Wähleraufträge“ durch den Stadtrat überprüfen, sie sollten auch „die Stimmung der Massen im Zusammenhang mit den Wahlen“ mitteilen und dabei auch Gespräche mithören und protokollieren (!). Solche „Bilder, direkt aus dem Leben genommen“, würden „den Gang der Kampagne und die Stimmung der Arbeiter besser zeichnen, als der größte und offiziellste Bericht über die Versammlung“. Der eigentliche Bezugspunkt wird im nachfolgenden Satz klar: „Der Einfluß der antisowjetischen Elemente (Händler, NĖP-Leute, religiös Aktive usw.) auf den zurückgebliebenen Teil der Arbeitermassen, der Charakter dieses Einflusses, sein Ausmaß und Schaden für die Arbeit des Rats - all dieses muß von den Arbeiterkorrespondenten beleuchtet werden“[293]. Mit der praktischen Umsetzung dieser Vorgaben und Forderungen der örtlichen Parteiführung ging es indessen nicht voran - mit gutem Grund, da die Wahlen am 7. Januar auf Anordnung der Gouvernementswahlkommission abgesetzt (verschoben) wurden![294] Trotzdem rief der *Nabat* noch am 14. Januar die „Arbeiterkorrespondenten“ offen dazu auf, der Redaktion endlich Informationen über abgehaltene Wahlversammlungen zu liefern[295], jedoch ohne den erhofften Erfolg[296]. Dennoch oder gerade wegen dieser Schwierigkeiten richtete die Zeitung zum 1. Februar eine besondere Rubrik „Ecke des Arbeiter- und Bauernkorrespondenten“ ein. Hier erschien jedoch lediglich der Aufruf, der Zeitung „über das Leben und die Arbeit der Parteizellen“ zu berichten[297], danach wurde die Rubrik wieder eliminiert. Es gibt Anlaß zu der Vermutung, daß der Grund hierfür die unzureichende Wahrnehmung des Führungs- und Kontrollauftrags seitens der Betriebsparteizelle war[298], eine Frage des *undergovernment*, ei-

[293]Vooružajtes' perom, *Nabat*, No. 4 (1744), 5.I.1928 g., S. 2.

[294]Hierzu weiteres im folgenden.

[295]*Nabat*, No. 12 (1752), 14.I.1928 g., S. 4.

[296]Die danach an das Blatt geschickten Zuschriften diversen Inhalts wurden nicht gedruckt. Anscheinend ließen sie sehr zu wünschen übrig, denn in der Ausgabe vom 29. Januar erschien eine „Anmerkung“ (*zametka*), derzufolge ein namentlich genannter Arbeiter aus der Nogin-Fabrik den Arbeiterkorrespondenten vorwarf, sie hätten ihre Aufgaben nur unzureichend begriffen. Ihre Berichterstattung sei unausgewogen in der Betrachtung einzelner Fakten, es gebe nur rein positive oder rein negative Bewertungen. „Genauigkeit“ sei vonnöten. Es müsse klargestellt werden, welche Informationen nur auf Gerüchten beruhten und was im direkten Gespräch erfahren worden sei; vgl. ibid., No. 26 (1765), 29.I.1928 g., S. 3.

[297]Pišite o žizni i rabote partijnych jačeek, ibid., No. 27. 1.II.1928 g., S. 2. Zu diesem Thema wurde erst am 24. Februar eine „Anmerkung“ publiziert, vgl. G. Makarin: Bolezn' cechjačejki f-ki Nogina, ibid., No. 38 (1778), 14.II.1928 g., S. 2.

[298]Es liegt in der Tat nahe, hier eine Folge des weit verbreiteten Problems der „mangelnden Führung“ der Arbeiterkorrespondenten und deren Tägigkeit seitens der zuständigen Parteizelle sowie auch der Zeitungsredaktion zu sehen. Bereits in einer Verfügung vom 27. August 1926 „über die Aufgaben der Partei auf dem Gebiet der Arbeiter- und Bauernkorrespondentenbewegung“ hatte das *ZK* gerade dieses Problem als überaus relevant hervorgehoben. Parteikomitees und Redaktionen hätten diesen Mißstand zu verbessern. Gerade die einzelnen Parteizellen müßten angesichts dieser Situation günstige Bedingungen „für die Untersuchung der von den Anmerkungen der Arbeiter- und Bauernkorrespondenten bloßgestellten Fakten und Mängel der örtlichen Arbeit“ in Stadt und Land schaffen. Die Parteikomitees sollten „die Angelegenheit der Prüfung“ des von den Korrespondenten gesammelten kompromittierenden Materials „in Ordnung bringen“

nes „ererbten" Strukturproblems der politischen Herrschaft schon im vorsowjetischen Rußland[299]. An die Stelle der Rubrik trat die ebenfalls nur sehr kurzlebige Sparte „Ans schwarze Brett", in der wirtschaftliche und gesellschaftliche „Schädlinge", Regimekritiker und -gegner aller Art an den Pranger gestellt werden sollten[300].

Für die ursprünglich zum Frühjahr angesetzten Wahlen zu den örtlichen Räten hatte das Moskauer Gouvernementsvollzugskomitee eine neue standardisierte Form der Bereitstellung politisch relevanter Informationen „über den Verlauf und die Resultate der Wahlen", wieder getrennt nach Stadt- und Dorfräten, verordnet. Die Stadträte sollten wöchentlich Berichte sowie einen Schlußbericht an die „Informations- und Publikationsabteilung" der übergeordneten Moskauer Behörde schicken. Sechs Themenkomplexen waren wieder jeweils bestimmte Fragen zugeordnet, auf die die einzelnen Wahlkommissionen bzw. deren Beauftragte einzugehen hatten. Der erste Komplex betraf die „Organisation der Wahlen". Was die Personen ohne Wahlrecht betrifft, so waren die ersten beiden der hier subsumierten Punkte von besonderer Bedeutung:

---

und dabei „gegen die formale und unachtsame Haltung der administrativen und Gerichtsorgane" gegenüber diesen für die Veröffentlichung vorgesehenen oder den Behörden für weitere Ermittlungen zugestellten Unterlagen vorgehen. Vgl. Postanovlenie CK VKP(b) ob očerednych zadačach partii v oblasti rabsel'korovskogo dviženija. *KPSS v rezoljucijach i rešenijach*, izd. 9-oe. T. 4, S. 57-59. Trotz der *ZK*-Weisung änderte sich offensichtlich wenig. In ihrem im Herbst 1928 anläßlich der „4. Allunionskonferenz der Redakteure" abgehaltenen Vortrag monierte M.I. Ul'janova, die Schwester Lenins, daß noch immer „die Mehrheit der Parteiorganisationen [...] der Arbeiterkorrespondentenbewegung überhaupt keine Aufmerksamkeit" zuteil werden lasse und die Arbeit der örtlichen Presse keinerlei Kontrolle unterwerfe. Die Führung seitens der Zeitungsredaktionen sei „ebenfalls vollkommen unbefriedigend". Vgl. Voprosy rukovodstva rabsel'korovskim dviženiem (Doklad tov. M.I. Ul'janovoj na vsesojuznom soveščanii redaktorov), *Pravda*, No. 229 (4061), 2 oktjabrja 1928 g., S. 3. Anfang Dezember desselben Jahres betonte Ul'janova in einer weiteren Rede, diesmal während der „4. Allunionsversammlung der Arbeiter- und Bauernkorrespondenten", daß sich Reaktionen der Verantwortlichen auf die Enthüllungen in den Zeitungen manchmal erst nach Ablauf eines ganzen Jahres einstellten. Die Korrespondenten verlören so die Lust, Mißstände überhaupt mitzuteilen. Schuld seien die Ermittler. Die „Anmerkungen" müßten „unverzüglich" von den zuständigen Stellen geprüft werden, um dann entsprechend den Resultaten weiter vorgehen zu können. Auch die betreffenden Parteizellensekretäre, aber selbst höhere Parteileute, kümmerten sich weiterhin vielfach nur dann um die Arbeiterkorrespondenten, wenn sie sich genötigt sähen, ihren turnusmäßigen Bericht zu verfassen. Vgl. Itogi i perspektivy rabsel'korovskogo dviženija. Doklad tov. M.I. Ul'janovoj na IV vsesojuznom soveščanii rabsel'-korov. Ibid., No. 284 (4116), 7 dekabrja 1928 g., S. 3.

[299]Vgl. dazu S. Frederick Starr: Decentralization and Selfgovernment in Russia 1830-1870, Princeton/N.J. 1972, S. 30-47; s. im übrigen oben S. 3, Anm. 13.

[300]So erschien in der Ausgabe vom 28. Februar der Name eines Arbeiters aus der „mechanischen Werkstatt" der Fabrik „Roter Textilarbeiter". Der klassenbewußte Korrespondent wußte zu berichten, daß der Arbeiter unter seinen Kollegen gegen die Beteiligung an der „freiwilligen" Staatsanleihe zur Finanzierung der Kollektivierungskosten agitiert habe. Vgl. Na černuju dosku, *Nabat*, No. 50 (1790), 28.II.1928 g., S. 2.

1. Wurden die Listen der Personen mit aberkanntem Wahlrecht rechtzeitig zusammengestellt und veröffentlicht, [und - *Erg. v. H.-M. Miedlig*] wenn es irgendwelche Versäumnisse gab, worin genau bestanden sie [?].

2. Welche Gruppen mit aberkannten Rechten erheben besonders viele Klagen gegen den unrechtmäßigen Entzug [des Wahlrechts - *Erg. v. H.-M. Miedlig*], und wieviel % der Begehren wurde stattgegeben [?][301].

Das dritte in diesem Zusammenhang wichtige standardisierte Thema lautete „Die Aktivität des antisowjetischen Elements“. Die Fragen hierzu waren folgendermaßen formuliert:

Wodurch traten die Personen mit aberkannten Wahlrechten und überhaupt das antisowjetische Element während der Wahlen hervor [?]. Welcher Methoden und Verfahren bedienten sie sich, um die Wähler von den Wahlen fernzuhalten, und welchen Einfluß hatte dies auf die Wahlen [?][302].

In der Gleichsetzung der *lišency* mit Systemgegnern wurde also auch hier ihr Status als Parias der sowjetischen Gesellschaft erneut bekräftigt.

Zur Umsetzung dieser Vorgaben konnte es nicht mehr kommen, da die Wahlen, wie erwähnt, abgesetzt wurden. Damit mußten automatisch auch die Wahlkommissionen auf allen Ebenen aufgelöst werden[303]. So erscheint es als nicht verwunderlich, daß sowohl die zentrale wie auch lokale Presse das Thema der Wahlen zu den Räten nicht aufgriff. Die *Pravda* mit ihrer Vorbildfunktion hinsichtlich der Lancierung politischer Kampagnen hüllte sich ebenso in Schweigen wie der Serpuchover *Nabat* - wie im folgenden zu zeigen sein wird, in großem Gegensatz zu 1929. Der Grund für die Absetzung der Wahlen zu den zentralen und örtlichen Räten wurde im Organ *Sovetskoe stroitel'stvo* („Sowjetbau“) erklärt. Er lag in der „Überlastung“ der örtlichen Stellen durch den Zwang zur gleichzeitigen Durchführung *mehrerer* wichtiger Kampagnen, vornehmlich, um die vorgegebenen als unaufschiebbar deklarierten wirtschaftlichen und kulturellen Entwicklungsvorhaben im Zuge des „großen Umbruchs“ schnellstmöglich zu verwirklichen[304].

Die beschriebene, für die örtlichen Partei- und Ratsbehörden schwierige Situation bedeutete jedoch nicht, daß versäumte Ausschlußmaßnahmen gegen die „Ehemaligen“ nicht Gegenstand öffentlich vorgetragener Kritik - etwa in der Pres-

---

[301]Vgl. Forma No. 4: Schema političeskoj informacionnoj spravki o chode i rezul'tatach perevyborov gorodskich i poselkovych sovetov gorodskogo tipa Moskovskoj gubernii v 1928 godu, CGAMO, f. 4502, op. 1, d. 38, l. 39.

[302]Ibid., l. 40.

[303]Vgl. Protokol No. 2 zasedanija bjuro Moskovskoj Gubernskoj Izbiratel'noj Komissii 7-go I. 1928 g. Ibid., f. 667, op. 1, d. 245, l. 5.

[304]Vgl. Tichonov, *Lišenie izbiratel'nych prav*, S. 26, unter Zitierung der entsprechenden Quelle.

se - seitens klassenbewußter Werktätiger werden konnten. Zu den infolge der Absetzung der Wahlkampagne nur wenigen Artikeln, die der *Nabat* im Frühjahr 1928 zum Problem der Aberkennung des Wahlrechts noch veröffentlichte, gehört eine solche denunzierende Zuschrift in der speziellen Rubrik „Nicht in die Augenbraue, sondern ins Auge“. Diese war, das „schwarze Brett“ ablösend, soeben zur Anpragerung tatsächlicher oder mutmaßlicher politischer Gegner neu geschaffen worden. Der Vorwurf des Arbeiterkorrespondenten lautete, die Mitglieder der namentlich genannten Familie (Bibikov) hätten in dem amtlichen, vor den Wahlen auszufüllenden Fragebogen „Grundbesitzer“ als Beruf eingetragen. In ihrer Verwandtschaft befänden sich ehemalige „Kapitalisten“. Dennoch sei ihnen ihr Wahlrecht nach wie vor nicht aberkannt worden. Zudem besetzten sie in der von ihnen gegründeten „Wohnungsgenossenschaft“ ungesetzlicherweise den meisten Wohnraum. Klagen der benachteiligten Arbeiter seien bisher ohne Erfolg geblieben. Offen griff der Artikel brisanterweise auch den zuständigen „Agenten“ der Kommunalabteilung an, der hier offenbar tatenlos geblieben war[305]. Damit werden die an späterer Stelle näher thematisierten Probleme der Ausquartierung der „nichtwerktätigen Elemente“ auch in ihrem Bezug zu der noch schlimmeren Ausgrenzungsmaßnahme der Aberkennung des Wahlrechts deutlich.

Einen weiteren potentiellen Serpuchover *lišenec* brandmarkte eine ebenfalls im *Nabat* veröffentlichte „Anmerkung“ vom 22. März. Es ging um den „Händler“ Oborotov mit seiner Familie, der, so die Anzeige, einen privaten Laden rund um die Uhr führe und zudem durch Fälschung der Kassenbücher und Einnahmenbelege Steuerbetrug begehe. Außerdem hintergehe der „Händler“ auch einen Angestellten, einen von der „Arbeitsbörse“ geschickten Arbeitslosen, dem er die versprochene Vergütung für das Umschreiben der Bücher bewußt vorenthalte[306]. Auch dieser Kaufmann hatte sich nach wie vor sein Wahlrecht bewahren können, was erneut belegt, daß es den von der Aberkennung des Wahlrechts bedrohten städtischen Bevölkerungsgruppen möglich war, durch das behördliche Kontrollnetz hindurchzurutschen und so der Repression zu entgehen. Daher kam den Zeitungsinformanten als denjenigen, die solche Leute aufspürten, eine Schlüsselfunktion in der politisch motivierten Verfolgung zu. Entsprechend schloß der Autor der Zuschrift im Bewußtsein der Ausübung seiner Klassenpflicht mit folgenden bedeutungsschweren Sätzen:

> Dies ist in Kürze das Leben und die Lebensart einer von vielen NĖP-Leuten Serpuchovs. Dies ist das Gesicht unseres Klassenfeindes.[307]

---

[305]Semejstvo Bibikovych i agent iz OMCh, *Nabat*, No. 65 (1805), 17.III.1928 g., S. 3. Bezüglich des oft zu beobachtenden mangelnden Interesses der Vertreter der Kommunalabteilung, gegen die vermögenden und daher für die Abteilung als potente Netto-Zahler finanziell lukrativen Hausbesitzer bzw. Pächter repressiv vorzugehen, wird auf die einschlägigen Passagen des Kapitels 2.2. verwiesen.

[306]Zljuka: V carstve oborotovskogo proizvola. Kto oni? *Nabat*, No. 69 (1809), 22.III.1928 g., S. 4.

[307]Ibid.

Welche Konsequenzen hatten nun die veröffentlichten „Anmerkungen“ für die Betroffenen? Eine Antwort hierauf läßt sich aus dem Rechenschaftsbericht des Serpuchover Kreisstaatsanwalts Glazkov[308], gehalten vor einer Versammlung der Arbeiter- und Bauernkorrespondenten am 16. Juni, entnehmen. Der Bericht gab Aufschluß über die weitere Behandlung der in den Monaten Januar bis April 1928 an die einzelnen Verfolgungsbehörden weitergegebenen Zuschriften. Danach habe es zwar „Mängel in der Arbeit der Strafverfolgungsorgane, die die in der Zeitung gedruckten Korrespondenzen nicht energisch genug“ untersuchten, gegeben. Dennoch hätten diese Organe „die kolossale Arbeit mit den Anmerkungen“ gemeistert und „in vielen Fällen“ die Untersuchungen erfolgreich „bis zum Ende“ geführt[309]. An den Staatsanwalt seien 43 solcher Anzeigen, davon 23 durch Vermittlung des *Nabat*, gegangen. Von letzteren hätten 65%, nach entsprechender Untersuchung, bestätigt werden können. Insgesamt führten von den 43 der Staatsanwaltschaft zugeleiteten „Anmerkungen“, so Kozlov weiter, 12 zu gerichtlichen Straf-, sechs zu Disziplinarverfahren und weitere fünf zur Ergreifung „anderer Maßnahmen“[310]. Zu solchen „anderen Maßnahmen“ zählte ggf. auch der Zugriff durch das *OGPU*, das, wie im Fall der letztgenannten „Anmerkung“, die dem Betroffenen das Stigma des „Klassenfeindes“ aufprägte, bei „konterrevolutionärer“ Deutung des Tatbestands in der Regel beteiligt war[311]. Aufgrund der Existenz parallel gelagerter Beispiele liegt es nahe, daß dieser in seinem weiteren Fortgang auf der Grundlage der bisher zugänglichen Quellen nur unvollständig dokumentierbare Fall Oborotov zur Einleitung eines ordentlichen Gerichtsverfahrens geführt hat, da ja der betreffende „Händler“ neben der (politischen) Interpretation seines Steuerbetrugs als besonders böswillig und klassenfeindlich auch ganz elementar gegen kodifizierte Gesetze verstoßen haben sollte[312]. Es ist jedoch bezeichnend für die Wendigkeit und den Einfluß dieses Unternehmers, daß er in der Lage war, sich offensichtlich rasch zu arrangieren und die für ihn gefährliche Situation problemlos zu meistern. So ist belegt, daß Oborotov noch am 2. Februar 1929 eine Stelle, nun im kooperativen Lebensmittelhandel des *SCRK*, innehatte und nach wie vor über sein

[308]Die Pflicht des Staatsanwalts zur regelmäßigen Durchsicht der lokalen Presse nach etwaigen Mitteilungen über Verstöße gegen die „sozialistische Gesetzlichkeit“ durch Vertreter öffentlicher Ämter oder auch Privatleute (etwa Handelsunternehmer) bzw. private Organisationen ergab sich bereits aus einem Zirkular des Justizkommissars der *UdSSR* vom 25. April 1924. Vgl. Ob objazannosti prokuratury sledit' za vsemi soobščenijami s mest v organach pečati o kakich-libo narušenijach revoljucionnoj zakonnosti, in: *Dejstvujuščee zakonodatel'stvo o pečati*, S. 20.

[309]P.M.: Prokuror otčityvaetsja pered rabkorami, *Nabat*, No. 141 (1881), 20.VI.1928 g., S. 3.

[310]Kak auknetsja, tak i otkliknetsja, ibid., No. 142 (1882), 21.VI.1928 g., S. 3.

[311]Näheres zur standardisierten Verfahrenspraxis des *OGPU* nach Art. 58 des Strafgesetzbuches von 1926 vgl. in Kap. 2.1.3., S. 185-191.

[312]Zu einem vergleichbaren Fall s. einen Bericht des *Nabat* vom 11. September über ein exemplarisches, politisch motiviertes Strafgerichtsverfahren vor dem Gouvernementsgericht in Moskau gegen den Leiter der Serpuchover „Arbeitsbörse“. Diesem wurde vorgeworfen, trotz der bestehenden einschlägigen Verbote einen reichen stadtbekannten Besitzer einer Trinkhalle in die offizielle Arbeitslosenkartei aufgenommen und auch noch als „werktätiges Element“ eingestuft zu haben. Vgl. Pervyj den' processa bzw. Vtoroj i tretij den' processa, *Nabat*, No. 211, 212 ((1951, 1952), 11., 12.IX.1928 g., jeweils S. 4.

Wahlrecht verfügte[313]. Was die gleichfalls oben genannte Grundbesitzerfamilie Bibikov betrifft, so lag in diesem Fall eine Ahndung gemäß der vorliegenden Denunziation nicht auf Betreiben des Staatsanwalts, sondern der Administrativen Abteilung nahe[314]. Es ging ja hier um Wohnungsprobleme, geschaffen durch offensichtlich „nichtwerktätige" Hausbesitzer, die, wie im folgenden Kapitel dargestellt, von den entsprechenden Abteilungen der Administration des Rats erfaßt und an das Gericht zur Einleitung eines Zwangsausquartierungsverfahrens verwiesen werden sollten und dies vielfach auch wurden. Als Folge der in der Zeitung publizierten „Anmerkungen" wurde Bibikov und den Angehörigen seiner Familie indessen das Wahlrecht im Rahmen der nächsten, zu erheblichen Repressionen führenden Wahlkampagne dann tatsächlich aberkannt, worauf noch einzugehen sein wird.

Die Zeitungsartikel, die den Charakter von Strafanzeigen hatten, *konnten* demnach für die konkret Angeschuldigten böse Folgen haben, *mußten* dies aber nicht[315]. Jede denunziatorische Notiz, jeder Artikel, der von dem jeweiligen Informanten bei der Redaktion der Zeitung eingereicht wurde, unterlag zunächst einer genauen Prüfung der Richtigkeit aller Angaben. Erwiesen sich die gemeldeten Tatbestände als „richtig", erfolgte eine Meldung bei der Staatsanwaltschaft, der Arbeiter- und Bauerninspektion oder einer anderen zuständigen Stelle zwecks Einleitung entsprechender Ermittlungen gegen den Beschuldigten[316]. Meist erfolgte also die Veröffentlichung der jeweiligen „Anmerkung" erst in diesem Stadium[317]. Dieses Verfahren galt im übrigen für *alle* lokalen und auch zentralen Zeitungen[318].

---

[313]Oborotov prisposobilsja, ibid. No. 27 (2069), 2.II.1929 g., S. 3.

[314]Der Staatsanwalt ließ im erwähnten Zeitungsbericht vom 21. Juni verlautbaren, daß die Administrative Abteilung des Stadtrats 97 „Anmerkungen" bezüglich Verstöße gegen die städtischen Verordnungen, davon 57 direkt aus der Stadt Serpuchov, untersucht habe. 46 davon seien voll und neun teilweise bestätigt worden. 20 Fälle hätten Bestrafungen „im administrativen Verfahren" zur Folge gehabt, 13 zu Gerichtsverfahren geführt und weitere 18 die Einleitung nicht näher bezeichneter „Maßnahmen" bewirkt. Quelle nach Anm. 310.

[315]Zu letzterem vgl. auch Anm. 318.

[316]Dieses Verfahren gründete sich auf drei *NKVD*-Zirkulare vom 9. Oktober und 24. Dezember 1924 sowie vom 28. Januar 1925 mit den entsprechenden Vorschriften. Vgl. O porjadke rassmotrenija pisem i zametok rabkorov i sel'korov, postupajuščich na rassledovanie v administrativnye organy i otdely mestnogo (kommunal'nogo) chozjajstva; s. *Dejstvujuščee zakonodatel'stvo o pečati*, S. 20, 21.

[317]Vgl. die Rubrik *Počtovyj jaščik* des *Nabat*, veröffentlicht jeweils am Schluß jeder 3. oder 4. Nummer auf S. 4.

[318]Entsprechendes im Zusammenhang mit der Orechovo-Zuevoer Parteizeitung *Kolotuška* sowie mit dem Blatt *Krasnye Ozery* (erschienen in der Stadt Ozery) vgl. CGAMO, f. 2157, op. 1, d. 473, ll. 120, 190 und l. 21. Bezüglich der Moskauer Gouvernements- bzw. Gebietszeitung *Rabočaja Moskva* s. ibid., f. 667, op. 1, d. 358, l. 16; für die zentrale *Pravda* s. z.B. einen einschlägigen Vorgang vom Oktober 1928, ibid., d. 273, l. 169. Zur großen Bedeutung der Zeitungen in der weiteren - u.U. strafrechtlichen - Verfolgung der Anliegen in den ihnen von einzelnen Bürgern zugestellten Schreiben vgl. im übrigen S. 37 mit Anm. 202 der EINLEITUNG. Somit wären die dort zitierten einschlägigen Feststellungen Sheila Fitzpatricks bestätigt.

Die Erfassung neuer potentieller *lišency* sowie die Entscheidungsfindungen in den aufgelaufenen Klagesachen gestalteten sich im Frühjahr 28 überall nicht zuletzt deshalb schwierig, weil sich die einzelnen Stadt- und Dorfräte sowie selbst der Moskauer Gouvernementsrat offenbar nicht ganz klar über den tatsächlichen Umfang der Eigenverantwortung der einzelnen örtlichen Stellen hinsichtlich des Entzugs des Wahlrechts und der Behandlung einschlägiger Klagen waren. Am 19. April fragte nämlich das Präsidium des Moskauer Rats beim *VCIK* aus gegebenem Anlaß zum einen an, ob denn jeder Rat selbständig ohne den Zwang der Bestätigung durch die übergeordneten Instanzen Aberkennungen des Wahlrechts sanktionieren könne, zum anderen, ob denn die Entscheidungen der einzelnen Vollzugskomitees bei der Begutachtung der Klagen gegen einen Wahlrechtsentzug endgültigen Charakter hätten[319]. Unter Bezug auf die geltende *RSFSR*-Wahlinstruktion bejahte die Zentrale Wahlkommission am 18. Juni die erste Frage. Zum zweiten Problem erging die Belehrung, daß die Klagesachen an die übergeordnete Stelle zur Beschlußfassung gehen müßten, die dann bei einer Bestätigung der Rechtmäßigkeit der Beschwerde die erstinstanzliche Entscheidung aufzuheben habe[320].

Noch vor dieser Grundsatzentscheidung der Zentralen Wahlkommission griffen einzelne städtische Behörden zu besonderen Maßnahmen, um die infolge der Absetzung der Wahlen und der Auflösung der Wahlkommissionen derzeit nur eingeschränkt mögliche Repression gegen einzelne potentielle *lišency*-Gruppen[321] zu effektivieren. So beschloß eine bei der Steuerabteilung in Orechovo-Zuevo tagende „technische Versammlung der Steuerbediensteten" am 26. Mai, Staatsanwaltschaft, *RKI* sowie die Leitung der eigenen Abteilung zwecks Einleitung einschlägiger Maßnahmen darüber zu informieren, daß „ein Teil der ehemaligen Händler" der Stadt unter Verschleierung ihrer tatsächlichen Einkünfte bei „staatlichen Betrieben" tätig sei. Derartige Entscheidungen besaßen die Bedeutung von Strafanzeigen, wie schon der zitierte Bericht des Serpuchover Staatsanwalts anhand längst nicht nur von der Zeitung lancierter Zuschriften belegt. Weiter bestätigte das Gremium die Beschlüsse vorhergehender Versammlungen der Steuerbediensteten hinsichtlich der Einleitung von Untersuchungen gegen „kooperative Organisationen und Genossenschaften" bis zum 15. Juni 28. Bei den Ermittlungen sollte es um die Überprüfung der richtigen Handhabung der Organisationsformen und der Beachtung des jeweiligen Statuts unter Berücksichtigung dessen gehen, ob nicht etwa „auch ehemalige Händler" bei diesen Organisationen beschäftigt

---

[319]Prezidium Moskovskogo Soveta R., K. i K.D. v Central'nuju Izbiratel'nuju Komissiju pri VCIK, CGAMO, f. 2139, op. 1, d. 459, l. 75.

[320]Central'naja Izbiratel'naja Komissija. Prezidiumu Moskovskogo Soveta. Na No. 3100 ot 19/IV-t.g. Ibid., l. 74.

[321]Außerhalb der Tätigkeit der Wahlkommissionen und deren für den konkreten Entzug der Wahlrechte zuständigen „Unterkommissionen" konnten nur die Gerichte, ferner das *OGPU* im außergerichtlichen Zwangsverschickungsverfahren Wahlrechte aussetzen. Vgl. *Ugolovnyj kodeks RSFSR*, Art. 31, S. 19.

seien[322]. So bestätigte sich erneut, daß die „ehemaligen" und derzeitigen privaten Kaufleute als besondere „Kategorie der Ausbeuter", denen nach der Wahlinstruktion das Wahlrecht a priori nicht zustehen sollte, ausgerechnet in der ruhm- und traditionsreichen Proletarierstadt Orechovo-Zuevo für die Regierenden ein besonderes Problem darstellten.

Der *Mossovet* ergriff am 12. Juni seinerseits eine wichtige prinzipielle Repressionsmaßnahme gegen diese Zielgruppe: Wie oben erwähnt, bedienten sich die örtlichen Wahlkommissionen u.a. der Listen der Kreismilitärkommissariate mit den dort erfaßten, für die Ableistung des (Straf-)Dienstes in den paramilitärischen irregulären Sonderbataillons vorgesehenen Personen ohne Wahlrecht. „Mit dem Ziel der vollständigen Entlarvung" der *lišency* erließ der Moskauer Rat jetzt eine Verfügung über die Registrierung der den Sondereinheiten zugeteilten Personen. Alle Hausverwaltungen wurden verpflichtet, bis zum 1. August standardisierte Listen mit den Namen solcher dem Jahrgang 1906 zugehörigen Leute zusammenzustellen und an die zuständige Milizabteilung weiterzuleiten. Außer Formalia wie Namensangaben, Registraturstelle und Nennung des Einberufungsbezirks sollten in speziell auszufüllenden Spalten auch die Art der derzeitigen (beruflichen) Tätigkeit des Betreffenden sowie „die Gründe des Verlusts der Rechte, und welche Dokumente hierüber Zeugnis ablegen" genau bezeichnet werden. Allen örtlichen Räten, gerade auch denen der Städte, wurde eine besondere „Verantwortung" für die fristgerechte Erledigung zugewiesen[323].

Um die Mängel bei der Durchführung der Wahlen bzw. Wahlkampagnen der letzten Jahre bezüglich der Erfassung aller Personen ohne Wahlrecht sowie ein Fiasko, wie das der ausgefallenen Ratswahlen 1927/28, nicht erneut zu ermöglichen und statt dessen die „Entlarvung" aller „Ehemaligen" voranzutreiben, wurde nun der neue Kampagnenzeitraum 1928/29 im Moskauer Gouvernement auf Betreiben der ehrgeizigen klassenbewußten Führung des *Mossovet*[324] bereits im August[325] begonnen[326]. Zu diesem Zeitpunkt war die obligatorische diesbe-

---

[322]Protokol techničeskogo soveščanija nalogovych rabotnikov pri Orechovo-Zuevskom ufinotdele, sostojavšegosja 26-go maja 1928 g., CGAMO, f. 667, op. 1, d. 245, ll. 104, 105.

[323]*Žiliščnoe zakonodatel'stvo. Spravočnik postanovlenij*, S. 392-94.

[324]Zur „Klassenpolitik" der „Stalingruppe" in den Führungsgremien und Abteilungen des *Mossovet* bzw. seines Vollzugskomitees vgl. auch im besonderen unten S. 244-246; 248-251.

[325]Für die Durchführung der Kampagnen gab die Organisationsabteilung des Moskauer Rats den Zeitraum vom 20. August bis zum 15. September vor; vgl. CGAMO, f. 2139, op. 1, d. 459, l. 63. Bisher liefen die Wahlkampagnen in der Zeit zwischen dem 1. September und dem 1. März des Folgejahres ab. Vgl. hierzu auch die *CIK*-Verfügung vom 2. Oktober 1925, wonach die Kampagnen für die Wahlen zu den örtlichen Räten unionsweit nicht vor dem 1. September zu beginnen hätten, *SZ* 1925, No. 68, st. 506.

[326]Nach einem Präsidiumsbeschluß des Serpuchover Kreisvollzugskomitees sollte die Rechenschaftskampagne des Komitees sowie des Serpuchover Stadtrats vor den Wählern in der Zeit vom 10. August bis zum 10. September 28 ablaufen; vgl. Vypiska iz protokola prezidiuma Serpuchovskogo UIKa, No. 22, 30 VIII 28 g., CGAMO, f. 2139, op. 1, d. 459, l. 72. Auch in anderen Städten des Moskauer Gouvernements setzten die Kampagnen schon im August ein, zu letzterem die folgenden Ausführungen.

zügliche Entscheidung des *VCIK* der *RSFSR* noch nicht veröffentlicht! Diese fiel erst am 13. August und verordnete, daß die Wahl- und Rechenschaftskampagnen vor Ort am 1. Dezember (sic!) 1928 beginnen und am 1. Januar 29 enden sollten[327]. Zudem verordnete das Moskauer Gouvernementsvollzugskomitee nun neue formalisierte Standards für die einzelnen bei seiner Informationsabteilung einzureichenden Berichte „über den Gang und die Resultate der Rechenschafts-Wahlkampagne der Stadt- und Siedlungsräte /städtischen Typs/". Diese Berichte waren nunmehr im Dreitagesrhytmus einzureichen. Neben den oben aufgeführten, schon für die vergangene Kampagne vorgegebenen Bestimmungen wurde jetzt nicht mehr nur die Beschreibung der „Stimmung: der Arbeiter, Angestellten, Heimgewerbetreibenden, der Intelligenz: der Ärzte, der Lehrerschaft u.a.", sondern auch deren „Verhältnis zur Sowjetmacht und zur Partei" nachgefragt, wobei ausdrücklich „Beispiele" anzuführen waren[328].

Über den Anlauf der vom Moskauer Rat überstürzt angesetzten Kampagne in den einzelnen Städten vermittelt das bei der Informationsabteilung des Gouvernementsvollzugskomitees von dessen Bevollmächtigten mit Datum vom 28. August eingereichte Material das Bild eines Regimes in der Krise im oben dargestellten Sinne, die gerade der Alleingang des *Mossovet* besonders plastisch hervortreten ließ: Die Vorbereitung der Wahlperiode zeigte fast überall gravierende Schwächen. Auf dem Lande existierten vielfach noch nicht einmal einschlägige Pläne, in den Städten war die Situation nur in Teilbereichen besser, so in Možajsk und Bogorodsk, wo nicht nur Pläne aufgestellt und Fristen festgesetzt, sondern auch Redner mit Material für den Vortrag vor den Rechenschaftsversammlungen versorgt wurden. In Pavlovo-Posad jedoch beschäftigte sich, dem Berichtsmaterial zufolge, noch nicht einmal das Präsidium des Stadtrats mit der Vorwahlkampagne. In Bogorodsk und Voskresensk nahmen auch die Gewerkschaften keinerlei Anteil daran. Zudem widmeten sich die örtlichen Zeitungen den entsprechenden Fragen, einschließlich der „Entlarvung" der *lišency*, in Artikeln und „Anmerkungen" nur sehr unzureichend und sporadisch, wie z.B. der Bogorodsker *Golos rabočego*. Die Parteiblätter der anderen Kreisstädte wie Kašira, Zvenigorod, Sergiev und Serpuchov kümmerten sich um das propagandistisch höchst wichtige Thema der Wahl- und Rechenschaftskampagnen überhaupt nicht! Mancherorts konnte sogar das vorgeschriebene Quorum bei den Versammlungen nicht erreicht werden, so daß diese abgesagt werden mußten. Derartiges geschah in der Arbeitersiedlung Reutov, einigen weiteren Städten bzw. städtischen Siedlungen im

---

[327]Ob ustanovlenii srokov izbiratel'noj kampanii po RSFSR na 1929 god, in: *Instrukcija VCIKa o vyborach gorodskich i sel'skich sovetov i o sozyve s-ezdov sovetov*, S. 25. Entsprechend verfügte das *CIK* der *UdSSR* am 26. September die Bildung der einzelnen örtlichen Wahlkommissionen, die Ausarbeitung eines „Plans" für die bevorstehenden Rechenschaftskampagnen der Räte, die Zusammenstellung der *lišency*-Listen und die Ergreifung der nötigen organisatorisch-technischen Maßnahmen für die Durchführung der Kampagnen; vgl. O perevyborach sovetov v 1928-1929 godu, *SZ* 1928, No. 61, st. 554.

[328]Forma No. 2. Schema političeskoj informacionnoj spravki o chode i rezul'tatach otčetno-predvybornoj kampanii gorodskich i poselkovych /gorodskogo tipa/ sovetov Moskovskoj gubernii v 1928-1929 godu. CGAMO, f. 4502, op. 1, d. 38, l. 12.

Kreis Moskau sowie Sergiev. Auch sorgten gravierende Organisationsfehler der Verantwortlichen und das *Desinteresse* sowohl der Werktätigen als auch der für die Kampagnen abgestellten Mitglieder des Stadtrats selbst (!) für eine unerwünscht geringe Beteiligung bei den Versammlungen, so etwa in Egor'evsk, Serpuchov, Ozery und Klin. Es ist somit nicht verwunderlich, wenn der Bericht betont, daß es „Fälle demagogischer Auftritte" nicht gegeben habe und die Diskussionen einen „gesunden Charakter" gehabt hätten. Auch nimmt es nicht wunder, daß sich kein Hinweis auf das Erscheinen von Personen ohne Wahlrecht oder potentieller *lišency* aus den Reihen der städtischen Bourgeoisie findet[329]. Die geringe Anzahl der Teilnehmer sagte einfach zuwenig über die reale Existenz und den Einfluß „fremder Elemente" aus. Für Orechovo-Zuevo belegen die Quellen indessen ein starkes Interesse insbesondere der betrieblichen Öffentlichkeit an den Rechenschaftsversammlungen 1928/29 und, angesichts der erwähnten Stärke des privatkapitalistischen Elements in der Stadt, auch zahlreiche Vorschläge zur Eliminierung bzw. Zurückdrängung tatsächlicher oder potentieller *lišency*[330].

War schon das Vorgehen des *Mossovet* mit seinen vorfristig angesetzten Wahl- und Rechenschaftskampagnen der Räte kontraproduktiv und trug eher zu einer Verschärfung der Herrschafts- bzw. Beherrschungskrise in Lande bei, so stabilisierten auch andere Gouvernementsbehörden dieses Krisenszenarium mit radikalen Maßnahmen: Eines der Hauptziele der Repression waren in dieser Zeit die Kooperativen, insbesondere die *arteli* genannten genossenschaftlichen Betriebe. Der „Moskauer Gouvernementskooperativrat" beschloß schon am 27. Februar 1928 eine einschlägige Instruktion für das Gouvernement. Darin wurde u.a. eine „Massenuntersuchung des kooperativen Netzes" zur Aufspürung der „wilden", d.h. nicht in den vorgeschriebenen Gewerkschaftsverbund integrierten Genossenschaftsunternehmen mit den dort vermuteten „kapitalistischen Elementen" verfügt. Eine wichtige Maßnahme in diesem Zusammenhang sollte die Neuregistrierung der agrarwirtschaftlichen und vor allem handwerklichen Heimgewerbekooperativen und entsprechenden Invalidenbetriebe (in den Städten) sein. Die Verordnung schrieb auch eine Änderung der Strafgesetze und verschärfte Repression seitens der Staatsanwaltschaften gegenüber den ermittelten „wilden" und „falschen" Genossenschaften vor. Obwohl sie zunächst ohne spezielle Verfügung der zentralen Gesetzgeber nicht hatte in Kraft treten können, billigte das *MK* die Initiative des Kooperativrats im Mai 1928 „im Prinzip" und erließ eine entsprechende Durchführungsanweisung an die Parteifraktion des Moskauer Gouvernementsvollzugskomitees[331].

---

[329]Ibid. (Anlage), l. 65.

[330]Materialy o chode otčetno-perevybornoj kampanii v gorode Orechovo-Zuevo, ibid., f. 667, op. 1, d. 239, ll. 43-56, sowie Svodka predloženij, prinjatych na otčetnych sobranijach po otčetu uispolkomu po gorodu Orechovo-Zuevo, ibid., ll. 60, 70.

[331]Vgl. Vsesojuznaja Kommunističeskaja Partija (Bol'ševikov). Moskovskij Komitet. Frakcii Prezidiuma Mossoveta, ibid., f. 2157, op. 5, d. 17, ll. 38-42.

Das Problem war eben, daß diese Parteistrafpolitik (noch) nicht formalgesetzlich abgesichert war. Dies wurde erst Ende Dezember mit einem Rahmengesetz des Bundes „Über die falschen Kooperativen“[332] nachgeholt, aber auch dann fehlten noch die nötigen Durchführungsbestimmungen für die *RSFSR* und deren untergeordnete Verwaltungsgebiete. Dieser Vorgriff des Gouvernementskooperativrats und des *MK* stellte einen der ersten Versuche der stalinistischen Parteihardliner in den verantwortlichen Gouvernementsorganen dar, das staatliche Rechtssystem gewissermaßen im Handstreich zur Seite zu drängen und es durch ein revolutionär-proletarisches Klassenrecht im Sinne der radikal-marxistischen Rechtstheorie eines Puškanis oder Krylenko zu ersetzen. Dadurch, daß die Gouvernementsparteiführung auf diesem Wege in Konflikt mit dem staatlichen Recht geriet, bewirkte sie gleichzeitig auch ein für das Regime gefährliches Legitimationsproblem im eingangs erörterten Sinne.

Diese Situation ermutigte nun klassenbewußte Proletarier zu denunzierenden Anzeigen. So meldete Anfang Mai ein gewisser N. Stroganov, von Beruf Setzer beim typographischen Betrieb des staatlichen „Industriehandels“ in Serpuchov, an den Vorsitzenden der Kreiskontrollkommission, er habe von einem Beschäftigten der „Invalidenbäckergenossenschaft“ gehört, daß sich in jenen Betrieb private „Fleischgroßhändler [...] eingeschlichen“ hätten, „die dort jetzt ihr Unwesen“ trieben. „Einige invalide Proletarier“ seien bereits aus der Kooperative hinausgedrängt worden. Dies alles gelte es jetzt zu überprüfen, denn es könne sein, daß „unter dem Deckmantel der Genossenschaft“ tatsächlich Händler „ihre Geschäfte“ abwickelten[333]. Den zugänglichen einschlägigen Quellen ist indessen nichts über den Fortgang dieser Angelegenheit zu entnehmen. Es ist zu vermuten, daß die Ermittlungen der Behörden gerade in Anbetracht der unsicheren Rechtslage ineffektiv und wenig erfolgreich durchgeführt wurden. So wurde denn auch am 11. September auf der Serpuchover „Kreisversammlung der Arbeiter und Angestellten der [Eisenbahn]station ‘Stanki’“ der Vorwurf laut, daß sich der Stadtrat gegenüber den Kooperativen generell viel zu wenig aufmerksam gezeigt habe. Der Rat solle deshalb seine Anstrengungen verstärken, „den Kampf mit den Privatunternehmern erfolgreicher zu führen“[334].

---

[332]Das Gesetz meinte mit dieser Formulierung kooperative Betriebe innerhalb oder außerhalb des offiziellen Kooperativverbunds mit Leitungspersonen und Wahlorganen, denen ihre Tätigkeit gesetzlich verboten war, sowie vor allem solche Kooperativen, „in denen kapitalistische (kulakische) Elemente, die die kooperative Form für ihre Klassenziele ausnutzen, den dominierenden Einfluß haben“. Auch waren Betriebsführungen gemeint, „deren Tätigkeit in eine Richtung abgleitet, die für die Interessen des sozialistischen Aufbaus schädlich ist“, vgl. O merach bor'by s lžekooperativami, *SZ* 1929, No. 3, st. 28. Weiteres zu diesem Gesetz und den Folgeverordnungen für die einzelnen Verwaltungsgebiete unten S. 86.

[333]Upolnomočnomu RKI po Serpuchovskomu uezdu t. Aristovu. Naborščika tipografii Promtorga Stroganova N., CGAMO, f. 4502, op. 1, d. 44, l. 23.

[334]Protokol No. 8 rajonnogo sobranija rabočich i služaščich stancii „Stanki“ ot 11. sent. 1928 g., ibid, d. 34, l. 117. Ein vor dem Hintergrund des angesprochenen grundlegenden Rechtsnormenkonflikts ebenso bedenkenswertes wie bezeichnendes Bild vermittelt die für die verfolgenden Stellen ebenfalls sehr ineffektiv verlaufende Repression gegen die gleichermaßen in Serpuchov befindliche *artel'* „Kustar'“ („Heimgewerbetreibender“) im Rahmen der parallel geführten Kam-

Je näher die Wahlen 1928/29 rückten, desto mehr wirkte sich der an späterer Stelle darzustellende Kampf an der „Wohnungsfront“ auch auf die Repressionen gegen die Personen ohne Wahlrecht - gemeint als Gesamtgruppe - aus: Am 15. September 28 setzten die Volkskommissare für Inneres und Justiz eine neue „Verfassung der Wohnungspachtkooperativgenossenschaften“ in Kraft. Art. 6 des Statuts sah nunmehr die Möglichkeit einer Mitgliedschaft in diesen Kooperativen nur für diejenigen Personen vor, „die ihr Wahlrecht gemäß der Verfassung [...] der Republik ausüben und ständig in den Hausbesitzungen der Genossenschaft wohnen. Bezüglich der Häuser, die bei Staatsunternehmen in Pacht sind, können Mitglieder der Genossenschaft nur Arbeiter und Angestellte des gegebenen Staatsunternehmens sein, die ihre Wahlrechte nicht auf gerichtlichem Wege verloren haben“[335]. Ende des Monats erließ das unter Einfluß des *MK* nun eine strikte proletarische „Klassenpolitik“ betreibende Präsidium des *Mossovet* eine Verordnung für die Stadt Moskau – mit weitreichenden Folgen für die Repressionspolitik gegen die *lišency* insgesamt. Den einzelnen Hausverwaltungen wurde nun die Pflicht zur genauen Registrierung derjenigen Bewohner, die einem Wahlrechtsentzug unterlägen, auferlegt. Ergänzend trat eine problematische, weil gesetzwidrige Durchführungsverordnung der „Administrativen Abteilung“ des Gouvernementsvollzugskomitees in Kraft[336]: Um den Druck auf die „Klassenfeinde“ zu verstärken, sollten die Hausverwaltungen aufgrund von Belegen der Finanzorgane auch die Steuerveranlagung, ferner die zu zahlende Miete, aber auch „andere Daten“ der Personen ohne Wahlrecht, ermitteln, und zwar - und dies war entscheidend - „unabhängig davon, ob diese Daten durch Dokumente belegt sind oder nicht“[337].

Diese Verordnung stellte damit einen weiteren bewußten Anschlag der „Stalingruppe“ der Partei auf die existierende Rechtsordnung dar. Der sich zusehens mehr durchsetzende Einfluß der genannten radikal-marxistischen Rechtstheorien mit ihrem Anspruch auf prinzipielle Vereinfachung des Rechts in dessen Reduzierung auf eine einseitig parteigebundene Klassenjustiz mußte zum Normenkonflikt mit höchsten staatlichen Behörden führen. Grundsätzlich stellte sich die Frage, welches Recht denn im sozialistischen Staat künftig verbindlich sein solle. In dieser Auseinandersetzung siegten zunächst die Hüter des kodifizierten staatlichen Rechtssystems. So stellte die Zentrale Wahlkommission der *RSFSR* am 2. März 1929 die Unrechtmäßigkeit der Verfügung in jenem problematischen Punkt fest und beschloß u.a., dazu ein „spezielles Zirkular“ zu erlassen und eine besondere „Kommission zu bilden“, die sich mit „der Frage der ständigen Registrierung der Personen, die des Wahlrechts beraubt sind“, befassen sollte. Es ging also um eine *generelle* Entscheidung in dieser Sache, die keineswegs nur die Stadt

---

pagne gegen die „nichtwerktätigen Elemente“. Näheres zum Fortgang des behördlichen Vorgehens gegen den Betrieb „Kustar’“ vgl. unten S. 226, 227.

[335]*Žiliščnoe zakonodatel'stvo. Sbornik dekretov*, S. 207.

[336]*Žiliščnoe zakonodatel'stvo. Spravočnik postanovlenij*, S. 394, 400, 401.

[337]Vgl. hierzu ibid., S. 398 (Art. 7). Letzteres widersprach eindeutig geltendem Recht (Wahlinstruktion!) und war geeignet, eventuellen Mißbräuchen Tor und Tür zu öffnen.

Moskau betraf. Zwei Tage darauf wies das *VCIK* das Präsidium des Moskauer Gouvernementsvollzugskomitees an, die widerrechtliche Bestimmung der „Instruktion“ wieder abzusetzen[338].

Wichtig ist, festzuhalten, daß die Gebietsparteiführung mit der Duldung oder gar Unterstützung einer derartigen formal ungesetzlichen Verfügung dazu beitrug, den sozialistischen Staat nicht nur im Justiz-, sondern auch im Verwaltungsektor allmählich unvermeidbar in eine Legitimationskrise zu führen, wie sie die Anfangsjahre des „großen Umbruchs“ fortan kennzeichnen sollte. Deren Weiterentwicklung und vor allem ihre Auswirkung auf die Situation in den Städten des *podmoskov'e* werden an späterer Stelle zur Sprache kommen. Zunächst soll die Krisenhaftigkeit des beginnenden „sozialistischen Vormarschs“ anhand der Probleme der *lišency*-Verfolgung im Zusammenhang mit der Wahlperiode 1928/29 dargestellt werden.

Am 26. September erging eine Weisung des *CIK* an alle Unionsrepubliken der *UdSSR*, in der auf die oben genannten, keineswegs auf das Moskauer Gouvernement beschränkten Mängel bei der Durchführung der Vorwahl- und Rechenschaftskampagnen 1927 verwiesen und verordnet wurde, nicht nur die Gesetze bei den Wahlen vor Ort einzuhalten und die Wahlkommissionen einzurichten, sondern auch, einen genauen „Plan“ mit exakten Fristen für die Umsetzung der einzelnen Vorhaben auszuarbeiten, bei der Zusammenstellung der *lišency*-Listen „keinerlei Abweichungen von der geltenden Instruktion über die Wahlen zu den Räten“ zuzulassen und „Maßnahmen zur normalen Durchführung der Kampagne von der organisatorisch-technischen Seite her“ zu ergreifen[339]. Es sollte unter allen Umständen vermieden werden, daß die Wahlkampagnen abermals zu einem Fiasko wurden. Zu diesem Zweck wurde am 9. Oktober im Großen Kremlpalast in Moskau eine „Allunionsversammlung zu Fragen der Wahlkampagnen der Räte 1928-1929“ von M.I. Kalinin eröffnet. Die Bedeutung des Kongresses erhellt schon aus der Tatsache, daß nicht nur das *CIK*, sondern auch das Zentralkomitee der Partei zu den Initiatoren zählten. An der Versammlung nahmen u.a. auch die Vertreter der einzelnen Gouvernementsvollzugskomitees teil. Sinn der Zusammenkunft war es nach den Worten Kalinins, die vielerorts nicht verwirklichte „revolutionäre marxistische Linie“ in den Vorwahlkampagnen durch den „Austausch der zentralen Organe mit den Orten“ in den verschiedenen Regionen der Union zu festigen und in der Praxis umzusetzen. Die Wahlkampagne stelle „eine der wichtigsten politischen Kampagnen“ dar. Die Veranwortlichen vor Ort müßten deshalb nicht zuletzt auch die noch weitverbreitete „kleinbürgerliche Ideo-

---

[338]Vgl. Stenogramma zasedanija plenuma centrizbirkoma RSFSR ot 2 III 1929 g., GARF, f. 1235 op. 141, d. 38, ll. 142, 165 sowie Postanovlenie Prezidiuma VCIKa. Po dokladu Moskovskoj Gubernskoj Izbiratel'noj Komissii o porjadke sostavlenija spiskov lic, lišennych izbiratel'nych prav, i rassmotrenija žalob graždan na lišenie ich izbiratel'nych prav po gor. Moskve, ibid., d. 145, l. 30.

[339]O perevyborach sovetov 1928-1929 godu, *SZ* 1928, No. 61, st. 554.

logie „entkernen“[340]. Der nächste Redner, A.S. Enukidze, ging am folgenden Tag in seinem Beitrag außer auf die oben genannten, von den Informanten der Moskauer Gouvernementsinformationsabteilung bereits beklagten Mängel und Schwierigkeiten der Wahlkampagne auch auf die nach Enukidze sehr sensible, viel Kenntnis der örtlichen Bedingungen erfordernde Zusammenstellung der *lišency*-Listen ein. Man müsse hier „von den Grundinteressen der Wahlkampagne selbst und den Interessen der sowjetischen Machtorgane“ ausgehen. Die „allgemeine Aufgabe“ sei es, „die Machtorgane vor dem Eindringen der Kulaken und antisowjetischen Elemente in sie zu bewahren“. Gleichzeitig warnte Enukidze vor allzu eilfertigem Vorgehen, das nur dem Ziele diene, „koste es, was es wolle“, einen möglichst hohen Prozentsatz an aufgespürten Personen vorzuweisen, die der Aberkennung des Wahlrechts unterlägen. Es gehe nicht darum, sondern eben um den Schutz der gewählten bzw. zu wählenden Organe vor den genannten Gruppen. Die „richtige Anwendung dieses Gesetzes“ ermögliche nicht nur die Erhöhung der „Autorität der sowjetischen Organisationen“, sondern auch die Reinigung der Räte „von den Kulaken und antisowjetischen Elementen“[341]. Damit war gleichzeitig auch das in den Jahren 1929ff. verwirklichte Vorhaben einer grundlegenden „Säuberung“ der zentralen und lokalen Apparate bereits angesprochen, womit die Zusammenstellung der *lišency*-Listen als Repressionsakt von prinzipieller Bedeutung und Relevanz erschien.

Am 11. Oktober erklärte die Konferenz in ihrer während der Abschlußsitzung verabschiedeten Resolution die Notwendigkeit der Ausarbeitung „konkreter Direktivweisungen an die zentralen und örtlichen Ratsorgane“ zur Umsetzung der von den Vortragenden[342] gezogenen Schlüsse. Gleichzeitig wurde bestimmt, daß die „Vorbereitungsarbeit“ zu den bevorstehenden Rechenschaftskampagnen der Räte „unverzüglich“ zu beginnen habe[343].

Die Vollzugskomitees in den Städten des Moskauer Gouvernements reagierten offensichtlich nicht einheitlich weisungsgemäß. So gibt es Belege, daß einzelne von ihnen die Repression gegen die *lišency* mit ihren Erlassen noch über das geforderte Maß hinaus verschärften: Das Kreisvollzugskomitee in Orechovo-Zuevo verabschiedete am gleichen Tag eine Verfügung an alle Stadt- und Dorfräte des Kreises, die zwar dem Beschluß der Moskauer „Versammlung“ sowie auch den oben genannten Bestimmungen der *CIK*-Verordnung vom 26. September „Über die Wahlen zu den Räten 1928-1929“ Rechnung trug. Zur letzteren gehörte auch das Erfordernis der sofortigen Einsetzung von Wahlkommissionen und die Zusammenstellung der *lišency*-Listen. Darüber hinaus verordnete das Kreis-

[340]Na vsesojuznom soveščanii po voprosam perevybornoj kampanii sovetov 1928-1929 g., *Pravda*, No. 236 (4068), 10 oktjabrja 1928 g., S. 3.

[341]Na vsesojuznom soveščanii po voprosam kampanii perevyborov sovetov. Organizacija izbiratel'noj kampanii. Doklad tov. A.S. Enukidze, ibid., No. 237 (4069), 11 oktjabrja 1928 g., S. 3.

[342]Zu ihnen gehörte im übrigen auch der Vertraute Stalins L.M. Kaganovič!

[343]Na vsesojuznom soveščanii po voprosam kampanii perevyborov sovetov, *Pravda*, No. 238 (4070), 12 oktjabrja 1928 g., S. 2.

vollzugskomitee aber nun noch folgendes: Auch die *Standardwählerlisten*, besonders diejenigen „der nichtorganisierten Bevölkerung“, sollten zusätzlich nach dem etwaigen Vorhandensein von „Kulaken und nichtwerktätigen Elementen“ überprüft werden![344]. Letzteres, neben den zugehörigen Bestimmungen organisatorischer Art, sah denn auch ein Arbeitsplan der Organisationsabteilung des Kreiskomitees vom 19. Oktober vor[345]. An die Umsetzung machte sich in Orechovo-Zuevo eine spezielle „Instruktorenversammlung“, die am 1. November beschloß, „zum Zwecke einer richtigeren und genaueren Durchführung der Registrierung derjenigen Personen, denen das Wahlrecht in der Stadt aberkannt“ sei, einen Beauftragten aus ihren Reihen zu benennen. Dieser sollte „die allgemeine Führung“ über die Registrierung und konkrete Zusammenstellung der Listen übernehmen. Er war als Hilfsorgan der Administrativen Abteilung anzusehen.[346]

Die bisher zugänglichen Quellen lassen indessen nicht erkennen, daß auch die Vollzugskomitees vieler anderer Städte bzw. Kreise in dieser Hinsicht die geforderten Normen übererfüllten - ganz im Gegenteil. Es gibt deutliche Hinweise darauf, daß die örtlichen Parteiführungen und Parteifraktionen in den Räten im Zuge der Säuberung des *MK* mehr mit der parallel laufenden Parteikampagne zur Ermittlung und Neutralisierung der „Rechtsabweichler“ beschäftigt waren, als sich intensiv mit der Verfolgung der der Aberkennung des Wahlrechts unterliegenden Personen zu beschäftigen. Einschlägiges Material aus verschiedenen Städten liefert hierfür zahlreiche Belege[347].

Die zentrale *Pravda* startete deshalb am 18. Oktober, zeitgleich mit dem berühmten offenen Brief des Zentralkomitees, der die Absetzung des bisherigen *MK* (unter dem 1. Sekretär Uglanov) einleitete[348], eine „politische Massenkampagne“ zu den bevorstehenden Wahlen. Darin wurden die Vorwahl- und Rechenschaftskampagnen, der verbindlichen Parteilinie folgend, als Ausdruck des „Klassenkampfs“ beschrieben, der seitens des Proletariats gegen „den hartnäckigen Widerstand der kapitalistischen Elemente der Stadt und des Dorfes“ geführt werde. Da der Einfluß dieser Kräfte gerade bei den „niederen Mitarbeitern“ der Räte nach

---

[344]Vsem predsedateljam volispolkomov, gorodskich i poselkovych sovetov, CGAMO, f. 667, op. 1, d. 245, l. 194.

[345]Plan organizacionno-massovoj raboty orgotdela UIKa na period oktjabr'-mart 1928/29 goda, ibid., l. 199.

[346]Protokol No. 2 soveščanija instruktorov Orgotdela Orechovo-Zuevskogo UIKa ot 1-go XI 1928 g., ibid., d. 223, l. 140.

[347]Vgl. die Exklusivität und Massivität der Kampagne im Kampf um die Geschlossenheit der Partei gegen Links- und Rechtsabweichungen sehr zu Lasten der Wahlkampagnen in den Ausgaben des Serpuchover *Nabat*, erschienen zwischen dem 18. und 27. Oktober sowie dem 2. und 14. November. Zur absoluten Dominanz der *Partei*kampagne auch in Bogorodsk, Kolomna, Volokolamsk, Bronnicy sowie den Orten des Moskauer Landkreises vgl. die Berichte in der *Pravda* vom 19., 21., 30. Oktober sowie vom 2. November.

[348]Vgl. Ko vsem členam Moskovskoj organizacii VKP(b), *Pravda*, No. 244 (4076), 19 oktjabrja 1928 g., S. 1. Die Billigung des *ZK*-Briefes mit der erwarteten Selbstkritik im Sinne einer Selbstbezichtigung der „Rechtsabweichung“ seitens des *MK* erfolgte kurz darauf; vgl. O položenii v Moskovskoj organizacii VKP(b) (Postanovlenie ob-edinennogo plenuma MK i MKK VKP(b).), ibid., No. 247 (4077), 20 oktjabrja 1928 g., S. 4.

wie vor stark sei, müsse die „Arbeiterklasse" ihre politische Aktivität steigern, auf allen Ebenen die Kampagnen führen und ein noch größeres Maß an „politischer Isolierung, politischer Entwaffnung der kapitalistischen Elemente" als bisher herbeiführen. Angesichts der Aktivität dieser Gruppen dürfe die bevorstehende Kampagne von den Verantwortlichen weder, wie zuweilen geschehen, unterschätzt, noch von einer „massenpolitischen in eine apparatbezogene, bürokratische" verkehrt werden[349]. Am 23. Oktober erschien ein weiterer einschlägiger Artikel Kalinins, der diesen Aspekt der Wahlkampagnen zwar weniger stark betonte, gleichfalls jedoch den Einfluß der „kapitalistischen Elemente" ohne Wahlrecht konstatierte. Dieser Einfluß, etwa vermittelt „durch untergeschobene Leute", die „ideologisch mit dem Kapitalismus verbunden" seien, könne die Situation komplizieren. Hier beklagte Kalinin eine verbreitete „kleinbürgerliche Weltsicht", der der „richtige Parteistandpunkt" entgegenzusetzen sei[350].

Einen ihrer Höhepunkte erreichte die Leitkampagne der *Pravda* mit einem Grundsatzartikel Kaganovičs über das Verhältnis der Partei zu den Wahlen, wo erneut deren Klassenkampfcharakter beschworen und die potentiellen bzw. tatsächlichen *lišency*, seien es „Kulaken", „NĖP-Leute" oder nur „Bürokraten", als „Klassenfeinde" eingestuft wurden. Die Wahlen müßten, so Kaganovič, „zu einer mächtigen Offensive" gegen diesen Feind werden. „Auf keinen Fall" dürfe so im Interesse der Abwehr dieser Gruppen die „Linie der Aberkennung des Wahlrechts" aufgeweicht werden, wenn auch an diese Frage „mit genügender Sorgfalt" heranzugehen sei[351].

Somit zeigten sich in Art und Inhalt auch dieser Zeitungskampagne deutlich die offensichtlich mangelnden Herrschafts- bzw. Beherrschungskapazitäten von Partei und Regierung bei der konkreten Umsetzung der neuen „Klassenlinie". Die Lösung sah das Regime deshalb in verschärftem Druck, d.h. in der Flucht nach vorn.

Unter diesen Vorzeichen wurden nach und nach vor Ort die einzelnen Wahlkommissionen eingerichtet. Auf der Ebene des Moskauer Gouvernements geschah dies Ende Oktober[352]. Vorher, am 17. dieses Monats, hatte das Präsidium des *Mossovet* alle ihm unterstellten Kreisvollzugskomitees angewiesen, zu beachten, daß nach der kurz bevorstehenden Einrichtung der Kommissionen alle eingehenden Klagen gegen die Aberkennung des Wahlrechts „unmittelbar an die Kreiswahlkommissionen zur Begutachtung" zu senden seien[353]. Kurze Zeit später er-

---

[349]Perevybory sovetov - massovaja političeskaja kampanija, ibid., No. 243 (4075), 18 oktjabrja 1928 g., S. 1.

[350]Vgl. M.I. Kalinin: K perevyboram sovetov, ibid., No. 247 (4079), 23 oktjabrja 1928 g., S. 2.

[351]L. Kaganovič: Partija i perevybory sovetov, ibid., No. 248 (4080), 24 oktjabrja 1928 g., S. 3.

[352]Vgl. die Notiz: Sostav Moskovskoj Gubernskoj Izbiratel'noj Komissii, ibid., No. 254 (4086), 31 oktjabrja 1928 g., S. 3.

[353]Vsem Uezdnym Ispolnitel'nym Komitetam, Rajsovetam, CGAMO, f. 2157, op. 5, d. 26, l. 111.

ging die Verfügung, zur Erledigung der laufenden Aufgaben bei der Gouvernementswahlkommission u.a. ein siebenköpfiges „Arbeiterbüro“ und für die Prüfung der Klagen gegen den Wahlrechtsentzug eine spezielle „Unterkommission“ einzurichten. Außerdem hatten alle Gouvernementsabteilungen und gesellschaftlichen Organisationen einschließlich der Gewerkschafts- und Genossenschaftsverbünde in Fünftagesfrist ihre Pläne für eine Teilnahme an der Wahlkampagne mitzuteilen[354]. Die Gewerkschaften waren durch Anordnung ihres zentralen Dachverbandes Mitte November nun auch seitens der eigenen höchsten fachvorgesetzten Instanz verpflichtet, an den Vorwahl- und Rechenschaftskampagnen zur Abwehr der „dem Proletariat feindlich gesonnenen sozialen Klassenkräfte“ aktiv mit der Übernahme wichtiger Organisationsaufgaben teilzunehmen[355]. Dieser Aufgabe wurden die lokalen, nicht zuletzt betrieblichen, Gewerkschaftsorganisationen indessen im Verlauf der folgenden drei Wochen offenbar fast überall in der *UdSSR* nicht oder nur sehr unzureichend gerecht[356]. Hieraus ist die interessante Frage abzuleiten, wie effektiv die Verfolgung der dem Wahlrechtsentzug unterliegenden Personen in den Städten des Moskauer Gouvernements organisiert werden konnte. Infolge der Resistenz der genannten strukturellen Probleme nimmt es nicht wunder, daß die Quellen in diesem Punkt große Schwierigkeiten der Behörden belegen.

Als Beispiel seien die Verhältnisse in Orechovo-Zuevo sowie in der Kleinstadt Pokrov angeführt, wofür besonders detaillierte Zeugnisse vorliegen: Der an die Tuchfabrik Nr. 3 „Proletarische Diktatur“ (Orechovo-Zuevo) delegierte Wahlbeauftragte gab zu Protokoll, daß zwar Rechenschaftsversammlungen der Mitglieder des Stadtrats in den einzelnen Betriebsabteilungen stattgefunden hätten, auch sei „an die Ermittlung der Personen ohne Wahlrecht herangegangen“ worden. Am Ende habe aber nur ein einziger *lišenec* festgestellt werden können[357]. Die Konsequenz war die oben genannte, am 1. November tagende „Instruktorenversammlung“ zur Verbesserung der entsprechenden Erfassungsmethoden[358]. Zwei Wochen später faßte eine weitere „Versammlung“ der Vorsitzenden und Sekretäre sowohl der Stadtratssektionen als auch des *starostat*[359] nach Anhörung

[354]Vgl. Perevybornaja kampanija v Moskve i Gubernii, *Pravda*, No. 257 (4089), 3 nojabrja 1928 g., S. 3. In Orechovo-Zuevo bestand spätestens am 6. Dezember 28 eine solche „Unterkommission für den Entzug und die Wiederherstellung der Wahlrechte“, vgl. Protokol No. 6 zasedanija Uezdnogo Izbirkoma ot 6-go dekabrja 1928 g., CGAMO, f. 5736, op. 1, d. 8, l. 55.

[355]Unter der Schlagzeile *Podgotovka k perevyboram sovetov* vgl. Ob učastii profsojuzov v kampanii perevyborov sovetov. Vsem proforganizacijam, *Pravda*, No. 264 (4096), 14 nojabrja 1928 g., S. 3.

[356]Vybory v sovety - proverka svjazi profsojuzov s massami. Profsojuzy vse ešče nedostatočno prinimajut učastija v kampanii. Odni cčitajut vybory delom tol'ko sovetskich organov, drugie ograničivajutsja cirkuljarami. Vremja ne terpit. Ibid., No. 286 (4118), 9 dekabrja 1928 g., S. 4.

[357]Svodka: Meroprijatij, provedennych po otčetno-perevybornoj kampanii gorsoveta po tkackoj fabrike „Proletarskaja diktatura“ [Bericht undatiert], CGAMO, f. 5736, op. 1, d. 9, l. 32.

[358]Vgl. oben S. 72.

[359]Versammlung gewählter, Lehr- und Instruktionsaufgaben wahrnehmender Betriebsangehöriger.

des Berichts des von den Instruktoren bestellten Beauftragten u.a. den Beschluß, daß sich der *starostat* und die Mitglieder der Sektionen in der Weise an der „Entlarvung" der *lišency* beteiligen sollten, daß sie „ausführliche Zeugnisse" über diese Personen an die Wahlkommission leiteten[360]. Letztere billigte einen Tag später einen „Arbeitsplan" für die bevorstehende Rechenschaftskampagne und setzte fest, zur Ermittlung der *lišency* „genau" Person für Person diejenigen, die als Bürger ohne Wahlrecht der Eingliederung in die militärischen Sondereinheiten (*tylovoe opolčenie*) unterlägen, in Augenschein zu nehmen[361]. Verbindliche Weisungen, die *lišency* zu erfassen, erteilte die städtische Wahlkommission auch für die Durchführung der Rechenschaftsversammlungen in den einzelnen Fabriken, so für entsprechende Aktivitäten im „Mechanischen Werk V.A. Baryšnikov"[362].

Die Mängel der Registrierung der Personen ohne Wahlrecht wurden auch am 20. November in einem internen an die Organisationsabteilung gerichteten Informationspapier des Vollzugskomitees in Orechovo-Zuevo betont: Während einer Pionierversammlung in der Schule Nr. 2 sowie anläßlich einer Konferenz der Parteizellen in der Kreisbildungsabteilung sei neben der mangelhaften Durchführung der Vorwahlversammlungen festgestellt worden, daß in der Stadt nur einzelnen Mitgliedern der Schuhhändlerfamilie Smirnov das Wahlrecht aberkannt worden sei, anderen jedoch nicht. Zudem habe an den offiziellen Zusammenkünften der Frauen-Delegierten in dem Städtchen Pokrov „die Tochter eines Diakons, Frau eines ehemaligen Händlers", als Person ohne Wahlrecht einfach teilnehmen können[363]. So verfügte der Stadtrat während seiner Plenarsitzung vom 27. November nicht nur, daß „jetzt" alle *starostaty* und Gewerkschaftsorganisationen den detaillierten Vorgehensplan für die Durchführung der Rechenschaftskampagne zu erarbeiten und sich alle Stadtratsmitglieder aktiv an der Kampagne „in ihren Betrieben" zu beteiligen hätten, sondern auch, daß die Wahlkommission die Listen mit den Personen ohne Wahlrecht „sorgfältig" durchsehen und genauso penibel auch neue *lišency* ausforschen müsse. Gleichzeitig wurde die Presse angewiesen, „Fragen der Vorwahl- und Rechenschaftskampagne breiter zu beleuchten" als bisher, und dies nicht nur in der *Kolotuška*, sondern auch in den einzelnen betrieblichen Wandzeitungen[364]. Letzteres belegt das auch für Serpuchov und andere Städte nachweisbare mangelnde Interesse der lokalen Zeitungen an den Fragen der Vorwahl- und Rechenschaftskampagnen in den letzten Monaten des Jahres 1928[365].

---

[360]Protokol Soveščanija pri Prezidiuma Gorsoveta predsedatelej i sekretarej bjuro sekcij i starostata ot 14-go nojabrja 1928 g., CGAMO, f. 5736, op. 1, d. 9, l. 174.

[361]Protokol No. 2 zasedanija uizbirkoma ot 15-go XI 28 g., ibid., d. 8, l. 58.

[362]Vgl. Plan provedenija otčetnosti členov gorsoveta orech. mech. zavoda imeni V.A. Baryšnikova ot 12-go XII 1928 g., ibid., d. 9, l. 164.

[363]Dokladnaja zapiska v orgotdel UIK, ibid., l. 42.

[364]Vypiska iz protokola Plenuma Orechovo-Zuevskogo Gorodskogo Soveta. Ot 27-go nojabrja 1928 g., ibid., l. 173.

[365]Im Serpuchover *Nabat* erschien von September bis Dezember 1928 nicht ein einziger Artikel zu den Fragen der Vorwahlkampagnen oder zu den Problemen der Aberkennung des Wahlrechts!

Die Registrierung der Personen ohne Wahlrecht war ein Problem von überregionaler Bedeutung: Aufgrund zahlreicher einschlägiger „Anfragen" der einzelnen örtlichen Vollzugskomitees erließ das *VCIK* der *RSFSR* nämlich zwischenzeitlich (am 5. November) ein Zirkular an alle untergeordneten Stellen, einschließlich der Gouvernementsvollzugskomitees, in dem unter Rückgriff auf die Wahlinstruktion darauf verwiesen wurde, daß „die ständige namentliche Registrierung der Personen, die der Wahlrechte beraubt sind", in alleiniger Regie der Stadt- und Dorfräte zu bewerkstelligen sei. „In der Praxis" könne die „technische Führung der Listen" den Stellen des „untergeordneten Apparats, insbesondere den städtischen Sektoren der administrativen Abteilungen" auferlegt werden. Ferner verwies das Zirkular auf „die Unumgänglichkeit, die Registrierung der Bürger ohne Wahlrecht in Ordnung zu bringen, um deren Eindringen in die Arbeiter- und Bauernarmee zu verhindern". So müsse „in allen Städten und Arbeitersiedlungen" mit „Militärkommissariaten" oder vergleichbaren militärischen Behörden an diese je „ein Exemplar" der *lišency*-Listen noch vor deren Veröffentlichung (vor den Wahlen) geschickt werden[366]. Die Administrative Abteilung des für das Moskauer Gouvernement zuständigen Vollzugskomitees setzte dies am 2. Dezember in einer streng formulierten Anweisung[367] für die einzelnen Verwaltungskreise um. In dieser wurde der Bürger ohne Wahlrecht als „klassenfremdes Element" bezeichnet, dessen Eindringen in die Rote Armee zu verhindern sei. Es gebe nämlich „Fakten von Versuchen des antisowjetischen Elements, zur Erlangung von Vergünstigungen und Privilegien, die mit dem Aufenthalt in der Roten Arme verknüpft sind, persönlich einzudringen sowie die Mitglieder ihrer Familien in die Rote Armee zu bringen". Daher müßten nicht nur alle diese Leute aus der Armee entfernt, sondern vielmehr schon *vor* ihrem Eindringen ausgesondert werden. Diesem Ziel diene die systematische Registrierung. So verordnete die Abteilung:

1. Einrichtung von besonderen Registrierstellen für *lišency* bei allen Administrativabteilungen in jeder Kreisstadt, die Vorbereitung der *lišency*-Listen und Verschikkung je eines Exemplars an die Kreismilitärkommissariate nach Bestätigung der Listen durch die Kreiswahlkommissionen.

2. Zustellung der Listen an die Einberufungskommissionen spätestens einen Monat vor dem Einberufungstermin.

3. Verschickung der *lišency*-Listen mit allen Änderungen an die Militärregistraturstellen und die Milizabteilungen durch die Stadt- und Dorfräte.

---

[366]Central'nym Ispolnitel'nym Komitetam Avtonomnych Respublik, Kraevym, Oblastnym i Gubernskim Ispolnitel'nym Komitetam. Cirkuljarno. CGAMO, f. 2157, op. 5, d. 26, l. 109.

[367]Es ist zu vermuten, daß sich die Strenge in der Formulierung aus der mangelnden Resonanz auf die entsprechende oben genannte Verordnung des *Mossovet* vom 12. Juni 28 (vgl. oben S. 65) ergab, denn sonst übliche Vollzugsmeldungen seitens der örtlichen Räte auf jene Weisung sind nicht bezeugt.

4. Meldung an das Präsidium des Moskauer Gouvernementsvollzugskomitees binnen zwei Wochen über den Vollzug der Anordnung[368].

Mit, wie in solchen Fällen üblich, geheimer Kurierpost reagierten allerdings, soweit belegt, keine der Kreisstädte fristgerecht, so am 20. Dezember das Vollzugskomitee in Volokolamsk[369], am 12. Januar 29 das Možajsker Kreisvollzugskomitee[370]und erst am 5. bzw. 7. Februar die entsprechenden Stellen in Bogorodsk[371] und Serpuchov[372]. Die Kreisstadt Bronnicy meldete den Vollzug der Anordnung nicht vor dem 8. März 1929[373]. Die Schreiben gingen an den gerade eingerichteten „geheimen Sektor“[374] des *Mossovet*.

Die einzelnen Wahlkommissionen begannen ihre konkrete Arbeit im November/Dezember, als die zentrale *Pravda* eine scharfe politische Kampagne für eine „klassenkonsequente Zusammensetzung“ dieser Kommissionen führte. Hintergrund war der offensichtlich in vielen Orten und Regionen der *UdSSR* große Einfluß unterwünschter „klassenfeindlicher Elemente“ bzw. deren direkter Zugang zu diesen Gremien sowie auch die beklagte, oftmals wenig sorgfältige oder sogar mutwillig gar nicht besorgte Registrierung der *lišency*[375].

In der Arbeitersiedlung Drezna stellte sich die Situation folgendermaßen dar: Am 22. November befand die Wahlkommission des zugehörigen Kreises Orechovo-Zuevo über die von der entsprechenden Kommission in Drezna zusammen-

---

[368]Uezdnym Ispolnitel'nym Komitetam Moskovskoj Gubernii. Kopija: Uadmotdely i Upravlen. Moskovsk. Ter. Okruga. CGAMO, f. 2157, op. 5, d. 26, l. 105.

[369]Ispolnitel'nyj Komitet Volokolamskogo Uezdnogo Soveta rabočich, krest'janskich i krasnoarmejskich deputatov. V Prezidium Moskovskogo Soveta. Sekretno. Ibid., l. 98.

[370]Možajskij Uezdnyj Ispolnitel'nyj Komitet K., R. i Kr. D. V prezidium Moskovskogo Ispolnitel'nogo Komiteta. Sekretno. Ibid., l. 92.

[371]Prezidium Bogorodskogo Uispolkoma. V sekretnuju čast' prezidiuma Mossoveta. Sekretno. Ibid., l. 82.

[372]Serpuchovskij UIK R., K. i Kr. D. V prezidium Mossoveta. Sekretno. Ibid., l. 83.

[373]Prezidium Bronnickogo Uezdnogo Ispolnitel'nogo Komiteta R., K. i Kr. Deputatov. V sekretnye deloproizvodstva Mossoveta. Sročno. Sekretno. Ibid., l. 74.

[374]Vgl. dazu EINLEITUNG, S. 18.

[375]Vgl. den Art.: Za klassovo-vyderžannyj sostav izbiratel'nych komissij, unter der Schlagzeile: *Nakanune perevyborov sovetov*: *Sovety - organy rabočej diktatury. Ukrepim rukovodstva proletariata i kommunističeskoj partii v sovetach, Pravda*, No. 265 (4097), 15 nojabrja 1928 g., S. 3; ferner in der gleichen Vorwahlrubrik die Art.: Izbiratel'nye komissii ne rabotajut sowie Demagogičeskie vychodki kulakov oder Izbirkomy plocho skonstruirovanny. Spiski lišennych prava golosa v zapuščennoj sostojanii, ibid., No. 266 (4098), 16 nojabrja 1928 g., S. 3. Vgl. nicht zuletzt auch die Art. unter den Schlagzeilen: *98 proc. izbiratelej na vyborach v sele Pavlovskom. - Načalo mitinga-pereklički v Smolenske - Rabočie predlagajut ob-javit' den' vyborov nerabočim dnem. - Podkulačniki v izbirkomach saratovskogo okruga - Podgotovka idet neobyčajno medlennym tempom; usilit' rabotu po podgotovke k vyboram na vsech učastkach - Ukrepit' izbirkomy klassovo-vyderžannymi tovariščami*, ibid., No. 272 (4104), 23 nojabrja 1928 g., S. 3. Wichtig für die in dieser Hinsicht besonders, aber nicht nur auf dem Lande sehr verbreiteten Probleme auch: Očistit' izbiratel'nye komissii ot čuždych ėlementov, ibid., No. 293 (4125), 18 dekabrja 1928 g., S. 2.

gestellte *lišency*-Liste. Sie umfaßte die für die 1926 7900 Einwohner zählende Siedlung[376] vergleichsweise niedrige Zahl[377] von 69 erfaßten Personen[378]. Die meisten waren ehemalige bzw. derzeitige „Händlerinnen" und „Händler" und deren materiell unselbständige Familienmitglieder, ferner drei Handelsvermittler, acht Unternehmer, die abhängige Arbeitskräfte beschäftigt hatten, und nur ein „Diener religiöser Kulte". Somit bestätigte sich auch hier die Dominanz der *lišency*-Gruppe der sog. „Ausbeuter", d.h. der ehemaligen bzw. derzeitigen privaten Kaufleute bzw. Unternehmer. Die Kreiswahlkommission billigte sämtliche Ausschlußentscheidungen ohne Ausnahme[379]. Ebenso streng gutachteten auch das zugehörige Vollzugskomitee als Überprüfungsinstanz bzw. - etwas später - seine speziell für die Aberkennung des Wahlrechts zuständige „Unterkommission"[380]. Den Betroffenen wurden allerdings *in besonders begründeten Fällen* auch in der Orechovo-Zuevoer Praxis durchaus die im Wahlgesetz vorgesehene Chance, nach entsprechender Klage ihr Wahlrecht zurückzubekommen, eingeräumt, etwa, wenn der *lišenec* „nach der sozialen Herkunft" als Arbeiter einzustufen war, mehrjährige Arbeitserfahrung in der Fabrik sowie erwiesene Loyalität gegenüber Staat und Partei nachweisen konnte. Gute Chancen bestanden aber auch dann, wenn er nur *kurze* Zeit wegen Arbeitslosigkeit und größter materieller Not zu Kleinhandelsgeschäften geradezu gezwungen gewesen war[381]. Strittig, weil nicht gesetzlich genau geregelt, blieb auch für die Teilnehmer an den Rechenschafts- und Wahlversammlungen indessen die Frage nach den Fristen, innerhalb derer ein *lišenec* seine Tätigkeit, etwa als „Händler", spätestens beendet haben müßte, um sein Wahlrecht wiederzuerlangen[382]. Hier ergab sich ein für die Entscheidungen der Wahlkommissionen bedeutsamer Ermessensspielraum.

---

[376] Auch 1939 zählte die 83 km östlich von Moskau und 10 km südwestlich von Orechovo-Zuevo gelegene Siedlung erst 11500 Einwohner. Ende 1928 wird die Einwohnerzahl also bei etwa 9000 Personen gelegen haben. Vgl. *Goroda Rossii*, S. 126.

[377] Etwa im Vergleich zur Anzahl der *lišency* in Serpuchov, wenn man jeweils die Gesamtzahl der Einwohner zugrunde legt. Vgl. dazu weiteres im folgenden.

[378] Dieses kleine Kontingent ist mit der sozialen Stratifikation der fast rein industriell geprägten Siedlung zu erklären.

[379] Vgl. Protokol No. 3 Zasedanija Uezdnoj Izbiratel'noj Komissii. Ot 22 nojabrja 1928 g., CGAMO, f. 5736, op. 1, d. 8, ll. 76, 77.

[380] Vgl. Vypiska iz protokola zasedanija Uizbirkoma ot 29-go XI 1928 g., ibid., d. 10, l. 146 sowie Protokol zasedanija Uezdnoj Podkomissii po vosstanovleniju i lišeniju izbiratel'nych prav ot 27 XII 1928 g., ibid., l. 44.

[381] Zu entsprechenden Fällen vgl. Vypiska protokola zasedanija Orechovo-Zuevskoj Uezdnoj Izbir. Komissii ot 27-go dekabrja 1928 g., ibid., l. 53 oder Protokol No. 4 uezdnoj P/komissii po vosstanovleniju i lišeniju izbiratel'nych prav, ibid., d. 9, l. 47.

[382] Dies war eine der „Fragen", die während der für den „nichtorganisierten" Teil der Stadtbevölkerung Orechovo-Zuevos stattfindenden Wahl- und Rechenschaftsversammlungen gestellt wurden. Vgl. Protokol No. 1 soveščanija ženščin členov Orechovo-Zuevskogo gorsoveta ot 29 XII 1928 g., ibid., l. 175. Solche „Fragen" gehörten zum System der Rechenschaftslegung des Stadtrats vor den Werktätigen und sollten eine gewissermaßen demokratische Kontrolle der Stadtverwaltung durch die Basis sicherstellen.

Die Auswirkungen des Drucks der rüden parteipolitischen Vorgaben aus Moskau im Rahmen der Wahlkampagnen zeigten sich auch in der nicht ganz legalen Zusammensetzung der Wahlkommission in Serpuchov. Anstelle der in der *VCIK*-Wahlinstruktion vorgesehenen Anzahl von sieben Kommissionsmitgliedern, zu denen ausdrücklich *keine* Angehörigen der örtlichen Parteiführung zählen sollten[383], wurde die Kommission am 1. Dezember laut Beschluß des Plenums des Kreisvollzugskomitees trotzdem mit *17* Persönlichkeiten besetzt. Unter ihnen befanden sich auch sechs Repräsentanten der Machtorgane, nämlich alle drei örtlichen Parteisekretäre (!) und nicht weniger als ebenfalls drei Führungspersonen des Vollzugskomitees. Das *OGPU* war indessen nicht vertreten[384]. Bei einem derartigen Gesetzesverstoß handelte es sich kaum um einen Einzelfall, denn am 12. Dezember erging eine *CIK*-Verfügung „Über die Wahlen zu den Räten 1928-1929", die aus gegebenem Anlaß das Verbot jedweder Zuwiderhandlung gegen die geltende Wahlinstruktion einschließlich der Pflicht der örtlichen Behörden, die Bearbeitung „jeder Art von Klagen und Beschwerden über Verletzungen des Wahlgesetzes in kürzester Frist" zu garantieren, ausdrücklich betonte[385]. Hinter der Weisung des *CIK* standen, wie sich nach dem bisher Gesagten denken läßt, tiefliegende prinzipielle Probleme: Einen Tag zuvor hatte sich der erste Sekretär des *MK*, K. Bauman, mit einer rigorosen, eben weniger auf die Einhaltung der formalgesetzlichen, als vielmehr jener *proletarisch-revolutionären* Klassennormen pochenden Anweisung an alle örtlichen Parteiorganisationen des Moskauer Gouvernements gewandt. In ihr forderte er, die Ideologie der „Verschärfung des Klassenkampfs" beschwörend, ein, im Sinne einer „entschlossenen Verstärkung des Kampfes mit der Bourgeoisie und der kleinbürgerlichen Ideologie" die Beachtung der „Parteilinie" durch die Ratsbehörden im Wahlkampf zu überwachen und „aus den Räten alle Elemente, die faktisch eine Kulakenagentur darstellen", hinauszujagen. Außerdem sollte die „politische Bedienung der nichtorganisierten [möglicherweise nicht loyalen - *Erg. v. H.-M. Miedlig*] Elemente der Stadtbevölkerung", d.h. deren Einbeziehung in die Wahlkampagne, organisiert werden. Hauptzielpunkt der Baumanschen Anweisungen waren die „antisowjetischen Elemente", die die Wahlen nutzen würden, ihre Ziele unter Spekulierung auf die großen Schwierigkeiten, „verbunden mit der sozialistischen Rekonstruktion der Volkswirtschaft", zu erreichen[386]. Am 19. des Monats trat das *MK* abermals in der *Pravda* an die Öffentlichkeit, diesmal aber mit einem Aufruf „an alle Arbeiter und Werktätigen des Moskauer Gouvernements". Der offene Brief verfolgte ähnliche Ziele: Die „Arbeiterklasse" habe bei den Wahlen und Wahlkampagnen eine aktive Rolle zu übernehmen, was sich auch bei der Vorauswahl (im Rahmen der Kandidatur) „der der Sache des Sozialismus ergebenen Deputierten" und dem Fern-

---

[383]Erinnert sei an Art. 7 der Wahlinstruktion; *Instrukcija o vyborach sovetov i ispolkomov RSFSR*, S. 14.

[384]Protokol zasedanija plenuma Serpuchovskogo Uispolkoma ot 1-go dekabrja 1928 g., CGAMO, f. 2139, op. 1, d. 409, l. 10.

[385]Vgl. O vyborach v sovety v 1928-1929 godu, *SZ* 1928, No. 69, st. 637.

[386]K. Bauman: Sovety otčityvajutsja. Ko svem partijnym organizacijam Moskovskoj gubernii, *Pravda*, No. 287 (4119), 11 dekabrja 1928 g., S. 4.

halten jedes „Kulaken“ oder seiner „Helfer und Beschützer“ bzw. der Vertreibung dieser Personen aus den Räten zeigen müsse[387].

Eine solche, administrativen Zwang außerhalb der gesetzlichen Normen auf Geheiß der Partei legitimierende und fordernde Rechtsperzeption, typisch für die Politik der „Stalingruppe“ im Zentralkomitee, geriet so zwangsläufig abermals in Konflikt mit der formalgesetzlichen Ordnung der „sozialistischen Gesetzlichkeit“, erlassen und geschützt von den obersten zentralen Vollzugskomitees. Die daraus entstehende schwierige Situation mit ihren Hindernissen für die „Stalinisierung“ der Gesellschaft prägte auch andere politische Verfolgungskampagnen in den Städten des Moskauer Gebiets[388]. Die Behandlung des Themas einer „gründlichen Vorauswahl der Kandidaten“ für die bevorstehenden Wahlen wurde im weiteren Verlauf der *Pravda*-Wahlkampagne fortgesetzt[389].

In den Zusammenhang des Gebots der Befolgung einer strikten „Klassenlinie“ passen auch die folgenden wichtigen parteiamtlichen Vorgaben aus Serpuchov: An jenem 19. Dezember berichtete nämlich der *Nabat* ausführlich über einen Vortrag, den der 1. Sekretär der örtlichen Parteiführung soeben während der seit dem 15. des Monats laufenden 22. Kreisparteikonferenz gehalten hatte. Neben Erfolgen in der örtlichen Wirtschaftsentwicklung nannte der Parteisekretär aber auch für die Partei Negatives wie das Wiederaufleben der privatunternehmerischen Tätigkeit in der Stadt Serpuchov. Während einer Versammlung der „Gesellschaft für wechselseitigen Kredit“ hätten einige „private Händler“ u.a. geäußert:

> Wir erleben den Augenblick der Blüte des Privatkapitals, die Kooperative und der Staatshandel schrecken uns nicht[390].

In Anlehnung an die genannte vom *MK* eingeforderte kompromißlose Umsetzung der Parteilinie charakterisierte der Redner dieses Auftreten der Unternehmer als „offen konterrevolutionäre Arbeit, gerichtet gegen die Sowjetmacht“[391]. Damit waren solche Äußerungen potentieller oder tatsächlicher *lišency* für jeden eindeutig als Verbrechen gegen den Staat ausgewiesen, worauf der berüchtigte Art. 58 des Strafgesetzbuches anwendbar war. Das sich auf ebendiesen Paragraphen bei seinen „Maßnahmen“ stützende *OGPU mußte* also in solchen Fällen einschreiten. Da die offizielle Nennung und Zitierung der Privathändler durch den 1. Parteisekretär aufgrund einschlägiger Informationen bewußt sorgfältig vorgeplant war, um als Lehrbeispiel für konterrevolutionäre

---

[387]Vgl. den Aufruf Vydvigajte novuju armiju stroitelej socializma! K vsem rabočim i trudjaščimsja Moskovskoj gubernii, ibid., No. 294 (4126), 19 dekabrja 1928 g., S. 2.

[388]Vgl. besonders die einschlägigen Passagen in Kap. *2.2.1.3*.

[389]Vgl. A. Kiselev: Za tščatel'nyj podbor kandidatov. Der Art. erschien unter der Schlagzeile *Vyčistit' iz sovetov ėlementy vraždebnye, okulačivšiesja, objurokrativšiesja, poterjavšie klassovoe čut'e. Izbrat' v sovety ljudej, proverennych v bor'be i rabote, kotorye neuklonno budut provodit' klassovuju proletarskuju liniju. Pravda*, No. 298 (4130), 23 dekabrja 1928 g., S. 2.

[390]Vgl. 22-ja uezdnaja partijnaja konferencija. Otčet uezdnogo komiteta VKP (b). Doklad tov. Makarova. *Nabat*, No. 294 (2034), 19.XII.1928 g., S. 1.

[391]Ibid.

Äußerungen zu dienen, ist von einem tatsächlichen Zugriff durch den Geheimdienst auszugehen, auch wenn die bisher zugänglichen Quellen dies nicht ausdrücklich belegen.

Getreu den *Pravda*-Vorgaben und den zitierten Weisungen Baumans bzw. des *MK* faßte die „Kommunalsektion" des Serpuchover Stadtrats schließlich in ihrer Sitzung vom 28. Dezember den Beschluß, „die entschiedensten und deutlichsten Maßnahmen zu ergreifen", um „den Elementen, die den Interessen der Werktätigen fremd" seien, den Zugang zu den Räten zu verwehren. In sämtliche Wahlkommissionen in allen Städten und Dörfern des Kreises Serpuchov müßten je zwei politisch geschulte Mitglieder des Serpuchover Stadtrats gesetzt werden, die dann den Zugang „ihnen fremder Leute", d.h. auch der *lišency*, verhindern könnten[392].

In welchem Maße wurde 1928 das Wahlrecht im Moskauer Gouvernement, speziell in den Städten, tatsächlich aberkannt? Während der Plenarsitzung des *Mossovet* vom 1. Februar 1929 nannte der Vorsitzende K.V. Uchanov für 1928 einen Zuwachs der registrierten *lišency* im *gesamten* Verwaltungsgebiet von 46% gegenüber den vergangenen Jahren[393]. Dieser relativ hohe Wert dürfte vor allem durch die vielen Mißbräuche bei der Aberkennung der Wahlrechte seitens der Dorfräte erklärbar sein[394]. Die Belege hinsichtlich der diesbezüglichen Situation in den einzelnen Städten sind, abgesehen von den genannten Angaben, zwar spärlich, sie erlauben jedoch einige grundlegende Feststellungen. In den Städten Orechovo-Zuevo und Pokrov waren es nach einer internen Unterlage des zuständigen Kreisvollzugskomitees bis zum 10. Dezember 1928 insgesamt 1728 Personen. Die größte Gruppe stellte auch hier die der „Händler" mit allein 1231 Betroffenen, gefolgt von den Familienangehörigen diverser *lišency*-Gruppen (318 Personen), ferner jenen, die zur Erzielung von Profiten abhängige Arbeitskräfte beschäftigt hatten (109), Geistlichen (48), ehemaligen Gendarmen und Polizisten (31), gerichtlich zum Verlust des Wahlrechts Verurteilten und vom *OGPU* Zwangsverschickten (25), Leuten mit „nichtwerktätigem Einkommen" (19) und schließlich gesundheitlich Behinderten (5). Die Gesamtzahl der Wahlbürger beider Städte lag bei 49441 Personcn. Im Vergleich dazu lag die Anzahl der *lišency* aus Drezna und vier anderen Industriesiedlungen des Kreises Orechovo-Zuevo aus den begreiflichen Gründen der hier gegebenen, fast rein proletarisch geprägten Sozialisation der Bewohner deutlich niedriger: Von 20300 Bürgern besaßen nur 235 Personen am 10. Dezember kein Wahlrecht, davon aber auch hier die meisten „Händler" (102 Personen) und Familienangehörige verschiedener Zielgruppen des verfolgten Personenkreises (60). Nur die Zahl der Personen mit „nichtwerktä-

[392]Protokol zasedanija Kommunal'noj Sekcii Serpuchovskogo Gorodskogo Soveta, sostojavšegosja 28 Dekabrja 1928 goda, CGAMO, f. 4502, op. 1, d. 52, l. 21.

[393]Vgl. Plenum Moskovskogo Soveta, *Pravda*, No. 27 (4161), 2 fevralja 1929 g., S. 2.

[394]Dazu die Anm. 375 und bes. 423.

tigen" Einkünften lag mit 25 Betroffenen etwas höher als in den beiden zuvor genannten Städten[395].

Nach internen Unterlagen der Städtischen Wahlkommission in Serpuchov belief sich die Gesamtzahl der *lišency* in dieser Stadt Ende 1928 auf 1441 Betroffene, ein deutlicher Zuwachs gegenüber dem Vorjahr, damals waren es noch 1122 Personen ohne Wahlrecht gewesen[396]. Diese Vermehrung der *lišency* dürfte sich aus dem zunehmenden Druck auf die „klassenfeindlichen" Bevölkerungsteile gerade in der zweiten Jahreshälfte 1928 im Gefolge der immer stärkeren Lancierung des Stalinschen Klassenkampftheorems in die Repressionspolitik der örtlichen Parteiorganisationen und Räte ergeben haben. Die Tatsache, daß die „Händler" zahlenmäßig dominierten, kann dabei als ein allgemeines, auch in den Städten und städtischen Siedlungen ganz anderer Gegenden des Moskauer Gouvernements verbreitetes Phänomen betrachtet werden[397].

In den Städten Orechovo-Zuevo, Pokrov, Drezna, aber auch in Serpuchov betrug also die Anzahl der *lišency* trotz des deutlichen quantitativen Zuwachses einerseits, und der vielen unterschiedlichen Kategorien Betroffener andererseits, aus den oben genannten Gründen dennoch nicht mehr als 1 bis 4% der Bürger der jeweiligen städtischen Einwohnerschaft. Dieses Ergebnis leitete sich dabei weniger aus der abgeleisteten „Massenarbeit" im Rahmen der Kampagnen, als vielmehr aus dem Informationsaustausch zwischen den Behörden bzw. Machtorganen im innerstädtischen Amtsverkehr ab. Das „stille" Verfahren zur Gewinnung einschlägiger Daten erwies sich im Endeffekt dann doch als wirkungsvoller. So war es für die gegebene Situation typisch, daß die Rechenschafts- und Vorwahlkampagne in Serpuchov selbst noch Ende 1928 äußerst zögerlich und schwerfällig verlief, zudem ohne die geforderte Beteiligung der Gewerkschaftsorganisationen[398].

Aufgrund dieser Probleme rief das *ZK* in Moskau am 1. Januar 1929 mit einer in einem offenen Brief formulierten verbindlichen Richtlinie an alle Parteiorganisationen zu einer Verschärfung der Wahlkampagnen auch im Sinne verstärkter Repression gegen alle „feindlichen Elemente" auf. Vor dem Hintergrund

---

[395]Vgl. Čislo izbiratelej i čislo lišennych izbiratel'nych prav po kategorijam v Orechovo-Zuevskom uezde, na 10 dekabrja 1928 g., CGAMO, f. 5736, op. 1, d. 10, l. 45.

[396]Služebnaja zapiska, ibid., f. 2139, op. 1, d. 459, l. 34.

[397]Vgl. dazu z.B. die Protokolle über die Säuberung der lokalen Apparate in den Arbeiter- und Datschensiedlungen bei der Industriestadt Mytišči umweit von Moskau, etwa: Protokol sobranija po čistke sovetskogo i kooperativnogo apparata pri fabrike „I maja" imeni t. Stalina ot 12/III 1930 goda /st. Bol'ševo, sev. žel. dor./, mit Angaben zum Jahr 1928. Ibid., f. 6609, op. 1, d. 2, l. 79.

[398]Dies feststellend, faßte die oben genannte „Kommunalsektion" des Stadtrats den Beschluß, „dringend Maßnahmen zu ergreifen", um den Deputierten und jeder Sektion Materialien über die Kampagne an die Hand zu geben. Außerdem sollten „zur Erarbeitung eines praktischen Plans für die Rechenschaftslegung und die Neuwahlen des Rats" an den einzelnen Fabriken Arbeitsgruppen eingesetzt werden. Allen Sektionsmitgliedern verordnete der Beschluß „aktive Teilnahme" an den Kampagnen. Quelle nach Anm. 392.

des hier gestellten Themas ist es entscheidend, daß die gegen das staatliche Rechtssystem gerichteten Kernsätze und Formulierungen der Baumanschen Weisung vom 11. Dezember nun zur Definierung der offiziellen Parteilinie aufgenommen wurden: Alle Feinde sollten nicht nur von der Wahl abgehalten, sondern auch, soweit sie eine „Kulakenagentur" darstellten und schon Mitglieder der Räte seien, aus diesen vertrieben werden. „Eine der wichtigsten Aufgaben der Partei bei den bevorstehenden Wahlen" sei nämlich - so die Weisung - „die Verstärkung der Bindung der Räte an die Arbeiter- und Bauernmassen". Alle Parteiorganisationen hätten in der Vorwahlperiode für eine „deutliche" und „konsequente Durchführung der Klassenlinie" zu sorgen[399].

Die Serpuchover Parteiführung setzte die *ZK*-Richtlinie vermittels einer Trommelkampagne des *Nabat* um. Noch am gleichen Tag erschien ein Leitartikel, in dem auf „den heftigen Widerstand seitens der Klassenfeinde" gegen das „Anwachsen des sozialistischen Sektors" in der Wirtschaft verwiesen wurde. Dieser Feind versuche, sich „auch in der Stadt einzugraben", und zwar „in den Tiefen des sowjetischen und kooperativen Apparats", dringe „in alle Poren und Ritzen des Sowjetorganismus des SCRK", also der „Serpuchover Zentralen Arbeiterkooperative", und selbst in die „Arbeiterfakultät" vor, „Händlerinnen" säßen in den Schulen, „Kulakenkinder" im Komsomol. Dies zeuge „von der Verstärkung des Drucks der NĖP-Leute und aller ehemaligen und fremden Elemente" auf die öffentlichen Institutionen[400]. Für die Kampagne gegen potentielle oder tatsächliche *lišency* instrumentalisierte der *Nabat* aber nur z.T. die zeitgleich ebenfalls über die Presse laufende Repressionspropaganda gegen die „nichtwerktätigen Elemente" im Rahmen des im nächsten Kapitel ausführlich thematisierten Kampfs „an der Wohnungsfront"[401]. Der in der Hetze gegen die „ehemaligen Leute" dämonisierte „Klassenfeind" erschien demgegenüber als wesentlich komplexere „dritte Kraft", definiert als „Kulak, Nėpman, Händler, ehemaliger Offizier, Fabrikant usw."[402]

Einen großen Teil der repressiven Vorwahlkampagne des *Nabat* stellten erneut die berüchtigten, nun jedoch in großer Zahl veröffentlichten „Anmerkungen" klassenbewußter „Arbeiterkorrespondenten" und anderer Informanten dar, unter genauer Nennung von Namen, Position und Arbeitsplatz des Betroffenen[403]. So zerrte noch in derselben Ausgabe des 1. Januar ein Komsomolmitglied

---

[399]Text des *ZK*-Briefes zitiert nach *Nabat*, No. 7 (2049), 9.I.1929 g., S. 1 sowie nach dem Abdruck der wichtigsten Passagen im Art.: Za četkuju klassovuju liniju, *Pravda*, No. 3 (4137), 4 janvarja 1929 g., S. 2.

[400]Očistit' apparat ot čuždych ėlementov, *Nabat*, No. 1 (2043), 1.I.1929 g., S. 1.

[401]Dies geschah meist in den Fällen, wenn die „nichtwerktätigen Elemente" und/oder ehemaligen bzw. derzeitigen Hausbesitzer gleichzeitig auch ihr Wahlrecht eingebüßt hatten. Vgl. dazu ibid., No. 1, 4, 7, 13 (Ausg. vom 1., 5., 9., 16. Januar) u.a.

[402]Vgl. Klassovyj vrag pronikaet vo vse pory našego apparata. Vyjavljat' i vymetat' tre'tju silu - vot klassovyj dolg každogo proletarija, ibid., No. 1 (2043), 1.I.1929 g., S. 3.

[403]Zum Verfolgungsauftrag der „Arbeiter- und Bauernkorrespondenten" auch im Sinne der Ermittlung und Bestrafung derjenigen Werktätigen, die sich mit den „klassenfremden Elementen" liierten, vgl. die Rede des *ZKK*-Mitglieds Jaroslavskij während der „4. Allunionskonferenz der

einen „Händler" ins Rampenlicht der Öffentlichkeit, der „jüngst" seinen Laden nur deshalb geschlossen habe, um seinen Status als *nėpman* zu „verbergen". „Zur gegenwärtigen Zeit" betätige sich der Betreffende, dem das Wahlrecht aberkannt sei, im privaten Ausfuhrgeschäft.[404] Ein anderer Artikel beklagte die „Belagerung der Arbeiterfakultät mit fremden Leuten" und führte als einen der Schüler den Sohn eines ehemaligen Gendarmen an, der beim Ausfüllen des beim Eintritt in die Ausbildungsstätte einzureichenden Fragebogens bewußt falsch angegeben habe, daß seine Eltern Arbeiter seien. Weiter erfährt der Leser von der „Tochter eines Gutsbesitzers" an der Fakultät, die die für die Aufnahme Verantwortlichen gleichfalls getäuscht habe, sowie vom Sohn eines Diakons unter den Schülern. Alle diese „Leutchen", die wegen der Unaufmerksamkeit der Auswahlkommission in die Arbeiterfakultät gelangt seien, müßten von dort verschwinden[405].

Die Artikel hatten die Einsetzung einer betriebsinternen Untersuchungskommission zur Folge, die nicht zuletzt infolge mangelnden Interesses des Fakultätsleiters (!) unter erschwerten Bedingungen arbeiten mußte und erst im März zu den äußerst bescheidenen, im folgenden darzustellenden Ergebnissen führte[406].

Teilweise verfügten die Informanten über sehr detaillierte Kenntnisse der zu stigmatisierenden „fremden" bzw. „ehemaligen Leute". So arbeitete, einer weiteren Anzeige zufolge, im Krankenhaus der Nogin-Fabrik zum einen die „Tochter eines Spekulanten", zum anderen die eines nach wie vor im öffentlichen Sektor beschäftigten „Fleischhändler-Kulaken". Die Schwestern der Letztgenannten hätten indessen „reiche Händler", unter ihnen den stadtbekannten Fleischhändler Mjasnikov[407], geheiratet, ihre Brüder trieben gleichfalls - in Moskau - auf private Rechnung Handel. Schließlich vergaß der Informant nicht, noch hinzuzufügen, daß auch die Schwägerin der Spekulantentochter seelenruhig in der Registratur des Nogin-Krankenhauses arbeite[408]. Das geltende Prinzip der Sippenhaftung erforderte eben die genaue Erörterung der jeweiligen beruflichen bzw. wirtschaftlichen Verhältnisse jedes einzelnen Familienmitglieds.

Die in der Zeitung vorgeführten Personen hatten - entgegen den gesetzlichen Bestimmungen - längst nicht alle ihr Wahlrecht verloren, was für den Denunzianten ein wesentlicher Anreiz für seine Anzeige war. Im Einzelfall lohnte sich die „Anmerkung" jedoch nicht nur wegen der Anprangerung eines *lišenec,*

Arbeiter- und Bauernkorrespondenten" vom Dezember 1928: Rol' i zadača rabsel'korov v period rekonstrukcii narodnogo chozjajstva. Reč' tov. Jaroslavskogo na 4-om soveščanii rabsel'korov, *Pravda*, No. 285 (4117), 8 dekabrja 1928 g., S. 3. Daß dieser Auftrag nicht zuletzt auf die „Reinigung" auch der Räte von „fremden und feindlichen Elementen" abzielte, beweist ein *Pravda*-Leitartikel anläßlich der Eröffnung der „4. Allunionskonferenz" vor dem Hintergrund der Wahlkampagnen: S. Ingulov: Odin iz rezervov partii, ibid., No. 276 (4108), 28 nojabrja 1928 g., S. 3.

[404] Krugom naši, *Nabat*, No. 1 (2043), 1.I.1929 g., S. 3.

[405] Vgl. Vanja: Osada rabfaka byvšimi ljud'mi i ich pokoleniem, ibid.

[406] Vgl. dazu unten S. 102, 103.

[407] Spätestens am 2. Februar wurde diesem von der zuständigen Kommission das Wahlrecht aberkannt, s. unten S. 91.

[408] N.: Gnezdyško v bol'nice f-ki Nogina, *Nabat*, No. 1 (2043), 1.I.1929 g., S. 3.

sondern auch, um gleichzeitig noch andere regimekritisch eingestellte „Klassenfeinde" zu brandmarken. So berichtete ein Informant von einer „Händlerin" ohne Wahlrecht, die vor der Revolution „35 Lastpferde" besessen habe. Nichtsdestoweniger besuche sie zusammen mit einer gegenüber Lenin und dem Sowjetstaat erklärtermaßen betont uninteressierten, wenn nicht sogar feindlich gesinnten Hausbesitzerin die ausdrücklich nur für Arbeiter und Arbeiterinnen eingerichtete Lehranstalt für erwachsene Analphabeten[409].

Zum Lehrbeispiel für die „Verschmutzung" öffentlicher Institutionen mit „ehemaligen" bzw. „fremden Leuten" wurde der *SCRK*. Hier wies ein aufmerksamer „Arbeiterkorrespondent" noch in derselben Neujahrsausgabe des *Nabat* allein 10 Namen mit den üblichen Angaben (mindestens: einstiger und derzeitiger Arbeitsplatz bzw. Einkommensart, Beruf des Vaters) vor[410]. Neun weitere wurden mit den entsprechenden anklagenden Texten bis zum 1. März, dem Ende der Wahlperiode[411], veröffentlicht[412]. Bei den unter Beschuß genommenen Zielpersonen handelte es sich abermals überwiegend um Leute aus dem Kreis der Privatunternehmer. So verbargen sich dem Informanten zufolge hinter den 10 am 1. Januar veröffentlichten Namen vier „ehemalige Händler" bzw. „Kaufleute", eine Händlersippe (mehrere Privatunternehmer gleichen Namens in nicht genannter Zahl), zwei Töchter ehemaliger Händler, ein gerichtlich wegen Spekulationsgeschäften verurteilter „Verkäufer" sowie schließlich auch ein „ehemaliger Offizier" und der Sohn eines „Kulaken" aus Lopasnja. Die letztgenannte Person habe, wenn auch ohne Wahlrecht, sogar die Mitgliedschaft in der zuständigen Gewerkschaft erlangen können. Abschließend formulierte der Informant die Frage: „Können denn solche Leute im sowjet-kooperativen Apparat arbeiten?" Die Antwort - gleichzeitig Drohung - konnte nur lauten: „Nein. In unserem Apparat sollen unsere Leute sitzen. Das fremde Element, das sich im kooperativen Apparat eingegraben hat, muß schonungslos rausgeworfen werden"[413]. Hier wurde dem Leser das Postulat der Partei, die „fremden Elemente" aus den verschiedenen Dienststellen kooperativer Institutionen zu entfernen, geschickt verpackt eindringlich vor Augen geführt, wohl wissend, daß die automatische Kündigung solcher Leute wegen ihrer Herkunft oder ihrer ehemaligen privatkapitalistischen

[409]Slučajnyj: Torgovki v škole likbeza, ibid.

[410]G.: Torgovcy, kupcy i byvš. oficery - v apparate SCRK. V našem apparate dolžny rabotat' naši ljudi, ibid.

[411]Die Vorwahl- bzw. Rechenschaftskampagnen sollten in Serpuchov nach amtlicher Festsetzung erst in der Zeit zwischen dem 25. Januar und dem 10. Februar, die Wahlen dann zwischen dem 10. Februar und dem 1. März stattfinden, vgl. ibid., No. 7 (2049), 9.I.1929 g., S. 4.

[412]Zur Trommelkampagne des *Nabat* Ende Januar gegen die „Ehemaligen" im Apparat des *SCRK*, zur weiteren Entwicklung im Februar, zur schließlich eingesetzten *SCRK*-Sondersäuberungskommission sowie auch zu ähnlichen Angriffen auf die entsprechende Einrichtung in Orechovo-Zuevo vgl. S. 92-102 dieser Arbeit.

[413]Zitat nach Anm. 410. So führten die „Arbeiterkorrespondenten" in ihren Zeitungsartikeln damit gleichzeitig auch die Notwendigkeit einer „Säuberung" des kommunalbehördlichen und kooperativen Apparats vor Augen, die das gemeinsame Plenum des *ZK* und der *ZKK* im April 1929 dann auch offiziell vorschrieb, Vgl. *KPSS v rezoljucijach i rešenijach*, T. 4, S. 184.

Tätigkeit bisher nur mit dem oben erwähnten *Rahmen*gesetz des *CIK* vom 28. Dezember 1928 über das Vorgehen gegen die „falschen Kooperativen“[414] im landwirtschaftlichen, hausgewerblichen und invalidengenossenschaftlichen Bereich legitimiert werden konnte. Dieses Gesetz verfügte den Erlaß entsprechender Bestimmungen auf der Ebene der Unionsrepubliken, einschließlich Durchführungsverordnungen seitens der „Kooperativzentren“[415]. Zuvor hatte die zentrale Parteiführung über die *Pravda* in den Monaten Oktober und November eine massive Kampagne „im Kampf um die sozialistische Kooperative“ gestartet[416]. Das notwendige Folgegesetz für die *RSFSR* mit Durchfühungsanordnungen für die einzelnen Verwaltungsgebiete, u.a. für das offiziell ab 14. Januar 1929 in „Moskauer Gebiet“ umbenannte Moskauer Gouvernement[417], trat jedoch erst am 27. März 1929 in Kraft[418]! So standen auch hier erneut das über dem Recht theoretisch verankerte Parteipostulat auf der einen, und die konkrete Gesetzeslage auf der anderen Seite, als eines der Hauptprobleme des „großen Umbruchs“ unversöhnlich gegeneinander.

In der Zeit vom 4. bis 12. Januar verstärkte die zentrale Parteiführung über die *Pravda* den Druck auf die örtlichen Wahlkommissionen. Unter Verweis auf die Beschlüsse des 15. Parteitags sollten „die mit der entsprechenden Wahlinstruktion (des Jahres 1926) festgesetzten Normen für den Ausschluß kulakischer und anderer antiproletarischer Elemente aus den Wählerlisten mit aller Strenge angewendet werden“[419]. Der Grund für die Verschärfung der zentralen Vorwahlkampagne war die häufige Verletzung der einschlägigen Richtlinien besonders seitens der dörflichen Wahlkommissionen sowohl im Sinne ungerechtfertigter Ausschlüsse vom Wahlrecht als auch absichtlicher Aufnahme „fremder“ bzw. „ehemaliger Leute“ in die Wählerlisten[420]. Je weiter in der „Peripherie“ solche Entscheidungen getroffen würden, „um so schwächer“ verlaufe auch „das Tempo der Abrechnungskampagne“, die somit noch keineswegs eine „Generalüberprüfung der gesamten Arbeit der Räte“ darstelle[421]. Für die vielen Mängel im Verlauf der Vorwahlkampagnen machte die *Pravda* die lokalen Parteiführungen verantwortlich[422]. Am 12. Januar ging das Zentralorgan auch auf die Verhältnisse im Moskauer Gouver-

---

[414]Dazu Anm. 332 (S. 68).

[415]Vgl. ibid. Der „Moskauer Gouvernementskooperativrat“ war ein solches „Kooperativzentrum“.

[416]Vgl. die einschlägigen Artikel in *Pravda*, No. 233 (4065), 6 oktjabrja 1928 g., S. 1 sowie No. 265 (4097), 15 nojabrja 1928 g., S. 3 und 5.

[417]Vgl. oben S. 8, Anm. 36.

[418]O merach bor'by s lžekooperativami, *SU* 1929, No. 29, st. 305.

[419]Vgl. den unter der Balkenschlagzeile *Za četkuju klassovuju liniju* erschienenen Artikel: Protiv izvraščenij, *Pravda*, No. 3 (4137), 4 janvarja 1929 g., S. 2.

[420]P. Efremov: Ni odnogo serednjaka, nepravil'no lišennogo izbiratel'nych prav! Ibid. Vgl. auch die unter der Schlagzeile *Sil'nee ogon' po kulaku, nėpmanu i pomogajuščemu im bjurokratu* erschienenen Artikel, ibid., No. 6 (4140), 8 janvarja 1929 g., S. 3.

[421]Vgl. Otčetnaja kampanija ešče ne stala general'noj proverkoj vsej raboty sovetov, ibid., No. 7 (4141), 9 janvarja 1929 g., S. 3.

[422]K. Pankov: Nedočety partrukovodstva, ibid., No. 8 (4142), 10 janvarja 1929 g., S. 2.

nement ein, wobei nicht nur der massive, oftmals gewaltsame Widerstand der „Kulaken" auf dem Dorf gegen die behördlichen Vorwahlaktivitäten und somit auch gegen die zahlreichen unberechtigten Aberkennungen des Wahlrechts[423], sondern auch „die Klassenfeinde in der Stadt", also „der NĖP-Anhänger, der Schädling, der bourgeoise Spezialist und der bourgeoise Intellektuelle" genannt wurden. Gleichzeitig betonte der Artikel die parteiideologisch definierte *Gesetzmäßigkeit* dieser Erscheinungen im Rahmen der „Verschärfung des Klassenkampfs" als Folge des „Ausreißens der Wurzeln des Kapitalismus"[424].

Der Druck aus Moskau verfehlte seine Wirkung nicht, zumindest nicht in den proletarisch geprägten Städten des Gouvernements. In Orechovo-Zuevo stellte ein Mitglied des Kreiskomitees des Komsomol während einer „allgemeinstädtischen Versammlung" von gewerkschaftlichen und behördlichen „Aktiven" am 5. Januar fest, daß auch die Komsomolzen „die Wählerlisten" überprüft, „in ihnen ehemalige zaristische Beamte" entdeckt und diesen „nachher" auch die jeweiligen Wahlrechte aberkannt hätten. Das Komsomolmitglied rühmte, daß seine Organisation damit die Aufgaben der Wahlkampagne „zu 100%" erfüllt habe. Die Versammlung begrüßte dies und beschwor die Herausdrängung und „Ausrodung" der „kapitalistischen Elemente"[425]. Aber auch *unrichtigen* Aberkennungen des Wahlrechts gingen die zuständigen Instanzen der Stadt Orechovo-Zuevo nach, konkret die „Unterkommission für die Wiederherstellung und den Entzug der bürgerlichen Wahlrechte". Allerdings führte dies nur in sehr wenigen Fällen zu einer Rehabilitierung[426].

Mehr als zu „100%" politisch zuverlässig verlief eine Wahlversammlung der Arbeiter in der „Bleichfärbe- und Kattundruckfabrik" derselben Stadt am 6. Januar, wo sich ein besonders hoher Grad der Identifikation der Betriebsangehörigen mit der vorgegebenen ideologischen Schablone des unumgänglichen Kampfes gegen den „Klassenfeind" zeigte[427]. Die scharfe Formulierung der hier vor-

---

[423]Bereits am 17. Dezember 1928 hatte der „geheime Sektor" des Präsidiums des *Mossovet* das Kreisvollzugskomitee in Orechovo-Zuevo um näheren Aufschluß über die von einem Bauernkorrespondenten gemeldeten skandalösen Vorgänge in den Dörfern Manilovo und Filippovo gebeten. Dem Korrespondenten zufolge hatten die zuständigen Organe der Dorfräte nicht weniger als 70% der Einwohner das Wahlrecht aberkannt! Vgl. Sekretno. CGAMO, f. 2157, op. 5, d. 26, l. 100.

[424]K rajonnym partijnym konferencijam, *Pravda*, No. 10 (4144), 12 janvarja 1929 g., S. 1.

[425]Protokol obščegorodskogo sobranija professional'nogo i sovetskogo aktiva goroda Orechovo-Zuevo ot 5-go janvarja 1929 g., CGAMO, f. 5736, op. 1, d. 10, l. 4. Der Komsomol konnte natürlich nicht als solcher, sondern nur vermittels der Wahlkommission, in der er seine Vertreter hatte, an der Aberkennung der Wahlrechte mitwirken.

[426]Ein Beispiel: Am 3. Januar wurde der Beschwerde des *lišenec* P.N. Kaškin stattgegeben und beschlossen, diesem sein Wahlrecht wieder zuzusprechen. Die Kreiswahlkommission bestätigte den Beschluß der „Unterkommission". Vypiska iz protokola Uezdnoj P/komissii po vosstanovleniju i lišeniju graždan izbiratel'nych prav ot 3 I 1929 g., ibid., l. 43.

[427]In der Diskussion nach dem Rechenschaftsbericht eines Stadtratsmitglieds wurde u.a. verlangt, die „ehemaligen Leute", die sich im Gesundheitswesen der Stadt, in der Zentralen Arbeiterkooperative (*CRK*) und sogar im Vollzugskomitee (!) befänden, zu „beseitigen". „Diese Leute" arbeiteten „für die Versicherung und nicht für den Rat". Sie haßten „die Sowjetmacht aus ganzer

getragenen Diskussionbeiträge hinsichtlich der Existenz von „Ehemaligen" in der Ratshierarchie läßt einschlägige Schlüsse über das Vorhandensein politisch nicht unbedingt loyaler Personengruppen in teilweise verantwortlichen Positionen zu[428]. So ergibt sich ein weiteres Indiz für die Kluft zwischen dem faktisch ungelösten Kontrollproblem der Partei vor Ort und ihrem nunmehr massiv von oben eingeforderten Führungs- und Lenkungsauftrag. Die optische (bildliche) Dämonisierung einer derartigen gedachten oder auch tatsächlichen Opposition, z.T. unter Rückgriff auf konkrete Personen, war deshalb nicht zu Unrecht integraler Bestandteil der Kampagnen, so auch an ebendieser Fabrik: So findet sich in einem internen an die Wahlkommission gesandten Bericht des Betriebsgewerkschaftskomitees vom 17. des Monats über die im Rahmen der Wahlkampagnen durchgeführten „Maßnahmen" auch die Information, am Werkstor hänge „ein Bild mit der Darstellung von Klassenfeinden". Auch sei es nicht nur so, daß in den Mietskasernen Wahlreden gehalten und „Wandzeitungen, beschriftete Plakate und Losungen" aufgehängt worden seien, vielmehr existiere auch im Freien, im Stadtteil Zuevo, ein spezielles Großplakat, das die „Bedeutung der Wahl der besten Genossen in den Rat" und die Vertreibung „aller schädlichen [...] Elemente von dort" darstelle[429].

Die Frage nach konkreten Fakten über oppositionelle Regungen, auch über Äußerungen einzelner, ggf. nicht über ein Wahlrecht verfügender Teilnehmer bei den „Rechenschafts- und Vorwahlversammlungen" in den Fabriken und Betriebsabteilungen beantworteten die an die städtische Wahlkommission bzw. das Ratspräsidium gesandten geheimen Dossiers der „Bevollmächtigten" des Stadtrats. So ist für Orechovo-Zuevo belegt, daß bei einer Betriebsversammlung der „Abteilung Nr. 2" in der „Webfabrik Nr. 3" seitens eines angeblich Betrunkenen „Auftritte demagogischen Charakters" stattgefunden hatten. Diese seien von den Anwesenden „mit allgemeiner Verachtung" gestraft und „abgebrochen" worden.

Seele". Ein anderer Diskutant rief alle Arbeiterinnen dazu auf, zu den Rechenschaftsversammlungen zu erscheinen und dort zu beschließen, „das fremde Element aus den Behörden zu jagen". Nach dieser ideologisch aufgeheizten Diskussion erging der Beschluß der Versammlung, „mit aller Bewußtheit und Wachsamkeit das fremde Element [...] nicht in die Räte zu lassen". Vgl. Protokol No. ... obščego sobranija rabočich otbel'no-krasil'noj i sitce-pečatnoj fabriki ot 6-go janvarja 1929-g., ibid., d. 9, l. 24.

[428]Am 16. Januar stellten einige Arbeiter auf einer Werksabteilungsversammlung der Orechovo-Zuevoer Webfabrik Nr. 3 „Proletarische Diktatur" die besorgte Frage an die Bevollmächtigten des Stadtrats, ob es denn stimme, daß wirklich „ein Haus für die Händler" gebaut werden solle; vgl. Informacionnyj doklad o chode otčetnoj kampanii členov gorsoveta za 1927-28 gg. po tkackoj fabrike No. 3 „Proletarskaja diktatura" 3 gos. Ch/B Tresta. Za 16-oe janvarja 1929 goda, ibid., l. 51. Allein das Auftauchen einer solchen Frage an einen Vertreter des Stadtrats läßt auf eine schwierige Situation in der Stadt im Kampf mit den Privatunternehmern schließen.

[429]Fabrično-Zavodskij Komitet Otbel'no-Krasil'noj i Sitce-Pečatnoj Fabriki, v Izbirat. Komissiju pri Uispolkome, ibid., l. 26.

„Wahrscheinlich“ werde der Betreffende „zur Verantwortung gezogen“[430]. Ein vertraulicher Bericht über den Verlauf der Wahlkampagnen in der Arbeitersiedlung Drezna bezeugt die Versuche von *lišency*, verbotenerweise zu den Rechenschaftsversammlungen zu erscheinen, dies sei jedoch nicht zugelassen worden[431].

Noch größer scheint trotz aller vorbeugenden Maßnahmen die Aktivität der „fremden Elemente“ bzw. „ehemaligen Leute“ anläßlich der Vorwahlkampagnen in Serpuchov gewesen zu sein. In einem Leitartikel des *Nabat* vom 9. Januar mit dem bezeichnenden Titel „An der Wahlfront“ wurde nicht nur konstatiert, daß der Besuch der Wahlversammlungen zu wünschen übrig lasse - auch dies beileibe kein Spezifikum gerade dieser Stadt[432] - und es mit der „Vorbereitung der städtischen und Fabrikorgane auf die Wahlen“ nur „schwach“ vorangehe. Der Artikel machte auch deutlich, daß „der Sowjetmacht feindlich gesinnte Elemente“ versuchten, die bevorstehenden Wahlen zu ihren Gunsten zu beeinflussen[433]. Dieselbe Ausgabe brachte wieder zwei denunzierende „Anmerkungen“ klassenbewußter Informanten, verfaßt nach dem oben genannten Prinzip. Bei der einen ging es um die Entlarvung der Frau eines in Moskau tätigen Großhändlers, die dennoch in der örtlichen staatlichen Gießerei als Rechnungsführerin Dienst tue. Die andere Anzeige rügte, daß von der Serpuchover „Arbeitsbörse“ an denselben Betrieb ohne Zutun des zuständigen Gewerkschaftskomitees ein junger Lehrling eines bekannten hausbesitzenden Drechslers überwiesen worden sei. Der Drechsler besitze außerdem auch in Moskau „kein schlechtes Plätzchen“. Der Informant stellte die zynische Frage, ob es denn keine Lehrlinge gebe, die eine Arbeitszuweisung viel nötiger hätten. Bezüglich der genannten Frau des in Moskau tätigen Händlers bemerkte „der Wissende“, daß für eine solche Person im Staatsdienst kein Platz sei[434].

So bestätigte sich hier nicht nur die Geltung des Prinzips der Haftung der Familienmitglieder bzw. Ehepartner für die politisch mißliebige „soziale Stellung“ ihrer Angehörigen, sondern auch der Lohnarbeiter für ihren vermögenden (privaten) Arbeitgeber. Gleichzeitig tritt auch hier wieder das Problem der mangelnden politischen Kontrolle seitens bevollmächtigter örtlicher Behörden, in diesem Falle der Gewerkschaft, zutage. Folgende Umstände bestätigen, daß es in der Tat um ein durch die Ideologie der politischen Wende verschärftes Pene-

---

[430]Informacionnyj doklad: O chode otčetnoj kampanii členov gorsoveta za 1927-28 g.g. Po tkackoj fabrike No. 3 „Proletarskaja diktatura“ 3 gos. Ch/B Tresta. Za 15-oe janvarja 1929 g. Sobranie tkackogo cecha 2, smena 2, ibid., l. 50.

[431]Dreznenskij Poselkovyj Sovet. V Prezidium Orechovo-Zuevskogo Soveta, ibid., f. 667, op. 1, d. 325, l. 72.

[432]Der *Mossovet*-Vorsitzende Uchanov bemerkte in der zitierten Rede vom 1. Februar, daß während der Wahlkampagnen 1928/29 an den Rechenschaftsversammlungen in den Städten des Moskauer Gouvernements durchschnittlich nur 63% der Werktätigen teilgenommen hätten, in den städtischen „Siedlungen“ seien es sogar nur 57% gewesen. Vgl. Plenum Moskovskogo Soveta, *Pravda*, No. 27 (4161), 2 fevralja 1929 g., S. 2.

[433]Vgl. Na izbiratel'nom fronte, *Nabat*, No. 7 (2049), 9.I.1929 g., S. 1.

[434]Znajuščij: Turicinoj - ne mesto na sovetskoj službe, sowie: B - l.: Syn kulačka-učenik, ibid., S. 3.

trationskrisensyndrom des frühstalinistischen Systems im genannten Sinne geht: So war beispielsweise die Tätigkeit des führenden Personals der „Arbeitsbörse" nicht nur Gegenstand der Kritik des *Nabat*. Auch unter den vom Plenum des Stadtrats formulierten „Fragen" an sein Präsidium fanden sich massive Vorwürfe bezüglich der Arbeitsvermittlungspolitik des Leiters der Behörde. In diesem Zusammenhang verlangten einige Deputierte am 11. Januar Aufschluß darüber, warum *NĖP*-Leute als Arbeitssuchende registriert und dann auch noch dem *SCRK* zur Beschäftigung zugewiesen würden, obwohl einige von ihnen in der Zeitung angeprangert worden seien[435]. Letzeres wirft ein bezeichnendes Licht auf die Aufmerksamkeit der Behörden gegenüber den ihnen ja meist *vor* der Veröffentlichung in der Presse zugestellten „Anmerkungen". Dies belegt somit wieder einmal, daß beileibe nicht alle in den Zuschriften denunzierten Personen der hier betrachteten Zielgruppe auch wirklich prompt einer politisch motivierten Verfolgung durch die zuständigen Organe unterworfen wurden. Dies *konnte* der Fall sein, war aber keineswegs die Regel, was nicht zuletzt auch aus dem oben genannten Report des Serpuchover Staatsanwalts hervorgeht. Weiter wiesen die Deputierten darauf hin, daß der ehemalige Leiter der „Arbeitsbörse" zwar „schlecht"[436] gewesen sei, allerdings keine „Händler" zur Arbeit vermittelt habe. Genau dies tue jedoch sein Nachfolger. In einer anderen „Frage" wurde der Vorsitzende des Ratspräsidiums aufgefordert, genau mitzuteilen, wie viele Privatunternehmer denn der neue Leiter insgesamt den verschiedenen Arbeitsstellen zugewiesen habe. Die Eingabe schloß mit den bezeichnenden Worten: „Wohin du auch schaust, überall nur Händler".[437] Gleichzeitig übte der *Nabat* verstärkten Druck nicht nur auf die „Händler" als größte Zielgruppe, sondern auch auf die anderen „Kategorien" der *lišency* aus. Die Zeit drängte, denn die Wahlen sollten ja in der Zeit zwischen dem 10. Februar und dem 1. März 1929 stattfinden[438]. Das Blatt stellte befriedigt fest, daß die Listen mit den Namen der Personen ohne Wahlrecht nunmehr von der städtischen Wahlkommission zusammengestellt worden seien. Sie wiesen gegenwärtig 1505 Namen aus, während es im Vorjahr zur selben Zeit noch 1149 gewesen seien. Derzeit werde an der Ermittlung weiterer *lišency*-Gruppen gearbeitet. Die „Praxis der Arbeit der Wahlkommissionen" habe zudem gezeigt, daß in „vielen Fällen" die Familienmitglieder der Ziel-

---

[435]Voprosy zadannye na zasedanii Plenuma Serpuchovskogo Gorsoveta 11-go janvarja 1929 goda, CGAMO, f. 4502, op. 1, d. 52, l. 65.

[436]Wegen Korruption und Vetternwirtschaft war der Amtsleiter Savel'ev abgesetzt und gerichtlich zu einer Gefängnisstrafe verurteilt worden. In der am 7. Februar stattfindenden Vorwahl- und Rechenschaftsversammlung der Beschäftigten der Fabrik „10. Oktober" wurde dem Stadtratsbeauftragten u.a. die interessante Frage gestellt, ob denn Savel'ev tatsächlich in Haft sei, da das Gerücht umlaufe, er gehe in einem Moskauer Betrieb einer Tätigkeit als „Geselle" nach; vgl. Voprosy, zadannye na otčetnom sobranii o rabote Serpuchovskogo Gorsoveta na f-ke „10-j oktjabr'" ot 7-go II 1929 g., ibid., f. 5812, op. 1, d. 3, l. 26.

[437]Eine weitere Anfrage unterstrich die Notwendigkeit der „Säuberung" der *NĖP*-Leute, wobei auch zwei bisher nicht in der Zeitung bloßgestellte Personen genannt wurden. Wie Anm. 435.

[438]Gotovimsja k perevyboram Gorsoveta, *Nabat*, No. 8 (2050), 10.I.1929 g., S. 4 (vgl. auch Anm. 411).

personen ihr Wahlrecht behalten hätten. „Dieser Fehler" sei jetzt „verbessert" worden.[439]

Am 12. Januar vermeldete die Zeitung die Umsetzung auch desjenigen Teils des „Plans" für die Durchführung der Wahlkampagnen, der eine spezielle *trojka* für die Organisation der Fabrikkampagnen vorsah. Deshalb sei bei der Nogin-Fabrik schon eine solches Gremium tätig[440]. Weiter prangerte das Parteiorgan ehemalige Händler an, wie den genannten Mjasnikov, der als „fremdes Element" und „böser Spekulant" nichtsdestoweniger von der „Arbeitsbörse" an eine private Arbeitsstelle vermittelt worden sei, oder den „ehemaligen Offizier" Pekarskij, der nun *in leitender Funktion* hinter dem Tresen der staatlichen Spirituosenverkaufsstelle „Centrospirt" stehe. Beide müßten umgehend entlassen werden[441]. Da es sich hier gleichzeitig um einen Hausbesitzer (Mjasnikov) sowie um einen Vorsitzenden einer Wohnungskooperative (Pekarskij) handelte, stellte sich gleichzeitig auch die Frage ihrer Zwangsausquartierung im Rahmen der zeitgleich verlaufenden, an anderer Stelle zu erörternden Ausquartierungskampagne „nichtwerktätiger Elemente" und ehemaliger Hauseigentümer aus den „munizipalisierten" Wohnungen. So zeigte sich hier in exemplarischer Weise die Bündelung *zweier* politischer Repressionskampagnen in der Fokusierung auf bestimmte Personen.

Der genannte „böse Spekulant" Mjasnikov wurde zunächst allerdings keineswegs entlassen, sondern im Gegenteil von der „Arbeitsbörse" sogar auf die Stelle eines „Bevollmächtigten des staatlichen Behördenverbunds" vermittelt! Seine dortige Existenz, nunmehr bereits als *lišenec*, geißelte der *Nabat* erneut in seiner Ausgabe vom 2. Februar[442]. Erst jetzt erschien der betroffene ehemalige Händler und Besitzer mehrerer Häuser auch auf der Liste derjenigen, die aus ihrer Wohnung gerichtlich zwangsausquartiert werden sollten, was jedoch immer noch nicht zur Entlassung aus seinem Betrieb führte[443]. Pekarskij, obwohl als ehemaliger Offizier problemlos den gültigen *lišency*-Kategorien zuzuordnen, verlor indessen bis auf weiteres *nicht* sein Wahlrecht und entging auch der Zwangsausquartierung, weil die Kommunalabteilung wegen Verjährung seiner Mietschulddelikte von einer Anklage vor Gericht abgesehen hatte[444].

Man sieht an diesen Fällen, wie gut und lange sich alteingesessene, einflußreiche „ehemalige Elemente", ob mit oder bereits ohne Wahlrecht, in dem von (oft

---

[439]Ibid.

[440]A. Susov: Plan načinaem provodit' v žizn', *Nabat*, No. 10 (2052), 12.I.1929 g., S. 2.

[441]Vgl. Znajuščij: Mjasnikov rabotaet, ibid., No. 13 (2055), 16.I.1929 g., S. 3; Metla: „Za davnost'ju let". Byvšij oficer - neplatel'ščik kvartplaty, ibid.

[442]Vgl. Rabkor: Gde sejčas rabotaet Mjasnikov, ibid., No. 27 (2069), 2.II.1929 g., S. 3. Eine am 22. Februar veröffentlichte amtliche Liste bestätigte den Händler als Bürger ohne Wahlrecht: Kto ne možet vybirat'. Dopolnitel'nyj imennoj spisok lic, lišennych izbiratel'nych prav po gorodu Serpuchovu, ibid., No. 44, 22.II.1929 g., S. 4.

[443]Kto budet vyselen v pervuju očered'. Spisok vyseljaemych čuždych ėlementov, ibid., No. 27 (2069), 2.II.1929 g., S. 3. Am 27. Februar berichtete die Zeitung schließlich, daß das „Volksgericht" Mjasnikov zur Aufgabe seiner Wohnung verurteilt habe, dazu Abschnitt *2.2.1.2.*, S. 236.

[444]Metla: „Za davnostju let" (wie Anm. 441, zweitgenanntes Zitat).

geschäftlichen) Klientelbeziehungen geprägten städtischen Milieu noch immer gegen ihre politisch motivierte Verfolgung zu schützen vermochten. Andere Beispiele ähnlicher Art, die diesen Umstand bestätigten, werden noch anzuführen sein. Diese während der *NĖP* belebten traditionellen innerstädtischen Beziehungen in den von Industrie und Handel geprägten Orten standen so einer Lösung des Problems der Partei, ihre radikale antibourgeoise Verfolgungspolitik vor Ort effektiv zu implementieren, als weitere grundlegende Schwierigkeit entgegen.

Der genossenschaftlich organisierte kommunale Großversorger „Zentrale Arbeiterkooperative“ geriet in Serpuchov, wie auch anderswo[445], mit der politischen Wende immer wieder ins Kreuzfeuer der Kritik sowohl der Partei wie auch der Teilnehmer an den einzelnen betrieblichen Rechenschaftsversammlungen in dieser Vorwahlzeit. Der *Nabat* startete hierzu Ende Januar wieder eine seiner neuen Trommelkampagnen. In der Ausgabe vom 29. des Monats wurde die Hilfestellung hervorgehoben, die das Blatt einer soeben eingerichteten „Sonderkommission“ der örtlichen *RKI* zur Überprüfung des Apparats der Kooperative gewähre: Gerade zum 31. Januar habe die Parteizeitung zusammen mit der Wandzeitung „Roter Kooperator“ eine „allgemeine Versammlung der Arbeiter und Angestellten des SCRK“ einberufen. Die Versammlung solle „das gesamte entlarvende Material über die einzelnen Mängel in der Zentralen Arbeiterkooperative“, das „im Verlauf der letzten Monate“ veröffentlicht worden sei, „bilanzieren“[446]. Daß es bei diesen „einzelnen Mängeln“ im kooperativen Apparat primär um *Menschen* ging, die aus politischen Gründen ihren Arbeitsplatz verlieren sollten, ergibt sich klar aus dem weiteren Text des Artikels: Danach handelte es sich nämlich um eine „Kampagne zur Säuberung der Kooperative von den fremden Elementen“, die, vom *Nabat* begonnen, sowohl von der „kooperativen Sektion des Stadtrats“, der „Bevollmächtigtenversammlung“ als auch von den „Rechenschaftsversammlungen der Arbeiter“ begrüßt worden sei. „Einzelne Mitarbeiter“ des *SCRK* brächten „Gerüchte“ in Umlauf, „daß diese ganze Kampagne ‘Getöne, Sensation’“ und nicht ernstzunehmen sei. Solchen „Strömungen“ müsse entschieden entgegengetreten werden[447].

Es ging also um nichts anderes als um die Reinigung des kooperativen Großversorgers von den „ehemaligen Leuten“, noch lange bevor die offizielle „Säuberung“ der zentralen und lokalen Apparate mit den bekannten Beschlüssen des *ZK*-Plenums vom April 1929 verbindlich angeordnet worden war. Die „Kooperative Sektion“ des Serpuchover Stadtrats sagte in einem entsprechenden Be-

---

[445]Z.B. in Orechovo-Zuevo, aber auch anderen Städten; hierzu weiteres im folgenden.

[446]Vgl. G. Anc.: Kooperacija budet uspešnej rabotat’, esli ee apparat osvoboditsja ot vsej gnili i sora, unter der Schlagzeile: *V pomošč’ komissii RKI po proverke apparata SCRK. Vyčistim spekuljantov, rvačej, torgovcev i bjurokratov. Ukrepim apparat SCRK rabočimi ot stanka. Nabat*, No. 23 (1065), 29.I.1929 g., S. 3.

[447]Ibid.

schluß zu, die *RKI*-Ermittlungsgruppe bei ihrer Arbeit aktiv zu unterstützen[448]. Unter der Schlagzeile *Schmutz und Moder müssen aus dem kooperativen Apparat rausgeworfen werden* präsentierte die Redaktion des *Nabat* der ermittelnden Sonderkommission eine „dritte Liste fremder Elemente, die in den SCRK eingedrungen“ seien. Es handelte sich um sieben Namen mit kurzen, von rührigen Informanten zusammengestellten Beschreibungen der jetzigen sowie der ehemaligen Tätigkeit der Betroffenen. Unter ihnen fand der Leser nach wie vor wahlberechtigte „ehemalige Händler“ und/oder Besitzer von einzelnen ehemals unabhängigen Geschäften und Meistereien, darunter auch einen „Bäcker“, der nunmehr in der Bäckerei der Kooperative untergekommen sei. Ferner stellten die Korrespondenten auch einen „Ehemaligen“ an den Pranger, der früher nicht weniger als zwei Geschäfte besessen und es derzeit sogar geschafft habe, Mitglied der Gewerkschaft zu werden. In diesem Fall reagierte die Wahlkommission rasch: Am 8. Februar war der Betroffene bereits als *lišenec* ausgewiesen[449]. Gewerkschaftsmitglied war auch der gleichfalls früher angeblich als Kaufmann tätige Mitarbeiter N.V. Svirin, der, so der „krönende“ Abschluß dieser schwarzen Liste, in der Kooperative ohne Wahlrecht arbeite[450].

Somit ist festzuhalten, daß die örtliche Parteizeitung nicht nur auf Zuschriften klassenbewußter Arbeiterkorrespondenten *re*agierte, recherchierte und das erhaltene Material dann an die zuständigen Organe weiterleitete, sondern auch von sich aus, in Absprache mit bzw. im Auftrag der städtischen oder Kreisparteiführung, Untersuchungen veranlassen und Repressionskampagnen führen konnte. Auch dieser Befund bleibt keineswegs auf die Städte des Moskauer Gebiets beschränkt[451]. Dabei ordnete sich das Vorgehen vollständig dem im Zusammenhang mit den bevorstehenden Wahlen vorgegebenen Ziel der Ermittlung zusätzlicher Personen unter, die dem Entzug des Wahlrechts unterlägen: Am 30. Januar berichtete der *Nabat*, daß am 27. des Monats auch die „Versammlung der Bevollmächtigten“ der städtischen Wahlkommission „die Verfügung der örtlichen RKI über die Säuberung des Kooperativen Apparats“ nunmehr offiziell gebilligt und der Sonderkommission jedwede Hilfe zugesagt habe. Vorher hatte der Vorsitzende der Kontrollkommission einen Vortrag zur Eliminierung „der fremden Elemente“ aus dem Apparat des *SCRK* gehalten[452]. Am nächsten Tag, dem Beginn der besagten Unterstützungskampagne des Parteiblatts, berichtete dieses über die Arbeit der Sonderkommission während der letzten beiden Tage. U.a.

---

[448]Auszüge aus der in der Sektion geführten Diskussion sowie den anschließend gefaßten Beschluß bringt: Čistka nužna i svoevremena: Kooperativnaja sekcija gorsoveta odobrjaet meroprijatija rab.-krest'janskoj inspekcii, *Nabat*, No. 23 (1065), 29.I.1929 g., S. 3.

[449]Vgl. priloženie k gazete „Nabat“, No. 32 [8.II.1929], CGAMO, f. 5812, op. 1, d. 1, l. 20.

[450]Vgl. Sor i gnil' iz kooperativnogo apparata dolžna byt' vybrošena. Vnimaniju komissii RKI predlagaem tretij spisok čuždych ėlementov, prolezšich v SCRK, *Nabat*, No. 23 (1065), 29.I.1929 g., S. 3.

[451]Vgl. Fitzpatrick, Supplicants and Citizens, S. 81.

[452]Rabota SCRK - pod ognem kritiki. Sobranie upolnomočennych odobrilo postanovlenie RKI o čistke kooperativnogo apparata, *Nabat*, No. 24 (2066), 30.I.1929 g., S. 4.

erschien ein Interview mit dem Vorsitzenden der Kommission, die jetzt offen als das, was sie eigentlich war, nämlich als „Säuberungskommission", bezeichnet wurde. Der Vorsitzende äußerte sich über die Ergebnisse der bisherigen Arbeit wie folgt:

> Es muß unbedingt angemerkt werden, daß alle Händler, die im Apparat des SCRK arbeiten, beim Ausfüllen der Fragebögen[453] ihren sozialen Status verbargen. Die Kommission hat ermittelt, daß es Fälle gibt, wo die Kinder der ehemaligen Händler, die seelenruhig beim SCRK arbeiten, in die Partei eingedrungen sind[454].

Somit wurde versucht, nicht nur die verständlichen Manöver der Betroffenen, einer Stigmatisierung als *lišenec* zu entgehen, herauszustellen, sondern auch, die Säuberungsaktion mit zusätzlichen gewichtigen Argumenten vor der Öffentlichkeit zu legitimieren.

Es ist unter diesen Umständen nicht verwunderlich, daß unter den „Fragen" und Anregungen, die während der am gleichen Tag stattfindenden betrieblichen Vorwahl- bzw. Rechenschaftsversammlungen in Serpuchov von den anwesenden klassenbewußten proletarischen Wahlbürgern formuliert wurden, das Problem des *SCRK* ebenfalls zur Sprache kam. So wurde die finanzielle Privilegierung der Kooperative kritisiert, statt dessen sollten die Verantwortlichen „ein wenig häufiger in die Zeitungen schauen", wo gezeigt werde, „daß der Apparat im SCRK mit ehemaligen Händlern verschmutzt" sei[455]. Auch anläßlich einer Betriebsabteilungsversammlung, die am 4. Februar in der Fabrik „Roter Textilarbeiter" abgehalten wurde, wunderten sich die anwesenden Wähler, „auf welche Weise" denn „die Händler" in diese Kooperative hatten „eindringen" können[456]. Nach dem Bericht, der nach Abschluß der Vorwahlkampagnen im Auftrag der städtischen Wahlkommission erstellt wurde, beklagten diverse Teilnehmer an Betriebsversammlungen aller sechs führenden städtischen Textilfabriken sowie der Bauindustrie aber nicht nur plakativ die „Verschmutzung" des Apparats des *SCRK* mit „fremden Elementen". Vielmehr ordneten sie die Situation in der Kooperative auch in einen bestimmten funktionellen Zusammenhang ein: So wurde der angeblich generell mangelnde Arbeitswille dieser Leute im kooperativen Apparat festgestellt, wodurch die konkrete Arbeit keine Fortschritte mache. Alle Betroffenen müßten schon deshalb umgehend entlassen werden. Zudem gebe es in dieser Großgenossenschaft, sogar mehrheitlich, auch andere Gruppen potentieller oder tatsächlicher *lišency*, wie „Grundbesitzer" und „ehemalige Offiziere", die, wie die „ehemaligen Händler", „von dort ohne jede Zeremonie" fortgejagt werden

[453]Gemeint sind die obligatorischen Fragebögen, die jeder, der eine Stelle antrat, beim neuen Betrieb abzugeben hatte.

[454]Vgl. Rabkory ne zrja bili v Nabat. Pervye dva dnja raboty komissii po čistke apparata SCRK, *Nabat*, No. 25 (2067), 31.I.1929 g., S. 1.

[455]Voprosy, zadannye na otčetnom sobranii na Novo-Tkackoj f-ke 31-go I 1929 g., CGAMO, f. 5812, op. 1, d. 3, l. 52.

[456]Perečen' voprosov, zadannych na otčetnom sobranii tkacko-prigotov. otd. f-ki „Krasnyj Tekstil'ščik" ot 4-go II 1929 g., ibid., l. 34.

müßten. „Alle Arbeiter" sollten „der Säuberung des kooperativen Apparats Beachtung schenken"[457]. Letzteres läßt ein keineswegs durchweg ungeteiltes Interesse der Arbeiterschaft an der strikten Durchführung der *SCRK*-Sondersäuberung vermuten. Auch ist nicht belegt, daß alle „ehemaligen Händler" und sonstigen genannten Zielgruppen im Rahmen der von der Spezialkommission durchgeführten Aktion tatsächlich ihren Arbeitsplatz verloren. Zudem büßten von den im *Nabat* vorgeführten inner- wie außerhalb der Kooperative tätigen ehemaligen Privatunternehmern *nur einzelne* ihr Wahlrecht ein, was ein bezeichnendes Licht auf die Effektivität der Arbeit der städtischen Wahlkommission wirft. Einige erhielten ihre Rechte sogar schon in den folgenden Tagen wieder zurück, da Überprüfungen die entsprechenden Entscheidungen der Kommission als nicht im Einklang mit den gesetzlichen Bestimmungen qualifiziert hatten[458]. So setzte sich auch hier trotz der von der Parteizentrale geschürten Atmosphäre des „Klassenkriegs" im beginnenden forcierten „sozialistischen Vormarsch" letztlich doch noch die Autorität des Gesetzes durch.

Um so wichtiger mußte es für die städtische Parteiführung zunächst sein, durch Beschaffung weiteren denunzierenden, in der Zeitung zu veröffentlichenden Materials den Druck auf die „Ehemaligen" im Apparat des *SCRK* weiter zu verstärken. Deshalb erschienen am 2. Februar eine „Anmerkung" über einen ehemaligen „Kolonialwarenhändler" in der Sport- und Angelabteilung eines Ladens der Großgenossenschaft, der es sogar geschafft habe, Gewerkschaftsmitglied zu werden, sowie eine zweite über den schon genannten ehemaligen Privathändler Oborotov, nunmehr ebenfalls in der Kooperative tätig[459]. Der erstgenannte büßte sein Wahlrecht in den folgenden Tagen ein[460], nicht jedoch Oborotov.[461] So ist es naheliegend, daß die offenkundig inkonsequente und fehlerhafte Arbeit der städtischen Wahlkommission, die sich in der teils strikten bis ungesetzlich überzogenen, teils sich im Gegenteil zugunsten der Betroffenen auswirkenden großzügigen Wahlrechtsaberkennungspraxis[462] zeigte, zu einem wichtigen Thema der

[457]Informacionnaja svodka ob itogach otčetno-perevybornoj kampanii Serpuchovskogo gorsoveta 1927 goda. Kampanija prochodila v period s 25/I po 14/II 1929 g. Voprosy torgovli, kooperacii i voobšče prodovol'stvennogo snabženija. Ibid., l. 7.

[458]Vgl. dazu die vom *Nabat* veröffentlichten Listen der der Ausquartierung unterliegenden „nichtwerktätigen Elemente" mit den ebendort befindlichen zusätzlichen Angaben, die vorher erschienenen denunzierenden Zeitungsartikel, schließlich die Namen aus den *lišency*-Listen, s. *Nabat*, No. 27 (2069), 2.II.1929 g., S. 3; No. 33 (2075), 9.II.1929 g., S. 3 sowie Spisok lic, vosstanovlennych v izbiratel'nych pravach po gorodu Serpuchovu. Priloženie k gazete „Nabat" No. 32 [8.II.1929], CGAMO, f. 5812, op. 1, d. 1, l. 20.

[459]Vgl. Člen Lavkomissii: Bakalejščik prolez v profsojuz i SCRK sowie Prijatel': Oborotov prisposobilsja, *Nabat*, No. 27 (2069), 2.II.1929 g., S. 3. Am 9. des Monats stand ferner ein Buchhalter aus dem *SCRK*-Apparat, „einer der Exemplare ehemaliger Beamter, ein grober und leidenschaftlicher Gegner der Sowjetmacht", der seine Tochter zudem mit einem „Händler" verheiratet habe, am Pranger. Korotko, no jasno, ibid., No. 33 (2075), 9.II.1929 g., S. 3.

[460]Dopolnitel'nyj imennoj spisok lic, lišennych izbiratel'nych prav. Priloženie k gazete „Nabat" No. 32, [8.II.1929], CGAMO, f. 5812, op. 1, d. 1, l. 20.

[461]Korotko, no jasno, *Nabat*, No. 33 (2075), 9.II.1929 g., S. 3.

[462]Hier ist die Einwirkung überkommenen Rechtsempfindens in Betracht zu ziehen!

Zeitung wurde. „Viele der Händler“ seien nach wie vor Gewerkschaftsmitglieder, „einige“ hätten ihr Wahlrecht bislang behalten, was aus der „Unachtsamkeit“ der Wahlkommission resultiere. Diese müsse deshalb „in nächster Zeit“ eine zusätzliche *lišency*-Liste erstellen[463]. Die Kommission reagierte auf diese Rüge erst mit den im *Nabat* veröffentlichten Listen des 21., 22. und 23. Februar, auf die im folgenden noch näher einzugehen sein wird.

Über die ersten Ergebnisse der Arbeit der für die „Säuberung“ des *SCRK* abgestellten Spezialkommission berichtete die Redaktion der Zeitung am 16. Februar. Die Relevanz des von ihr der Kommission überlassenen Belastungsmaterials sei voll bestätigt worden. Das Gremium ging, so der Bericht, in der Weise vor, daß jeder in der Kooperative beschäftigte Mitarbeiter einer persönlichen „Befragung“ (*opros*) unterworfen wurde. Außerdem prüfte die Kommission die einzelnen Einstellungspapiere (Fragebögen) sowie Zuschriften und Erklärungen anderer zu den jeweiligen Fällen. 36 derartige Stellungnahmen und vier anomyme Zuschriften zu bestimmten Mitarbeitern sowie andere Zeugnisse mit Aussagen zu den Beschäftigten habe die Sonderkommission geprüft. Zu den Quellen zählten auch „Versammlungsprotokolle, Charakteristiken der Handelsabteilung, Bescheinigungen des juristischen Sektors, [...] der Gewerkschaften“ u.a. „Die Kommission begutachtete“, so die Zeitung weiter, „die Biographien der einzelnen Mitarbeiter, die Zweifel hervorrufen.“ Der Bericht betonte die besonderen Schwierigkeiten, denen sich die Ermittler bei ihrer Arbeit offensichtlich ausgesetzt sahen: So habe die Führung des *SCRK* der Kommission kaum je ihre Hilfe angeboten, ja sie wisse selbst wenig über die Mitarbeiter und deren sozialen Hintergrund. Erschwerend für die Überprüfungen wirkten dabei einerseits die widrigen Umstände, denn die Akten der Beschäftigten seien „zerstreut“, d.h. schlecht archiviert. Andererseits habe die Kooperativleitung nicht nur kaum mitgearbeitet, sondern sich auch noch durch „Bemäntelung einzelner Vergehen und Personen“ kontraproduktiv verhalten. Die Sonderkommission kam zu dem Schluß, daß der gesamte Personalbestand der Kooperative durch „ehemalige Eigentümer, Händler und deren Kinder verschmutzt“ und kaum jemand in gesellschaftlicher Arbeit engagiert sei. Bei 59 Personen erkannte das Gremium auf „Säuberung“[464].

Als Paradebeispiele stellte die Redaktion des *Nabat* den „Hausbesitzer und Großhändler“ A.I. Egorov, der, seine Vergangenheit verbergend, als Verkäufer im *SCRK* Platz gefunden habe, sowie den „Kulakensohn“ Golovin heraus. Letzterer habe sich in den Komsomol eingeschlichen und zudem noch „die Frechheit, ein Gesuch auf Aufnahme in die Partei zu stellen“, besessen[465]. Die einschlägigen bisher zugänglichen Quellen weisen indessen *nicht* nach, daß den beiden aus dem

---

[463]Luščie kvartiry v kommunal'nych domach - rabočim, *Nabat*, No. 33 (2075), 9.II.1929 g., S. 3.

[464]Pjat'desjat' devjat' razloživšichsja, čuždych i antisovetskich rabotnikov podležat vyčistke iz apparata SCRK. Materialy „Nabata“ polučili polnoe podtverždenie, ibid., No. 39 (2081), 16.II.1929 g., S. 3.

[465]Ibid.

Apparat der Kooperative „Gesäuberten“ auch das Wahlrecht aberkannt wurde! Aufgrund der obigen Ausführungen über die Arbeit der städtischen Wahlkommission erscheint dies nicht eben verwunderlich.

Im Zusammenhang mit dem Bericht über die „Reinigung“ des *SCRK* von den „fremden Elementen“ wurden noch zwei wichtige „Anmerkungen“ veröffentlicht. Sie verfolgten das Ziel, die Liste der 59 aus der Kooperative Ausgeschlossenen um eine ehemalige Schuhhändlerin sowie einen einstigen Lokal- und Ladenbesitzer zu ergänzen. Die Schuhhändlerin habe offen gegen die *čistka* der Organisation als unsinnigen Akt agitiert, mit dem Argument, daß die nachrückenden „Arbeiter“ nicht in der Lage seien, die Kooperative zu führen. Der ehemalige Lokalbesitzer verfüge zudem nach wie vor über ein eigenes Haus auf dem Lande[466]. Auf diese beiden gewichtigen Anzeigen reagierte die Wahlkommission in den folgenden Wochen mit der Aberkennung des Wahlrechts. Die Betroffenen erschienen in den entsprechenden Listen, die am 21. Februar bzw. am 15. Mai im *Nabat* veröffentlicht wurden[467].

Obwohl die Redaktion der Zeitung ankündigte, „in nächster Zeit“ einen ausführlichen Bericht über die Sondersäuberung zu publizieren[468], ließ sie statt dessen zunächst lediglich neue „Anmerkungen“ drucken. Diese verfolgten einerseits das Ziel, den Ausschluß weiterer Personen aus dem *SCRK* zu betreiben und damit die Arbeit der Kommission zu unterstützen[469], andererseits sollten sie auf die Weiterarbeit bereits ausgeschlossener „Ehemaliger“, die ihr Wahlrecht meist noch besaßen, in anderen staatlichen oder kooperativen Betrieben hinweisen[470]. Dabei standen auch deren Angehörige am Pranger[471], womit erneut unterstrichen wurde,

---

[466]Ibid.

[467]Kto ne možet vybirat'. Dopolnitel'nyj imennoj spisok lic, lišennych izbiratel'nych prav po gorodu Serpuchovu, ibid., No. 43 (2085), 21.II.1929 g., S. 4, sowie: Spisok lic, lišennych izbiratel'nych prav po gorodu Serpuchovu, ibid., No. 108 (2150), 15.V.1929 g., S. 4.

[468]Vgl. Anm. 464.

[469]Vgl. den Hinweis auf den Sohn eines zaristischen Unteroffiziers in der Konditorei des *SCRK*, auf einen weiteren Angestellten, der angeblich früher einen eigenen Laden geführt hatte, sowie auf den Sohn einer ehemaligen Lokalbesitzerin, die noch immer auf dem Dorf Handel treibe; s. Potomok urjadnika - v SCRK, *Nabat*, No. 41 (2083), 19.II.1929 g., S. 3; Kašlin prisposobilsja, ibid.; Komu nel'zja rabotat' v kooperacii, ibid.

[470]Vgl. die „Anmerkung“ über einen ehemaligen Besitzer eines lederverarbeitenden Betriebs, der in der Kattundruckfabrik Arbeit gefunden hatte: Ustroilsja na fabrike, ibid.

[471]Vgl. 11 weitere denunzierende Artikel in der *Nabat*-Ausgabe vom 19. Februar, so etwa über den Sohn des bereits ausquartierten Handelsunternehmers Fetisov. Dieses „Söhnchen“ habe sich im Arbeiterklub der Fabrik *Zanarka* als Buffetkraft eingenistet. Der Abkömmling des „ehemaligen Gutsbesitzers Novikov“ arbeite weiterhin im Apparat der „Kreislandabteilung“, genau wie der Sohn einer Kneipenbesitzerin im Geschäft Nr. 5. Offen wurde betont, daß solche Leute in einer gesellschaftlich anerkannten Einrichtung, etwa einer Kooperative, wie auch in einer staatlichen Behörde nicht arbeiten könnten. Die „Anmerkungen“ bedienten sich z.T. einer menschenverachtenden Terminologie. Kurze Zeit später war im *Nabat* unter der Überschrift „Dreck“ (*sor*) zu lesen, daß „das Netz“ der Kreisgesundheitseinrichtungen „verschmutzt“ sei: In der „Kinderkonsultation Nr. 1“ sei, nunmehr unter anderem Namen, „die Tochter des ehemaligen Fabrik-

daß auch die im vergesellschafteten Sektor tätigen Söhne und Töcher der „Ehemaligen“ u.U. für ihre Eltern haften mußten. In einigen wenigen Fällen handelte es sich auch um Falschmeldungen, auf die von der Redaktion des *Nabat* im Rahmen einer offiziellen Richtigstellung verwiesen wurde[472]. Nach einer lakonischen Zeitungsnotiz vom 19. Februar, derzufolge alle Bürger bis zum 1. März noch weiteres Material an die nach wie vor mit den Ermittlungen befaßte Kommission senden könnten[473], erschien am 21. Februar dann lediglich ein sehr allgemein gehaltener Bericht über „die erste Erfahrung der Säuberung des Kooperativen Apparats“. Er nahm sich wie eine Mängelliste aus und warf die grundsätzliche Frage nach dem Sinn des ganzen Unternehmens auf. So wurde zunächst das weitgehende Fehlen einer Beteiligung der „gesellschaftlichen Öffentlichkeit“ an der Arbeit der Sonderkommission beklagt. In bestimmten Abteilungen des *SCRK* gebe es überhaupt keine „sozialistisch-sowjetisch“ gesinnten Mitarbeiter, die Veruntreuung von Geldern sei verbreitet u.a.m. Die Betriebsleitung und das Gewerkschaftskomitee zeigten trotzdem keinerlei Interesse, diese Zustände zu ändern. Den Angestellten müßten erst einmal die „Theorie der Kooperativbewegung“ und der Unterschied zwischen den alten und den neuen (sozialistischen) Kooperativen erklärt werden. Als wesentlichen „Hemmschuh einer schnellen Überprüfung“ nannte der Bericht „die völlige Unkenntnis des eigenen Apparats seitens der Handelsabteilung und auch die äußerste Verschmutzung dieses Apparats“ des *SCRK*. Als positiv wurde abschließend nur die Tatsache hervorgehoben, daß die Kommission ja nicht nur „die fremden Elemente“ aus der Kooperative ausschließe, sondern diese auch durch neue Kader, nämlich „ehrliche Arbeiter von der Werkbank“ ersetze. Der Verfasser drückte deshalb trotz allem seine Überzeugung aus, daß so in diesem Großversorgungsbetrieb tatsächlich ein „Arbeiterapparat“ entstehen könnte[474].

Der angekündigte detaillierte Schlußbericht über die Säuberungsaktion sollte nicht mehr erscheinen. Am 2. März konnte der *Nabat*-Leser lediglich erfahren, daß die Tätigkeit der Sonderkommission bis zum 4. des Monats verlängert worden sei und diese bis dahin immer noch neues Material annehme[475]. Allerdings erschienen am 29. März in Form eines Leitartikels Überlegungen theoretischer und methodischer Art zu der in der Partei diskutierten Generalsäuberung der Behör-

besitzers Zemljakov“ als Ärzin tätig. Vgl. ibid., No. 41 (2083), 19.II.1929 g., S. 3 sowie No. 48 (2090), 27.II.1929 g., S. 3.

[472]Etwa im Fall P. Kašlin, der angeblich einen eigenen Laden geführt hatte und zu den „fremden Elementen“ zu zählen sei (vgl. hierzu Anm. 469, 2. Art.). Zur Berichtigung durch die Redaktion des *Nabat*: Otvety na napečatannye zametki rabkorov, ibid., No. 64 (2106), 20.III.1929, S. 3. Da es zu solchen nachweislich falschen, verleumderischen Behauptungen ab und zu kam, sah sich die Zeitungsredaktion veranlaßt, am 27. Februar auf die Strafbarkeit solcher nicht auf Tatsachen beruhender, auch zur Begleichung „persönlicher Rechnungen“ verfaßter „Anmerkungen“ hinzuweisen, vgl. Ot redakcii, ibid., No. 48 (2090), 27.II.1929 g., S. 3.

[473]Vgl. ibid., No. 41 (2083), 19.II.1929 g. S. 4.

[474]Pervyj opyt čistki kooperativnogo apparata, ibid., No. 43 (2085), 21.II.1929 g., S. 4.

[475]Ot komissii po čistke apparata SCRK, ibid., No. 51 (2093), 2.III.1929 g., S. 4.

denapparate außerhalb der Parteiinstanzen. Der Autor dieses Textes ging dabei auch auf die zu diesem Zeitpunkt offenbar abgeschlossene Sonderüberprüfung der Zentralen Arbeiterkooperative ein. Unter der Überschrift *Die Erfahrung der Säuberung des SCRK studieren* gab der Autor eine vorläufige Einschätzung der Sondersäuberung vor dem Hintergrund ihrer Resultate unter Einforderung einer genauen späteren Analyse. Es seien gravierende „Fehler" passiert, etwa „die Schnelligkeit" des Unternehmens „und in Verbindung damit ein unzureichend sorgfältiges [...] Herangehen der Kommission an die zu Säubernden, die außergewöhnlich schwache Teilnahme der Partei- und Komsomolzellen sowie der Gewerkschaftsorganisation des SCRK, der Kooperative [selbst - *Erg. v. H.-M. Miedlig*] und der gesamten Arbeiteröffentlichkeit bei der Durchführung der Säuberung". Im Ergebnis hätten „um die 25% der Gesäuberten", d.h. der erwähnten 59 Personen (ggf. mit einem leichten nachträglich erreichten Zuwachs), auf Weisung des Präsidiums der Kreiskontrollkommission ihren früheren Arbeitsplatz in der Kooperative wieder zurückerhalten![476] Vor diesem Hintergrund erscheint das Folgende in einem bezeichnenden Licht: Nach dem Arbeitsplan des Stadtrats waren für den 23. April zwar Anhörung und Diskussion des Berichts der *RKI* „Über die Resultate der Durchführung der Säuberung des kooperativen Apparats" vorgesehen[477]. Den vorliegenden Dokumenten zufolge wurde ein entsprechender Bericht an diesem Datum jedoch weder vor dem Stadtrat verlesen noch diskutiert.

Das eklatante Mißverhältnis zwischen dem vorgegebenen Anspruch und den bescheidenen tatsächlichen Ergebnissen dieses erstmals systematisch angelegten und von außen durch die Kontrollkommission angeleiteten Ausschlußverfahrens gegen die „ehemaligen Leute" als potentielle *lišency* in einem wirtschaftsbehördlichen Apparat muß nicht zuletzt auch als Versagen der örtlichen Parteiführung gewertet werden. Die Kontrollkommission handelte ja in deren Auftrag. Ein derartiges Fehlen von Konvergenz zwischen theoretisch-ideologischen Vorgaben und der tatsächlichen Verfolgungspraxis und ihren Ergebnissen zeigte sich auch in dem Vergleich der Gesamtzahl derjenigen Mitarbeiter des *SCRK*, die seit dem 1. Januar 1928 im *Nabat* als „fremde" bzw. „ehemalige Leute" angeprangert worden waren, mit der Anzahl derjenigen aus diesem Personenkreis, die als Folge ihr Wahlrecht eingebüßt hatten. Das Zahlenverhältnis beider Gruppen lag bei 19:5![478]

Die Situation kann als symptomatisch für die strukturellen Schwierigkeiten der übergeordneten Partei- und Ratsbehörden angesehen werden, die Kontrolle über die Umsetzung der von ihnen angeordneten Maßnahmen durch die lokalen Parteiführungen bzw. -zellen und Räte in der Praxis zu behaupten. Hier ergab sich in der Tat ganz im Sinne W.M. Pintners die Verstärkung eines die Herrschaft der Partei de facto einschränkenden Penetrationsproblems: Es spitzte sich gerade im neuen politischen Kurs mit dem Kampfauftrag gegen die „Ehemaligen" bzw. die

---

[476]G. AN.: Za chorošij sovetskij apparat. Voprosy čistki, ibid., No. 72 (2114), 29.III.1929 g., S. 3.

[477]Vgl. Kalendar'. Raboty serpuchovskogo gorsoveta i uispolkoma na Aprel' 1929 goda, CGAMO, f. 4502, op. 1, d. 109, l. 22.

[478]Berechnung aufgrund der Analyse aller Nummern des *Nabat* im entsprechenden Zeitraum.

„Bourgeoisie“ zu einer neuen Krise der Beherrschungskapazitäten der Partei zu. Die während der *NĖP* gewachsenen, zu einem kleineren Teil sogar prosperierenden Strukturen der zumal in Ermangelung einer ausreichenden Anzahl staatlicher Versorgungseinrichtungen nach wie vor partiell unverzichtbaren privaten und kooperativen Konsumwirtschaft[479] ließen sich nicht bruchlos und in kürzester Frist großflächig in eine kontrollierte halbstaatlich-genossenschaftliche Betriebsform überführen. Infolge der diesen Sektor noch beherrschenden Orientierung an den herkömmlichen Prinzipien des Marktes stieß eine Umsetzung der neuen ideologischen Leitvorstellungen in der praktischen Arbeit auf mangelnde Akzeptanz und Widerstand. Dies betraf eben auch die Leitungen des lokalen kooperativen Apparats in deren fehlender Bereitschaft zur Umsetzung der politisch-ideologisch motivierten Repressionsgebote in der eigenen Organisation. Der Serpuchover *SCRK* ist hier nur *ein* Beispiel für ein *allgemeines*, nicht auf bestimmte Regionen oder Städte beschränktes Problem[480].

Es ist wichtig, auch auf die mentale Seite dieses grundlegenden Herrschaftskrisensyndroms im urbanen Milieu hinzuweisen: Im Bewußtsein des werktätigen Durchschnittsbürgers, auch des Parteimitglieds, scheint das von der Parteiführung geschaffene ideologische Konstrukt des „Klassenkampfs“ in den Städten nämlich wenig mit einer bestimmten Wirklichkeit besetzt gewesen zu sein. Daran war auch die Überbetonung der Kulakenfrage im einschlägigen Zusammenhang mit den ländlichen „Kapitalisten“, erzwungen durch die viel größeren Probleme im agrarischen Sektor, schuld. Am 17. Februar schrieb die *Pravda* in einem Grundsatzartikel:

> Wir wissen wenig über den Klassenkampf in der sowjetischen Stadt. Viele von uns bemerken ihn häufig nicht und sehen den Klassenfeind nur in weiter Entfernung von sich: auf dem Dorf [...] und nicht vor der eigenen Nase in der Behörde oder im Betrieb. Der Klassenkampf läuft nicht nur auf dem Dorf ab, sondern auch in der Stadt. Es wäre die größte Kurzsichtigkeit, den Feind des Proletariats in unseren Behörden, in unseren Fabriken und Betrieben nicht zu sehen. Händler, Fabrikpächter, Pope,

---

[479] Vgl. dazu unten S. 104-105.

[480] Bezüglich anderer Städte des Moskauer Gebiets in diesem Zusammenhang vgl. die nachfolgenden Ausführungen. Belege für eine entsprechende, alle Regionen der *RSFSR* betreffende Situation finden sich nach einer diesbezüglichen *ZK*-Verfügung noch in einer eindringlichen Weisung des Vorsitzenden der Zentralunion der Verbrauchergesellschaften vom 30. Dezember 1930 an alle Kooperativen und deren Personal, in der eine sofortige Umorientierung der Arbeit aller Kooperativen angeordnet wurde: Za socialističeskuju kooperaciju! Rešenie plenuma CK - povorotnyj punkt v rabote kooperacii. *Vsem členam potrebitel'skoj kooperacii, lavkomam, koopbjuro, Rajpo, CRK, TPO, respublikanskim, kraevym, oblastnym sojuzam potrebitel'skoj kooperacii. Pravda*, No. 1 (4806), 1 janvarja 1931 g., S. 7. Vgl. hier auch den Leitartikel unter dem Pseudonym „Zemljačka“ mit dem bezeichenden Titel: Vytravit' iz raboty kooperacii nėpmanskij duch, ibid.

Rabbiner, Baptist leisten zusammen mit dem dörflichen Ausbeuter-Kulaken Widerstand gegen den sozialistischen Vormarsch[481].

Erst nach fast einem Jahr beschloß die örtliche Parteiführung in Serpuchov, das Scheitern der gegen die Händler-*lišency* gerichteten Sondersäuberung des *SCRK* öffentlich einzugestehen. Am 12. Januar 1930 publizierte der *Nabat* anläßlich des Aufrufs zu einer abermaligen grundlegenden „Säuberung" der Kooperative im Kontext der Generalüberprüfung der Apparate auch eine entsprechende Bewertung des im Frühjahr 1929 durchgeführten Unternehmens. Zitiert wurde eine Teilnehmerin an einer gemeinsamen Versammlung der von den zuständigen Parteizellen geförderten Mitglieder der Angestelltengewerkschaft bei den Serpuchover Rats- und Handelsbehörden. Danach habe die „im vergangenen Jahr" durchgeführte Sondersäuberung der Kooperative „keinerlei Resultate" gebracht. Die Aktion sei nur „im Kabinettsverfahren" vonstatten gegangen. Alle „Gesäuberten" arbeiteten inzwischen wieder beim *SCRK* (!).[482] Sinn und Zweck des gesamten Unternehmens wurden damit erneut massiv in Frage gestellt. Dies führte zum Begehren des *Nabat* gegenüber der Bezirkskontrollkommission (*OKK-RKI*), eine zweite Säuberung der Organisation durchzuführen, die dann schließlich im großen Rahmen der Generalüberprüfung aller lokalen und zentralen Apparate im Verlauf des Frühjahrs 1930 in Angriff genommen wurde[483].

Die „Zentrale Arbeiterkooperative" als städtischer Großversorger stand auch in anderen Städten des Verwaltungsgebiets im Schußfeld der Repressionskampagnen, wenn auch ohne Organisation einer Sondersäuberung. Neben den kleinen Orten im agrarisch geprägten Westen[484] ist auch hier Orechovo-Zuevo ein gutes Beispiel[485], wobei offensichtlich den Wurst herstellenden Betrieben in dieser Beziehung besondere Bedeutung zukam[486]: Während einer am 29. Januar abgehal-

[481]Bulyžnik: Klassovyj vrag v gorodc. Ibid., No. 40 (4174), 17. fevralja 1929 g., S. 2.

[482]Povysit' real'nuju zarplatu. Nedostači i rastraty raz-edajut apparat kooperacii. Nado provesti vtoričnuju čistku SCRK. Neprigljadnaja kartina. *Nabat*, No. 10 (2353), 12.I.1930 g., S. 5.

[483]Vgl. die Berichte in ibid., No. 39 (2382), 16.II.1930 g.; No. 58 (2401), 11.III.1930 g.; No. 69 (2412), 26.III.1930 g.; No. 88 (2431), 17.IV.1930 g.; No. 102 (2445), 8.V.1930 g., jeweils S. 5.

[484]Etwa Možajsk, Zvenigorod, aber auch Klin, vgl. unten S. 119.

[485]In einem internen Bericht des für die städtische Wahlkommission von Orechovo-Zuevo tätigen „Bevollmächtigten" wurde unter Bezugnahme auf die 104 in den 23 Wahlbereichen der Bleichfärbe- sowie der Kattundruckfabrik während der Rechenschaftskampagnen geäußerten „Fragen" der Werktätigen als „besonders charakteristisch" u.a. die folgende genannt: „Warum arbeiten in der Kooperative bis jetzt fremde Leute [?]." Vgl. Informacionnaja svodka po otčetu i perevyboram gorsoveta. CGAMO, f. 5736, op. 1, d. 9, l. 124. Vgl. auch die Kritik an der Zentralen Arbeiterkooperative im Rechenschaftsbericht des Stadtrats für das Berichtsjahr 1928/29: *Otčet o rabote Orechovo-Zuevskogo gorodskogo soveta*, S. 19, 34.

[486]Im Rechenschaftsbericht des Stadtrats für 1928-29 war nicht nur von der Vergrößerung des Apparats der Kooperative anstelle der angemahnten Verkleinerung die Rede, sondern auch von „fremden Elementen", die sich sowohl in den Bäckereien, den öffentlichen Küchen und nicht zuletzt „in der Wurstproduktion" des Verbundsystems dieses Großversorgers befänden; vgl. *Otčet o rabote Orechovo-Zuevskogo gorodskogo soveta*, S. 18, 19.

tenen Vorwahlversammlung der „Arbeiter und Angestellten der Wurstproduktion“ wurden in der Diskussion nach einem Vortrag des Stadtratsbeauftragten und der Verlesung diverser „Fragen“ an den Rat Stimmen laut, die mit der Kooperative hart ins Gericht gingen. Im Zusammenhang mit der ideologischen Vorgabe des sich gesetzmäßig verschärfenden Klassenkampfs als Folge des sozialistischen Aufbruchs, „besonders im Zusammenhang mit den Neuwahlen der Räte“, führte ein Teilnehmer ausdrücklich den erwähnten Versorgungskonzern an, der „mit fremden Elementen bis zur Unmöglichkeit verschmutzt“ sei. Besonders betroffen sei die Fleischerei, wo drei *lišency* arbeiteten, „angeführt von einer einst in Orechovo wichtigen Persönlichkeit, dem ehemaligen Eigentümer der Fleischerei“. Dieser arbeite dort jetzt als leitender Angestellter. Mit Rückendeckung durch die Betriebsadministration habe er auch den vom Gewerkschaftskomitee veranlaßten Entzug seiner Mitgliedschaft in der Fachgewerkschaft folgenlos überstanden, jedoch das Betriebskomitee wie auch die Arbeiter durch verschiedene Willkürakte gegen sich aufgebracht. Vehement verlangte der Diskutant die sofortige Entlassung des „fremden Elements“, anderenfalls würden ihn die Arbeiter selbst „auf der Stelle aus der Produktion nehmen“[487]. Hier gingen offensichtliche persönliche Motive der unmittelbar Beteiligten mit den ideologischen eine enge Verbindung ein, was die Durchsetzung der letzteren erheblich erleichterte.

Die „Verschmutzung“ der Zentralen Arbeiterkooperative im genannten Sinne stellte für den Rat Orechovo-Zuevos, aber auch für Egor'evsk, Pavlovo-Posad und die anderen Städte und urbanen Siedlungen mindestens des gesamten zugehörigen Bezirks, noch Ende Oktober 1929 ein ernstzunehmendes Problem dar[488], trotz der zu jener Zeit verstärkten Aktivitäten zur Durchleuchtung der Personalstruktur der Kooperative im Zuge der von oben angeordneten Generalsäuberung.

Zeitgleich mit der Arbeit der Sonderkommission, die den wirtschaftlich bedeutenden Serpuchover *SCRK* von den „ehemaligen Leuten“ entfrachten sollte, wurde eine entsprechende Durchleuchtung anderer öffentlicher Institutionen der Stadt, wenn überhaupt, dann nur auf niedrigem Niveau und in erheblich kleinerem Maßstab durchgeführt. So ermittelte die Betriebskommission der „Arbeiterfakultät“ bis zum 9. März 29 neben der Verifizierung der oben genannten kompromittierenden Angaben über drei Schüler nur noch vier weitere mit ihrer „fremden“ Vergangenheit belastete „Elemente“: einen Schüler mit einem Vater, der 40 Jahre als „Gendarm“ Dienst getan hatte, einen weiteren mit einem Kulakenvater, einen

---

[487]Protokol sobranija rabočich i služaščich kolbasnogo proizvodstva ot 29 I 1929 g., CGAMO, f. 5736, op. 1, d. 10, ll. 219, 220.

[488]Dies schlug sich nicht zuletzt in dem Ende 1929 verfaßten amtlichen Bericht über die bisherige Tätigkeit der Staats- und Parteibehörden und in den daraus resultierenden Vorgaben bezüglich ihrer künftigen Aufgaben im neugegründeten Bezirk Orechovo-Zuevo nieder: „In den kooperativen, staatlichen und Handelsorganisationen geht die Arbeit überhaupt nicht angemessen vonstatten, da die Apparate selbst mit dem fremden Element verschmutzt sind“. Vgl. *Materialy k otčetu o sostojanii i perspektivach raboty orechovo-zuevskogo okrispolkoma*, S. 62/63. Speziell zur Stadt Orechovo-Zuevo vgl. Protokol No. 7 zasedanija Plenuma Orechovo-Zuevskogo Gorsoveta ot 28-go X 1929 goda, ibid., f. 5700, op. 1, d. 26, l. 30.

dritten mit dem Vater als privatem Warenzusteller sowie einen vierten Schüler mit einer Mutter, die sich angeblich als „Wunderdoktor" exponiert hatte. Wie schon ihre erwähnten anderen drei Mitschüler hatte jeder von ihnen diese kompromittierenden familiären Umstände bei der Einschreibung zu den Kursen verheimlicht. Alle sieben wurden der Fakultät verwiesen. Die Verantwortung für den quantitativ geringen Erfolg bei der Ermittlung der „klassenfremden Elemente" schob der Berichterstatter des *Nabat* in seinem Kommentar im wesentlichen dem Leiter der Bildungsstätte zu, der nicht engagiert und interessiert genug zu Werke gegangen sei[489].

Die Unzufriedenheit der örtlichen klassenbewußten Kräfte mit diesem Ergebnis bei der Untersuchung der sozialen Herkunft der Schülerschaft äußerte sich schließlich auch in einem Zeitungsartikel vom 29. März. „Die Frage eines strengeren Herangehens an die Auswahl der Studenten" gewinne jetzt „besondere Schärfe". Gefährlich sei es eben, wenn über Neuaufnahmen in die Arbeiterfakultät allein der Leiter der Einrichtung entscheide, der sich irren könne, die Vertreter des Kreiskomitees der Partei und des Komsomol jedoch „ihre Nase" nicht zeigten[490]. Damit tritt hier nicht nur das oben anhand der Situation im *SCRK* thematisierte Problem des mangelnden Willens örtlicher Behördenleiter erneut in den Blick, die repressiven ideologischen Vorgaben der Partei in der eigenen Betriebsorganisation umzusetzen, sondern es stellte sich unmittelbar auch die Frage nach der Kontrolle der betrieblichen Parteileitung über diese wichtige proletarische Bildungseinrichtung.

Trotz der Brisanz des Problems veröffentlichte die Zeitung erst nach vielen Monaten eine Kurzinformation mit den genauen Bedingungen für eine Aufnahme in die Arbeiterfakultät. Dem interessierten Leser wurde eindringlich vor Augen gestellt, daß jeder angehende Student nicht nur etliche Jahre in der Produktion gearbeitet haben und die „Grundlagen der politischen Bildung" mitbringen müsse, sondern auch einen vom bisherigen Arbeitgeber ausgefüllten Fragebogen zur Person, eine Bescheinigung des Betriebes über die Abkommandierung zur Ausbildung sowie - ganz wichtig - einen Nachweis über die „soziale Herkunft" und die berufliche Tätigkeit beider Eltern vor und nach der Revolution[491].

Für Ende Januar/Anfang Februar 1929 ist eine deutliche Verschärfung der gegen die „fremden Elemente" gerichteten Vorwahlkampagne zu konstatieren. Sie wurde in Serpuchov wiederum vom *Nabat* initiiert. Das Parteiblatt setzte in der Ausgabe vom 31. Januar die seit dem 26. dieses Monats anstelle der alten für politische Repressionsaufrufe benutzten Rubrik „Nicht in die Augenbraue, sondern ins Auge" neu eingeführte Anzeigensparte „Kurz aber klar" ein. In Fettdruck erschien hier u.a. eine „Anmerkung", die einen „ehemaligen Händler-Spekulanten" an den Pranger stellte, der, des Wahlrechts beraubt, aus der Versicherungskasse

---

[489] Osada rabfaka snjata. Čuždye ėlementy vyčiščeny, *Nabat*, No. 57 (2099), 9.III.1929 g., S. 3.

[490] Panteleev: Strože provodit' otbor, ibid., No. 72 (2114), 29.III.1929 g., S. 3.

[491] Uslovija priema, ibid., No. 49 (2392), 28.II.1930 g., S. 6.

nun auch noch eine Pension beziehe[492]. Wichtig ist, zu bemerken, daß sich hier erneut die nicht formal gesatzten Prinzipien des proletarischen Klassenrechts der Partei mit den kodifizierten Normen der „sozialistischen Gesetzlichkeit" kreuzten, denn nach geltendem Recht besaß jeder *lišenec* durchaus noch ein Anrecht auf eine Pension[493]! Es folgten unter der bewußt physische Gewalt assoziierenden Überschrift *Wir schlagen aus nächster Nähe zu* acht Artikelchen über teilweise in Genossenschaften auf alte Art wirtschaftende „ausbeuterische" ehemalige Großhändler mit eindeutigem Ziel[494].

Auch diese Artikel verdeutlichen die Resistenz der alten, in der *NĖP* wiederbelebten Handelsstrukturen, die auch durch massive Kampagnen nicht ohne weiteres zu eliminieren waren.

Der Feldzug gegen die derzeitigen bzw. ehemaligen Privatunternehmer spiegelte sich weiterhin auch in den „Fragen" der Teilnehmer während der einzelnen betrieblichen Rechenschaftsversammlungen. Bei einer Anfang Februar ebenfalls in Serpuchov stattfindenden entsprechenden Veranstaltung der Beschäftigten des Alkohol verarbeitenden Betriebs „Centrospirt", der „Milchkooperative" und der „vereinigten Gruppen privater Betriebe" wurde die interessante Frage gestellt, welche Kontrolle denn eigentlich „über die privaten Brotbäckereien" ausgeübt werde, wenn diese ihr Mehl vom „Bevollmächtigten des Gouvernementsbinnenhandels" erhielten[495]. Gesetzt den Fall, daß die Informationen der Diskutanten stimmten, und manches spricht dafür, so bedeutete dies nichts anderes als die staatlich gewährleistete Belieferung des „Klassenfeindes" mit Rohstoffen zu dessen Profitmaximierung - eine für Staat und Partei wahrhaft alarmierende Nachricht! Während einer an anderer Stelle stattfindenden entsprechenden Betriebsversammlung wurde bemerkt, daß es „interessant" wäre, zu erfahren, „auf welche Weise denn die ehemaligen Händler und dergleichen Elemente" durch die offizielle „Arbeitsbörse" bis zur Arbeit im öffentlichen Sektor „vordringen" könnten[496]. Dies paßt zu entsprechenden oben thematisierten Befunden.

Die trotz aller Repressionsmaßnahmen nach wie vor große Bedeutung des privaten Handels in der Industriestadt Serpuchov erhellt auch aus einem charak-

---

[492]Korotko, no jasno, ibid., No. 25 (2067), 31.I.1929 g., S. 3.

[493]Dieses verlor der besagte Personenkreis erst mit dem Gesetz vom 13. Februar 1930. Dazu unten S. 133/134.

[494]Unter ihnen war auch eine Notiz über die angebliche Ausbeutung von Hilfskräften seitens dieser in der örtlichen Versorgungswirtschaft tätigen „Ehemaligen". Eine andere am 2. Februar erschienene „Anmerkung" stellte die ehemaligen Inhaber zweier Läden mit Manufakturwaren ins Rampenlicht der Öffentlichkeit, die, nun „hinter dem Vorhang der Genossenschaft", wie früher „einen großen Kiosk" führten. Vgl. B'em v upor, *Nabat*, No. 25 (2067), 31.I.1929 g., S. 3; Rabkor: Za vyveskoj arteli, ibid., No. 27 (2069), 2.II.1929 g., S. 3.

[495]Vgl. Voprosy, zadannye na otčetnom sobranii o rabote Serpuchovskogo Gorsoveta - Centrspirtom, Moločnoj kooperaciej i ob-edinennymi gruppami častnych predprijatij, CGAMO, f. 5812, op. 1, d. 3, l. 31.

[496]Voprosy, zadannye na otčetnom sobranii o rabote Serpuchovskogo Gorsoveta, na Palichovskoj f-ke 7-go fevralja 1929 g., ibid., l. 25.

teristischen Vorschlag vom 22. Februar, formuliert ebenfalls während einer der Rechenschaftsversammlungen vor den Wahlen:

> Es ist dem Stadtrat vorzuschlagen, in der Vargin-Gasse ein Geschäft zu eröffnen, wo jetzt der Privatunternehmer Tuljakin Handel treibt. Er nimmt viel an Sonntagen ein. Der Rajon ist sehr groß, aber der [staatliche - *Erg. v. H.-M. Miedlig*] Verkaufsstand klein und kann nicht alle versorgen, und viele gehen zum Privathändler, aber er umgarnt alle wie eine Spinne und läßt auf Kredit anschreiben[497].

Nichts umschreibt besser die zwangsläufig starke Stellung der handeltreibenden „fremden Elemente" angesichts der Unfähigkeit des staatlichen Sektors, die Versorgung der Bevölkerung mit Konsumgütern bedarfsdeckend zu gewährleisten. So waren trotz der Repressionskampagne Teile der städtischen Bevölkerung auf die privaten Versorger geradezu angewiesen[498]. Vielleicht erklärt dies die oben thematisierte, unter der Hand offenbar noch funktionierende Belieferung privater Händler mit Verbrauchsgütern durch staatliche Stellen. Hier zeigte sich besonders kraß der große Unterschied zwischen der vorgegebenen ideologisierten *Theorie* auf der einen und der *Praxis*, die sich am tatsächlich Machbaren orientierte, auf der andere Seite.

Wie oben ausgeführt, sollten die einzelnen „Bevollmächtigten" der städtischen Wahlkommissionen in ihren Berichten über den Ablauf der Rechenschaftskampagnen auch über die „Stimmung" der Stadtbevölkerung, mögliche Unzufriedenheiten sowie auch über antisowjetische Auftritte berichten. Im Kampagnenhalbjahr 1928/29 wurden in Serpuchov und anderswo Erscheinungsformen einer solchen Opposition in der Tat sichtbar. So verlautbarte der *Nabat*, daß während einer Betriebsversammlung der Serpuchover Kattundruckfabrik der wirtschaftspolitische Kurs der Partei von drei Beschäftigten einer grundlegenden Kritik unterzogen worden sei[499]. Alle drei Wortbeiträge wurden vom *Nabat* als „kon-

---

[497] Voprosy, zadannye na otčetnom sobranii neorganizovannogo naselenija Zanarskogo rajona 22-go fevralja 1929 goda, ibid., l. 50.

[498] Dies wird nun auch in der neuen russischen Forschung unter scharfer Abgrenzung von den bisherigen klassenideologischen Sichtweisen hervorgehoben. Als Beispiel sei genannt: Ju.M. Ivanov: Položenie rabočich Rossii v 20-ch - načale 30-ch godov, *VI* (1998), No. 5, S. 29.

[499] Einer der Beteiligten habe das stetige Verschwinden der kleinen, meist privaten Nahrungsmittel produzierenden Manufakturen und damit auch der städtischen Kleinunternehmer ohne Wahlrecht bemängelt. Der zweite Opponent wandte sich, so der *Nabat* weiter, gegen die betriebliche „Rationalisierung", die nach den Worten des Beschäftigten zu nichts geführt habe und zudem „auf dem Rücken der Arbeiter" durchgeführt werde. Gleichzeitig zeigte er Verständnis für die Zurückhaltung der Bauernschaft, dem Staat Getreide zu liefern, da gerade der Bauer mit drückenden Abgaben „gequält" werde. Ähnliches berichtete das Blatt auch vom dritten Beschäftigten, der die amtlichen Maßnahmen zur Rationalisierung und zur Erhöhung der Arbeitsproduktivität keineswegs nur als „unnötig" abqualifiziert habe. Diese unerwünschten Maßnahmen seien vielmehr, so der Redner, nur deshalb möglich geworden, „weil die Betriebe und Werke nicht den Arbeitern, sondern der kommunistischen Spitze" gehörten. Die Führung des Landes müsse deshalb abgesetzt und durch eine andere ersetzt werden. Wie das Blatt weiter berichtete, habe es daraufhin Tumulte

terrevolutionäre Ausfälle" qualifiziert[500]. Als Folge dürfte mindestens einer der Redner Opfer eines Zugriffs des *OGPU* geworden sein, da in diesen Fällen seitens dessen *trojka* leicht Anklage wegen konterrevolutionärer Betätigung erhoben werden konnte: Bei anderen „demagogischen und antisowjetischen Auftritten" während der Rechenschaftsversammlungen verschiedener Betriebe sowie der „nichtorganisierten Bevölkerung" tauchten nach dem Wahlkampagnenreport nämlich nur noch zwei der eben genannten Kritiker auf. Der „Trotzkist" der vorangegangenen Versammlung fehlte! Unzufriedenheit mit der Wirtschaftpolitik von Partei und Regierung äußerten nach dem Report auch andere Werktätige aus verschiedenen Betrieben[501].

Ähnliche oppositionelle „Ausfälle" ereigneten sich auch in anderen Arbeiterstädten. Nach einem Bericht über die im Betrieb „Staatlicher Industriebau" (*Gospromstroj*) in der Stadt Orechovo-Zuevo durchgeführten Vorwahlkampagnen meldete sich erneut der oben bereits genannte Arbeiter Viteev nach Anhörung eines Vortrags „über die Aufgaben der Sowjetmacht" zu Wort. Auch er, der vorher schon für die Beibehaltung und Stärkung von privatem Handel und privater Industrie und damit auch für die *lišency*-Unternehmer eingetreten war[502], kritisierte dem Bericht zufolge unter langem Applaus der Kollegen mit scharfen Worten die Wirtschaftspolitik der Partei im dargelegten Sinne. Seine Schlußworte wurden wie folgt notiert:

> Ich bin gegen die Sowjetmacht aufgetreten und weiß, daß sie mich morgen ins GPU rufen werden, wo ich auch schon war, aber das fürchte ich nicht[503].

Derartige Vorfälle sind auch für Kolomna, Egor'evsk und andere Städte belegt. In diesen Fällen wurden sämtliche Oppositionellen vom örtlichen *OGPU*-Residenten nach dem § 58 des Strafgesetzbuches angeklagt und nachfolgend von der Moskauer „Sonderversammlung" des Geheimdienstes mit Verbannungsurteilen belegt[504]. Es ist erstaunlich, daß sich Viteev, der ja schon lange wegen kritischer politischer Äußerungen den Organen der Staatssicherheit aufgefallen war, nicht längst in Gewahrsam befand und immer noch seinem Beruf nachgehen konnte. Offensichtlich besaß der *OGPU*-„Bevollmächtigte" in Orechovo-Zuevo,

---

unter den Zuhörern gegeben, die die Rede als „konterrevolutionär" und den Redner als „Trotzkisten" eingestuft hätten. Dieser habe sich ebenso vehement dagegen gewehrt. Vgl. Račočie ne poterpjat v svoich rjadach kontr-revoljucionerov. Tak skazali sitcenabivniki, s treskom provaliv vylazki trockistov, *Nabat*, No. 27 ((2069), 2.II.1929 g., S. 2.

[500]Ibid.

[501]Informacionnaja svodka ob itogach otčetno-predvybornoj kampanii Serpuchovskogo gorsoveta 1927 goda. Kampanija prochodila v period s 25/I po 14/II 1929 g., CGAMO, f. 5812, op. 1, d. 3, ll. 2, 3.

[502]Vgl. oben S. 56 mit Anm. 284.

[503]Otčet po perevyboram v Orechovo-Zuevskij Gorsovet po sojuzu stroitel'nych račočich, CGAMO, f. 5736, op. 1, d. 9, l. 111.

[504]Vgl. Perečen' političeskich ssylnych v OGPU (1929) [Dokumente der Gefangenenhilfsorganisation des sowjetischen Roten Kreuzes mit Begleitunterlagen], GARF, f. 8409, op. 1, d. 407, ll. 93, 190.

zumal er von den Organen des Stadtrats in seiner Arbeit nicht ohne Absicht kaum unterstützt wurde[505], weniger Autorität als anderswo im Moskauer Gebiet. Nach dem oben Gesagten läßt dies auf eine vergleichsweise schwache Stellung der örtlichen Parteiführung schließen, die ja den Dienst über ihre „Zelle“ zu führen hatte[506]. In der Tat scheinen Passivität und mangelnde Führung der untergeordneten Parteiorganisationen und Zellen ein Kennzeichen der Arbeit des Stadtparteikomitees von Orechovo-Zuevo gewesen zu sein, wofür es vom *MK* im Februar 1933 gemaßregelt und wieder „auf Linie“ gebracht wurde[507] - wie es scheint, nicht mit dauerhaftem Erfolg[508]. Ein ähnliches Problem bestand hinsichtlich des Ver-

---

[505]Noch im September 1930 lehnte es der Kreisrat in Orechovo-Zuevo ab, der örtlichen *OGPU*-Stelle auf deren Bitte hin Budgetmittel für die Erhaltung ihrer städtischen Residentur zu gewähren. Statt dessen wandte sich der Rat in dieser Sache an den „geheimen Sektor“ des *MOIK*, der sich jedoch nach Rücksprache mit der Gebietsfinanzabteilung ebenfalls nicht für zuständig erklärte und den Kreisrat anwies, entsprechende Mittel bereitzustellen. Vgl. zum entsprechenden Briefwechsel CGAMO, f. 2157, op. 5, d. 285, ll. 6, 19, 36; ibid., d. 212, l. 26. So nimmt es nicht wunder, daß ein anwesender „Volksrichter“ die Arbeit der örtlichen Geheimdienststelle während einer gemeinsamen Versammlung der Milizangehörigen sowie der Mitarbeiter der Kriminalfahndung der Stadt Orechovo-Zuevo am 21. März desselben Jahres scharf kritisierte. Die Tätigkeit des Dienstes sei bürokratisch und von „schlechter Ermittlungsführung“ gekennzeichnet. Vgl. Protokol No. 6 soveščanija rabotnikov milicii, ug. rozyska v prisutstvii narsledovatelja I us-ka Gladkoj i narsud'i 2 uč. Koryševa ot 21/III-1930 g., ibid., f. 5700, op. 1, d. 40, l. 9.

[506]Vgl. EINLEITUNG, S. 17.

[507]Am 23. Juni 1928 wandte sich der Hilfssekretär in der „Geheimabteilung“ des *ZK*, V. Selickij, an die *ZKK* mit der Bitte, folgenden Sachverhalt im Zusammenhang mit einem gerade eingegangenen, unleserlichen Brief des Parteimitglieds Miškina aus Orechovo-Zuevo an Stalin aufzuklären: Bereits im Oktober 1927 habe Miškina einen solchen Brief an denselben Adressaten geschickt. Das Schreiben sei von der Geheimabteilung zuständigkeitshalber umgehend dem Parteikomitee in Orechovo-Zuevo zugestellt worden, verbunden mit der Aufforderung, die Bittstellerin vorzuladen und zu dem in ihrem Brief dargestellten Sachverhalt zu befragen. Das Parteikomitee habe jedoch nicht geantwortet. Aus ihrem erneuten, gleichfalls unleserlichen Schreiben gehe nur eines klar hervor: Der örtliche Staatsanwalt habe Miškina „befohlen“, sich an die *ZK*-Geheimabteilung zu wenden, damit die tatenlose Parteiorganisation in Orechovo-Zuevo überprüft würde. Danach hatte sich die Briefschreiberin an die *ZKK* gewandt, ohne eine Antwort zu erhalten. Vgl. Pomoščnik sekretarja CK V. Selickij. CKK VKP(b). RCChIDNI, f. 17, op. 85, d. 419, l. 243. Am 19. März 1929 versandte die Geheimabteilung einen dritten derartigen an Stalin gerichteten Brief Miškinas nunmehr an das *MK*. Im Anschreiben ordnete die Abteilung Maßnahmen gegenüber dem Parteikomitee in Orechovo-Zuevo an, da dieses trotz zweimaliger Aufforderung, die Parteigenossin vorzuladen und zur Sache zu befragen, passiv geblieben und der Geheimabteilung „nichts geantwortet“ habe. Pomoščnik sekretarja CK, V. Selickij, MK. Ibid., d. 436, l. 23. Am 12. Februar 1933 stellte das Plenum des städtischen Parteikomitees in Orechovo-Zuevo in verordneter Selbstkritik nach der zuvor ergangenen Rüge des *MK* „Fehler und Mängel in der Führung der Organisation“ seitens des Komitees fest und erlegte seinem „Büro“ als ständigem Leitungsorgan eine entsprechende „Umgestaltung“ seiner Arbeit auf. Dies galt ausdrücklich nicht nur bezüglich einer genauen Kontrolle bestimmter untergeordneter, nicht den Weisungen von *ZK* und *MK* folgender Ortsparteiorganisationen, sondern auch bezüglich der „unkonkreten Führung“ der *betrieblichen* Parteizellen. *Rezoljucii plenuma Orechovo-Zuevskogo Gorkoma VKP(b), sovmestno s partaktivom, 12 i 14 fevralja 1933 g.*, S. 5, 6.

[508]Noch im Frühjahr 1934 hob das Büro des *MK* die besondere Nachlässigkeit des Parteikomitees in Orechovo-Zuevo auch in der Führung der laufenden Geschäfte, etwa der Mitglieder-

haltens des Parteikomitees in Volokolamsk[509]. So verwundert es nicht, daß die Bereitschaft der kommunalen Stellen, das *OGPU* tatkräftig zu unterstützen, auch in einigen anderen Kreisstädten zu wünschen übrig ließ[510].

Diese nicht erst seit 1928/29 bestehende Situation war durch den Zusammenstoß des verschärften Kontroll- und Verfolgungsanspruchs der übergeordneten Instanzen im Kontext der „Revolution von oben" mit den der neuen Ideologie so gar nicht entsprechenden örtlichen Verhältnissen ein weiteres Indiz für eine neue Qualität der Krise in den Beherrschungskapazitäten der zentralen gegenüber den lokalen Machtorganen. Aber auch letztere sahen sich in der Ära der „Verschärfung des Klassenkampfs" analogen Problemen gegenüber, so auch erneut im Zuge von Wahlkampagnen, diesmal zu den Frühjahrswahlen 1929: Trotz des *Pravda*-Aufrufs seitens des *Mossovet*-Vorsitzenden K. Uchanov vom 1. Februar zur massenhaften Teilnahme aller Werktätigen an den Rechenschaftsversammlungen, um eine wirkliche „Inspektion der Arbeit der Räte" zu gewährleisten[511], war das Interesse der betrieblichen Öffentlichkeit an den Vorwahlversammmlungen zumindest sehr unterschiedlich, der Mobilisierungserfolg der örtlichen Behörden somit begrenzt[512].

Die Städte (und Dörfer) des Moskauer Gouvernements bzw. Gebiets standen mit diesen Problemen keineswegs allein da. Schlechte Vorbereitung und mangelndes Interesse der öffentlichen Organisationen (z.B. der Gewerkschaften) an

---

verwaltung, hervor, wozu chaotische Verhältnisse in der Arbeitsorganisation beitrügen; vgl. Protokol No. 3 zasedanija Bjuro MK(b) ot 27 aprelja 1934 g.: Voprosy, rešennye oprosom členov Bjuro MK VKP(b) ot 20 aprelja 1934 g. RCChIDNI, f. 17, op. 21, d. 3011, ll. 84, 85.

[509]Dessen 1. Sekretär wurde im Frühjahr 1934 wegen eines schon lange bestehenden gravierenden Mangels in der Führung der Kreisversorgungsämter, die nicht für eine ausreichende Ausstattung der Nahrungsmitteldepots für die „Arbeiter" gesorgt hätten, vom *MK* zur Verantwortung gezogen, vgl. Protokol No. 3 zasedanija Bjuro MK(b) ot 27 aprelja 1934 g. Ibid., l. 96.

[510]So zeigten, wie es in der Belegquelle heißt, „einige" weitere Kreisvollzugskomitees gleichfalls kein großes Verlangen, den jeweiligen *OGPU*-Residenten mit ihrem Stab die nötigen Finanzmittel an die Hand zu geben oder ihnen auch nur entsprechende Amtsräume zur Verfügung zu stellen. Daher mußte das Präsidium des *Mossovet* und des *MOIK* schließlich am 11. Oktober 1930 in einem an alle Vollzugskomitees in den einzelnen Kreisstädten gerichteten Zirkular auf deren Pflicht, die örtlichen *OGPU*-Stellen in jeder Weise zu unterstützen, ausdrücklich hinweisen, vgl. Prezidium MOIKa i Mossoveta. Vsem Rajispolkomam, CGAMO, f. 2157, op. 5, d. 212, l. 26.

[511]Vgl. K. Uchanov: Otčetnaja kampanija - general'naja proverka vsej našej raboty, *Pravda*, No. 26 (4160), 1 fevralja 1929 g., S. 2.

[512]Am 3. Februar meldete der Serpuchover *Nabat*, daß in der Fabrik „Roter Textilarbeiter" nur die Hälfte der Belegschaft zu den Versammlungen erschienen sei. Auch in anderen Fabriken der Stadt war die Situation in dieser Hinsicht für die Organisatoren offenbar nicht befriedigend; vgl. den Art.: Polovina izbiratelej ne javilis', *Nabat*, No. 28 (2070), 3.II.1929 g., S. 2. An den fünf Rechenschaftsversammlungen in der Regie der „Gewerkschaft der Bauarbeiter" in Orechovo-Zuevo sollen nach dem Bericht des zuständigen „Bevollmächtigten" insgesamt immerhin 74,7% der Wähler teilgenommen haben. Otčet po perevyboram v Orechovo-Zuevskij Gorsovet po sozuju Stroitel'nych rabočich, CGAMO, f. 5736, op. 1, d. 9, l. 111. In der Weißfärbe- sowie der Kattundruckfabrik der gleichen Stadt waren es hingegen nur 56%. Vgl. Informacionnaja svodka po otčetu i perevyboram Gorsoveta, ibid., l. 124.

der Durchführung der Wahlkampagnen überall in der *RSFSR* stellte die *Pravda* am 22. Februar in den Vordergrund ihrer vorläufigen Bilanz der laufenden Vorwahlaktivitäten der Räte. Erst die Mobilisierungen spezieller Beauftragter der Zentrale und die Organisation von „Appellwettbewerben" habe die Kampagnen schließlich beleben können[513].

Der *Nabat* und andere örtlichen Parteizeitungen sahen in dieser Zeit verstärkt ihre Aufgabe darin, der Wahlkommission beim Aufspüren potentieller *lišency* zu helfen. So erschien am 5. Februar im erstgenannten Organ die Meldung über die Existenz zweier Großgärtner, die zur Sommerzeit in Serpuchov auf ihrem Grundbesitz angeblich auch Lohnarbeitskräfte beschäftigten. Diese „kleinen Kulaken" hätten bisher ihr Wahlrecht behalten. Die Wahlkommission müsse ihr Augenmerk unbedingt auf diese beiden Personen lenken[514]. Tatsächlich bewirkte die Zeitungsnotiz den Entzug der Wahlrechte, allerdings schafften es die Betroffenen, durch erfolgreiches Beschreiten des Klageweges ihre Rechte in Kürze zurückzuerhalten und damit ihrer gesellschaftlichen Stigmatisierung und Ausgrenzung zu entgehen: Bereits am 8. Februar erschien zur Ausgabe des *Nabat* eine Sonderbeilage mit 38 Namen derer, denen die vollen Rechte von der Wahlkommission zurückgegeben worden waren, darunter außer den genannten Gärtnern auch der oben erwähnte Kaufmann Bibikov sowie drei weitere „ehemalige Händler", die die Zeitung vorher an den Pranger gestellt hatte[515].

Eine gleiche Anzahl von Personen, denen zusätzlich zu den bereits ermittelten Betroffenen das Wahlrecht von der Wahlkommission hingegen endgültig entzogen war, tauchte in einer gesonderten Liste in der Beilage auf. Fünf der Genannten waren vorher in den „Anmerkungen" des *Nabat* „entlarvt" worden. Auch diese zusätzliche *lišency*-Liste bot das übliche Bild: Es handelte sich fast nur um ehemalige Händler und Händlerinnen, z.T. gleichzeitig Hausbesitzer bzw. -besitzerinnen und deren Familienangehörige. Nur vier Repräsentanten des zaristischen Regimes, lediglich ein „ehemaliger Offizier" und drei Geistliche wurden in der Aufstellung genannt[516]. Die Namen dreier *lišency* aus der Liste veröffentlichte das Blatt am nächsten Tag nochmals, nun im Rahmen der Bekanntmachung derjenigen, die als „nichtwerktätige Elemente" ihre Wohnungen verlieren sollten[517]. Somit waren erneut einzelne „fremde" oder „ehemalige Leute" wegen ihrer sozialen Herkunft bzw. ihrer Vergangenheit doppelter Bestrafung ausgesetzt. Weitere 22 *lišency*, darunter der oben genannte Fleischhändler Mjasnikov, hatte die Zeitung bereits am 2. Februar gebrandmarkt[518].

---

[513]Vgl. die Schlagzeile *Vybory v sovety*. Hier: Jan Polujan: Pervye itogi otčetnoj kampanii v RSFSR, *Pravda*, No. 44 (4178), 22 fevralja 1929 g., S. 3.

[514]N. Šuvalov: Lišit' izbiratel'nye prava, *Nabat*, No. 29 (2071), 5.II.1929 g., S. 2.

[515]Spisok lic, vosstanovlennych v izbiratel'nych pravach po gorodu Serpuchovu. Priloženie k gazete „Nabat", No. 32. CGAMO, f. 5812, op. 1, d. 1, l. 20.

[516]Dopolnitel'nyj imennoj spisok lic, lišennych izbiratel'nych prav, ibid.

[517]Kto eščе vyseljajut, *Nabat*, No. 33 (2075), 9.II.1929 g., S. 3.

[518]Ibid., No. 27 (2069), 2.II.1929 g., S. 3. Vgl. zu Mjasnikov auch oben S. 91.

28 andere Namen von Personen ohne Wahlrecht, davon jedoch nur vier im *Nabat* vorher veröffentlicht, erschienen in der Zeitung am 21. Februar[519], 30 und 27 weitere in den Ausgaben vom 22. und 23. des Monats[520]. Von diesen insgesamt 85 Personen, Familienangehörige der *lišency* eingeschlossen, waren nur neun, z.T. mehrfach, Gegenstand der Anprangerung bzw. des unverhüllten Angriffs als „Klassenfeinde" in der Zeitung gewesen. Der große Rest war also wieder aufgrund *interner* Recherchen der Wahlkommission bzw. Informationen des Vollzugskomitees (auch nach Denunziation „wachsamer" Bürger)[521], der Bescheide des *OGPU* oder des Gebietsgerichts auf den Index gesetzt worden. Bei einer Gesamtzahl von ca. 2000 Personen, die am Ende der Vorwahlkampagne in Serpuchov auf der *lišency*-Liste standen[522], ist die vom *Nabat* im Zeitraum zwischen dem 1. Januar und dem 1. März 1929 tatsächlich veröffentlichte Anzahl von 196 solchen Personen, erst recht die Zahl der nur auf seine Initiative hin Repressierten, eher gering[523]. Diejenigen Fälle, die in der Presse angezeigt wurden, waren gewissermaßen ausgewählte (Lehr-)Beispiele. Schon aus Platzgründen konnte die große Zahl an die Zeitung versandter einschlägiger Zuschriften nicht gedruckt werden. Viele wurden auch an die Redaktionen der verschiedenen betrieblichen „Wandzeitungen"geschickt[524]. Wie oben bereits erwähnt, gingen dennoch *alle* eine politisch motivierte Verfolgung einfordernden „Anmerkungen" zunächst unabhängig von einer Veröffentlichung von der *Nabat*-Redaktion direkt den zuständigen Machtorganen zu[525].

Die unrechtmäßige Aberkennung des Wahlrechts blieb ein zentrales Problem der politischen Verfolgungspraxis. Aus einem in der *Pravda* angesichts der anstehenden Wahlen veröffentlichten Artikel vom 10. Februar 29 „Über die Fehler bei der Aberkennung der Wahlrechte" 1925/26 geht mit eindeutigem Bezug auf die gegenwärtigen Entwicklungen, wobei vor Wiederholung der begangenen „Fehler" gewarnt wird, hervor, daß in jenen Jahren unionsweit ⅓ der des Wahlrechts beraubten Bürger nach entsprechenden Beschwerden die Rechte wieder zu-

---

[519] Kto ne možet vybirat'. Dopolnitel'nyj imennoj spisok lic, lišennych izbiratel'nych prav po gorodu Serpuchovu, *Nabat*, No. 43 (2085), 21.II.1929 g., S. 4.

[520] Kto ne možet vybirat'. Dopolnitel'nyj imennoj spisok lic, lišennych izbiratel'nych prav po gorodu Serpuchovu, ibid., No. 44 (2086), 22.II.1929 g., S. 4 sowie No. 45 (2087), 23.II.1929 g., S. 4.

[521] Zu einer solchen denunzierenden Zuschrift vgl. exemplarisch die Fälle Nikolaj Lednev, V.I. Kozlov u.a. im folgenden.

[522] Sovetskoe stroitel'stvo [interne Unterlage der Wahlkommission], CGAMO, f. 5812, op. 1, d. 3, l. 17. Seit dem 10. Januar hatte sich diese Bevölkerungsgruppe in Serpuchov also um 25% vermehrt! Vgl. oben S. 90.

[523] Ermittelte Zahl auf der Grundlage einer systematischen Erfassung aller entsprechenden Angaben des *Nabat* in den Nummern 1-50 des Jgs. 1929.

[524] Vgl. auch die in der Rubrik „Postkasten" (*Počtovyj jaščik*) in regelmäßigen Abständen auf S. 4 der Zeitung veröffentlichten Kurzmitteilungen, etwa in *Nabat*, No. 10 (2052), 12.I.1929 g., S. 4; No. 20 (2062), 25.I.1929 g., S. 4; No. 29 (2071), 5.II.1929 g., S. 4; No. 71 (2113), 29.III.1929 g., S. 4 u.a.

[525] Vgl. als zusätzliche Bestätigung ibid., No. 50 (2092), 1.III.1929 g., S. 4.

erkannt bekam und es sich dabei zu 80% um Bauern, Angestellte und Arbeitslose handelte. Dabei spielten Grundschullehrerinnen eine besondere Rolle[526], speziell auf dem Lande, wo offensichtlich die meisten Verstöße der örtlichen Wahlkommissionen gegen das Wahlgesetz vorkamen[527]. Letzteres bestätigte die Regierung der *RSFSR* auch noch in ihrer offiziellen Einschätzung und Bewertung der Wahlkampagnen 1928/29[528].

Für die Städte, so auch für diejenigen des „Moskauer Gouvernements", wie das Verwaltungsgebiet trotz amtlicher Umbenennung (Januar 29) noch immer genannt wurde[529], läßt sich der Befund hinsichtlich der überwiegenden Zugehörigkeit der Kläger zu den werktätigen Bevölkerungsgruppen für Anfang 1929 zumindest zum Teil bestätigen. So ging es z.B. in Orechovo-Zuevo oder Serpuchov meist um die in der Verfassung beschriebenen typischen *lišency*-Gruppen, aber eben im Arbeitsverhältnis im sozialistischen Sektor, jedoch auch um nach wie vor private Unternehmer oder deren von ihnen wirtschaftlich abhängige Familienmitglieder[530].

Daneben zeigt die oben für Serpuchov genannte Zahl der Fälle offensichtlich unrechtmäßig aberkannter Wahlrechte ein weiteres generelles Problem auf, nämlich das der „Überspitzung" (*peregib*) der Umsetzung einschlägiger Richtlinien im Sinne einer gesetzwidrigen Ausweitung des Personenkreises, der einer Aberkennung des Wahlrechts unterlag. In diesem Zusammenhang veröffentlichte der *Nabat* auch einzelne Rehabilitierungen nachweislich zu Unrecht stigmatisierter potentieller *lišency*[531]. Dieses Problem wurde Gegenstand besonderer Beschäf-

---

[526]Vgl. einen Brief der „Hauptabteilung für sozialistische Erziehung" beim Volkskommissariat für Volksbildung an den Vorsitzenden der Zentralen Wahlkommission der *RSFSR* vom 18. Februar 1929; RSFSR: Narkompros, Glavsocvas. Predsedatelju Centrizbirkoma pri VCIKe. GARF, f. 1235, op. 141, d. 195, l. 1. Am 15. Juli 1929 erging eine gemeinsame Verfügung des *VCIK* und des Rates der Volkskommissare der *RSFSR*, derzufolge berufstätige „Pädagogen" mit aberkanntem Wahlrecht nur „nach endgültiger Entscheidung der Frage über den Entzug der Wahlrechte im gesetzlich festgelegten Verfahren" entlassen werden könnten, vgl. *SU* 1929, No. 64, st. 625. Eine ähnliche Verfügung hatte vorher die zentrale Gewerkschaftsführung am 15. März bezüglich des vorläufigen Erhalts der Gewerkschaftsmitgliedsrechte nach einem angefochtenen Bescheid über den Wahlrechtsentzug, gültig für alle Werktätigen, veröffentlicht; vgl. Raz-jasnenie VCSPS o „lišencach", *Pravda*, No. 61 (4195), 15 marta 1929 g., S. 3.

[527]A. Kiselev: Ob ošibkach v lišenii izbiratel'nych prav, *Pravda*, No. 34 (4168), 10 fevralja 1929 g., S. 3.

[528]Vgl. das Kap. Sovetskoe stroitel'stvo. Izbiratel'naja kampanija 1928-29 g., in*: God raboty pravitel'stva RSFSR. Materialy k otčetu pravitel'stva za 1927-28 g*., S. 31.

[529]Erst in der zweiten Jahreshälfte setzte sich im amtlichen Sprachgebrauch zunehmend der Terminus „Moskauer Gebiet" (*Moskovskaja oblast'*) durch, als die neue „Rajonnierung" des Verwaltungsgebiets seinem Abschluß entgegenging.

[530]Für Orechovo-Zuevo vgl. z.B. die Protokolle No. 11 und 12 der „Kreisunterkommission für den Entzug und die Wiederherstellung der Wahlrechte" vom 23. und 24. Januar, dazu Protokol No. 14 zasedanija Uizbirkoma ot 24 I 1929 g., CGAMO, f. 5736, op. 1, d. 10, l. 76; s. auch die Entscheidungen der „Unterkommission" in den Fällen P.N. Kaškin und V.D. Motorin in der ersten Januarhälfte u.a.; ibid., ll. 43, 47. Für Serpuchov vgl. die bisher genannten *lišency*-Listen.

[531]In diesen Fällen wurden die einschlägigen „Anmerkungen" aufgrund der durch die Redaktion angestrengten Recherchen nach Erhalt entsprechenden falsifizierenden Materials korrigiert.

tigung auch in der *Pravda*[532] und selbst zentraler Verfügungen des *CIK* sowie auch des *VCIK* vom 1. bzw. 13. März 29: Alle Aberkennungen des Wahlrechts sollten nach diesen Verordnungen binnen Monatsfrist noch einmal überprüft und die Vorgänge vom jeweils zuständigen Staatsanwalt hinsichtlich ihrer Gesetzmäßigkeit begutachtet werden[533]. Auch hier zeigte sich ein oben bereits angesprochenes Strukturproblem der politischen Umbruchskrise: Der Klassenkampfgeist der Eiferer unter den Mitgliedern der Wahlkommissionen führte unter dem Einfluß der radikal-parteilichen rechtstheoretischen Konzepte Pašukanis, Krylenkos und anderer zur bewußten Vernachlässigung der existierenden Rechtnormen und Verfahrensregeln in der konkreten Arbeit der Kommissionen. Die Konsequenzen der genannten Verordnungen für die Städte des Moskauer Gebiets angesichts der verbreiteten Mißbräuche in der Aberkennungspraxis der Wahlkommissionen werden nachfolgend zu erörtern sein.

Auch im Frühjahr 1929 sollten sich die Berichte der einzelnen „Bevollmächtigten" bei den örtlichen Wahlkommissionen „Über den Verlauf und die Resultate der Wahlen zu den Stadt- und Siedlungsräten städtischen Typs des Moskauer Gouvernements" wieder jeweils an formal und inhaltlich genau vorgegebenen Rastern orientieren. In den Berichten, die innerhalb von drei Tagen jeweils beim zuständigen Kreisvollzugskomitee, im Falle der Kreisstädte direkt bei der Informationsabteilung des Gouvernementsvollzugskomitees, einzureichen waren, sollten nun noch zusätzliche, für die Wahlkampagne 1927/1928 noch nicht verlangte Informationen gegeben werden. So war jetzt nicht nur u.a. über „die Rolle und Aktivität der Jugend und der Komsomolzen bei den Wahlversammlungen" zu berichten, sondern auch darüber, ob bei den Plenen des jeweiligen Stadt- bzw. Siedlungsrats „politische Gruppierungen" aufgetaucht waren und „worin sie sich ausdrückten". Dabei sollten zudem die „Motive" für eine fehlende Akzeptanz der von der Parteifraktion des Rats aufgestellten Kandidaten genannt werden. Besonders wichtig für den hier gegebenen Zusammenhang ist jedoch eine neue Bestimmung, wonach der Informant „eine allgemeine Charakteristik der neuen Zusammensetzung [des Rats - *Erg. v. H.-M. Miedlig*] vom Standpunkt der Arbeitsfähigkeit *und des Klassencharakters*" einzureichen hatte. „Wenn einzelne klassen-

---

Vgl. dazu die in der Rubrik „Oproverženija" publizierten Richtigstellungen im *Nabat*, No. 12 (2054), 15.I.1929 g., S. 4; No. 27 (2069), 2.II.1929 g., S. 4; No. 34 (2076), 10.II.1929 g., S. 4; No. 50 (2092), 1.III.1929 g., S. 4; No. 51 (2093), 2.III.1929 g., S. 4 u.a.

[532] Vgl. den unter der Schlagzeile *Ispravit' ošibki* erschienenen Grundsatzartikel von A. Kiselev: Slabyj učastok vybornogo fronta, *Pravda*, No. 53 (4187), 5 marta 1929 g., S. 3.

[533] Vgl. Po dokladu o predvaritel'nych itogach izbiratel'noj kampanii v sojuze SSR, *SZ* 1929, No. 19, st. 163 sowie das *VCIK*-Zirkular: Central'nym ispolnitel'nym komitetam avtonomnych respublik, kraevym, oblastnym i gubernskim komitetam, *Pravda*, No. 60 (4194), 14 marta 1929 g., S. 2.

fremde Elemente durchgekommen waren", mußte genau mitgeteilt werden, „wo und unter welchen Umständen" dies hatte passieren können[534].

In der Tat kam es nach den Berichten der Informanten ab und zu durchaus vor, daß die von der Parteizelle nominierten Kandidaten *nicht* gewählt wurden und statt dessen „fremde Elemente", potentielle *lišency*, „durchkamen". Besonders dramatisch war die Situation ausgerechnet in dem bald zur proletarischen Musterstadt[535] erklärten Orechovo-Zuevo. Bei der Bauarbeitergewerkschaft fielen die offiziellen, von der Partei nominierten Kandidaten, so der Bericht, „fast überall" durch. Sie spielten während der Wahlen „bei der Arbeitermasse" kaum eine Rolle. „Die aufgestellten Kandidaten schützte niemand, und niemand trat während der Versammlung selbst gegen die nicht vertrauenswürdigen, bei den Versammlungen aufgestellten Kandidaten auf". Als Folge wurden sogar zwei Regimekritiker, darunter der oben genannte Arbeiter Viteev, der wegen oppositioneller „Auftritte" bereits vom *OGPU* vernommen worden war[536], in den Stadtrat gewählt[537]! Für den 12. Februar belegte ein anderer Informant der Wahlkommission, daß in der „Zwirnfabrik Nr. 1" derselben Stadt eine von der Parteizelle aufgestellte parteilose Kandidatin nicht gewählt worden war. Statt dessen sei ein „unerwünschter Kandidat", dessen „negative Seiten" einigen Parteimitgliedern bekannt seien, durchgekommen. Keines der genannten Parteimitglieder habe gegen die Kandidatur protestiert (!). In einer anderen Abteilung der Fabrik hätten, wie es sonst im Werk die Regel gewesen sei, zwar alle für die offiziellen Kandidaten gestimmt, allerdings mit Ausnahme eines bestimmten Beschäftigten, der demonstrativ der Wahl ferngeblieben und nach eigenen Äußerungen „gegenüber der Sowjetmacht nicht überaus loyal eingestellt" sei[538].

In der Bleichfärbe- sowie der Kattundruckfabrik Orechovo-Zuevos fielen nach einem weiteren Bericht fünf der von den Parteizellen nominierten Kandidaten durch. In einer der Werksabteilungen des erstgenannten Betriebs wurde die Autorität der Partei insofern stark beschädigt, als der Name des Verwaltungsdirektors der Fabrik nach einer einwöchigen Kampagne einer Gruppe von Arbeitern gegen ihn zusammen mit zwei anderen Personen von der Kandidatenliste gestrichen werden mußte. Dabei wurde der Betriebsparteiführung, die den etlichen Beschäftigten offensichtlich wenig bekannten und als Funktionär deshalb beargwöhnten Kandidaten ja aufgestellt hatte, offen die Vertrauenfrage gestellt! So befand sich im Resümee des Informanten über den Ablauf der Wahlen an diesen Fabriken auch die Feststellung: „Es [...] ist das Vorhandensein einer Gruppe, die zum Schaden der Partei agiert, zu konstatieren, nicht nur in dieser Kampagne, sondern auch in einer ganzen Reihe anderer Fragen". Als Manko wurde ferner

---

[534]Vgl. Forma No. 4: Schema političeskoj informacionnoj spravki o chode i rezul'tatach perevyborov gorodskich i poselkovych sovetov gorodskogo tipa Moskovskoj gubernii v 1929 godu. CGAMO, f. 4502. op. 1, d. 38, ll. 18, 19. Hervorhebung von H.-Michael Miedlig.

[535]Zu diesem im Juni 1929 vom *MK* verliehenen herausgehobenen Status vgl. Anm. 77.

[536]Vgl. oben S. 56, 106.

[537]Otčet po perevyboram v Orechovo-Zuevskij Gorsovet po Sojuzu Stroitel'nych rabočich, CGAMO, f. 5736, op. 1 d. 9, l. 111.

[538]Uizbirkom. Ot Bodrova A.V. Dannye po KNF za 12 i 13/II-1929 g., ibid., l. 97.

auch „die Entfremdung der Mitglieder des Stadtrats von den Wählern" hervorgehoben[539]. Insgesamt gab es bei den Wahlen in Orechovo-Zuevo trotz Zutrittsverbots und der Wachsamkeit der Verantwortlichen offenbar dennoch zahlreiche, wenn auch „erfolgreich" abgewehrte Versuche der „Klassenfeinde", vor allem der *NĖP*-Leute, den Gang der Abstimmungen zu beeinflussen[540].

Die Wahlen im Städtchen Pokrov entsprachen ebenfalls durchaus nicht in jedem Punkt den Erwartungen der Partei. Dies betraf vor allem die hinsichtlich ihrer Loyalität gegenüber dem Regime mit Recht beargwöhnte sog. „nichtorganisierte Bevölkerung", bestehend aus Hausfrauen, Invaliden, Kleinhändlern, Handwerkern und Heimgewerbetreibenden. Über den Verlauf ihrer Wahlversammlung berichtete der Beobachter der Wahlkommission, daß es „Versuche seitens einzelner Hausfrauen und Invaliden" gegeben habe, „die Liste der VKP(b)-Zelle ohne Abstimmung mit Zwischenrufen: Wir werden selbst Kandidaten aufstellen, die Mitglieder der Gewerkschaft brauchen wir nicht, warum pfropfen sie uns Fremde auf, abzusetzen". Letztlich seien dann aber doch die von der Partei aufgestellten Kandidaten gewählt worden. Dies galt indessen nicht für die Wahlen, die unter der Regie der Gewerkschaft der im medizinischen Sektor Beschäftigten in der gleichen Stadt abgehalten wurden. Die hier organisierten Frauen seien - so der Bericht - bei der Wahl „passiv" gewesen und hätten „ihre aufgestellten Kandidaten nicht geschützt". So sei von fünf lediglich eine der offiziellen Kandidatinnen gewählt worden. Was die „Aktivität des antisowjetischen Elements und der Personen mit aberkannten Wahlrechten" betraf, so teilte der Informant weiter mit, daß es zu einer solchen nicht gekommen sei, dies allerdings nur deshalb nicht, weil die *lišency* zu den Wahlvorgängen „nicht zugelassen" worden seien[541]. Hier mag das Gefühl erlittener Ungerechtigkeit zu dem Versuch, trotzdem an den Wahlen teilzunehmen, geführt haben: Im Abschnitt „Organisation der Wahlen" bemerkte der „Bevollmächtigte" nämlich, vor der Wahl hätten 51 Personen „aus den Gruppen der ehemaligen Händler" Klagen gegen die Aberkennung ihres Wahlrechts eingereicht, allerdings nur vier mit Erfolg[542].

In Serpuchov verliefen die Wahlen ebenfalls keineswegs immer zur Zufriedenheit der gewerkschaftlichen Organisatoren bzw. der Betriebsparteizellen ab. Ein gutes Beispiel bieten auch hier die Wahlversammlungen der „nichtorganisierten Bevölkerung" mit ihren „fremden" oder „ehemaligen Leuten". Nach Ablauf der entsprechenden „Versammlung des Frauenaktivs, der Delegierten und der Hausfrauen des dritten Bezirks" der Stadt berichtete eine klassenbewußte Arbeiterin im *Nabat* vom 19. Februar, daß im Zuge jener Versammlung eine Hausfrau „mit großem Einkommen" und drei Häusern zur offiziellen Delegierten des Stadtrats gewählt worden sei. Aus ihren Häusern ziehe sie „eine sehr hohe

---

539 Informacionnaja svodka po otčetu i perevyboram Gorsoveta, ibid., ll. 125, 126.

540 Vgl. Protokol No. 1 zasedanija Plenuma Orechovo-Zuevskogo Gorsoveta ot 13-go marta 1929 g., ibid., f. 5700, d. 26, l. 1.

541 Političesko-informacionnaja spravka o rezul'tatach perevyborov Pokrovskogo Gorodskogo Soveta v 1929 godu. Ibid., f. 667, op. 1, d. 235, l. 150.

542 Ibid., l. 149.

Miete". Anstatt für die Sowjetmacht zu agitieren, habe sie offen die gegen die Hausbesitzer und die Kirchen gerichtete Konfiszierungspolitik der Partei kritisiert und die Verantwortlichen verunglimpft, die sich hier nach ihren Worten nur selbst die Taschen füllten. Aus allem zog die Arbeiterin den Schluß, daß eine solche Person nicht nur nicht Delegierte werden könne, sondern auch ihr Wahlrecht verlieren müsse. Die Versammlung habe nach Anhörung dieser Einwände dann doch noch beschlossen, die Betreffende, zumal „als ehemalige Händlerin", aus dem Kreis der Delegierten zu entfernen, ihren Namen in der Zeitung zu veröffentlichen „und hierüber dem Präsidium des Stadtrats mit der Bitte [...], die Wahlrechte zu entziehen, Bericht zu erstatten"[543]. Die Redaktion des *Nabat* hatte wie immer in solchen Fällen *vor* der Veröffentlichung in der Sache recherchiert und das für die betroffene Bürgerin negative Ergebnis an das Stadtratspräsidium gesandt. So nahm die Repressionsmaschinerie langsam ihren Lauf: Am 15. Mai veröffentlichte die Zeitung schließlich die Bestätigung des Aberkennungsbescheids der Wahlkommission für die Hausfrau[544]. Diesem Wahlrechtsentzug kommt insofern besondere Bedeutung zu, als noch am 31. März im *Nabat* eine Richtigstellung der „Anmerkung" vom 19. Februar erschienen war, derzufolge die Betroffene gewissermaßen rehabilitiert wurde: Sie stamme vom Dorf, habe sich „niemals" im Handel betätigt, ihr Mann sei Heimgewerbetreibender gewesen. All dies könne „eine Reihe von Bürgern" bestätigen[545]. Die Tatsache, daß die Wahlkommission trotzdem einen Wahlrechtsentzug verordnete, bedeutet entweder die mangelnde Stichhaltigkeit der Richtigstellung des *Nabat* oder ggf. auch eine jener erwähnten ungesetzlichen „Überspitzungen" in der Entscheidungsfindung der Kommission. Genau läßt sich dies auf der Grundlage der Quellen nicht abklären[546].

Zur Personengruppe derer, denen vor und noch nach den Wahlen zum Serpuchover Stadtrat das Wahlrecht entzogen worden war, zählten viele unberechtigterweise repressierte Bürger. Am 19. April stellte der neugewählte Stadtrat in einer Plenarsitzung fest:

> Die Arbeit der städtischen Wahlkommission besaß nicht die gehörige breite Arbeiteröffentlichkeit und Verbindung zu den Unternehmen, infolgedessen gab es eine ordentliche Menge an Fällen [...] des Wahlrechtsentzugs ohne hierfür ausreichende

---

[543] C.: Torgovka prolezla v žendelegatki. Ee nado lišit' izbiratel'nych prav, *Nabat*, No. 41 (2083), 19.II.1929 g., S. 3.

[544] Spisok lic, lišennych izbiratel'nych prav po gorodu Serpuchovu, ibid., No. 108 (2150), 15.V.1929 g., S. 4.

[545] Vgl. Stepanova - ne torgovka, ibid., No. 74 (2116), 31.III.1929 g., S. 4.

[546] Neben der Hausfrau erschienen in der genannten Zeitungsausgabe vom 15. Mai 17 weitere *lišency*. Dabei bot sich erneut das übliche Bild hinsichtlich der beruflichen bzw. sozialen Herkunft der Inkriminierten. Acht der Angeprangerten ordneten sich der dominanten Gruppe der ehemaligen „Händler" und deren Familienangehörigen zu, darunter ein einstiger Besitzer einer Bäckerei. Der Rest rekrutierte sich aus zwei „ehemaligen Offizieren" (davon einer aus den Reihen der „Weißen"), in einem Fall mit Sohn, ferner einem zaristischen Unteroffizier, einer Frau eines „ehemaligen Fabrikanten", einer „ehemaligen Gutsbesitzerin" sowie aus drei Kostgängern eines „Dieners religiöser Kulte". Vgl. Anm. 544.

Grundlagen, zusätzlich dazu wurden Fälle der Eingabe ernsthafter Beschwerden, sogar von seiten einzelner Parteimitglieder, gegen die Aberkennung des Wahlrechts dieser oder jener Person beobachtet, die in der Folge nach einer Überprüfung [ihre Rechte - *Erg. v. H.-M. Miedlig*] wiedererlangten[547].

Damit zeigte sich nun auch in der Feststellung durch ein offizielles städtisches Machtorgan die Berechtigung der erwähnten Weisung des *VCIK* vom 13. März, auf die das *MOIK* seinerseits mit der Einrichtung eines besonderen „Büros" innerhalb seiner Organisationsabteilung für die Bearbeitung der *lišency*-Vorgänge reagierte[548].

So nimmt es nicht wunder, daß am 15. Mai gleichzeitig mit der erwähnten *lišency*-Liste eine viel mehr Personen umfassende Übersicht über diejenigen Bürger, die ihr Wahlrecht zurückerhalten hatten, veröffentlicht wurde[549]. Es waren nicht weniger als 10% aller bisher ermittelten *lišency*. Unter diesen Leuten befanden sich auch einige vorher im *Nabat* als einstige Großhändler angeprangerte „Ehemalige", was abermals Anlaß gibt, über die Zuverlässigkeit entweder der in den „Anmerkungen" gegebenen Informationen oder der Arbeit der Wahlkommission nachzudenken[550]. Klassenkämpferische inhaltliche „Überspitzungen" bzw. Übertreibungen des jeweiligen Sachverhalts mögen hier ebenso eine Rolle gespielt haben wie gewissermaßen „ererbte" Probleme, die mit „bürokratischem Ungeschick und administrativer Inkompetenz" beschrieben worden sind[551].

Die behördliche Behandlung einer anonymen Anzeige, die an den Präsidiumsvorsitzenden des Stadtrats adressiert war, deutet darauf hin, daß die Serpuchover Wahlkommission seit dem *VCIK*-Erlaß vom 13. März bei der Entscheidung über eine Aberkennung der Wahlrechte nun vorsichtiger operierte. Die Anzeige und ihre Folgen sollen hier exemplarisch beschrieben werden, da es um typische Abläufe innerhalb der städtischen Machtinstanzen bei der Untersuchung bzw. Verfolgung solcher denunzierender Zuschriften geht[552].

Der Verfasser des Briefes wollte den erwähnten städtischen Amtsträger ausdrücklich auf die Bewohner eines bestimmten als „Wohnungskooperative" organisierten Mietshauses hinweisen, die infolge der „Ungenauigkeit" der von Kreis-

---

[547]Protokol plenuma Serpuchovskogo Gorsoveta ot 19-go aprelja 1929 g., CGAMO, f. 4502, op. 1, d. 49, l. 51.

[548]Vgl. Ob-jasnitel'naja zapiska k strukture orgotdela [MOIKa], ibid., f. 2157, op. 1, d. 235, l. 58. Zur Erläuterung: Die „Organisations- und Instruktionsunterabteilung" war ein Teil des Apparats der „Organisationsabteilung" des *MOIK*.

[549]Es handelte sich um 150 Personen, vgl. Spisok lic, vosstanovlennych v izbiratel'nych pravach po gorodu Serpuchovu, *Nabat*, No. 108 (2150), 15.V.1929 g., S. 4.

[550]Vgl. zu den entsprechenden „Anmerkungen" ibid., No. 22 (2064), 27.I.1929 g., S. 2; No. 45 (2087), 23.II.1929 g., S. 4; No. 43 (2085), 21.II.1929 g., S. 4; No. 63 (2105), 17.III.1929 g., S. 3.

[551]Vgl. Kimerling, S. 40.

[552]Vergleichbar sind neben anderen unten dargelegten Vorgängen die Fälle E.A. und V.A. Kislovskaja (letztere auf der *lišency*-Liste vom 22. Februar 29); s. unten S. 257/258, im übrigen S. 135/136.

parteikomitee und Stadtrat bereits durchgeführten einschlägigen Untersuchungen anscheinend noch nicht als „Ehemalige" in den Blick der zuständigen Organe gefallen waren. Zunächst prangerte der Denunziant den „Bevollmächtigten" der Kooperative, Nikolaj Lednev, an, der gegenwärtig im Betrieb *Tekstilstroj* arbeite. Dieser verdiene nicht nur die umgehende Aberkennung des Wahlrechts, sondern auch die Zwangsausquartierung *und* die Deportation auf die Solovki-Inseln[553]. Lednev habe den Autor des Briefes als „unglücklichen Bauern" beleidigt, sich selbst dagegen als „Herr" gebährdet und sei zudem mit einer bekannten „ehemaligen Fabrikantin" befreundet. Schon als „Vorsitzender des Kirchenrats" habe er die „Fabrikantin", die ihr Wahlrecht nach wie vor besitze, in einer längst zu schließenden Kirche untergebracht, dann ohne Zustimmung der Mitbewohner einen zur Kooperative gehörigen Anbau umgebaut und an jene „Ehemalige" zur Unterbringung ihrer beiden Kühe vermietet. Der „Bevollmächtigte" sei auch mit einem Verwandten der „Ehemaligen" in private Geschäftsbeziehungen getreten. Beide träumten vom eigenen Betrieb und haßten den Präsidiumsvorsitzenden (des Stadtrats). Weiter sprach sich der Informant dringlich für die Ablösung Lednevs aus, der das Haus „mutwillig" zerstöre. Weiter führte er an, daß diese Mißstände (Verwahrlosung des Hauses) zwar von einer „Revisionskommission" untersucht worden seien, jedoch unter der Leitung des ehemaligen „Polizisten" V.I. Kozlov, der in der Stadt „mit Zeitungen" handele, aber trotzdem noch sein Wahlrecht besitze. Der genannte Lednev sei zudem gefährlich, er habe „schon einmal wegen irgendeiner konterrevolutionären Rede im Gefängnis" gesessen und sei erst kürzlich entlassen worden. Der Briefschreiber empfahl dringend, die genannten Umstände erneut zu überprüfen, auch die Kirche, die „viel Interessantes" berge[554].

Das Schreiben wurde der Administrativen Abteilung des Stadtvollzugskomitees zugestellt, dessen „allgemeine Unterabteilung" im Einklang mit dem Präsidium am 16. März den Beschluß faßte, die Sache an die „Kriminalunterabteilung" zur weiteren Untersuchung zuzuleiten[555]. Diese beauftragte daraufhin einen „Obermilizionär" mit der Begehung des betreffenden Hauses und der Befragung der Bewohner. In seinem „Rapport" vom 10. April teilte der Milizionär mit, daß der hauptbeschuldigte „Hausbevollmächtigte" (Lednev), der früher immerhin in einem abhängigen Arbeitsverhältnis gestanden habe, tatsächlich noch sein Wahlrecht innehabe. Der erwähnte Kuhstall sei allerdings einer anderen Person, nämlich einer religiös orientierten Frau, die in dem Wachhäuschen bei der genannten Kirche wohne, vermietet worden - in der Tat ohne Zustimmung der Mitbewohner. Das „fremde Element", das im Haus bisher gewohnt habe, sei inzwischen zwangsausquartiert worden. Weiter unterliege es keinem Zweifel, daß der „Hausbevollmächtigte" Beziehungen zur erwähnten „ehemaligen Fabrikantin" pflege, zumal dessen Bruder mit ihrer Schwester verheiratet sei. Die „Fabrikantin" wohne selbst nicht in der Kirche, stehe jedoch in engen Beziehungen zu der dort im Wachhäuschen lebenden religiösen Person. Der gleichfalls vom Verfasser der

---

[553]Strafkolonie des *OGPU*.

[554]Tovarišč Archipov. CGAMO, f. 4502, op. 1, d. 103, l. 6.

[555]Notiz ibid.

Zuschrift erwähnte Revisionsbevollmächtigte Kozlov schließlich habe tatsächlich einst als „Polizist" Dienst getan. Ebenso sei wahr, daß er nach wie vor über sein Wahlrecht verfüge[556].

So konnte die Denunziation, wenn auch in persönlichen Rachemotiven des Verfassers gründend, in ihrem politisch kompromittierenden Inhalt weitgehend verifiziert werden. Besonders wichtig und aufschlußreich für die Behörden war dabei die Ermittlung „ehemaliger Leute" *mit* Wahlrecht sowie die sanktionsverschärfend wirkenden Beziehungen zu diesen bzw. untereinander. Am gleichen Tag schickte die Administrative Abteilung den ihr von der Milizleitung zugestellten Bericht an das Präsidium des Kreisvollzugskomitees[557], das ihn wiederum an das Stadtratspräsidium weiterleitete[558]. Die Wahlkommission des Rats faßte indessen nach den vorliegenden Dokumenten trotz der Beweislage zu Lasten der Betroffenen *nicht* den Beschluß, einer der genannten Personen das Wahlrecht zu entziehen[559]. Die obigen Ausführungen lassen den Schluß zu, daß der Grund tatsächlich in einer gewissen Vorsicht der Kommission gegenüber der bisherigen von ihr verfolgten - wegen der Mißbräuche gerügten - Aberkennungspraxis zu suchen ist.

Als besonders dramatisch stellten sich die Probleme des - rechtmäßigen wie unrechtmäßigen - Wahlrechtsentzugs in den kleinen schwach bis gar nicht industrialisierten Städten im Westen des Verwaltungsgebiets dar. Nach einem internen Bericht der Organisationsabteilung des *MOIK* kamen nach dem Ende der Wahlperiode 1928/29 in der Stadt Možajsk auf 3167 Wahlbürger nicht weniger als 300 *lišency*, in Volokolamsk dieselbe Zahl sogar auf nur 1840 Wähler, insgesamt hier auf 3500 Einwohner 450 Personen ohne Wahlrecht![560]. Ein Ergänzungsbericht bezeichnete diese Wahlrechtsaberkennungspraxis als „anomal" und zweifelte die Richtigkeit des Vorgehens der örtlichen Stellen an[561]. Dabei handelte es sich bei den Betroffenen auch in diesen Städten überwiegend um ehemalige bzw. derzeitige „Händler", in deutlichem Abstand gefolgt von „ehemaligen Gutsbesitzern", einstigen „Industriellen", „Gendarmen", „Polizisten" sowie „Dienern religiöser Kulte". Besonders aufschlußreich für den Kampf gegen die „Ehemaligen" in diesen vom ländlichen Umfeld geprägten Städten ist der Berichts-

---

[556]Načal'niku P/Otdela Ugolovnogo Rozyska Adm. Otdela Serpuchovskogo Gorsoveta. Starš. mil-r Martynov. Raport. ibid., l. 1.

[557]Adm. Otdel Serpuchovskogo UIK. V Prezidium Serpuchovskogo UIK, ibid., [gleiches Blatt].

[558]Handschriftl. Notiz, ibid.

[559]Weder in der *lišency*-Liste von 15. Mai, noch in denjenigen vom 1. Juli und 1. August 29 tauchten ihre Namen auf, vgl. Anm. 544 sowie Protokol No. 5 zasedanija prezidiuma Serpuchovskogo Gorsoveta ot 1-go ijulja 1929 g., CGAMO, f. 4502, op. 1, d. 51, l. 46; Protokol No. 11 zasedanija prezidiuma Serpuchovskogo Gorsoveta ot 1-go avgusta 1929 goda, ibid., l. 31.

[560]CGAMO, f. 2157, op. 1, d. 306, l. 19 [Bericht ohne Titel].

[561]Kratkie itogi raboty gorodskich sovetov Moskovskoj oblasti, sostavlennye po materialam obsledovanija orgotdela Mosoblispolkoma za period dekabr' 1929 - janvar' 1930 g., ibid., l. 43.

abschnitt[562] *Der Klassenkampf in der Stadt und die Rolle der Stadträte.* „Klassenfeindliche Elemente" könnten sich „besonders in den kleinen Städten mit ihrer kleinbürgerlichen Bevölkerung" infolge des schwachen Arbeiteranteils gut entfalten und „gegen die Maßnahmen der Sowjetmacht agitieren". In Zvenigorod und anderen kleinen Landstädten werde der „Klassenkampf" zudem nur „verdeckt" geführt, da die Stadträte selbst, „in der Praxis die Klassenlinie verletzend", mit den Privatunternehmern eng zusammenarbeiteten. So wirkten im Falle Zvenigorods sogar „Händler" ohne Wahlrecht in den Kommissionen des Rats (etwa in der Steuerkommission) mit. Deshalb habe dort „im Zusammenhang mit Verantwortungs- und Tatenlosigkeit in der gesamten Arbeit des Stadtrats" gegenüber dem „antisowjetischen Aktiv" der gesamte Stadtrat neu gewählt werden müssen. Bei der Mehrheit der Städte könne allerdings ein „offener" Kampf konstatiert werden, wobei gleichwohl auch hier die einzelnen Vollzugskomitees „den antisowjetischen Elementen nicht den gehörigen Widerstand" entgegensetzten. Konkret nannte der Bericht in diesem Zusammenhang u.a. die Städte Klin und Možajsk. Das „klassenfremde Element" strebe danach, „den Apparat in seine Hände zu bekommen", besonders in den Kooperativen.[563]

So ergibt sich, daß die grundlegenden Probleme der örtlichen Gewalten mit den Personen ohne Wahlrecht sowohl in den Industrie- als auch in den Landstädten prinzipiell ähnlich waren[564], jedoch quantitative - zuweilen beträchtliche - Unterschiede erkennen ließen: Die Anzahl der *lišency* lag dem oben Gesagten zufolge nach dem Ende der Wahlen 1929 in den Industriestandorten Serpuchov und Orechovo-Zuevo bei 3-4%, in Podol'sk, dem Ergänzungsbericht zufolge bei 5%[565], in Možajsk hingegen nach den genannten Daten bei 9,5% und in Volokolamsk sogar bei um die 15% der Bürger. Damit bestätigt sich der bereits von anderer Seite festgestellte Befund, wonach die Anzahl der Personen ohne Wahlrecht in den kleinen, nicht oder wenig industrialisierten Städten auf dem gesamten Territorium der *RSFSR* tendenziell größer war als in den Industriestädten[566]. Die Relevanz der städtischen Kooperativen als Sammelbecken für „klassenfremde Elemente", d.h. vor allem ehemalige „Händler", erweist sich in beiden Städtetypen als gleich hoch.

Neben den formal berechtigten Klagen der *lišency* gegen die Aberkennung ihres Wahlrechts, die, wie oben verdeutlicht, z.T. zu beachtlichen Korrekturen der Entscheidungen der Wahlkommission führten, hatten indessen diejenigen Kläger, die die Ausschlußkriterien im wesentlichen erfüllten und kein zusätzliches Ent-

[562] Im erstgenannten, nicht im Ergänzungsbericht.

[563] CGAMO, f. 2157, op. 1, d. 306, ll. 21, 22.

[564] Vgl. auch oben S. 51.

[565] Für Podol'sk findet sich der Hinweis, daß im März 1929 von insgesamt 17864 Einwohnern 927 Personen ohne Wahlrecht gewesen seien, bis zum Jahresende stieg die Anzahl der *lišency* dann nur noch geringfügig an, vgl. Kratkie itogi raboty gorodskich sovetov Moskovskoj oblasti, CGAMO, f. 2157, op. 1., d. 306, l. 42.

[566] Vgl. Kimerling, S. 42/43.

lastungsmaterial beibringen konnten, wenig Aussicht auf Erfolg. So hatte das Serpuchover Stadtratspräsidium am 1. Juli wieder 18 Eingaben gegen die aberkennenden Bescheide der Wahlkommission zu begutachten[567]. Von diesen wurden nicht mehr als vier positiv entschieden. Darunter befand sich auch eine angebliche ehemalige, in einem *SCRK*-Geschäft tätige Schuhhändlerin, die im *Nabat* vom 16. Februar als solche sowie als Kritikerin der *SCRK*-Sondersäuberung angeprangert worden war[568]. In der am 15. Mai von der Wahlkommission veröffentlichten *lišency*-Liste tauchte sie allerdings nicht als ehemalige „Händlerin", sondern nur „als Frau eines Händlers" auf[569]. Dies erforderte die nähere Abklärung der Umstände: War sie als in der *SCRK* Beschäftigte tatsächlich von ihrem Mann, wenn es sich denn wirklich um einen privaten Unternehmer handelte, materiell abhängig? Die Rücknahme des Wahlrechtsentzugs durch das Stadtratspräsidium verdeutlicht, daß die Betroffene die Existenz gewichtiger formalrechtlich zwingender Gründe zugunsten einer derartigen Entscheidung vorzubringen vermochte, denn die Mehrheit der Beschwerden wurde ja gerade mit ebensolchen formalrechtlichen Begründungen unter Verweis auf die einschlägigen Paragraphen der Wahlinstruktion abgewiesen. Das Präsidium war sich offensichtlich darüber klar, daß eine Kritik an der *SCRK*-Säuberung eben *nicht* als Argument für einen Wahlrechtsentzug in Anspruch genommen werden durfte. Was die *abgewiesenen* Kläger betrifft, so befanden sich darunter vier Frauen in typischen Situationen, entweder in der Eigenschaft als Töchter von ehemaligen Händlern, Polizisten etc., oder - man vergleiche das eben behandelte Entscheidungsverhalten des Ratspräsidiums im Fall der „Schuhhändlerin" - als von ihnen direkt materiell abhängigen Personen[570]. Von fünf in der Liste vom 1. August notierten *lišency* waren allein drei Frauen. Zwei von ihnen hatten indessen wiederum das Glück, ihr Wahlrecht zurückzubekommen, da nachgewiesen werden konnte, daß der zugehörige, sie unterhaltende Ehemann inzwischen seine Rechte hatte wiedererlangen können[571]. Das Stadtratspräsidium in Serpuchov urteilte als erste Revisionsinstanz nun streng nach Aktenlage und beigebrachten glaubwürdigen Unterlagen. Diese Arbeitsweise des Ratspräsidiums bedingte natürlich auch die genaue Überprüfung von zusätzlichen Informationen gewissermaßen Amtshilfe leistender anderer Stellen, was sich für die Betroffenen ggf. negativ auswirken konnte[572].

---

[567]Protokol No. 5 zasedanija prezidiuma Serpuchovskogo Gorsoveta ot 1-go ijulja 1929 g., CGAMO, f. 4502, op. 1, d. 51, ll. 45, 46.

[568]Vgl. Bezobraznoe povedenie člena lavkoma, *Nabat*, No. 39 (2081), 16.II.1929 g., S. 3. Die „Anmerkung" zielte nicht ausdrücklich auf die Aberkennung des Wahlrechts, sondern verlangte den Ausschluß der betroffenen Person aus der „Ladenkommission" wegen angeblicher Agitation gegen die „Säuberung" der *SCRK*.

[569]Vgl. die in Anm. 544 genannte Quelle.

[570]Vgl. Anm. 567.

[571]Protokol No. 11 zasedanija prezidiuma Serpuchovskogo Gorsoveta ot 1-go avgusta 1929 goda, CGAMO, f. 4502, op. 1, d. 51, l. 31.

[572]So entschloß sich das Präsidium am 15. Juli, aufgrund eines Hinweises des *SCRK*, wonach eine von ihrem Sohn als einem „Händler" finanziell abhängige Person das Wahlrecht einzubüßen

Der Druck auf die Personen ohne Wahlrecht nahm in Serpuchov in der zweiten Jahreshälfte 1929 kurzfristig ab, was nicht zuletzt mit der gesetzeskonformen Auflösung der Wahlkommission nach dem Ende der Kampagne 1928/29 zu tun hatte. In der Zeitung wurden nur noch sehr vereinzelt Angehörige der erwähnten Zielgruppen, die ihr Wahlrecht verloren hatten, angeprangert[573]. Sehr bald verschärfte sich jedoch das politische Klima in der *oblast'* wieder, einhergehend mit einer zunehmenden Kriminalisierung der „ehemaligen Leute" ohne Wahlrecht. Zusätzliche Möglichkeiten, „Ehemalige" in öffentlichen Institutionen aufzuspüren und zu belangen, bot das auf der Ebene des Moskauer Gebiets eingerichtete „Klagebüro" (*bjuro žalob*) der *RKI*, wovon einige Fälle aus der Stadt Bronnicy ein gutes Zeugnis ablegen[574].

Ab Herbst massierten sich die offiziellen Anfragen der örtlichen Militärkommandos, um angesichts der bevorstehenden Einberufungen prüfen zu lassen, ob dieser oder jener Wehrpflichtige sein Wahlrecht verloren hatte und, wenn ja, warum[575]. Dies erschien um so angebrachter, als in der *Pravda* vom 19. September ein Artikel erschien, der eine sträfliche Vernachlässigung der Pflicht der einzelnen Moskauer Stadtkreisräte brandmarkte, die Akten jedes neu Einzuberufenden auf den sozialen Status des jeweils Betroffenen zu überprüfen. In Moskau seien hierdurch viele „dem Proletariat fremde" Leute, die ihr Wahlrecht unberechtigterweise behalten hätten, an die regulären Einberufungskommissionen vermittelt worden[576].

Die einzelnen Stadtbürger waren gezwungen, die Ausstellung von Bescheinigungen über den Besitz ihres politischen Wahlrechts zu erbitten. In der gesamten

---

habe, die Betroffene auf die Liste zu setzen. In diesem Fall war die Frau bereits Gegenstand einer Zeitungsanmerkung gewesen. Zum Schreiben des *SCRK* vgl. Serpuchovskij Central'nyj Rabočij Kooperativ. V Prezidium gor. soveta [Schreiben vom 13. Juli], ibid., d. 60, l. 58. Zum Präsidiumsbeschluß Protokol No. 10 zasedanija prezidiuma Serpuchovskogo Gorsoveta ot 15-go ijulja 1929 goda, ibid., d. 51, l. 43. Zur Zeitungsnotiz: VOROGE: Tože pensionerka, *Nabat*, No. 48 (2090), 27.II.1929 g., S. 3.

573 Vgl. z.B. den Fall des A.V. Ščeglov, dargestellt in: Parad dikich artelej, *Nabat*, No. 253 (2295), 1.XI.1929 g., S. 5.

574 Die Akten der „Moskauer Arbeiter- und Bauerinspektion" weisen für den Zeitraum zwischen dem 1. Oktober 1928 und dem 1. September 1929 diverse Eingaben von Werktätigen aus, in denen auf Angehörige der besagten Zielgruppe aufmerksam gemacht und deren Entfernung aus dem Dienst verlangt wurde. So traf es in dieser Zeit auch in Bronnicy einige „Fabrik"- sowie „Waldbesitzer", ferner Eigner von Handelsunternehmen, die aufgrund dieser Anzeigen ihren Arbeitsplatz verloren. Alle Betroffenen waren im örtlichen Staatsunternehmen „Industriehandel" (*promtorg*) tätig. Vgl. Kratkij otčet o rabote MRKI ot 1/X-28 po 1/IX 29 g., CGAMO, f. 2157, op. 1, d. 262, l. 55.

575 Zu diversen einschlägigen Schriftwechseln des Serpuchover Rats aus den Monaten Oktober bis Dezember 1929 CGAMO, f. 5812, op. 1, d. 5a, ll. 128, 129, 160, 164-170, 175, 176. Belege aus zahlreichen Städten des Gebiets vgl. unter: Spiski okr. i rajon. ispolkomov Mosk. Gub., ibid., f. 2157, op. 1, d. 286, ll. 10ff.

576 V krasnuju armiju ne dopuskat' čužakov, *Pravda*, No. 216 (4350), 19 sentjabrja 1929 g., S. 2.

UdSSR bekamen diese *spravki* nun die Bedeutung von Personalausweisen[577]. Die argwöhnischen öffentlichen Arbeitgeber verlangten nämlich fortan einen entsprechenden, offiziell allerdings nicht vorgeschriebenen[578] Nachweis von ihren Beschäftigten[579]. Das Stadtratspräsidium wandte sich, wann immer ein Bürger um die Ausstellung einer *spravka* nachsuchte, an die Administrative Abteilung, da dort die *lišency*-Listen archiviert wurden[580], aber auch an die staatliche Sozialversicherungskasse (*strachkassa*). Dabei ging es um die typischen Fragen nach der Beziehung zum Vater ohne Wahlrecht (Beziehung abgebrochen?) sowie nach der derzeitigen beruflichen Tätigkeit[581].

Angesichts der Unvermeidbarkeit der Ausforschung ihrer Vergangenheit durch die Vollzugskomitees der Stadt- bzw. Kreisräte gaben die betroffenen Bürger z.T. ausführliche Erklärungen ab, um nicht selbst, oder auch ihre Angehörigen, auf die schwarze Liste gesetzt zu werden und/oder ggf. ihren Arbeitsplatz zu verlieren. Ein gutes Beispiel ist der Fall des Wehrpflichtigen Arkadij Popov aus der im Süden des *podmoskov'e* gelegenen Stadt Kašira. Dessen Mutter, N.I. Popova, wandte sich am 29. November an die Administrative Abteilung des Kreisvollzugskomitees mit einem schriftlich formulierten Bericht über die Herkunft ihrer Familie. Als Nachweis der Richtigkeit ihrer Ausführungen fügte sie das „Pensionsbüchlein" ihres Mannes von der Versicherungskasse bei. Ihr Vater, so gab sie unumwunden zu, sei „Beamter" gewesen, an ihre Mutter könne sie sich nicht erinnern. Weiter vergaß sie aus gutem Grund nicht, zu betonen, daß ihre Eltern, ebenso auch die ihres Mannes, über keinerlei „Ländereien" oder sonstiges „Eigentum" verfügt hätten. Sie selbst sei in das Nikolaevskij Institut in Moskau[582] zur Schule gegangen, danach für kurze Zeit als „Gouvernante" in den Dienst eines Gutsbesitzers getreten und anschließend als Deutsch-Lehrerin nach Vil'no gegangen. Dort habe sie auch ihren Mann, einen Steuerbeamten, kennengelernt. Nach

---

[577]Vgl. Fitzpatrick, *Everyday Stalinism*, S. 133.

[578]*RSFSR*-weit waren die Probleme um die mißbräuchliche Einforderung der genannten *spravki* zur Feststellung des Wahlrechtsstatus durch staatliche Organe sowie betriebliche Arbeits- und Wohnungsverwaltungen ein ernstes Problem, das schließlich auch die Staatsspitze der Republik beschäftigte: Ein *VCIK*-Erlaß vom 30. Oktober 1931 verbot den genannten Organen, Stellen und Behörden ausdrücklich eine solche Praxis, die künftig nur in besonders begründeten Ausnahmenfällen gestattet sein sollte. Vgl. O zapreščenii gosudarstvennym učreždenijam i organizacijam trebovat' ot graždan predostavlenija spravok o naličii izbiratel'nych prav. *SU* 1931, No. 69, st. 491.

[579]Ein gutes Beispiel stellt der Fall des einstigen *lišenec* S.N. Sergeev dar, dem seine Rechte durch den Spruch der Serpuchover Wahlkommission am 31. Januar 1929 wieder zurückgegeben worden waren. Sein Arbeitgeber, ein obstverarbeitender Betrieb, betrachtete die Vorlage entsprechender Nachweise bei der Personalverwaltung des Werks als „unabdingbar". CGAMO, f. 5812, op. 1, d. 5a, ll. 176/77.

[580]Vgl. Dobkin, Lišency, S. 605.

[581]Illustrativ dazu etwa die Fälle des Nikolaj Michajlovič Pavlikov, des A.S. Gololobov sowie des Ivan Vasil'evič Turicyn aus Serpuchov, CGAMO, f. 5812, op.1, d. 5a, ll. 128/29, 164/165, 175, 181. Der Vater des letztgenannten, der sein Wahlrecht eingebüßt hatte, wurde 1933, nach der Inkraftsetzung der berüchtigten Paßgesetze, von der *trojka* des *OGPU* aus dem Moskauer Gebiet deportiert; zu letzerem unten S. 188/189.

[582]Vor der Revolution Bildungsstätte für adlige Waisenkinder.

der Revolution habe dieser einen Arbeitsplatz in einer Kolchose im Kreis Kašira gefunden, sei allerdings seit 1928 „Invalide der 2. Kategorie“. Die Tochter habe einen Buchhalter aus dem Betrieb *Mossel'prom* in Moskau geheiratet, der Sohn befinde sich nach Absolvierung des Dienstes in der Roten Armee zum Studium im Leningrad[583]. Frau Popova wohnte noch in einem Privathaus, dessen Besitzerin auf ihre Bitte hin den Familienbericht gegenüber der Administrativen Abteilung bestätigte, allerdings nicht ohne besonders zu betonen, daß ihre Mieterin „in einer adligen Familie erzogen“ sei[584]. Einen Tag später fertigte der für die Stadt Kašira zuständige Milizleiter ein offizielles Protokoll für die vorgesetzten Stellen aus. Danach sei er an diesem Tag im Büro der Versicherungskasse vorstellig geworden, und zwar „mit dem Ziel der Feststellung der sozialen Herkunft und der Art der Tätigkeiten des Pensionärs Konstantin Popov in der Vergangenheit“. Er habe ermittelt, daß Popov „der Sohn eines Staatsrats“ und Absolventen der mathematischen Fakultät der Kaiserlichen Universität gewesen sei. Der Milizionär bestätigte die Tätigkeit als Steuerbeamter, fügte jedoch noch einige kompromittierende Umstände hinzu[585]. Anschließend zählte er mehrere hohe Beamtenfunktionen sowie einige Tätigkeiten Popovs seit 1918 als Steuerangestellter und Buchhalter auf, die dieser nach vorübergehender Entlassung 1924 im Zuge „der Reorganisierung der Verwaltung“ bis zu seiner Pensionierung 1928 ausgeübt habe[586]. Alle Unterlagen gingen am gleichen Tag an den „geheimen Sektor“ des Kreisvollzugskomitees und von da direkt an die nachfragende „Ingenieurschule der Kriegsmarine“ nach Moskau. In dem Begleitschreiben des Vollzugskomitees hieß es, daß „alle Maßnahmen zur Aufklärung des Wesens der Sache“ ergriffen worden seien und - das Wichtigste - Arkadij Popov *nicht* auf der *lišency*-Liste der Stadt Kašira stehe[587]. Dies ist nicht verwunderlich, weil eben weder die ehemalige berufliche Tätigkeit noch das Herkunftsprofil des Betroffenen die Einreihung in den gesetzlichen Merkmalskatalog für diejenigen ermöglichte, die einer Aberkennung des Wahlrechts unterliegen sollten. Es ist auch nicht belegt, daß der ehemalige „Hofrat“ sein Wahlrecht in der Folge einbüßte.

Dieser Fall verdeutlicht, daß die örtlichen Ratsbehörden trotz ihnen vorliegender möglicherweise kompromittierender Daten in der Familienbiographie einzelner Bürger selbst noch Ende 1929, auf dem Höhepunkt des „Klassenkampfs“, im Einzelfall durchaus willens und in der Lage waren, die Vergangenheit des Betreffenden nicht strikt nach der „Klassenlinie“ der Partei, sondern nach Gesetz und

---

[583]Ob-jasnenie, CGAMO, f. 2157, op. 5, d. 26, l. 32.

[584]Spravka, ibid., l. 31.

[585]So sei Popov vom Zaren Alexander III. mit einer Verdienstmedaille ausgezeichnet und nachfolgend zum „Titularrat“ befördert worden. Nach zusätzlicher Ehrung mit dem Stanislaus-Orden habe man ihn auch noch zum „Hofrat“ ernannt - mit einem hohen Gehalt einschließlich verschiedener ehrenhalber gewährter Zulagen. Akt, ibid., l. 33.

[586]Ibid.

[587]Vgl. Kaširskij Rajonnyj Ispolnitel'nyj Komitet Rab., Krest'janskich i Krasnoarmejskich Deputatov. Sekretnaja Čast'. V Voenno-morskoe inženernoe učilišče imeni t. Dzeržinskogo V.M.I.U., ibid., l. 29.

Recht zu beurteilen und keine derartig folgenschwere Repressionsmaßnahme zu verhängen, wie sie der Wahlrechtsentzug darstellte.

Die erwähnte Erhöhung des Drucks auf die „Ehemaligen" läßt sich besonders gut an der parteiamtlichen Reaktion auf verschiedene oppositionelle „Ausfälle" im proletarischen Milieu demonstrieren, das ja nicht als typischer Nährboden für potentielle *lišency* galt. Ein Ereignis im Ziegelwerk von Domodedovo[588], einer Arbeitersiedlung nahe der Stadt Podol'sk, hielt die *Pravda* für exemplarisch genug, um es in einzelnen Berichten und Kommentaren zwischen dem 24. September und dem 31. Oktober 1929 öffentlich herauszustellen: Am 21. September sei es unter „einigen Bauarbeitern" des Betriebes zu einer Schlägerei gekommen. Einzelne Komsomolzen hätten ergebnislos versucht, zu intervenieren, statt dessen habe sich eine große Masse von Arbeitern, verleitet von „Klassenfeinden", auf sie gestürzt und dabei einen von ihnen getötet. Ein anwesender Agent des *OGPU* habe einschreiten wollen, sei von der Menge jedoch geschlagen und beinahe gelyncht worden. Nur das Eintreffen der Miliz habe den Agenten retten können. Federführend sei der Besitzer einer Teestube an der Bahnstation Domodedovo gewesen, eine bekannte Person ohne Wahlrecht. Insgesamt seien 20 Personen verhaftet worden. Die Arbeiter des mechanischen Betriebes Nr. 17 in Podol'sk sowie die Beschäftigten in jenem Ziegelwerk von Domodedovo hätten das Vorkommnis als „Kulakenausfall" einmütig verurteilt[589]. Damit wurde die Angelegenheit, zumal in Zusammenhang mit „fremden Elementen", nicht zufällig eindeutig politisch qualifiziert. Der Haß, der sich hier gegenüber den Exponenten des Regimes explosionsartig Luft machte, ließ die Wut manch eines Werktätigen über die Politik von Partei und Regierung erahnen. Am 28. September machte ein Korrespondent aus Podol'sk klar, daß der Vorfall keineswegs ein Zufall sei, sondern sich in die täglichen antisowjetischen Übergriffe der „Kulaken" auf die Kolchosen einreihe. Überall agierten, so der Kommentator, „Popen und Ehemalige im Einvernehmen mit den Kulaken". Dies falle wegen der Passivität des Gewerkschaftskomitees sowie der verbreiteten Trinkfreudigkeit in der Miliz und den Justizorganen von Podol'sk um so leichter[590]. Ein weiterer Artikel vom 27. Oktober stellte einerseits erneut die Person des genannten Teestubenbesitzers ohne Wahlrecht als maßgeblichen Urheber heraus, der die Saisonarbeiter zur Selbstjustiz angestiftet habe. Andererseits machte er auch die Betriebsparteizelle direkt verantwortlich, die infolge fehlenden Engagements („Massenarbeit") im Werk der Sache Vorschub geleistet habe. Im Zusammenhang hiermit stellte der Kommentar einen weiteren *lišenec* an den Pranger, dessen Spekulationsgeschäfte der Stationsvor-

---

588 Die Siedlung, 37 km südlich von Moskau gelegen, besaß noch 1959 erst 27700 Einwohner, vgl. *Goroda Rossii*, S. 124.

589 Vylazka klassovogo vraga. Podol'skie rabočie trebujut surovogo nakazanija obnaglevšego kulač'ja, *Pravda*, No. 220 (4354), 24 sentjabrja 1929 g., S. 2.

590 In diesem Zusammenhang wurde der örtliche Staatsanwalt besonders angegriffen, vgl. Fed. Vejtkov: Korni domodedovščiny, ibid., No. 224 (4358), 28 sentjabrja 1929 g., S. 4.

steher des Bahnhofs von Domodedovo decke und fördere[591]. Die Folge war, daß alle Hauptbeteiligten vor Gericht gestellt wurden, wobei die Schlägerei folgerichtig nicht als solche, sondern als „konterrevolutionärer Ausfall" qualifiziert wurde. Der Bezirksstaatsanwalt forderte deshalb für den Teestubenbesitzer nicht weniger als die Todesstrafe, für die anderen Haftstrafen zwischen drei und sieben Jahren. Der den zweiten *lišenec* unterstützende Stationsvorsteher sollte drei Jahre Gefängnis „mit strenger Isolation und Konfiszierung des Besitzes" erhalten[592].

Der Trend zur Verschärfung in der Beurteilung dessen, was als „konterrevolutionärer Akt" zu gelten habe, zeigte sich auch in den Meldungen und Kommentaren der *lokalen* Zeitungen: Im *Nabat* wurden am 19., 23. und 27. November verschiedene Werktätige mit Neigungen oder sogar konkreten Verbindungen zu „Ehemaligen" auf eine „Schwarze Liste der Konterrevolutionäre" gesetzt und dann aus der Gewerkschaft ausgeschlossen[593]. Auch die *Kolotuška* in Orechovo-Zuevo verschärfte in ihrer neuen Eigenschaft als Bezirksparteiorgan[594] ihre Angriffe gegen die „fremden Elemente", im gegebenen Fall gegen Bürger der Städte Pavlovo-Posad und Egor'evsk, z.T. bereits *lišency*, mit entlarvenden Artikeln[595]. Dies war kein Zufall: Das Organisationsbüro der Parteiführung des Bezirks Orechovo-Zuevo hatte in seinen Leitlinien für die im Herbst 1929 stattfindende Bezirksparteikonferenz u.a. bereits die Ergreifung von „Maßnahmen zur Entlarvung und Isolierung demagogischer und antisowjetisch eingestellter Elemente unter den

---

[591] V.: Po sledam domodedovskogo dela. Vozmutitel'naja bespečnost' podol'skogo rajkoma partii. Sezonniki v okruženii klassovych vragov, ibid., No. 248 (4382), 27 oktjabrja 1929 g., S. 3.

[592] Vgl. Sud nad domodedovščinoj, ibid., No. 252 (4386), 31 oktjabrja 1929 g., S. 6.

[593] Zu sechs entsprechenden Fällen vgl. N. Baženov: Naglejšaja vylazka kontrrevoljucionerov na zanarke, *Nabat*, No. 266 (2308), 19.XI.1929 g., S. 3; F. Iljušin: Okončatel'no razgromit' gorbatovščinu ot ugovorov i pros'b - k bespoščadnomu nastupleniju, hier vgl. insbesondere den Absatz „Černyj spisok kontrrevoljucionerov", ibid., No. 270 (2312), 23.XI.1929 g., S. 3; zum Ausschluß der Betroffenen aus der Gewerkschaft vgl. Krepče udarit' po agentam klassovogo vraga, ibid., No. 273 (3215), 27.XI.1929 g., S. 3.

[594] Zur Einrichtung des Bezirks Orechovo-Zuevo im Rahmen der Umstrukturierung der inneren Verwaltung des bisherigen Moskauer „Gouvernements" zum 1.IV.1929 vgl. EINLEITUNG, S. 12, Anm. 68.

[595] Eine dieser denunzierenden„Anmerkungen" richtete sich gegen den Großhändler und „Fleischaufkäufer" Glebov in der Stadt Pavlovo-Posad. Dieser sei, so die Anzeige, derzeit Vorsitzender des Gewerkschaftskomitees der Kreisadministrativabteilung. Ebendort habe bis jetzt auch der „ehemalige Gendarm" Dandukov als Redakteur der betrieblichen Wandzeitung gearbeitet, sei nunmehr jedoch durch die Intervention der Kreisparteiführung aus der Partei ausgeschlossen und seines Amtes enthoben worden. Sein Vater sitze wegen konterrevolutionärer Tätigkeit auf dem Lande im Gefängnis. Die unterwanderte Redaktion der Zeitung müsse von der Parteizelle abgelöst werden. Glebov befinde sich jedoch nach wie vor auf seinem Posten. Eine andere Anzeige, erschienen in der Rubrik „Schwarze Liste", richtete sich gegen einen ehemaligen Bäckereibesitzer und derzeitigen Eigner einer Teestube in Egor'evsk, der von der Stadtverwaltung völlig unbehelligt geblieben sei, sowie gegen einen ehemaligen Mühlenbesitzer in derselben Stadt. Dieser arbeite, obwohl inzwischen ohne Wahlrecht, nach wie vor in einer Fabrik. Vgl. Stenkor: Byvšij žandarm - redaktor stengazety; ferner Egor'evskij: Čuždye ljudi, *Kolotuška*, 31.X.1929 g., CGAMO, f. 807, op. 1, d. 1072, l. 218a.

parteilosen Massen aus der Mitte ehemaliger Mitglieder der VKP (b)" in einer ganzen „Reihe von Unternehmen" bzw. Fabriken aufs Programm gesetzt. Es berief sich dabei nicht nur auf die im Februar 29 von der 17. Gouvernementsparteikonferenz verabschiedeten politischen Leitsätze[596], sondern auch auf einen Beschluß des *MK* vom 2. Juli[597]. Auch das Zentralkomitee der Gewerkschaftsführung in Moskau rief nun direkt dazu auf, die Fabriken von den „fremden Leuten" zu säubern, d.h. diese zu entlassen[598]. Den Höhepunkt bildete jedoch ein als „vollständig geheim" eingestuftes internes Zirkular vom 11. Dezember aus dem „Büro" des *MK*, gerichtet an alle untergeordneten Parteistellen. Es verfügte angesichts des verstärkten Widerstands des „Klassenfeindes" gegen den „sozialistischen Aufbau" die systematische „Ermittlung und Entfernung der klassenfremden, schädlichen, konterrevolutionären Elemente aus den Betrieben", d.h. derjenigen, „die ihre eigene Vergangenheit verborgen haben oder auf verschiedenen Wegen unter die Gewerkschaftsmitglieder gelangt sind, ehemalige Gendarmen, Polizisten, Diener religiöser Kulte, Führer der Kirchenräte, der Synagogen und religiösen Sekten, ehemalige Händler, Offiziere, Angehörige der weißen Armeen, Gutsbesitzer, Kulaken und ihre Agenten, Werksbesitzer, Fabrikanten und lišency, wenn sie so oder auf andere Weise aktiv gegen die Klasseninteressen des Proletariats auftreten und der Produktion schaden". Gerichte und Staatsanwaltschaften hätten diese Weisung bei entsprechenden Prozessen zu beachten. Die Umsetzung des Zirkulars dürfe allerdings keinesfalls den Charakter einer Kampagne annehmen, sondern müsse Bestandteil der alltäglichen Arbeit sein. Ferner sollten die Parteifraktionen der Gewerkschaftsorgane „die Verschmutzung der Fabriken und Werke mit klassenfremden Elementen nicht zulassen". Sie hätten „wirklich" alle neu einzustellenden Arbeitskräfte „gründlicher" zu überprüfen[599].

In diesem Sinne setzte das Bezirksparteikomitee von Orechovo-Zuevo im Rahmen seines Rechenschaftsberichts für 1929 als jetzige und künftige „Aufgaben" der Staatsanwaltschaft neben der Beseitigung des „Kulakenwiderstands" auch die „Stärkung der Arbeitsdisziplin in den Fabriken" sowie „den Kampf mit dem Schädlingswesen in der Produktion" fest[600].

Mit seinem Zirkular verletzte das *MK* offen den, wenn auch nur formal, unabhängigen Status der Justiz, denn nach dem strikt nach fachbezogenen Instanzenzügen untergliederten Kommandosystem waren die Staatsanwaltschaften und Gerichte nur den Weisungen der ihnen übergeordneten Stellen, in diesem Fall der Gebietsinstanzen, unterworfen. Diese formal gesetzwidrige Tendenz der parteiamtlichen Eingriffe in die Rechtspraxis setzte sich, wie oben dargelegt, im Zuge

---

[596]Vgl. unten S. 234/235.

[597]Vgl. *Proekt predloženij k 1-oj okružnoj Partkonferencii*, S. 7, 10.

[598]Vgl. *Nabat*, No. 270 (2312), 23.XI.1929 g., S. 3.

[599]O vyjavlenii i udalenii iz predprijatij klassovo-čuždych-vreditel'skich i kontr-revoljucionnych ėlementov. Postanovlenie Bjuro Moskovskogo Obkoma VKP/b/ ot 11/XII-29 g., protokol No. 11, p. 7. CGAMO, f. 2157, op. 5, d. 79, ll. 3, 4.

[600]Vgl. *Materialy k otčetu o sostojanii i perspektivach raboty orechovo-zuevskogo okrispolkoma*, S. 62.

der Verschärfung des politischen Klimas auf zentraler wie lokaler Ebene zusehens mehr durch, ja sie kann als Spezifikum der Übergangsperiode während des „großen Umbruchs" gesehen werden und betraf keineswegs nur das Moskauer Gebiet[601].

So nimmt es nicht wunder, daß das *MOIK* am 25. Dezember einen Rundbrief an alle Bezirks- und Kreisvollzugskomitees verschickte, in dem, unter Berufung auf einschlägige Beschlüsse des 1. Moskauer Gebietsrätekongresses, allen örtlichen Räten verordnet wurde, „mit der ganzen revolutionären Hartnäckigkeit das Vorgehen gegen die kapitalistischen Elemente in Stadt und Land fortzusetzen". Eine Überprüfung habe ergeben, daß „einzelne Räte" diese „klare Klassenlinie" keineswegs durchsetzten und somit aufhörten, „Organe der proletarischen Diktatur" zu sein. Ähnliches gelte auch wieder für die Kooperativen. Daher müßten die Arbeiter- und Kleinbauernmassen die Räte jetzt kontrollieren. Hierzu sei die „gründlichere und schnellere Ausführung der Weisungen der übergeordneten Organisationen durch alle Ratsorgane" unumgänglich. Letztere hätten deshalb spätestens bis zum 1. Februar 1930 die eigene Arbeit unter dem Blickwinkel der strikten Einhaltung der Klassenlinie zu überprüfen. Diese „Massenkontrolle" sei jeweils von den *RKI*-Sektionen durchzuführen, wobei dem Wähler auch die Frage der Ablösung einzelner Deputierter gestellt werden müsse[602]. Gerade eine Kontrolle staatlicher Behörden durch die Sektionen der jeweiligen Räte hatte sich jedoch bei den bisherigen Versuchen als unproduktiv herausgestellt, da die *RKI*-Stellen den als lästig empfundenen Sektionären z.T. nur sehr ungern Material für Untersuchungen zu Verfügung stellten[603]. Auch im Zuge der offiziellen „Säuberung" des Apparats der Gebietsstaatsanwaltschaft, die u.a. die Arbeit mit den einzelnen Kreisstaatsanwälten dokumentieren sollte, war es vorgekommen, daß die Mitarbeiter des Gebietsanklägers nicht zuletzt aus Sorge vor der Entdeckung etwaiger kompromittierender Tatbestände „den Sektionären wirklich den Mund verschlossen" und nicht arbeiten ließen[604].

Der Hauptgrund für die Schwierigkeiten war jedoch eine in der Tat gebietsweit verbreitete Passivität bei der Sektionsarbeit infolge Überlastung und fehlender Anleitung durch die übergeordneten Instanzen. Deshalb stieß auch die genannte Anweisung letztlich ins Leere und brachte kaum praktische Resultate, sei

---

[601]Dazu ausführlich unter Verweis auf die einschlägige Literatur oben S. 23, 26-28.

[602]Cirkuljar No. 14/1b. Vsem okružnym i rajonnym ispolkomam. CGAMO, f. 2157, op. 1, d. 177, ll. 7, 8.

[603]So wurde in einem Ende 1929 vorgelegten Untersuchungsbericht über die Tätigkeit der Mitglieder der *RKI*-Sektion im *Mossovet* im Rahmen der Kontrolle der für das Moskauer Gebiet zuständigen *RKI* beklagt, daß die Sektion einerseits wegen „nicht sorgfältiger" Auswahl der Sektionäre, andererseits wegen fehlender Führung und Instruktion „passiv" sei. Zudem werde ihre Arbeit erschwert, da ihnen die „Inspektoren" der *RKI* Informationsmaterial vorenthielten und überhaupt kaum gewillt seien, mit der Sektion zusammenzuarbeiten. Vgl. Protokol No. 25 zasedanija bjuro sekcii RKI Mossoveta ot 6/XII-1929 g., ibid., d. 72, ll. 6, 7.

[604]Vgl. Protokol No. 10 zasedanija bjuro administrativno-pravnoj sekcii Mossoveta ot 16/VIII-29 g., ibid., d. 75, l. 81. Zitat aus dem Redebeitrag des Sektionsmitglieds Koroleva.

es nun in Možajsk, Orechovo-Zuevo, Mytišči oder in anderen Städten[605]. So erwies sich auch hier das Problem der „mangelnden Führung" als strukturelle Schwäche bei der Handhabung des nach dem administrativen Kommandosystem funktionierenden Instanzenzuges durch die übergeordneten Stellen - sehr zum Nachteil für die „Entlarvung" von bisher nicht entdeckten „Klassenfeinden" bzw. „fremden Leuten". Damit blockierten sich die beteiligten Behörden gegenseitig und behinderten nicht nur die Verfolgung zusätzlicher Personen ohne Anspruch auf ein Wahlrecht[606]. In dem Kontrollverlust des *MOIK* trugen sie auch zur Verstärkung des Penetrationskrisensyndroms als wichtigsten Bestandteils der Umbruchskrise bei.

Eine weitere Verschärfung der Repression gegen die *lišency* war schwerpunktmäßig für die Kampagne vor den nächsten Wahlen vorgesehen. Ein neuer Leitartikel der *Pravda* zu diesem Thema, erschienen bereits am 17. November 1929, umschrieb die Herausforderung sowohl der Partei als auch der einzelnen Räte folgendermaßen:

> In der beginnenden Wahlkampagne haben wir eine noch größere Verschärfung des Klassenkampfes sowohl in der Stadt als auch auf dem Dorf zu erwarten. Die gegenüber der kommunistischen Partei und der Sowjetmacht feindlichen Elemente werden versuchen, wenn nicht in die Räte vorzudringen, so doch in jedem Fall ihre Leute durchzubringen, die Räte ihrem Einfluß unterzuordnen, sie für ihre Klasseninteressen auszunutzen.
> [...]

---

[605]Besonders zu den kleinen Landstädten der *oblast'* (Možajsk, Zvenigorod u.a.) vgl. den erwähnten internen Bericht der Organisationsabteilung des *MOIK* „Klassovaja bor'ba v gorode i rol' gorsovetov", ibid., d. 306, ll. 23, 27, ferner Dokladnaja zapiska. V Prezidium Mosk. Soveta, v orgotdel [29.I.1930], ibid., l. 60. Zur analogen Situation in Orechovo-Zuevo vgl. den Artikel: Sovety - licom k proizvodstvu i k kolchozam. Vypolnim po-udarnomu ob-jazatel'stva po sorevnovaniju, *Kolotuška*, 23.III.1930 g., ibid., l. 69. Zu Mytišči s. den im Frühjahr 1930 vorgelegten Bericht: Vyvody po obsledovaniju mytiščenskogo gorsoveta, ibid., f. 807, op. 1, d. 241, ll. 203-205.

[606]Wie wenig aufwendige öffentliche Kampagnen- und Sektionsarbeit zur Ermittlung „fremder" bzw. „ehemaliger Leute" auch später, im Frühsommer 1931, tatsächlich beitrug, zeigen nicht zuletzt die Arbeitsergebnisse der „Militärsektion" des Stadtrats von Serpuchov sowie der „Mitwirkungskommissionen" in den einzelnen Fabriken zur Unterstützung der städtischen „Rekrutierungskommission". Dabei ging es um die Feststellung „klassenfremder Elemente" im Rahmen der Mobilisierung der Wehrpflichtigen des Jahrgangs 1909. Ein interner Bericht über die diesbezüglichen Vorbereitungsmaßnahmen in den Fabriken belegt zwar, daß um jene Zeit solche „Mitwirkungskommissionen" tatsächlich tätig waren und auch Versammlungen mit dem Ziel der Aussonderung „klassenfremder Elemente" unter den künftigen Soldaten abgehalten wurden, jedoch blieben jene Kommissionen in drei wichtigen Betrieben - dem Bericht zufolge - ohne Führung durch die Einberufungskommission, was zu Passivität gegenüber der Erledigung der anstehenden Aufgaben führte. Auch beklagte der Bericht, daß sich sowohl die betrieblichen Partei- wie auch Komsomolorganisationen *desinteressiert* gezeigt und keinerlei Unterstützung bei den Ermittlungen gewährt hätten. Vgl. Predsedatelju komissii po prizyvu 1909 goda v rjady RKKA pri Gorsovete tov. Ščerbatovu K., ibid., f. 4502, op. 1, d. 281, ll. 23, 33.

Die nächstfolgenden Wahlen müssen uns eine solche Zusammensetzung der Räte bescheren, die für deren gesamte Arbeit zur Gänze eine klare Durchführung der proletarischen Klassenlinie sichert. Wir müssen eine derartige Position erlangen, daß in den Räten Leute, erprobt im Kampf mit dem Klassenfeind, selbstlos der Sache des sozialistischen Aufbaus ergeben, arbeiten[607].

Der Artikel beschwor erneut die Vermeidung der alten „Mängel": Als Folge der Fehler der örtlichen Parteiführungen während der vergangenen Wahlkampagne, in denen die Parteizellen die „Fragen des Klassenkampfs in der Stadt und auf dem Dorf" bewußt vernebelt und „in der Praxis eine antiparteiliche, liberale Theorie" verfochten hätten, seien „in einer Reihe von Orten", so der Leitartikel weiter, „Kulaken" in die örtlichen Wahlkommissionen gelangt, die dann hätten gesäubert werden müssen. Ebenfalls in etlichen Orten seien zudem „die Listen der des Wahlrechts beraubten Personen vollkommen unbefriedigend zusammengestellt" worden. Dabei hätten es einige *lišency*-Gruppen „nicht ohne Erfolg" vermocht, der Erfassung in den Listen zu entgehen. Abermals wurde der Grund für diese Umstände in der unzureichenden Sorgfalt der vor Ort Verantwortlichen bei der Vorauswahl der zu nominierenden Kandidaten gesehen und für die bevorstehenden Maßnahmen „eine deutliche Führung durch die Partei auf allen Etappen der Kampagne" angemahnt. Letztere war für die gesamte *UdSSR* auf den Zeitraum zwischen dem 1. Januar und dem 1. April 1930 festgelegt[608].

In Serpuchov bereitete die geforderte Durchführung der Wahl- und Rechenschaftskampagnen auch dieses Mal große Schwierigkeiten. Es ist davon auszugehen, daß die Verantwortlichen durch die Menge gleichzeitig zu organisierender Kampagnen, wie schon im Halbjahr 1927/28, schlichtweg überfordert waren: Die Wahlperiode Januar bis April 1930 wurde in erster Linie von der Kampagne zur planmäßigen „Säuberung" der örtlichen Apparate, ferner auch der Parteizellen, einer Schädlings- und antireligiösen Kampagne, den Kampagnen zur Erfüllung des „Industriefinanzplans" sowie dem Propagandafeldzug zum Abschluß von Kollektivverträgen zwischen den einzelnen Betrieben im Sinne eines aktiven „sozialistischen Wettbewerbs" monopolisiert[609]. So meldete der *Nabat* erst am 2. Februar den Beginn der Rechenschaftskampagne. Sie begann zunächst im Krankenhaus der Fabrik „Roter Textilarbeiter" sowie in der Nogin-Fabrik. Für den folgenden Tag waren in drei weiteren Betrieben entsprechende Versammlungen angesetzt[610]. Die Nachrichten über die konkrete Durchführung der Rechenschaftsversammlungen waren für die Verantwortlichen niederschmetternd: „Überall" herrsche - so ein Bericht vom 14. Februar - ein Zustand mangelnder Vorbereitung sowie völliges Desinteresse der Partei-, Wirtschafts- und öffentlicher Organisationen, weshalb allein in der Nogin-Fabrik drei Versammlungen mangels Betei-

---

[607]Vgl. Vybory v sovety, *Pravda*, No. 276 (4401), 17 nojabrja 1929 g., S. 1.
[608]Ibid.
[609]Vgl. die Ausgaben des *Nabat*, No. 1-100, 1. Jan. - 5. Mai 1930.
[610]Redaktionsnotiz ibid., No. 27 (2370), 2.II.1930 g., S. 1.

ligung hätten abgesagt werden müssen. Auch die Vorwahlversammlung der „Union der Textilarbeiter" sei aus solchen Gründen nicht zustande gekommen. Der *Nabat* rief dazu auf, im Sinne einer besseren Vorbereitung und der rechtzeitigen Information der Wähler „dringende Maßnahmen" zu ergreifen[611]. Am 21. des Monats erging zwar die Meldung, daß die Kampagne „in vollem Gange" sei und die Werktätigen die Arbeit des Stadtrats „proletarisch" kritisierten, die Versammlungen würden jedoch nur von 50-70% der Wahlberechtigten besucht. Parteiorganisationen und Gewerkschaften nähmen weiterhin nur unzureichend Anteil[612]. Nicht anders waren die Probleme anläßlich der Neuwahl der gewerkschaftlichen Betriebskomitees. In der Fabrik *Zanarka* kam eine entsprechende Versammlung wegen Desinteresses der Beschäftigten nicht zustande[613]. Gleichermaßen platzte eine für den 20. März vorgesehene Rechenschaftsversammlung in einer Betriebsabteilung des Werks „10. Oktober", da nur 40% der Arbeiter erschienen waren[614]. Noch am 16. April meldete die Zeitung Ähnliches hinsichtlich des Besuchs einer Wahlversammlung in der Nogin-Fabrik, die ebenfalls zur Neuwahl des Betriebskomitees zusammentreten sollte. Da nicht mehr als 40-50% der Beschäftigten teilnahmen, mußte auch diese wieder abgesetzt werden[615].

Durch die Dominanz anderer Propagandafeldzüge als der Wahlkampagnen und damit zusammenhängend die *erneute Verschiebung* der Ratswahlen um ein Jahr[616] wurde in dieser Zeit auch der Druck des *Nabat* auf die *lišency* bzw. diejenigen, die die Aberkennung ihres Wahlrechts noch zu fürchten hatten, gewissermaßen umgeleitet: Stigmatisierende Artikel über die „Ehemaligen", mitunter mit unangenehmen Folgen für die Betroffenen[617], gab es nur wenige[618]. Sie tauchten jetzt in Berichten, Kommentaren und denunzierenden Anzeigen meist nur noch im Rahmen der Kampagne zur systematischen „Säuberung" der lokalen Apparate[619] sowie ab und zu auch im Zuge des nicht zuletzt von der genannten *MK*-Weisung des 11. Dezember 1929 bewirkten Vorgehens gegen die „Schäd-

---

[611]Ne dopuskat' sryva otčetnych sobranij, ibid., No. 37 (3280), 14.II.1930 g., S. 6.

[612]Pod znakom bol'ševistskoj samokritiki provedem otčetno-proveročnuju kampaniju gorsoveta, ibid., No. 43 (2386), 21.II.1930 g., S. 5.

[613]Nik. Nik.: Sorvali sobranie! Rabočie Zanarki ne mobilizovany vokrug kampanii fabzavkomov, ibid., No. 63 (2406), 18.III.1930 g., S. 5.

[614]Otčetno-vybornaja kampanija FZK. Sobranie sorvano, ibid., No. 64 (2407), 20.III.1930 g., S. 1.

[615]Perevybory prochodjat plocho. Ibid., No. 87 (2430), 16.IV.1930 g., S. 3.

[616]Zur Absetzung der Wahlen bereits im Januar 1928 wegen Überlastung der Verantwortlichen sowie der beteiligten Werktätigen mit der Durchführung der diversen Wirtschafts- und Aufbaukampagnen vgl. S. 60.

[617]Vgl. einen Bericht über die Entdeckung eines „ehemaligen Weißgardisten", der in der Folge aus der Partei und der Gewerkschaft ausgeschlossen wurde und auch seinen Arbeitsplatz verlor. Byvšij belogvardeec prolez v partiju, *Nabat*, No. 49 (2392), 28.II.1930 g., S. 2.

[618]Zu diesen spärlichen Hetzartikeln vgl. Anton Kriv.: Torgovcy polučajut obedy po udeševlennym cenam, ibid., No. 7 (2350), 9.I.1930 g., S. 5; oder VEDI.: Syn lišenca - v sklade VTS, ibid., No. 64 (2407), 20.III.1930 g., S. 5.

[619]Vgl. ibid., No. 1 (2344), 1.I.1930 g., S. 5; No. 4 (2347), 5.I.1930 g., S. 5; No. 5 (2348), 7.I.1930 g., S. 6; No. 19 (2362), 24.I.1930 g., S. 6 u.a.

linge“ in der Volkswirtschaft auf. Ein gutes Beispiel für letzteres ist ein Bericht vom 22. Januar über einen Versuch der Zerstörung einer Maschine durch einen Arbeiter in der Kattundruckfabrik sowie einen weiteren „Produktionsschädling“, einen „ehemaligen Schutzmann“ (*byvšij gorodovoj*), der offen gegen die Wirtschaftspolitik von Partei und Regierung aufgetreten sei. Nach Einrichtung einer betrieblichen Sonderkommission, die alle Vergehen verifiziert habe, hätten Arbeiter während einer Fabrikversammlung verlangt, diese „Feinde, die den Fünfjahrplan zerreißen“ wollten, strafrechtlich zur Verantwortung zu ziehen[620]. Die Sache ging in der Tat an den Staatsanwalt, der ein Verfahren einleitete. Für den 26. März wurde nicht zufällig im Arbeiterklub der Fabrik ein Schauprozeß (*pokazatel'nyj process*) angesetzt[621].

Die Durchführung von lokalen Musterprozessen mit abschreckender Wirkung zur exemplarischen Abstrafung von Klassenfeinden stellte eine neue Qualität der Repression gegen die *lišency* und andere gedachte oder tatsächliche Regimegegner auf dem Höhepunkt der „Periode der Verschärfung des Klassenkampfs“ dar. Ein Meilenstein dieser Entwicklung war der oben genannte politische Prozeß gegen die Drahtzieher der Auseinandersetzungen von Domodedovo, den die *Pravda* nicht zufällig einer ausführlichen kommentierenden Reportage für wert hielt. Wesentlich war dabei die Einstufung der Vergehen als „konterrevolutionäre“ Verbrechen, für die die neugeschaffenen Bezirksgerichte die Regelungen des berüchtigten Art. 58 des Strafgesetzbuches mit der härtesten Sanktion, der Todesstrafe, in Anspruch nehmen konnten. Entsprechend forderte der *Nabat* am 4. Januar 1930 die Anwendung dieser schärfsten „Maßnahme des sozialen Schutzes“ für einen Fall versuchter Brandstiftung, der sich am 9. Dezember 29 am Gebäude der Serpuchover Bezirksfinanzabteilung ereignet hatte[622]. Am 13. Januar wurde dem 34-jährigen Beschuldigten, einem Handelsunternehmer, dann tatsächlich der Prozeß gemacht. Ähnlich wie bei den Verfahren im Zuge der Säuberungen der Rats- und Kooperativbehörden sowie der Parteiinstanzen war der Delinquent genötigt, seine Biographie genau darzustellen. Dabei stellte es sich heraus, daß er schon vor der Revolution als „Großhändler“ mit einem Jahresumsatz von 51000 Rubeln tätig gewesen war[623]. Am 15. des Monats berichtete die Zeitung, daß das Bezirksgericht das (erwartete) Todesurteil verhängt hatte[624]. So haftete der Delinquent nicht nur für seinen „terroristischen Akt mit dem Ziel, die Grundlagen der Diktatur des

[620]Rabočij: Turkina i Simonova - vygnat' iz fabriki. Na bespoščadnuju bor'bu s klassovym vragom, pytavšijsja sorvat' socialističeskoe stroitel'stvo, ibid., No. 18 (2361), 22.I.1930, S. 3.

[621]I. DIN.: Process nad vreditelem proizvodstva Simonovym sostoitsja 26-go marta, ibid., No. 66 (2409), 22.III.1930 g., S. 6.

[622]Vgl. Terrorističeskij akt klassovych vragov. Krupnyj torgovec Kuličev, obižennyj sovvlast'ju pytalsja podžeč' Okrfinotdel. So vsej tjažest'ju proletarskogo pravosudja obrušimsja na kontrrevoljucionerov, ibid., No. 3 (2346), 4. I.1930 g., S. 5.

[623]Podžigatel' okrfinotdela pered proletarskim sudom. Torgovec Kuličev prikidyvaetsja rassejannym i nenormal'nym, ibid., No. 11 (2354), 14.I.1930 g., S. 6.

[624]Kontrrevoljucionera Kuličeva - k vyssej mere social'noj zaščity, ibid., No. 12 (2355), 15.I.1930 g., S. 1.

Proletariats zu untergraben", sondern auch für seinen vormaligen und derzeitigen sozialen und beruflichen Status.

Wie schon oben erwähnt, fanden diese Musterprozesse einer proletarischen Klassenjustiz auch in entsprechender Umgebung statt, nämlich in den Arbeiterklubs der örtlichen Fabriken und nicht vor einem ordentlichen Gericht. Dies galt auch für einen gegen sechs ehemalige leitende Mitarbeiter der Serpuchover „Abteilung für Kommunalwirtschaft" am 23. Januar durchgeführten Prozeß: Verhandlungsort war der Volodarskij-Arbeiterklub. Drei der Beschuldigten wurde zur Last gelegt, „Handelsräume an Privatunternehmer unter dem Pachtpreis" abgegeben zu haben, den anderen, „Nachlässigkeit bei der Wahrnehmung ihrer Dienstpflichten"[625]. Der proletarische Charakter des Gerichts sollte nicht zuletzt auch in dessen Zusammensetzung zum Ausdruck kommen: Außer dem Vorsitzenden, einem ordentlichen Mitglied des Bezirksgerichts, waren zwei werktätige *Laien* an der Urteilsfindung beteiligt[626]. Bei einem anderen Prozeß im „Klub" der Nogin-Fabrik gegen zwei Serpuchover Steuerbeamte, die bereits im Zuge der Säuberung des Apparats der Bezirksfinanzabteilung für ihre angeblich absichtliche Gewährung von Steuervorteilen gegenüber Privathändlern ihren Arbeitsplatz verloren hatten[627], trat sogar als Ankläger (Staatsanwalt) ein „*Arbeiter*", kein ausgebildeter Jurist (!), auf. Hier verhängte „das Proletariat" drakonische Strafen[628]. So entschied auch hier die Bemessung des Strafmaßes mehr der politisierte soziale Status des Angeklagten als dessen konkrete Vergehen.

Eine derartige proletarische Klassenjustiz, oft genug von den örtlichen Parteistellen erzwungen, siegte nun häufig über die staatlich institutionalisierte „revolutionäre Gesetzlichkeit". Nicht oder nur im Schnellkursverfahren juristisch ausgebildete Fabrikarbeiter verfochten im Auftrage der Partei die Unterordnung der staatlichen Justiz unter die proletarischen Klassennormen. Dies stieß offensichtlich auf der Ebene des Moskauer Gebietsgerichts und bei einzelnen „Bezirksgerichten" weniger auf Widerstand als bei den diesen untergeordneten „Volksgerichten" in manchen Kreisstädten. Entsprechende Widerstände sind z.B. aus den Städten Kašira und Ozery belegt[629].

---

[625]Pokazatel'nyj process na rabotnikami OMCh, ibid., No. 19 (2362), 24.I.1930 g., S. 6. Die Tatbestände hatte eine Spezialkommission der städtischen Wirtschaftsverwaltung schon Anfang 1929 festgestellt; vgl. Golovotjapy - na skam'e podsudimych. Pokazatel'nyj process nad rabotnikami OMCh v klube im. Volodarskogo, ibid., No. 20 (2363), 25.I.1930 g., S. 6.

[626]Idem, No. 19 (2362), 24.I.1930 g., S. 6.

[627]Itogi čistki orkfinotdela, ibid.

[628]Der „Staatsanwalt" vertrat die Meinung, daß die beiden Steuerinspektoren durch ihre Begünstigung privater Unternehmer „dem Klassenfeind Positionen abgetreten" hätten. Deshalb müßten sie als „klassenmäßig" Fremde, die „dem Klassenfeind dienten", bestraft werden. Das Gericht verurteilte die beiden denn auch zu zehn Jahren Arbeits- und Besserungslager in entlegenen Gebieten der *UdSSR* sowie zum Verlust der Bürgerrechte auf fünf Jahre. Sud nad rabotnikami OkrFO. Vynesen prigovor izmennikam dela rabočego klassa, ibid., No. 28 (2371), 4.II.1930 g., S. 6.

[629]Für Kašira vgl. den Vortrag des Vorsitzenden der Serpuchover Bezirkskontrollkommission, gehalten anläßlich der 2. Serpuchover Bezirksparteikonferenz Ende Mai 1930. Vtoraja partijnaja okružnaja konferencija. Doklad t. Semenova o rabote OKK-RKI. *Nabat*, No. 121 (2464), 29.V.1930 g., S. 2. Zur Situation in Ozery CGAMO, f. 2157, op. 1, d. 922, l. 112.

Diese Auseinandersetzungen können als Indiz für die den Höhepunkt des forcierten „sozialistischen Vormarschs" 1929-30 charakterisierende Legitimationskrise, in die die Parteiführung mit ihrem Rechts- und Staatsverständnis geriet, gelten. Dies läßt sich gut am erzwungenen Richtungswechsel in der „Strafpolitik" des Moskauer Gebietsgerichts gegenüber den „klassenfremden Elementen" im Januar/Februar 1930 erkennen. Eine vom Gerichtspräsidium erlassene Verfügung vom 25. Januar wurde nämlich durch das Plenum des „Obersten Gerichts" der *RSFSR* auf Druck des Justizkommissariats am 18. Februar wieder außer Kraft gesetzt, ebenso ein gleichdatiertes „Geheimzirkular", erlassen ebenfalls vom Gebietsgericht an alle untergeordneten Stellen, das eine erhebliche Verschärfung der gerichtlichen Sanktionsmöglichkeiten gegenüber den „fremden" bzw. „ehemaligen Elementen" durch die Orientierung der Urteilsfindung ausschließlich nur am Kriterium der jeweiligen „Klassenzugehörigkeit" vorsah. Das Gebietsgericht zog sein Zirkular selbst zurück. Auch seine eindeutig illegale Verordnung vom 15. Januar, die die Ausweisung oder Verbannung des „klassenfeindlichen Elements" lediglich auf der Grundlage seiner sozialen Herkunft ermöglichen sollte, mußte das Gericht am 7. Februar wieder aufheben. Aus einem Brief des Vorsitzenden des Gebietsgerichts an das Präsidium des *MOIK* ging hervor, daß die erlassenen „Direktiven" einer Überprüfung auf „Übereinstimmung [...] mit den Beschlüssen der Partei" nicht standgehalten hätten (!)[630].

So sah sich die von Stalin und seinen Anhängern dominierte oberste Parteiführung angesichts der Verschärfung der für ihre Herrschaft gefährlichen Systemkrise zum Rückzug aus extremen Positionen gezwungen, nichtsdestoweniger verstärkte sich indessen die politisch motivierte Repression im *administrativen* Bereich: Die ab Herbst 1929 für die Städte des Moskauer Gebiets vermehrt belegten Aktivitäten, Personen zu ermitteln, die einer Aberkennung ihrer Wahlrechte unterlägen, sowie endgültige Klarheit über bereits erfaßte „Ehemalige" zu gewinnen, nahmen zwar kaum im Rahmen einer von der Presse gesteuerten *öffentlichen Kampagne*[631], dafür jedoch unter dem Druck des Dogmas von der gesetzmäßigen „Verschärfung des Klassenkampfs" während der neuen Wahlperiode um so mehr *im innerstädtischen Behördennetz* noch weiter zu. Wie oben bereits festgestellt, bildeten die staatlichen Sozialversicherungskassen wichtige Informationsstellen der örtlichen Wahlkommissionen. Die Kassen wandten sich aber auch ihrerseits mit Auskunftsersuchen an die Kommissionen, ob diesem oder jenem Bürger das Wahlrecht schon entzogen sei. Der Beweggrund war eine eventuelle Streichung des Betreffenden aus dem Kreis der Versorgungsberechtigten[632]. Solche Aus-

[630]Vgl. Moskovskij Oblastnoj Sud. V Prezidium Mosoblispolkoma, tov. Giber. CGAMO, f. 2157, op. 5, d. 89, l. 7. In diesen Zusammenhang gehörte auch eine *CIK*-Verfügung vom 6. November 1929, die in der Folge von den Unionsrepubliken nicht übernommen und so de facto abgesetzt wurde; dazu ibid.

[631]Von den hier nicht näher zu besprechenden Kampagnen zur Generalsäuberung der kooperativen und Behördenapparate im gesetzlich vorgeschriebenen Verfahren einmal abgesehen.

[632]So schickte die „Operationssabteilung" der Serpuchover Versicherungskasse am 18. Januar 1930 eine entsprechende Anfrage, die schließlich am 27. Februar mit einem positiven Befund

kunftsersuchen erschienen seit dem 13. Februar als besonders dringlich, da zu diesem Termin eine für die gesamte Sowjetunion geltende Pensions- und Sozialversicherungsverordnung in Kraft trat, derzufolge nun alle Personen ohne Wahlrecht und alle gerichtlich zu Haftstrafen oder Verbannung Verurteilten ihr Pensions- und Sozialversicherungsrecht (einschließlich des Rechts auf Arbeitslosenversicherung) verloren. Entscheidend dabei war die „Klassenzugehörigkeit", also die „soziale Herkunft", dieser Personen[633], auch wenn sie noch über ihr Wahlrecht verfügten, jedoch bestimmte Posten unter den zaristischen oder „weißen" Regierungen innegehabt hatten, Mitglieder „konterrevolutionärer Banden", „Diener religiöser Kulte" gewesen waren oder im Zuge der Säuberung der Behördenappate ihre Stellung für immer oder auf Zeit eingebüßt hatten[634]. So wurde das Kriterium der „Klassenzugehörigkeit", wenn auch nicht mehr in der „Gerichtspolitik", so doch in der administrativen Praxis gesetzlich verfestigt.

Für die Umsetzung des zentral verordneten Verlusts des Pensionsrechts wurde in Serpuchov eine spezielle Kommission eingesetzt. Sie korrigierte sämtliche Entscheidungen der örtlichen Versicherungskasse bezüglich der Pensionszahlungen nach Maßgabe des neuen Gesetzes, d.h. ausgehend vom Standpunkt ihrer „Klassenmäßigkeit". Dabei rügte sie die bisherigen Beschlüsse als „anomal" oder „unrichtig" und schalt sowohl das Volksgericht als auch das „Kreisgewerkschaftsbüro" bzw. deren „Juristen", die aufgrund der vorliegenden Akten den Begehren der Betroffenen und deren Angehörigen nach Anrechnung von pensionsrelevanten Dienstjahren stattgegeben hatten[635]. In einer im Sommer 1930 verfaßten Gesamtbeurteilung der bisher begutachteten Fälle stellte die Kommission eine „unaufmerksame Haltung der Bezirksversicherungskasse" bei den Entscheidungen über eine Pensionszuweisung fest, verbunden mit dem Vorwurf, daß sich die Kasse nicht an den *lišency*-Listen orientiert habe. Sie gebot für die Zukunft Besserung, „damit in der Folge nicht Personen, die der Arbeiterklasse fremd sind, Versorgungshilfen erhalten". Ferner sollte die Bezirksstelle der *RKI* eine erneute[636]

(Bestätigung einer „Händlerin der III. Kategorie") beantwortet wurde. Serpuchovskaja Okružnaja Kassa Soc. Strachovanija v Izbirkom Serpuchovskogo Ispolkoma, CGAMO, f. 5812, op. 1, d. 5a, l. 131. V strachkassu, ibid., l. 130.

[633]Zur offiziellen Festsetzung und Bedeutung des „sozialen Status" jedes Bürgers nach Maßgabe dieser Kategorie beispielhaft: Sheila Fitzpatrick: Ascribing Class: The Construction of Social Identity in Soviet Russia, *JMH* 65 (1993), No. 4, S. 749-758.

[634]Položenie o pensijach i posobijach po social'nomu strachovaniju, *SZ* 1930, No. 11, st. 132. Mit Wirkung zum 31. Mai konnten die Gerichte bei „konterrevolutionären" und „besonders gefährlichen Verbrechen" auch ihrerseits den Pensionsentzug und den Verlust des Sozialversicherungsanspruchs anordnen; vgl. O gosudarstvennych prestuplenijach, za kotorye sud možet lišit' prava na pensii i posobija, *SZ* 1930, No. 31, st. 339.

[635]Vgl. zu den einzelnen, z.T. in formlos notierten Protokollen erhaltenen Entscheidungen der Spezialkommission CGAMO, f. 5805, d. 143, ll. 133, 135, 137, 146, 148.

[636]Bereits im März 1930 waren alle bei der Serpuchover „Arbeitsbörse" Registrierten einer systematischen „Säuberung" im Rahmen des vom *ZK*-Plenum im April 1929 beschlossenen und kurz darauf auch vom *VCIK* gesetzlich verankerten Verfahrens unterzogen worden. Die Forderung nach einer weiteren Säuberung ist jedoch von daher verständlich, als von 7629 Personen 1710 das Überprüfungsverfahren gar nicht durchliefen und insgesamt nicht mehr als 100 Registrierte aus

„Säuberung" der „Arbeitsbörse" zur Ermittlung der dort registrierten „fremden Leute" mit nun unberechtigten Versorgungsansprüchen in Gang setzen und gleichzeitig auch die Gewerkschaftsorganisationen nach *lišency* unter den Mitgliedern durchsuchen lassen. Viele der von ihr begutachteten Fälle hatte die Kommission bereits der Bezirkskontrollkommission der *RKI* zugestellt. Dennoch erging der Beschluß, die Kontrollkommission zu bitten, „die Listen der fremden Elemente für eine zweite Durchsicht auch hinsichtlich der Aberkennung der Wahlrechte dem Bezirksvollzugskomitee zuzuleiten" [637]. Die geforderte zweite Überprüfung fand indessen nicht statt.

Die konkreten Recherchen der städtischen Behörden zur Gewinnung der einschlägigen Informationen waren weiterhin von der Miliz zu führen. Der Vorsitzende des Serpuchover Rats wies in einem Schreiben vom Mai 1930 an den Leiter der Ordnungskräfte ausdrücklich darauf hin, daß die zuständigen Inspektoren sich stets an die Sozialversicherungsstelle zu wenden hätten, wenn zu prüfen sei, ob die betroffene Person „wegen „Ausbeutung" von Lohnarbeit ihr Wahlrecht verloren habe. Als zweitwichtigste Informationsquelle für die genaue Feststellung mutmaßlicher oder tatsächlicher *lišency* dienten die örtlichen „Finanzabteilungen": In dem gleichen Schreiben wurde hervorgehoben, daß diese Stellen in jedem Fall konsultiert werden müßten, wenn jemand offenbar wegen Handelstätigkeit sein Wahlrecht verloren haben sollte[638].

Die Inspektoren der örtlichen Administrativen Abteilungen begaben sich außer in andere städtische Ämter auch in die einzelnen Wohnungen der Mietskasernen und sonstigen Häuser und befragten die Zielpersonen über ihre soziale Herkunft und die derzeitigen Lebensverhältnisse. Oft wurden die jeweiligen Wohnungsnachbarn diesbezüglich befragt, um die Aussagen der als *lišency* zumindest verdächtigten Personen mit zusätzlichen „Zeugnissen" erhärten oder widerlegen zu können. Letzteres entsprach dem Verfahren des *OGPU*[639]. Im Falle von nunmehr in Fabriken beruflich tätigen „Ehemaligen" verließ sich die Milizleitung auf Mitarbeiter des betrieblichen Werkschutzes (Fabrikmiliz), die ihrerseits die geforderten *raporty* verfaßten und an die übergeordnete Stelle schickten. Die Berichte fielen für die Betroffenen überwiegend negativ aus, wenn sie auch oft nicht durch ihre eigene Tätigkeit, sondern vielmehr die ihrer Eltern (zuweilen auch Großel-

---

dem Index der „Arbeitsbörse" gestrichen wurden, vgl. Itogi čistki bezrabotnych, *Nabat*, No. 67 (2410), 23.III.1930 g., S. 5.

[637] Vyvody Komissii, CGAMO, f. 5805, op. 1, d. 143. l. 138.

[638] Predsedatel' Serpuchovskogo Gorsoveta. Načal'niku Serpuchovskoj Gormilicii. Ibid., f. 5812, op. 1, d. 5a, l. 90. Besonders für die Zeit zwischen Januar und März 1930, dem Höhepunkt der Vorwahl- und Rechenschaftskampagne, weisen die Serpuchover Dokumente tatsächlich etliche diesbezügliche Kontrollmitteilungen der einzelnen städtischen Stellen im internen Amtsverkehr nach, auch *spravki* der Finanzabteilungen an den Stadtrat zur genauen Feststellung der konkreten kategorialen Einordnung (nach „Patenten") der jeweils zu hinterfragenden Handelstätigkeit. Vgl. Spravka. Serpuchovskij OKRFO, Bescheinigungen vom 11.I. und 1.II.1930 sowie 11.II.30, ibid., ll. 132, 143.

[639] Zu dieser Parallele bes. unten S. 189.

tern) als „ehemalige Händler" oder „Industrielle" stigmatisiert wurden[640]. Zuweilen wurde die Aufklärung einschlägiger Sachverhalte auch auf dem Wege der interstädtischen Amtshilfe betrieben, wie es aussieht, nicht ohne Erfolg.[641]

Der Trend zur Verschärfung der Repression gegenüber den einer Aberkennung der Wahlrechte unterliegenden Personen zielte auch auf die Durchsetzung diskriminierender Maßnahmen in der Kompetenz der städtischen Versorgungsbetriebe. So ist für den 22. Februar ein Schreiben des „Verbunds der kommunalen Unternehmen der Serpuchover Kommunalwirtschaft" an den Stadtrat belegt, in dem „in Anbetracht der Durchführung einer harten Klassenlinie bezüglich der Bezahlung von Energie, Wasser und Einrichtung" seitens der *lišency* um die Zusendung einer Liste der bis zum 1. Januar ermittelten Personen ohne Wahlrecht gebeten wurde[642]. Auch die Gewerkschaften wandten sich nicht zufällig gerade in dieser formal trotz Absetzung der Wahltermine noch laufenden Vorwahlzeit an die örtlichen Wahlkommissionen mit dem Auskunftsbegehren, ob denn dieser oder jener Beschäftigte sein Wahlrecht noch besitze, da ja jeder *lišenec* automatisch auch seine Mitgliedschaft in der Gewerkschaft einbüßte[643]. Von daher ist es nicht verwunderlich, daß nun Privatpersonen in verstärktem Maße die Ausstellung der genannten Bescheinigungen (*spravki*)[644] verlangten, die entweder ihre Streichung von der *lišency*-Liste[645] oder ihren normalen Wahlrechtsstatus (für die Arbeitsstelle) belegen sollten. Dabei kam es, wie schon oben dargelegt, ganz wesentlich darauf an, die finanzielle Unabhängigkeit vom Vater oder einem anderen Verwandten nachzuweisen[646]. In diesen Fällen gewann eine Ehescheidung beson-

---

[640]Vgl. die entsprechenden *raporty* der Serpuchover Milizinspektoren vom 11., 14., 16., 20. Februar sowie 24. Mai an den Milizleiter des jeweiligen Stadtbezirks oder den Chef der Miliz, CGAMO, f. 5812, op. 1, d. 5a, ll. 123-126, 145, 187.

[641]Nach einem geheimen Gesuch aus Egor'evsk vom 20. Januar 1930, beispielsweise, sollten die Serpuchover Stellen einen Egor'evsker Bürger überprüfen, der jetzt im örtlichen „Buntmetallhandel" arbeite. Der Betreffende habe in Egor'evsk „als Sohn eines Händlers" sein Wahlrecht eingebüßt. Die Bitte schloß ein, dies „zu überprüfen und, wenn es sich bestätigen sollte, [ihn - *Erg. v. H.-M. Miedlig*] von seiner Arbeit zu entbinden". Die Recherchen dauerten bis zum 14. März. Dann meldete ein Beauftragter des Serpuchover Stadtrats nach Egor'evsk, daß die besagte Person tatsächlich ihres Postens enthoben und, ebenso wie auch die Ehefrau, auf die *lišency*-Liste gesetzt worden sei. Vgl. den entsprechenden Briefwechsel unter: Sekretno. Egor'evskij gorsovet, ibid., ll. 108, 109. Zu einem anderen ähnlichen Fall s. ibid., l. 79.

[642]Trest kommunal'nych predprijatij serpuchovskogo Kch. V Gorsovet, ibid., l. 142.

[643]Vgl. die Anfrage des Bezirksgewerkschaftsrats bezüglich der Anna Nikolaevna Draganova aus Serpuchov. Eine entsprechende Bescheinigung sei „unabdingbar für die Entscheidung der Frage über die weitere Zugehörigkeit zur Zahl der Gewerkschaftsmitglieder". Serpuchovskoj Sovet Profsojuzov (jurbjuro). V Serpuchovskoj okružnoj izbirkom, 28/II-30g. Ibid., l. 127.

[644]Vgl. auch oben S. 121/122.

[645]So etwa das Gesuch der E.M. Zavitskaja, dem aufgrund eines verdächtig hoch erscheinenden Einkommens und des Verbleibs in einer privaten Wohnung nicht stattgegeben wurde. Vgl. Zajavlenie. CGAMO, f. 5812, op. 1, d. 5a, ll. 139, 140. Handschriftliche dienstliche Vermerke ibid.

[646]Vgl. Sučkov, Grig. Alekseevič, v Serpuchovskij okr. izbirkom. Sučkov fügte seinem Gesuch Bescheinigungen von drei Zeugen sowie auch ein Dokument der Miliz als Beleg bei, daß er

dere Bedeutung: Am 9. März sandte die Administrative Abteilung des Bezirksvollzugskomitees dem Serpuchover Stadtrat eine Liste von 24 in der Zeit zwischen dem 1. Januar und dem 1. März 1930 geschiedenen Frauen, die alle als Gattinnen von *lišency* ihr Wahlrecht verloren hatten. Das Kalkül der Frauen war, durch die Scheidung und das Ausscheiden aus der gemeinsamen Lebens- und Wirtschaftsgemeinschaft mit dem Ehemann die verlorenen Rechte wiederzuerlangen[647]. Wenig später schickte dieselbe Stelle eine weitere Liste mit sechs Namen solcher Frauen, die sich von ihren gleichfalls verzeichneten Männern ohne Wahlrecht, darunter bekannte städtische Händler, getrennt hatten[648]. So förderte die bei der Verfolgung der Personen ohne Wahlrecht geltende Sippenhaftung auch die Auflösung der Ehen und damit den Zerfall der Familien.

Mit steigendem administrativem Druck auf die Personen ohne Wahlrecht wuchs gleichzeitig auch der Einfluß des *OGPU:* Am 8. Februar schickte der „geheime Sektor" beim Präsidium des *MOIK* eine Liste mit 51 Namen von Personen ohne Wahlrecht an die Moskauer Gebietswahlkommission. Das Material stammte überwiegend vom *OGPU*, nur in sechs Fällen aus verschiedenen städtischen (und dörflichen) Räten und anderen Stellen des Verwaltungsgebiets. Die Namen standen für schon vorab zugesandte Appellationen gegen die Aberkennungsentscheide der örtlichen Organe, über die die Gebietskommission endgültig beschließen sollte[649]. Da die *lišency*-Listen jedoch in der Regel bei den Administrativen Abteilungen der einzelnen Kreisstädte archiviert wurden, belegt die hohe Zahl der vom *OGPU* zugesandten Nachweise über einschlägige Klagefälle die wichtige Tatsache, daß sich Ende 1929/Anfang 1930[650] die meisten Interventionen der Betroffenen gegen den Entzug der Wahlrechte *seitens des Geheimdienstes* im Zuge der außergerichtlichen Strafpraxis der für das Moskauer Gebiet zuständigen *trojka* richteten, und nicht auf die Abänderung der Entscheidungen *der einzelnen Ratsbehörden*, etwa der Wahlkommission, abzielten.

Der verschärfte Druck der zentralen Parteiführung und des *OGPU* zeigte sich auch darin, daß die „Hauptverwaltung der Roten Arbeiter- und Bauernarmee" des Militärkommissariats der *UdSSR* am 13. Februar 1930 an das *MOIK* genaue Vorschriften übermittelte, mit denen eine Neuaufnahme von weiteren, bisher immer wieder in die Militärschulen gelangten „sozial-fremden Elementen" in diese Ausbildungsanstalten verhindert werden sollte. Unter Verweis auf die „zerstörerische Arbeit" dieser Personen und die „ziellose Verschwendung bedeutender Mittel" zu

---

nicht mit seinem Vater, einem *lišenec*, zusammenlebe und auch nicht von diesem materiell abhänge. Ibid., l. 118.

[647]Administrativnyj Otdel Serpuchovskogo Okružnogo Ispolnitel'nogo Komiteta Soveta R.K. i K.D. V Serpuchovskoj Gorsovet. Ibid., ll. 42, 43.

[648]Administrativnyj Otdel Serpuchovskogo Okružnogo Soveta R.K. i K.D. Moskovskoj Oblasti. V Izbiratel'nuju Komissiju pri Serpuchovskom Gorsovete, ibid., l. 44.

[649]Zav. Sekr. čast'ju Prezidiuma MOIKa i Mossoveta. V oblastnuju izbiratel'nuju komissiju. Ibid., f. 2157, op. 5, d. 26, ll. 24, 25.

[650]Der Liste zufolge waren die Unterlagen dem „geheimen Sektor" des *MOIK* zwischen dem 16. Oktober 1929 und dem 30. Januar 1930 zugegangen, ibid., l. 25.

deren Schulung gebot die Weisung dem *MOIK*-Vorsitzenden, die einzelnen örtlichen Räte zu verpflichten, jedem, der eine Ausbildung an einer Militärschule anstrebe, Bescheinigungen des *NKVD* und des Finanzkommissariats über „die faktische Vermögenslage der Familie und des Kandidaten selbst", über dessen steuerliche Veranlagung und „das gesellschaftlich-politische Verhalten" zur Vorlage bei der jeweiligen Schulverwaltung auszustellen. An den Sitzungen der „Werbekommissionen für die Aufnahme" in die Militärschulen sollten ab jetzt auch Vertreter des örtlichen *OGPU* teilnehmen. „Unmittelbar bei der Aufnahme in die Schulen" hätten dann auch mehrere Vertreter der „besonderen Abteilung" des OGPU zusammen mit anderen Bevollmächtigten „eine besonders genaue Filtrierung" der Aufzunehmenden durchzuführen. „Bei der Bestimmung der sozialen Tauglichkeit eines verdächtigen Kandidaten" seien auch gleichzeitig zur Aufnahme vorgesehene, zweifelsohne „sozial taugliche" Bekannte des Bewerbers zu befragen[651]. Die geforderte entsprechende *MOIK*-Verfügung erging am 24. Februar „an alle Bezirksvollzugskomitees des Moskauer Gebiets"[652].

Die *OGPU*-Leitung in Moskau mischte sich seit Ende 1929 verstärkt ein, wenn bei der zentralen Wahlkommission des *VCIK* nach entsprechenden Klagen Betroffener über eine eventuelle Wiederherstellung der Wahlrechte zu entscheiden war. Dabei vertrat der Geheimdienst in der Regel eine harte Linie und sperrte sich mit formalen Argumenten gegen eine Rückgabe der Rechte[653].

Ein *lišenec* lief in dieser Zeit in der gesamten *UdSSR* nun schon allein durch die Tatsache des Verlusts des Wahlrechts Gefahr, von den Organen der Staatssicherheit belangt zu werden[654]. So reichte zuweilen das Stigma „ehemaliger Adliger und Großgrundbesitzer" auch *ohne* die Beschuldigung einer konterrevolutionären Betätigung bereits für eine Verurteilung im außergerichtlichen Verfah-

---

[651]Glavnoe Upravlenie Raboče-Krest'janskoj Krasnoj Armii. Predsedatelju Moskovskogo oblastnogo ispolnitel'nogo komiteta, ibid., d. 150, l. 19.

[652]Vsem Okrispolkomam Moskovskoj Oblasti, ibid., l. 18. Eine Weisung gleichlautenden Inhalts erließ dann am 4. März auch der „Revolutionsmilitärrat des Moskauer Militärbezirks" an das *MOIK*, an die „Militärkommissare" der betroffenen Ausbildungsanstalten sowie den Leiter der „besonderen Abteilung" des *OGPU* bei der Moskauer Bezirksmilitärverwaltung. Vgl. Revoljucionnyj Voennyj Sovet Moskovskogo Voennogo Okruga. Predsedsatelju Moskovskogo Oblastnogo Ispolnitel'nogo Komiteta. Načal'niku Osobogo Otdela OGPU MVO. Voennym Komissaram: Školy..., ibid., l. 17.

[653]Vgl. die viele Personen ohne Wahlrecht betreffenden Briefwechsel der „Geheimabteilung" des *OGPU* mit der „innerbehördlichen Kommission" beim *VCIK* in der Zeit vom September bis Dezember 1929. Die „Geheimabteilung" schickte zu jeder Person eine „Charakteristik" und sprach sich unter Verweis auf die Vergangenheit des jeweiligen *lišenec* gegen eine für den Betroffenen positive Entscheidung aus, vgl. GARF, f. 1235, op. 141, d. 178, ll. 1-10.

[654]So hatten die *OGPU*-Leute in Leningrad nach einer geheimen Weisung der dortigen Geheimdienstleitung aus dem Jahr 1932 bezüglich der „ehemaligen Leute" deren „antisowjetische" bzw. „konterrevolutionäre Tätigkeit" a priori als gegeben anzusehen, vgl. Ivanov, Byvšie ljudi, S. 71/72.

ren zu Verbannung oder Lagerhaft aus[655]. Ohne Bezug auf Art. 58 des Strafgesetzbuches war allerdings schon die Einleitung derartiger Verfolgungsmaßnahmen seitens der *OGPU*-Residenten selbstredend illegal. Für die Städte des Moskauer Gebiets belegt beispielsweise die Klage eines gewissen D.M. Maslov aus dem am äußersten Südrand des *podmoskov'e* gelegenen Städtchen Malojaroslavec[656], gerichtet am 20. Februar 1930 an das *VCIK* der *RSFSR*, einen solchen Fall. Zweck der Eingabe des Beschwerdeführers war es, auch im Interesse seiner gleichfalls betroffenen Frau, „den schandbaren Rufnamen 'lišency'" loszuwerden[657]. Am 12. März teilte die „geheime Abteilung" der *OGPU*-Verwaltung in Moskau der Zentralen Wahlkommission die Richtigkeit der Angaben Maslovs und die Rechtmäßigkeit einer Rückgabe des Wahlrechts mit[658]. Dies führte schließlich am 10. Juni zu dem Beschluß des *VCIK*, dem Begehren des Betroffenen stattzugeben[659]. Damit zeigte sich klar die mißbräuchliche, selbst gegen die Rechtsauffassung der eigenen vorgesetzten Stelle in Moskau verstoßende Verfahrenspraxis der örtlichen „Bevollmächtigten" des Geheimdienstes.

Man kann bei den Amtsmißbräuchen der Staatssicherheitsorgane nicht von Einzelfällen ausgehen. Dies betrifft besonders die weiteren Maßnahmen *nach* einer Verhaftung[660].

Die Ende 1929/Anfang 1930 verstärkten, vielfach durchaus erfolgreichen repressiven Maßnahmen gegen die *lišency* seitens des *MOIK* und der städtischen administrativen und Gewerkschaftsbehörden einerseits, sowie der Militär- und *OGPU*-Organe andererseits, können nicht darüber hinwegtäuschen, daß die vorgesetzten Machtorgane die *gesetz- bzw. vorschriftsmäßige Ausführung* ihrer Weisungen de facto nur partiell durchsetzen konnten. Mit steigendem politisch-ideologischem Druck von ganz oben nahmen offensichtlich deren Kontrollmöglichkeiten gegenüber den einzelnen ihnen zugeordneten städtischen Instanzen ab - eine erneute Bestätigung der wichtigsten Komponenten der Herrschaftskrise, in die das von Stalin dominierte Politbüro das politische System durch den „großen Umbruch" gebracht hatte: Die Probleme der zentralen Organe des Moskauer Gebiets

---

[655]Vgl. Perečen' zajavlenij političeskich ssylnych i zaključennych administrativnym raspredeleniem po postanovleniju osobogo soveščanija OGPU. 1930 g. GARF, f. 8409, op.1, d. 546, ll. 116, 134 u.a.

[656]121 km südwestlich von Moskau, ca. 35 km südlich von Naro-Fominsk und 61 km nordöstlich der Bezirkshauptstadt Kaluga an der Bahnstrecke Moskau-Brjansk gelegen, besaß der Ort schon Ende des 19. Jahrhunderts textilverarbeitende Industrie. Noch 1926 zählte er nicht mehr als 5500 Einwohner; vgl. *Goroda Rossii*, S. 252. *Moskovskaja oblast'. Topografičeskaja karta*, S. 2.

[657]Maslov war am 30. Januar nach dem Verlust seines Wahlrechts als „ehemaliger Verwaltungsdirektor der Genossenschaft Žučkov" verhaftet worden, wobei ihm vorgeworfen wurde, daß die einstige Tätigkeit ihm zu persönlichem Reichtum verholfen habe. Maslov schrieb, daß er nach Übergabe seiner gesamten in 13 Jahren gesammelten Ersparnisse an den Geheimdienst von diesem ins „Arbeitshaus" von Kaluga verschickt worden, dann aber nach 14 Tagen wieder freigekommen sei. Zajavlenie Dmitrija Petroviča Maslova. GARF, f. 1235, op. 141, d. 589, l. 7.

[658]Sekretnyj otdel OGPU v Centrizbirkom, ibid., l. 9.

[659]Prezidium VCIK. V Malojaroslaveckij Gorsovet, ibid., l. 10.

[660]Vgl. dazu die einleitenden Ausführungen oben S. 20.

mit den örtlichen Stellen durch deren verbreitete Mißbräuche und Gesetzesbrüche im Zusammenhang mit der Verfolgung der *lišency* spitzten sich gerade im Frühjahr 1930 dramatisch zu. Nach einem vermutlich Ende des Jahres verfaßten Bericht der „für die Säuberung des Apparats der Organisationsabteilung der Moskauer Gebietsstaatsanwaltschaft" zuständigen „Arbeiterbrigade" gab es um diese Zeit in den Städten und Dörfern[661] der *oblast'* eine wahre „Welle unbegründeten Entzugs der Wahlrechte". Das *MOIK* sah sich deshalb gezwungen, im Februar 1930 mit einem internen Rundschreiben an alle untergeordneten Vollzugskomitees auf die „Unzulässigkeit des unmotivierten Wahlrechtsentzugs" hinzuweisen[662]. Da sich die Schwierigkeiten und Gesetzesbrüche der örtlichen Räte und deren Kommissionen mit bzw. in ihrer Aberkennungspraxis mit steigendem politischem Druck auch unionsweit deutlich vermehrten, dachte die politische Spitze nun fieberhaft über Lösungsmöglichkeiten nach. So beschloß die Parteifraktion des *CIK*-Präsidiums am 13. März die Bildung einer 14-köpfigen Sonderkommission, die ein „Gesetzesprojekt über den Entzug der Wahlrechte und die Personen ohne Wahlrecht" erarbeiten sollte.[663] Bereits am 16. des Monats lag dem *CIK*-Präsidium ein Entwurf der Kommission zur Beschlußfassung vor. Eine der 14 Kopien ging auch an den „geheimen Sektor" des *MOIK*. Nicht nur auf das Wesentliche verkürzt und ideologisch versachlicht, sondern auch unter Vermeidung der Übernahme manch eines wichtigen Hinweises auf besonders brisante Mängel und Wahlgesetzverstöße, begangen von den örtlichen Stellen, erlangte die Vorlage nun am 22. März Gesetzeskraft. Diese Fassung des Gesetzestextes war im Vergleich zum ursprünglichen Konzept der Sonderkommission nicht ohne Grund erheblich entschärft[664]. Das Gesetzesprojekt hätte mit seinen für die praktische Umsetzung der *lišency*-Politik der Regierung vernichtenden Befunden die brisante grundsätzliche Frage nach der *Durchsetzbarkeit* dieser Politik vor Ort und gleichzeitig die nach der *Möglichkeit* einer Kontrolle der konkreten Implementierung der Repressionsgebote zu stellen gehabt. Deshalb vermied es die endgültige Verfügung, diese Schwierigkeiten in ihrer Diskrepanz zu den ideologisch-politischen

[661] Hier im Rahmen der Massenkollektivierung vor dem Hintergrund der Parteilosung von der „Eliminierung des Kulakentums als Klasse".

[662] Vgl. Akt Obsledovanija. Rabočej Brigady po čistke apparata organizacionnogo Otdela Mosoblprokuratury, CGAMO, f. 807, op. 1, d. 527, l. 20.

[663] Neben anderen hochrangigen Funktionären wurde auch der stellvertretende Leiter des *OGPU*, G.G. Jagoda, zum Mitglied dieser Kommission bestellt. Protokol No. 16 zasedanija frakcii Prezidiuma CIK Sojuza SSR ot 13-go marta 1930 g., ibid., f. 2157, op. 5, d. 73, l. 24.

[664] Gestrichen wurde die noch im „Projekt" vorgesehene Einleitung, die darauf hinwies, daß die Mängel und Fehler der letzten Kampagne nicht zurückgegangen, sondern sich im Gegenteil jüngst noch vermehrt hätten. Neben der Landarmut seien „auch Heimgewerbetreibende, Handwerker u.a." Opfer der illegalen Wahlrechtsaberkennungspraxis geworden. Auch fehlten nun der Hinweis auf den parteiideologisch vorkonstruierten Kontext der Verschärfung des Klassenkampfs und die Ausführungen bezüglich der Verstöße gegen die Wahlinstruktion „in einer ganzen Reihe von Kreisen" als „Abweichung von der Klassenpolitik der Regierung". Als Beispiel nannte der Entwurf u.a. „die Aberkennung des Wahlrechts für ganze Gruppen von Bürgern ohne Erörterung und Überprüfung der Frage des Entzugs bei jedem einzelnen". Vgl. Sekretno. Proekt. Postanovlenie Prezidiuma Central'nogo Ispolnitel'nogo Komiteta Sojuza SSR, ibid., ll. 17-23.

Vorgaben einleitend im einzelnen darzustellen, und mahnte in Anbetracht der vielen Klagen der Bürger gegen eine ungerechte bzw. illegale Wahlrechtsaberkennungspraxis lediglich die strikte Einhaltung der Paragraphen des Wahlgesetzes durch die einzelnen Vollzugskomitees an. Wichtige Punkte waren im einzelnen die gesetzeskonforme Zusammenstellung der *lišency*-Listen und das Verbot des Entzugs noch anderer bürgerlicher Rechte als des Wahlrechts *nach* der Einreichung von Klagen gegen einen Aberkennungsbescheid bis zur endgültigen Entscheidung. Zudem wurde verordnet, binnen dreier Monate „in allen Instanzen" sämtliche noch nicht entschiedenen Klagefälle zu begutachten. Besondere Bedeutung kommt der Bestimmung zu, wonach in allen untergeordneten Verwaltungseinheiten, also auch auf der Ebene des Moskauer Gebiets, nun spezielle Kommissionen zur Überprüfung der *lišency*-Listen eingesetzt werden sollten, „mit dem Ziel der Wiederherstellung der Bürger in ihren Rechten, die unrechtmäßig ihrer Wahlrechte beraubt" worden seien. Aus gegebenem Anlaß wurde ferner das Verbot des Wahlrechtsentzugs durch nicht befugte Stellen wie „Fabrikkomitees, Hausverwaltungen, Kolchosen, Brigaden" etc. sowie der Aberkennung noch weiterer legitimer Rechte der Personen ohne Wahlrecht unterstrichen. Hier führte die Verordnung als Beispiele die Zwangsausquartierung aus den kommunalen Wohnungen, den Entzug des Rechts auf Lebensmittelkarten, auf Realisierung von Bauvorhaben, medizinische Hilfe, Schulbesuch für die Kinder und den Wahlrechtsverlust für einst von *lišency* wirtschaftlich abhängige, nun jedoch selbständig lebende Familienangehörige auf. Ausdrücklich verwies das Gesetz darauf, daß seit 1925 volljährige, nunmehr wirtschaftlich eigenständige *lišency*-Kinder volles Wahlrecht genössen, wenn sie einer „selbständigen, gesellschaftlich nützlichen Arbeit" nachgingen. Die Vollzugskomitees aller Unionsrepubliken waren angewiesen, Amtspersonen, die sich Verstöße gegen die Wahlgesetzgebung in diesem Sinne schuldig machten, „strengen Strafmaßnahmen" zu unterwerfen[665].

Das *MOIK* reagierte schon am 30. März mit dem Erlaß einer entsprechenden Durchführungsverordnung[666], gerichtet an alle Bezirks- und Kreisvollzugskomi-

---

[665]Vgl. Ob ustranenii narušenij izbiratel'nogo zakonodatel'stva Sojuza SSR, *SZ* 1930, No. 19, st. 212.

[666]Auf die oftmals fehlerhafte Arbeit der örtlichen Wahlkommissionen und die Mängel in der Behandlung der Beschwerden einzelner *lišency* gegen die Kommissionsurteile seitens der zuständigen Stellen, wie sie bereits im erwähnten Zirkular des *VCIK* vom 13. März beklagt worden waren, sind einschlägige Reaktionen des *MOIK*-Präsidiums bereits im September 1929 quellenmäßig faßbar. In einem Projektentwurf einer für das gesamte Moskauer Gebiet geltenden Verfügung war jetzt die Schaffung einer fünfköpfigen Gebietskommission für die Begutachtung der vielen Klagen gegen den Entzug des Wahlrechts vorgesehen. Die Vollzugskomitees der einzelnen Verwaltungsbezirke und -kreise sollten in den jeweiligen Städten für ihr Territorium zuständige entsprechende Gremien einrichten. Vgl. Postanovlenie Prezidiuma ispolnitel'nogo komiteta Moskovskoj oblasti 1929 g. Sentjabr. Proekt. Materialy k zasedaniju Prezidiuma na 11/IX 29 g., CGAMO, f. 2157, op. 1, d. 235, l. 156. Eine entsprechende Weisung trat am 27.9.29 als gemeinsames Zirkular des *Mossovet* sowie des Präsidiums des Moskauer Gebietsorganisationskomitees in Kraft; vgl. Protokol ob-edinennogo zasedanija Prezidiuma Moskovskogo Soveta RK i KD i Prezidiuma organizacionnogo komiteta Moskovskoj oblasti ot 27-go sentjabrja 1929 g., ibid., ll.

tees[667], ebenso auch das Bezirksvollzugskomitee in Serpuchov am 9. April[668], obwohl die formal notwendige entsprechende Weisung zur Umsetzung des *CIK*-Erlasses durch das *VCIK* der *RSFSR* erst einen Tag später rechtswirksam wurde! Diese letztgenannte Verfügung sprach die Probleme um die *lišency* noch wesentlich deutlicher an als das *CIK*: Entgegen der bereits am 13. März des Vorjahres gegen die gleichen Mißstände verfügten *VCIK*-Verordnung führen „die örtlichen Machtorgane immer noch" fort, „öffentliche Verstöße gegen die Wahlgesetzgebung der *RSFSR* zuzulassen, die sich in einer unrichtigen Aberkennung der bürgerlichen Wahlrechte" und in zusätzlichen „Beschränkungen verschiedener Art" für die *lišency* ausdrückten. Nicht zuletzt deshalb sollten nun auf Anordnung der Vollzugskomitees der Autonomen Republiken, Provinzen und Gebiete, bei denen jetzt ebenfalls die erwähnten Überprüfungskommissionen eingerichtet werden mußten, ebendiese Gremien auch auf der unteren Ebene, unter Vorsitz von Vertretern der Bezirksvollzugskomitees, in den *Bezirks*- und *Kreis*städten tätig sein und aus Funktionsträgern dieser beiden Verwaltungseinheiten bestehen. Im Falle offensichtlich unrichtiger Aberkennung des Wahlrechts hatten die Sonderkommissionen ausdrücklich das Recht der sofortigen Streichung der Betroffenen aus den Listen, wobei den zuständigen Vollzugskomitees ein Nachprüfungsrecht eingeräumt war. Falls jedoch der Klage eines *lišenec nicht* stattgegeben werden konnte, waren sämliche Akten dem nächsthöheren Vollzugskomitee zur Entscheidung zuzusenden. Somit wurde dem Kläger ausdrücklich eine zweite Chance eingeräumt, die verlorenen Rechte doch noch zurückzuerhalten. Alle Prüfungsverfahren sollten, so die Verordnung weiter, binnen zweier Monate beendet sein. Zudem war der Staatsanwalt der *RSFSR* verpflichtet, die Einhaltung des neuen Gesetzes zu überwachen. Ansonsten bekräftigte der *VCIK*-Erlaß die Bestimmungen der Verordnung des *CIK* vom 22. März[669]. Die ausdrückliche Verpflichtung des Staatsanwalts geschah mit gutem Grund, hatte sich doch z.B. auch der Moskauer Gebietsstaatsanwalt bis zum Erlaß des *CIK*-Gesetzes fast überhaupt nicht um die Ende 1929/Anfang 1930 besonders flagranten Verstöße der örtlichen Be-

---

31, 32. Über die Umsetzung dieser Verfügung durch die einzelnen städtischen Vollzugskomitees schweigen sich die Quellen aus.

[667]Das Original-Zirkular war dem Verfasser dieser Arbeit bei den Archivrecherchen vor Ort nicht zugänglich, einschlägige Bezüge auf die Verordnung liefern jedoch die nachfolgend zitierte Folgeverordnung des Serpuchover Bezirksvollzugskomitees (vgl. Anm. 668) und dessen Entwurf („Projekt"); zu letzterem CGAMO, f. 5812, op. 1, d. 5a, l. 111.

[668]Das Vollzugskomitee bestimmte den „unverzüglichen" Beginn der Arbeit einer 5-köpfigen Kommission in Stadt und Bezirk, ferner die Rückgabe aller Wahlrechte, verfügt ohne gründliche Prüfung der Unterlagen oder überhaupt ohne ausreichende Aktengrundlage, ferner die Beachtung der anderen in der *CIK*-Verfügung genannten Umstände. Prezidium Serpuchovskogo Okružnogo Ispolnitel'nogo Komiteta Soveta R.K. i K.D. Vypiska iz protokola No. 11 zasedanija Sekretariata Serpuchovskogo Okrispolkoma ot 9 aprelja 1930 g., ibid., ll. 45-46.

[669]Postanovlenie Prezidiuma VCIK. O merach k ustraneniju narušenij izbiratel'nogo zakonodatel'stva i ob uporjadočenii proizvodstva del, kasajuščich izbiratel'nych prav graždan, GARF, f. 2135, op. 141, d. 428, ll. 36, 37.

hörden gegen das Wahlrecht und die vielen illegalen Aberkennungsbescheide gekümmert[670].

Das Bezirksvollzugskomitee in Serpuchov war mit seiner schon am 9. April erlassenen Folgeverordnung sowie durch die Tatsache der umgehenden Einsetzung der Sonderkommission, die bereits vor dem 17. des Monats ihre Arbeit tatsächlich begann[671], ein Vorreiter im Vergleich zur Situation in den anderen Bezirks- und Kreisstädten im Moskauer Gebiet: Ein interner Überprüfungsbericht nannte als Beispiele neben Stadt und Bezirk Kolomna u.a. auch die Städte und Kreise Pavlovo-Posad und Kašira, wo die entsprechenden Kommissionen gar nicht rechtzeitig geschaffen und die festgelegten Fristen für die Kommissionsarbeit nicht beachtet worden seien. Vor dem geplanten Abschluß der Überprüfungen habe hier noch „völlige Untätigkeit“ geherrscht. Ferner seien an diesen Orten zu derselben Zeit Fälle „ungesetzlicher Bestätigung des Entzugs von Wahlrechten“ wie auch „umgekehrt“ Beschlüsse zur Rückgabe dieser Rechte an Personen, denen dies nach dem Gesetz nicht zustand, vorgekommen[672]. In der Tat „arbeitete eine Reihe örtlicher Kommissionen“ trotz einschlägiger Weisungen der Gebietskommission und der Staatsanwaltschaft im Gefolge der genannten *MOIK*-Verordnung vom 30. März „nichtsdestoweniger schlecht“. Dies ist dem schon zitierten Untersuchungsbericht anläßlich der „Säuberung“ der „Organisationsabteilung“ bei der Gebietsstaatsanwaltschaft zu entnehmen. Schuld waren diesem Bericht zufolge „einige Bezirksvollzugskomitees und Bezirksstaatsanwaltschaften“ in ihrer Unaufmerksamkeit gegenüber der Tätigkeit dieser Kommissionen. So gehöre z.B. die Kommission in Volokolamsk zu denjenigen, die in ihrer praktischen Arbeit „eine Reihe von Überspitzungen sowohl zur linken als auch zur rechten Seite zuließen“[673].

Damit zeigten sich auch am Beispiel dieser Rechtsbrüche die typischen Probleme des „großen Umbruchs“: Doktrinärer, revolutionär-proletarischer Übereifer als Kennzeichen der sich zunehmend vollziehenden „Erosion des Rechts“ auf der einen, und deutliche Anzeichen eines nach wie vor vorhandenen Schutzbedürfnisses gegenüber den Betroffenen bei manchen noch von Überresten bürgerlich-liberaler Rechtsauffassungen geprägten Kommissionsmitgliedern auf der anderen Seite.

Aufgrund des Drucks seitens der alarmierten, nun einer besonders rigorosen „Klassenpolitik“ folgenden übergeordneten Stellen kam es in dieser Zeit in Serpuchov nicht nur zur Aufnahme des örtlichen *OGPU*-Residenten in das Stadt-

[670]Vgl. Akt Obsledovanija. Rabočej Brigady po čistke apparata organizacionnogo Otdela Mosoblprokuratury, CGAMO, f. 807, op. 1, d. 527, l. 20.

[671]Vgl. Predsedatel' Gorsoveta. V Redakciju Gazety „Nabat“ (17/IV-30 g.), ibid., f. 5812, op. 1, d. 5a, l. 100.

[672]Vgl. Ob učastii prokuratury v ispravlenii peregibov v oblasti izbiratel'nogo zakonodatel'stva, ibid., f. 807, op. 1, d. 525, l. 35.

[673]Akt Obsledovanija, ibid., d. 527, l. 21.

ratspräsidium[674], sondern auch zur Auswechselung der Mitglieder der Sonderkommission, die in der am 9. April erlassenen Weisung des Bezirksvollzugskomitees genannt worden waren. Bestätigt wurde indessen die funktionale Zusammensetzung der Kommission: Der Vorsitzende war gleichzeitig der Vorsteher des Stadtrats von Serpuchov, sein Stellvertreter der städtische Milizchef, weitere Mitglieder rekrutierten sich aus dem Vorsitzenden des Bezirksgewerkschaftsrats, jeweils einem Vertreter der „Sektion für Arbeit“ und schließlich der „administrativen und der Rechtssektion“ des Stadtrats[675]. In dieser Besetzung befand die Kommission am 4. Mai über Gesuche von 54 *lišency*, das verlorene Wahlrecht zurückzuerlangen. Nur einer Familie, die aus drei Mitgliedern bestand, ferner drei Geschwistern sowie zwei nicht miteinander verwandten Einzelpersonen wurde das Wahlrecht tatsächlich wieder zuerkannt. Die erstgenannten Familienmitglieder konnten erfolgreich nachweisen, lediglich in *Kleinstbetrieben* als Speiseeisverkäufer ohne Beschäftigung von Lohnarbeitern, die Geschwistergruppe, als einzelne Hausgewerbetreibende (*kustari*) in wirtschaftlicher Unabhängigkeit vom Vater tätig gewesen zu sein. Entscheidend war eben die Führung des Betriebes völlig „selbständig von den Eltern [ohne Wahlrecht - *Erg. v. H.-M. Miedlig*]“, andererseits, daß keine Arbeitskräfte über die gesetzlich festgelegte Quantität hinaus beschäftigt wurden[676].

Bei der Überprüfung der großen Mehrheit der letztlich *abschlägig* beschiedenen Eingaben der einzelnen *lišency* ging die Kommission strikt nach den Paragraphen der Wahlinstruktion vor, wobei es auch hier überwiegend um die Bestätigung des Ausschlusses von ehemaligen „Händlern“ oder ihren von ihnen wirtschaftlich abhängigen Familienangehörigen (meist Ehefrauen) ging. Dabei zog das Gremium, wie oben schon im Zusammenhang mit der Entscheidungsfindung der regulären städtischen Organe in diesen Dingen festgestellt wurde, maßgeblich Unterlagen der „Bezirksfinanzabteilung“ heran. Aus ihnen war ersichtlich, über welches Handelspatent der jeweils Betroffene verfügte, *wann* die Handelstätigkeit begonnen hatte, und zu welchem Zeitpunkt sie erloschen war[677]. Bei der Überprüfung des wichtigen Verfassungskriteriums der Inanspruchnahme von privaten Arbeitkräften zog die Kommission auch in den hier dokumentierten Fällen Nachweise der staatlichen Versicherungskasse heran. Im Zusammenhang mit zwei anderen *lišency*, die einen „Großhändler“ sowie einen Arbeitskräfte einsetzenden „Gemüsegärtner“ betrafen, rekurrierte sie auf Ermittlungsberichte der Miliz, die

[674]Nach einer internen undatierten, jedoch aufgrund der gegebenen Faszikelordnung zeitlich in das Frühjahr 1930 einzuordnenden Aktennotiz des Stadtrats sollte das Ratspräsidium künftig aus 16 Mitgliedern, u.a. aus je einem Vertreter des Stadtparteikomitees, der städtischen Kontrollkommission der *RKI*, der Kommunal- sowie der Bildungsabteilung, des Kreisgewerkschaftsrats sowie des *OGPU*, nebst mindestens fünf Fabrikarbeitern, bestehen. Vgl. Novyj sostav prezidiuma. Ibid., f. 4502, op. 1, d. 50, l. 179.

[675]Vypiska iz protokola Serpuchovskogo Okrispolkoma No. 24, ot 29-30 aprelja 1930 goda, ibid., f. 5812, op. 1, d. 5a, l. 72.

[676]Protokol No. 6 Zasedanija Komissii pri Serpuchovskom Gorsovete po peresmotru lišennych izbiratel'nych prav ot 4-go Maja 1930 goda, ibid., ll. 9-11.

[677]Das zitierte Kommissionprotokoll enthält 18 entsprechende Vermerke, ibid.

im oben gezeigten Verfahren vor Ort recherchierte. In einem Falle diente auch das Geschäftsbuch eines Händlers als maßgebliche Unterlage. Wirklich große ehemalige „Kapitalisten" wie Fabrikbesitzer („Fabrikanten") tauchten in der Liste nur in zwei Fällen auf. Auch bei diesen beiden trug nicht zuletzt die Nutzung von „Lohnarbeit" wesentlich zur Aberkennung des Wahlrechts bei. Was die anderen in der Wahlinstruktion bzw. der Verfassung genannten *lišency*-Gruppen betrifft, so waren sie in der Liste mit lediglich zwei Personen vertreten[678]. Somit bestätigt auch diese Liste die bislang nur marginale Vertretung dieser letztgenannten Personenkategorien unter den verfolgten städtischen *lišency*.

In der Tat urteilte die Serpuchover Sonderkommission nicht im Hauruck-Verfahren. Sie ließ vermittels des Stadtrats gründlich recherchieren[679]. Das Präsidium des Bezirksvollzugskomitees sah indessen in dieser gründlichen Arbeit der Kommission eher ein Unterlaufen der auf die rigorose Einhaltung der „Klassenlinie" der Partei und schnelle Problemlösungen abzielenden *lišency*-Politik. In den Rechtsorientierungen dieser beiden Behörden stießen somit die Normen des staatlichen Rechts auf der einen, und der rechtsvereinfachende, ja gegen die etablierte Rechtsordnung bewußt verstoßende Anspruch des parteilichen Klassenrechts auf der anderen Seite, unversöhnlich aufeinander. Konkret beschwor das Präsidium die Gefahr einer Überschreitung der für die Abarbeitung der einzelnen Fälle vom *MOIK* normierten Entscheidungsfristen: Nach Anhörung eines Referats „über den Gang der Arbeit betreffend die Überprüfung der *lišency*-Akten und die weiteren Maßnahmen zu ihrer Stärkung" erachtete das Gremium „die Arbeitstempi" als „zu langsam" und sprach sowohl den Stadträten in Serpuchov und Kašira als auch den Kreisvollzugskomitees in Lopasnja und Tarusskaja[680] eine Mahnung aus. Gleichzeitig ordnete es die Weiterführung der Überprüfungen im Stoßarbeitersystem (*po udarnomu*), die Beendigung aller Arbeiten „nicht später als zu den festgelegten Fristen" sowie eine verstärkte Aufsicht der Bezirkskommission über die einzelnen Stadt- und Kreiskommissionen an. Auch sollte die Bezirksfinanzabteilung die Ausgabe der nötigen Bescheinigungen an die Kommissionen beschleunigen[681].

---

[678]Ibid.

[679]Am 6. und 9. Mai sandte das Präsidium des Stadtrats Listen mit den Namen von 11 bzw. fünf Personen der Milizleitung zu, zu denen die Milizinspektoren abklärende Erhebungen durchzuführen hatten. Vgl. V Gormiliciju, ibid., ll. 192, 193. Eine weitere Ermittlungsaufforderung erging am 24. Mai, ibid., l. 196. Am 7. des Monats ging eine Liste mit 37 Namen an die Bezirksversicherungskasse, verbunden mit der Bitte, „für jede" der aufgeführten Personen „im einzelnen unter Nachweis der Quantität der angemieteten Arbeitskraft" exakte Informationen zu liefern. 33 der genannten Personen waren „Gemüsegärtner". Ferner handelte es sich um einen ehemaligen „Fabrikanten", einen weiteren mit Lohnarbeitern wirtschaftenden Unternehmer, einen im Auftrag eines Privathändlers tätigen einstigen „Lieferanten" sowie um eine nicht näher klassifizierte Person. Spisok lišencev. V Okrstrachkassu, ibid., ll. 189, 190.

[680]Kleinstadt, 124 km südlich von Moskau gelegen; vgl. *Moskovskaja oblast'. Topografičeskaja karta*, Karte S. 46/47.

[681]Zu diesem Zweck ließ das Präsidium „aus der Plan- und Statistikabteilung des Bezirks zeitgebunden zwei technische Mitarbeiter abkommandieren". Prezidium Serpuchovskogo Okružnogo Ispolnitel'nogo Komiteta Soveta R.K. i K.D. Gorsovetam, Okr. Komissii, Okr. Fin. Otdelu,

Um den Druck noch zu erhöhen, griff das Präsidium auch zum Mittel der offenen Drohung: Sollten die Kreisvollzugskomitees die ihnen zugeordneten Kommissionen nicht stärker unterstützen und nicht besser führen, dann werde dies „als Unwillen, Beschlüsse umzusetzen", betrachtet[682].

Einer raschen Erledigung der Probleme um die Personen ohne Wahlrecht standen jedoch nicht nur die nach wie vor bei der Wahlkommission eingehenden Bürgerbeschwerden mit dem oftmals damit verbundenen Zwang zu aufwendigen amtlichen Recherchen, etwa durch die Inspektoren der Miliz[683], entgegen. Zuweilen versäumten es die Kläger zudem, ihren Beschwerden die nötigen Unterlagen beizufügen, so daß sie von der Kommission erst dazu aufgefordert werden mußten[684]. Manche Begehren waren auch im langwierigen Appellationsverfahren zunächst an die zuständige Moskauer Gebietskommission zur endgültigen Entscheidung zu übermitteln.[685]. Ein weiteres verzögerndes Moment konnte zuweilen das unbeabsichtigte Verschwinden dieser geheimen Personalakten auf dem Dienstwege darstellen[686]. Zudem gab es offensichtlich nach wie vor einflußreiche Personen, die in der Lage waren, den eigenen *lišenec*-Status durch Manipulation bestimmter verantwortlicher Amtsträger zu kaschieren. So wies der Leiter des „juristischen Sektors" gegenüber dem Präsidium des Serpuchover Stadtrats am 25. Mai auf den Umstand hin, daß in der Kanzlei des Rats einer „ehemaligen Händlerin" bereits am 1. Januar eine allerdings nicht unterschriebene Bescheinigung

---

Planovo-Statist. Otdelu: Vypiska iz protokola Prezidiuma Serpuchovskogo Okružnogo Ispolnitel'nogo Komiteta No. 12 ot 7-go Maja 1930 g., CGAMO, f. 4502, op. 1, d. 128, l. 23.

[682] Ibid.

[683] Vgl. z.B. das erfolglose Gesuch der Hausfrau S.N. Subbotina aus Serpuchov, die unter Verweis auf ihre bäuerliche soziale Herkunft beteuerte, sich niemals selbst an den Handelsaktivitäten ihres Mannes beteiligt zu haben. V Serpuchovskuju Okružnuju Izbiratel'nuju Komissiju, ot G-ki Subbotinoj Nadeždy Nikolaevny, ibid., f. 5812, op. 1, d. 5a, l. 32. Der ermittelnde Milizinspektor stellte fest, daß der Ehemann nach seiner „sozialen Stellung" zwar als Bauer einzustufen sei und in der roten Armee gedient habe, nichtsdestoweniger jedoch seit 1924 fünf Jahre als „Händler" auf dem Serpuchover „Bazar" und 1929-30 im privaten Ausfuhrgeschäft tätig gewesen sei. Vgl. mit dem entsprechenden Ablehnungsvermerk des Stadtrats: N-ku Serpuchovskoj Gormilicii Inspektora V. Maslovoj Raport, ibid., l. 31. Am 6., 9. und 24. Mai sowie noch am 27. Juli schickte das Präsidium des Serpuchover Stadtrats abermals Ermittlungsbegehren an die städtische Milizleitung. Die erste Weisung verlangte Aufschluß über 11, die zweite über fünf *lišency*. Von diesen 16 Personen waren typischerweise 10 Frauen, die ihr Wahlrecht wegen materieller Abhängigkeit vom Vater oder Ehemann, dem seine Rechte aberkannt waren, verloren hatten. Vgl. ibid., ll. 33, 192.

[684] Vgl. Prezidium Serpuchovskogo Okružnogo Ispolnitel'nogo Komiteta Soveta R.K. i K.D. Gr. Zemljanovym, V.S. i E.N., ibid., l. 195.

[685] Vgl. etwa die viele Monate in Anspruch nehmenden Klagen der *lišency* D.N. Akkuratov und A.N. Kastjan, beide gleichfalls aus Serpuchov. Vgl. ibid., ll. 23-26.

[686] So teilte am 16. Juli der Leiter des „geheimen Sektors" beim *Mossovet* in einem Schreiben an die Bezirksstelle des *OGPU* in Serpuchov auf deren Suchanfrage mit, daß sich weder bei der Administrativen Abteilung des *MOIK* noch bei der Gebietswahlkommission Akten über ein bestimmtes Ehepaar ohne Wahlrecht befänden und die Geheimdienststelle „unbedingt Datum und Nummer der Materialien, aber auch die Benennung der Einrichtung, wohin das Material über die besagten Bürger versandt worden war", mitteilen müsse, damit die Akten aufgespürt werden könnten. Vgl. Sekretno. V Serpuchovskij Okružnoj Otdel O.G.P.U., ibid., f. 2157, op. 5, d. 26, l. 8.

über den vollen Besitz des Wahlrechts ausgestellt worden sei. Dies habe der Rat am 23. Mai jedoch ausdrücklich als unrichtig erkannt. Es handele sich um keinen Einzelfall: Schon Anfang 1929 habe derselbe Amtsträger eine analoge Bescheinigung für einen solchen „Ehemaligen" ausgestellt, obwohl diesem schon 1927 sein Wahlrecht entzogen worden sei. Die für die „Händlerin" ausgestellte unrichtige Bescheinigung und die zu späte Zustellung des korrekten Papiers führten nun nach den Worten des Justitiars letztlich auch zur Ablehnung des Volksgerichts, die betroffene „Ehemalige" und einen männlichen Händlerkollegen nach den einschlägigen Paragraphen des Zivilgesetzbuches wegen böswilliger Mietzahlungsverweigerung zwangsauszuquartieren[687]. Der Jurist übermittelte deshalb dem Bezirksgericht eine „Kassationsklage" gegen das Urteil der unteren Instanz, die mit ihrer Entscheidung „direkt gegen die Interessen eines Staatsorgans" (d.h. der Kommunalabteilung) verstoßen habe[688].

Diese Gerichtsschelte rügte im Kern eine mangelnde Berücksichtigung der von der Partei noch immer angemahnten strikten „Klassenpolitik" und berührte damit das oben erörterte generelle Problem der Inkompatibilität zweier grundverschiedener Rechtsperzeptionen. Damit befand sie sich im Einklang mit einer internen Entschließung des *MK* vom 16. Mai 1930. Diese bemängelte einerseits „Bürokratismus" und „Verschleppung" der Strafverfahren durch die örtlichen Gerichte und Staatsanwaltschaften, nicht ohne die „Schwächen in der Strafpolitik in bezug auf die kapitalistischen Elemente" sowie eine unzureichende Selbstkritik und mangelnde Qualifikation der Justizorgane zu unterstreichen. Andererseits geißelte das *MK* auch eine opportunistische Interpretation der „sozialistischen Gesetzlichkeit" durch die örtliche Staatsanwaltschaft. Das Gremium mahnte eine völlige „Umgestaltung" (*perestrojka*) der Arbeit der Justiz an. Letzteres war besonders auf den „niederen gerichtlichen und Verfolgungsapparat" (Volksgerichte![689]) im Sinne einer verbesserten Anpassung der dienstlichen Tätigkeit an klassenrechtliche Kriterien zu beziehen. Es ist wichtig zu betonen, daß die Partei - so das *MK* - vor Ort unbedingt im Interesse „einer klassenkonsequenten [...] Arbeit" auch „die Zusammensetzung des Gerichts und der Staatsanwaltschaft überprüfen" und überhaupt die Arbeit der Gerichte stärker kontrollieren sollte[690]. Schließlich verabschiedete das Parteigremium noch die folgende Richtlinie: Im Interesse

---

[687]Vgl. V Prezidium Serpuchovskogo Gorodskogo Soveta. Dokladnaja zapiska, ibid., f. 4502, op. 1, d. 169, l. 21.

[688]V Serpuchovskoj Okružnoj Sud. Kassacionaja žaloba. Ibid., l. 22.

[689]Die Kritik rechtfertigte sich durch die Reaktionen der klassenbewußten proletarischen Avantgarde, die sich nicht nur in den Auftritten einzelner „fortschrittlicher" Werktätiger im Zuge betrieblicher Arbeiterversammlungen oder Stadtratssitzungen artikulierten, auf viele Urteile der Volksgerichte in den einzelnen Kreisstädten des Moskauer Gebiets. Vgl. z.B. unten S. 211, 229, 232/233.

[690]Vor diesem Hintergrund ist interessant, daß das *MK* das führende Personal sämtlicher staatlicher Gebiets- und Kreisbehörden nach deren Einsetzung auch bisher schon stets bestätigen mußte, so neben den Vorsitzenden der Vollzugskomitees auch die Richter und Staatsanwälte; vgl. Vypiska iz protokola No. 5 zasedanija sekretariata MK ot 7/VIII-30 g., CGAMO, f. 2157, op. 5, d. 131, ll. 46-49, sowie Vypiska iz protokola zasedanija sekretariata MK ot 3/X-30 g., ibid., l. 34.

der Mitwirkung einer „breiten proletarischen Öffentlichkeit“ müsse nun auch die „Praxis der Organisation von Gerichtsbrigaden“ ausgeweitet werden, die vor Ort in öffentlichen Verfahren Prozesse „in Arbeiterklubs, Leseräumen und Volkshäusern“ durchführten[691]. So unterstrich die Verfügung ausdrücklich die (formalrechtlich nicht bestehende) Rechtmäßigkeit der oben gezeigten, z.T. von proletarischen Laien durchgeführten Schauprozesse in den fabrikeigenen Arbeiterklubs. Demgegenüber war eine solche klassenrechtliche Gerichtspolitik ja bereits im Februar 1930 vom Obersten Gericht verboten worden![692] So zeigt sich, daß die radikal-marxistische, vereinfachende Rechtstheorie Pašukanis, Krylenkos und anderer innerhalb der Partei immer noch einflußreich genug war, um den Anspruch zu rechtfertigen, gegen die obersten Justizbehörden in Opposition treten zu können. Dies bedeutet, daß sich nach wie vor die Frage nach der Legitimation des herrschenden Rechtssystems stellte. Die Krise des „großen Umbruchs“ war auch in dieser Hinsicht noch keineswegs überwunden.

Vor diesem Hintergrund ist es andererseits auch nicht verwunderlich, daß sich die *MK*-Entschließung dann letztlich doch nicht in einer vermehrten Organisation von irregulären öffentlichen Schauprozessen auswirkte. Der Serpuchover *Nabat* berichtete in den restlichen Monaten des Jahres 1930 nur einmal über ein Verfahren gegen „Kulaken“ aus den *dörflichen* Gebieten des Bezirks, die zentrale *Pravda* gar nicht über derartige Prozesse. Auch andere Quellen enthalten keinerlei einschlägige Hinweise über das Stattfinden solcher proletarischer Musterverfahren in den Städten des Moskauer Gebiets in dieser Zeit. Die erhaltenen Zeugnisse weisen statt dessen auf eine verstärkte Verfolgungstätigkeit des *OGPU*, auf vermehrte Verurteilungen im „außergerichtlichen Verfahren“, hin. Dies ist für etliche Städte und Dörfer, inner- wie außerhalb des Moskauer Gebiets, belegt[693]. Wie oben erläutert, stieg damit auch die Zahl der *lišency* weiter an. Dem vermehrten Druck

[691]Vgl. Priloženie k protokolu No. 36 zasedanija Bjuro Moskovskogo Obkoma VKP (b) ot 16.V.30 g. k pun. 1/opr. O provedenii sudebno-karatel'nymi sudebnymi organami general'noj linii partii v dele bor'by s aktivnost'ju klassovo-vraždebnych ėlementov goroda i derevni i bjurokratizmom v gosapparate, ibid., d. 107, ll. 54-56.

[692]Vgl. oben S. 133.

[693]Was die Stadt Serpuchov in diesem Zusammenhang betrifft, so ist der Abschnitt des Stadtratsberichts über die Arbeitsperiode vom Oktober 1929 bis zum Oktober 1930 „Die revolutionäre Gesetzlichkeit und der Schutz der Ordnung“ von besonderer Wichtigkeit. Die politisch motivierten Vergehen gegen den Staat, insbesondere die vom ansässigen Bezirksgericht verhandelten „konterrevolutionären Verbrechen“, stellten dem Bericht zufolge im genannten Zeitraum nur eine kleine Minderheit der anhängigen Strafsachen dar: In nur 16 Verfahren standen lediglich 34 Personen vor Gericht. Einen wichtigen Grund für den geringen Anteil solcher Prozesse an der Gesamtzahl der Strafverfahren nannte der Bericht selbst: „Eine große Anzahl“ von ihnen „ging im außergerichtlichen Verfahren durch“, d.h. sie wurden in der Eigenverantwortung des *OGPU* abgewickelt. Vgl. Revoljucionnaja zakonnost' i ochrana porjadka. CGAMO, f. 4502, op. 1, d. 190, l. 159; zu anderen Städten (und Dörfern) s. Perepiska i zajavlenija političeskich zaključennych i ich rodstvennikov o peresmotre del, o peremene mesta ssylki (ili o razrešenii na svobodnoe proživanie), o okazanii material'noj pomošči i t.d. GARF, f. 8409, op. 1, d. 3-139. 1929: No. 305-406, 1930: No. 420-520, 521-545, 553-555. Die hier nachgewiesenen, das Jahr 1930 betreffenden Klage- und Beschwerdefälle gegen die Maßnahmen des *OGPU* überstiegen also deutlich die Anzahl der jeweils neuen Klagen, Auskunfts- und Haftverschonungsgesuche von 1929.

auf diese Personengruppe entsprach nun auch die formale gesetzliche Sanktionierung ihres in der Praxis vielfach bereits gehandhabten Ausschlusses aus den Kooperativen[694].

Trotz der genannten Schwierigkeiten behauptete der Serpuchover Stadtrat in dem Rechenschaftsbericht über seine Tätigkeit in den Monaten vom Oktober 1929 bis zum Mai 1930 u.a., „die Überprüfung der *lišency*" sei nunmehr „durchgeführt". 254 Personen habe man „zusätzlich" auf die Liste gesetzt. Allerdings verzichtete der Rat auf die Angabe der genauen Anzahl der in ihre Rechte wieder eingesetzten Personen[695]. Dies erscheint nicht verwunderlich, da eine andere Unterlage den vorläufigen Abschluß der von der *lišency*-Sonderkommission vorgenommenen Überprüfungen in der Stadt Serpuchov erst für den 20. Juni belegt. Nach dem Zeugnis dieses internen, für die Zustellung an die entsprechende Gebietskommission erarbeiteten Papiers waren am 10. April 1773 Personen ohne Wahlrecht, etwa 3% der Gesamtbevölkerung der Stadt. Die Sonderkommission strich dieser Unterlage zufolge danach bis zum 20. Juni jedoch ungefähr die Hälfte der Betroffenen von der Liste, so daß nicht mehr als 851 *lišency,* also noch ca. 1,5% der Stadtbevölkerung, übrigblieben! Die überwältigende Mehrheit dieser Leute bestand - wie nicht anders zu erwarten - aus ehemaligen sowie derzeitigen „Händlern" bzw. „Handelsvermittlern" (546 Personen), davon nicht weniger als 527 offiziell „Arbeitslosen". Das zweitgrößte Kontingent stellten die Familienangehörigen mit 166 Personen, alle ohne Arbeit (Hausfrauen!), gefolgt von den „Dienern religiöser Kulte" (55 Betroffene), den Personen, die Lohnarbeitskräfte beschäftigten (32), den Angehörigen der ehemaligen Polizei, der „weißen Armeen" und der zaristischen Justiz (31) sowie schließlich denjenigen, „die von nichtwerktätigen Einkünften" lebten (21). Die (ehemaligen) Privatunternehmer („Händler" etc.) waren die größte Gruppe, denen die Sonderkommission das

---

[694]Die „ehemaligen Leute" und ihre Familien konnten bereits seit dem 17. April 1930 auch in „Fischereigenossenschaften" nicht mehr beruflich tätig sein. Vgl. Primernyj ustav rybackoj arteli, Art. 6. *SZ* 1930, No. 24, st. 257. Auch unterlagen mit Gesetz vom 2. Juni 1930 alle im Heimgewerbe tätigen Handwerker bis Anfang 1931 einer „Kollektivierung", in den Städten der Zwangseingliederung in Handwerkerkooperativen, wobei diese Organisationen gleichzeitig „gründlich von Kulaken und kapitalistischen Elementen" gesäubert werden sollten. Vgl. O kustarnoj promyšlennosti i promyslovoj kooperacii, ibid., No. 30, st. 338. Am 13. November verwehrte eine weitere *CIK*-Verfügung allen *lišency* ausdrücklich den Eintritt sowohl in die landwirtschaftlichen Kooperativen als auch in die vornehmlich städtischen „Handwerkskooperativgenossenschaften" und „Verbrauchergesellschaften". Familienmitglieder von „Roten Partisanen", Armee- und Marineangehörigen, Dorflehrern und Agronomen durften jedoch eine Mitgliedschaft erlangen, wenn eine der genannten Personen sich für sie verbürgte. Ehemalige „Kleinhändler", Handwerker und Heimgewerbetreibende ohne Wahlrecht konnten mit spezieller Genehmigung der Regierung einer Unionsrepublik in landwirtschaftlichen und Handwerkskooperativen ihren Lebensunterhalt verdienen, jedoch nicht in leitender Funktion, ohne Zugang zu den genossenschaftlichen Revisionsorganen und ohne Anspruch auf ein aktives und passives Wahlrecht bei betriebsinternen Wahlen. O nedopuščenii kulakov i lišencev v kooperaciju, ibid., No. 56, st. 591.

[695]Otčet gorsoveta za 8 mesjacev oktjabr' 1929 g. maj 1930 g. 1. Rabota prezidiuma. CGAMO, f. 4502, op. 1, d. 190, l. 107.

Wahlrecht zurückgab: Von am 10. April noch 960 Personen wurden nicht weniger als 414 wieder in ihre Rechte eingesetzt, gefolgt von den *Familienmitgliedern* aller *lišency*-Gruppen: Von den 479 Personen kamen 313 wieder in den Genuß ihrer Rechte. Auch der Anteil derjenigen, die in Vergangenheit und/oder Gegenwart im eigenen Betrieb Lohnarbeiter beschäftigten, ging von 121 auf 32 Betroffene zurück. Den anderen Gruppen gewährte die Kommission das politische Wahlrecht in erheblich geringerem Maße[696]. Nur von den lediglich drei auf administrativem Wege (durch das *OGPU*) Zwangsverschickten erhielt keiner sein Wahlrecht wieder zuerkannt[697].

Vergleicht man die genannten Daten mit den entsprechenden Befunden aus den anderen Städten und Kreisen[698] des Moskauer Gebiets, so ergeben sich fast überall Annullierungen der Wahlrechtsentzüge in größerem Ausmaß. Auch hier waren die „Händler" und die „Kategorie" der Familienangehörigen *aller* erfaßten *lišency* fast überall am meisten betroffen. Deren Rechte wurden im Vergleich zu den anderen Personengruppen ohne Wahlrecht auch jeweils am meisten restituiert. Dies gilt für die Ortschaften der sowohl ländlich als auch industriell geprägten Verwaltungskreise, so z.B. für die *rajony* Egor'evsk, Ramenskoe, Kolomna, Orechovo-Zuevo, Dmitrov, Naro-Fominsk, Zarajsk, Kašira, Vereja, Volokolamsk[699]. Für die Stadt Kolomna liegen gesonderte Zahlen vor, die dieses Bild bestätigen. Die Anzahl der *lišency* verminderte sich im Zuge der hier am 1. August vorgenommenen Überprüfungen im Vergleich zum Stand vom 10. April zwar nicht ganz so drastisch wie in Serpuchov, aber doch um etwa 18%. Im Verhältnis zur Gesamtzahl der Einwohner[700] betrug die Zahl der Personen ohne Wahlrecht in Kolomna dann noch etwas mehr als 2%, lag also nur geringfügig über dem oben für Serpuchov belegten Wert. Die Stadt zeigte sich im Gegensatz zu den übrigen urbanen und dörflichen Siedlungen des gleichnamigen Kreises klar als dominantes Zentrum des Handels und der verschiedenen ehemals privaten Unternehmen: Die zahlenmäßige Stärke der ehemaligen und derzeitigen „Händler" Kolomnas, die nach der Überprüfung ihr Wahlrecht nicht zurückerlangten, betrug mehr als das fünffache der endgültig des Wahlrechts beraubten Angehörigen derselben

---

[696] Svedenija o lišennych izbiratel'nych prav po gorodu Serpuchovu na 20/VI-30 g. predstavljajutsja v Obl. Komissiju, ibid., f. 5812, op. 1, d. 5a, l. 1. Bei den „nichtwerktätigen Elementen" ging die Anzahl der Personen mit *lišency*-Status infolge der Überprüfungen von 82 auf 21, bei den „Dienern religiöser Kulte" von 77 auf 55, den „Agenten der ehemaligen Polizei, Gendarmen, Bediensteten der Gefängniseinrichtungen und Angehörigen der weißen Armeen" von 56 auf 31 Personen zurück, vgl. ibid.

[697] Ibid.

[698] Die Städte Kolomna, Serpuchov und Orechovo-Zuevo ausgenommen, liegen nur Angaben zu den einzelnen Kreisen (*rajony*) *insgesamt* vor, wobei die Städte dann jeweils in den Zahlenangaben enthalten sind.

[699] Svedenija o lišencach. V Obl. Komissiju, CGAMO, f. 2157, op. 1, d. 662, ll. 24, 44, 89, 91, 95, 107, 117, 123.

[700] Bei einer zugrundegelegten Einwohnerzahl im Jahr 1930 von ca. 40000 Bürgern, nach dem zu errechnenden jährlichen durchschnittlichen Bevölkerungswachstum zwischen 1926 (35000 Einw.) und 1939 (85000 Einw.); vgl. *Goroda Rossii*, S. 205.

Gruppe in jeder der anderen Ortschaften des Kreises[701]. In der Stadt Orechovo-Zuevo waren am 10. April 1198 *lišency* amtlich erfaßt. Ganz im Gegensatz zu Serpuchov erhielten hier aber nur 159 Personen ihr Wahlrecht zurück, 77 verloren aus Gründen eines Umzugs oder infolge ihres Todes den Platz auf der Liste[702]. Die verbleibenden 962 Personen stellten ein Kontingent von unter 2% der städtischen Gesamtbevölkerung dar. So gesehen, näherten sie sich damit wieder dem für Serpuchov ermittelten Wert an. Nicht ins Bild paßte der durch seine zahlreichen Arbeitersiedlungen industriell geprägte Kreis Mytišči und der *rajon* Kurovskaja: Hier gaben die Sonderkommissionen keinem *lišenec* seine Rechte zurück. Die zuständige Kommission in der 65 km nordwestlich von Moskau gelegenen Industriesiedlung Solnečnogorsk[703] nahm in nur ganz geringfügigem Ausmaß Wiederherstellungen der Wahlrechte vor[704]. Offensichtlich hatten sich die zuständigen Wahlkommissionen an diesen Orten zuvor streng an Geist und Buchstaben der Gesetze gehalten und unrichtige Entscheidungen vermieden.

Insgesamt muß letzteres aber wohl eher als die Ausnahme gewertet werden. Es ist nach dem oben Gesagten davon auszugehen, daß die überwältigende Mehrheit der örtlichen Wahlkommissionen bzw. Ratspräsidien auf dem Territorium des Moskauer Gebiets tatsächlich in willkürlichen Entscheidungsfindungen unter Verstoß gegen das geltende Wahlgesetz viel zu vielen Personen das Wahlrecht entzogen hatte, so daß die Sonderkommissionen eben fast überall genötigt waren, Wahlrechte in großem Umfang wieder zuzuerkennen. Nach den vorliegenden Daten betraf dies außer der Stadt Serpuchov, die nach dem oben Gesagten in dieser Beziehung besonders hervortrat, speziell Stadt und Kreis Dmitrov, wo allein die Anzahl der minderberechtigten Familienmitglieder der *lišency* von der Sonderkommission drastisch um 501 Person auf fast die Hälfte (von 1064 auf 563 Betroffene) heruntergedrückt wurde[705]. Für den Kreis Klin ist indessen das andere Extrem belegt: Hier verzeichneten die Akten der Ratsbehörden zunächst lediglich drei Personen, denen als ehemaligen Arbeitgebern diverser Lohnempfänger das Wahlrecht aberkannt worden war. Auch Händler und Handelsvermittler erschienen nur in einer Größenordnung von gleichfalls drei Personen, während als vom *OGPU* Verbannte sechs, an Familienmitgliedern aller *lišency*-Kategorien insgesamt 53 Betroffene auftauchten. Die überprüfende Sonderkommission ermittelte aber demgegenüber als Angehörige der erstgenannten Gruppe nicht weniger als 110 Bürger. Der zweitgenannten „Kategorie" der „Händler" wurden nun 244 (!) Personen zugeordnet, während sich der Kreis der betroffenen Familienmitglieder der einzelnen *lišency* sogar auf 502 Männer und Frauen erhöhte. Die Anzahl der Zwangsverschickten reduzierte die Kommission indessen auf einen einzigen

[701] Svedenija o lišencach, CGAMO, f. 2157, op. 1, d. 662, l. 123.

[702] Vgl. Svodka na lic, lišennych izbiratel'nogo prava v Moskovskoj oblasti po sostojaniju na 10/IV-1930 g. (pereščety), ibid., d. 666, l. 19.

[703] Dieser kleine Industriestandort (Zelluloseverarbeitung), erst 1928 aus einem Dorf und einer Arbeitersiedlung entstanden, besaß noch 1959 nicht mehr als 24000 Einwohner. Erst seit 1938 durfte sich die Siedlung „Stadt" nennen, *Goroda Rossii*, S. 431.

[704] Svedenija o lišencach, CGAMO, f. 2157, op. 1, d. 662, l. 86, 119.

[705] Vgl. ibid., l. 89.

Delinquenten[706]. Es ist zu vermuten, daß hier gerade die *Stadt* Klin eine Schlüsselposition in der ungesetzlichen Verschonung besonders vieler *lišency* von dem Wahlrechtsentzug *vor* den Überprüfungen eingenommen hatte und daß sich dieses Verhalten der städtischen Wahlkommission weniger aus Inkompetenz, Schlendrian und administrativem Ungeschick ergab, als vielmehr einem bewußt oppositionellen, bürgerlich-liberal geprägten Rechtsbewußtsein entsprach[707].

Für die Gesamtheit der untersuchten Orte kann aber dennoch an dem obigen Schluß festgehalten werden, daß die Entscheidungspraxis der Wahlkommissionen in ihrer überwiegenden Mehrheit durch Verstöße gegen geltendes Recht auf dem Wege der mißbräuchlichen (massenweisen) Aberkennung von Wahlrechten zu charakterisieren ist. Nach dem bisher Gesagten ist es höchstwahrscheinlich, daß hier von maßgebenden Kräften im *MK* bzw. *ZK* selbst geduldeter, wenn nicht gar unterstützter klassenkämpferischer Eifer zu solchen „Überspitzungen" führte. Dies wäre nicht nur ein erneutes Indiz für die „Erosion des Rechts" im „großen Umbruch". Die durch die Überprüfungskommissionen erzwungene Korrektur der Beschlüsse wies auch auf die Legitimationskrise hin, in der sich die Partei mit ihrer rigorosen „Klassenpolitik" befand.

Die von oben verordneten Überprüfungen der Aberkennung der Wahlrechte zogen sich wegen der weithin in Anspruch genommenen Möglichkeit, bei der Moskauer Gebietskommission „für die Begutachtung der Klagen der des Wahlrechts beraubten Personen" Widerspruch einzulegen, z.T. bis Ende November 1930 hin[708]. Zuweilen wurde auch der jeweils zuständige Staatsanwalt verpflichtet, den Entscheidungen der städtischen bzw. der Kreiswahlkommissionen nachzugehen, falls die Gesetzmäßigkeit der Urteile in Zweifel gezogen war. So intervenierte noch im Oktober die als Revisionsinstanz tätige Gebietsklagekommission gemäß einer Weisung des „Geheimen Sektors" des *Mossovet* vom 28. August beim Staatsanwalt in Kolomna. Ein Bürger hatte das Vorgehen der örtlichen Wahlkommission als gesetzwidrig moniert[709].

Die vielen Gesetzesverstöße der einzelnen Wahlkommissionen, die von den Sonderüberprüfungsgremien korrigiert wurden, hatten zur Konsequenz, daß das *CIK* bereits am 3. Oktober 1930 ein neues Wahlgesetz erließ. Das höchste Vollzugsorgan rief ausdrücklich alle „zentralen und örtlichen Organe der Sowjetmacht" dazu auf, seine Weisung vom 22. März „über die Beseitigung der Verstöße gegen die Wahlgesetzgebung" nun unbedingt zu beachten. Die Vollzugs-

[706]Ibid., l. 93.

[707]Vgl. dazu oben, S. 119.

[708]Z.B. im Fall der Städte und Kreise Bogorodsk und Vereja, vgl. CGAMO, f. 2157, op. 1, d. 662, ll. 44, 59. Entsprechendes für Serpuchov s. Spravka, ibid., f. 5812, op. 1, d. 5a, l. 75.

[709]Der Staatsanwalt sollte die Sache untersuchen und dabei auch den von der Kommission festgestellten „sozialen Status" des betroffenen Beschwerdeführers „vor und nach der Revolution" überprüfen. Auch „dessen Verhältnis zur Sowjetmacht" war genau abzuklären, da ja eine nachgewiesene Loyalität gegenüber dem sozialistischen Staat bei „Händlern" und anderen *lišency* eines der entscheidenden Kriterien für die Wiederherstellung der staatsbürgerlichen Rechte war. Moskovskij Oblastnoj Ispolnitel'nyj Komitet. Komissija po rassmotreniju žalob lic, lišennych izbiratel'nych prav. Sekretno. Sročno. Kolomenskomu Prokuroru, ibid., f. 2157, op. 5, d. 26, l. 6.

komitees aller Verwaltungsebenen sowie auch die Wahlkommissionen sollten ferner „das Proletariat und die werktätigen Massen" nicht nur „für einen siegreichen sozialistischen Aufbau", sondern auch „für das weitere Vorgehen gegen den Klassenfeind" organisieren. Letzterer dürfe in keinem Machtorgan einen Platz finden. Um mögliche weitere Mißbräuche der staatlichen Organe bei der Aberkennung des Wahlrechts weitgehend auszuschließen, enthielt die neue „Instruktion" einen Katalog prinzipiell nicht neuer Vorschriften, der allerdings in klarer Sprache die alten Regelungen präzisierte und die seit dem bisherigen Gesetz verfügten ergänzenden Bestimmungen berücksichtigte[710]. Das *VCIK* erließ darauf am 20. des Monats ein entsprechendes Gesetz für alle Autonomen Republiken, Provinzen und Gebiete der *RSFSR*[711]. Um die vielen organisatorischen und politischen, teilweise zur Verhinderung von Rechenschaftsversammlungen führenden Fehler bei der Durchführung der letzten Wahlkampagnen für die bevorstehenden Mobilisierungsmaßnahmen auszuschalten, verabschiedete das *VCIK* am 3. November zusätzlich eine besondere Vorschrift „Über die Aufgaben der bevorstehenden Wahlkampagne des Jahres 1930/31". Diese mahnte u.a. unter erneuter Verwendung des Klassenkampftopos und der Formel von den angeblich bevorstehenden Versuchen „bourgeoiser NĖP-Schichten in der Stadt", bei den Wahlen „ihre Kandidaten in die Räte" zu bringen, für „die gesamte sowjetische Öffentlichkeit" an, „größte Aktivität und Organisiertheit in dieser wichtigsten politischen Kampagne - den Wahlen zu den Räten" an den Tag zu legen. An den nötigen Vorbereitungen müßten sich alle örtlichen öffentlichen Organisationen, auch die Gewerkschaften, beteiligen. Die „sehr wesentlichen organisatorischen und politischen Mängel" der letzten Wahlkampagne „an einer Reihe von Orten" seien nicht zuletzt infolge „schwacher Führung [...] seitens der örtlichen Organe" entstanden. Deshalb verordnete die Weisung nun die Aussendung „verantwortlicher Mitarbeiter" durch die übergeordneten Stellen an die einzelnen Orte, um die dortigen Stellen zu instruieren. In diesem Zusammenhang sollten spezielle „Versammlungen" und „2-3tätige Kurskonferenzen für die Durcharbeitung von Fragen der Wahlkampagnen" organisiert werden[712].

Weiter bestimmte das *VCIK*, daß bei allen „rechtzeitig" zu organisierenden Wahlkommissionen auf deren Zusammensetzung „aus klassenkonsequenten Mitarbeitern", d.h. in „genügender" Zahl „aus Arbeitern von der Werkbank, Kolchosmitgliedern" etc., zu achten sei. „Das Eindringen des Kulakentums und anderer klassenfeindlicher Elemente" in die Räte dürfe nicht erlaubt werden. Für die konkrete Arbeit der Vorwahlversammlungen wurde deshalb verordnet, daß die „Bewertung der Arbeit der Räte [...] vom Standpunkt einer von ihnen durchgeführten Klassenpolitik" von „Kritik und Selbstkritik" ausgehen müsse, mit dem Ziel der „Entlarvung aller unsicheren opportunistischen Elemente in den Räten". Auch hätten verstärkte Bemühungen zur korrekten Zusammenstellung der *lišency*-

---

[710]Vgl. Instrukcija o vyborach v sovety, *SZ* 1930, No. 50, st. 524.

[711]Instrukcija o vyborach v sovety i na s-ezdy sovetov RSFSR, *SU* 1930, No. 54, st. 654.

[712]O zadačach predstojaščej izbiratel'noj kampanii 1930/31 goda, ibid., No. 56, st. 671.

Listen zu erfolgen, um wirklich alle „ausbeuterischen Elemente“ von den Wahlen auszuschließen[713].

In Serpuchov entschied das Stadtratspräsidium bereits am 27. September 1930, „unverzüglich an die Vorbereitung der Wahlkampagne des Stadtrats heranzugehen“ und den Kampagnenzeitraum auf die Zeit zwischen dem 10. Oktober und dem 20. November festzusetzen. Auch wurde die genaue Zusammensetzung der neuen Wahlkommission bestimmt. Sie sollte aus neun Mitgliedern bestehen, dem Vorsitzenden des Stadtrats und seinem Stellvertreter, je einem Abgesandten des Kreisgewerkschaftsrats, des städtischen Partei- und Komsomolkomitees, der Roten Armee sowie je einem Arbeiter aus drei örtlichen Fabriken. Zudem oblag es der Kommission, „unverzüglich an die Präzisierung der städtischen *lišency*-Listen zu gehen und sie zum Druck vorzubereiten“[714]. Was Anzahl und berufliche Stellung bzw. Funktion der Mitglieder der einzurichtenden Wahlkommissionen betrifft, so galt die genannte Charakteristik als auch für die anderen Städte gültiger Standard: Das Stadtratspräsidium in Orechovo-Zuevo beschloß am 7. Oktober, eine solche Wahlkommission einzurichten. Der einzige Unterschied bestand darin, daß statt des Stellvertreters des Stadtratsvorsitzenden eine „Frauendelegierte“ vertreten sein sollte[715].

Der Plan des Serpuchover Stadtrats sah eine umfassende Mobilisierungs-, Propaganda- und Agitationsarbeit in der Stadt durch Partei, Komsomol, „Delegiertenversammlungen der Arbeiterinnen“, Gewerkschaften, Kooperativen und Ratsbehörden vor. Als Beginn der Rechenschaftskampagnen war der 25. Oktober vorgesehen, die eigentliche „Wahlkampagne“ sollte dann in der Zeit vom 1. bis zum 20. Dezember stattfinden[716]. In der Folge wurde jedem Betrieb je ein Stadtratsbevollmächtigter für die konkrete Durchführung der Kampagnen zugewiesen[717]. Indessen zeigte sich erneut, daß eine auf höchstamtlichen Weisungen und detaillierten organisatorischen Vorgaben der vor Ort Verantwortlichen beruhende Planung die eine, deren tatsächliche *Umsetzung* in den Mobilisierungskampagnen jedoch eine ganz andere Sache war. Am 15. November jenes Jahres 1930 meldete die Wahlkommission an die Organisationsabteilung des Serpuchover Stadtrats nämlich, daß die Abrechnungs- und Vorwahlkampagne in zwei Stadtteilen noch „überhaupt nicht“ begonnen habe. Daher erging die Bitte, im Sinne einer Besserung dieser Situation einen speziellen „Bevollmächtigten für die Führung der Wahlkampagnenarbeit“ zu benennen[718].

---

[713]Ibid.

[714]Vypiska iz protokola No. 49 zasedanija Prezidiuma Serpuchovskogo Gorsoveta ot 27/IX-30 g., CGAMO, f. 5812, op. 1, d. 6, l. 26.

[715]Protokol zasedanija Prezidiuma Orechovo-Zuevskogo Gorsoveta No. 45 ot 7/X-1930 g., ibid., f. 5700, op. 1, d. 33, ll. 81, 82.

[716]Vgl. Plan provedenija otčetno-perevybornoj kampanii gorsoveta v 1929/30 g., ibid., f. 5812, op. 1, d. 6, ll. 20-22.

[717]So war für die „Neue Webfabrik“ K.A. Ščerbatov, Mitglied des Stadtratspräsidiums, abkommandiert, vgl. Udostoverenie, ibid., l. 37.

[718]V orgotdel Serpuchovskogo gorsoveta. Zajavlenie. Ibid., l. 25.

In anderen Städten (und Dörfern) des Moskauer Gebiets war die Situation offensichtlich ähnlich: In einer an alle Stadt- und Kreisräte, die einschlägigen Presseorgane des Moskauer Gebiets u.a. gerichteten Verfügung des *MOIK* vom 28/29. November wurde darauf verwiesen, daß „diejenigen Räte, diejenigen Deputierten, die nicht die bolschewistischen Tempi bei der Arbeit sicherstellen und die Klassenlinie nicht hart durchführen können", zu melden und durch zuverlässige Ratsmitglieder zu ersetzen seien. „Unverzüglich" sollte zur endgültigen Überwindung der bisherigen Mängel überall ein „grundlegender Umschwung in der Durchführung der Abrechnungskampagne und der Vorbereitung der Wahlen zu den Räten" stattfinden. „In die gesamte Massenarbeit" waren nun auch „neue Formen der Aktivität" wie Wahlstafetten, die Übernahme verantwortlicher Sonderaufgaben sowie auch die „Selbstüberprüfung" der beteiligten Organe einzubauen. Außerdem rügte die Verordnung die nach wie vor mangelnde Beteiligung der „gesellschaftlichen Organisationen" an der Kampagne und forderte auch von ihnen eine „Massenkampagne", die die lokalen Zeitungen zu führen hätten. Um die Durchführung all dieser Maßnahmen auch *wirklich* zu gewährleisten, sah die Weisung „die Gewährung praktischer Hilfe" für die einzelnen örtlichen Wahlkommissionen seitens spezieller Instruktoren vor. Die Gebietswahlkommission sollte zu diesem Zwecke 1500 von solchen Spezialkräften in die verschiedenen *rajony* abkommandieren[719]. Gleichzeitig mahnte das *MOIK* im Sinne einer effizienten Verfolgung durch lückenlose Erfassung aller *lišency* mit Frist bis zum 10. Dezember auch die „klassenkonsequente" Zusammensetzung der örtlichen Wahlkommissionen und die Kontrolle der Gesetzmäßigkeit ihrer Tätigkeit durch Sonderüberprüfungen seitens der Räte an. Als ob dies immer noch nicht reichte, verordnete die Gebietsbehörde weiter explizit, daß die letztgenannten Organe „der richtigen Anwendung der Wahlgesetze besonderes Augenmerk zu schenken" und „Maßnahmen zur vollständigen Ermittlung der Personen, die einem Entzug der Wahlrechte" unterlägen, zu ergreifen hätten. Keinesfalls dürften „Fehler und Überspitzungen, die während der vergangenen Wahlkampagne vorkamen", erneut zugelassen werden[720].

In der Stadt Orcchovo-Zuevo wurde nach Maßgabe der verfügbaren Quellen bemerkenswerterweise zunächst noch kein spezielles Gremium gebildet, das die Wahlrechtsaberkennungspraxis der Wahlkommission zu überprüfen hatte. Die Aufgabe der geforderten Überprüfungen nahm allerdings das Präsidium des Stadtrats wahr, das am 19. Dezember die Sitzungsprotokolle der städtischen Wahlkommission aus den letzten sechs Tagen wegen der bereits überschrittenen Frist *im Schnellverfahren* begutachtete: Alle Ausschlußentscheidungen der umfangreichen Liste billigte das Gremium ohne Ausnahme und trug der Administrativen Abteilung auf, die *lišency*-Listen mit den neuen Angaben binnen zweier Tage an

---

[719]Vypiska iz protokola No. 8 zasedanija Plenuma Moskovskogo Oblastnogo Ispolnitel'nogo Komiteta, sovmestno s presedateljami Rikov ot 28-29 nojabrja 1930 g., ibid., ll. 75, 76.

[720]Ibid., l. 76.

den öffentlichen Plätzen der Stadt aufzuhängen[721]. Als das Ratspräsidium am 28. Dezember über 29 Klagen gegen den Wahlrechtsentzug entschied, beschränkte es sich ebenfalls darauf, im schnellen Verfahren alle Entscheidungen der Wahlkommission zu bestätigen[722]. Angesichts der quellenmäßig faßbaren strengen, aber sorgfältigen Entscheidungspraxis des Stadt- bzw. Kreisvollzugskomitees[723] kann jedoch - jedenfalls seit der Wahlperiode 1928/29 - davon ausgegangen werden, daß die Urteile der Kommission trotz des Zeitdrucks in weitgehender Übereinstimmung mit der Gesetzeslage gefällt wurden.

Die Situation in Serpuchov verdeutlichte besonders kraß, wie wenig die von den übergeordneten Behörden sorgfältig und detailliert formulierten Weisungen bezüglich der Durchführung der Wahlkampagnen vor Ort tatsächlich befolgt wurden: Aus einem internen zum 30. November erstellten Dossier der Wahlkommission geht hervor, daß von den 110 angesetzten Rechenschaftsversammlungen 23 nicht zustande gekommen waren, entweder, „weil die örtlichen Partei- und Gewerkschaftsorganisationen die Massen überhaupt nicht mobilisierten", oder aus anderen verwaltungs- und betriebsorganisatorischen Gründen (z.B. mangelnde Terminkoordinierung oder versehentliche Mobilisierung der falschen, weil für Politvorträge nicht geschulten Mitarbeiter). Es ist wichtig, zu betonen, daß die Gewerkschaftsorganisationen, nach diesem Dossier, in vielen Fabriken und Behörden weiterhin abseits standen: Die bei der „Neuen Webfabrik" geplante Rechenschaftsversammlung konnte deshalb nicht stattfinden, weil das Betriebsgewerkschaftskomitee gerade diejenigen Arbeiter, die für die Teilnahme an der Versammlung vorgesehen waren, rechtzeitig vorher für eine „Schulung" abkommandiert hatte. In zwei Betrieben mußten die Versammlungen, die unter der Regie der zuständigen Gewerkschaften stattfinden sollten, sogar mehrfach wegen mangelnden Quorums abgesetzt werden! Aber nicht nur die berufsständischen Organisationen, sondern *auch die Parteikomitees bzw. -zellen* hielten es, dem Bericht zufolge, nicht für nötig, an die städtische Organisationsabteilung rechtzeitig „Protokolle" und andere Unterlagen zu versenden - falls diese überhaupt erstellt wurden[724].

Das Dossier nannte allerdings einen altbekannten Grund für diese Situation, aus dem bereits die Wahlen vom Frühjahr 1928 und 1930 hatten abgesetzt werden müssen[725]: „Die Mehrheit der Partei-, der Rats- und gesellschaftlichen Organisa-

---

[721] Vgl. Protokol No. 56 zasaedanija Prezidiuma Orechovo-Zuevskogo Gorsoveta, 19/XII-30g., ibid., f. 5700, op. 1, d. 34, l. 16.

[722] Protokol No. 57 zasedanija Prezidiuma Orechovo-Zuevskogo Gorsoveta ot 28/XII-30g., ibid., l. 15.

[723] Vgl. oben S. 78, ferner: Protokol Zasedanija Prezidiuma Orechovo-Zuevskogo Gorsoveta No. 13, ot 10 maja 1931 g., CGAMO, f. 5700, op. 1, d. 44, l. 83; Protokol No. 30 zasedanija gorrajkomissii po razboru zajavlenij lic, lišennych izbiratel'nych prav ot 18/VII-32 g., ibid., d. 56, l. 55.

[724] Informacionnaja Svodka o chode otčetno-perevybornoj kampanii gorodskogo soveta na 30-e nojabrja 1930 g., CGAMO, f. 5812, op. 1, d. 7, ll. 113-115.

[725] Vgl. oben S. 60, 130.

tionen“ mußte, statt weisungsgemäß die Rechenschaftskampagnen zu führen, zur selben Zeit „alle Massen“ der Beschäftigten „zur Erfüllung und Übererfüllung des Industriefinanzplans, zur Mobilisierung finanzieller Mittel auf dem Wege einer noch größeren Entwicklung des sozialistischen Wettbewerbs, der Organisation von Stoßbrigaden etc.“ heranziehen. Überlastet mit der Führung mehrerer gleichzeitig laufender politischer Kampagnen, hatten die genannten Organisationen in der Tat kaum die Möglichkeit, sich auch noch für den Wahlkampf zu engagieren[726]. So konterkarierten sich die Kampagnen erneut selbst.

Begreiflicherweise alarmierte diese Situation die städtische Parteiführung. Nicht zuletzt unter Rückgriff auf die Feststellungen und Beschlüsse des 4. *MK*-Plenums vom 3. Dezember erklärte sie sie für „unzulässig“ und ordnete gemäß einer Entschließung ihres „Organisationsbüros“ an, der Stadtratsfraktion der Partei sowie der städtischen Wahlkommission „wegen dieses unbefriedigenden Zustands“ eine Rüge zu erteilen. Gleichzeitig mahnte sie die Kommission, entsprechende Gegenmaßnahmen zu ergreifen. Den Redakteur des *Nabat* stellte sie „für die schlechte Beleuchtung des Ganges der Wahl- und Rechenschaftskampagne in der Zeitung“ an den Pranger. „Wegen miserabler Vorbereitung“ der Kampagnen erging auch je eine Rüge an zwei Stadtratsbeauftragte. Die Parteifraktion des Rats wurde angewiesen, „einen Instruktor und einen Informator“ zur besseren Abwicklung der Dinge hinzuzuziehen, während die einzelnen betrieblichen Parteikomitees bzw. -zellen angehalten waren, den Informationsaustausch mit der städtischen Zentrale endlich zu verbessern[727].

Unter diesen Umständen ist es nicht verwunderlich, daß das *CIK* einen Tag später einen Aufruf an alle Werktätigen in Stadt und Land verkünden ließ. In ihm wurde nicht nur „die aktivste Teilnahme“ an den kommenden Wahlen und auch die Einbindung von „Stoßarbeitern und Stoßarbeiterinnen“ in die Arbeit der Räte angemahnt, sondern auch darauf verwiesen, daß die Wahlen „unter dem Zeichen einer entschlossenen Umsetzung der Direktiven von Partei und Sowjetmacht bei Verwirklichung der Generallinie“ durchzuführen seien. Besonders der Verweis auf die Notwendigkeit zur Überprüfung der Führung der Räte „im Zeichen des Kampfes gegen die Abweichungen von der Generallinie“ war eine deutliche Warnung an die Adresse der örtlichen Parteileitungen[728].

So blieb es nicht aus, daß sich die Präsidien des *Mossovet* sowie des *MOIK* binnen kurzem in einer gemeinsamen Sitzung erneut mit den Problemen beschäftigten, die die Durchführung der Wahl- und Rechenschaftskampagnen aufwarfen. Sie konstatierten nicht nur pauschal einen „unverhohlen unbefriedigenden Verlauf der Kampagne, die unzureichende Mobilisierung der Massen um die grundlegenden Aufgaben“ der Aktion, sondern auch ganz konkret die *überall* häufigen Ausfälle der betrieblichen Rechenschaftsversammlungen, das magere Aufgebot an

---

[726] Informacionnaja Svodka, CGAMO, f. 5812, op. 1, d. 7, l. 115.

[727] Vgl. Vypiska iz protokola zasedanija bjuro Serpuch. Gorkoma VKP /b/ ot 5/XII-30 g., ibid., d. 6, l. 100.

[728] Vgl. Ob očerednych vyborach v sovety, *SZ* 1930, No. 59, st. 627.

Rednern, den zu geringen Einsatz an Propagandamedien (Plakate, Losungen, Broschüren) sowie die unzureichende „Beleuchtung in der Presse". Eine derartige „Unterbewertung der großen politischen Bedeutung der Abrechungswahlkampagne seitens einer Reihe von Räten" sowie schießlich auch deren Unvermögen, „gegen die kapitalistischen Elemente an der gesamten Front" vorzugehen, galten *MOIK* wie *Mossovet* nun als „Erscheinung des Rechtsopportunismus in der Praxis". Die Präsidien ordneten deshalb den „gnadenlosen Kampf" gegen diese, wie es hieß, vom „Klassenfeind" hervorgebrachte Erscheinung an, die sie mit der „Hauptgefahr in der gegebenen Etappe" des „großen Umbruchs" gleichsetzten. Ferner sollten alle „Nörgler, Kleingläubigen und Opportunisten jeder Art" aus den Räten entfernt, die lokalen Gewerkschaftsorganisationen durch Verfügung der Moskauer Gebietsgewerkschaftsunion zur Mitarbeit an der Kampagne gezwungen und schließlich in alle Verwaltungskreise des Gebiets in Fünftagesfrist jene oben genannten 1500 speziellen Beauftragten zur Unterstützung der örtlichen Wahlkommissionen abkommandiert werden[729]. Die Versammelten übten sich in „Selbstkritik": Sie stuften „das Verhalten seitens einzelner Mitglieder des MOIK", die nicht zur Verlesung von Rechenschaftsberichten über die Arbeit des Gebietsvollzugskomitees in die verschiedenen *rajony* gefahren seien, als „unzulässig" ein. Hierdurch seien „im Resultat" nicht weniger als 12 Versammlungen vor Ort ausgefallen. Die Verantwortlichen müßten zur Rechenschaft gezogen werden und ihre Namen in der Presse erscheinen. Innerhalb der knappen Frist von nur drei Tagen sollten *alle* Räte bzw. Vollzugskomitees den Verlauf der jeweils bei ihnen anstehenden Wahlkampagne nicht nur erörtern und „konkrete Maßnahmen für eine erfolgreiche Durchführung" des Unternehmens formulieren, sondern auch alles „verwirklichen"[730].

Bezeichnend ist in diesem Zusammenhang, daß zwischen dem 17. und dem 21. Dezember 1930 nun erstmalig auch das *ZK* und die *ZKK* während ihres gemeinsamen Plenums ausführlich auf die Probleme der Wahlen und deren Vorbereitung eingingen und hierzu einschlägige Entschließungen verabschiedeten. Nach diesen Leitsätzen sollten die Wahlen „zum wichtigsten Mittel einer grundlegenden Umgestaltung der gesamten Arbeit der Räte werden, einer Umgestaltung im Einklang mit den Aufgaben der Konstruktivperiode". Die Entschließung betonte die immer noch vorherrschende „rechtsopportunistische Praxis in der Führung der Ratsorgane", die eine „Sabotierung, und manchmal auch die direkte Außerkraftsetzung der wichtigsten Parteidirektiven" bedeute. Im Zeichen dieses „wirklich unversöhnlichen Kampfes mit der rechtsopportunistischen Praxis" der lokalen und teilweise auch zentralen Staatsorgane verwiesen *ZK* und *ZKK* auf die Notwendigkeit einer grundlegenden Veränderung der Zusammensetzung der Räte durch die Wahlen. Aus gegebenem Anlaß erging der warnende Hinweis, daß es keine „zufällige" Nominierung parteiloser Kandidaten geben dürfe, „die bei der

[729]Vypiska iz protokola zasedanija Prezidiuma Moskovskogo Soveta RK i KD i Mos.Obl.Ispol.Kom-a No. 165 ot 7 dekabrja 1930 goda, CGAMO, f. 5812, op. 1, d. 6, l. 74.

[730]Ibid.

werktätigen Masse nicht nur überhaupt keinen Rückhalt" besäßen, „sondern auch direkt sozial-fremde Elemente" darstellten[731].

Entsprechend reagierte die Moskauer Gebietswahlkommission. Am 20. Dezember mußte vor ihr nicht gerade zufällig ein Beauftragter der entsprechenden Serpuchover Kommission „über die Teilnahme an der Abrechnungs- und Wahlkampagne" Rechenschaft ablegen. Gleichzeitig nahm das Gebietsorgan eine „Information" der „Gebietsabteilung der Textilarbeitergewerkschaft" zum gleichen Thema zur Kenntnis. Das Gremium stellte fest, daß die Wahlkampagne in Serpuchov „nicht auf eine ausreichende politische Höhe gebracht" sei und „unbefriedigend" verlaufe. Dabei wurde vor allem der schwache Mobilisierungsgrad der „Arbeiter und Arbeiterinnen" für die „Aufgaben der Umgestaltung der Rätearbeit unter der Losung: 'mit dem Gesicht zur Produktion'" und die besonders wichtige Rolle hervorgehoben, die die Räte bei der „Durchführung der Generallinie der Partei" zu spielen hätten. Die Gebietskommission rügte ferner den vielbeklagten Umstand der „äußerst schwachen Teilnahme" der betrieblichen Gewerkschaftskomitees an der Kampagne. Zudem wurde dem Serpuchover Stadtrat Versagen bezüglich der Entsendung von Beauftragten in die Dorfräte der ihm für eine Kampagnenbetreuung zugeordneten Kreise zur Last gelegt. Stadtrat und Stadtwahlkommission mußten sich erneut den Vorwurf der mangelnden Führung gefallen lassen, wobei dem Rat die „schwache Teilnahme der Sektionen und *starostaty*" an der Kampagne vorgehalten wurde. Unmißverständlich verordnete das Gebietsorgan dem Serpuchover Rat sowie auch den einzelnen örtlichen Betrieben die Formulierung und Erörterung „konkreter Maßnahmen für eine grundlegende Wendung im Verlauf der Rechenschafts- und Wahlkampagne", und zwar auf der Grundlage der gerade ergangenen einschlägigen Beschlüsse des vereinten Plenums von *ZK* und *ZKK* sowie des 4. *MK*-Plenums. Statt *einer* Hilfsbrigade, die die Moskauer Gebietsabteilung der Textilarbeitergewerkschaft zur Besserung der Situation nach Serpuchov zu schicken versprach, waren nun *nicht weniger als 30* solcher Brigaden in Marsch zu setzen. Die Gebietsgewerkschaftsunion sollte zudem von der in vielen Orten „äußerst schwachen Teilnahme" der betrieblichen Gewerkschaftskomitees an den Kampagnen in Kenntnis gesetzt werden, gleichzeitig aber auch von der „unzureichenden Führung ihrer Arbeit seitens der Gebietsabteilung der Textilgewerkschaften". Letztere erhielt deshalb die Anweisung, „nach Serpuchov einen Beauftragten für die Überprüfung des Verlaufs der Abrechnungskampagne und die Vorbereitung zu den Wahlen des Stadtrats" zu entsenden[732]. Als Sofortmaßnahme ließ der Serpuchover Stadtrat seinerseits eine Liste von 31 Bevollmächtigten erstellen, die an je einer öffentlichen Organisation, Betrieb oder Fabrik für die Durchführung der Kampagne Sorge zu tragen hatten[733].

---

[731] *KPSS v rezoljucijach i rešenijach*, T. 4, S. 506-508.

[732] Vypiska iz protokola zasedanija Bjuro Oblastnoj Izbiratel'noj Komissii ot 20 dekabrja 1930 goda, CGAMO, f. 5812, op. 1, d. 6, l. 79.

[733] Spisok upolnomočennych po provedeniju otčetno-perevybornoj kampanii sredi organizovannogo naselenija, ibid., l. 39.

Infolge der gerügten schweren Mängel und Versäumnisse gab es während der Rechenschaftskampagne Ende 1930/Anfang 1931 im gesamten Moskauer Gebiet insgesamt 152 Fälle nicht zustandegekommener Vorwahlversammlungen, 67 davon gründeten in verwaltungsorganisatorischen Versäumnissen, 66 waren aber durch eine niedrige Melderate der Werktätigen zu den Wahlversammlungen bedingt (!). Wegen „antisowjetischer Auslassungen des Klassenfeindes" platzten jedoch lediglich 19 Versammlungen. Was die Städte betraf, so stand die Stadt Serpuchov in dieser Hinsicht an der Spitze: Hier gab es allein 22 erzwungene Ausfälle von Wahlversammlungen, wobei „die Meldung der Textilarbeiter" zur Teilnahme an ihnen sogar „geringer war als der Besuch der Versammlungen seitens der nichtorganisierten Bevölkerung"[734]. Das bedeutet, daß sich im industriell geprägten Serpuchov gerade unter den *proletarischen* Bevölkerungsgruppen in besonderem Maße das Problem der Akzeptanz der Wahlkampagnen stellte. Für den Arbeiter erhob sich erneut die Frage, ob diese nach dem Absetzen der letzten Wahlen die Investition zusätzlichen Zeit- und Kraftaufwands wirklich rechtfertigten, wenn er gleichzeitig zur Teilnahme an der Durchführung zahlreicher anderer wirtschaftlicher und sozialpolitischer Kampagnen der Partei im Rahmen des „sozialistischen Vormarschs" gezwungen war. Damit hatten die Regierenden in der Tat nicht nur im rechtlichen und administrativen Bereich, sondern auch auf dem Gebiet der ideologischen Mobilisierung ein ständig wiederkehrendes Legitimationsproblem.

Die ständig gestellte Frage nach der „mangelnden Führung" der örtlichen Wahlkommissionen mit dem sich daraus ergebenden Problem des Zwangs zur Verschiebung des Kampagnenbeginns[735] hatte dabei direkte Auswirkungen auf die Verfolgung der *lišency*: Da die Räte in den Kreisstädten offensichtlich in vielen Fällen wenig Einfluß auf die Zusammensetzung der einzelnen - dörflichen wie städtischen - Kommissionen ausübten, hier also einen Selbstlauf zuließen, konnte es „zu deren Verschmutzung mit dem klassenfremden Element" kommen[736], d.h. in der Konsequenz auch zu einer geringeren Erfassung der *lišency* als gesetzlich

---

[734]Moskovskij Oblastnoj Ispolnitel'nyj Komitet Sovetov R.K. i K. D. Organizacionnyj Otdel: Inform.-Obzor. Ob osnovnych nedostatkach otčetno-perevybornoj kampanii Sovetov s 1930 g. po Moskovskoj Oblasti, ibid., d. 6, ll. 14, 13. Natürlich waren auch andere Städte und Regionen der *RSFSR* derart - und noch schlimmer - betroffen. Zu einer in diesem Sinne katastrophalen Situation in einigen Städten in der Provinz Chabarovsk vgl.: Opportunizm i bezotvetstvennost'. V krupnejšich centrach DVK perevybory idut neudovletvoritel'no, *Pravda*, No. 5 (4310), 5 janvarja 1931 g., S. 6.

[735]Einem internen Bericht der Organisationsabteilung des *MOIK* zufolge war außer Serpuchov noch „eine ganze Reihe von Kreisvollzugskomitees und Stadträten" von einer solchen Verschiebung betroffen. Das *MOIK* machte hierfür einerseits die Führungsschwäche der Gebietswahlkommission, andererseits „die Unterbewertung der politischen Bedeutung der Wahlkampagne" seitens der einzelnen örtlichen Stellen, verantwortlich; vgl. Moskovskij Oblastnoj Ispolnitel'nyj Komitet Sovetov R.K. i K. D. Organizacionnyj Otdel: Inform.-Obzor. Ob osnovnych nedostatkach otčetno-perevybornoj kampanii Sovetov s 1930 g. po Moskovskoj Oblasti, CGAMO, f. 5812, op. 1, d. 14, ll. 14, 15.

[736]Vgl. ibid., l. 11.

vorgesehen. Auch gab es bei den Räten vieler *rajony* große Unsicherheiten hinsichtlich der korrekten Anwendung der geltenden *lišency*-Ausschlußbestimmungen[737]. Dies hatte damit zwangsläufig ebenfalls seine Auswirkungen auf die Zusammenstellung der Liste mit den Namen derer, die einer Aberkennung ihres Wahlrechts unterlagen bzw. dieses bereits verloren hatten. Was die Verhältnisse in Serpuchov betrifft, so fällt in diesem Zusammenhang ins Auge, daß Mitte Dezember trotz des angesprochenen großen Druckes der Gebietsbehörden die Namen von lediglich 855 Personen ohne Wahlrecht veröffentlicht wurden. Im Vergleich zum Stand vom 20. Juni, als die Überprüfungskommission 851 gesetzmäßige *lišency* offiziell feststellte, hatte es hier also bis zur ersten Dezemberhälfte trotz der laufenden Ermittlungstätigkeit der Wahlkommission und ihrer Hilfsorgane einen nur sehr geringen Zuwachs gegeben[738]. Anhand der Dienstprotokolle der Serpuchover Wahlkommission sollen im folgenden einige für diese Situation charakteristische Gründe aufgezeigt werden.

Die Kommission tagte am 5. Januar 1931 zusammen mit den einzelnen für die Durchführung der Kampagnen in den verschiedenen Stadtteilen und Betrieben zuständigen „Bevollmächtigten". Während der Sitzung wurde auch die Frage gestellt, wie denn zu erfahren sei, „wo die *lišency* wohnen". Die Thematisierung dieses Problems wird verständlich angesichts der Tatsache, daß die Mitglieder der Wahlkommission und die „Bevollmächtigten" nicht an die genauen Adressen der Personen ohne Wahlrecht über die in einzelnen Abständen als Sonderbeilage des *Nabat* veröffentlichten Listen gelangen konnten[739]. Auch über die Sonderkommissionen der Räte zur Prüfung der Klagen gegen die Aberkennung des Wahlrechts oder die Administrativen Abteilungen waren nur die Wohnungen der bereits registrierten *lišency* zu ermitteln[740], eben nicht derjenigen, die einer Aberkennung ihres Wahlrechts unterlagen, dieses aber noch besaßen. Den Wortbeiträgen der Anwesenden zufolge krankte die gesamte „Vorbereitungsarbeit" zudem daran, daß den Verantwortlichen z.T. nicht klar war, wer denn nun eigentlich im jeweiligen Betrieb das Amt des „Bevollmächtigten" innehatte. Einer von diesen

---

[737]Vgl. dazu das geheime Zirkular des *MOIK*-Präsidiums vom 16. Dezember, in dem auf die Pflicht zur genauen Prüfung eines Wahlrechtsentzugs im Falle der Veranlagung des Betroffenen zur Besteuerung „im individuellen Verfahren" (bei Einkünften, die eine bestimmte Norm überstiegen) verwiesen und dazu aufgerufen wurde, „in keinem Falle" hier „Mittelbauern, Arbeitern und Angestellten" das Wahlrecht zu entziehen. Prezidium Mosk.Obl.Ispoln.Kom-a i Moskovskogo Soveta R.K. i K.D. Sročno. Sekretno. Vsem predsedateljam rajonnych izbiratel'nych komissij, ibid., f. 2157, op. 5, d. 26, l. 3.

[738]Spisok lic, lišennych izbiratel'nych prav po gorodu Serpuchovu. Bjulleten' Serpuchovskogo gorodskogo soveta. Priloženie k gazete „Nabat" No. 288 (2631), sowie: Dopolnitel'nyj spisok lic, lišennych izbiratel'nych prav po gorodu Serpuchovu, vgl. ibid., f. 5812, op. 1, d. 9a, ll. 16-18.

[739]Hier erschienen nur die Familien-, Vor- und Vaternamen sowie die Angabe der *lišency*-Kategorie, vgl. etwa die in Anm. 458 genannten Quellen.

[740]Vgl. den Schriftwechsel zwischen der Serpuchover Sonderkommission zur Überprüfung der Wahlrechtsentzüge und der „Wohnungsgenossenschaft Quartal No. 13" vom 12. und 14. Oktober 1930; CGAMO, f. 5812, op. 1, d. 6, ll. 12, 19.

städtischen Beauftragten übte Selbstkritik und bemerkte, daß er und seinesgleichen „schlecht" arbeite, wodurch „nicht rechtzeitig Zeugnisse über die geleistete Arbeit", auch keine Nachweise über neuermittelte *lišency*, weitergeleitet werden könnten. Noch schlimmer seien allerdings die Gewerkschaftsorganisationen, die „sogar auch Protokolle" nicht weitergäben. Diese mangelhafte Arbeit der „Bevollmächtigten" beeinflußte die konkrete politisch motivierte Verfolgung nun insofern, als die genannten Verantwortungsträger die Wahrnehmung ihrer Aufgaben offensichtlich nur bedingt ernstnahmen. Sie ermittelten, so ein weiterer Teilnehmer, die „Klassenfeinde" nur sehr „unzureichend". Andere beklagten in diesem Zusammenhang die *mangelnde Motivation* der „Bevollmächtigten", die z.T. gegen ihren Willen und ohne Vorbereitung, Zeit und Eignung zur Übernahme einer solchen Tätigkeit gezwungen würden. Die inzwischen in den einzelnen Wohnblocks eingerichteten „Mitwirkungskommissionen" seien ebenfalls nur sehr bedingt behilflich, da sich „niemand" der hier Beteiligten sonderlich für die übernommene Aufgabe interessiere. Gerade diese „Mitwirkungskommissionen" sollten jedoch im Verein mit den Wohnungsverwaltungen „Klassenfeinde", also auch Personen, denen das Wahlrecht nicht zustand, ausfindig machen![741]

Aufgrund der extremen Schwierigkeiten, die die Durchführung der Rechenschaftskampagnen aufwarf, verlängerte das *MOIK* die Vorwahlperiode bis zum 20. Januar[742]. In Serpuchov war das Ende der Kampagnen auf den 22. des Monats festgesetzt[743]. Nach dem Muster der Moskauer Praxis wurde nun auch in dieser Stadt ein spezielles Dreiergremium der Wahlkommission (*trojka*), zuständig für die „operative Führung" der Vorwahlpropagandaaktivitäten, eingesetzt. In jeder Fabrik sollte zusätzlich eine eigene *trojka,* bestehend aus dem Parteisekretär, dem Vorsitzenden des Gewerkschaftskomitees sowie dem Betriebsdirektor, gebildet werden. Diese hatte als Hilfsorgan des entsprechenden *gesamtstädtischen* Dreierkollegiums mit Hilfe eines „Arbeiteraktivs" u.a. auch einen „Massenrundgang" durch den jeweils der Fabrik zugeordneten Stadtbezirk, der von „nichtorganisierter Bevölkerung" bewohnt war, zu organisieren[744]. Eine solche Maßnahme erschien deshalb als besonders wichtig, weil gerade unter dieser „nichtorganisierten Bevölkerung" potentielle „klassenfeindliche Elemente" vermutet wurden. So verfügte die gesamtstädtische *trojka* in ihrer im Beisein eines Vertreters des *MOIK* durchgeführten Sitzung vom 11. Januar, daß die „Kommission für den Entzug der Wahlrechte"[745] die *lišency*-Liste speziell nach diesen Stadtteilen un-

---

[741]Protokol Zasedanija Gorizbirkoma sovmestno s Upolnomočennymi ot 5-go janvarja 1931 goda, ibid., d. 8, ll. 1, 2.

[742]Vgl. Protokol zasedanija Trojki, vydelennoj v pomošč' gorizbirkomu po perevyboram Gorsoveta sovmestno s členami izbirkoma t.t. Semin, Anufrieva, Markova, Minin, Osvenskij i predstavitelem Mosoblispolkoma t. Žukovym, ibid., l. 4.

[743]Informacionnaja svodka, ibid., d. 7, l. 140.

[744]Svodka. Po itogam perevybornoj kampanii Serpuchovskogo Gorsoveta, sowie: Plan provedenija udarnoj dekady k perevyboram Gorsoveta, ibid., ll. 71, 72, 78.

[745]Diese „Kommission", vorher als „Unterkommission"ausgewiesen, war der städtischen Wahlkommission direkt zugeordnet.

tergliedern und dort die Teillisten aufhängen sollte, um die Wahlversammlungen in jenen Stadtbezirken vor unerwünschten „fremden Elementen" zu schützen[746].

Die im Auftrag der Wahlkommission tätigen „Bevollmächtigten" taten sich dennoch weiterhin schwer, den ihnen gestellten Aufgaben gerecht zu werden. Die bei einer am 16. Januar abgehaltenen „Bevollmächtigtenversammlung" stattfindende Diskussion zeigte, daß keineswegs nur aufgrund organisatorischer Schwächen die Wahlbevölkerung ganzer Stadtteile von den (demotivierten) Beauftragten gar nicht korrekt für die Wahlen erfaßt werden konnte. Ein Teilnehmer berichtete, daß im 8. Stadtbezirk überhaupt keine Vorwahlversammlung habe stattfinden können. Erschwerend käme hinzu, daß die Personen ohne Wahlrecht zwar „ermittelt" seien, jedoch oft umzögen [747], was eine Registrierung verhindere. Es gebe in diesem Stadtteil 35 Kommunisten, sie hülfen den Behörden in dieser Sache aber nicht. Im 10. Bezirk konnten die *lišency* trotz der „schwachen" Tätigkeit des Bevollmächtigten, einem anderen Bericht zufolge, ermittelt *und* registriert werden, im 20. Stadtbezirk hingegen gab es in dieser Hinsicht offensichtlich große Schwierigkeiten, die nicht überwunden werden konnten. Auch hier fehlte nicht der Hinweis, daß die dort wohnenden Parteimitglieder nichts zur Besserung der Situation beigetragen hätten (!)[748].

Es ist nun zu fragen, ob sich die Ratsbehörden in den Städten des Moskauer Gebiets trotz allem im wesentlichen auf die unzuverlässigen Wahlhelfer, wie sie die „Bevollmächtigten" darstellten, stützten, oder ob sie im Verein mit der örtlichen Parteiführung zu anderen Methoden Zuflucht nahmen, die mehr Erfolg versprachen. Angesichts des trotz aller Bemühungen erneuten Fiaskos der Vorwahlkampagnen nimmt es nicht wunder, daß die Quellen letzteres belegen. Zum einen wandte sich die städtische Sonderüberprüfungskommission, etwa in Serpuchov, zur Verifizierung des Entzugs der Wahlrechte weiter an andere örtliche Ämter, so an die „Finanzabteilung", um die erwähnten aufschlußreichen Unterlagen für jede betroffene Person (z.B. Nachweise über Handelspatente) zu erhalten[749], oder auch an das Gericht[750]. Weiter spielte die „Versicherungskasse" bei der Ermittlung und Registrierung der *lišency* eine zentrale Rolle: Sie informierte auf Anfrage den Stadtrat darüber, welche Personen bei ihr nicht als versichert geführt würden, weil sie Lohnarbeiter beschäftigt hätten oder noch beschäftigten.

---

[746]Quelle nach Anm. 742.

[747]Umzug mit für die Behörden unbekanntem Ziel war ein Ausweg, der von vielen *lišency* *RSFSR*-weit genutzt wurde, um der folgenschweren Registrierung zu entgehen. Vgl. Kimerling, S. 40.

[748]Protokol soveščanija Upolnomočennych po perevyboram Gorsoveta sovmestno s členami Pravlenij Žil.T-v i Komis. Sodejstvija ot 16/I-1931 g., CGAMO, f. 5812, op. 1, d. 8, ll. 6, 7.

[749]Vgl. Gorkomissija po rassmotreniju žalob lic, lišennych izbiratel'nych prav. V Gor. Finotdel, 20/XI-30 g., ibid., d. 5a, l. 14.

[750]Am 15. Dezember 1930 teilte das Serpuchover Volksgericht auf zwei Anfragen der Sonderkommission mit, daß keine Auskünfte über *lišency* gegeben werden könnten, da bei ihm derzeit keine Verfahren gegen Personen ohne Wahlrecht liefen, s. Narsud v Serpuchovskoj Gorsovet, ibid., l. 17, die Anfragen der Kommission ibid., ll. 15, 16.

Zwischen dem 12. Januar und dem 26. Februar 1931 nahm die Serpuchover „Kreisversicherungskasse" 11 solcher Personen neu in ihre Liste auf und leitete diese dem Stadtrat bzw. der Wahlkommission zu[751]. Umgekehrt kam es vor, daß die Hausverwaltungen von der Sonderkommission Unterlagen und Bescheinigungen über *lišency* anforderten, um diese gegen säumige Mietzahler vor Gericht für eine Räumungsklage verwenden zu können[752]. Gerade den Hausverwaltungen kam im Zuge der Ermittlung weiterer Personen, denen das politische Wahlrecht nicht zustand, eine herausragende Rolle zu: Noch im Dezember 1930 wandte sich der Vorsitzende der Serpuchover Wahlkommission in öffentlichen Listenaushängen speziell an diese sowie auch an alle städtischen Werktätigen mit der Bitte, zusätzliche Personen mit abzuerkennenden Wahlrechten ausfindig zu machen, deren Namen in den Listen noch fehlten.[753] Tatsächlich fanden sich in der Folge klassenbewußte Werktätige, die bereit waren, Arbeitskollegen ihres Betriebes schriftlich bei der Wahlkommission anzuzeigen[754]. Zusätzliche Hinweise auf bisher unentdeckt gebliebene Zielpersonen erhielt die Wahlkommission auch durch die ihr nach wie vor zugehenden Wünsche nach Ausstellung von Bescheinigungen (*spravki*) über den vollen und rechtmäßigen Besitz des Wahlrechts[755]. Die Folge waren die obligaten Überprüfungen der Wohnverhältnisse durch die Miliz[756], wie sie auch für andere Städte bezeugt sind[757].

---

[751]Serpuchovskaja Rajstrachkassa v Gorsovet, ibid., ll. 35-39, 43, 46, 49, 50, 51, 53.

[752]Vgl. den Schriftwechsel vom 12. und 14. Oktober 30 zwischen der Sonderkommission und der „Wohnungsgenossenschaft Quartal No. 13", in dem es um sieben Bewohner, mutmaßlich ohne Wahlrecht, ging. Sročno. Gorkomissija po rassmotreniju žalob lic, lišennych izbiratel'nych prav. V pravlenie žil. t-va kvartala No. 13 po fabr. ul., ibid., ll. 12, 19.

[753]Vnimaniju Trudjaščichsja Gor. Serpuchova i Domoupravlenij, ibid., d. 6, l. 38.

[754]Vgl. die Denunziation des Arbeiters S.V. Danilov vom 3. Februar 1931, die sich gegen den ehemaligen Stadtpolizisten höheren Ranges, M.V. Zuev, richtete. Dieser arbeite, obgleich wegen seiner Vergangenheit ohne Wahlrecht, nicht nur nach wie vor in seinem Betrieb, sondern sei sogar weiterhin auch noch Gewerkschaftsmitglied. Die Wahlkommission stellte nach umgehender Prüfung des Falles fest, daß Zuev sein Wahlrecht zwar zurückerhalten habe, jedoch aus der Gewerkschaft selbstverständlich ausgeschlossen werden könne, sobald das *VCIK* im anhängigen Überprüfungsverfahren diese Entscheidung rückgängig machen würde. Vgl. Ot rabočego Tresta Kombinata, Danilov [sic!] Aleksandra Vasil'eviča [...] Zajavlenie, ibid., d. 8a, l. 1. Handschriftliche Notiz der Wahlkommission ibid. Am 13. des Monats wurde Danilov vom Stadtratspräsidium entsprechend informiert und darauf hingewiesen, daß Zuev bei einem erneuten Wahlrechtsentzug dann auch seinen Arbeitsplatz verlieren würde. Prezidium Serpuchovskogo Gorsoveta, Danilovu, A.V., ibid, l. 3.

[755]Vgl. S. 121/122.

[756]Vgl. hier exemplarisch das Gesuch des P.I. Mironov vom 14. Januar 31. Mironov verwies auf seine vollständige wirtschaftliche Unabhängigkeit von seinem Vater ohne Wahlrecht, wenn er auch bei diesem wohne. Eine entsprechende Überprüfung der Sache durch einen Milizinspektor bestätigte die Richtigkeit der Angaben Mironovs, führte zusätzlich aber auch noch zur Entdeckung dreier verdächtiger, zur Familie gehöriger Personen ohne Anrecht auf Lebensmittelkarten. Gleichzeitig ermittelte der Milizionär auch Mieteinkünfte in beträchtlicher Höhe, die der achtköpfigen Familie als ganze zugute kamen. Am 20. Januar 31 wurde der Fall von der Administrativen Abteilung dem Stadtratspräsidium zur Entscheidung zugeleitet. Daß dieses dem Begehren Mironovs schließlich entsprochen hätte, ist nicht belegt. Vgl. V Prezidium Gorodskogo Soveta. Mironova Pavla Ivanoviča Zajavlenie, CGAMO, f. 5812, op. 1, d. 8a, l. 12. Die Protokolle des Inspektors

Trotz der drastischen Reduzierung der Anzahl der *lišency* in der Stadt Serpuchov durch die Verfügungen der Überprüfungskommission im Frühsommer 1930 wuchs dort die Gruppe der Ausgeschlossenen ungeachtet aller Schwierigkeiten bei der Ermittlung weiterer Personen dieser Kategorie in der Wahlkampagne und der Zeit danach weiter an. Waren es am 1. Dezember 1930 852 Betroffene (590 Männer, 262 Frauen), so stieg deren Zahl, wie oben bemerkt, im wesentlichen seit der Monatsmitte, bis zum 1. Januar 1931 auf 912 Personen an. Am 1. Februar umfaßte die Zielgruppe bereits 1034 Stadtbewohner (632 Männer, 402 Frauen). Bis zum 1. März vermehrten sich die *lišency* dann allerdings lediglich um zwei weitere Personen[758], was mit dem Ende der Kampagne und der Wahlen sowie der damit verbundenen Einstellung der Tätigkeit der Wahlkommission zusammenhing.

Besonders die Anzahl der vom *OGPU* „administrativ Verbannten" und der „Diener religiöser Kulte" nahm in der Zeit zwischen dem 1. Januar und dem 1. Februar 1931 stark zu. Wenn auch zweimal zugunsten der *lišency* revidiert, zeigen die Listen der Wahlkommission diesen Trend dennoch deutlich[759]. Trotzdem veranschaulicht die Gesamtzahl der Serpuchover *lišency* in der Wahlkampagne 1930/31 immer noch eine klare Abnahme im Vergleich zu den Höhepunkten der Verfolgung während der Jahre 1929/30[760]. Statistische Berechnungen auf der Grundlage von 82 Städten des Moskauer Gebiets bestätigen dieses Bild trotz aller Ungenauigkeiten im wesentlichen auch für die anderen urbanen Zentren[761]. Es handelt sich also um eine einheitliche gebietsweite, ja sogar *RSFSR*-weite[762] Entwicklung.

---

und die Dienstvermerke der Milizbehörde ibid., ll. 9, 11, 13. Zu entsprechenden behördlichen Anfragen und Schriftwechseln aus der zweiten Jahreshälfte 1932 vgl. ibid., d. 9a, ll. 23, 26, 33-36.

[757]Zu Orechovo-Zuevo vgl. die einschlägigen Informationen etwa nach Protokol No. 25 zasedanija Komissii po razboru zajavlenij lic, lišennych izbiratel'nych prav ot 14/XI-31 g., ibid., f. 5700, op. 1, d. 46, l. 90; ferner für 1932: Protokol No. 30 zasedanija gorrajkomissii po razboru zajavlenij lic, lišennych izbiratel'nych prav ot 18/VII-32 g., ibid., f. 5700, op. 1, d. 56, l. 55 u.a.

[758]Vgl. Svedenija o licach, lišennych izbiratel'nych prav po gorodu Serpuchovu, ibid., f. 5812, op. 1, d. 8a, l. 2.

[759]Vgl. Imennoj spisok lišennych izbiratel'nych prav [Liste vom 28.I.1931], mit 32 Namen, u.a. von 22 „Nonnen", ferner Dopolnitel'no vključit' v spisok lišencev (56 Namen, davon allein 24 von Verbannten sowie 23 von „ehemaligen Nonnen"), s.a. zwei Listen mit Personen, denen das Wahlrecht erneut zuerkannt wurde: Spisok lic, isklučennych iz spiska lišencev po g. Serpuchovu (17 Namen) und: Imennoj spisok vosstanovlennych v izbiratel'nych pravach (20 Namen). Ibid., ll. 7, 8, 25, 26.

[760]Vgl. oben S. 148ff.

[761]Die Statistiker der Zentralen Wahlkommission des *VCIK* errechneten für diese Städte folgende Daten: Während der Wahlkampagne 1928/29 habe es durchschnittlich 3,4%, 1930/31 2,1% Personen ohne Wahlrecht gegeben, nach einer zweiten Berechnung waren es 1929 5,7%, 1931 (nach den Überprüfungen) 1,7% der Stadtbürger des Moskauer Gebiets, vgl. Lišennye izbiratel'nych prav v gorodach, sowie: Spravka o rabote Vserossijskogo Centrizbirkoma v izbiratel'nuju kampaniju 1930/31 goda. Rezul'taty peresmotra spiskov lišencev Moskovskoj oblasti, GARF, f. 1235, op. 141, d. 1020, ll. 4, 54.

[762]Vgl. die ebenfalls im Auftrag des *VCIK* angestellten statistischen Erhebungen auf der Grundlage entsprechender Daten aus 261 Städten der *RSFSR*. Danach ging das durchschnittliche

Für die Wahlkampagne 1931/32 und das zweite Halbjahr 1932 bieten die verfügbaren Quellen zum gegebenen Zusammenhang nur wenige aussagekräftige Informationen. Was die Stadt Orechovo-Zuevo betrifft, so wurde nun auch hier die schon lange vorgeschriebene „Kommission zur Prüfung der Begehren derjenigen Personen, die des Wahlrechts beraubt sind", eingerichtet. Die spärlichen Daten vermitteln ein Bild korrekter Arbeit seitens der örtlichen Wahlkommission, da die Überprüfungen offensichtlich keine mißbräuchlichen Aberkennungen zutage förderten. Wie die entsprechende Kommission in Serpuchov reagierte die Überprüfungskommission in Orechovo-Zuevo nun maßgeblich auch auf die inzwischen ergangenen Bescheide der Zentralen Wahlkommission des *VCIK*, mit denen etlichen schon seit geraumer Zeit eingereichten Klagen gegen den Verlust des Wahlrechts nun nachträglich doch noch stattgegeben wurde[763]. Wie der folgende Abschnitt verdeutlicht, bedeutete dies indessen keineswegs, daß damit nun die Mehrheit der Ratsbehörden in den Städten und städtischen Siedlungen des Moskauer Gebiets in ihrem Vorgehen gegen die *lišency* einer Unterordnung unter die Prinzipien der staatlichen „revolutionären Gesetzlichkeit" gefolgt wären! Somit bestanden auch die gezeigten typischen Krisenprobleme des „großen Umbruchs" weiter fort.

2.1.3. Der Terror von Miliz und Paßkommissionen 1933 und die weitere Entwicklung des *lišency*-Problems

Am 27. Dezember 1932 wurde vom *CIK* sowie dem Rat der Volkskommissare der *UdSSR* ein Gesetz in Kraft gesetzt, das die Möglichkeiten, bisher nicht erfaßte potentielle *lišency* tatsächlich zu ermitteln und auszugrenzen, beträchtlich erweitern sollte. „Zum Ziel der besseren Registrierung der Bevölkerung der Städte, Arbeitersiedlungen, Neubauten sowie der Entlastung dieser Siedlungen von Personen, die nicht mit der Produktion, der Arbeit in Behörden oder Schulen verbunden und nicht mit gesellschaftlich nützlicher Arbeit befaßt sind (mit Ausnahme der Invaliden und Pensionäre), und auch zwecks Säuberung der Siedlungen von den sich

---

städtische *lišency*-Aufkommen von 1929/30 7,2% auf 1930/31 4,2% der städtischen Bevölkerung zurück. Dabei stellten die Statistiker fest, daß die Prozentzahlen durchaus im konkreten Einzelfall zwischen den Extremen 26,6% und 0,05% schwanken konnten, vgl. *Statističeskaja svodka No. 12 (5): Predvaritel'nye itogi vyborov v sel'skie, rajonnye i gorodskie organy vlasti*, Moskva o.J., S. 19, 20.

[763]Vgl. zu Orechovo-Zuevo z.B. Protokol No. 25 zasedanija Komissii po razboru zajavlenij lic, lišennych izbiratel'nych prav ot 14/XI-31 g., CGAMO, f. 5700, op. 1, d. 46, l. 90. Zu Serpuchov etwa Protokol No. 12 zasedanija Serpuchovskoj Gorodskoj Komissii po delam lišennych izbiratel'nych prav 9 sent. 1931 g., ibid., f., 5812, op. 1, d. 8, l. 13. Die Protokolle der Kommission in Orechovo-Zuevo im Sommer 1932, also *nach* der Wahlperiode 1931/32, bestätigten das Bild sorgfältiger, am Wahlgesetz orientierter Entscheidungsfindungen, allerdings auch jetzt mehrheitlich nicht zugunsten der meist zur Gruppe der „Ausbeuter" (ehemalige und derzeitige „Händler", Kaufleute und deren Angehörige) zu zählenden Kläger. Vgl. etwa Protokol No. 30 zasedanija gorrajkomissii po razboru zajavlenij lic, lišennych izbiratel'nych prav ot 18/VII-32 g., ibid., f. 5700, op. 1, d. 56, l. 55.

dort verbergenden Kulaken-, kriminellen und sonstigen antigesellschaftlichen Elementen" sollte das „Gesetz über die Einführung eines einheitlichen Paßsystems in der Sowjetunion und über die verpflichtende Registrierung der Pässe" dienen. Es sah eine schrittweise vorzunehmende Ausdehnung seiner Geltung über das gesamte Staatsterritorium im Verlauf des Jahres 1933 vor, wobei es zunächst nur für die Städte Moskau, Leningrad, Char'kov, Kiev, Minsk, Rostov am Don, Vladivostok und deren Einzugsbereiche gelten sollte[764]. Nach einem wichtigen ideologisch wegweisenden Artikel A.Ja. Vyšinskijs zu diesem Gesetz richtete sich dieses klar gegen die „ehemaligen Elemente" als „Reste der liquidierten Ausbeuterklassen". Diese hätten sich gerade auch in den Städten in staatlichen Betrieben und Behörden unter der „Maske des 'Arbeiters' und 'Angestellten'" eingenistet und insofern, z.T. als ehemalige „Kulaken", ihre Taktik im Kampf mit dem Sowjetstaat geändert[765]. Künftig hatte jeder über 16 Jahre alte Bürger in den genannten Städten und den umliegenden, zum gleichen Verwaltungsgebiet gehörigen sonstigen urbanen und ruralen Siedlungen bei der vorgeschriebenen Registrierung am Wohnort, beim Arbeitsantritt sowie „auf Verlangen der Miliz und der anderen administrativen Organe" einen solchen Paß als allein gültiges Ausweisdokument vorzulegen. In dieses waren außer den eigenen persönlichen Daten und denen der Kinder sowie der Nationalität auch der „ständige Wohnort", die „soziale Stellung" und die Art des Arbeitsplatzes einzutragen. Außerdem sollten Angaben über die Ableistung des Wehrdienstes und die genaue Anzahl der Dokumente, aufgrund derer der Paß ausgestellt worden war, von den für die Ausstellung und Registrierung der Ausweispapiere zuständigen Milizstellen aufgeführt werden[766]. Neben dem Paß selbst zeigten die Einträge über Wehrdienst, Arbeitsplatz und „soziale Stellung" (z.B. „Arbeiter", „Angestellter") damit nicht zuletzt auch jedem künftigen Arbeitgeber an, daß der Paßinhaber über das politische Wahlrecht verfüg-te. Dieses war, wie nachfolgend zu zeigen sein wird, eine der Bedingungen für die Zuteilung eines Passes.

Somit stärkte das Paßgesetz auch die Stellung der Miliz, die jetzt in ein neues Überwachungssystem eingebunden wurde: Mit gleichem Datum erschien eine zentrale Verfügung, die die Bildung einer für alle Milizabteilungen zuständigen „Hauptverwaltung" in Moskau vorschrieb. Sie sollte beim *OGPU* angesiedelt sein[767]. Diese Behörde besaß künftig das Recht, für alle Milizeinrichtungen verpflichtende Befehle und Instruktionen zu erlassen, zu inspizieren und zu kontrollieren, ihre örtlichen mit der Umsetzung des Paßgesetzes befaßten Führungsstäbe personell zu besetzen, „operativ" zu führen und ggf. auch disziplinarisch zu bestrafen. Daneben fielen ihr die Kaderausbildung und - für ihren Fachbereich - auch das Recht der Gesetzesinitiative zu. Oberstes Kontrollorgan der „Hauptver-

---

[764]Ob ustanovlenii edinoj pasportnoj sistemy po Sojuzu SSR i objazatel'noj propiski pasportov. *SZ* 1932, No. 84, st. 516.

[765]Vgl. den Artikel Vyšinskijs im Vorwort zur Broschüre: *O vedenii edinoj pasportnoj sistemy v SSSR. Zakonodatel'nye i direktivnye materialy*, S. 3-10.

[766]Položenie o pasportach, ibid., *SZ* 1932, No. 84, st. 517.

[767]Ob obrazovanii Glavnogo upravlenija raboče-krest'janskoj milicii pri OGPU Sojuza SSR, ibid., st. 518.

waltung" sollte allerdings nicht die *OGPU*-Leitung, sondern der leitende Staatsanwalt beim Obersten Gericht der *UdSSR* sein[768].

Steckten die genannten Gesetze nur den *allgemeinen* Rahmen ab, so normierten die nachfolgend erlassenen Instruktionen und Durchführungsbestimmungen die *konkret* gewollte Repressionspraxis. Die vom Rat der Volkskommissare der *UdSSR* erlassene „Instruktion über die Ausgabe der Pässe an die Bürger der *UdSSR* in Moskau, Leningrad und Char'kov, im Umkreis von 100 km um Moskau und Leningrad sowie in einem 50 km breiten Gürtel um Char'kov" vom 14. Januar 1933 grenzte so ihren Geltungsbereich zunächst zwar schwerpunktmäßig, jedoch nicht nur auf die genannten Städte ein. Die jeweils angeschlossenen Umgebungsbereiche sicherten auch die Erfassung dörflicher *lišency*, nämlich der „Kulaken".

Der geltenden Praxis entsprechend teilte sich die Instruktion in zwei Teile, einen für die Veröffentlichung in den offiziellen „Nachrichten" des *VCIK* und *CIK* bestimmten sowie einen geheimen unter der Formel „Unterliegt nicht der Veröffentlichung"[769]. Der im Gesetzblatt veröffentlichte Text setzte eine Frist vom 20. Januar bis zum 15. April für die Ausgabe der Pässe fest. Den Ort der einzelnen lokalen Ausgabestellen sollten jeweils die Gebietsvollzugskomitees bestimmen, in jedem Fall war jedoch die Einrichtung einer solchen Stelle (*punkt*) in einem Betrieb mit mehr als 2000 Beschäftigten obligatorisch. Jeder Bürger, der den neuen Paß beantragte, war nun gehalten, von seiner Hausverwaltung eine Bescheinigung über sein Wohnrecht, eine Arbeitsbescheinigung sowie einen Militärausweis (bei Wehrpflichtigen) beizubringen. Auf allen Verwaltungsebenen, d.h. in der Zuständigkeit der *oblasti*, der Kreise und Städte, mußten „Paßabteilungen", „Paßämter" bzw. „Adressenbüros" eingerichtet werden, deren Arbeitsordnung zentral von der „Hauptverwaltung der Miliz" in Moskau vorgegeben wurde[770].

Für den gegebenen thematischen Zusammenhang sind die Bestimmungen der „Instruktion" über diejenigen Personen, denen ein Paß verweigert werden sollte, von besonderer Wichtigkeit. Die hier Betroffenen sollten nicht das Recht haben, in den genannten Städten und der umgebenden Regimezone weiterhin zu leben. Nach Erhalt einer Ausweisungsverfügung der Miliz hatten sie innerhalb von 10 Tagen ihren Wohnort zu verlassen und sich in jene noch nicht vom Paßregime tangierten Orte niederzulassen, für die sie später Ausweispapiere erhalten würden[771].

---

[768]Položenie o Glavnom upravlenii raboče-krest'janskoj milicii pri OGPU SSSR, ibid., st. 519.

[769]Zu dieser Verfahrenspraxis bei politisch brisanten „Instruktionen", „Zirkularen", „Direktiven" und „Befehlen" insbesondere der Kommissariate für Inneres, Justiz und Finanzen vgl. V.P. Popov: Pasportnaja sistema v SSSR (1932-1976), *SI* (1995), No. 8, S. 4.

[770]Instrukcija o vydače graždanam SSSR pasportov v Moskve, Leningrade, Char'kove, v 100-kilom. polose vokrug Moskvy i Leningrada i v 50-kilom. polose vokrug Char'kova, in: *O vedenii edinoj pasportnoj sistemy*, S. 18-21.

[771]Ibid.

Die offizielle Verfügung sagte noch nichts über den tatsächlich betroffenen Personenkreis derer aus, denen aus politischen Gründen die neuen Ausweisdokumente vorenthalten werden sollten. Hierüber gab der *geheime* Teil der „Instruktion" Auskunft. Ein sieben Punkte umfassender Katalog fixierte folgende Zielgruppen:

1. Nicht in „gesellschaftlich nützlicher Arbeit" in Fabriken und Behörden stehende Personen (außer Pensionären und Invaliden).

2. Entlaufene „Kulaken", auch *ehemalige* Angehörige dieser Kategorie, selbst wenn sie bereits längst „werktätig" in Städten oder Dörfern arbeiteten.

3. Seit dem 1. Januar 1931 von auswärts zugezogene Personen, ohne die Arbeitserlaubnis eines Betriebes zu besitzen und ohne „bestimmte Beschäftigung". Ferner Werktätige „in Behörden und Betrieben", die jedoch häufig den Arbeitsplatz wechselten „oder wegen Desorganisation der Produktion einer Kündigung unterlagen".

4. Personen ohne Wahlrecht.

5. Gerichtlich oder von den Organen des *OGPU* zu Zwangsausweisung oder Verbannung in andere Gebiete der Sowjetunion verurteilte Personen.

6. Übersiedler aus dem Ausland in die Sowjetunion, „ausgenommen Politemigranten".

7. Alle Familienmitglieder der aufgeführten Personen und deren sonstige Kostgänger.[772]

Außerdem sah die Instruktion in einer weiteren, von diesen Punkten räumlich getrennten Vorschrift vor, alle in die genannten Städte neu zugezogenen Bürger unter Paßverweigerung wieder auszuweisen, sollte ihnen kein geeigneter Wohnraum zugewiesen werden können[773]. So galt auch diese Instruktion gleichzeitig dem Kampf gegen die drückende Wohnungsnot.

Der in seinen Rechten durch die Vorenthaltung des jetzt obligatorischen Passes benachteiligte Personenkreis durfte allerdings bei den Stadträten bzw. Kreisvollzugskomitees Beschwerde einlegen. Solche Klagen sollten in 5-Tagesfrist entschieden sein[774].

---

[772]Instrukcija o vydače graždanam pasportov. Razdel II.: Ne podležit oglašeniju. CGAMO, f. 4502, op. 1, d. 442, l. 160.

[773]Ibid. Art. 3.

[774]Ibid., Art. 5. Daneben sah die Geheiminstruktion eine Reihe von Ausnahmen, speziell für bestimmte *lišency*-Gruppen, vor. Da die Regierenden im Interesse des weiteren „sozialistischen Aufbaus" nach wie vor nicht auf bürgerliche „Spezialisten" verzichten konnten, waren diese selbst ohne Wahlrecht berechtigt, einen Paß zu erhalten, wenn ihr Betrieb „ihre nützliche Arbeit" bescheinigte. In gleicher Weise bevorzugt behandelt wurden sämtliche von solchen Spezialisten ma-

Zusätzlich zu dieser geheimen Verordnung erließ der Rat der Volkskommissare der *UdSSR* zeitgleich weitere ergänzende Instruktionen. Darin wurden die Milizbehörden belehrt, daß auch diejenigen, die gerade eine befristete Freiheitsstrafe sowie vom *OGPU* bzw. den Gerichten verordnete Verbannungsstrafen abgebüßt hatten, kein Recht mehr auf die Ausstellung eines Passes hätten. Genau wurden die einzelnen begangenen Straftaten aufgeführt, infolge derer die Rückkehrer aus der Verbannung bzw. der Haft weiterhin auf Dauer aus der Gesellschaft ausgegrenzt bleiben sollten. Dazu gehörten sämtliche „konterrevolutionären" Delikte nach Art. 58 des Strafgesetzbuches, ferner Wehrdienstverweigerung aus religiösen Motiven, Flucht vor der Einberufung zum Wehrersatzdienst in den Spezialregimentern (bei Personen ohne Wahlrecht), Erregung von Massenunruhen, Banditismus, Waffenraub, nationale Haßpropaganda, Geldfälscherei, Devisenvergehen, Verstoß gegen das staatliche Außenhandelsmonopol (bei privaten Unternehmern) u.a. Tatbestände, zu ahnden nach Art. 59[775]. Damit entstand nun ein gefährlicher sozialer Sprengsatz am Rande der Gesellschaft, in dem die *lišency* als politisch Verfolgte einen großen Teil der Betroffenen stellten.

Noch bevor das *MOIK* auf der Basis dieser „Instruktion" eine für das Moskauer Gebiet gültige Durchführungsverordnung erlassen hatte, begann der Vorreiter Serpuchov im Rahmen seiner Zuständigkeit schon mit Vorbereitungen für die Einrichtung der betrieblichen Paßstellen. Am 19. Januar meldete der *Nabat* die Organisation von entsprechenden *punkty* in sechs Fabriken mit über 2000 Beschäftigten. Vier weitere Ausgabestellen würden in Kürze eingerichtet. Bei der Erfassung der sog. „nichtorganisierten Bevölkerung" waren auch hier die einzelnen Hausverwaltungen unmittelbar angesprochen: Das Blatt verwies auf deren Pflicht zur Erstellung von Listen mit den Namen und den geforderten Angaben über alle Bewohner. Gleichzeitig erging die verbindliche Aufforderung an alle Fabriken, Stadt- und Dorfräte, Partei- und Gewerkschaftsorganisationen des Kreises Serpuchov, „unverzüglich" eine „Massen-Erklärungsarbeit" zu beginnen, um den Werktätigen die „politische Wichtigkeit dieser Kampagne" für das neue Paßregime nahezubringen. An die künftige „Kommission für die Bearbeitung der Klagen über die Verweigerung der Paßausstellung" erging bereits die Mahnung, „große Gewandheit und Wachsamkeit" bei ihren Entscheidungen an den Tag zu legen. „Bei allen Fabriken und Dörfern" (des Kreises) müßten „Mitwirkungsstä-

---

teriell abhängigen Personen sowie auch alle Ehepartner, Eltern oder Kinder (ohne Wahlrecht) von Angehörigen der Roten Armee. Schließlich wurden auch noch „Diener religiöser Kulte", wenn sie bei den mit einem neuen Gesetz genau definierten kirchlichen Einrichtungen Dienst taten, dieser Gruppe zugerechnet. Ferner sollten alle *lišency* und Personen ohne „gesellschaftlich nützliche Arbeit" hier bevorrechtet werden, falls sie aus Moskau, Leningrad, Char'kov und den zugehörigen Einzugsgebieten stammten und „ständig in diesen Städten und Siedlungspunkten" (ohne häufigen Wohnungwechsel!) lebten. Vgl. ibid, Art. 2. Damit sollte implizit der Landflucht und vor allem auch der hohen Fluktuation von Arbeitskräften zwischen den Betrieben entgegengewirkt werden.

[775] Priloženie k instrukcii o vydače pasportov. Ne podležit oglašeniju: Perečen' lic, otbyvšich sročnoe lišenie svobody, ssylku ili vysylku po prigovoram sudov i kollegii OGPU, kotorym ne vydajut pasporta. Ibid., l. 161.

be" zur Unterstützung der Paßstellenleiter gebildet werden[776]. Nachdem das *MOIK* dann am 21. Januar seine Folgeverordnung in Anlehnung an die „Instruktion" der Regierung erlassen hatte[777], faßte das Präsidium des Serpuchover Rats am 27. des Monats weisungsgemäß den Beschluß, „beim Stadtrat eine Kommission unter dem Vorsitz des stellvertretenden Stadtratsvorsitzenden" einzurichten. Ihr sollten außerdem der Kreisstaatsanwalt sowie der örtliche *OGPU*-Bevollmächtigte angehören. Diese *trojka* hatte sich künftig, wie zu erwarten, mit der „Begutachtung von Klagen gegen die Verweigerung der Paßausgabe" zu beschäftigen. Sie sollte in der verordneten 5-Tagesfrist „endgültig" entscheiden. Der Kreismilizverwaltung war aufgetragen, eine „strenge Kontrolle" über die zwangsweise aus Stadt und Kreis Serpuchov aussiedelnden Personen auszuüben[778].

Bereits am 5. Februar meldete der *Nabat*, daß in der Stadt nunmehr 580 Personen ihre Pässe bekommen hätten, fünf weitere *punkty* für die Paßausgabe würden am folgenden Tag eröffnet. Unter denjenigen, denen der Paß verweigert worden sei, befinde sich ein ehemaliger Kulake, der „in kurzer Zeit fünf Stellen gewechselt", sich sogar einen Platz an der Arbeiterfakultät verschafft und auch noch versucht habe, „in den Komsomol einzudringen". Das Blatt rief „alle Fabrikorgane" dazu auf, „die Klassenwachsamkeit noch mehr zu erhöhen und die Leute gründlich zu überprüfen"[779]. Bis zum 6. Februar waren in Serpuchov ca. 1000 Pässe ausgegeben, nur drei Bürgern waren die Dokumente verweigert worden, außer dem bereits erwähnten „Kulaken" noch einem Ehepaar, das angeblich häufig den Arbeitsplatz wechselte[780]. Die zunächst geringe Anzahl Betroffener täuschte: In der darauffolgenden Zeit wuchs ihre Zahl dramatisch an. Dies belegen vor allem die Protokolle der neu geschaffenen „Kommission für die Begutachtung der Klagen gegen die Verweigerung der Paßausgabe". Das Gremium begann ab dem 9. Februar zu tagen und hatte bereits zu Anfang ein beachtliches Aufkommen an Beschwerden zu bewältigen, die ja *nur einen Teil* der von der Miliz verfügten Paßverweigerungen betrafen[781]. Nach der Beschlußfassung sollten die Protokolle jeweils an den „Milizstab für die Ausstellung der Pässe" zur Umsetzung der von der Kommission ggf. korrigierten früheren Entscheidungen der Miliz gehen[782].

Zunächst waren diese Protokolle in ihren Angaben zu den einzelnen Personen sehr lakonisch, und dies nicht nur in Serpuchov. Daher verlangte der bevoll-

---

[776]M. Mitrofanov: Po-bol'ševistski i v srok provedem kampaniju po vydače pasportov. Lučše raz-jasnit' smysl i značenie vvedenija edinoj pasportnoj sistemy, *Nabat*, No. 15 (3248), 19.I.1933 g., S. 1.

[777]O vvedenii pasportov v objazatel'noj propiske graždan v 100 kilometrovoj polose vokrug gor. Moskvy, CGAMO, f. 4502, op. 1, d. 442, l. 114.

[778]O vydače pasportov i objazatel'noj propiske graždan. Postanovlenie Prezidiuma Serpuchovskogo Gorsoveta ot 27-go janv. 1933 goda, *Nabat*, No. 23 (3256), 29.I.1933 g., S. 4.

[779]Vydano 580 pasportov, ibid., No. 29 (3262), 5.II.1933 g., S. 4.

[780]Vydano okolo tysjač pasportov, ibid., No. 32 (3265), 9.II.1933 g., S. 4.

[781]Vgl. Protokol No. 1 zasedanija komissii po razboru žalob na otkaz v vydače pasportov ot 9/II-33 g., CGAMO, f. 4502, op. 1, d. 442, ll. 109, 110. Das Protokol verzeichnete 16 Beschwerden.

[782]Komissija po razboru žalob na otkaz v vydače pasportov. Upravleniju RK Milicii. Štab po vydače pasportov, 5/II-33 g., ibid., l. 111.

mächtigte Leiter der Moskauer Gebietsmilizverwaltung und Vorsteher der „Paßabteilung" in einem Rundschreiben vom 15. Februar entsprechende Verbesserungen: Die Paßkommissionen sollten nicht bloß die einzelnen Sigel für die Kategorien Betroffener, wie sie die geheime Instruktion neben der jeweils zugeordneten Beschreibung auswies, sondern in Kurzform auch „die Motive der Ablehnung" des Begehrens, etwa „Person ohne Wahlrecht", „Großhändler aus Leningrad", „entlaufener Kulake aus dem Kaukasus", „häufiger Arbeitsplatzwechsler", „verurteilt wegen politischen Rowdytums" etc. angeben[783]. Das Serpuchover Kommissionsprotokoll vom 16. Februar trug dem bereits Rechnung. Zudem fielen schon zu diesem Zeitpunkt die meisten Entscheidungen für den Kläger negativ aus. Es zeigte sich der auch anhand der nachfolgenden Protokolle verifizierbare Befund, wonach die meisten Beschwerdeführer aufgrund der jeweils von der Kommission gegebenen Beschreibungen als potentielle oder tatsächliche *lišency* einzustufen waren. Entweder handelte es sich um ehemalige Zwangsverschickte, um Personen mit entsprechenden Verwandten, um aus ihrem Dorf „vor der Kollektivierung geflohene" einstige Bauern, die inzwischen Fabrikarbeiter geworden waren, oder um (ehemalige) „Diener religiöser Kulte". Mindestens fünf von 10 Kommissionsentscheidungen des 16. Februar belegen, soweit aus den Quellen ersichtlich, einen derartigen Hintergrund. Dabei wurde lediglich eine einzige Klage im Sinne des Beschwerdeführers entschieden[784].

Die im gesamten Moskauer Gebiet anlaufende Tätigkeit der neuen Paßstellen führte auch zu Unsicherheiten der Milizangehörigen und der bevollmächtigten Leiter der *punkty* bezüglich der Nutzung ihrer Entscheidungsspielräume, ging es doch bei der verantwortungsvollen Entscheidung der Frage, wem der Paß vorzuenthalten sei, einerseits um die Existenz der oftmals auch der Aberkennung ihres Wahlrechts unterworfenen Betroffenen, andererseits auch um die Gefahr möglicher Rügen oder anderer Strafmaßnahmen durch die vorgesetzten Stellen. Nach vielen Anfragen wandte sich der Leiter der Paßabteilung bei der Moskauer Gebietsmilizverwaltung deshalb am 20. Februar an alle Vorsteher der entsprechenden örtlichen untergeordneten Instanzen, einschließlich der einzelnen *punkty,* an die Vorsitzenden und Mitglieder der Beschwerdekommissionen sowie der angeschlossenen Dienststellen mit einigen Klarstellungen. So sollte künftig ein Paß ausgestellt werden, wenn feststehe, daß ein Akt von „Rowdytum" (*chuliganstvo*) nicht „politischen", sondern nur „zufälligen" Charakter gehabt habe, von einem schon lange werktätigen „Arbeiter" oder Kolchosbauern begangen worden und der Betreffende besserungsfähig sei. Ferner war auch denjenigen, die als *lišency* zu den Wehrersatzeinheiten einberufen worden waren, zum Zeitpunkt ihres Paßantrags nun jedoch diesen Dienst beendet haben würden, weiterhin der neue Paß zu verwehren, es sei denn, der Betreffende sei ein am Ort alteingesessener Bürger. Letztere Bestimmung sollte nicht zuletzt dem starken Zustrom von „Kulaken" und

---

[783]Predsedatelju komissii pri Serpuchovskom Rajispolkome po rassmotreniju žalob na nevydaču pasportov, ibid., l. 90.

[784]Vgl. Protokol No. 3 zasedanija komissii po razboru žalob na otkaz v vydače pasportov ot 16/II-33 goda, ibid., ll. 105, 106.

Kolchosflüchtlingen in die Städte entgegenwirken. Weiter sah das Zirkular vor, daß ein Vermerk über die Verweigerung der Ausstellung eines Passes ausdrücklich *nicht* in die persönlichen Dokumente des Betroffenen gesetzt werden, sondern lediglich in den bei der Paßstelle verbleibenden Unterlagen erscheinen dürfe[785]. Dies bedeutete für die benachteiligten Zielgruppen indessen keine Erleichterung, denn für eine Verfolgung und Sonderbehandlung durch die Vollzugsorgane war ein solcher Eintrag gar nicht notwendig: Schon allein das Fehlen des bei diversen Stellen vorzuzeigenden neuen Ausweisdokuments setzte die Behörden sofort auf die Spur eines politisch verdächtigen oder auch kriminellen „Elements".

Die Protokolle der Serpuchover Beschwerdekommission vom 22. bis zum 28. Februar umfaßten jeweils zwischen neun und 19 Klagefälle, die meisten nicht aus den Siedlungen des Kreises, sondern aus der Stadt Serpuchov selbst[786]. Am 26. des Monats sandte die Kommission noch zusätzliche sechs die Stadt betreffende Entscheidungen an die Gebietspaßabteilung[787]. Die 80 hier dokumentierten Fälle ergeben zusammen mit den seit Anfang Februar verhandelten Klagen gemaß einer Mitteilung der Paß-*trojka* an den Kreis- und Stadtstaatsanwalt insgesamt 108 Beschwerden von Serpuchover Bürgern gegen die Vorenthaltung des Passes. Davon hätten nur sieben Personen schließlich doch noch ein Anrecht auf das neue Ausweisdokument zugesprochen bekommen, 11 „vorläufige Bescheinigungen" seien im Zuge der Notwendigkeit der genaueren Überprüfung einzelner Umstände ausgestellt worden, eine Klage noch unentschieden geblieben und nicht weniger als 89 Begehren abschlägig beschieden worden. Von letzteren ordneten sich - so der Bericht weiter - die meisten (37) der Gruppe der Neubürger zu, die ohne Arbeitszuweisung in die Stadt gekommen waren und entweder „keiner bestimmten Arbeit" nachgingen, wegen „Desorganisation der Produktion" gekündigt waren oder ihren Arbeitsplatz häufig wechselten. Das zweitgrößte Kontingent stellten die vom *OGPU* und den Gerichten Zwangsausgesiedelten (Verbannten) sowie zu Haftstrafen Verurteilten mit 24 Personen, gefolgt von der immer bedeutender werdenden Zielgruppe der in die Stadt „geflohenen Kulaken" bzw. „entkulakisierten" Bauern, auch wenn diese bereits seit längerem in einer der städtischen Fabriken erwerbstätig waren (19 Bürger). Der Rest verteilte sich, so die Mitteilung weiter, auf die übrigen im genannten Geheimzirkular aufgeführten Kategorien. Dazu gehörten eben auch diejenigen *lišency*, denen *nur* aufgrund des Fehlens ihres Wahlrechts der Paß vorenthalten wurde, in einer Größenordnung von lediglich vier Personen[788]. Letzteres bedeutete jedoch keineswegs, daß die Anzahl der Bürger ohne Wahlrecht unter den insgesamt Betroffenen klein gewesen sein muß, denn die vom *OGPU* Verbannten büßten, wie erwähnt, ihr Wahl-

---

[785] Bjulleten' No. 3 Pasportnogo Otdela Upravlenija RKM Moskovskoj Oblasti, ibid., l. 113.

[786] Protokol No. 4-8 zasedanija Gorkomissii po rassmotreniju žalob na otkaz v vydače pasportov, ibid., ll. 87-89, 94, 96, 97, 101, 102.

[787] Vgl. Pasportnyj Otdel Upravlenija RK Milicii Moskovskoj Oblasti, ibid, l. 95.

[788] Prokuroru g. Serpuchova i rajona, ibid., l. 84.

recht mit der Verschickung automatisch ein[789], und für die ehemaligen „Kulaken" sah das Wahlgesetz gleichfalls den *lišency*-Status vor[790]. Die 37 Personen der erstgenannten Gruppe waren zudem aus einsichtigen Gründen gleichsam prädestiniert für einen Wahlrechtsverlust, waren sie doch gezwungen, sich ihren Lebensunterhalt auf eigene Rechnung, etwa in privater Unternehmertätigkeit, zu verdienen.

Die genannten Zahlenverhältnisse der betroffenen Gruppen zueinander bestätigten auch die Märzprotokolle der Klagekommission, wobei sich die Zahl der Urteile entsprechend einem noch höheren Beschwerdeaufkommen weiter drastisch vermehrte. Jetzt dokumentierten allein die Unterlagen über die fünf Sitzungen vom 1. bis zum 7. März 110 Entscheidungen der *trojka*, wobei lediglich in zwei (!) Fällen den Revisionsforderungen der Bürger entsprochen worden war[791]. Nach dem Gesagten paßt es völlig ins Bild, daß zuweilen das Etikett „ohne Wahlrecht" gerade in den Fällen der Protokollnotiz ergänzend beigefügt wurde, wo es sich um eine Person *nicht ausdrücklich* dieser Kategorie, sondern um einen „entlaufenen Kulaken" und/oder „ehemaligen Händler"[792] bzw. jemanden, der „keiner gesellschaftlich nützlichen Arbeit" nachging, oder einen vom *OGPU* oder gerichtlich belangten Bürger handelte[793].

Die Klagen von 64 *Parteimitgliedern*, denen gleichfalls aufgrund ihrer Zugehörigkeit zu den genannten Gruppen die Ausstellung eines Passes verweigert worden war, wurden Anfang März in einer gesonderten Liste erfaßt. Diese ging nicht nur an die Moskauer Gebietspaßabteilung, sondern unterlag noch einer speziellen Überprüfung durch die Kreiskontrollkommission der *RKI* zur Klärung der Frage eines eventuellen Parteiausschlusses. Die zahlenmäßige Verteilung der einzelnen Gruppen entsprach auch hier ganz dem oben genannten Verhältnis[794]. Bis Anfang April versandte die Serpuchover Kommission vier weitere Listen an die Paßabteilung nach Moskau, die insgesamt 270 Namen verzeichneten[795].

Weiterhin blieb die Anzahl derer, die mit ihren Klagen gegen die Verweigerung des Passes Recht bekamen, eine zu vernachlässigende Größe. Eine leichte Entspannung der Situation ergab sich nur vorübergehend, als am 10. März sechs von 26[796], am 13. des Monats sogar 13 von 34 Beschwerden positiv beurteilt wur-

---

[789]Vgl. hier auch Art. 15n) des Wahlgesetzes von 1930. Instrukcija o vyborach v sovety i na s-ezdy sovetov RSFSR, *SU* 1930, No. 54, st. 654.

[790]Vgl. ibid., Art. 14v).

[791]Protokol No. 9-13 zasedanija komissii po rassmotreniju žalob na otkaz v vadače pasportov, CGAMO, f. 4502, op. 1, d. 442, ll. 66, 73, 75-79. 85, 86.

[792]Vgl. den Eintrag über den Bürger Tokarev: Protokol No. 7 zasedanija Gorkomissii po rassmotreniju žalob na otkaz v vydače pasportov ot 27/II-33 goda, ibid., l. 88 (Pos. 10).

[793]Illustrativ hier der Fall der ehemals Zwangsverschickten Puzakova. Protokol No. 8 zasedanija Gorkomissii po rassmotreniju žalob na otkaz v vydače pasportov ot 28/II-1933 g., ibid., l. 87 (Pos. 10).

[794]Pasportnyj Otdel RK Milicii M.O. (No. 7), ibid., ll. 68-71.

[795]Idem, svodka No. 8/9, ibid., ll. 2-6, 45, 46, 54, 55, 82, 83.

[796]Vgl. Protokol No. 15 zasedanija Gorkomissii po razboru žalob na otkaz v vydače pasportov ot 10 marta 1933 goda, ibid., l. 61.

den[797]. Einen Tag später erreichte allerdings dann von 19 Betroffenen nur noch *eine* Bürgerin die gewünschte Korrektur der von der Paßstelle getroffenen Entscheidung.[798] Am 16. März wurden vier von 27 Beschwerden positiv entschieden[799]. An der Art der Begründung der Positiv-Entscheidungen zeigte sich auch, daß der urteilenden *trojka* durchaus ein gewisser Ermessensspielraum zur Verfügung stand: Wenn die Angehörigen der einzelnen Zielgruppen nunmehr langjährig in einem staatlichen Betrieb unbeanstandet arbeiteten oder auch als *lišency* von verdienten Werktätigen unterhalten wurden bzw. ihr Wahlrecht zurückerlangt hatten, war die Kommission u.U. bereit, sich entgegenkommend zu zeigen[800]. Rechnen konnte damit allerdings niemand. Während der nächsten vier Sitzungen der *trojka*, die vom 20. bis zum 23. März stattfanden, wurde von 70 Beschwerden insgesamt nur einer einzigen stattgegeben und das Urteil der Milizstelle entsprechend korrigiert[801]. Dies erscheint nicht verwunderlich: Nicht nur die Kommission in Serpuchov, sondern auch die entsprechenden *trojki* in vielen anderen Städten des Moskauer Gebiets entschieden nach dem Urteil der übergeordneten Behörden nämlich in der Regel zu streng und so oftmals nicht im Sinne der gültigen Verordnungen. Am 23. März wandte sich die Gebietspaßabteilung deshalb in einem geheimen Zirkular an die Leitungen der Milizstellen und Paßkommissionen in den einzelnen Kreisstädten, in dem u.a. unter Bezug auf die örtlichen „Arbeitspraktiken bei der Paßportisierung" auf zahlreiche Fälle „unrichtiger Ablehnungen der Ausstellung von Pässen" verwiesen und eine entsprechende Änderung der Entscheidungspraxis verordnet wurde. Diese fehlerhaften Urteile beträfen in „gesellschaftlich nützlicher Arbeit" stehende Familienmitglieder von Personen, die ihrerseits kein Anrecht auf die neuen Ausweise hätten[802].

Die Serpuchover Kommission reagierte auf diese Weisung prompt: Bereits am 25. März verfügte sie anläßlich der Entscheidung von 35 neuen Klagefällen neun positive Urteile sowie die Vergabe von vier „einstweiligen Bescheinigungen" (Paßersatzpapiere)[803].

---

[797]Protokol No. 16 Gorkomissii po rassmotreniju žalob na otkaz v vydače pasportov ot 13/marta 1933 goda, ibid., ll. 57-59.

[798]Protokol No. 17 zasedanija Gorkomissii po rassmotreniju žalob na otkaz v vydače pasportov ot 14 Marta 1933 goda, ibid., l. 56. Es handelte sich um eine Person ohne Wahlrecht, Frau eines vom *OGPU* verschickten „Dieners religiöser Kulte". Der Grund, weshalb ihr trotzdem der Paß gewährt werden sollte, war die Tatsache, daß sie bei ihrer werktätigen Tocher wohnte und von dieser unterhalten wurde.

[799]Vgl. Protokol No. 18 zasedanija Gorkomissii po rassmotreniju žalob na otkaz v vydače pasportov ot 16 marta 1933 g., ibid., ll. 51, 52.

[800]Vgl. den Fall A.I. Proškova, Protokol No. 16 zasedanija Gorkomissii po rassmotreniju žalob, ibid., l. 59 sowie auch Anm. 798.

[801]Vgl. Protokol No. 20-23 zasedanija Gorkomissii po rassmotreniju žalob na otkaz v vydače pasportov, CGAMO, f. 4502, op. 1, d. 442, ll. 43, 44, 47-50.

[802]Upravlenie Raboče-Krest'janskoj Miliciii Moskovskoj Oblasti. Pasportnyj Otdel. Načal'niku Serpuchovskogo RUM-a i Osoboupolnomočennomu, i Rajkomissii. Strogo sekretno. Ibid., l. 1.

[803]Protokol No. 23 zasedanija Gorkomissii po rassmotreniju žalob na otkaz v vydače pasportov ot 25/III-33 goda, ibid., ll. 41, 42.

Die 11 weiteren Sitzungstermine der Serpuchover *trojka* zwischen dem 2. und 28. April bestätigten ebenfalls das bisher gezeichnete Bild hinsichtlich des zahlenmäßigen Verhältnisses der einzelnen den jeweiligen Kategorien zugeordneten Zielgruppen[804]. Allerdings tauchten jetzt wieder mehr Entscheidungen *zugunsten* der Kläger auf, zuweilen korrigierte die Kommission, vermutlich auf Druck von oben, auch ihre eigenen nach der geltenden Regierungsinstruktion eigentlich als endgültig anzusehenden Beschlüsse im Verlauf späterer Sitzungen. Ein Beispiel ist der oben in anderem Zusammenhang bereits genannte Nikolaj Lednev[805], dem, inzwischen strafrechtlich verfolgt wegen antisowjetischer Haltung, am 5. April das Recht auf einen Paß abgesprochen wurde[806]. Sein Name gelangte auch auf eine derjenigen Beleglisten, die an die Moskauer Paßabteilung geschickt wurden[807]. Am 13. April sprach ihm die Kommission den Paß dann doch noch zu[808]. Insgesamt waren es aber weiterhin doch nur wenige, die ihre staatsbürgerlichen Rechte wiedererlangen konnten[809]. Dies belegen auch sieben andere am 28. des Monats zur Entscheidung anstehende Beschwerden. Sie betrafen mit einer Ausnahme gleichfalls alte Eingaben, die nun zum zweiten Mal, und zwar auf Anordnung des Staatsanwalts, zur Entscheidung vorlagen. Diesmal blieb die Kommission in *jedem* Punkt bei ihrem Ablehnungsbescheid, obwohl sich der Staatsanwalt als Mitglied der Paß-*trojka* massiv zugunsten der Betroffenen einsetzte[810]! Er wurde von den beiden Vertretern der Machtorgane im Gremium überstimmt. Damit zeigte sich erneut jener auch 1929/30 im Zuge der an anderer Stelle zu erörternden Zwangsausquartierung „nichtwerktätiger Elemente" aus den Kommunalwohnungen ersichtlicher Gegensatz zwischen etlichen noch auf die Wahrung der Verhältnismäßigkeit bei der politischen Verfolgung und die Sicherung der wenigen noch existierenden Bürgerrechte bedachten lokalen Justizbehörden (Volksgerichte und Staatsanwaltschaften) einerseits, und den Geboten der strikten „Klassenlinie" der Partei andererseits. Damit drückte sich abermals das Gegeneinander jener zwei grundverschiedenen Rechtsperzeptionen aus, obwohl dieser Grundsatzstreit ja mit dem *CIK*-Gesetz über die „Revolutionäre Gesetzlichkeit"[811]

[804] Vgl. Protokol No. 26-36 zasedanija rajkomissii po rassmotreniju žalob na nevydaču pasportov, ibid., ll. 9, 10, 12, 20-25, 29-31.

[805] Vgl. oben S. 117.

[806] Vgl. Protokol No. 28 zasedanija rajkomissii po rassmotreniju žalob na nevydaču pasportov ot 5/IV-33 g., CGAMO, f. 4502, op. 1, d. 442, l. 28.

[807] Pasportnyj Otdel Upravlenija RK Milicii goroda Moskvy, ibid., l. 5 (Pos. 99).

[808] Vgl. Protokol No. 30 zasedanija rajkomissii po rassmotreniju žalob na nevydaču pasportov ot 13/IV-1933 goda, ibid., l. 22.

[809] Ein anderer Bürger, dem das Recht auf einen Paß am 8. April aberkannt worden war, erreichte gleichfalls am 25. des Monats eine Revision der Entscheidung seitens der *trojka*. Zu diesem Zeitpunkt erlangten auch ein Ehepaar sowie noch eine weitere Person schließlich doch noch die Berechtigung, sich einen Paß ausstellen zu lassen. Vgl. Protokol No. 29/35 zasedanija rajkomissii po rassmotreniju žalob na nevydaču pasportov ot 8/25 aprelja 1933 g., ibid., ll. 25, 10.

[810] Vgl. Protokol No. 36 zasedanija rajkomissii po rassmotreniju žalob na nevydaču pasportov ot 28/IV-33 g., ibid., l. 9.

[811] Vgl. EINLEITUNG, S. 26 mit Anm. 148.

formal bereits geklärt war. Die Praxis vor Ort sah offensichtlich anders aus, wie im übrigen auch in anderen Teilen der *UdSSR*[812].

Im Mai stellte die Kommission in Serpuchov ihre Tätigkeit ein - etwa zeitgleich mit dem Ende der Wahlkampagne 1932/33, im Zuge derer die Angaben über die von der „Paßportisierung" betroffenen Personen auch gleich für eine Erweiterung der *lišency*-Listen genutzt werden konnten. Am 4. und 9. des Monats behandelte die *trojka* nur noch insgesamt drei Beschwerden, zwei von ihnen beschied sie positiv[813], entsprechend der vorgegebenen Bestimmung, derzufolge die dauerhaft seßhaften Einheimischen nicht einer Zwangsaussiedlung im Paßverfahren ausgesetzt sein sollten. Über die dritte Beschwerde faßte sie hingegen *rechtswidrigerweise* einen ablehnenden Beschluß: Aus dem eben genannten Grund hätte nämlich auch dieser Kläger seine Rechte zurückerhalten müssen![814]

Insgesamt läßt sich sagen, daß die Entscheidungen der Serpuchover Paßkommission für die Betroffenen unberechenbar waren. Einerseits urteilte sie auf der Grundlage der vorgegebenen Bestimmungen, andererseits oftmals rechtswidrig bzw. unverhältnismäßig streng oder auch unter bestimmten Bedingungen durchaus konzessionsbereit.

Für die anderen Städte des *podmoskov'e* lassen die Quellen zwar keine derart detaillierte Beschreibung der Arbeit der einzelnen Paßkommissionen zu, deren Repression gegen die *lišency* ist jedoch - abgesehen von den oben genannten Informationen aus der Moskauer Gebietspaßabteilung - über den Umweg einer Analyse der Tätigkeit der „Kommissionen zur Prüfung der Klagen gegen die Aberkennung des Wahlrechts" nachzuvollziehen. Diese Gremien profitierten nämlich von den Ermittlungsergebnissen der Paßkommissionen hinsichtlich der Erfassung neuer Personen ohne Paßberechtigung, die ja zum großen Teil zu den *lišency* gehörten. Auch in Orechovo-Zuevo lehnte die entsprechende zur Überprüfung des Wahlrechtsentzugs während der Paßkampagnen eingesetzte Kommission die ihr vorliegenden Klagen ganz überwiegend ab, womit sie gleichzeitig die Entscheidungen der Paß-*trojka* weitgehend bestätigte. Ebendies tat auch das Vollzugskomitee dieser Stadt im Zuge der nochmaligen Überprüfungen einschlägiger Beschwerden auf seinen Sitzungen im Januar und Februar[815]. Nur in wenigen Einzelfällen erging ein abändernder Beschluß, etwa wenn aufgrund neu recherchierter kompromittierender Materialien eine positive Entscheidung wieder rückgängig

---

[812]Vgl. Solomon, Local Political Power, S. 312, 313.

[813]Protokol No. 37, 38 zasedanija rajkomissii po rassmotreniju zajavlenij na nevydaču pasportov. Ot 4-go/9-go Maja 1933 goda, CGAMO, f. 4502, op. 1, d. 442, ll. 7, 8.

[814]Vgl. Protokol No. 37 zasedanija rajkomissii po rassmotreniju zajavlenij na nevydaču pasportov.Ot 4-go Maja 1933 goda, ibid., l. 7 (Pos. 1).

[815]Vgl. etwa Protokol No. 2 zasedanija Orechovo-Zuevskogo gorispolkoma s 3-go po 13-oe janvarja 1933 g; Protokol No. 7 zasedanija Orechovo-Zuevskogo gorispolkoma s 1-go po 25-oe fevralja 1933 g., ibid., f. 5700, d. 64, ll. 7, 40.

gemacht wurde[816]. Den umgekehrten Fall der Rehabilitierung des *lišenec* infolge neuer Fakten belegen die Orechovo-Zuevoer Quellen indessen nur für die Zeit *vor* dem Inkrafttreten des Paßgesetzes.[817]. Es ist interessant, daß die Protokolle des Vollzugskomitees über die während des Höhepunkts der Paßportisierungskampagnen abgehaltenen Sitzungen zusätzlich komplett auch der Kreiskontrollkommission, dem Kreisstaatsanwalt und der Organisationsabteilung des Kreisrats von Orechovo-Zuevo zur weiteren Überprüfung bzw. zur Kenntnis zugestellt wurden. Somit erhielten die Kläger zumindest eine weitere vage (theoretische) Chance, ihrem Schicksal als *lišenec* ohne Paßberechtigung doch noch zu entkommen. Die erhaltenen Unterlagen lassen jedoch darauf schließen, daß es hierzu nicht kam[818].

Es stellt sich nun die Frage, wie denn die vielen ablehnenden Bescheide der Serpuchover Paßkommission und die entsprechenden Urteile der anderen Stadt- und Kreiskommissionen in die Praxis umgesetzt wurden. Die hierzu erhaltenen Quellen belegen diesbezüglich einerseits eine menschenverachtende und auch rechtswidrige Rücksichtslosigkeit der die Zwangsaussiedlung durchführenden Organe, andererseits den Widerstand nicht nur der Betroffenen selbst, sondern auch der öffentlichen Arbeitgeber. Was ersteres betrifft, so liefert der Inhalt des oben bereits erwähnten geheimen Zirkulars der Gebietspaßabteilung an die untergeordneten Kreis- und städtischen Instanzen vom 23. März einschlägige Informationen. In diesem Rundbrief wurde nämlich auch „das mechanische Herangehen an die unverzügliche Entfernung der Personen, denen die Ausgabe des Passes verweigert worden" sei, gerügt. Die Ausweisung der Betroffenen aus ihren Heimatorten werde rigoros „ohne Registrierung" wichtiger Umstände, wie etwa „des Verbleibs ernsthaft Kranker in einem hilflosen Zustand", durchgeführt. Anhand entsprechender Belege sei unbedingt „das Vorliegen befreiender Gründe", wie z.B. auch Schwangerschaft, zu berücksichtigen, danach auf Bitten der Auszuweisenden eine Verlängerung der Frist für ihre Aussiedlung von bis zu einem Monat zu genehmigen[819].

---

[816]Vgl. hier den Fall I.A. Žukarin. Die dem Vollzugskomitee nachträglich zugänglich gewordenen „ergänzenden Angaben" belegten, daß dieser Betroffene samt seiner Familie 1929-31 in einer „Kulakenwirtschaft" gelebt hatte, entsprechend besteuert und danach auch zwangsausgesiedelt worden war; vgl. Ob izmene rešenija Komissii po rassmotre zajavlenij lic, lišennych izbiratel'nych prav ot 19/XII-32 g. o vosstanovlenii v izbiratel'nych pravach gr. Žukarina Ivana Alekseeviča / 3/I-33 g. Protokol No. 7 zasedanija Orechovo-Zuevskogo gorispolkoma s 1-go po 25-oe fevralja 1933 g., ibid., l. 7.

[817]Vgl. hier das Schicksal des V.P. Vetrov, der sein Wahlrecht deshalb wieder zugesprochen erhielt, weil anhand von Unterlagen über seinen 1930 verstorbenen Vater, von dem er wirtschaftlich abgehangen hatte, nachgewiesen werden konnte, daß jener „keine Ausbeutung fremder Arbeit betrieben hatte". Protokol No. 41 zasedanija prezidiuma Orechovo-Zuevskogo gorsoveta ot 8-go dekabrja 1932 g., ibid., l. 235.

[818]Vgl. dazu Protokol No. 2-8 zasedanija Orechovo-Zuevskogo gorispolkoma, ibid., ll. 7-40. Hinweise auf positive, d.h. zugunsten der Beschwerdeführer ergangene Entscheidungen sind nicht festzustellen.

[819]Wie Anm. 802.

Ein aussagekräftiger Beleg für den Widerstand der Betriebsverwaltungen gegen die sofortige Entlassung der bei ihnen ohne Paß beschäftigten Arbeiter und Angestellten stellt ein dringliches Schreiben des Direktors des Serpuchover staatlichen forstwirtschaftlichen Betriebs an das Präsidium des Stadtrats vom 28. Februar 33 dar. Der Betriebsdirektor beklagte darin die ihm seitens der örtlichen Milizverwaltung aufgezwungene umgehende Entlassung von 150 Arbeitern, denen soeben der Paß verweigert worden war. Von der „Moskauer Abteilung für Arbeit" seien ihm, so der Direktor, ohnehin schon zu wenig Arbeitskräfte bewilligt worden. Damit der Betrieb überhaupt funktionsfähig bleiben und das hochgesteckte Planziel erreicht werden könne, sei er schon jetzt genötigt, Arbeiter von auswärts anzuwerben. Wenn er nun, wie befohlen, die 150 Arbeiter auf einmal freistellte, würde die gesamte Holzbeschaffungstätigkeit des Betriebes „endgültig" zum Stillstand kommen. Als Ausweg bleibe nur die Ersetzung der ausgefallenen Arbeiter durch Kolchosbauern, „oder bis Mitte April [...] die Aussetzung der Verfolgung"[820]. Die vorliegenden Archivalien enthalten keinen Hinweis darauf, daß dem Begehren des Betriebsdirektors in irgendeiner Form stattgegeben wurde. So standen, wie bei dem „großen Terror" 1936-38, politisch-ideologische Vorgaben gegen jede wirtschaftliche Vernunft.

Das Beispiel zeigt, daß das Regime mit Einführung der Inlandspässe, die neben dem Ziel der Eindämmung der verbreiteten Landflucht und damit auch der Milderung des Wohnungsproblems in den Städten nicht zuletzt den Zweck einer endlich wirklich effektiven Erfassung und Verfolgung der *lišency* besaß[821], gerade der eigenen forcierten Industrialisierungspolitik entgegenhandelte: Es blockierte damit ungewollt seine Kapazitäten zur Lenkung, Verteilung und Ausbeutung ökonomischer Ressourcen, ein Umstand, den die Krise der politischen Wende u.a. charakterisierte. Gleichzeitig riefen die Regierenden aber eben auch höchst unerwünschten Widerstand gegen die bei den örtlichen Verantwortungsträgern als destruktiv erlebten Folgen des Paßgesetzes hervor.

Manche vom Paßentzug betroffene Bürger versuchten, durch Anprangerung der als mißbräuchlich und unwürdig erachteten Entscheidungspraxis der örtlichen Milizstelle auf dem Wege einer Interpellation bei der vermeintlich rettenden Instanz des Staatsanwalts doch noch der harten Maßnahme der Zwangsausquartierung und Aussiedlung in ein anderes Verwaltungsgebiet zu entgehen. Exemplarisch seien hier die Klagefälle der Serpuchover Bürger Aleksandr Danilovič Savčuk sowie S.K. Kurguzov genannt, da sie zur Illustration des rechtlichen Aspekts der schwierigen Herrschaftsprobleme des frühstalinistischen Regimes als Folge der „Revolution von oben" dienen können.

A.D. Savčuk erschien am 8. April auf der Liste der Paßabteilung der Moskauer Milizverwaltung unter den Namen der von Paßverweigerung Betroffenen, und zwar als unsteter Arbeitsplatzwechsler und Person, die immer wieder „ohne

[820]Serpuchovskoj Lespromchoz. Prezidium Serpuchovskogo Gorsoveta, tov. Utkinu, CGAMO, f. 4502, op. 1, d. 505, l. 10.

[821]Verwiesen sei auf die Begründung des Paßgesetzes durch A.Ja. Vyšinskij, vgl. oben S. 167.

bestimmte Beschäftigung" sei[822]. Aus dem Beschwerdebrief Savčuks vom 21. April geht hervor, daß er eine Abänderung des genannten Kommissionsbeschlusses hatte erwirken können, worauf jedoch der zuständige, bemerkenswerterweise mit dem Kläger im gleichen Haus wohnende Milizinspektor aus einer nach den Worten des Beschwerdeführers stark voreingenommenen Verweigerungshaltung heraus („aus Prinzip") dennoch nicht bereit war, das neue Urteil der Kommission zu berücksichtigen und den Paß nun auszustellen[823]. Der Milizinspektor verteidigte seine Handlungsweise gegenüber seinen Vorgesetzten mit einer „Charakteristik" Savčuks. Er führte nicht nur dessen verdächtig unstetes, von angeblich selbstverschuldeter Arbeitslosigkeit geprägtes Leben als Zugereister an, sondern hob auch Spekulationsgeschäfte mit defizitären Waren hervor, die der Betroffene zusammen mit seiner Familie vor seinem Wohnblock betreibe. Die Verweigerung des Passes sei deshalb „richtig" gewesen. Mit keinem Wort ging der Inspektor allerdings auf die wichtige Tatsache ein, daß Savčuk ja von der vorgesetzten Stelle ein *Recht* auf den Paß bescheinigt bekommen hatte[824]! Der um Hilfe gebetene Staatsanwalt sah aufgrund der Aktenlage Anlaß, eine zweite Prüfung der Sache durch die Beschwerdekommission und die Übersendung der Akten an die übergeordnete Gebietsinstanz anzuordnen[825]. Offensichtlich schenkte die Serpuchover *trojka* nun doch dem berichtenden Milizinspektor mehr Glauben als den Ausführungen und Unterlagen des Delinquenten: Sie bestätigte am 28. April die Rechtmäßigkeit des Paßentzugs[826] und überstimmte damit den formal an der Entscheidung beteiligten Staatsanwalt. So blieb Savčuk auf dem Index. Er hatte binnen 10 Tagen die Stadt zu verlassen und sich eine neue Heimat außerhalb der Paßregimezone zu suchen. Ein aufhebendes Urteil der Gebietsklagekommission ist nicht belegt.

Eine ähnliche - vermutlich gezielte - Verzögerungs- und Verschleppungstaktik der Serpuchover Miliz bezeugt auch die Behandlung der gleichfalls an den Staatsanwalt gerichteten Beschwerde des S.K. Kurguzov vom 10. April. Kurguzov und seiner Frau war am 28. März von der zuständigen Paßstelle die Ausstellung des neuen Ausweises verweigert worden. Der Kläger schrieb, daß ihn auf seinen Protest hin der die Sache bearbeitende Inspektor bei wiederholten Gesprächsterminen immer wieder vertröstet und die Aushändigung des Dokuments versprochen habe. Am Ende schließlich dennoch ohne den erhofften Erfolg geblieben, habe er ein Gesuch an den Stadtrat sowie die Gebietsstaatsanwaltschaft

[822] Wie Anm. 807 (Pos. 116).

[823] Der Inspektor habe - so Savčuk - ausdrücklich gegen die Ausstellung des Passes Stellung bezogen. Weiter machte der Kläger geltend, daß er als Werktätiger, der 14 Jahre in Lohnarbeit gestanden und vier Jahre Dienst in der Roten Armee aufzuweisen habe, hier „völlig unverdient" Opfer einer Verleumdung und einer flagranten Verletzung der „sozialistischen Gesetzlichkeit" geworden sei. Prokuroru g. Serpuchova ot gr-na Savčuk [sic!] Aleksandra Daniloviča, CGAMO, f. 4502, op. 1, d. 442, l. 156.

[824] Kratkaja charakteristika o Savčuke, ibid., l. 34.

[825] Handschriftliche Notiz auf dem Beschwerdebrief Savčuks. Quelle nach Anm. 823.

[826] Vgl. Protokol No. 36 zasedanija rajkomissii po rassmotreniju žalob na nevydaču pasportov ot 28/IV-33 g., CGAMO, f. 4502, op. 1, d. 442, l. 9 (Pos. 3).

gestellt. Zu dem erhofften Ergebnis sei es nun schon aus formalen Gründen nicht gekommen, weil er die zugehörigen Unterlagen, die bei der Paßstelle verblieben seien, nicht habe beifügen können. Der Kläger sah klare mögliche Hintergründe für die Verweigerungs- bzw. Verzögerungstaktik der Miliz, die nach seinen Worten nicht berücksichtigte, daß ihm 1930 als Heimgewerbetreibendem und Inhaber einer „großbäuerlichen" Wirtschaft das Wahlrecht entzogen, jedoch im gleichen Jahr wieder zurückgegeben worden war[827]. In einem zweiten Schreiben gleichen Datums wies Kurguzov den Staatsanwalt ausdrücklich auch auf die eigenen besonderen Verdienste zugunsten des proletarischen Staates in seiner Eigenschaft als Informant des *OGPU* sowie der „Kriminalfahndung" (*ugolovnyj rozysk*) hin, wodurch einschlägige Tatbestände hätten aufgedeckt werden können. Er sei überzeugt, daß die Vorenthaltung des Passes in einer gezielt gegen ihn gerichteten Rachekampagne seitens einiger durch seine vormalige Informantentätigkeit in Bedrängnis geratener „Kulakenwirtschaften" begründet sei[828]. Da die *trojka* dem Kläger das Recht auf den Paß abgesprochen hatte[829], wies die Serpuchover Staatsanwaltschaft diese am 16. April an, nochmals ihre Entscheidung zu überprüfen. Auch müsse das Zwangsaussiedlungsverfahren Kurguzovs umgehend gestoppt werden[830].

Über einen erneuten Beschluß der Kommission in dieser Sache geben die erhaltenen Akten keine Auskunft, ebensowenig ist belegt, daß die Vollzugsbehörden der Weisung des Staatsanwalts stattgaben. Die bisher betrachtete Entscheidungspraxis der *trojka* läßt jedoch vermuten, daß Kurguzov letztlich nicht zu seinem Recht gekommen ist. Die kompromittierenden Tatsachen seiner jüngsten Vergangenheit sah man ihm wohl trotz ergangener Rehabilitierung und der genannten Verdienste für Staat und Partei nicht nach. Wie schon der Fall Savčuk verdeutlicht, ging es der Milizleitung und auch der Kommission hier offensichtlich weniger um eine abwägende, die Verhältnismäßigkeit wahrende Prüfung der Unterlagen als um die Durchsetzung eines *Prinzips,* ohne Ansehen der Person. Hier war sie wieder, die strikte kompromißlose „Klassenlinie", die entgegen den kodifizierten Maximen der „revolutionären Gesetzlichkeit" vor Ort nach wie vor vielfach das Handeln auch der administrativen Repressionsorgane bestimmte und damit jenen oben beschriebenen krisenhaften Legitimationskonflikt der Partei weiter perpetuierte.

Dieses Problem, das sich hier in der mangelnden Durchsetzung der staatsanwaltschaftlichen und somit auch der staatlichen Interessen gegenüber der z.T. rechtswidrigen Tätigkeit der Milizstellen und Paßkommissionen zeigte, wurde bei der Zentrale durchaus erkannt. Am 23. Mai 33 erging ein geheimes Zirkular des

---

[827]Kurguzov argumentierte, daß die zuständige Sonderkommission zur Überprüfung der Rechtmäßigkeit der Wahlrechtsentzüge seinen Betrieb in der Folge neu bewertet und nun als mittelbäuerlich eingestuft habe. Nach einem Jahr habe er zudem den landwirtschaftlichen Betrieb bereits wieder aufgegeben. Serpuchovskomu prokuroru, ibid., l. 151.

[828]Serpuchovskomu prokuroru. Sekretno, ibid., l. 152.

[829]Vgl. Pasportnyj Otdel Upravlenija R.K. Milicii gor. Moskvy. Ibid., l. 5 (Pos. 91).

[830]Moskovskaja Oblast'. Prokuror Serpuchovskogo Rajona. V Pasportnuju Komissiju, tov. Alimovu ili t. Afanas'evu, ibid., l. 150.

Volkskommissars für Justiz der *RSFSR* an alle Provinz- und Gebietsstaatsanwaltschaften, in dem unter Verweis auf die am 28. April verkündete Ausweitung des Paßsystems auf alle Orte der Sowjetunion, mit Ausnahme bestimmter dörflicher Siedlungen[831], verordnet wurde, daß jeder örtliche Staatsanwalt Aufsicht über die Ausgabe der Pässe führen müsse. Bei ungesetzlichen Beschlüssen der Kommissionen habe dieser das Recht, bei der jeweiligen Gebietsstaatsanwaltschaft Widerspruch einzulegen. Ferner wies der Justizkommissar darauf hin, daß die über die Klagen gegen den Paßentzug urteilenden *trojki* aus kompetenten Kräften, und zwar wirklich überall aus jeweils einem Vertreter des *OGPU*, des örtlichen Rats sowie der Stadt- bzw. Kreisstaatsanwaltschaft zu bestehen hätten. Sollte die betreffende Kommission in Zehntagesfrist nicht über den Einspruch des Staatsanwalts entschieden haben, war nun die Aussetzung des Ausquartierungs- und Zwangsaussiedlungsverfahrens zwingend vorgeschrieben[832].

Auch das *VCIK* reagierte auf die nach wie vor häufigen, formal zu Mißbräuchen führenden klassenrechtlichen Orientierungen der Paßkommissionen in den Städten des Moskauer Gebiets. Den Ablauf der „Paßportisierungen" in Moskau selbst sowie in allen Orten der *oblast'* ließ das oberste Räteorgan der *RSFSR* nämlich durch eine spezielle *trojka* überprüfen und schriftlich dokumentieren. Dieses Gremium, das aus einem *VCIK*-Präsidiumsmitglied, einem Vertreter des Zentralen Gewerkschaftsbundes sowie einem Repräsentanten der Moskauer Paßabteilung bestand, konstatierte, „daß die Arbeit im Gebiet schwächer ablief, als in Moskau". Die *trojka* belegte eine ihrer Meinung nach zu hohe Zahl derjenigen Werktätigen, denen die betriebliche Paßstelle die Ausgabe des neuen Ausweisdokuments verweigerte. Im Werk Nr. 12 der Arbeiterstadt Noginsk hätten 284 von 3981 Arbeitern ihren Paß nicht erhalten, die meisten davon als angebliche Kinder von „entkulakisierten" Bauern[833]. Ähnliche Ergebnisse, nun ganz offensichtlich gekennzeichnet von Mißbräuchen der Paßstellenleiter, erbrachte die Untersuchung der Verhältnisse im berühmten Waggonwerk von Mytišči. Hier hätten, so die *trojka,* allein von den *jungen* Arbeitern nicht weniger als 30 keinen Ausweis bekommen, weil sie angeblich „keinen Wert für die Produktion" besäßen. Gegenüber einem gewissen Solov'ev sei diese Maßnahme „als 'Ehemaligem'" (ohne jede Begründung), bei einem anderen „als 'verdächtigem und nicht

---

[831]Es handelte sich um die ländlichen Regionen außerhalb der 100 km umfassenden Regimezonen um Moskau, Leningrad und Char'kov sowie des gleichfalls 100 km breiten Grenzgebiets zu Mitteleuropa, ferner um die Dörfer ohne Sovchosorganisationen und ohne „Maschinentraktorenstationen" (*MTS*), vgl. O vydače graždanam Sojuza SSR pasportov na territorii Sojuza SSR, *SZ* 1933, No. 28, st. 168.

[832]Narodnyj Komissariat Justicii RSFSR. Sekretno. Cirkuljar No. 30/c, GARF, f. 1235, op. 141, d. 1507, l. 26.

[833]Dokladnaja zapiska po obsledovaniju provedenija pasportizacii po gorodu Moskve i Moskovskoj oblasti. Sekretno. Ibid., d. 1517, l. 12. Damit zeigten sich auch in Noginsk die Folgen des starken Zuzugs bäuerlicher Bevölkerungsgruppen, denen durch das Kulakenstigma die Existenzmöglichkeiten auf dem Lande zunichte gemacht worden waren.

zur dauernden Ansässigkeit fähigem' Menschen" angewandt worden[834]. Der Bericht stufte diese Beobachtungen als „Fälle groben Umgangs mit den Bürgern seitens der Leiter der *punkty*" ein. Außerdem stellten die Milizinspektoren vielfach „überflüssige Fragen beim Verhör der Bürger", etwa langgedienten Arbeitern und Parteimitgliedern „über Vorstrafen u.ä., auch wenn es überhaupt keine kompromittierenden Materialien gegen sie gab". Gebietsweit habe es Paßausgabeverweigerungen bei „mehr als 4-8%" aller Bürger gegeben, im nordöstlich von Moskau gelegenen Kreis Puškino sogar bis zu dem Extremwert von 30%[835].

Damit sind die in den vier ersten Monaten (Februar bis Mai) für *Serpuchov* aufgrund der zitierten Quellen zu errechnenden 1000 endgültigen Paßverweigerungen durchaus mit dem von der zentralen *trojka* genannten Durchschnittswert in Einklang zu bringen: Die Urteile der Paßkommission betrafen zwar weniger als 2% der städtischen Bevölkerung, als vom Paßregime verfolgt muß jedoch eine deutlich höhere Zahl an Stadtbürgern angenommen werden, da längst nicht alle Betroffenen bei der Kommission gegen die abschlägigen Bescheide der Miliz intervenierten.

Die *trojka* des *VCIK* konnte zwar keine *flächendeckende* Untersuchung durchführen und dadurch zu in jeder Hinsicht befriedigenden repräsentativen Aussagen kommen[836], dennoch belegten ihre Erhebungen jeweils ähnliche, nämlich zu Mißbräuchen und Gesetzesbrüchen neigende Verhaltensmuster der Paßbüromitarbeiter in verschiedenen Gegenden des Moskauer Gebiets. Dieser Befund konnte oben für die Situation in Serpuchov bestätigt werden. Nicht zuletzt diesem Umstand verdankte auch das genannte Zirkular des Volkskommissars für Justiz vom 23. Mai seine Entstehung, das die Staatsaufsicht über die Einhaltung der gesetzlichen Verordnungen in diesem Bereich stärken sollte. Die Schwäche der Organe des staatlichen Rechtsschutzes ergab sich aber nicht nur aus der für sie schwer überwindbaren Stärke der vielfach von Partei-Hardlinern beeinflußten exekutiven Gewalten der unteren Ebenen. Sie resultierte auch aus dem Problem der „mangelnden Führung" seitens der Moskauer Gebietsstaatsanwaltschaft, die die ihr untergeordneten Instanzen oft genug mit ihren Fachproblemen allein ließ[837]. Gerade die Stadt- und Kreisstaatsanwälte waren, inner- wie außerhalb des

---

[834]Dieses Verhalten des Personals der Paßstellen dürfte nicht zuletzt von einer am 17. März erlassenen *CIK*-Verfügung beeinflußt gewesen sein, die die Wiederherstellung des Wahlrechts bei „Kulakenkindern" nicht nur an „gesellschaftlich nützliche", sondern auch „gewissenhaft" erledigte Arbeit band. Vgl. O porjadke vosstanovlenija v izbiratel'nych pravach detej kulakov, *SZ* 1933, No. 21, st. 117.

[835]Dokladnaja zapiska, GARF, f. 1235, op 141, d. 1517, l. 11.

[836]Dem *VCIK*-Bericht zufolge hätten die *punkty* in Anwesenheit der *trojka* zwar eine „sorgfältige Prüfung und vertiefte Arbeit im Sinne der Entdeckung entkulakisierter, vom Dorf entlaufener und überhaupt fremder Elemente" unter Beweis gestellt, eine „tiefgehende Analyse" sei allerdings deswegen „schwierig", weil eine Überprüfung der Arbeit aller Paßstellen sich als „nicht möglich" erwiesen habe. Ibid.

[837]Vgl. dazu Vyvody po obsledovaniju ugolovnogo sektora Moskovskoj oblastnoj prokuratury. [Untersuchungsbericht undatiert, jedoch vermutlich Ende 1930 entstanden], CGAMO, f. 807, op. 1, d. 526, l. 14.

Moskauer Gebiets, verstärkt nach dem vom *ZK* und der Regierung der *UdSSR* am 8. Mai erklärten Ende der „Massenrepression“[838] vielfach nicht in der Lage, die ihnen zugewiesenen Aufgaben verantwortlich und korrekt wahrzunehmen. Allzu oft konnten oder wollten sie weder über die Amtsmißbräuche der Milizorgane noch über die der Gefängnisaufseher eine effektive Kontrolle sicherstellen, was zu weiteren Interventionen des Justizkommissars führte[839].

Der Stadtrat bzw. sein Vollzugskomitee in Serpuchov unterwarfen die Ergebnisse der städtischen „Paßportisierung“ einer *zusätzlichen* Erfolgskontrolle vermittels einer abschließenden Sonderkampagne, im Rahmen derer sich alle diejenigen, die das neue Ausweisdokument erhalten hatten, registrieren lassen sollten.[840]. Dadurch gewannen die administrativen Behörden allerdings nur *im Prinzip* die Möglichkeit, Erkenntnisse über Personen zu erhalten, denen irrtümlich ein Paß ausgehändigt worden war und die nun ggf. auch in die *lišency*-Liste aufgenommen werden könnten. De facto stellte sich hier nämlich erneut das Problem der weisungsgemäßen *Umsetzung* des Vorhabens: Infolge der außerordentlich schleppenden Erfassung der kommunalen, besonders aber der privaten Haushalte durch die Verantwortlichen im Zuge der neuen Kampagne kam die Aktion zeitlich extrem in Verzug und drohte zu scheitern. Über den *Nabat* sah sich das Stadtratspräsidium deshalb genötigt, den Verantwortungsträgern Geldstrafen anzudrohen, sollte die für die Aktion gesetzte Frist nicht eingehalten werden[841].

---

[838]Vgl. EINLEITUNG, S. 16.

[839]Am 15. Juni 33 bemängelte der Volkskommissar für Justiz der *RSFSR* in einem „Direktivbrief“ an alle Provinz- und Gebietsstaatsanwälte die Unfähigkeit der örtlichen Ankläger, ihre Arbeit endlich „umzustrukturieren“: Sie verstünden ihre Aufgaben nicht, seien bei Gesetzesbrüchen der Organe der Miliz und des Strafvollzugs „im besten Falle unbeteiligte Zuschauer“, wenn nicht selbst an „Verbrechen“ beteiligt. Unter den hiervon besonders betroffenen Verwaltungsgebieten hob der Kommissar auch die Moskauer *oblast'* hervor. Beispielsweise in Serpuchov lasse der Staatsanwalt zu, daß in der Gefangenenbildungsstätte der „Kinderkolonie“ systematisch geprügelt werde. Zwei bis drei Provinz- bzw. Gebietsstaatsanwälte müßten bei allen Einrichtungen des Strafvollzugs als ständige Aufsichtskräfte eingesetzt werden. Diese hätten auch die schriftlichen Beschwerden und sonstigen Eingaben der Gefangenen, die ohne Einschreiten der Staatsanwälte oft zurückgehalten oder verborgen würden, zu überprüfen. Vgl. Vsem kraj/obl. prokuroram. Direktivnoe pis'mo. GARF, d. 1235, op. 141, d. 1507, l. 38. In einem weiteren Zirkular vom 7. Februar 1934 rügte der Justizkommissar, daß die „Umgestaltung“ der Arbeit der Staatsanwaltschaften nach wie vor nicht vollzogen sei. Dies gelte insbesondere auch für das Moskauer Gebiet. Hier wüßten die einzelnen Kreisstaatsanwälte nichts über Anzahl, Charakter und Ermittlungszeiten der einzelnen bei der Miliz in Bearbeitung befindlichen Fälle. Auf rechtswidrige Praktiken der Inspektoren werde nicht reagiert. Sofern noch nicht geschehen, müßten bei den Milizbehörden umgehend „Sonderstaatsanwälte“, eingesetzt werden. Die Kreisstaatsanwälte seien verpflichtet, „systematisch die Haftzellen [...] zu überprüfen und streng auf die Gesetzlichkeit der Verhaftungen zu achten“. Vgl. Cirkuljar No. 3/c. Sekretno. Vsem kraj/obl. prokuroram, ibid., d. 1616, l. 2.

[840]Vgl. Salemykov: Načalos' propiski pasportov, *Nabat*, No. 105 (3338), 11.V.1933 g., S. 2.

[841]Interessanterweise waren die großen Fabriken der Stadt bei der Registrierung, wegen organisatorischer Mängel und vor allem auch *mangelnden Interesses*, besonders säumig, vgl. ibid. Die Probleme bei der Erfassung der in den privaten und den kommunalen Wohnungen lebenden Bürger war, wie noch in anderem Zusammenhang gezeigt werden soll, nicht neu: Gerade diejenigen, die ihre „soziale Stellung“ zu verbergen hatten, also *lišency*, besonders „nichtwerktätige Elemente“, vermochten schon 1929 mit viel Erfolg durch Hilfe seitens der Hausverwaltungen dem be-

So zeigte sich auch im Zuge dieses konkreten Falles die Relevanz alter, nun als Folge des „großen Umbruchs“ im 1. Fünfjahrplan mit seinen radikalen politisch-ideologischen Vorgaben jedoch in einem neuen Krisenszenarium erheblich verschärfter Probleme: Die Kontrolle ausführender Organe, und zwar seitens nicht nur der territorial übergeordneten, sondern auch der örtlichen Machtinstanzen, gelang nur mangelhaft.

Die konkrete Vorgehensweise der Organe des *OGPU* im Zusammenhang mit der Verfolgung der *lišency* und der anderen vom Paßregime Betroffenen soll im folgenden auf der Grundlage einiger *OGPU/NKVD*-Personalakten, zu denen der Verfasser dieser Studie Zugang hatte, einer genauen exemplarischen Analyse unterworfen werden. Für letztere bieten die Fälle des Michail Titovič Borisov, Michail Ivanovič Puchlikov, Vasilij Alekseevič Turicyn und Gerasim Filipovič Abakumov (Serpuchov) sowie die Beispiele aus Podol'sk, Bobrovo (Arbeitersiedlung bei Kolomna) und Drezna einschlägiges Material.

M.T. Borisov wurde als „ehemaligem Kulaken“ das Recht auf einen Paß von der örtlichen Milizverwaltung verweigert, wogegen er bei der zuständigen Paßkommission (*trojka*) umgehend Einspruch erhob. Diese bestätigte am 20. März 1933 die Entscheidung der Miliz als rechtmäßig[842]. Noch am selben Tag erging der übliche Haft- und Haussuchungsbefehl an einen „Mitarbeiter“ (*sotrudnik*) der Serpuchover *OGPU*-Stadt- und Kreisabteilung durch den örtlichen bevollmächtigten Leiter des Geheimdienstes[843]. Nach seiner am nächsten Tag erfolgten Verhaftung hatte der erst 25jährige Borisov einen standardisierten Fragebogen (*anketa*) auszufüllen, der 24 Punkte umfaßte. Besonders wichtig waren der *OGPU*-Stelle jene Rubriken des Vordrucks, die sich auf den „Wohnsitz“ sowie auf die „Zusammensetzung der Familie“, die berufliche und sonstige Tätigkeit des Delinquenten vor und nach der Revolution sowie auf die „soziale und Vermögenssituation zum Zeitpunkt der Verhaftung“ bezogen. Anweisungsgemäß trug Borisov unter „Wohnsitz“ die Formulierung „ohne bestimmten Wohnort“ ein, beim Punkt „Wohnort vor der Verhaftung“ seine konkrete Adresse in Serpuchov. In diesem Fall war klar, daß der Verhaftete schon vorher durch das Paßurteil sein bisheriges Wohn- und Aufenthaltsrecht in Serpuchov eingebüßt hatte und deshalb ohnehin seine bisherige Wohnung räumen mußte. Bei „Zusammensetzung der Familie“ nannte Borisov seine gleichaltrige Frau mit dem wichtigen Hinweis auf deren Arbeit in der städtischen Kommunalabteilung sowie seine beiden noch minder-

---

hördlichen Zugriff zu entgehen. Da es der Zeitung zufolge (vgl. Anm. 840) auch im Mai 1933 offensichtlich noch etliche privat bewirtschaftete Wohnhäuser gab, kann vor dem genannten Hintergrund vom Widerstand der inkriminierten Gruppen gegenüber der Paßkampagne ausgegangen werden.

[842]Vgl. Protokol No. 20 Gorkomissii po rassmotreniju žalob na otkaz v vydače pasportov ot 20-go marta 1933 goda. CGAMO, f. 4502, op. 1, d. 442, l. 48 (Pos. 6).

[843]Vgl. Order No. 23. Vydan sotrudniku Serpuchovskogo Rajonnogo Otdelenija OGPU, GARF, f. 10035, op. 1, d. P-1802, l. 1.

jährigen Kinder. Entscheidend für die Beurteilung dieser Angaben durch das *OGPU* war eben der „*werktätige*" Status der Frau. Bei derselben Kommunalabteilung hatte der Verhaftete nach seinen Angaben bis zur Festnahme durch die Sicherheitsorgane selbst gearbeitet. Die Fragen nach der Tätigkeit vor und nach der Revolution beantwortete der vom Dorf Zugezogene dahingehend, bis 1917 sowie auch danach noch bis 1929 „ein Pferd, eine Kuh, ein Ziegelsteinhaus" mit „eiserner Bedachung" nebst diversen „Bauten" auf dem Hof und auch noch eine „Dreschmaschine" besessen zu haben. Beim Punkt „Vermögensstellung zum Zeitpunkt der Verhaftung" bescheinigte Borisov, daß seine „gesamte Wirtschaft wegen nicht gezahlter Steuer" liquidiert worden sei. Negativ beschied er die Fragen nach eventueller Parteizugehörigkeit sowie einer ehemaligen Tätigkeit in der zaristischen oder „weißen" Armee[844].

Beim Verhör gab der 25jährige die schon im Fragebogen niedergelegten Angaben zu seiner Person zu Protokoll. Gleichzeitig versicherte er, nicht vorbestraft zu sein, aber auch keine „Zeugnisse über eine gesellschaftliche und revolutionäre Arbeit" beibringen zu können. Zudem betonte er, während seiner Tätigkeit in der „Unterabteilung für Gartenbau der Kommunalabteilung" die eigene „Unzufriedenheit über die Sowjetmacht" und darüber, daß auch „Vater und Großvater wegen ausbleibender Steuerzahlung" ihren landwirtschaftlichen Betrieb verloren hätten, den Kollegen in der Abteilung gegenüber *nicht* ausgedrückt zu haben[845]. Diesen letztgenannten entscheidenden Punkt widerlegten drei in einem gleichfalls standardisierten Verfahren vorgeladene Zeugen, auf deren Aussagen sich die Anklage der „antisowjetischen Agitation" maßgeblich stützte. Der erste Zeuge, über ein Jahr Arbeitskollege Borisovs in der Kommunalabteilung, bestätigte, daß der Beschuldigte von seiner „sozialen Stellung" her als „Kulake" einzustufen und „der Sowjetmacht gegenüber feindlich gesinnt" sei. „Unter den Arbeitern" habe er „antisowjetische Agitation" betrieben, sich z.B. negativ über die Kollektivierung und die allgemeine Wirtschaftpolitik der Regierung geäußert, die die Arbeiter verhungern lasse, und Gerüchte über einen nahenden Krieg verbreitet. Die nächste Zeugin, Buchhalterin bei der Kommunalabteilung, hatte nach eigenen Angaben nicht nur mit Borisov, sondern auch mit dessen Vater und Großvater über deren Schwierigkeiten, einen Paß zu erhalten, gesprochen. Aus ihrer über einjährigen Kenntnis der Person könne auch sie sagen, daß es sich bei dem Beschuldigten um einen „Kulakensohn" handele, der „den Maßnahmen der Sowjetmacht", die gerade durchgeführt würden, „feindlich" gegenüberstehe. Sie habe Gespräche mitgehört, denen zufolge der Verhaftete dem kommunistischen Regime, das seiner Meinung nach die Arbeiter dem Hunger preisgebe, keine lange Überlebenszeit mehr eingeräumt und geäußert habe, daß „die Kommunisten die besten Leute ausplündern und verbannen". In ähnlichem Sinne äußerte sich auch der dritte Zeuge, auch er bisheriger Arbeitskollege Borisovs, zu dessen Lasten[846].

---

[844] Anketa, ibid., ll. 3, 4.
[845] Protokol doprosa, 25/III-33 g., ibid., l. 6.
[846] Doprošennye po delu svideteli Pokazali:, ibid., ll. 8-13.

Aufgrund dieser Zeugenaussagen formulierte der „Bevollmächtigte der Spezialabteilung in der Serpuchover Stadt/Kreisfiliale des bevollmächtigten OGPU-Vertreters für das Moskauer Gebiet" am 23. März seine Anklage: Borisov habe nachgewiesenermaßen „systematisch antisowjetische Agitation" gegen die gegenwärtig durchgeführten Maßnahmen der Partei und Regierung betrieben. Nach Betonung der Art des vom Vater übernommenen gutswirtschaftlichen Betriebs, der *zwei* (sic!) Pferde, zwei Pferdeställe (sic!), etliche solide Betriebsgebäude und zahlreiche agrartechnische Einrichtungen umfaßt habe, sowie der (erstaunlichen) Tatsache, daß das Wahlrecht dem Beschuldigten nach wie vor formal *nicht* entzogen sei, erging die Strafforderung nach Art. 58/10 des Strafgesetzbuches. Gleichzeitig ordnete der „Bevollmächtigte" die Überweisung der Sache an die ein endgültiges Urteil fällende *trojka* beim für das Moskauer Gebiet zuständigen *OGPU*-Vertreter an[847]. Diese setzte am 27. Mai fest, den Delinquenten für zwei Jahre in ein „Besserungsarbeitslager" zu verschicken[848].

Die im Gegensatz zu Borisov nicht nur *potentiellen* noch nicht erfaßten[849], sondern tatsächlichen *lišency* M.I. Puchlikov und V.A. Turicyn wurden nach ihrer im Januar erfolgten Verhaftung im gleichen standardisierten Verfahren ebenfalls nach Art. 58/10 wegen „systematisch" betriebener „antisowjetischer Agitation" angeklagt[850]. Puchlikov gab im Fragebogen an, vor und nach der Revolution als privater Fuhrunternehmer und Händler tätig gewesen zu sein, das Wahlrecht sei ihm allerdings nur deswegen entzogen worden, weil er - wie Borisov - die vorgeschriebenen hohen Steuern nicht bezahlt und zudem in der zaristischen Armee als „Unteroffizier höheren Ranges" gedient habe[851]. Dem 66jährigen Turicyn wurden „als ehemaligem Kaufmann" ohne Wahlrecht nach demselben Paragraphen die gleichen Vergehen angelastet. Die Staatssicherheitsorgane verfügten jedoch keine Untersuchungshaft, sondern nur vorübergehenden Hausarrest[852], wohl aus Alters- und/oder Gesundheitsgründen des Beklagten[853].

Beim Verhör Puchlikovs konzentrierten sich die *OGPU*-Mitarbeiter auf dessen Tätigkeit als Privatunternehmer. Der Beschuldigte ging darauf nur kurz ein, verwarf den Vorwurf der „antisowjetischen Agitation" auf der Grundlage von Art. 58/10 des Strafgesetzbuches und machte geltend, nur „Fuhrunternehmer mit eigenem Pferd" gewesen zu sein. Statt dessen belastete er Turicyn, mit dem er „manchmal" gesprochen habe, etwa über das harte Los der Personen ohne Wahl-

---

[847] Postanovlenie ob izbranii mery presečenija i pred-javlenii obvinenija, ibid., ll. 16, 17.

[848] Vypiska iz protokola zasedanija trojki PP OGPU MO ot 27/V-33 g., ibid., l. 18.

[849] Dem Wahlgesetz entsprechend verlor Borisov sein Wahlrecht, das ihm nach demselben Gesetz eigentlich längst hätte aberkannt werden müssen, durch die Zwangsverschickung in das Lager nun automatisch.

[850] Vgl. Postanovlenie o pred-javlenii i izbranii mery presečenija, GARF, f. 10035, op. 1, d. P-524, l. 1.

[851] Vgl. <u>Anketa</u>, ibid., ll. 3, 4.

[852] Postanovlenie o pred-javlenii i izbranii mery presečenija, ibid., l. 5.

[853] Dies legen die Akten über den Fortgang des Verfahrens gegen Turicyn nahe, dazu weiteres im folgenden.

recht. Nicht er, sondern Turicyn habe unter den privaten, handeltreibenden Fuhrunternehmern gegen den Staat agitiert und von der viel besseren früheren Situation für Händler und Kaufleute gesprochen[854]. Die vier aus dem Umfeld der Serpuchover Händler und Kaufleute bestellten Belastungszeugen bestätigten in ihren Aussagen indessen erwartungsgemäß die vom *OGPU* erhobenen Vorwürfe, und zwar in Gedächtnisprotokollen, die sie über teils nur mitgehörte, teils mit *beiden* Angeklagten selbst geführte „Gespräche" anfertigten. Dabei ging es um ähnliche thematische Inhalte wie bei Borisov, d.h. um den bald erwarteten Untergang der Sowjetunion durch eine Niederlage nach einem japanischen Angriff, um das schlechte Leben im Sowjetstaat, die destruktive Politik von Partei und Regierung, die den Arbeiter dem Hunger überantworte und dem Bauern seine Existenz nehme[855]. Der Serpuchover *OGPU*-Resident betonte in seiner Anklageschrift, daß es sich bei Puchlikov um einen „Händler ohne Wahlrecht" handele, der nicht in der Roten Armee gedient habe und dessen Vermögen, auch „Goldvaluta", wegen Steuerhinterziehung konfisziert worden sei. Zu Turicyn schrieb der Geheimdienstbevollmächtigte, daß dessen Kinder nicht bei ihm lebten, sondern entweder werktätig seien oder in der Roten Armee dienten. Auch hier fehlte nicht der für die Verurteilung wichtige Bezug auf die Vergangenheit: Der Beschuldigte habe vor der Revolution als „Händler" einen Laden und „zwei eigene Häuser" besessen. Bis 1929 sei die private Handelstätigkeit fortgesetzt worden. Als *lišenec* habe er nicht in der Roten Armee gedient. Als weiteren kompromittierenden Umstand führte der *OGPU*-Filialleiter an, daß Turicyn seit 1930 „ohne besondere Beschäftigung"[856] und bereits 1932 wegen des Besitzes von Goldmünzen in Haft gewesen sei. Diese Umstände illustrierten für das *OGPU* gewissermaßen den typischen Hintergrund für den standardisierten Vorwurf der „systematischen antisowjetischen Propaganda". Beide Strafsachen wurden wieder an die *trojka* beim „Bevollmächtigten Vertreter des OGPU für das Moskauer Gebiet" zur Urteilsfindung übersandt[857]. Am 19. März beschloß diese, Puchlikov für drei Jahre in einem bewachten Transport in den russischen Norden (*Severnyj Kraj*) zu deportieren[858].

Für Turicyn erging am gleichen Tag das Urteil der Zwangsausweisung aus dem Moskauer Gebiet in einen anderen Landesteil, verbunden mit dem Verbot,

---

[854] Vgl. Protokol doprosa Puchlikova, GARF, f. 10035, op. 1, d. P-524, ll. 9-12.

[855] Protokol doprosa Mjasnikova, I. M.; Šarova, N. N.; Ivanova, I. I.; Nikolaeva, D. V., ibid., ll. 15-23.

[856] Erinnert sei daran, daß dies einer der maßgeblichen Begründungen für die Verweigerung eines Passes war!

[857] Na osnovanii vyšeizložennogo obvinjajutsja: Puchlikov, Mich. Iv., Turicyn, Vas. Iv., GARF, f. 10035, op. 1, d. P-524, ll. 29, 30.

[858] Vypiska iz protokola trojki PP OGPU MO ot 19/III-33 g., ibid., l. 32. Der russische Norden gehörte im übrigen zusammen mit Westsibirien, dem Uralgebiet und Kasachstan zu jenen Gebieten, in die nach einem zentralen *OGPU*-Zirkular vom 26.II.1933 „bürgerliche Spezialisten", die zur Arbeit in den Spezialsiedlungen des *OGPU* verurteilt waren, zwangsausgesiedelt werden sollten. Vgl. Cirkuljar OGPU za 1933 god. No. 36, 26/II-33 g. CAFSB, Dok. T. 1, vnutr. op. 1 [Faszikel nicht gezählt], ll. 123, 124.

sich in zahlreichen Verwaltungseinheiten (d.h. in über 20 Städten, Bezirken, Gebieten, Autonomen sowie Sowjetrepubliken) niederzulassen[859]. Der Delinquent wählte[860] die Stadt Mcensk im Zentralen Schwarzerdegebiet, wo er in drei Betrieben bis zum Auftreten schwerer physischer und psychischer Erkrankungen im Juli arbeitete. Nach seiner Einlieferung in eine Serpuchover psychiatrische Klinik am 29. des Monats schrieb Turicyn unter Beifügung von Krankenhausbescheinigungen an den Staatsanwalt beim Sonderdreierkollegium des *OGPU* nach Moskau. Man möge ihm angesichts seines Alters und seiner Krankheit doch den dauerhaften Verbleib in Serpuchov bei seiner Familie gestatten und das Urteil der *trojka* aufheben[861]. Das Gesuch hatte Erfolg[862]. Am 28. Februar 1934 beschloß die *trojka*, das Urteil in diesem Fall auszusetzen[863].

Einem analogen Verfolgungsverfahren wurde auch G.F. Abakumov aus Serpuchov, obwohl schon 74 Jahre alt, ebenfalls mit der standardisierten Anklage der „systematischen antisowjetischen Tätigkeit", seit seiner Verhaftung am 21. April 1933 ausgesetzt. Auch hier handelte es sich explizit um einen vom Dorf zugezogenen „Kulakensohn" im oben dargestellten Sinne, womit das *OGPU* erneut den Status des „Ehemaligen" als für eine Verurteilung wesentlich herausstrich. Wegen Schlafens im Dienst als Milizionär gerichtlich verurteilt, hatte Abakumov seine Arbeit verloren und war somit wie die oben genannten Delinquenten in die gefährliche Position eines verdächtigen Arbeitsplatzwechslers und gleichzeitig einer Person gelangt, der, häufig „ohne besondere Beschäftigung", auch der Paß verweigert werden sollte. Wie Borisov scheint er seiner Personalakte zufolge das Wahlrecht dennoch bis zur Verhaftung behalten zu haben. Dies ist wiederum ein Beleg dafür, wie doch immer wieder Personen, die als „ehemalige" bzw. „fremde Elemente" der Aberkennung ihrer Wahlrechte unterlagen, durch günstige Umstände und die Unaufmerksamkeit der Behörden in ihren Rechten über längere Zeit nicht beeinträchtigt wurden. Auch gegen Abakumov wurden vier Zeugen mobilisiert, die die Anklagepunkte wunschgemäß bestätigten, unter ihnen zwei Bewohner aus dem Haus des Delinquenten[864] – vom *OGPU* besonders gern herangezogene Belastungszeugen. Nachdem der Fall an die *trojka* nach Moskau überwiesen worden war, entschied diese, den Gefangenen aus der Untersuchungshaft zu entlassen und für allerdings nur ein Jahr aus dem Territorium des Moskauer Gebiets auszuweisen. Dem Delinquenten wurden als „Ausgewiesenem"

---

[859]Vypiska iz protokola trojki PP OGPU MO ot 19/III-33 g., GARF, f. 10035, op. 1, d. P-524, l. 36.

[860]Es sei hier an die Unterscheidung des *OGPU* zwischen einem „Verbannten" (*soslannyj*) und einem aus dem heimischen Verwaltungsgebiet „Ausgewiesenen" (*vyslannyj*) bezüglich der Rechte des jeweiligen Delinquenten erinnert. Vgl. oben S. 19, insbesondere Anm. 114. Puchlikov und Turicyn sind also typische Beispiele für diese beiden Typen der Verschickung.

[861]Vgl. Zajavlenie. Prokuroru Osoboj Trojki GPU. Moskva; GARF, f. 10035, op. 1, P-524, l. 44. Beigefügte Klinikbescheinigungen ibid., ll. 45, 46.

[862]Prokuror MO. Načal'niku SPO PP OGPU, No. 3595, tov. Radzivilovskomu, ibid., l. 43.

[863]Vypiska iz protokola zasedanija trojki PP OGPU MO ot 28/II-34 g., ibid., l. 34.

[864]Vgl. Delo: Abakumov, Gerasim Filipovič, ibid., d. P-1740, ll. 3-18.

alle Gegenden mit Ausnahme 12 bestimmter „Siedlungspunkte" in unterschiedlichen Autonomen Republiken, Provinzen und Gebieten, besonders der Industriezonen, als neue Heimatorte zur Wahl gestellt[865].

Es ist wichtig, festzuhalten, daß keineswegs jeder *lišenec* und/oder vom Paßregime als ehemaliger „Kulake", „Händler", Arbeitsplatzwechsler oder „Person ohne besondere Beschäftigung" etc. betroffener Bürger sofort den Zugriff des städtischen *OGPU*-Residenten zu fürchten hatte. Vielmehr mußten für eine Verhaftung und vor allem Verurteilung seitens des Geheimdienstes zu dieser Zeit noch bestimmte konkrete Gegebenheiten vorliegen, wie etwa von anderen bezeugte oppositionelle Äußerungen, die geeignet erschienen, den Tatbestand der konterrevolutionären Propaganda oder der „konterrevolutionären Sabotage" (bei „Schädlingstätigkeit")[866] zu erfüllen. Hierbei kam es natürlich sehr auf die Interpretation solcher Äußerungen an. Weiter scheint neben etwaigen besonderen Verdiensten des Beklagten[867] auch die Mitgliedschaft in der kommunistischen Partei noch einen gewissen Schutz geboten zu haben. Ein gutes Beispiel für letzteres ist ein Fall aus der Stadt Podol'sk. Hier wurde das Parteimitglied J.V. Vachromeev, ehemals kurzzeitig Mitglied in der sozialrevolutionären Partei, am 4. Januar 1932 während einer Sitzung des Kreisparteikomitees und der Kontrollkommission wegen eines „konterrevolutionären trotzkistischen Auftritts" bei einer Politveranstaltung vom Dezember 1931 im Werk Nr. 17 aus der Partei ausgeschlossen[868]. In der Zeit, bis die Moskauer Gebietskontrollkommission den Betroffenen wegen reuiger Haltung und Anerkennung seines „Fehlers"[869] am 28. Juni 32 wieder in die Partei aufnahm[870], erfolgte trotz der Beschuldigung konterrevolutionärer Äußerungen

---

[865]Vypiska iz protokola zasedanija trojki PP OGPU MO ot 27/V-33 g., ibid., l. 20.

[866]Vgl. hierzu das Verfahren gegen den am 31. Januar 1933 verhafteten „ehemaligen Menschewisten" P.P. Novikov aus der Arbeitersiedlung Bobrovo im Kreis Kolomna. Der Vertreter der Kolomensker Stadtabteilung des *OGPU* erkannte nach festgestellter Teilnahme Novikovs an einer „Schädlingsorganisation" in dem Schienenfahrzeuge herstellenden Betrieb *Kolomzavod* auf „konterrevolutionäre Schädlingstätigkeit" und „antisowjetische Agitation unter den Arbeitern". Ziel sei es gewesen, die Produktionsziele herabzusetzen, den Produktionsausschuß bewußt zu vergrößern und einen Streik auszurufen. Am 4. Juli sah die Moskauer *trojka* in ihrem Urteil den Tatbestand der „konterrevolutionären Sabotage" (nach Art. 58/14 des Strafgesetzbuches) als gegeben an, begnügte sich jedoch aufgrund der besonderen Verdienste des Beschuldigten, der den Titel „Held der Arbeit" trug, mit der bisher in Kolomna abgebüßten Untersuchungshaft als Strafmaß und verfügte ansonsten die Entlassung Novikovs aus der Haft. Vgl. den umfangreichen Schriftwechsel zwischen dem Kreisvollzugskomitee von Kolomna, dem *VCIK* sowie dem Geheimdienst nach GARF, f. 1235, op. 141, d. 2211, ll. 11-19.

[867]Wie im Fall P.P. Novikov, vgl. Anm. 866.

[868]Vgl. Delo: Vachromeev, Jakov Vasil'evič, GARF, f. 10035, op. 1, d. P-933, l. 31.

[869]Es ging um die historische Rolle Lenins im Rahmen der Aktivität der Bolschewisten vor 1912, die Vachromeev als gering einstufte.

[870]Die *trojka* der Moskauer Gebietskontrollkommission hielt in ihrer Entscheidung Vachromeev auch „politische Unbildung" zugute. Vypiska iz protokola No. 149 zasedanija P/trojki Moskovskoj Oblastnoj KK ot 28-go VI-1932 g., GARF, f. 10035, op. 1, d. P-933, l. 31.

dennoch *keine* Festnahme seitens des *OGPU*. Dies passierte erst 1936, wobei die Anklage mit ebenjenen Äußerungen von 1932 motiviert wurde[871].

Einen noch besseren Beleg für die grundsätzliche Orientierung der Geheimdienstorgane an ganz bestimmten Vorbedingungen als Voraussetzung für ihre Verfolgungstätigkeit[872] - zumindest im urbanen Milieu[873] - liefert der Fall des E.G. Egorov aus der Arbeitersiedlung Drezna bei Orechovo-Zuevo. Egorov war 1922-28 Lebensmittelhändler, besaß einen eigenen Laden und zusätzlich in seinem Heimatdorf noch einen landwirtschaftlichen Betrieb, der bald als „Kulakenwirtschaft" qualifiziert wurde. Im Rahmen der „Entkulakisierung" verlor Egorov 1931 auch sein Wahlrecht. Opfer des *OGPU* wurde er indessen dennoch nicht. Eine Anklage des Geheimdienstes wegen „antisowjetischer Agitation" erging erst 1937, also in den Zeiten des „großen Terrors", als der Nachweis von Beweisen zur Absicherung einer Anklage und eines Urteils seine Bedeutung weitgehend verloren hatte[874].

Das *OGPU* war also bis mindestens 1933/34 einer bestimmten *standardisierten* Verfahrensordnung[875] unterworfen, die in der Reduzierung des politisch motivierten Sanktionsfalles auf bestimmte Formen „konterrevolutionärer" Tätigkeiten ein Mindestmaß an Berechenbarkeit für den Betroffenen versprach. Ein weiterer Grund für die Zurückhaltung der örtlichen *OGPU*-Organe in einzelnen Fällen war mit Sicherheit auch die von der Moskauer Zentrale in jenem eingangs schon erwähnten „Befehl" vom 19. Juni 1933[876] als „unaufmerksam, nicht ernsthaft" kritisierte soziale Einordnung der zu verfolgenden Personen seitens der örtlichen Staatssicherheitsorgane[877]. Daher gab die Anweisung vor, jedes Kolchosmitglied oder jeden Fabrikarbeiter hinsichtlich der jeweiligen sozialen Lage und des Vermögens *vor* dem Eintritt des Betreffenden in den Betrieb genau zu

---

[871]Aber selbst zu diesem Zeitpunkt wurde Vachromeev von einem Beauftragten des Podol'sker *OGPU*-„Operationsbevollmächtigten" letztlich, mangels schlagkräftiger Beweise, freigesprochen. Zur Entscheidung der Podolsker „Verwaltung für Staatssicherheit" von 1936 vgl. Postanovlenie Pom. Operupolnom. SPO UGB Podol'skogo Rajotdela MO - Lamin, ibid., ll. 28-32.

[872]Von den Amtsmißbräuchen im Sinne unrechtmäßiger Verhaftungen einmal abgesehen.

[873]Die ganz anderen Verhältnisse auf dem Lande, die im Zuge der Entkulakisierungskampagnen zwischen 1929 und 1933 und des massiven bäuerlichen Widerstands gegen die staatlichen Getreiderequirierungen zum Massenterror des *OGPU* und anderer Organe führten, können hier nicht thematisiert werden. Vgl. die konzise Darstellung dieser Dinge bei Hildermeier, *Geschichte der Sowjetunion*, S. 386, 392ff.

[874]Vgl. Delo: Egorov, E.G.; GARF, f. 10035, op. 1, d. P-4358, ll. 5-34. Solche Fälle waren offensichtlich auch in anderen Gebieten der *UdSSR* nicht selten. Vgl. den Abdruck der wichtigsten Strafverfolgungsakten zu den „konterrevolutionären" Vergehen des „ehemaligen Kulaken" M.A. Šepelev aus dem „Zentralen Schwarzerdegebiet" südlich der Moskauer *oblast'* in: *Rekviem. Kniga pamjati žertv političeskich repressij na Orlovščine*. T. 3, Orel 1996, S. 92, 93.

[875]Wie mittlerweile von russischer Seite gezeigt werden konnte, gehörte eine solche Standardisierung zum Erbe der *NÈP*, vgl. Vostryšev, S. 15ff.

[876]Vgl. EINLEITUNG, S. 21, Anm. 125.

[877]Außerdem ist eine ggf. bestehende Passivität der örtlichen Parteikomitees in ihren Auswirkungen auf die Arbeit des Geheimdienstes in Betracht zu ziehen. Erinnert sei an die merkwürdig schwache Aktivität sowohl der *OGPU*-Stelle als auch der Parteiführung in Orechovo-Zuevo bereits 1928/29 , vgl. oben S. 106/107.

überprüfen. Konkret wurde die Beachtung der folgenden beiden Leitlinien vorgeschrieben:

> 1. Wenn, z.B., ein Beschuldigter vor seinem Eintritt in den Betrieb eine Kulakenwirtschaft besaß oder entkulakisiert worden war, dann ist er als Kulake einzustufen.
>
> 2. Die Kategorie der Personen mit verbrecherischer Vergangenheit und Gegenwart ist als „deklassiertes Element" zu charakterisieren, unabhängig von deren Verbleib in der Kolchose oder der Arbeit in einem Industrieunternehmen usw.[878]

Somit haftete jedem Bürger seine politisch-gesellschaftlich kompromittierende Vergangenheit bis in alle Zukunft weiter an. Dies betraf natürlich vor allem den „Ehemaligen" ohne Anspruch auf Ausübung seines Wahlrechts. Dessen Verfolgung und Inhaftierung war nach dem oben Gesagten aber keineswegs ein Automatismus. Der Zugriff der Staatssicherheitsorgane erforderte eben nach wie vor ganz bestimmte Vorbedingungen, war aber auch bei deren Vorliegen nicht in jedem Fall die zwingende Konsequenz. So blieb das „Schwert und Schild der Partei" auch für diese in den Städten des Gebiets ein zwar in der Regel verläßliches, aber manchmal auch durchaus unberechenbares Instrument und ordnet sich insofern in die Krise des „großen Umbruchs" ein.

Einen wichtigen Einschnitt in der Entwicklung der weiteren Verfolgung der Personen ohne Wahlrecht bedeutete das neue (dritte) Wahlgesetz der *RSFSR* vom 1. Oktober 1934. Es wurde noch rechtzeitig vor Beginn der neuen Vorwahl- und Rechenschaftskampagnen der Räte erlassen, die durch *VCIK*-Erlaß vom 1. September auf die Zeit zwischen dem 20. November und dem 10. Dezember 1934[879] angesetzt waren. Das neue Gesetz fußte inhaltlich auf zwei *CIK*-Verfügungen vom 27. September, die gleichzeitig die grundlegend neuen Bestimmungen mit den Richtlinien des vorangegangenen 17. Parteitags motivieren sollten. So führte die erste Verfügung, eine Art Proklamation zu den anstehenden Ratswahlen 1934/35, unter wörtlicher Zitierung des Redebeitrags Stalins in die neuen wirtschaftspolitischen Leitlinien ein, denen zufolge nunmehr die Periode des kleinbäuerlichen Einzelbesitzes zugunsten der unionsweiten Etablierung großer kollektiver Agrarwirtschaften überwunden und gleichzeitig, nebst Erreichung wichtigen Fortschritts auf kulturellem Gebiet, auch die Entwicklung der *UdSSR* von einem Agrar- zu einem Industriestaat abgeschlossen worden sei. Die anstehenden Ratswahlen würden deshalb - so die Verfügung - „unter der Losung des Kampfs um die erfolgreiche Verwirklichung des Aufbaus einer klassenlosen Gesellschaft, der

---

[878] Prikaz OGPU No. 00213, ot 19 VI 1933 g. Ob opredelenii social'nogo položenija lic, privlečennych organami OGPU po sledstvennym delam, CAFSB, Dok. T. 1, vnutr. op. 1, d. 50, ll. 140, 141.

[879] Vgl. O srokach perevyborov sovetov i sozyva očerednych s-ezdov sovetov v RSFSR, in: *Instrukcija o vyborach v sovety i na s-ezdy sovetov RSFSR*, Moskva 1934, S. 9.

Liquidierung der kapitalistischen Elemente sowie der Klassen überhaupt während des zweiten Fünfjahrplans" durchgeführt werden. Die Wähler wüßten, daß „die Siege im sozialistischen Aufbau" nur „im alltäglichen und nicht selten scharfen Kampf mit den feindlichen Klassenkräften" errungen werden könnten. „Die Reste der kapitalistischen Klassen" versuchten nämlich weiterhin, „die Sowjetmacht zu schwächen", sie drängten „in die Organe der Sowjetmacht ein, um sie für ihre Ziele zu nutzen". Daher beschwor der Erlaß zur Erreichung aller anstehenden Aufgaben ein noch größeres Engagement der Räte bei der Durchführung der „Klassenlinie der Partei", die Verstärkung des Kampfes gegen deren „Verdrehung" sowie „gegen die klassenfremden Einflüsse der moralisch zersetzten und verbürokratisierten Elemente"[880].

Der hier trotz der Beibehaltung vertrauter Repressionziele erklärten *neuen* wirtschaftlichen und gesellschaftlichen Situation entsprachen auch die einzelnen Bestimmungen der *zweiten* Verfügung, die gleichzeitig entscheidende Vorgaben für das *RSFSR*-Wahlgesetz vom 1. Oktober beinhaltete: Von den Bevölkerungsgruppen, denen das Wahlrecht bisher gesetzlich nicht zustand, wurden nun mehrere „Kategorien" gestrichen. Dies betraf die bisher als Leiter von „Kulakenwirtschaften" eingestuften großbäuerlichen Unternehmer, etwa solche mit einer oder mehreren Nebenerwerbstätigkeiten in eigenen privaten Handwerks- oder Industriebetrieben (auch in den Städten), ggf. unter Einsatz ständiger oder saisonaler Arbeitskräfte. Ferner ging es um private Kreditgeber, Vermieter von Nutztieren und technisch komplizierten landwirtschaftlichen Maschinen mit „ausbeuterischer" Absicht, auch um Besitzer von Fischfangschiffen, die diese privat verpachteten, weiter um Fabrikbesitzer und -pächter sowie „private Händler, Aufkäufer und Handelsvermittler". Diese Änderungsgebote entsprachen insofern der neuen Situation, als zumindest die „kulakischen" bäuerlichen Unternehmer nunmehr als durch die Maßnahmen von Partei und Regierung offiziell eliminiert galten. Die verordnete Neufassung der Paragraphen des Wahlgesetzes sollte deshalb nun zwar weiterhin „Kulaken" als vom Wahlrechtsentzug betroffene Personen berücksichtigen, nun jedoch nur noch *ehemalige*, d.h. „aus dem Gebiet ihrer Dörfer und Siedlungen ausgesiedelte", die offen gegen den Staat und die Kolchosen Stellung bezogen hatten. Sie sollten allerdings berechtigt sein, ihr Wahlrecht nach spätestens fünf Jahren „unbedingt ehrlicher Arbeit und Unterstützung der Maßnahmen der Sowjetmacht" am neuen Wohnort zurückzuerhalten. Zusätzlich hatte im neuen Wahlgesetz auch die oben genannte Bestimmung der Verordnung vom 17. März 1933 Platz zu finden, wonach zwangsausgesiedelte „Kulakenkinder", wenn sie „gesellschaftlich-nützlicher Arbeit", und zwar „gewissenhaft", nachgingen, ihr Wahlrecht zurückerhalten konnten. Es sei daran erinnert, daß es sich hier auch um nunmehr *städtische* Bevölkerungsgruppen handeln konnte, die ihr Kulakenstigma weiter mit sich herumtragen mußten. „Fabrikbesitzer und -pächter" waren ferner nun nicht mehr als solche, sondern nur dann in den *lišency*-Katalog einzubeziehen, wenn sie durch Verleih von Arbeitskräften oder durch Vermietung

[880]Obraščenie Central'nogo Ispolnitel'nogo Komiteta Sojuza SSR o vyborach v sovety v 1934-1935 g., *SZ* 1934, No. 50, st. 392.

bzw. Verpachtung des Betriebes „die Bevölkerung ausbeuteten". Da der Staats- und Parteiführung nach dem oben Gesagten die Weiterexistenz von insbesondere städtischen „Händlern", „Handelsvermittlern" u.ä. klar war, sollten diese zunächst formal gestrichenen „Kategorien" aber jetzt in neuer Form in einem gesonderten Gesetzesparagraphen berücksichtigt werden: Nicht nur „Händler", „Handelsvermittler", „Aufkäufer" wie bisher, sondern auch „Zwischenhändler" (*baryšniki*), „Spekulanten" (*spekuljanty*) und „Wucherer" (*rostovščiki*) gehörten nun zu einer speziellen Gruppe derer, denen das politische Wahlrecht nicht zustehen sollte[881]. Entsprechendes bestimmte dann auch die genannte *VCIK*-Wahlinstruktion vom 1. Oktober[882] sowie auch das novellierte *CIK*-Gesetz über die Ratswahlen vom 2. Oktober 1934[883].

Bereits am 29. Juni 34 hatte das *CIK* eine neue Weisung über die Formen der schriftlichen Rechenschaftslegung der einzelnen Räte gegenüber den übergeordneten Behörden in der Zeit der Vorwahlkampagnen sowie der Wahlen selbst erlassen. Die Vorschriften über die „Abrechnungsvorwahlarbeit" sahen u.a. eine noch ausführlichere Dokumentation über die „klassenfeindlichen Auftritte während der Rechenschaftsversammlungen" als in den Bestimmungen der Vorjahre vor. So sollten nicht nur der „Klassenkampf" als „Aktivität des Klassenfeindes" beschrieben und „die charakteristischen Auftritte, Methoden und Formen seines Kampfes mit der sowjetischen Öffentlichkeit" dargestellt werden, sondern es war auch über „die Organisationsformen der Massen im Kampf mit dem Klassenfeind" zu berichten[884]. Entsprechende Vorgaben versandte die Organisationsabteilung des *MOIK* am 29. September an alle untergeordneten Kreis- und städtischen Wahlkommissionen[885], wobei von diesen in wieder für Dorf und Stadt jeweils getrennten Schemata ausführlich auch auf die Behandlung der *lišency* einzugehen war: Im Zuge des Nachweises einer genauen listenmäßigen Erfassung der Wähler sollte auch mitgeteilt werden, „wie die Listen über die Personen ohne Wahlrecht praktisch zusammengestellt wurden und wie diese Arbeit überprüft wurde". Genau war darzustellen, ob sich die Zahl der Wähler und der *lišency* im Vergleich zum Vorjahr vergrößert oder verkleinert habe und, wenn ja, „auf Kosten welcher Kategorien" der Stadtbevölkerung. Auch wurde ein genauer Nachweis über die Rückgabe von Wahlrechten anhand der Anzahl der Klagen

---

[881]Ob izmenenijach i dopolnenijach k instrukcii o vyborach v sovety, *SZ* 1934, No. 50, st. 394.

[882]Vgl. *Instrukcija o vyborach v sovety i na s-ezdy sovetov RSFSR. Postatejnyj kommentarij k tekstu i sistematizirovannye otdel'nye postanovlenija i raz-jasnenija Prezidiuma VCIK i Vserossijskoj Central'noj Izbiratel'noj Komissii na 1. nojabrja 1934 god.* Pod obščej redakciej: I. Raab, Moskva 1934, Art. 15a)-e), S. 25-31.

[883]Instrukcija Central'nogo Ispolnitel'nogo Komiteta Sojuza SSR o vyborach v sovety v 1934-1935 g., *SZ* 1934, No. 50, st. 395, Art. 5b)-ž).

[884]O formach učeta choda i rezul'tatov vyborov v sovety, na s-ezdy sovetov i ispolnitel'nye komitety. Schema informacionnoj otčetnosti po provedeniju vyborov v sovety, *SZ* 1934, No. 39, st. 309.

[885]Vgl. Vsem gorodskim i rajonnym izbirkomam, CGAMO, f. 5812, op. 1, d. 14, l. 1.

verlangt, geordnet nach *lišency*-Gruppen sowie der Zahl der positiv beschiedenen Begehren. Schließlich fehlte auch nicht das angesichts der negativen Erfahrungen der letzten Wahlkampagnen wichtige Gebot, „Fälle von Verstößen gegen die Wahlgesetzgebung bei der Zusammenstellung der Wählerlisten“ sowie die „Maßnahmen zur Verminderung der Wahlgesetzverletzungen“ unbedingt zu dokumentieren. Die Berichterstatter sollten die Arbeit der Wahlkommissionen genau bewerten und eventuelle „Verdrehungen der Klassenlinie“ sowie die „Gründe dieser Schwäche und die Maßnahmen zu deren Beseitigung“ benennen. Schließlich war u.a. auch zu beschreiben, wie viele Rechenschaftsversammlungen kurzfristig abgesagt werden mußten und aus welchem Grund. Die schon vom *CIK* geforderte Darstellung der „Aktivität des Klassenfeindes“ schließlich, sollte in dessen „charakteristischen Auftritten, Sabotageakten, Schädlingstätigkeit und dergleichen“ belegt werden[886]. Derartige Materialien waren alle fünf Tage an das *MOIK* zu überstellen[887].

Am 14. Oktober schickte der Stadtrat in Serpuchov an die Organisationsabteilung des *MOIK* die inzwischen auch vom Stadtparteikomitee bestätigte Liste mit den Mitgliedern der örtlichen Wahlkommission. Die Vertreter der Machtorgane waren in ihr nun bedeutend stärker vertreten als in den vorhergehenden Wahlkompagnen, was auch durch die im neuen Wahlgesetz verankerte Möglichkeit der personellen Aufstockung von bisher 11 auf 15 Kommissionsmitglieder[888] begünstigt wurde. Die Kommission bestand neben dem Vertreter des Stadtratspräsidiums als Vorsitzendem jetzt aus nicht weniger als zwei Sekretären des Stadtparteikomitees, dem Leiter der Organisationsabteilung sowie dem Sekretär des Rats, dem Vorsitzenden des örtlichen Gewerkschaftsbundes, einem Sekretär des Komsomolkomitees, je zwei Arbeitern und Arbeiterinnen aus vier Serpuchover Fabriken sowie schließlich auch aus je einem Abgesandten zweier Dorfräte des Landkreises *und* einem Leiter der Politabteilung der *MTS* sowie dem bevollmächtigten städtischen Vertreter des *OGPU*-Nachfolgers *NKVD*[889]. Damit waren erstmals *zwei* Vertreter der Staatssicherheitsorgane in der Wahlkommission - ein Indikator für die Probleme, die die in Serpuchov Verantwortlichen mit der Erfassung der einem Wahlrechtsentzug unterliegenden Personen hatten.

In anderen Städten des Moskauer Gebiets kam es indessen nicht zu einer derart massiven Vertretung der Machtorgane in diesem Gremium. In der proletarischen Musterstadt Orechovo-Zuevo bestand die für Stadt und Kreis zuständige Kommission nur aus 11 Mitgliedern (Mindestzahl). Außer einem Arbeiter und einer Arbeiterin aus städtischen Fabriken, je einem Vertreter einer Kolchose und der „nationalen Minderheiten“ saßen in der Kommission ein Mitglied der städtischen Gewerkschaftsunion, drei führende Vertreter des Stadtrats, je ein

[886]Schema inform. otčetnosti po provedeniju vyborov v sovety, ibid., ll. 2-4 (Anlage zum in Anm. 885 genannten Rundschreiben).

[887]Sroki i porjadok predstavlenija statističeskoj i informacionnoj otčetnosti o chode i rezul'tatach perevyborov sovetov i ispolkomov v 1934 godu. Ibid., l. 10.

[888]Vgl. *Instrukcija o vyborach v sovety i na s-ezdy sovetov RSFSR*, Art. 8, S. 16.

[889]V orgotdel MOIKa. CGAMO, f. 5812, op. 1, d. 12, l. 39.

Sekretär des Stadtpartei- und des Komsomolkomitees sowie ein Abgesandter der Politabteilungen der *MTS*[890].

Parteiführung und Rat in Serpuchov betrieben nun gezielt die Verbesserung der *lišency*-Verfolgung: Am 14. Oktober, während der 1. Sitzung der Kommission, wurde die Stadt zunächst in Wahlbezirke unter je einem „Bevollmächtigten" für die Durchführung der Kampagnen eingeteilt, wobei dieser ausdrücklich an der Zusammenstellung der *lišency*-Listen mitwirken sollte. Bei der konkreten Durchführung war die Schaffung von fünfköpfigen „Hilfskommissionen" bei den einzelnen Betrieben vorgesehen, in denen je ein „Vertreter der Deputiertengruppe, des Fabrik- und des Parteikomitees, des Komsomol sowie ein bis zwei Stoßarbeiter aus der Produktion" zusammenarbeiten sollten[891]. Am 21. des Monats wies der Stadtrat die Redaktion des *Nabat* an, in den folgenden zwei bis drei Ausgaben eine Verlautbarung des Rats zu publizieren, nach der „alle Vorsitzenden der *ŽAKTy*, die Hausverwaltungen und Besitzer privater Häuser der Stadt Serpuchov dem Stadtrat in Dreitagesfrist eine Liste der Wähler (vom 18. Lebensjahr an aufwärts) zuzustellen" hätten. Hier sollten nicht zuletzt „Pensionäre, Invaliden, Hausfrauen und [...] aus welchem Grund auch immer nicht in Lohnarbeit stehende und in der Stadt und den Siedlungen wohnende" Bürger Berücksichtigung finden. Dabei waren „die des Wahlrechts beraubten Personen und die Gründe der Aberkennung einzeln" aufzuführen. Hierfür sah der Rat eine Frist bis zum 26. des Monats vor. Sollte dieser Termin nicht eingehalten werden, würden „die Schuldigen zur Verantwortung gezogen"[892]. Die Zeitungsverlautbarung erschien am folgenden Tag. Zum Ärger des Vorsitzenden der Wahlkommission wurden die Unterlagen allerdings in der Tat nicht fristgerecht eingereicht, sie dürften jedoch kurze Zeit später nach erneuter Androhung strafrechtlicher Verfolgung und Vorgabe einer letzten Frist von 48 Stunden[893] vorgelegen haben: Am 1. November veröffentlichte die Wahlkommission nämlich die amtliche *lišency*-Liste der Stadt Serpuchov. Sie wies nur 225 Namen aus und berücksichtigte damit lediglich einen Teil der bisher erfaßten Personen ohne Wahlrecht, etwa die Ehefrauen der sowohl von der Paßkommission als auch vom *OGPU* verfolgten Privatunternehmer Puchlikov und Turicyn, deren Fälle oben dargestellt wurden. Auch hier stellten die „ehemaligen" bzw. derzeitigen „Händler" mit 101 Personen das größte Kontingent, gefolgt von der „Kategorie" der „Diener religiöser Kulte" und der „nichtwerktätigen Elemente" (48 bzw. 41 Personen), auf die an späterer Stelle gesondert eingegangen wird. Als Folge der veränderten (einschränkenden) gesetzlichen Bestimmungen bezüglich der „Kulaken" als Repressionskategorie wies die Liste nur sieben ehemalige Gutsbesitzer und -besitzerinnen nach und nur einen „Kulaken" mit einer von diesem wirtschaftlich abhängigen Person. Der Rest verteilte

[890] Vgl. Postanovlenija Prezidiuma Orechovo-Zuevskogo gorodskogo soveta RK i KD s 1-go po 31-oe oktjabrja 1934 goda. Protokol No. 26. § 13) O sostave rajonnoj izbiratel'noj komissii (Vn. tov. Vladimirov - 10/X). Ibid., f. 5700, op. 1, d. 71, l. 171.

[891] Vgl. Protokol No. 1 zasedanija Gorizbirkoma pri Serpuchovskom Gorsovete ot 14/X-1934 g., ibid., f. 5812, op. 1, d. 12, 1. 1.

[892] V Redakciju Gazety „Nabat", ibid., f. 4502, op. 1, d. 539, l. 19.

[893] Vgl. Ob-javlenie, ibid., l. 23.

sich auf „Gärtner" (private Gemüseproduzenten), ehemalige Polizisten und Gendarmen, „ehemalige Fabrikanten" u.a.[894]. Von diesen *lišency* erhielten zum 15. November 13 ihr Wahlrecht auf Beschluß der zuständigen Klageüberprüfungskommission wieder zurück, acht von ihnen wiederum „Händler", ferner ein angeblich geistig Behinderter, zwei „Nichtwerktätige", ein „ehemaliger Grundbesitzer" sowie bemerkenswerterweise auch ein „ehemaliger Provokateur"[895]. Gleichzeitig wurde die Liste wiederum um 35 zusätzliche Namen ergänzt – entsprechend den laufenden Verfolgungen gegen die „Diener religiöser Kulte" überwiegend Geistliche (21 Personen)[896].

Damit lag die Anzahl der amtlich festgestellten *lišency* Serpuchovs weit unter den in den vergangenen Wahlkampagnen erfaßten Kontingenten. Vermutlich hatten sich hier die veränderten ideologischen Vorgaben der zentralen Parteiführung ausgewirkt, die von einer nunmehr geglückten sozialistischen Umgestaltung von Staat und Gesellschaft ausging[897]. Die proklamierte weitgehende Eliminierung des „Kulakentums" als des Hauptkontingents der *lišency* sowie auch die behauptete Fortexistenz städtischer „kapitalistischer Elemente" nur noch in - wenn auch dämonisierten - „Resten" in der oben erörterten *CIK*-Verfügung zu den bevorstehenden Wahlen mögen ihr übriges getan haben.

Um angesichts der oben genannten administrativen Probleme den Druck im Interesse der Erfassung und „Entlarvung" weiterer „Ehemaliger" zu verstärken, beschloß die Serpuchover Wahlkommission bereits am 4. November, an vier wichtigen Fabriken sowie der Eisenbahnstation Nr. 1 erstmals auch als „Bevollmächtigte" für die Durchführung der Kampagnen vorrangig herausragende Vertreter der Machtorgane zu benennen, nämlich je einen Vertreter der Politabteilung der *MTS*, des *NKVD*, des städtischen Parteikomitees sowie des Stadtrats und der Gewerkschaften[898]. Obwohl schon im Oktober 34 das Klassenkampfklima zu Lasten der *lišency* in Fabrikkampagnen aufgeheizt worden war[899] und, z.B. auf

---

[894] Spisok lic, lišennych izbiratel'nych prav po gorodu Serpuchovu Moskovsk. obl. na 1-oe nojabrja 1934 goda, ibid., f. 5812, op. 1, d. 12, l. 52.

[895] Isključennye iz spiska lica lišennych izbiratel'nych prav, vključennye v spisok na 1-oe nojabrja 1934 g., ibid., l. 51.

[896] Dopolnitel'nyj spisok lic, lišennych izbiratel'nych prav po gorodu Serpuchovu i rajonu na 15-oe nojabrja 1934 g., ibid., l. 51.

[897] Zur radikalen Kehrtwendung in der repressiven *lišency*-Politik 1934/35 vgl. auch oben, S. 16.

[898] Protokol No. 3 zasedanija Serpuchovskogo Gorizbirkoma ot 4/XI-34 g., CGAMO, f. 5812, op. 1, d. 12, ll. 5, 6.

[899] Während einer Veranstaltung im Rahmen einer erweiterten Sitzung des Betriebsgewerkschaftskomitees zusammen mit der zugeordneten „Deputiertengruppe" des Stadtrats und dem Arbeiteraktiv in der Fabrik *Zanarka* wurden Forderungen laut, denen zufolge man „wachsam" gegenüber der Neuaufnahme von Arbeitern aus anderen Orten sein müsse, da „viele lišency aus anderen Städten" in Serpuchov angekommen seien. Vgl. Protokol rasširennogo zasedanija plenuma Fabkoma sovmestno s dep. gruppoj i aktivom zanarskoj f-ki ot 7/X-34 goda, ibid., d. 13, l. 37.

Jungwählerversammlungen, noch weiter geschürt wurde[900], konnte die für die Kleinbetriebe eines bestimmten Stadtwahlkreises zuständige „Hilfskommission" am 16. November schließlich doch nur bescheidene Erfolge vermelden: Die betrieblichen Wählerlisten seien inzwischen an den Stadtrat überstellt und drei (sic!) Personen ohne Wahlrecht ermittelt worden[901].

Fast zur selben Zeit faßte die städtische Wahlkommission auch wichtige Beschlüsse im Rahmen der personellen Neubesetzung der „Kommission für die Begutachtung der Klagen und Gesuche der des Wahlrechts beraubten Personen". Neben zwei Vertretern des Rats sollte nun nicht nur, wie schon vorher, der *NKVD*-Bevollmächtigte, sondern auch je ein Vertreter des „Volksgerichts" sowie der Staatsanwaltschaft in dem Gremium mitarbeiten[902]. Damit bekam auch die Justiz nun *regelmäßigen institutionalisierten* Zugriff auf die Klageakten[903].

Trotz aller Maßnahmen, zumal nun unter erhöhtem Druck unter Beteiligung des *NKVD*, verliefen die Vorbereitungen auf die Wahlen im gesamten Moskauer Gebiet dennoch wie früher außerordentlich schleppend. Die der Organisationsabteilung des *MOIK* zugehenden turnusmäßigen Berichte ergaben, daß die Teilnahme der Gewerkschaften an den Kampagnen noch im gesamten Oktober - wie in den vergangenen Jahren - „schwach" war. In den Kreisen und Städten Kašira, Šatura und sogar in der unmittelbar bei Moskau gelegenen Arbeiterstadt Mytišči gab es den Berichten zufolge „fast überhaupt keine Vorbereitung" seitens der Gewerkschaftsorganisationen. Auch die örtlichen Parteizeitungen waren überwiegend alles andere als „wirkliche Organisatoren der Massen in den Fragen der Vorbereitung auf die Rechenschafts-Wahlkampagnen der Räte". Aufgrund der ihm zugänglichen Informationen (22 Verwaltungskreise hatten keine Angaben geschickt!) ermittelte das *MOIK* nur wenige in diesem Sinne „fortschrittliche" Zeitungen, darunter die *Kolotuška* in Orechovo-Zuevo, den *Udarnik* in Pavlovo-Posad und den *Golos rabočego* in Noginsk. Der *Nabat* gehörte bis Mitte No-

---

[900]Eine solche Versammlung beschloß am 18. November, bis zu den Wahlen „die klassenfeindlichen Elemente" unbedingt zu überprüfen, „und ihnen gegenüber wachsam zu sein". Vgl. Protokol sleta molodych izbiratelej, god rožd. 14-15-16 god., ot 18/XI-34 g., ibid., l. 78.

[901]Protokol No. 1 zasedanija Podsobnoj komissii po provedeniju otčetno-vybornoj kampanii Sovetov po melkim predprijatijam 20-go učastka ot 16/XI-1934. g., ibid., l. 49.

[902]Vgl. Vypiska iz protokola No. ... zasedanija komissii gorizbirkoma ot 15/XI-34 g., ibid., f. 4502, op. 1, d. 532, l. 48.

[903]Die Beteiligung der Staatsanwaltschaft muß vor dem Hintergrund der erwähnten 1933 verschickten Zirkulare des Justizkommissars der *RSFSR* sowie nicht zuletzt auch als Folge einer Weisung des Kommissars vom 21. Juni 1934 betrachtet werden: Angesichts der verbreiteten Passivität der örtlichen Staatsanwälte gegenüber den Gesetzesbrüchen der einzelnen staatlichen Organe waren die lokalen Ankläger nun angewiesen, endlich ihrer „wesentlichen Aufgabe", solche rechtswidrigen Akte offiziell zu monieren, nachzukommen und damit ihrer Position als „Wächter über die revolutionäre Gesetzlichkeit" auch wirklich gerecht zu werden. Vgl. Cirkuljar No. 23/c. Prokuroram avtonomnym respublikam, kraj/obl. prokuroram, GARF, f. 1235, op. 141, d. 1616, l. 16. Das Zirkular sollte ausdrücklich an alle Kreis- und städtischen Staatsanwaltschaften weitergeleitet werden.

vember nicht dazu, ganz zu schweigen vom Možajsker Organ *Za kolchozy*[904], ebensowenig wie die entsprechenden Blätter in Dmitrov und Lotošino[905]. Die Städte und Kreise, von deren Vollzugskomitees *keinerlei* Material über den Fortgang der Kampagnen an das *MOIK* geschickt wurden, gehörten überwiegend ländlichen bzw. waldreichen Regionen der *oblast'* an, etwa Dubna[906], Taldom[907], Istra[908], Zvenigorod, allerdings aber auch die Industriestadt Kolomna. Eine andere Unterlage bescheinigte, daß die Kreiswahlkommission in Istra noch am 28. Oktober vollkommen untätig gewesen sei[909].

Gerade auch in den Arbeiterstädten bzw. -siedlungen ließ in dieser Zeit die Meldung der Wähler zu den Vorwahlversammlungen offensichtlich sehr zu wünschen übrig: In der Siedlung Elektrostal' im Kreis Noginsk mußte das „erweiterte Plenum" des Siedlungsrats, das die *CIK*-Verlautbarung vom 27. September zu den bevorstehenden Wahlen erörtern sollte, mangels Quorums abgesagt werden. Für Serpuchov hielt der Bericht fest, daß die Vorwahlversammlungen in zwei großen Fabriken ebenfalls hätten ausfallen müssen und überhaupt die gesamte Wahlkampagne „ohne ausreichende Vorbereitung begonnen" worden sei[910].

In der zweiten Novemberhälfte gingen der Organisationsabteilung des *MOIK* ausführlicheres Material als zuvor über den Fortgang der Wahlkampagnen in verschiedenen Städten zu. Danach war die Situation vor Ort allerdings noch nicht viel besser als vorher. Für Možajsk belegten die Angaben, daß in der Zeit zwischen dem 23. und 25. November erst in 14 von 23 Wahlbezirken der Stadt Rechenschaftsversammlungen stattgefunden hatten. In drei Bezirken, einschließlich des Stadtteils mit überwiegend „nichtorganisierter Bevölkerung", hatten keine Versammlungen tätig werden können, da zu wenige Wähler angemeldet waren. Dies geschah erneut auch beim Wiederholungstermin! In den Industriestädten Orechovo-Zuevo und Kolomna verliefen die Wahlvorbereitungskampagnen offensichtlich erfolgreicher, wobei die Berichte für Orechovo-Zuevo eine besonders

---

[904]Vgl. Informacionnaja svodka na 19/XI.34 g.: Rajonnaja pečat' v podgotovke k otčetno-perevybornoj kampanii sovetov, CGAMO, f. 5812, op. 1, d. 14, l. 103.

[905]Ibid. Bei Lotošino handelt es sich um ein 158 km nordwestlich der Hauptstadt gelegenes Landstädtchen, vgl. *Moskovskaja oblast'. Topografičeskaja karta*, S. 2.

[906]Diese Kleinstadt an der Wolga, 115 km nördlich von Moskau gelegen, besaß 1959 erst 12000 Einwohner, vgl. *Goroda Rossii*, S. 126.

[907]Der in 110 km Entfernung (in nördlicher Richtung) von der Hauptstadt gelegene Ort, schon vor dem ersten Weltkrieg regionales Zentrum des Heimgewerbes, entwickelte sich allmählich zu einem Standort der Schuh-, Bekleidungs- und Leichtmetallindustrie. Bis 1929 hieß die Kleinstadt Leninsk. 1926 umfaßte sie erst 6000 Einwohner. Vgl. ibid., S. 456.

[908]58 km nordwestlich von Moskau gelegen, bewohnten dieses malerische Landstädtchen 1926 3300, 1939 dann 7300 Einwohner. Es ist noch heute das „Museumszentrum" des *podmoskov'e*. Bis 1930 hieß der Ort Voskresensk, vgl. ibid., S. 161.

[909]Vgl. Moskovskij Oblastnoj Ispolnitel'nyj Komitet. Orgotdel. Informacionnaja svodka-pjatidnevka No. 6. Po sostojaniju na 18. oktjabrja, sowie Informacionnaja svodka No. 8, po sostojaniju na 20/X-1934 g.; Informacionnaja svodka No. 11, po sostojaniju na 1 nojabrja. CGAMO, f. 5812, op. 1, d. 14, ll. 21, 26-29, 47.

[910]Moskovskij Oblastnoj Ispolnitel'nyj Komitet. Orgotdel. Informacionnaja svodka No. 9. Po sostojaniju na 28/X-34 g., ibid., l. 137.

„große Aktivität" der Wähler im Sinne der Verantwortlichen hervorhoben[911]. Das bedeutet jedoch nicht, daß in dieser Beziehung ein grundlegender typologisch operationalisierbarer Gegensatz zwischen Industrie- und Landstädten des Moskauer Gebiets behauptet werden könnte: Im industriell geprägten Noginsk wurden im Berichtszeitraum zwar 28 Rechenschaftsversammlungen durchgeführt, allerdings nahmen von den 9200 zur Anwesenheit verpflichteten Bürgern nur 7500 teil. In einer der größten Fabriken der Stadt mußten sämliche Versammlungen abgesetzt werden, da sich zu wenige Werktätige angemeldet hatten! In der Industriestadt Podol'sk fanden 68 Versammlungen statt, an denen sich aber nur 88% der Wahlberechtigten beteiligten. Auch hier zeigte sich die deutliche Tendenz einer kritischen Distanz gerade unter der „nichtorganisierten Bevölkerung", denn fünf Versammlungen dieser Gruppe von Einwohnern mußten ausfallen, weil sich die hier betroffenen Wahlbürger nicht in die Anmeldelisten eingetragen hatten. Für Serpuchov lagen selbst zu diesem Zeitpunkt noch keinerlei Angaben vor, was kein Wunder ist, denn der Beginn der Kampagne war hier aus gutem Grund bis zum 27. November verschoben worden (!)[912]. Aufgrund der großen organisatorischen Schwierigkeiten und des *fehlenden Engagements* der vor Ort Verantwortlichen wurden auch in der Stadt Dmitrov die Wahlkampagnen ausgesetzt: Nachdem am 25.-27. des Monats nur in vier Wahlbezirken Rechenschaftsversammlungen stattgefunden hatten, übermittelte die Organisationsabteilung des *MOIK* ein „Radiogramm", in dem verordnet wurde, die Kampagne einstweilen einzustellen[913].

Die auf den 27. November datierten weiteren Berichte belegten für die in unmittelbarer Nähe zu Moskau gelegenen Städte bzw. Siedlungen Mytišči, Kuncevo[914], Losinoostrovsk[915] und Perovo[916], ferner für Orechovo-Zuevo, Zagorsk, Klin, Zvenigorod und Podol'sk leicht unterschiedliche, jedoch insgesamt verstärkte und von der Organisationsabteilung des *MOIK* positiv verbuchte Aktivitäten in den Wahlvorbereitungen. In Klin bemühte sich jetzt sogar auch die „nichtorganisierte Bevölkerung", die vorgegebenen Kampagnennormen durch Anwendung von Methoden des „Stoßarbeitertums" und des „sozialistischen Wettbewerbs" zu erfüllen. In Podol'sk jedoch lag die Beteiligung dieser Gruppe an den für sie vorgesehenen Rechenschaftsversammlungen nur bei 72% - ein erneuter

---

[911]Informacionnaja svodka po materialam za 23-25 nojabrja: O sostojanii podgotovitel'noj raboty k otčetno-perevybornoj kampanii po gorodam, ibid., ll. 125, 127-128.

[912]Ibid., ll. 128, 129.

[913]Vgl. Informacionnaja svodka. Po sostojaniju na 2/XII-1934 g., ibid., l. 162.

[914]Seit 1925 bestehende Arbeitersiedlung, damals knapp hinter der mittelwestlichen Stadtgrenze von Moskau gelegen, heute zur Hauptstadt gehörig; vgl. *Goroda Rossii*, S. 227 sowie *Moskovskaja Oblast'. Topografičeskaja karta*, S. 20.

[915]Arbeitersiedlung, in den dreißiger Jahren noch jenseits der nordöstlichen Moskauer Stadtgrenze umweit der Industriestadt Mytišči befindlich, heute in die Hauptstadt eingemeindet; vgl. *Moskovskaja Oblast'. Topografičeskaja karta*, S. 21.

[916]Damals noch außerhalb Moskaus gelegene, erst seit 1925 existierende Datschensiedlung, 1960 von der Hauptstadt eingemeindet, vgl. *Goroda Rossii*, S. 349 sowie dazu CGAMO, f. 956, op. 1, d. 13, l. 66.

Beleg für ihre potentiell oppositionelle Haltung, während sonst in fast allen Fabriken und Betrieben der Stadt eine Quote von über 90% erreicht wurde. Letzteres galt auch für Perovo und Losinoostrovsk. Überraschenderweise beteiligten sich ausgerechnet in der traditionsreichen Arbeiterstadt Orechovo-Zuevo hingegen nicht mehr als 74% der Werktätigen![917].

Was Serpuchov betrifft, so zeichnete der Bericht des Stadtratsbeauftragten (*informator*) über den Stand der Vorbereitungsarbeiten für die Wahlkampagnen am 27. November, dem verschobenen Starttermin für die Kampagnen, ein nunmehr positives Bild[918]. Nach einem ergänzenden Dossier waren zu den Rechenschaftsversammlungen von allen anwesenheitspflichtigen Wählern und Wählerinnen jetzt insgesamt um die 95% erschienen[919], ein vergleichsweise hoher Wert, der auch in den Berichten der nachfolgenden Kampagnenperiode bis zum 10. Dezember, dem Beginn der Wahlen in dieser Stadt[920], bestätigt wurde[921]. Ähnliches gilt für Noginsk, jetzt auch für Orechovo-Zuevo, ferner für Podol'sk und Voskresensk[922]. Unter den Industriestandorten, die Gegenstand der Zustandsbeschreibungen waren, fiel lediglich Kuncevo heraus: In der dortigen Nogin-Fabrik meldeten sich nur 58,3% der Wähler zu den Vorwahlversammlungen an, in der Fabrik Nr. 14 nur 50%[923]. Auch nach den weiteren sorgfältigen und detaillierten Berichten der *informatory* scheint ein Fall wie Kuncevo aber im Vergleich zur Situation in Serpuchov und den anderen angesprochenen Städten wirklich eher die Ausnahme gewesen zu sein[924]. Trotz dieses in den Augen der Herrschenden nun positiven Bildes kümmerten sich vereinzelte Parteizellen und Gewerkschaftskomitees dennoch wie früher kaum oder gar nicht um die Durchführung der Kampagnen[925].

---

[917]Informacionnaja svodka: O chode otčetno-perevybornoj kampanii po gorodam i predprijatijam, na 27/XI-34 g., CGAMO, f. 5812, op. 1, d. 14, ll. 131-133.

[918]Fast überall in der Stadt fänden - so der Bericht - propangandistische Veranstaltungen und Rechenschaftsversammlungen statt, wobei in einigen Großbetrieben die vorgeschriebene Meldeziffer für die Teilnahme an den Versammlungen sogar noch überschritten worden sei! Informacionnaja svodka No. 11. O chode očetno-perevybornoj kampanii Sovetov po Serpuchovskomu rajonu Moskovskoj Oblasti ot 27 nojabrja 1934 goda, ibid., d. 15, ll. 152, 153.

[919]Svodka otčetno-perevybornych sobranij po g. Serpuchovu, ibid., l. 1.

[920]Die Mitteilung über den endgültigen Wahlbeginn in Serpuchov vgl. in Informacionnaja svodka No. 14 o chode otčetno-perevybornoj kampanii po Serpuchovskomu rajonu Moskovskoj oblasti [3.XII.1934], ibid., l. 146.

[921]Vgl. ibid., ll. 48, 49, 66; s.a. Informacionnaja svodka No. 15 o chode otčetno-perevybornoj kampanii po Serpuchovskomu rajonu - Moskovskoj Oblasti, 8 dekabrja 1934 goda, ibid., l. 138.

[922]Informacionnaja svodka po sostojaniju na 2/XII-34 g.: O chode otčetno-perevybornoj kampanii po gorodam Moskovskoj oblasti, ibid., d. 14, ll. 160, 161.

[923]Moskovskij Oblastnoj Ispolnitel'nyj Komitet. Organizacionnyj Otdel. Informacionnaja Svodka, po sostojaniju na 6/XII-34 g., ibid., l. 164.

[924]Vgl. ein Dossier, das die Situation zwischen dem 10. und 13. Dezember analysierte. Informacionnaja svodka No. 17: O chode otčetno-perevybornoj kampanii Serpuchovskogo Gorodskogo Soveta Mosk. Obl., 13 dekabrja 1934 goda, ibid., l. 135.

[925]Betroffen war hier z.B. der Serpuchover Bahnhof als Betriebseinheit. Die Städtische Wahlkommission wies deshalb die zuständige „Mitwirkungskommission“ an, „die Vorbereitungsarbeit zur Rechenschafts- und Wahlkampagne unverzüglich zu entwickeln“. Zur Verstärkung des betei-

All dies war dennoch noch nicht die ganze Wahrheit über den schwierigen Fortgang dieser Massenveranstaltungen. Erstens liegen nicht zu allen Städten des Gebiets einschlägige Daten vor, z.B. zu einigen kleinen Landstädten (etwa Vereja, Ruza), zweitens gab es weiterhin auch im proletarischen Milieu Äußerungen „klassenfremder Elemente", die das von der Partei nicht nur erwünschte, sondern auch verlangte schöne und unproblematische Bild störten: In einem Bericht aus Serpuchov vom 30. November tauchten drei Beschreibungen „ungesunder Auftritte", d.h. Fälle oppositioneller Wahlreden, auf. Es handelte sich um erneut namentlich genannte Werktätige aus drei städtischen Fabriken, die ähnliche Kritik geübt hatten wie die, für die die oben ausführlich behandelten „Händler" bzw. „Kulaken" Borisov, Puchlikov und Turicyn vom Geheimdienst inhaftiert und bestraft worden waren[926]. Auch in diesen Fällen kann davon ausgegangen werden, daß die Kritiker vom *NKVD* verfolgt wurden, wenn auch entsprechende Belege aufgrund der bisher zugänglichen Quellen einstweilen nicht exakt nachgewiesen werden können. Ein solcher Schluß liegt um so näher, als auch dieser Bericht, wie alle Dossiers der Kampagne, direkt an das *NKVD*, das städtische Parteikomitee (einer der Kritiker war ein ehemaliges Parteimitglied!), die Wahlkommission sowie an die anderen genannten Stellen ging[927].

Welche Bedeutung kam den *lišency* in den städtischen Wahlkampagnen und Wahlen Ende 1934 zu und wie effektiv konnte ihre Verfolgung überhaupt bewerkstelligt werden?

Als exemplarisches Beispiel sei hier die folgende aus der Stadt Serpuchov überlieferte Situation beschrieben[928]: Das ausführliche Protokoll einer im Dezember stattfindenden Sitzung der dortigen Wahlkommission legt nämlich ein beredtes Zeugnis von den nach wie vor bestehenden großen Schwierigkeiten bei der Ermittlung solcher Personen ohne Wahlrecht seitens der einzelnen Wahlbezirksbevollmächtigten ab. Die einzelnen „Bevollmächtigten" hatten z.T. ihre Stützpunkte an großen Fabriken, etwa der Beauftragte an der Fabrik „Feine Wolltücher". Dieser erklärte während der Sitzung, das „Parteiaktiv" der Fabrik aktiviert und „80 Leute" für die Zustellung der Wahlaufforderungen an die einzelnen

---

ligten Personals wurde eine „Spezialbrigade" aus Fabrikarbeitern mobilisiert. Informacionnaja svodka No. 15 o chode otčetno-perevybornoj kampanii po Serpuchovskomu rajonu - Moskovskoj oblasti, 8 dekabrja 1934 goda, ibid., d. 15, l. 138.

[926]Bemängelt wurde eine als ungerecht empfundene Lebensmittelverteilung, die die Stoßarbeiter begünstige und die anderen Werktätigen vernachlässige, das Stoßarbeiterprinzip sei zu nichts nütze, die Kinder der Arbeiter lebten jetzt „schlechter als im Ausland" etc. Informacionnaja svodka No. 12. O chode otčetno-perevybornoj kampanii Sovetov Serpuchovskogo rajona Moskovskoj Oblasti, 30-go nojabrja 1934 g., ibid., l. 151.

[927]Vgl. ibid.

[928]Zu einer ähnlichen Lage in Orechovo-Zuevo vgl. Protokol No. 26 Prezidiuma Orechovo-Zuevskogo Gorodskogo Soveta RK i KD s 1-go po 31-oe oktjabrja 1934 goda. Ibid., f. 5700, op. 1, d. 71, l. 170. Aufgrund der oben beschriebenen schwierigen Vorwahlsituation in vielen Städten des Moskauer Gebiets kann zudem davon ausgegangen werden, daß die im folgenden darzustellenden Probleme allgemein weit verbreitet waren.

Haushalte mobilisiert zu haben. In der Folge würden jeweils Zehnergruppen zu diesem Zweck in die Wohnhäuser geschickt. Bisher sei lediglich *ein* Kostgänger einer Person ohne Wahlrecht aufgespürt worden. Dies besage jedoch u.U. wenig, da „möglicherweise" noch weitere von den *lišency* wirtschaftlich abhängige Familienmitglieder existierten. Das Territorium des Bezirks würde deshalb daraufhin nochmals (durch Hausbegehungen) durchgeprüft. Schwierigkeiten hätten sich auch dadurch ergeben, daß - wie schon in früheren Kampagnen - in einigen Fällen die Wohnungen der Betreffenden nicht gefunden worden seien (!). Ein anderer „Bevollmächtigter" berichtete ebenfalls von der Ermittlung lediglich einer Kostgängerin (*iždivenka*) eines „Kultdieners" ohne Wahlrecht. Eine weitere Person aus seinem Wahlbezirk habe es abgelehnt, zur Wahl zu gehen und so auch die schriftliche Wahlaufforderung gar nicht erst angenommen (!). Von großen Schwierigkeiten berichtete schließlich ein dritter Beauftragter: 251 persönlich zuzustellende Wahlbenachrichtigungen seien ihm zwar übergeben worden, der Stadtrat habe jedoch keinerlei Hilfspersonal zur Verfügung gestellt - trotz des Versprechens der Abkommandierung von Komsomolzen und Parteimitgliedern zu diesem Zweck. Mit der völlig unzureichenden Anzahl von nicht mehr als „drei Aktivisten" habe am Ende nur ein einziger *lišenec* ermittelt werden können.

Ein weiterer Teilnehmer an der Sitzung berichtete für seinen Bezirk von der Zustellung von 159 Wahlbenachrichtigungen. Aufgrund diverser Schwierigkeiten sei die Abgabe der Meldezettel in drei Anläufen vonstatten gegangen. Zwei Personen, die der Aberkennung ihres Wahlrechts unterlagen, habe man entdeckt, eine weitere lehnte, so der Beauftragte weiter, die Entgegennahme der Benachrichtigung „aus unverblümt antisowjetischen Motiven" ab. Die männlichen Haushaltsvorstände habe man zudem überzeugen müssen, ihre Frauen zu den Wahlen gehen zu lassen. Ein anderer „Bevollmächtigter" verlangte für die gesamte Kampagne unter der „nicht organisierten Bevölkerung" die Mobilisierung von 250 Komsomolzen und 40 Parteimitgliedern. Jeweils zwei von ihnen müßten für die Begehung der einzelnen Wohnungen, die Überprüfung der Bewohner und die Aushändigung der Wahlzettel abgestellt werden. Aufgrund der personellen und organisatorischen Schwierigkeiten seien für den eigenen Bezirk „bisher" lediglich drei *lišency* ermittelt worden[929]. Die Durchführung der Wahlkampagne unter der „nichtorganisierten Bevölkerung" sei, so ein Diskutant während der gleichen Sitzung, wegen der besonderen Schwierigkeiten für die Verantwortlichen eine wahre „Prüfung". Im Gegensatz zu den Vorwahl- und Rechenschaftsversammlungen der Werktätigen in den einzelnen Fabriken, die unter der Aufsicht der Betriebsparteizellen vonstatten gingen, seien die Versammlungen unter den „Nichtorganisierten" nach wie vor akut vom Scheitern bedroht[930]. Einerseits gebe es zuwenig Hilfe seitens der Organisationsabteilung des Rats, andererseits fühlten

[929]Protokol No. ... zasedanija Serpuchovskogo gorizbirkoma ot 17 dekabrja 1934 g., ibid., f. 5812, op. 1, d. 12, ll. 19-21.

[930]Dies betraf auch die eigentlichen Wahlversammlungen. Vgl. ein charakteristisches Beispiel nach Protokol No. ... vneočerednogo zasedanija gorizbirkoma Serpuchovskogo rajona ot 19-go dekabrja 1934 goda, ibid., ll. 53, 54.

sich auch die „Bevollmächtigten“ selbst „nicht verantwortlich“ und hielten nicht einmal die Familiennamen derjenigen fest, die aus einer „offen antisowjetischen“ Haltung heraus die Entgegennahme der Wahlbenachrichtigungen verweigerten. Abschließend beschlossen alle Teilnehmer der Sitzung, auf die ernsten Vorhaltungen des letzten Redners mit entsprechenden Weisungen zu reagieren[931].

Somit läßt sich folgendes festhalten: Obwohl auch nach dem Erlaß des neuen, für die *lišency* nur scheinbar milderen Wahlgesetzes von 1934 dessen zentrale und lokale Durchführungsbestimmungen eine verstärkte Repression gegen die Personen ohne Wahlrecht und andere gedachte oder tatsächliche Regimegegner vorsahen, so führte doch die konkrete Praxis ihrer Umsetzung vor Ort durch die Vielzahl der einer wirkungsvollen Verfolgung entgegenstehenden Schwierigkeiten nach wie vor nicht zu dem von den örtlichen und übergeordneten Machtorganen gewünschten Ergebnis. Neben organisatorischem Unvermögen bestätigten aber vor allem auch wieder Desinteresse und „mangelnde Führung“ selbst der für die Ermittlung der *lišency* abgestellten, z.T. sogar dem *NKVD* bzw. den Politabteilungen der *MTS* direkt angehörenden „Bevollmächtigten“ durch den Stadtrat ein altes Strukturproblem politischer Herrschaftsausübung. Dieses bestand demnach nicht nur während der gesamten Zeit des 1., sondern auch zu Beginn des 2. Fünfjahrplans und verfestigte sich, insbesondere vor dem Hintergrund einer neu einsetzenden Repressionswelle Ende 1934[932], erneut zur („Penetrations“)-Krise des Regimes in jener Qualität, wie sie der „große Umbruch“ eingeleitet hatte: Verschärft stellte sich weiter die dringliche Frage einer wirklich effektiven Kontrolle, Erfassung und Mobilisierung der mit der Ermittlung der Personen ohne Wahlrecht direkt beauftragten städtischen Amtsträger und ihrer Hilfsorgane auch auf den unteren und untersten Ebenen. Gleichzeitig mußte die Parteiführung in Moskau bittere Lehren bezüglich der tatsächlichen Durchsetzungskraft und Effizienz ihres „Schwertes und Schildes“ vor Ort, d.h. des Geheimdienstes und seiner lokalen Mitarbeiter, ziehen.

2.2. DIE SONDERGRUPPEN

2.2.1. Die „nichtwerktätigen Elemente“

2.2.1.1. Der Vorlauf: Die schleichende Entrechtung, vom Beginn der NĖP bis zum Herbst 1928

Die Verfassung der *RSFSR* von 1925 legte noch keine explizite Definition der Bevölkerungsgruppe der „Nichtwerktätigen“ bzw. “nichtwerktätigen Elemente“

[931] Protokol No. ... zasedanija Serpuchovskogo gorizbirkoma ot 17 dekabrja 1934 g., ibid., ll. 21, 22.

[932] Im Sinne der einleitenden Feststellungen oben, S. 16.

(*netrudovye ėlementy*)[933] fest. Dennoch schuf dieses Grundgesetz, wie oben verdeutlicht, in seinem Art. 69 erstmals jenen eindeutigen grundsätzlichen Zusammenhang, wo es um die nähere Bestimmung der prinzipiell von der Aberkennung des Wahlrechts betroffenen Bürger geht. In diese Personengruppe der *lišency* sollten eben diejenigen eingehen, „die von nichtwerktätigem Einkommen, wie etwa Zinsen von Kapital, Einkünften aus Unternehmen, Besitzveräußerungen und dergl., leben"[934]. Somit geht es bei den „nichtwerktätigen Elementen" um Personen mit Einkommen, die nicht im Zuge abhängiger Berufstätigkeit in staatlichen, gesellschaftlichen (z.B. gewerkschaftlichen) oder kooperativen Behörden, Betrieben oder sonstigen vom sozialistischen Staat anerkannten Einrichtungen erzielt wurden, sondern „passiven" laufenden Gewinnerträgen aus in früherer Zeit erworbenem beweglichem oder unbeweglichem Eigentum zuzuordnen sind. Weiter gebot die *RSFSR*-Verfassung in Art. 10 den Ausschluß dieser Personen vom Wehrdienst, der ausdrücklich als „Ehrenrecht" ausgewiesen war, das „nur den Werktätigen" zuerkannt wurde. Gleichwohl sollten die Betroffenen „anderen militärischen Dienstpflichten" nachgehen[935]. In der Praxis bedeutete dies die Zuteilung auf die erwähnten Ersatzreserveeinheiten, die den Charakter von Strafbataillons hatten[936]. Es sei hier betont, daß nach den bisher zugänglichen Quellen Bürger mit „nichtwerktätigem Einkommen" zwar *formal* zu den *lišency* gerechnet wurden, jedoch allenfalls im Einzelfall, nicht als Gruppe und nicht *automatisch* mit diesen gleichgesetzt werden können. Wie im folgenden gezeigt werden soll, wurden hier staatlicherseits in der konkreten Verfahrenspraxis bei der Verfolgung dieser Leute deutliche Unterschiede gemacht: Die Zuordnung zu verschiedenen Repressionskampagnen einerseits, und die Unterwerfung unter ausdrücklich von den *lišency* abgrenzende Spezialgesetze andererseits, ließ sie letztendlich zumindest als herausgehobene Sondergruppe unter den Personen ohne Anspruch auf das politische Wahlrecht erscheinen[937].

Die genannte Verfassung legte den Grundstein für eine politisch-ideologisch motivierte Verfolgung und Diskriminierung der hier behandelten Bevölkerungsgruppe seitens staatlicher und Parteiorgane auf mehreren Ebenen. Dies geschah sowohl auf dem Wege einer zunehmend massiven finanziellen, d.h. steuerli-

---

[933]So bezeichnet in Art. 10 der Verfassung der *RSFSR*, vgl. *Konstitucija RSFSR*, S. 7. Weiteres zu diesem Artikel sowie zum analogen Sprachgebrauch der einschlägigen Quellen 1928ff. vgl. die weiteren Ausführungen.

[934]Vgl. *Konstitucija RSFSR*, S. 20; s.a. oben S. 7.

[935]*Konstitucija RSFSR*, S. 7.

[936]Dies illustrieren z.B. die Dokumente des Serpuchover Kreis- und Stadtvollzugskomitees über die Einberufung des Jahrgangs 1904 in die Arbeiter- und Bauernarmee in Serpuchov 1926, vgl. CGAMO, f. 2139, op. 1, d. 366, l. 11. Ab 1930 wurden die auf diese Art mobilisierten *lišency* in das seit der zweiten Jahreshälfte 1929 aufblühende Zwangsarbeitssystem integriert. Sie waren nun nicht mehr den Militär-, sondern den Verwaltungsbehörden unterstellt und hatten als billige Arbeitskräfte in Staatsbetrieben (z.B. Bergwerken) und wirtschaftlichen Großprojekten (etwa Kanalbauten) zu arbeiten. 1931 wurden sie per Verfügung des *CIK* und des *SNK* verpflichtet, jeweils drei Jahre in Betrieben mit militärstrategischer Bedeutung Dienst zu tun; vgl. Krasil'nikov/Minenkov, Tylovoe opolčenie, S. 42ff.

[937]Näheres dazu im folgenden.

chen[938] und mietrechtlichen Benachteiligung sowie im Rahmen von teils gesetzlichen, teils ungesetzlichen Vertreibungen der Betroffenen aus ihren Wohnungen. Schon die diskriminierenden *steuerlichen* Maßnahmen entsprachen der offiziellen Parteipolitik, wie sie sich nicht zuletzt in den Beschlüssen der 15. Unionsparteikonferenz vom Oktober/November 1926 darstellte: Infolge der nach wie vor „bedeutenden Rolle des Privatkapitals“ in der Wirtschaft ergebe sich die „Notwendigkeit der besonderen Aufmerksamkeit seitens der Partei und des Staates gegenüber den Fragen des Kampfes mit dem Privatkapital“. Eine Verstärkung der Steueraufsicht und „eine sorgfältige Kontrolle der Tätigkeit des privaten Kapitals“ sei in diesem Zusammenhang um so mehr geboten, als „das Fehlen einer Registrierung einzelner Gruppen“ der privaten Kapitalträger diesen ermöglicht habe, „sich der Besteuerung zu entziehen“[939]. Die unterschiedliche Behandlung der „nichtwerktätigen Elemente“ als Eigner des „Privatkapitals“ im Vergleich zu den abhängig beschäftigten Arbeitern und Angestellten des „gesellschaftlichen Sektors“ schlug sich schließlich auch in der Bestrafung säumiger Steuerzahler nieder: Eine Regierungsverordnung vom 21. Januar 1927 bestimmte, daß von einkommensteuerpflichtigen Privatleuten und privaten Unternehmen *unabhängig von der Höhe der Einkünfte* Verzugszinsen von ⅓% der Steuersumme pro Tag einzuziehen seien, während staatliche Betriebe und Kooperativen demgegenüber mit nur 1/10% belastet werden sollten[940]. Die Vollzugskomitees der einzelnen Städte, auch derjenigen des Moskauer Gebiets, waren außerdem berechtigt und verpflichtet, zusätzlich eigene Kommunalabgaben von den Bürgern einzuziehen. Auch hier erfolgte die Besteuerung nach dem „Klassenprinzip“: Nach dem Rechenschaftsbericht des Kreisvollzugskomitees in Serpuchov über das Steueraufkommen im ersten Halbjahr 1926 hatten die „nichtwerktätigen Elemente“ einen Gesamtsteuersatz zu zahlen, der beim *15fachen* desjenigen der werktätigen Bevölkerung lag[941]. Eine ähnliche Tendenz zeigte die unterschiedliche Zahlungsverpflichtung bei Mieten und Pachten. Letztere hatten ab März 1926 profitorientierte Privat-

---

[938] Die finanzielle Ausbeutung der politisch mißliebigen „nichtwerktätigen Elemente“ wurde bereits in der „Ordnung über die staatliche Einkommensteuer“ vom 29. Oktober 1924 manifest. Besitzer von Privathäusern, Fabriken, Industrie- und Handelsunternehmen, Spekulanten, Makler, von ihrem Vermögen lebende Personen etc. unterlagen als Steuerpflichtige der Kategorie V einer Besteuerung, die schon beim niedrigsten Steuersatz mehr als das Dreifache der entsprechenden Belastung selbst der vergleichsweise gutverdienenden Facharbeiter und höheren Angestellten (Verdienst bis 100 Rubel pro Monat) ausmachte. Zusätzlich galt mit steigendem Einkommen eine unverhältnismäßig hohe Progression der Steuersätze und dazu noch eine sich an Art und Herkunft der jeweiligen Einkünfte orientierende ebenfalls halbjährliche Abgabe. Položenie o gosudarstvennom podochodnom naloge, *SZ* 1924, No. 20, st. 196, Art. 4, 5, 7 sowie priloženie No. 2, 3. Ab dem 24. September 1926 wurde das Ungleichgewicht in der Einkommensteuerveranlagung zwischen Arbeitern und Angestellten einerseits, und Beziehern „nichtwerktätiger Einkommen“ andererseits, durch Erlaß einer neuen *CIK*-Verordnung noch weiter verschärft. Vgl. *SZ* 1926, ·No. 64, st. 484, Art. 4a), 4v), dazu priloženie No. 1-3.

[939] *KPSS v rezoljucijach i rešenijach*, T. 3, S. 378, 379.

[940] Ob izmenenii st. 13 položenija o vzimanii nalogov, *SZ* 1927, No. 6, st. 57.

[941] *Otčet ispolnitel'nogo komiteta serpuchovskogo uezdnogo soveta. S pervogo oktjabrja 1925 goda po 1-oe oktjabrja 1926 goda*, S. 23.

betriebe zu einem dreimal höheren Quadratmetersatz als Staatsunternehmen zu entrichten. Wurde ein ganzes Gebäude (nicht nur einzelne Räume bzw. Hallen) gepachtet, so mußten private Arbeitgeber bis zu 10% des Baukapitals als Pachtzins abzuführen, öffentliche (z.B. staatliche oder gewerkschaftliche) Unternehmen nur 1%![942]

Ab 1. April 1926 wurden privaten Unternehmern als potentiellen Pächtern gewerblicher Immobilien zusätzliche Schranken gesetzt: Privatleute und private „Gesellschaften" konnten als Mieter ganzer Wohnkomplexe (Mietskasernen) mit ebendort befindlichen gewerblichen bzw. Lagerräumen die letzteren nunmehr erst dann in Pacht nehmen, wenn kein Interessent aus dem Kreis der vergesellschafteten Organisationen als Konkurrent auftrat[943].

Die diskriminierende „Wohnungspolitik"[944] von Partei und Regierung der *UdSSR* und *RSFSR* fand besonders in den gesetzlichen Richtlinien über die in den Kommunal- und Genossenschaftswohnungen der „munizipalisierten" Häuser geltenden Mieten ihren Niederschlag. Zunächst legten das Zentrale Vollzugskomitee und der Rat der Volkskommissare der *UdSSR* in einer Verfügung vom 6. Juni 1926 fest, daß „die Händler und andere Personen nichtwerktätiger Kategorien" Wohnabgaben in der Höhe des drei- bis 20fachen dessen, was je nach Einkommen von einem Arbeiter oder Angestellten im öffentlichen Sektor entrichtet werden mußte, zu zahlen hatten[945]. Am 23. August desselben Jahres[946] sowie am 27. Dezember 1927[947] erließ das *VCIK* für die *RSFSR* noch genauere Bestimmungen hinsichtlich der Mietzahlungen, die seitens der „nichtwerktätigen Kategorien" abzuführen seien. Nach der letztgenannten Verordnung galt der bisherige Höchstsatz nur bis zu einer Einkommmensobergrenze von 3000 Rubeln pro Jahr, wer mehr verdiente, hatte je nach Einkünften bis zu dem Doppelten dieses Satzes zu zahlen[948]. Außerdem wurden nun auch die sog. „Diener religiöser Kulte" (Geistliche) in ihren Mietsätzen den „nichtwerktätigen Kategorien" gleichgestellt[949].

Im Vorfeld der Kampagnen und Verfolgungen der Jahre 1929-30 waren nicht nur in den Städten des Moskauer Gouvernements auch die gesetzlichen Beschränkungen des Zugangs der „nichtwerktätigen Elemente" zu den „munizipalisierten" (kommunalisierten) Wohnungen sowie auch die Festschreibung der Bedingungen

---

[942]Vgl. Verordnung des Ministerrats der *RSFSR* vom 26.März 1926, *SU* 1926, No. 20, st. 155, Art. 1, 3.

[943]Instrukcija NKVD, NKF, NKTorga i NKJu RSFSR ot 30. aprelja 1926 g., No. 157. *Žiliščnoe zakonodatel'stvo. Sbornik dekretov*, S. 375.

[944]Zentraler Terminus eines *CIK*-Gesetzes vom 4. Januar 1928. Näheres im folgenden.

[945]O kvartirnoj plate i merach k uregulirovaniju pol'zovanija žiliščami v gorodskich poselenijach, *SZ* 1926, No. 44, st. 312, Art. 1-11.

[946]Ob oplate žilych pomeščenij v gorodach i rabočich poselkach, *SU* 1926, No. 56, st. 433.

[947]Ob izmenenii postanovlenija VCIK i SNK RSFSR ot 23. avgusta 1926 g. ob oplate žilych pomeščenij v gorodach i rabočich poselkach. *Žiliščnoe zakonodatel'stvo. Spravočnik postanovlenij*, S. 300-301.

[948]Ibid.

[949]Ibid.

des weiteren Verbleibs der in diesen Quartieren bereits wohnenden Bürger der genannten Kategorie seit der oben erwähnten Verfassung von besonderer Wichtigkeit. Was ersteres betrifft, so verkündete das *VCIK* am 15. November 1927 erstmals für alle Städte und „Siedlungen städtischen Typs" der *RSFSR* ein Gesetz, wonach jede Neuvermietung munizipalisierter Wohnungen vornehmlich zugunsten „werktätiger Elemente" zu erfolgen habe. Andere Personen hatten fortan nur Zugang, wenn bestimmte von den örtlichen Vollzugskomitees festgesetzte räumliche Obergrenzen nicht überschritten würden. Wohnungstausch und Untervermietung war den Beziehern „nichtwerktätiger Einkommen" künftig kategorisch verboten. „Wohnungspachtkooperativgenossenschaften" sowie „Wohnungsgenossenschaften" konnten jetzt nur noch an „werktätige" Mieter Wohnungen vergeben[950]. Nach einer „Instruktion" des *NKVD* der Republik vom 30. August 1928, erlassen auf der Grundlage einer Regierungsverfügung vom 28. März desselben Jahres, war die Leitung einer solchen Kooperativgenossenschaft befugt, ihr Einverständnis zu einer Vermietung zu widerrufen, wenn ein Mitglied der Kooperative Teile seines Wohnraums an eine Person „nicht aus der Zahl der Arbeiter und Angestellten" vergeben wollte oder die Vermietung eindeutig zu Spekulationszwecken erfolgte[951].

Der zweite Punkt, der weitere Verbleib der „Nichtwerktätigen" in den Kommunalwohnungen der einzelnen Städte und städtischen Siedlungen, wurde von der gesetzgebenden politischen Spitze des Landes als Problem aufgegriffen, als bereits die Kampagne zur Enteignung und Zwangsaussiedlung der ehemaligen ländlichen Gutsbesitzer aufgrund eines *CIK*-Gesetzes vom 20. März 1925 weitgehend abgeschlossen war[952]. Ging es in diesem Gesetz um die Eliminierung von Grundbesitzern, die angeblich oder auch tatsächlich dem sozialistischen Regime gegenüber illoyal waren und weiterhin „nichtwerktätige Wirtschaften" führten[953], so entsprach dem der Wille der Herrschenden, auch das *städtische* Äquivalent dieser Bevölkerungsgruppe aus ihren Wohnungen und Wohnsitzen zu vertreiben. Die erste gesetzliche Handhabe in dieser Richtung, die u.a. für die Städte des hier behandelten Raums galt, bot eine Vorschrift des in der ersten Fassung 1922 erlassenen Zivilgesetzbuchs: Nach Art. 155 verloren Personen mit „nichtwerktätigem

---

[950]Vgl. O meroprijatijach po žiliščnomu chozjajstvu v gorodskich poselenijach, *SU* 1927, No. 118, st. 800, Art. 1, 2.

[951]Instrukcija NKVD ot 30 avgusta 1928 g. No. 381. Soglasovano s Centrožilsojuzom: O porjadke sdači v naem členami rabočich žiliščno-stroitel'nych kooperativnych tovariščestv časti predostavlennoj im žiloj ploščadi. *Žiliščnoe zakonodatel'stvo. Sbornik dekretov*, S. 182. Bereits am 20. August 28 wurden Stadträte, Wohnungskooperativen, Gewerkschaften und Behörden vom *VCIK* und vom Rat der Volkskommissare der *RSFSR* angewiesen, in alle Pachtverträge zu schreiben, daß „der Bezug freier und frei werdender Räumlichkeiten nur Personen, die werktätigen Bevölkerungskategorien angehören", zu ermöglichen sei. O porjadke eksploatacii ispol'zovanija žiliščnogo fonda, prinadležaščego mestnym sovetam, predprijatijam promyšlennosti i transporta, *SU* 1928, No. 116, st. 724.

[952]Eine Vorschrift des *CIK* vom 4. Februar 1927 verfügte die Beendigung der Kampagne bis zum 1. Mai des laufenden Jahres, vgl. GARF, f. 1235, op. 140, d. 749, ll. 1, 4.

[953]O lišenii byvšich pomeščikov prava na zemlepol'zovanie i proživanie v prinadležavšich im do Oktjabr'skoj revoljucii chozjajstvach, *SZ* 1925, No. 21, st. 136.

Einkommen“ das Wohnrecht in ihrer Kommunalwohnung binnen Monatsfrist per Gerichtsentscheid[954]. Ferner bestimmte ein *RSFSR*-Gesetz vom 18. Oktober 1926 in Anlehnung an Art. 171 des Zivilgesetzbuches die Ausquartierung säumiger Mietzahler, wenn sie von „nichtwerktätigem Einkommen“ lebten[955].

Eine obligatorische Ausquartierung eines Angehörigen der „nichtwerktätigen Kategorie“ aus den kommunalen Wohnungen *im Verwaltungszwangsverfahren* wurde auch 1928 noch nicht gesetzlich festgeschrieben. Ein solches Verfahren galt nach den 1926 und 1927 erlassenen Verordnungen des *VCIK* und des Rats der Volkskommissare der *RSFSR* nur in denjenigen Fällen, wenn Bürger *jeder* Kategorie ohne besondere Erlaubnis in die Dienstwohnungen verschiedener staatlicher Einrichtungen einzogen. Ein „nichtwerktätiges Element“ war allerdings insofern bei diesem Verfahren besonders benachteiligt, als ihm für den Auszug nur eine kurze Frist von sieben Tagen gesetzt und gleichzeitig keine Ersatzwohnung zugewiesen wurde, während ein Arbeiter oder Angestellter einen ganzen Monat für den Umzug Zeit hatte und außerdem von der Kommunalabteilung des Stadtrats neuen Wohnraum zugesprochen erhielt[956]. So zeigte sich auch hier die sich zunehmend gesetzlich verfestigende Ungleichbehandlung der Bürger mit „nichtwerktätigem Einkommen“ gegenüber der „werktätigen“ Bevölkerung.

Im Jahr 1928 erlebte die staatliche Politik der Entrechtung und Ausgrenzung der „nichtwerktätigen Kategorien“ der städtischen Bevölkerung aus der sowjetischen Gesellschaft einen ersten Höhepunkt: Mit dem Gesetz des *CIK* sowie des Rats der Volkskommissare der *UdSSR* „Über die Wohnungspolitik“ vom 4. Januar 1928 wurde implizit eine Kampagne gegen diesen Personenkreis eingeleitet. Das neue Gesetz sah nun ein generelles Verbot der Vermietung kommunalen Wohnraums an die Angehörigen der benachteiligten Bevölkerungsgruppe vor, laufende Mietverträge sollten nicht über den 1. Oktober 1929 hinaus verlängert werden können, wenn es um Personen „nichtwerktätiger Kategorien“ mit Jahreseinkommen von über 3000 Rubeln ging[957]. Offizieller Anlaß für die Verkündung des neuen Gesetzes war die in allen mittleren und größeren Städten der *UdSSR*

---

[954] *Graždanskij kodeks Rossijskoj Socialističeskoj Federativnoj Sovetskoj Respubliki*, Art. 155, primečanie 1., S. 44.

[955] Ob uregulirovanii vznosa kvartirnoj platy i o vyselenii neplatel'ščikov, *SU* 1926, No. 72, st. 670. Vgl. die entsprechende genaue Erläuterung von Art. 171 des Zivilgesetzbuches in: Cirkuljar Narodnych Komissariatov Vnutrennych Del No. 344 i Justicii RSFSR No. 130. Kraevym, Oblastnym i Gubernskim Sudam, Kraevym, Oblastnym i Gubernskim Otdelam Kommunal'nogo (Mestnogo) Chozjastva. 2 oktjabrja 1928 g. *Žiliščnoe zakonodatel'stvo. Spravočnik postanovlenij*, S. 324.

[956] Ob uslovijach i porjadke administrativnogo vyselenija graždan iz zanimaemych imi pomeščenij. *SU* 1926, No. 35, st. 282, Art. 1-8 (*VCIK*-Verordnung vom 14. Juni 1926); vgl. auch die Gesetzesergänzung vom 13. September 1926 (*SU* 1926, No. 59 st. 457) sowie eine entsprechende Verfügung des *VCIK* sowie des Rats der Volkskommissare der *RSFSR* vom 20. Dezember 1927 (*SU* 1928, No. 2, st. 24).

[957] O žiliščnoj politike, *SZ* 1928, No. 6, st. 49, Art. 16. Diese Bestimmung wurde in dem speziellen, an späterer Stelle zu erörternden Ausquartierungsgesetz vom 8. April 1929 bestätigt, vgl. unten S. 238.

grassierende Wohnungsnot und die teilweise katastrophalen Wohnverhältnisse der Industriearbeiter, womit dem Vorgehen gegen die „Nichtwerktätigen" ein hohes Maß an Plausibilität, Dringlichkeit und von daher auch Legitimität verliehen werden sollte. So räumte das Gesetz dem beschleunigten Neubau von Arbeiterwohnungen und der zusätzlichen Gewinnung von Finanzmitteln für den Wohnungsbau (u.a. durch verstärkte Heranziehung privaten Kapitals sowie über Mieterhöhungen!) absolute Priorität ein[958]. Diese schwierigen Lebensverhältnisse der Bevölkerung, die nicht sofort zu verbessern waren, betrafen auch im Gouvernement Moskau vor allem die industriellen Zentren, so etwa die Industriestadt Orechovo-Zuevo. Noch im September sowie Anfang Oktober 1928 versuchte das Präsidium des Kreisrats der Stadt unter Verweis auf die Appelle des jüngsten 7. Kreisrätekongresses (September 28) mit einem dringlichen Schreiben an das vorgesetzte Präsidium des Gouvernementsvollzugskomitees dieses vor dem Hintergrund des neuen Gesetzes in die Pflicht zu nehmen. In dem Schreiben wurde in drastischer Form auf die herrschenden Mißstände auf dem Wohnungssektor hingewiesen und beschleunigt Abhilfe durch Bereitstellung von zusätzlichen Krediten oder langfristig wirksame Erhöhungen des städtischen Budgets für den Wohnungsbau gefordert[959]. Auch in den offiziellen Rechenschaftsberichten der Stadträte in den Industriestandorten des Gouvernements wurde die „Wohnungskrise" hervorgehoben, so außer in Orechovo-Zuevo[960] auch in Serpuchov[961] und Kolomna[962]. Als Gründe der Krise galten vor allem Bevölkerungswachstum und Landflucht[963].

Eine Konsequenz des Gesetzes vom 4. Januar war es, die einzelnen städtischen „Volksgerichte" für ihre praktische Arbeit zu instruieren und zur Einhaltung des nun „Klassenpolitik" genannten Vorgehens gegenüber den „nichtwerktätigen Elementen" zu verpflichten. Deshalb wandte sich das Moskauer Stadt- und Gouvernementsgericht am 11. Januar 28 mit einem „Instruktivbrief" an alle Gerichte in Moskau selbst sowie im Gouvernement, worin das geltende Mietrecht als Entscheidungshilfe für die einzelnen Gerichte erläutert wurde. U.a. stellte das Gouvernementsgericht fest, daß die Hausverwaltungen in dem Fall gegen die Ausübung des gesetzlich garantierten Rechts des Wohnungstauschs unter den Hausbewohnern intervenieren könnten, wenn der Tausch spekulativen Zwecken

---

[958]Ibid.

[959]Vgl. Prezidium Orechovo-Zuevskogo Uezdnogo Soveta Raboč., Krest. i Krasno-arm. Dep. V Prezidium Moskovskogo Gubernskogo Ispolnitel'nogo Komiteta. CGAMO, f. 667, op.1, d. 293, l. 556. Im Text wird hervorgehoben, daß 1927 jeder Bürger in Stadt und Kreis Orechovo-Zuevo nur 0,93 m^2 Wohnraum zur Verfügung gehabt habe, 1928 sei dieser knappe Wert sogar auf 0,88 m^2 geschrumpft!

[960]*Otčet o rabote orechovo-zuevskogo gorodskogo soveta r.k. i k.d. za 1928-29 god.*, S. 23.

[961]*Otčet ispolnitel'nogo komiteta serpuchovskogo uezdnogo soveta za 1926-27 g. i za 1927-28 g.*, S. 47.

[962]Vgl. *Otčet kolomenskogo uezdnogo ispolnitel'nogo komiteta*, S. 60.

[963]*Otčet o rabote orechovo-zuevskogo gorodskogo soveta*, S. 23.

dienen oder den Einzug eines „nichtwerktätigen Elementes" ermöglichen würde[964].

In den einzelnen Städten des Gouvernements sowie anderswo bemühte man sich zwar um die Milderung der „Wohnungskrise", eine Umsetzung der vom Gesetz des 4. Januar implizit geforderten Politik der ideologisch motivierten Ausquartierung der „nichtwerktätigen Elemente" aus den munizipalisierten Häusern seitens der örtlichen Vollzugs- oder auch Parteikomitees in diesem Zusammenhang kam bis Ende 1928 indessen kaum zustande. Für Orechovo-Zuevo, das von der herrschenden Wohnraumknappheit aufgrund des dort besonders hohen Bedarfs an Industriearbeiterwohnungen[965], wie erwähnt, extrem betroffen war, ist zwar bezeugt, daß dort die Leitung der städtischen „Arbeiterwohnungsbaukooperativgenossenschaft" (*RŽSKT*) bereits am 12. Februar 28 während einer Versammlung die Frage der Existenz von Spekulation, illegalem Verkauf von Spirituosen „und anderen verfassungswidrigen Akten" der „nichtwerktätigen" Hausbewohner behandelte. Nach Verlesung eines entsprechenden Untersuchungsberichts wurde denn auch beschlossen, die „Exploitationsabteilung" zu beauftragen, alle in den Häusern der Kooperativgenossenschaft lebenden Personen „ohne werktätige Stellung" zu ermitteln und dann der Leitung alle Angaben zur Beschlußfassung zuzustellen[966]. Über den Fortgang der Angelegenheit schweigen sich die Quellen jedoch aus. Die hier angestrebte gerichtlich verordnete Zwangsausquartierung der „kapitalistischen Elemente" aus den kommunalen Wohnungen stieß in Orechovo-Zuevo offensichtlich auf große Schwierigkeiten: In der Webfabrik Nr. 3 „Proletarische Diktatur" übten die dort Beschäftigten anläßlich der Verlesung des Rechenschaftsberichts des Kreisvollzugskomitees am 11. Februar heftige Kritik am örtlichen Gericht, dessen Vorsitzender „irgendwelche Neureichen und Privathändler" gegenüber den „Arbeitern" in der Weise bevorzuge, daß er die letzteren anstelle der Händler ausquartieren lasse. Das Gouvernementsgericht habe diese Entscheidungen dann in einem langen zeitaufwendigen Verfahren schließlich korrigieren müssen[967]. Eine derartige geringe Bereitschaft, die Wohnungsfrage in

---

[964]Vsem narsudam g. Moskvy i gubernii. *Žiliščnoe zakonodatel'stvo. Spravočnik postanovlenij*, S. 214. Das *VCIK* und der Rat der Volkskommissare der *RSFSR* betonten ebendies am 20. August 1928 in einer entsprechenden gesetzlichen Verordnung für alle Gebiete der *RSFSR*, vgl. *SU* 1928, No. 113, st. 698. Auch wies das Gouvernementsgericht auf eine 1926 erlassene „Instruktion" des Moskauer Stadt- und Gouvernementsrats hin, derzufolge Hausbewohner der letztgenannten Kategorie mit zeitlich begrenztem Wohnrecht nicht nur für den von ihnen selbst, sondern zusätzlich auch für den gesamten vom *Vermieter* genutzten Wohnraum eine Mietabgabe zu entrichten hätten. Vgl. Vsem narsudam g. Moskvy i gubernii. *Žiliščnoe zakonodatel'stvo. Spravočnik postanovlenij*, S. 219.

[965]Der Rat der Stadt Orechovo-Zuevo stellte in seinem Jahresrechenschaftsbericht 1928/29 fest, daß sich Orechovo-Zuevo hinsichtlich seiner industriellen Infrastruktur „auf Platz 2" in der Rangfolge der Städte des Verwaltungsgebiets befinde, vgl. *Otčet o rabote orechovo-zuevskogo gorodskogo soveta*, S. 6.

[966]Vgl. Protokol No. 48 zasedanija pravlenija Orechovo-Zuevskogo RŽSKT-va „Robočee obedinenie" ot 12-go II.1928 g., CGAMO, f. 667, op. 1, d. 214, l. 35.

[967]Protokol Nr. 2 konferencii rabočich i služaščich po otčetu uezdnogo ispolkoma tkackoj fabriki No. 3 „Proletarskoj Diktatury", ot 11-go II.1928 g., ibid., d. 240, l. 2.

den Zusammenhang einer politisch-ideologisch begründeten Kampagne gegen die „nichtwerktätigen Kategorien" der städtischen Bevölkerung zu stellen und entsprechend zu handeln[968], erfüllte die Moskauer Zentrale mit Sorge. Beunruhigt durch einschlägige Unterlagen der „Zentralunion für Wohnungskooperation", reagierte so der stellvertretende Volkskommissar für innere Angelegenheiten der *RSFSR*, Egorov, am 18. Februar 28 mit einem Zirkular an alle Provinz-, Gebiets- und Gouvernementsabteilungen für Kommunalwirtschaft, in dem er bemängelte, daß die örtlichen Organe der kommunalen Wirtschaft einiger Städte den Wohnungspachtkooperativgenossenschaften „die In-Pacht-Nahme munizipalisierter Gebäude verweigern und sie Privatleuten übergeben". In anderen Städten würden Pachtverträge mit Privatpersonen weiter verlängert, obwohl dies infolge bestehender zugunsten von Wohnungsgenossenschaften abgeschlossener Nutzungsverträge ungesetzlich sei. Egorov verwies in diesem Zusammenhang auf eine Verfügung des Rats der Volkskommissare der *RSFSR* vom 21. November 1924, wonach „Wohnungspachtkooperativgenossenschaften" beim Abschluß von Pachtverträgen *prinzipiell* Vorrang vor privaten Interessenten hätten. Diese in den letzten Jahren bewährte Regelung diene der beschleunigten Entwicklung des munizipalen Wohnungsfonds und sichere die Interessen der Werktätigen in größerem Maße als die „Privatpacht". Abschließend verfügte Egorov die strikte Einhaltung der gesetzlichen Bestimmungen[969].

Auch hier traten somit Symptome der sich im Zuge des beginnenden „großen Umbruchs" allmählich verschärfenden Krisen des politischen Regimes im oben dargelegten Sinne zutage: Der mangelnde Wille der Volksgerichte, wie etwa in Orechovo-Zuevo, und der Abteilungen für Kommunalwirtschaft in offensichtlich vielen Städten der *RSFSR*, gegen die „nichtwerktätigen Elemente" gemäß der von der „Stalingruppe" im Politbüro nun angemahnten strikten „Klassenlinie" vorzugehen und dabei u.U. auch geltendes Recht zu mißachten, ergab sich aus „ererbten" Sicht- und Handlungsweisen, die bestimmten lokalen, insbesondere wirtschaftlichen, Interessen folgten. Diese trugen den herkömmlichen regen innerstädtischen sozioökonomischen Austauschbeziehungen Rechnung, die während der *NĖP* gerade im aufblühenden Kleinhandel aufs neue aufleben und gedeihen konnten[970]. Die oftmals nicht unvermögenden „nichtwerktätigen" *lišency* waren für das Budget der kleinen Städte infolge der gegebenen Möglichkeiten zu einer besonders hohen Steuerveranlagung zu lukrativ, als sie infolge einer u.U. ein-

[968]Eine vollkommen unzureichende oder auch fehlende Aktivität der örtlichen Stellen in diesem Sinne im Verlauf des Jahres 1928 ist auch für große Städte außerhalb des Moskauer Gebiets nachzuweisen, z.B. für Leningrad; vgl. den diesen Umstand beklagenden Bericht: Nėpmany v kustarnych okopach (Leningrad), *Pravda*, No. 236, 12 oktjabrja 1929, S. 5.

[969]O preimuščestvennom pered častnymi licami prave žilišččno-arendnych kooperativnych tovariščestv na arendu municipalizirovannych stroenij. Cirkuljar No. 71. Kraevym, Oblastnym i Gubernskim Otdelam Kommunal'nogo (Mestnogo) Chozjajstva. *Žiliščnoe zakonodatel'stvo. Spravočnik postanovlenij*, S. 96, 97.

[970]Vgl. dazu Ball, S. 41, 42. Zur Dominanz der privaten Kleinunternehmer im Einzelhandel in den Städten der Sowjetunion während der *NĖP* vgl. Rudolf Schlesinger: *Soviet Legal Theory. Its Social Background and Development*, London 1945, S. 89.

tretenden Verarmung nach einer Ausquartierung dann wieder zu verlieren[971]. Zudem deutet die Urteilspraxis des Volksgerichts von Orechovo-Zuevo auf Reste eines nach wie vor vorhandenen bürgerlich-liberalen Rechtsempfindens hin[972] - in krassem Gegensatz zum zusehens an Einfluß gewinnenden simplifizierenden Klassenrecht, das an den Theorien eines Pašukanis, Krylenkos, Stučkas u.a. orientiert war.

Angesichts der aus dieser Situation erwachsenden faktischen Beschränkung der Herrschaftsmöglichkeiten von Partei und Regierung setzten diese zunächst weiter auf verstärkte *finanzielle* Ausbeutung der „nichtwerktätigen Elemente". Die Durchsetzung der rigorosen „Wohnungspolitik" zum Nachteil der hier behandelten Opfergruppe hatte deshalb auch eine am 14. Mai erlassene neue Mietordnung des *VCIK* und des Rats der Volkskommissare der *RSFSR* zum Ziel. Diese sehr detaillierte Ordnung stellte eine erweiterte Fassung des Mietgesetzes vom 4. Juni 1926 dar. Bezüglich der „nichtwerktätigen Elemente" spezifizierte sie die schon 1926 vorgesehenen beiden Bemessungsgrundlagen: Wohnte ein Betroffener in einer Stadt mit 40000 und mehr Einwohnern und lag der einkommensteuerpflichtige Verdienst nicht über 3000 Rubeln, so galt der alte mit dem Einkommen wachsende nach oben offene Satz. Für eine Wohnung in einer kleineren Stadt war eine um ein Viertel niedrigere Mindestmiete angesetzt. Bei einem „nichtwerktätigen" Jahresverdienst von *über* 3000 Rubeln sollte nun jedoch schon der Mindestmietsatz um bis zu 100% über demjenigen für eine Wohnung in einer Stadt ab 40000 Einwohnern liegen! Da die Arbeiter und Angestellten in den Genuß eines gestuften Systems von Mietnachlässen kamen, die je nach Einkommen und Familiengröße nun zwischen 10 und 80% der Miete ausmachten, wurde fortan die politisch motivierte finanzielle Ausbeutung der Personen mit „nichtwerktätigen Einkünften" im Vergleich zur restlichen Bevölkerung noch wesentlich krasser[973]. Für die in engem Umkreis um Moskau herum gelegenen Städte des Moskauer Verwaltungskreises erging auf der Grundlage einer am 31. August erlassenen Verfügung des Präsidiums des Moskauer Stadt- und Gouvernementsrats[974] und einer entsprechenden „Instruktion" der „Moskauer Verwaltung für unbewegliches Besitztum" vom 24. September eine Mietverordnung des Moskauer Kreisvollzugskomitees, die die vom Gesetz des 14. Mai erlaubten diskriminierenden Möglichkeiten voll ausnutzte[975]. Am 12. Oktober setzte auch der Stadtrat in Ser-

---

[971] Vgl. zu diesem Interesse der Kommunalabteilungen auch unten S. 217-218.

[972] Zu dem im Rahmen der Herrschaftskrise der „zweiten Revolution" zentralen Problem einer solchen fortwirkenden Prägung der Justizorgane durch ein Rechtsbewußtsein, das sich im Verlauf der zweiten Hälfte des 19. Jahrhunderts bis hin zur bolschewistischen Revolution ausbilden konnte, vgl. auch die Ausführungen auf S. 281, 289.

[973] Vgl. Ob oplate žilych pomeščenij v gorodach i rabočich poselkach, *SU* 1928, No. 53, st. 402.

[974] Erst 1931 kam es zur verwaltungsorganisatorischen Trennung zwischen den Moskauer Stadt- und Gebietsbehörden auf der Ebene der Partei wie auch auf der des Staates, vgl. L.M. Kaganovič: *Moskovskie bol'ševiki v bor'be za pobedu pjatiletki*, S. 106.

[975] Ob uslovijach i porjadke iscislenija kvartplaty v gorodach i rabočich poselkach moskovskogo uezda. *Žiliščnoe zakonodatel'stvo. Spravočnik postanovlenij*, S. 350, 351.

puchov eine entsprechende Verordnung in Kraft, die sich ausdrücklich auf die Vorgaben aus Moskau berief[976], ebenso am 23. des Monats auch das Vollzugskomitee in der Kleinstadt Klin[977].

Für den gegebenen Problemzusammenhang ist wichtig, daß das Mietgesetz vom 14. Mai die rechtliche Grundlage für eine nachfolgend erlassene spezielle „Instruktion" des Innen- sowie des Justizkommissars der *RSFSR* darstellte. Diese Anweisung, die eine genaue Erläuterung der jeweils pro Personengruppe zu erhebenden Mietbeiträge beinhaltete, legte nämlich zum ersten Mal *exakt* fest, welchen Personenkreis die „nichtwerktätigen Elemente" umfassen sollten. So klassifizierte Art. 27 denjenigen als „nichtwerktätiges Element", dessen „Grundquelle der Existenz" das „Kapital" oder die „Teilnahme an Kapitalgewinnen" darstelle. Der zu dieser Bevölkerungsgruppe gehörige Personenkreis wird wie folgt beschrieben: „Besitzer von Handels- und Industrieunternehmen, Personen, die sich mit Kommissions-, Expeditor-, Kredit- und Börsenoperationen beschäftigen; Personen mit Einkünften aus Verpachtung von Eigentum in den Städten mit dem Ziel der kommerziellen Ausbeutung; Personen, die von Einkünften aus Geldkapital, Prozent- und Dividendenbüchern leben, mit Ausnahme der Einkünfte aus Staatsanleihen, und überhaupt alle Personen, die zur Einkommensteuer nach Liste Nr. 3 der Einkommensteuersätze veranlagt werden"[978]. „Diener religiöser Kulte" sollten, wie abermals[979] festgestellt wurde, dieselben Mietsätze wie die „nichtwerktätigen Elemente" bezahlen müssen[980].

Die Vermutung liegt nahe, daß die einzelnen örtlichen Vollzugskomitees bzw. deren Kommunalabteilungen damit in die Lage versetzt werden sollten, Personen, die von „nichtwerktätigem Einkommen" lebten, endlich *effektiv* im Sinne der längst erlassenen gesetzlichen Vorschriften zu erfassen. Am 6. Juni setzten Aktivisten des Serpuchover Stadtrats in der Sektion für Handel und Kooperativwesen dementsprechend den Beschluß durch, defizitäre Waren von der Verwaltung für Warenhandel der städtischen „Landabteilung" des Stadtrats in erster Linie an die wirklich Bedürftigen, in nur geringem Umfang an die Arbeiter und Bauern und wirklich erst „ganz zuletzt an die nichtwerktätigen Elemente" abzugeben[981]. Der Beschluß muß auch vor dem Hintergrund jenes Appells des Zentralkomitees „An alle Parteimitglieder, an alle Arbeiter" vom 2. Juni gesehen werden, mit dem ja nicht nur eine Parteikampagne für „Kritik und Selbstkritik" eingeleitet wurde, sondern auch auf den Druck des „internationalen Kapitalismus" hingewiesen und

---

[976] Postanovlenie Gorsoveta o novoj kvartplate, *Nabat*, No. 238 (1978), 12.X.1928 g., S. 4.

[977] Ob uslovijach i porjadke isčislenija kvartplaty v gorode Klinu i rabočich poselkach klinskogo uezda, CGAMO, f. 956, op. 1, d. 35, l. 52.

[978] Instrukcija NKVD i NKJuST po primeneniju postanovlenija VCIK i SNK RSFSR ot 14-go V. 1928 g. Ob oplate žilych pomeščenij v gorodach i rabočich poselenijach. *Žiliščnoe zakonodatel'stvo. Spravočnik postanovlenij*, S. 318.

[979] Vgl. oben S. 207.

[980] Instrukcija NKVD i NKJuST. *Žiliščnoe zakonodatel'stvo. Spravočnik postanovlenij*, S. 318.

[981] Protokol zasedanija bjuro torgovo-kooperativnoj sekcii gorsoveta ot 8-go ijunja 28 g., CGAMO, f. 4502, op. 1, d. 43, l. 7.

zum „Aufbruch gegen alle Feinde“, die gerade jetzt gegen den sozialistischen Aufbau Front machten, aufgerufen wurde[982].

Trotz der eindeutigen Vorgaben der oben erwähnten „Instruktion“ der Kommissare für Inneres und Justiz sowie der einschlägigen Paragraphen des Zivilgesetzbuches bestand in den Städten des Gouvernements offensichtlich Unsicherheit hinsichtlich der praktischen Umsetzung der Möglichkeit, Personen mit „nichtwerktätigem Einkommen“ gerichtlich ausquartieren zu lassen. Auch hierdurch litten die Penetrations- und Steuerungskapazitäten der übergeordneten Organe. So beschäftigte sich am 26. Mai 28 die „technische Versammlung der Steuerbediensteten bei der Kreisfinanzverwaltung von Orechovo-Zuevo“ mit der Frage, ob und wie denn hartnäckige Steuerschuldner aus den Reihen der „nichtwerktätigen Kulakengruppe“ bei einem Zwangsverkauf ihres Hauses aus diesem ausquartiert werden könnten. Der vortragende Berichterstatter mahnte auf der Versammlung endlich „entschiedenere Maßnahmen der Einwirkung bis hin zum Verkauf des Eigentums und Vorführung vor Gericht“ an, was auf verbreitete Ineffektivität bzw. Zögerlichkeit der amtlichen Steuerorgane bei der Ausübung ihrer Dienstpflichten schließen läßt. Die Versammlung erwirkte am 6. Juni den Beschluß des Kreisvollzugskomitees, an die übergeordnete Gouvernementsbehörde eine entsprechende Anfrage zu stellen[983]. Das Präsidium des Moskauer Stadt- und Gebietsrats wies in seiner Antwort indessen darauf hin, daß diese Personen schon aufgrund des genannten Art. 155 des Zivilgesetzbuches problemlos ausquartiert werden könnten[984].

Ein großes Problem war offenbar auch die geringe Zahlungsmoral der „nichtwerktätigen“ Mietzahler. Abermals suchte die Regierung die Lösung auf dem Verordnungsweg: Das Gebot der gerichtlich zu verfügenden Ausquartierung säumiger Zahlungsverpflichteter mit „nichtwerktätigem Einkommen“ unterstrich eine Verfügung des Rats der Volkskommissare der *RSFSR* vom 5. Juli, die gegen diese Personengruppe nicht ohne Grund jetzt verschärfte Maßnahmen einforderte[985]. Konkret umgesetzt wurde sie in dem oben bereits erwähnten Zirkular des Innen- und des Justizkommissars vom 2. Oktober[986]. Arbeiter und Angestellte in staatlichen und privaten Betrieben sollten lediglich neben der Mietschuld eine Strafgebühr zahlen, während die „Nichtwerktätigen“, denen bewußtes Verschulden (absichtliche Zahlungsverweigerung) nachgewiesen werden konnte, auf Antrag der jeweiligen Hausverwaltung einem gerichtlichen Ausquartierungsverfahren zu unterwerfen waren. Die Gerichte durften die Räumungsklage der Haus-

[982]Vgl. Ko vsem členam partii, ko vsem rabočim. *KPSS v rezoljucijach i rešenijach*, T. 4, S. 94-98.

[983]Vgl. Protokol techničeskogo soveščanija nalogovych rabotnikov pri orechovo-zuevskogo ufinotdela sostajavšegosja 26-go maja 1928 g., CGAMO, f. 667, op. 1, d. 245, ll. 104, 105, 125.

[984]Prezidium Moskovskogo Soveta R., K. i K. D. V Prezidium Orechovo-Zuevskogo UIKa, ibid., d. 275, l. 237.

[985]O meroprijatijach po usileniju bor'by s neplatel'ščikami kvartirnoj platy. *Žiliščnoe zakonodatel'stvo. Spravočnik postanovlenij*, S. 323.

[986]Vgl. Anm. 955.

verwaltung in keinem Fall abweisen![987] Die genannten Verordnungen begründeten sich dadurch, daß sich die finanzstarken „nichtwerktätigen" Hauseigentümer bzw. Pächter gegen ihre Ausquartierung sehr gut zu wehren wußten. Hierbei kam ihnen vor allem die strikt an den Paragraphen des Zivilgesetzbuchs orientierten formalbürokratischen, sich endlos hinziehenden und vielfach schlampig geführten Verfahren bei den oft mit den vermögenden Privatleuten sympathisierenden örtlichen Volksgerichten sehr zugute[988]. In den kleinen und mittelgroßen Städten des Moskauer Gouvernements waren die Hausbesitzer zudem nach wie vor die größten Wohnungsgeber mit z.T. sehr umfangreichem Immobilienbesitz und entsprechendem Einfluß. Ein gutes Beispiel hierfür ist die Stadt Serpuchov[989]. Von

[987]Cirkuljar Narodnych Komissariatov Vnutrennych Del No. 344 i Justicii *RSFSR* No. 130. *Žiliščnoe zakonodatel'stvo. Spravočnik postanovlenij*, S. 323-325.

[988]Zusätzlich zu dem oben Gesagten sei diesbezüglich folgendes angeführt: Der Vorsitzende des Serpuchover Volksgerichts, Semenov, wandte sich im *Nabat* vom 14. Juni 28 mit einem Aufruf an seine Richterkollegen, in dem er darauf hinwies, daß das vom Zentralkomitee in seinem jüngsten Appell an die Parteimitglieder formulierte Gebot der „Kritik und Selbstkritik", „ohne Ansehen der Person", von den Angehörigen des Gerichtsapparats weitgehend nicht befolgt werde. Eine „gesunde Kritik" sei „eine verläßliche Waffe im Kampf mit Bürokratismus und Verschleppung unter der Bedingung einer aktiven Teilnahme [...] der breiten Massen der Werktätigen". Die Aufgabe laute jetzt, eine „feste Disziplin" in den „Organen" der Gerichte zu etablieren, wobei es nicht ausreiche, nur gegen diejenigen, die gegen die Parteidirektiven verstießen, vorzugehen, vielmehr müsse auch gegen deren Beschützer und Verschleierer gekämpft werden. „Bei dieser ganzen Arbeit" müßten die Volksrichter „eng mit der RKI verbunden sein", um die Schuldigen zu verfolgen; vgl. Samokritika i sud, *Nabat*, No. 136 (1876), 14.VI. 1928 g., S. 3. Am 29. August sandte das „Hauptkassationskollegium" des obersten Gerichts der *RSFSR* einen „Instruktivbrief" an alle untergeordneten Gerichte, in dem auf die völlige Überlastung der örtlichen Justizorgane im Zusammenhang mit Rechtsstreitigkeiten um Miete, Kündigung u.a. Probleme des Wohnungswesens hingewiesen und die Anwendung der gesetzlich vorgeschriebenen Verfahren dringend angemahnt wurde. Einen besonderen Abschnitt widmete das Kassationskollegium dem Umgang mit den „Personen, die von nichtwerktätigem Einkommen leben". Hier urteilten die Gerichte ohne Sorgfalt über Mietzahlungsverpflichtungen im Zusammenhang mit der Existenz „nichtwerktätiger Einkünfte" und verließen sich vielfach auf mündliche „Aussagen" der die wirklichen Einkünfte tunlichst verbergenden Angeklagten oder auf „Vermutungen" anstelle von dokumentarisch belegten Daten. Deshalb erging die Anordnung, in allen Fällen unbedingt auch die Beibringung der entsprechenden Unterlagen der Finanzorgane zu verlangen. Zudem entschieden „einige Gerichte" bei beantragtem Aufschub der Verfahren wegen Einspruchs des Betroffenen bei der Steuerkommission gegen die festgesetzte Einkommenshöhe einfach zugunsten des „Nichtwerktätigen" *abschließend*, ohne die Entscheidung der Finanzorgane abzuwarten; vgl. Instruktivnoe pis'mo GKK Verchsuda RSFSR po žiliščnym delam No. 1 1928 goda. *Žiliščnoe zakonodatel'stvo. Spravočnik postanovlenij*, S. 496, 500, 501.

[989]Für das Halbjahr Oktober-März 1926/27 registrierte die Kommunalabteilung von Serpuchov für Stadt und Kreis die Existenz von insgesamt 2105 privaten Wohnungen und Häusern, denen lediglich 642 munizipalisierte Wohnobjekte gegenüberstanden; vgl. *Otčet ispolnitel'nogo komiteta serpuchovskogo uezdnogo soveta rabočich, krest'janskich i Krasnoarmejskich deputatov za oktjabr' - mart 1926/27 goda*, S. 15. Lag die Gesamtquadratmeterzahl an privatem Wohnraum in der Stadt im Wirtschaftsjahr 1925/26 bei 7500 m², so stieg sie 1926/27 auf 9300 m² und ging 1927/28 dann auf 8000 m² zurück. Die Vergleichszahlen der munizipalisierten Wohnflächen in den gleichen Zeiträumen liegen weit darunter, nämlich 1540, 1500 und 1927/28 sogar nur 1000 m². Für die in Kooperativen überführten Wohnungen lauten die Zahlen 7414, 3827 bzw. 5036 m² -

daher war ein Hauptanliegen der politisch Verantwortlichen, den privaten Grundbesitz zunächst zu „munizipalisieren“ bzw. zu „nationalisieren“, was unter bestimmten Voraussetzungen mit Genehmigung des Moskauer Gouvernementsrats möglich war[990]. In der Kleinstadt Pokrov im Osten des Gouvernements war in den Sommermonaten 1928 deshalb eine spezielle Kommission damit befaßt, zu ermitteln, welche unter den vielen privaten Hausbesitzern der Gruppe der „ehemaligen Händler“ angehörten, damit deren Besitz dann von der städtischen Kommunalabteilung eingezogen werden konnte[991].

Die einschlägigen zugänglichen Quellen weisen für 1928 nirgendwo Angaben über die tatsächlich geleistete Arbeit im Zusammenhang mit den genannten Inventarisierungen nach. Der Verdacht liegt nahe, daß die Ursache in der unterlassenen bzw. sehr ungenauen Erfassung der Anzahl der privaten, munizipalisierten sowie der kooperativ geführten Wohneinheiten durch die städtischen „Unterabteilungen für unbewegliches Eigentum“ zu suchen ist. Auf deren Daten waren die Ermittlungskommissionen bei ihrer Arbeit ja in hohem Maße angewiesen. Nicht ohne Grund war nämlich im Sommer 28 eine Sonderkommission zur Überprüfung der Arbeit der „Unterabteilung für unbewegliches Besitztum“ im Verbund der „Abteilung für Kommunalwirtschaft“ in der Stadt Serpuchov tätig. Am 28. Juli stellte die Kommission ihren Bericht vor, der gravierende Mängel, auch die gerade genannten, in der Arbeit der „Unterabteilung“ feststellte. Zudem würden private Pächter in Ruhe gelassen, d.h. weder ihr Pachtvertrag gekündigt noch sie selbst einem gerichtlichen Ausquartierungsverfahren unterworfen, obwohl sie ihre vertraglichen Verpflichtungen nicht erfüllt hätten[992]. Die „nichtwerktätigen Elemente“ wurden so gesetzwidrig, aber durchaus zum Vorteil der beauftragten Behördenvertreter (Korruption!)[993] geschont. Obwohl im September Weisungen des Präsidiums der örtlichen Arbeiter- und Bauerninspektion sowie des Stadtrats erlassen wurden, diesen Mißständen abzuhelfen, mußte am 11. Dezember eine dreiköpfige, aus Mitgliedern des Apparats der Kreisfinanzabteilung bestehende Untersuchungskommission in ihrem Ermittlungsbericht erneut erklären, daß die Arbeit der „Unterabteilung für unbewegliches Besitztum“

---

auch im Vergleich hierzu war die Anzahl privat genutzter Wohnungen also deutlich höher; s. *Otčet ispolnitel'nogo komiteta serpuchovskogo uezdnogo soveta za 1926/27g. i za 1927/28 g.*, S. 47.

[990]Alle privaten Immobilien, die am 22. Mai 1922 nicht offiziell nationalisiert worden waren, konnten unter der Voraussetzung, daß der Besitzer sein Geld jetzt oder früher in privater unternehmerischer Tätigkeit verdiente, nach einem entsprechenden Überprüfungsverfahren durch die der Stadt übergeordneten Stellen in kommunalen Besitz überführt werden; vgl. den Schriftwechsel des Bevollmächtigten der *RKI* für den Kreis Orechovo-Zuevo sowie des Präsidiums des Kreisvollzugskomitees von Orechovo-Zuevo mit der Führung des Moskauer Gouvernementsrats August bis Oktober 1928; CGAMO, f. 667, op.1, d. 293, ll. 430, 435, 439. Zur entsprechenden gesetzlichen Regelung vgl. die *VCIK*-Verordnung vom 14. Mai 1923: O municipalizirovannych stroenijach, *SU* 1923, No. 44, st. 465.

[991]Vgl. V Prezidium Mossoveta, CGAMO, f. 667, op. 1, d. 293, l. 430.

[992]Akt sostavlen 28 ijulja 1928 g. komissiej po obsledovaniju P/otdela nedvižimych imuščestv, CGAMO, f. 956, op. 1, d. 29, l. 30.

[993]Verweise hierauf ibid.

nach wie vor von Organisationsmängeln *und Ungesetzlichkeiten* charakterisiert sei. Insbesondere von den privaten Wohnungsverwaltungen würden so infolge einer völlig unzureichenden Registrierung auch nicht die gesetzlich geforderten 10% an Wohnraum requiriert und der Kommunalabteilung zur Verfügung gestellt[994]. Abschließend hieß es im Bericht: „Gehörige Maßnahmen, die Arbeiten in der OKCh in Ordnung zu bringen, wurden bis heute nicht ergriffen“[995]. Die nachfolgenden Ausführungen verdeutlichen, daß diese Mängel auch weiterhin offensichtlich kaum behoben werden konnten[996]. Auch in anderen Städten des Gouvernements wurden in der Folge solche Untersuchungskommissionen unter Leitung spezieller „Instruktoren“ eingesetzt, die ähnliche Resultate zutage förderten, etwa in Pavlovo-Posad oder Zarajsk[997].

So wurde nicht nur wegen interner betriebsorganisatorischer Unzulänglichkeiten bei den Wohnungsbehörden vor Ort, sondern auch gerade wegen des - angesichts der starken und einflußreichen ökonomischen Stellung manch eines „Nichtwerktätigen“ - fehlenden Interesses, wirklich scharf durchzugreifen, eine Verschärfung der Repression und Ausgrenzung der „nichtwerktätigen Kategorien“ der städtischen Bevölkerung im Moskauer Gouvernement bis 1928 noch im wesentlichen auf der Ebene der *finanziellen* Benachteiligung betrieben. Hier konnten die finanzschwachen „Abteilungen für Kommunalwirtschaft“ und deren Apparate unmittelbar von den vermögenden Privatleuten profitieren. Der Angriff auf die *leibliche* Existenz, d.h. tatsächlich durchgeführte gerichtliche Zwangsausquartierungen mit allen persönlichen Härten, waren, obwohl gesetzlich vorgesehen, in der Praxis nach dem vorliegenden Quellenmaterial eher selten. Dieser Umstand wirft ein bezeichnendes Licht auf die *tatsächlich* gegebenen Kontroll- und Lenkungsmöglichkeiten der Partei und Regierung gegenüber den untergeordneten Instanzen noch vor Beginn des „sozialistischen Vormarschs“. Einer künftig effektiven und wirksamen politischen Verfolgung der „nichtwerktätigen Elemente“ waren die gegebenen Bedingungen in der Tat nicht dienlich.

2.2.1.2. Die Auseinandersetzungen in den Apparaten und erste Sonderkampagnen vom Spätherbst 1928 bis zum April 1929

Eine Zäsur in der innenpolitischen Entwicklung im Moskauer Gouvernement stellten neben der oben erwähnten Kampagne für „Kritik und Selbstkritik“ in der Partei vom Juni 1928 die auf Anweisung des *ZK* schrittweise vollzogene Entmachtung des Gouvernementsparteikomitees wegen „Rechtsabweichung“ suk-

[994]Nichtenteignete Hausbesitzer hatten schon seit einer Verordnung vom 28. Dezember 1921 10% ihrer Immobilie an die Kommunalabteilung des Stadtrats abzutreten. *Žiliščnoe zakonodatel'stvo. Spravočnik postanovlenij*, S. 97.

[995]Akt, dekabrja 11-go, 28 g. Revizionnoe obsledovanie fin-choz. dejatel'nosti ONI otdela MCh Serpuchovskogo UIKa, CGAMO, f. 956, op. 1, d. 29, ll. 57, 59.

[996]Vgl. unten S. 293/294 mit Anm. 1322.

[997]S. ibid. nebst Anm. 1321 und 1323.

zessive ab Oktober 28, das November-Plenum des *ZK* sowie die 16. Gouvernementsparteikonferenz vom 20.-25. November des gleichen Jahres dar. Das *ZK*-Plenum machte die Notwendigkeit einer Ausquartierung der Personen mit „nichtwerktätigem Einkommen" aus den kommunalen Wohnungen zwar nicht direkt zum Thema, stellte allerdings zunehmenden „Widerstand der kapitalistischen Elemente in der gegenwärtigen Etappe der Verschärfung des Klassenkampfs" im Zuge der forcierten Industrialisierung während der angebrochenen wirtschaftlichen und politischen „Rekonstruktionsperiode" und damit „kleinbürgerlichen Druck auf einige Glieder des Sowjetapparats" und die Partei fest. Links- und Rechtsabweichung von der Parteilinie ergäben sich hieraus[998]. Damit wurde implizit auf die Tätigkeit feindlicher „bürgerlicher" Gruppierungen in den Städten verwiesen, zu denen auch die mißliebigen „nichtwerktätigen Elemente" zählten. Inhaltlich knüpfte das Plenum an die oben erwähnten einschlägigen Beschlüsse und Feststellungen der Unionsparteikonferenz von 1926, des November-Plenums des *ZK* der Partei von 1927 sowie an die Richtlinien des 15. Parteitags an[999].

Bezeichnenderweise vor dem November-Plenum des *ZK* (1928) und der Gouvernementsparteikonferenz lief eine Stigmatisierungskampagne in der zentralen *Pravda* zum einen gegen die Eigner des Privatkapitals in Verbindung mit den Oktober-Maßnahmen der Parteiführung gegen die „Rechtsabweichung" in den Parteikomitees Moskaus und des Moskauer Gouvernements[1000], zum anderen gezielt gegen den Privatunternehmer als solchen und die Existenz privater Wirtschaftsbetriebe in den Städten und auf dem Lande[1001].

Die 16. Gouvernementsparteikonferenz, auf der Stalin persönlich als Redner auftrat, stand ganz im Zeichen der Überwindung der Rechts- und der Linksopposition zur Wahrung der „Generallinie" der Partei[1002]. Das Problem der Zwangsausquartierung der „nichtwerktätigen Kategorien" der städtischen Bevölkerung wurde von den Teilnehmern der Konferenz ebenfalls weder berührt, noch trat es in den am Schluß verabschiedeten Resolutionen als Auftrag an das *MK* und die untergeordneten Parteiorganisationen in Erscheinung. Allerdings bildeten nicht zufällig gerade im Diskussionbeitrag einer Delegierten aus Orechovo-Zuevo die schwierigen Probleme auf dem Wohnungssektor Schwerpunktthemen, jedoch ohne daß die Forderung nach einer wirkungsvolleren und schnelleren Ausquartierung der „nichtwerktätigen" Bewohner erhoben wurde. Die weiteren Redner nahmen hierauf gleichfalls nicht Bezug[1003]. Dennoch muß eine derartige Forderung im Büro des *MK* in dieser Zeit beraten worden sein und seinen Niederschlag wohl auch in einer internen Weisung an die untergeordneten Parteistellen ge-

---

[998] *KPSS v rezoljucijach i rešenijach*, T. 4, S. 128, 136.

[999] Vgl. oben S. 44, 206.

[1000] Vgl. etwa *Pravda*, No. 247 (4079), 23 oktjabrja 1928 g., S. 5.

[1001] Besonders drei Artikel unter der Schlagzeile *Die Privatunternehmer unter dem Beschuß der Arbeiter*, ibid., No. 256 (4088), 2 nojabrja 1928 g., S. 4.

[1002] Vgl. *XVI. Moskovskaja gubernskaja konferencija*, besonders S. 11-45, 48-150, 224ff.

[1003] Ibid., S. 76ff.

funden haben[1004]: Noch am 24. November, also vor Ende der Konferenz, erließ nämlich die Kreisparteiführung in Serpuchov eine Verfügung, derzufolge die Parteifraktion des Stadt- und Kreisvollzugskomitees sowie die Kreisstaatsanwaltschaft angewiesen wurden, „entsprechende Maßnahmen zur Ausquartierung des nichtwerktätigen Elements aus den munizipalisierten Häusern sowie zur Aussiedlung der Grundbesitzer", letztere aus dem gesamten Landkreis, zu ergreifen. Die „Anwesenheit des nichtwerktätigen Elements in den Häusern der kommunalen Wirtschaft" sei „bei dem Mangel an Wohnraum für die Arbeiter als unzulässig" zu betrachten. Die beiden angesprochenen Stellen wurden gleichzeitig verpflichtet, zur nächsten Sitzung des Parteibüros einen Bericht über die eingeleiteten Maßnahmen abzugeben[1005]. Es ist angesichts der strikt zentralistisch organisierten Kommandostruktur innerhalb der Parteihierarchie undenkbar, daß das Serpuchover Parteikomitee einen derart wichtigen Beschluß im Alleingang ohne Billigung des *MK* faßte, um so mehr, als auch von den Parteiführungen anderer Kreisstädte wie Kolomna[1006] und Orechovo-Zuevo[1007] entsprechende Beschlüsse ergingen[1008]. Zugrunde lagen die negativen Erfahrungen (Mißerfolge) in der örtlichen Praxis der Aussiedlung der ehemaligen Gutsbesitzer aus dem Kreisgebiet[1009] sowie mit der gerichtlichen Zwangsausquartierung der städtischen „kapitalistischen Elemente". Bei den letztgenannten handelte es sich, wie für Kolomna bezeugt, durchaus auch um „Arbeiter", die in städtischen Fabriken ihren Lohn verdienten, jedoch in ihrem Heimatdorf eine mittelbäuerliche Wirtschaft mit angeblich oder auch tatsächlich engen Beziehungen zu „Kulaken" unterhielten[1010].

[1004]Leider konnte das entsprechende Dokument in den einschlägigen bisher zugänglichen Moskauer Archivfonds nicht ausfindig gemacht werden, was natürlich keineswegs ein Beweis dafür ist, daß es nicht existierte.

[1005]Postanovlenie bjuro UK VKP (b) o vyselenii iz municipal'nych domov netrudovogo ėlementa i pomeščikov iz uezda, *Nabat*, No. 276 (2016), 28.XI.1928 g., S. 2.

[1006]Vgl. *Kolomenskij rabočij* , No. 93, 28.XI.1928 g. , S. 3.

[1007]*Kolotuška*, No. 275, 28.XI.1928 g., S. 3.

[1008]In anderen Gegenden der Sowjetunion bekamen derartige Verfügungen auch seitens der örtlichen Räte im Einklang mit der lokalen Parteiführung schon erheblich früher Geltung. So verordneten Stadtrat und Bezirksvollzugskomitee im ukrainischen Char'kov bereits im Frühsommer 1928 die Zwangsausquartierung des „nichtwerktätigen Elements" aus den Kommunalwohnungen „im gerichtlichen Verfahren". Anschließend wurden 510 Verfahren eingeleitet, von denen allerdings nur die Hälfte zu einer entsprechenden Verurteilung der Betroffenen führte. Vgl. Vyselenie netrudovogo ėlementa iz municipalizirovannych vladenij, *Pravda*, No. 218 (4080), 19 sentjabrja 1928, S. 4.

[1009]Folgendes exemplarisches Beispiel sei hier genannt: Am 26. September 28 veröffentlichte die Parteizeitung *Nabat* den Bericht eines Informanten, der die zuständigen Behörden wegen ihrer Untätigkeit in der Frage der Aussiedlung eines ehemaligen Gutsbesitzers aus dem Kreis Serpuchov trotz bereits 1925 gefaßtem eindeutigem Beschluß des Kreisvollzugskomitees anklagte, vgl. *Nabat*, No. 224 (1964), 26.IX.1928 g., S. 3.

[1010]Vgl. den Fall des Arbeiters und Bauern Vasilij Ročapev, der offen gegen die Knebelung des privaten Handels und die übermäßige Besteuerung der „Privathändler" Stellung bezog. Dies dürfte den Zugriff durch das *OGPU* zur Folge gehabt haben, da die Kritik als „konterrevolutionäres Vergehen" eines „Kulakenelements" eingestuft wurde; vgl. Informacionnaja svodka o chode očetnoj kampanii sovetov v uezdach Moskovskoj Gubernii (janvar' 1928 g.), zusammen-

Andererseits ging es auch um alte Gutsbesitzer, die in ihrem Dorf immer noch über Landbesitz verfügten und gleichzeitig ein oder mehrere Häuser *in der Stadt* besaßen und bewirtschafteten. Zeitgleich mit der Veröffentlichung der erwähnten Parteiweisung erschien in derselben Nummer des Serpuchover *Nabat* ein Artikel, der einen solchen Umstand geißelte[1011].

Im Gefolge der Gouvernementsparteikonferenz wurden in den einzelnen Kreisstädten des Verwaltungsgebiets Kreiskonferenzen der Partei abgehalten. Die entsprechende, vom 15.-18. Dezember 1928 stattfindende Serpuchover Konferenz bestätigte die von der örtlichen Parteiführung betriebene „Politik der Herausdrängung des Privathändlers" aus dem Wirtschaftskreislauf und gebot, noch „strenger" als bisher „die Möglichkeit der Ersetzung des privaten Handelsumlaufs durch den kooperativen zu berücksichtigen". Die Konferenz billigte die oben genannte Aussiedlungs- bzw. Ausquartierungsweisung des Kreisparteikomitees vom 24. November nachdrücklich und forderte, „mit allen Mitteln die Umsetzung dieser Maßnahmen zu erreichen"[1012]. Der Leiter der „Unterabteilung für unbewegliche Besitztümer" in der „Abteilung für Kommunalwirtschaft" des Serpuchover Vollzugskomitees ließ daraufhin eine „Liste des nichtwerktätigen Elements und der ehemaligen Hausbesitzer, die in den Häusern der Wohnungsgenossenschaften wohnen, sowie der Pächter mit dem Stand zum 1.XII.1928" erstellen. Bei den meisten der aufgeführten Personen handelte es sich um „Händler", aber auch um ehemalige Besitzer von Wirtschaftsbetrieben, Heimgewerbetreibende und einige wenige „Diener religiöser Kulte"[1013]. Wie der letztgenannte Personenkreis wurde damit auch die Kategorie der „Händler", wenigstens zu einem Teil, *zwei* Verfolgungskampagnen, d.h. sowohl derjenigen gegen die *lišency* insgesamt (im Rahmen der Wahlkampagnen) als auch derjenigen gegen die „nichtwerktätigen Elemente", zugeordnet.

Am 22. Dezember verschickte die Kommunalabteilung eine weitere Liste an das Präsidium des Serpuchover Stadtrats, die Namen ehemaliger Hausbesitzer und derzeitiger Pächter munizipalisierter Häuser enthielt[1014]. Eine Aktennotiz des Vollzugskomitees verdeutlichte den Zweck der Liste: Sie sollte vor Gericht als Beweis der Berechtigung für die Auflösung der bestehenden Pachtverträge und die Ausquartierung der Pächter dienen[1015].

Der *tatsächlichen* Zwangsausquartierung der „nichtwerktätigen Kategorien" der Stadtbevölkerung stellten sich jedoch vielfältige Hindernisse in den Weg. Um

---

gestellt u.a. nach geheimem Material des Kreisvollzugskomitees in Kolomna, GARF, f. 1235, op. 140, d. 1107, l. 5.

[1011]Ostrov nepotrevožennych klassovych vragov, *Nabat*, No. 276 (2016), 28.XI.1928 g., S. 2.

[1012]*Materialy XXII-j serpuchovskoj uezdnoj partijnoj konferencii 15-18 dekabr' 1928 god*, S. 5, 7.

[1013]Spisok netrudovogo ėlementa i byvšich domovladel'cev, proživajuščich v domach žiliščnych tovariščestv i arendatorov po sostojaniju na 1/XII-1928 goda, CGAMO, f. 4502, op.1, d. 52, l. 37.

[1014]Spisok municipalizirovannych domov, sdannych serpuchovskim OKCh v arendu byvšim vladel'cam, ibid., ll. 35, 36.

[1015]Handschriftliche Notiz vom 25.XII.28, vgl. ibid., l. 35.

die Betroffenen aus ihren Wohnungen treiben zu können, hatte das Präsidium des Serpuchover Stadtrats die Arbeit der „Unterabteilung für unbewegliche Besitztümer", wie oben erwähnt, einer Sonderüberprüfung durch eine Spezialkommission unterworfen. Zur Verbesserung der festgestellten gravierenden Mängel und zum Zweck einer effektiveren Arbeit der Abteilung erging noch Ende Dezember 1928 auf Anweisung des Stadtrats die Anordnung, einen speziellen Fragebogen zu erstellen, in den die einzelnen Hausverwaltungen dann nicht nur Familien-, Vor- und Vaternamen des jeweiligen der Ausquartierung unterliegenden „nichtwerktätigen Elements" einzutragen hatten, sondern auch Angaben über die Familiengröße, den Arbeitsplatz des Betroffenen *mit* demjenigen jedes Familienmitglieds sowie Informationen darüber, welcher „Beschäftigung" sämtliche Beteiligten *vor* der Revolution nachgegangen waren. Ebenfalls wurde Aufschluß über die Höhe der Miete, die Größe des Wohnraums und das Verhalten des „nichtwerktätigen" Mieters im Haus verlangt. Letzteres sollte durch den Nachweis eventueller Verstöße gegen die Haus- und Mietordnung die Chance vergrößern, eine gerichtliche Ausquartierungsverfügung zu erreichen[1016].

Die Diskussion der Arbeitsergebnisse der in der „Unterabteilung für unbewegliche Besitztümer" tätigen Untersuchungskommission, die am 28. Dezember auf einer Sitzung der Sektion für Kommunalwirtschaft des Stadtrats stattfand, zeigte nicht mehr in erster Linie deutliche Kritik an der Durchführung der Sonderermittlungen seitens städtischer Stellen, sondern nun verstärkt an den Hausverwaltungen selbst: Einerseits seien die „Abteilung für Kommunalwirtschaft" und die Arbeiter- und Bauerninspektion zu wenig beteiligt, und auch der neue Fragebogen selbst enthalte „unverständliche Fragen". Andererseits sei es z.T. aber gar nicht möglich, die genaue Größe des jeweiligen Wohnraums überhaupt festzustellen, da die Hausverwaltungen in den „Wohnungsgenossenschaften" hierüber vielfach zu wenige Informationen lieferten. Die Verantwortlichen des Stadtrats bestritten indessen ein Versagen zumindest der Untersuchungskommission, da die Ermittlungen ja schließlich im „Stoßverfahren" (*v udarnom porjadke*) vonstatten gegangen seien[1017]. Nach der Diskussion sah sich die Sektion im wesentlichen lediglich in der Lage, zu konstatieren, daß es „im Zusammenhang mit dem Erscheinen des Klassenkampfs in den Genossenschaften unumgänglich" sei, „dringend an die Ausquartierung des nichtwerktätigen Elements aus den munizipalisierten Häusern heranzugehen"[1018]. Somit wurde zwar die Umsetzung der oben genannten Resolutionen des *ZK*-November-Plenums demonstriert, aber eben nur formal, ohne die faktische Verwirklichung der Vorgaben des Stadt- und Kreisparteikomitees. Dieses mußte also schmerzlich erfahren, welche Grenzen seiner Macht in der praktischen Durchsetzung der Weisung vom 24. November tatsächlich gesetzt waren.

[1016]Vgl. Trebujuščij material po vyseleniju iz municipalizirovannych domov netrudovogo ėlementa i byvšich vladel'cev, ibid., d. 96, l. 35.

[1017]Protokol zasedanija kommunal'noj sekcii serpuchovskogo gorsoveta, sostojavšegosja 28.XII. 28 g., ibid., d. 52, l. 21.

[1018]Ibid.

Der Ärger über diesen Umstand machte sich in einem Artikel des Parteiblatts *Nabat* vom 30. Dezember Luft. Der offensichtlich gut informierte Verfasser rügte unverblümt, daß „die Mitglieder des Stadtrats" ihren Untersuchungsauftrag bei der Überprüfung der Wohnungsgenossenschaften und der verpachteten Gebäude im Zuge der oben genannten Ermittlungsarbeit nicht erfüllten. Von 100 Mitgliedern des Rats (Angehörige der Sektionen für Kommunalwirtschaft und der *RKI*) hätten sich für die Durchführung der Überprüfung letztlich nur 46 gemeldet. Zudem sei nach der Ausgabe der Fragebögen inzwischen „ mehr als ein Monat" vergangen, aber ausgefüllte Bögen lägen nur von 19 Häusern vor. Der Stadtrat müsse aber dringend wissen, „ob viele der Arbeiterklasse feindlich gesinnte nichtwerktätige Elemente, die unbedingt rausgejagt werden müssen, in den Wohnungsgenossenschaften und den verpachteten Häusern wohnen [...]. Die Mitglieder des Stadtrats, die für die Untersuchung abgestellt sind, müssen ihre Pflicht gegenüber den Wählern erfüllen [...]. Die Arbeiter und Angestellten haben auch ihrerseits den Mitgliedern des Stadtrats bei deren Ermittlungsarbeit zu helfen"[1019].

Hier zeigte sich erneut jenes schwer lösbare strukturelle Problem, das zwischen vielen Amtsträgern des Stadtrats und den klassenbewußten Kräften der Partei bestand und eine gemeinschaftliche Durchsetzung der Repressionspolitik behinderte: Der Zusammenstoß jener beiden schon mehrfach erwähnten, nicht kompatiblen Auffassungen von der Rechtsnatur des sozialistischen Staates, wobei dem von einem gleichsam sicheren proletarischen Instinkt geleiteten „revolutionären Bewußtsein"[1020] als Grundlage eines parteilichen Klassenrechts das zu Beginn der *NĖP* eingeführte kodifizierte staatliche Rechtssystem unversöhnlich gegenüberstand. Verstärkt wurde das Problem durch offensichtliches Desinteresse und die verbreitete Erscheinung der „Verschleppung" (*volokita*) von Verwaltungsvorgängen bei den Mitgliedern des Rats und den Instanzen der Stadtverwaltung, ganz zu schweigen von der oft nicht der „strikten Klassenlinie" entsprechenden „Strafpolitik" der Gerichte, wenn es um „nichtwerktätige Elemente" und andere *lišency* ging[1021]. Die Strafpraxis manch eines „Volksgerichts" liefert

---

[1019]Kločkov: Obsledovanie žiltovariščestv i arendovannych domov prochodit plocho, *Nabat*, No. 302 (2042), 30.XII.28 g., S. 4.

[1020]Zur Dichotomie der Begriffe des „revolutionären Bewußtseins" einerseits, und der „revolutionären Gesetzlichkeit" als staatlichem sozialistischem Recht andererseits, in der politischen Entwicklung Sowjetrußlands seit 1917 vgl. im besonderen Kucherov, S. 670-674.

[1021]Nach einem alarmierenden, die Jahre 1928 und 1929 betreffenden Zustandsbericht einer der Staatsanwälte der *RSFSR* an den leitenden Staatsanwalt der Republik vom 3.I.1930 sahen sich viele „Volksgerichte" inner- und außerhalb des Moskauer Gebiets offenbar nicht in der Lage, ihre „Gerichtspolitik" unter den Bedingungen des „verschärften Klassenkampfs" in den Städten mit der gegebenen Gesetzeslage in Einklang zu bringen. Dies führte - dem Bericht zufolge - zur Verhängung von Strafen wie „Ausweisung" und „Verbannung" nach gesetzlichen Bestimmungen, deren Anwendung auf „fremde Elemente" wie „Händler, Kulaken und Personen ohne Wahlrecht" nicht vorgesehen war. Die Folge war ein unverhältnismäßiger Anstieg der Anzahl der Zwangsausgesiedelten: Diese nahmen in der ersten Jahreshälfte 1929 im Vergleich zur zweiten Jahreshälfte 1928 um mehr als 100% zu! Dennoch könnten, so der Staatsanwalt weiter, diese repressiven und streng genommen ungesetzlichen Urteile aus politischen Erwägungen nicht einfach wieder aufgehoben werden, da es sich bei den Betroffenen ja schließlich um „klassenfremde Elemente" han-

hierfür illustrative Belege. Hervorzuheben ist insbesondere die Situation in den Städten Orechovo-Zuevo, Ozery oder Kašira[1022]. Das *MK* und die Parteiführungen der einzelnen Städte hatten deshalb Schwierigkeiten, konkrete Handlungsanweisungen an Stellen, die zudem nicht dem Instanzenzug der Partei direkt unterworfen waren[1023], auch tatsächlich durchzusetzen. Ob, wie oben gezeigt, in Serpuchov oder in Mytišči, die Situation war in den Industriestädten des Verwaltungsgebiets offensichtlich häufig ähnlich, unabhängig von der geographischen Entfernung zur Hauptstadt[1024]. Für die schwach industrialisierten Landstädte im Westen läßt sich Analoges feststellen[1025].

---

dele. Der Staatsanwalt steckte also in einem schweren Dilemma, was durch die sich immer weiter öffnende Schere zwischen der von der Partei geforderten „strikten Klassenpolitik" auf der einen, und der Unfähigkeit oder Unwilligkeit der Gerichte, deren Anwendbarkeit anhand der Gesetzeslage richtig zu erkennen auf der anderen Seite, gegeben war; vgl. CGAMO, f. 2157, op. 1, d. 84, ll. 11, 12.

[1022]Kam es einerseits zu einer Verschärfung der „Strafpolitik", so war andererseits eine „zu weiche" Rechtsprechung in Städten und Dörfern des Moskauer Gebiets ebenso verbreitet, wenn es um „nichtwerktätige Elemente" und andere „fremde Leute" ging. Zu entsprechenden Stellungnahmen des Vorsitzenden des Moskauer Gebietsgerichts sowie einschlägigen Diskussionen des „Büros der Gerichtsuntersektion" des *Mossovet* 1929 vgl. ibid., d. 87, ll. 112-118; d. 95, l. 8. Speziell zur entsprechenden Situation in Orechovo-Zuevo und Ozery vgl. *Materialy k otčetu o sostojanii i perspektivach raboty Orechovo-Zuevskogo okrispolkoma sovetov r.k. i k.d.*, S. 64 bzw. CGAMO, f. 2157, op. 1, d. 922, l. 112. Zu Kašira vgl. z.B. die an die „Organisationsunterabteilung" des *MOIK* versandten Berichte über die „willensschwachen Richter" am Volksgericht in dieser Stadt, deren Milde im Prozeß gegen zwei „Ehemalige", darunter einen „nichtwerktätigen" *lišenec*, auch in der lokalen Zeitung angeprangert wurde; CGAMO, f. 2157, op. 1, d. 473, l. 220. Am 16. September 29 stellte K. Bauman während der 1. Moskauer Gebietsparteikonferenz in seinem Bericht über die Arbeit des *MK* und des Organisationsbüros des *ZK* für das Moskauer Gebiet fest: „Mit den Organen der Staatsanwaltschaft und des Gerichts steht es bei uns auch nicht ganz gut", vgl. K. Bauman: *Polosa velikogo stroitel'stva*, S. 77.

[1023]Die örtliche Parteileitung hatte ja gegenüber der Staatsanwaltschaft und dem Gericht als solchen kein formales Weisungsrecht, sondern lediglich gegenüber der „Fraktion" der Partei bei diesen Behörden! Nur in ihrer Eigenschaft als der Parteidiziplin unterworfene Parteimitglieder waren der städtische Richter oder der Stadt-/Kreisstaatsanwalt genötigt, Weisungen der „Parteifraktion" zu befolgen, nicht als Justizorgane. Hier waren sie ausschließlich dem Gouvernementsgericht bzw. -staatsanwaltschaft untergeordnet.

[1024]Außer dem örtlichen Gericht geriet in der nahe bei Moskau gelegenen Industriestadt Mytišči auch der Stadtrat in erheblichen Konflikt mit der Moskauer Gebietsparteiführung. Nach einem auf der Grundlage langdauernder Erhebungen schließlich Anfang 1931 verfaßten Bericht der Gebietskontrollkommission beteiligte er sich offenbar nur unwillig und höchst „unzureichend" an den im Zuge des „großen Umbruchs" für alle Städte befohlenen Aufbaukampagnen. Vgl. Dokladnaja zapiska. Predsedatelju Mobl. KK RKI tov. Petersu. Po voprosu ob obsledovanii dvuch gorsovetov Mytiščenskogo i Orechovo-Zuevskogo, dvuch poselkovych sovetov i dvuch sel'sovetov v Orechovo-Zuevskom i Mytiščenskom rajonach, CGAMO, f. 807, op. 1, d. 341, l. 7.

[1025]Zu in dieser Beziehung für die Moskauer Zentrale verheerenden Situation in Možajsk mit seinem politisch passiven Staatsanwalt, der schließlich 1930 von der örtlichen Parteiführung „ins Schlepptau" genommen und auf dem Wege der Einforderung einer strikten Parteidisziplin „buchstäblich" gezwungen werden mußte, politische Strafverfahren gegen 30 „Kulakenwirtschaften" einzuleiten vgl. *IV. plenum Moskovskogo oblastnogo komiteta VKP (b),* S. 86.

Die problematische Umbruchssituation, in der sich die örtlichen Rats- und Parteibehörden in den Städten des Moskauer Gebiets im Kampf mit den „nichtwerktätigen Elementen“ an der „Wohnungsfront“ [1026] befanden, soll im folgenden anhand der quellenmäßig besonders gut dokumentierten Verhältnisse in Serpuchov illustriert werden. Aufgrund des Gesagten nimmt es nicht wunder, daß in dieser Stadt, beginnend mit dem 1. Januar 1929, im Rahmen der Trommelwahlkampagne des *Nabat* zur Umsetzung des vom *ZK* verfügten Repressionsgebots gegen alle „Klassenfeinde“ und „feindlichen Elemente“[1027] eine Parallelkampagne gegen die „nichtwerktätigen Elemente“ in Gang gesetzt wurde. In diesem Zusammenhang ging es auch um die „Durchführung der Klassenlinie in der Wohnungsfrage“, um die es schlecht bestellt sei. „Noch in vielen Häusern“ lebten - so der *Nabat* in seinem Leitartikel - „deren vornehme Eigentümer, denen es jetzt [...], wie auch in der vorrevolutionären Zeit, nicht schlecht“ gehe: „Die ehemaligen Hausbesitzer besetzen die hellsten und geräumigsten Zimmer, während die Arbeiter in Kellern und Dachböden ebendieser Häuser hausen, wobei sie den ‘Pächtern’ keine geringen Summen zahlen“. Das eigentliche Problem der Kreisparteiführung fand sich am Schluß des Artikels: Die Parteidirektive zur Ausquartierung der ehemaligen („nichtwerktätigen“) Eigentümer sei „leider vom Sowjetapparat bisher nicht ausgeführt“ worden. Sie müsse jetzt „entschlossen“ umgesetzt werden[1028]. Noch krasser war das Problem in der plakativen Überschrift zu einem weiteren Artikel der gleichen Nummer des *Nabat* formuliert: „*Die Verfügung des Kreiskomitees der VKP (b) wird nicht ausgeführt. Die Kommunalabteilung beeilt sich nicht. Die Hausbesitzer feiern*“. Erneut wurde hier der Leser mahnend daran erinnert, daß in „ca. dreitausend ein- und zweistöckigen Häusern [...] seelenruhig Fabrikanten und Händler [...] in den besten, trockensten, hellsten Wohnungen mit allen Bequemlichkeiten“ auf Kosten der „Arbeiter“ lebten. Am Schluß des Artikels erschien erneut der Aufruf an die Mitarbeiter aller beteiligten Stellen, die Weisung der Parteileitung endlich umzusetzen[1029]. Diesem Appell schlossen sich in der Folge mehrere denunzierende Artikel mit genauen Angaben über bestimmte namentlich genannte Personen (Händler, ehemalige Hausbesitzer, Kinder von „Spekulanten“ u.a.) sowie deren Familienangehörige an. Daraus ergab sich für den Leser auch, wo ein bestimmter „Nichtwerktätiger“ oder dessen Abkömmling immer noch unerwünschterweise wohnte, gar an der „Arbeiterfakultät“ studierte oder etwa in einem staatlichen oder kooperativen Betrieb arbeitete[1030].

[1026]Dieser Kampfbegriff wurde zusehens für die Umsetzung der offiziellen „Wohnungspolitik“ im Zeichen der „Verschärfung des Klassenkampfs“ benutzt, so auch in den „Sektionen“ und „Untersektionen“ des *Mossovet*, vgl. etwa Protokol No. 3 plenuma Prokurorskoj P/sekcii ot 27-go ijunja 1929 goda, CGAMO, f. 2157, op. 1, d. 89, l. 3.

[1027]Vgl. oben S. 83-86.

[1028]Očistit’ apparat ot čuždych ėlementov, *Nabat*, No. 1 (2043), 1.I.1929 g., S. 1.

[1029]Vyjavljat’ i vymetat’ tret’ju silu - vot klassovyj dolg každogo proletarija. Anschließend veröffentlichte die Redaktion abermals den Text der Parteiweisung vom 24. November, ibid., S. 3.

[1030]G.: Torgovcy, kupcy i byvšie oficiry v apparate SCRK. V našem apparate dolžny rabotat’ naši ljudi, ibid. Am 9. Januar hetzte der *Nabat* erneut gegen die in den munizipalisierten Häusern

Die „nichtwerktätigen Elemente" hatten, wie oben begründet, in dieser Zeit noch gute Chancen, ihrer politisch motivierten betrieblichen Kündigung oder Ausquartierung zu entgehen: Bereits Mitte 1928 wurde der Sektion der Arbeiter- und Bauerninspektion des Serpuchover Stadtrats vom Präsidium des Vollzugskomitees aufgetragen, den erwähnten genossenschaftlichen Betrieb *Kustar'* hinsichtlich der Existenz „nichtwerktätiger Elemente" zu überprüfen. Als Ergebnis der Ermittlungen wurde bekanntgegeben, „daß sich in die Genossenschaft ehemalige Fabrikanten und Händler eingeschlichen" hätten. Es handele sich dabei um Personen mit großem Einkommen, „Motorboten, Bäckereien etc." So erging am 9. Oktober 28 zunächst der Beschluß des Sektionsbüros, für acht Mitglieder der Genossenschaft, darunter einen ehemaligen Fleischereibesitzer, einen „Fabrikpächter", ein „Mitglied der ehemaligen Stadtverwaltung", einen „religiös aktiven Händler" sowie schließlich für „die Tochter eines Gutsbesitzers", beim Ratspräsidium die „Aberkennung der Bürgerrechte" zu beantragen[1031]. Am 11. Januar 1929 folgte die Weisung des Stadtrats, alle entdeckten „Nichtwerktätigen" zu entlassen[1032], mit gutem Grund: Aus der aktenkundig gewordenen Diskussion gleichen Datums über den Rechenschaftsbericht des Rats ist ersichtlich, daß sich zu diesem Zeitpunkt offenbar sämtliche Beschuldigten noch an ihrem Arbeitsplatz befanden und sogar z.T. zwischenzeitlich befördert worden waren[1033]! Die auf Druck der „Parteifraktion" beim Stadtrat zustandegekommene Entlassungsanweisung blieb wirkungslos, denn sie entbehrte ja, wie oben dargelegt, bislang der formalgesetzlichen Grundlage. So zeugt die Tatsache, daß die Weisung folgerichtig nicht ausgeführt wurde, auch von einer stabilen Orientierung der Betriebsleitung und der Ratsbehörden an den existierenden Rechtsnormen der *NĖP*, also einem starken Rechts*bewußtsein*, das im Gegensatz zu dem von der stalinistischen Mehrheit im Politbüro verfochtenen „Klassenprinzip" als quasirechtliche Norm stand.

Die Diskussion des Stadtrats am 11. Januar führte schließlich zu dem Ergebnis, daß die Angelegenheit der Entlassung des „nichtwerktätigen Elements" aus

wohnenden „ehemaligen Hausbesitzer", die sich insofern am „Schädlingswesen" beteiligten, als sie, um Kosten zu sparen, entgegen ihrer Verpflichtung als Pächter notwendige Reparaturen an den Häusern nicht vornähmen. Auch hier tauchten nicht nur konkrete Namen, sondern auch genaue Adressen auf. Von einer früheren Hausbesitzerin berichtete ein Informant, daß deren Töchter es geschafft hätten, „sich in den Komsomol einzuschleichen". Bald würden sie es trotz ihrer Herkunft wohl schaffen, auch die Parteimitgliedschaft zuerkannt zu erhalten. Der Verfasser endete mit der Forderung, daß es „nötig" sei, „die ehemaligen Hausbesitzer zu deklassieren"; Znajuščij: Otstepenit' byvšich domovladel'cev, ibid., No. 7 (2049), 9.I.1929 g., S. 3.

[1031]Protokol No. 1 zasedanija bjuro sekcii RKI, ot 9/X-28 goda, CGAMO, f. 4502, op. 1, d. 44, l. 4.

[1032]Protokol No. 1 Plenuma Serpuchovskogo Gorodskogo Soveta ot 11 janvarja 1929 goda, ibid., d. 49, l. 60. Die hier sehr großzügige Einbeziehung mehrerer verschiedener *lišency*-Kategorien in die Gruppe der „nichtwerktätigen Elemente" verdeutlicht den mangelnden Willen der Parteifraktion des Rats zur prinzipiellen Abgrenzung nach Maßgabe des geltenden Rechts.

[1033]Ibid.

der Genossenschaft *Kustar'* an den Staatsanwalt übergeben wurde[1034]. Aber noch am 27. Februar machte der *Nabat* darauf aufmerksam, daß ein gewisser Syromjatnikov, Leiter der „Strumpfmeisterei" im Verbund jener Genossenschaft, als „ehemaliger Händler", noch dazu ohne Wahlrecht, weiterhin an seinem Arbeitsplatz tätig sei[1035]!

Hinsichtlich der Ausquartierung der „nichtwerktätigen" Personengruppe aus den munizipalisierten Wohnungen ergab sich aus den Wortbeiträgen eines führenden Ratsmitglieds während des Verlaufs jener Veranstaltung vom 11. Januar, daß die oben erwähnte Überprüfung der einzelnen Haushaltungen zu diesem Zeitpunkt nun wohl endlich abgeschlossen war[1036], an die faktische „Ausquartierung" aber „in Kürze" herangegangen werden würde[1037]. Tatsächlich berichtete die Zeitung erst in ihrer Ausgabe vom 16. Januar 29 dann von *einer einzigen* wirklich durchgeführten Maßnahme solcher Art. Es ging um den Fall des „ehemaligen Händlers" Semen Nikolaevič Borodin, der es, nicht gewerkschaftlich organisiert und inzwischen auch ohne Wahlrecht, hatte hinnehmen müssen, daß in eines seiner vier von ihm bewohnten Zimmer eine Arbeiterfamilie einquartiert wurde. Borodin beschwerte sich dagegen bei der „Union der Textilarbeiter" mit Hilfe eines „Rechtsberaters" und stellte beim Volksgericht das Begehren, die Familie wieder ausquartieren zu lassen. Der Verfasser des Artikels betonte, daß der „Rechtsberater" (*juriskonsul'tant*) seinen Klienten vor Gericht in bewußter Verfälschung der Tatsachen als „Werktätigen" und „Mitglied der Gewerkschaftsunion" bezeichnet habe. Dennoch sei Borodin, so der Informant freudig, in den letzten Tagen auf Beschluß des Gerichts zwangsausquartiert worden[1038]. Problematisch war der Zeitungsartikel auch für den genannten Rechtsbeistand: Am Schluß wurde nämlich nicht nur die Frage gestellt, ob denn Borodin ein Recht zustehe, sich diesem als Gewerkschaftsmitglied zu präsentieren, sondern auch formuliert: „Interessant ist auch zu wissen, von welchen Beweggründen die Rechtsberaterin Slavina ausging, vor Gericht die Händlerfamilie Borodin zu verteidigen?"[1039] Unterschwellig schwingt dabei mit, daß die Gewährung eines solchen Schutzes den Rechtsbeistand selbst in das Lager des Klassenfeindes rücke, womit der Verfasser eine zusätzliche Stigmatisierung zu erreichen suchte. Dahinter steht der von den Hardlinern der Partei in Serpuchov offenbar geteilte

---

[1034] Vgl. das „Schlußwort" des Präsidiumsvorsitzenden Archipov, ibid., l. 62.

[1035] Syromjatnikov prolez, *Nabat*, No. 48 (2090), 27.II.1929 g., S. 3.

[1036] Dies war keineswegs selbstverständlich und galt für viele andere Orte nicht. Das *VCIK* sah sich deshalb noch am 14. Januar gezwungen, die einzelnen städtischen Kommunal-, Wohnungs- und *RKI*-Sektionen zu einer „systematischen Beobachtung der Wohnungswirtschaft der Stadträte" zu verpflichten. Nicht nur der richtige Einsatz der Finanzmittel und die tatsächliche Durchführung von Reparaturen, sondern auch „die soziale Zusammensetzung der Bewohner", will heißen auch deren Herkunft und Stellung in der Gesellschaft, sowie „das Verfahren der Besetzung freiwerdender Wohnräume" (Prüfung etwaigen Zuzugs von „nichtwerktätigen Elementen"!) sollte überprüft werden, vgl. Cirkuljar VCIK ot 14 janvarja 1929 g. *Žiliščnoe zakanodatel'stvo. Sbornik dekretov*, S. 33.

[1037] Quelle nach Anm. 1032.

[1038] Gejne: „Trudjaščiesja" i ich „zaščitniki", *Nabat*, No. 13 (2055), 16.I.1929 g., S. 3.

[1039] Ibid.

Standpunkt, daß die „nichtwerktätigen Kategorien“ vor Gericht keinen Rechtsschutz verdienten. Dies verstieß gegen den bisherigen politischen Kurs der Gouvernementsparteiführung, denn noch am 24. Mai 1928 hatte das Sekretariat des *MK* in einer Verfügung klargestellt, daß besonders die „nichtorganisierte Bevölkerung, die Hausgewerbetreibenden, das nichtwerktätige Element“ juristischen Beistand vor Gericht bekommen sollten. Allerdings müßten diese Gruppen im Gegensatz zu den meisten „Arbeitern“ für ihre Rechtsbetreuung *bezahlen*, wobei sich die Höhe der Gebühr nach dem Einkommen richten solle[1040]. Zu dieser Zeit der „Kollektivierung“ der Rechtsanwaltschaften[1041] kam es in solchen Fällen anscheinend häufig vor, daß „der Advokat für seine Arbeit soviel, wie er wollte, nehmen konnte“[1042]. Aber erst am 14.II.1930 veröffentlichte das „Moskauer Verteidigerkollegium“ in seinem „Informationsbulletin“ den Beschluß, künftig „Kulaken, Händlern und anderen Nichtwerktätigen“ in Strafsachen, die „konterrevolutionäre Verbrechen“ beträfen, wie auch „überhaupt bei allen Vergehen, die einen Klassenkonflikt zwischen dem Rechtsbrecher und dem sowjetischen Staat oder dessen gesellschaftlichen Organisationen und einzelnen Werktätigen darstellen“, einen Rechtsschutz vor Gericht generell zu versagen[1043].

So verdeutlicht der Zeitungsartikel, daß sich in der Partei Anfang 1929 auch vor Ort zunehmend radikale Kräfte durchzusetzen suchten. Die Kollision des Anspruchs dieser Kräfte in der Partei hinsichtlich der Zwangsausquartierung der „Nichtwerktätigen“ mit den tatsächlich gegebenen bescheidenen Möglichkeiten zu seiner Verwirklichung an der „Wohnungsfront“ zeigten auch die nachfolgenden Tage und Wochen der Serpuchover Kampagne: Einzelne Mitglieder des Stadtrats beklagten die Langsamkeit der Ausquartierungen und machten dafür die mangelnde Kontrolle der Kommunalabteilung durch das Präsidium des Rats verantwortlich. Die Dringlichkeit einer Lösung des Problems begründete man erneut mit einer gegenüber den Arbeitern himmelschreiend ungerechten, weil bevorrechteten Nutzung des Wohnraums durch die „Händler“ und neureichen Privatunternehmer, die offen als „antisowjetische Elemente“ klassifiziert wurden[1044]. Daraufhin verschärfte sich der Druck der Partei auf die Präsidien des Rats bzw. des städtischen Vollzugskomitees: Am 28. Januar mußten die Verantwortlichen der „Unterabteilung für unbewegliche Besitztümer“ bei der „Abteilung für Kommunalwirtschaft“ vor dem Präsidium des Stadtrats zur Verlesung eines Berichts „über den Gang der Arbeiten betreffs der Ausquartierung der nichtwerktätigen Elemente aus den Häu-

[1040]Postanovlenie sekretariata MK VKP (b) po voprosu o juridičeskom obsluživanii naselenija MGSPS, domami krest'janina i kollegiej zaščitnikov, CGAMO, f. 2157, op. 5, d. 107, l. 138.

[1041]Hierzu ausführlich Huskey, *Russian Lawyers*, S. 152-154.

[1042]N.V. Palibin: *Zapiski sovetskogo advokata. 20-e - 30-e gody*, Paris 1988, S. 112.

[1043]Informacionnyj bjulleten' prezidiuma MKZ, No. 5, 14.II.1930 g., GARF, f. 1652, op. 1, d. 53, l. 20. Dieser Beschluß wurde offensichtlich unter großem Druck durchgesetzt. Noch am 8. Februar des gleichen Jahres konnte sich die Parteifraktion des Moskauer Stadt- und Gebietsverteidigerkollegiums nicht auf einen solche gravierende Benachteiligung der „nichtwerktätigen Elemente“ vor Gericht verständigen; vgl. Protokol No. 50 zasedanija frakcii VKP (b) Mosk. Kollegii Zaščitnikov ot 8. fevralja 1930 g., CGAMO, f. 2157, op. 5, d. 107, l. 88.

[1044]Pospešit' s vyseleniem netrudovogo ėlementa, *Nabat*, No. 14 (2056), 17.I. 1992 g., S. 2.

sern der Wohnungsgenossenschaften“ erscheinen. Der Vortrag ergab, daß *lediglich sieben Familien* bereits ihre Wohnungen verloren hatten, wenn auch 60 weitere zur Ausquartierung vorgesehen waren - ein bescheidener Befund, der vom Vortragenden mit den folgenden charakteristischen widrigen Umständen erläutert wurde:

> Es ist unzweifelhaft, daß in der Arbeitspraxis der OKCh hinsichtlich der Ausquartierung der nichtwerktätigen Elemente große Schwierigkeiten auftauchen. Die ehemaligen Leute leisten Widerstand gegenüber den Machtorganen bei der Ausquartierung. Zum gegenwärtigen Zeitpunkt sind acht Fälle an das Gericht gegangen. Das Volksgericht, das manchmal nicht genügend gewichtiges Material vorliegen hat, weist das Ausquartierungsersuchen ab. Die existierenden Artikel 155 und 171 des Zivilgesetzbuches werden nicht immer auf die Ausquartierung des nichtwerktätigen Elements angewandt. Die Bewohner der wohnungsgenossenschaftlich organisierten Häuser arbeiten manchmal der Ausquartierung entgegen und verstecken die Angehörigen des nichtwerktätigen Elements[1045].

Das Präsidium beschloß nach dem Vortrag eine Weisung, derzufolge die Kommunalabteilung endlich „entschlossenere Maßnahmen zur Ausquartierung des nichtwerktätigen Elements zu ergreifen“ hatte, wobei der „juristische Sektor“ des Kreisvollzugskomitees eng in „diese Arbeit“ eingebunden wurde[1046]. Konkret hieß dies, die Erfüllung der vertraglichen Verpflichtungen der Pächter in den Wohnhäusern nachzuprüfen und „das Material über die Überprüfung der Wohnungsgenossenschaften“ zu sichten. Anschließend sollten Kommunalabteilung und „juristischer Sektor“ dann „an die Ausquartierung des nichtwerktätigen Elements durch das Volksgericht herangehen“[1047]. Die örtliche Parteiführung führte zusätzlich eigene Maßnahmen durch, um das gemeinsame Ziel zu erreichen: Sie organisierte Versammlungen von Parteimitgliedern und Kandidaten in den Kommunalwohnungen und ließ beschließen, „alle Kommunisten“ für die Ausquartierungsanstrengungen zu mobilisieren. Diese hätten Erkenntnisse über die Existenz etwaiger „Nichtwerktätiger“ in den Kommunalwohnungen umgehend zu melden. Außerdem sollte im Februar 1929 „eine Untersuchung aller Häuser der Wohnungsgenossenschaften mit dem Ziel der Ermittlung des nichtwerktätigen Elements“ durchgeführt werden.[1048] Gleichzeitig wurde die Reihe der „Anmerkungen“ im *Nabat* mit Anzeigen gegen „Händler“ und „Hausbesitzer“, die in kooperativen Organisationen arbeiteten, fortgesetzt[1049].

[1045]Lučšie kvartiry - rabočim. Postanovlenie bjuro UK VKP (b) o vyselenii netrudovogo ėlementa provoditsja v žizn’, ibid., No. 23 (2065), 29.I. 1929 g., S. 1.

[1046]Ibid.

[1047]Protokol No.l zasedanija prezidiuma serpuchovskogo gorsoveta ot 28. Janvarja 1929 goda, CGAMO, f. 4502, op. 1, d. 51, l. 106.

[1048]Vgl. 200 rabočich semej jutjatsja v syrych podvalach. Uskorit’ vyselenie netrudovogo ėlementa iz domov OKCh. *Nabat*, No. 23 (2065), 29.I.1929 g., S. 1.

[1049]Ibid., S. 3, s. auch No. 25 (2067), 31.I.1929 g. S. 1 sowie die Nummern 27ff.

Trotz dieser Bemühungen blieben die Schwierigkeiten bestehen: Am 2. Februar beklagte das Parteiblatt erneut die Langsamkeit der Ausquartierungen sowie die Tatsache, daß die Betroffenen großen Widerstand leisteten, wobei sie auch „Bundesgenossen“ unter den Arbeitern fänden. Der Hinweis, daß sich die Situation in der Stadt trotzdem gut entwickele, wirkt deshalb wenig glaubhaft[1050].

Die hier beschriebene Situation illustriert sehr plastisch das Problem der eingeschränkten Lenkungskapazitäten der Partei in der faktischen Umsetzung der neuen „Klassenpolitik“. Damit ist die Relevanz des einleitend skizzierten Ansatzes W.M. Pintners von der Entstehung einer neuen „Penetrationskrise“ des sowjetischen politischen Systems während des „großen Umbruchs“ 1928/29ff. erneut empirisch unter Beweis gestellt.

Das in den Augen der Partei kontraproduktive und schädliche Verhalten der verantwortlichen städtischen Stellen bezüglich der exakten Umsetzung der gegen die „Klassenfeinde“ an der „Wohnungsfront“ gerichteten Repressionpolitik war auch ein besonderes Thema der Wahl- und Rechenschaftskampagnen des Stadtrats. Der sich ergebende Konflikt wurde von den betrieblichen Parteizellen dabei bewußt angeheizt. So waren zahlreiche Stimmen aus den Reihen der Arbeiter zu vernehmen, die die Behauptungen der auf den einzelnen Versammlungen sprechenden Bevollmächtigten des Rats über den Kampf an der „Wohnungsfront“ kritisierten bzw. in Abrede stellten. Einzelne Beschäftigte äußerten auf einer Betriebswahlversammlung der Fabrik „Roter Textilarbeiter“, daß es für einen Arbeiter schwierig sei, Mitglied einer Wohnungskooperative zu werden. Es stimme nicht, daß der Wohnungsbau zugunsten der Arbeiter zunehme. Wohnungsbaukooperativen gebe es sehr wenige. Bisher lebten in den Kooperativwohnungen „Kulaken“, die es zu „verjagen“ gelte. In den „Kommunalwohnungen“ sitze das „nichtwerktätige Element“, während die Arbeiter „unter schlechten Bedingungen“ wohnten. Auch im Großbetrieb „Industriehandel“ kritisierte man auf einer Rechenschaftsversammlung, daß „die Ausquartierung der Händler aus den kommunalen Häusern“ nur „schwach“ betrieben werde. Ein Mitarbeiter der Administrativen Abteilung des Vollzugskomitees bestärkte diese Stimmen, indem er darauf verwies, daß „in den Häusern der Kommunalwirtschaft das nichtwerktätige Element“ lebe, die Arbeiter aber in Kellern. Ein Großteil der kommunal verwalteten Häuser befinde sich „in Pacht ehemaliger Besitzer“, die sie verfallen ließen. Sie würden von „Spekulanten“ aufgekauft[1051]. Auf einer Betriebsversammlung des Kontors der „Kreiswaldschule“ wurde nicht nur angemerkt, daß ein „ehe-

[1050] Vypolnjat’ partijnye direktivy, ibid., No. 27 (2069), 2.II.1929 g., S. 1.

[1051] Um derartigem entgegenzuwirken, hatte das *NKVD* der *RSFSR* bereits am 19. April 1926 ein Zirkular „Über Maßnahmen im Kampf mit der Grundstücksspekulation“ erlassen. Danach mußte u.a. jeder Grundstücksverkauf von der jeweiligen Kommunalabteilung, die im Verein mit den Bestimmungen des Zivilgesetzbuches Einspruchsrecht hatte, genau registriert werden. Vgl. Cirkuljar NKVD ot 19 aprelja 1926 g. No. 139. *Žiliščnoe zakonodatel’stvo. Sbornik dekretov*, S. 85. Daß im genannten Fall das Zirkular nicht oder nur sehr unzureichend berücksichtigt wurde, verdeutlicht wieder einmal, wie sehr die Serpuchover Kommunalabteilung von wirtschaftlichen Eigeninteressen bestimmt war. Dazu auch die nachfolgenden Ausführungen.

maliger Grundbesitzer" fünf Zimmer besetze, während 800 Arbeiterfamilien „in Kellern" lebten, sondern auch, daß der offizielle „Agent" der Kommunalabteilung in Zuständigkeit für die „Kooperativgenossenschaften" nicht „zum Nutzen der Sowjetmacht" arbeite, sondern deren Politik „in den Augen der Arbeiter" durch einseitige Parteinahme zugunsten der privaten Bewirtschafter untergrabe (!). Infolgedessen habe der Stadtrat der Senkung der Mieten in der Wohnungsbaukooperative „wenig Aufmerksamkeit" geschenkt. Schließlich kritisierten Arbeiter der städtischen Eisengießerei, daß es sogar „Fakten der Einquartierung des nichtwerktätigen Elements in die Häuser der Kommunalabteilung" gebe, während die Anträge der Arbeiter absichtlich liegengelassen würden. Die Beschäftigten der *Zanarka* gaben dem Stadtrat zu Bedenken, daß bei ihnen in den betrieblichen Wohnungsgenossenschaften „Fabrikanten auf den Posten der Verwaltungsvorsitzenden" säßen[1052].

Aufgeschreckt durch diese alarmierenden Informationen der Arbeiter und Angestellten in den verschiedenen Betrieben, verstärkte die Serpuchover Parteiführung die Zeitungskampagne gegen die „Nichtwerktätigen" und ließ im *Nabat* vom 2. Februar eine „Liste der fremden Elemente" veröffentlichen, die „an erster Stelle zur Ausquartierung bestimmt" waren. Zunächst erschienen 21 Namen von Personen, die „in nächster Zeit" zugunsten von Arbeitern, die neuen Wohnraum besonders nötig hätten, zum Verlassen ihrer alten Wohnungen notfalls gerichtlich gezwungen werden sollten. Alle hatten auch ihr Wahlrecht bereits verloren. In einer Ergänzungsliste wurden weitere 9 Namen veröffentlicht[1053]. Einige Betroffene waren vorher schon in Zeitungsartikeln (seit Jahresbeginn 29) an den Pranger gestellt worden[1054].

Die anhand der Verhältnisse in Serpuchov beschriebenen Probleme bei der Durchsetzung der „Klassenlinie" anläßlich der Zwangsausquartierung der „nichtwerktätigen Elemente" im Gefolge der „Revolution von oben" sind in der Tat als exemplarisch zu betrachten: Sie stellten sich auch anderen Städten und „städtischen Siedlungen" des Moskauer Gebiets[1055]. Der Vorsitzende des Moskauer Rats, Uchanov, ging in seinem Vortrag während der Plenarsitzung des Rats vom 1. Februar deshalb nicht ohne Grund auf die entsprechenden Fragen der „Wohnungswirtschaft" ein, wobei er bemerkte, daß „die Klassenlinie in der Praxis [...] nicht hinreichend deutlich durchgeführt" worden sei. Da die Werktätigen im Vergleich zu „den anderen Gruppen" in der Hauptstadt sowie im Moskauer Gebiet allgemein viel weniger Wohnraum zur Verfügung hätten, müsse eine harte „Klassenpolitik" befolgt werden. So werde jetzt „die Frage nach der Ausquartierung des

[1052]Informacionnaja svodka ob itogach otčetno-vybornoj kampanii serpuchovskogo gorsoveta sozyva 1927 goda. Kampanija prochodila v period s 25/I. po 14/II. 1929 goda, CGAMO, f. 5812, op. 1., d. 3, l. 11.

[1053]Kto budet vyselen v pervuju očered'. Spisok vyseljaemych čuždych ėlementov, *Nabat*, No. 27 (2069), 2.II.1929 g., S. 3.

[1054]Vgl. z.B. den Fall des oben genannten Händlers Mjasnikov (s. S. 84, 91).

[1055]Vgl. dazu Anm. 428.

nichtwerktätigen Elements aus den munizipalisierten Häusern Moskaus“ gestellt.[1056]

Beträchtlichen Repressionsdruck auf die nichtproletarischen Gegner an der „Wohnungsfront“ übte auch eine seit Jahresbeginn tätige Kommission „zur Stärkung der Arbeiterklassenpolitik in den Häusern“ in der Regie des Moskauer Stadt- und Gebietsrats[1057]. Ihr Beschluß vom 4. Februar lautete, neben den „nichtwerktätigen Elementen“ *auch die ehemaligen Hauseigentümer* zwangsauszuquartieren. Diese Maßnahme sollte allerdings gleichfalls im *gerichtlichen* Verfahren zur Anwendung kommen, statt, wie von einem radikalen Kommissionsmitglied zunächst vorgeschlagen, in einem *administrativen* Akt[1058]. Die Anhänger des radikalen Kurses der politischen Wende vermochten sich also, wohl nicht nur aufgrund der Intervention der „Gouvernementsstaatsanwaltschaft“, sondern auch auf Druck von oben, nur teilweise durchzusetzen. Es ist nicht verwunderlich, daß in dieser Situation zeitgleich eine Verordnung des *VCIK* und des *SNK* in Kraft trat, derzufolge alle Stadträte und Vollzugskomitees das leidige, für die Verfolgung der „Nichtwerktätigen“ zentrale Problem der „Inventarisierung der munizipalisierten Häuser“ nun spätestens bis zum 1. Oktober 1929 durch entsprechende Maßnahmen endgültig zu lösen hatten[1059].

Der Druck von oben zeigte bei den untergeordneten Instanzen bald seine Wirkung. In Serpuchov griffen die Verfechter einer strikten Durchsetzung der „Klassenlinie“ (Arbeiterkorrespondenten und andere Autoren des *Nabat*) zunächst weiter zu dem Einschüchterungsinstrument öffentlicher Angriffe auf das „Volksgericht“, das mit seinen schleppenden, verzögernden Entscheidungen für den langsamen Gang der Ausquartierungen in erster Linie verantwortlich gemacht wurde. Die Anträge der „Kommunalabteilung“ auf Durchführung der Zwangsmaßnahmen seien, so ein Zeitungskommentar am 9. Februar, bei Gericht bisher nur zu 50% erfolgreich gewesen. In mehreren Fällen hätten die Richter Ausquartierungsersuchen mit dem Argument zurückgewiesen, daß eine solche Maßnahme nicht auf den Art. 171 des Zivilgesetzbuches gegründet werden könne![1060] Auch im Rahmen der laufenden Wahlkampagnen 1928/29 formulierten die Beschäftigten verschiedener Betriebe während der verordneten „Rechenschaftsver-

---

[1056]Vgl. Doklad tov. Uchanova na plenume Mossoveta 1 fevralja 1929 g., *Pravda*, No. 31 (4165), 7 fevralja 1929 g., S. 2.

[1057]Die Kommission bestand aus zwei leitenden Vertretern des *MUNI*, je einem Abgesandten aus zwei Moskauer Stadtkreisräten, dem Vorsitzenden des *MFO*, einem Vertreter des *GUKCh-NKVD*, dem Chef des *MGSPS* sowie dem „Gouvernementsstaatsanwalt“ mit einem leitenden Mitarbeiter. Vgl. Zasedanie komissii, pod predsedatel'stvom t. Lavrova, po usileniju klassovoj rabočej politiki v domach. 4 fevralja 1929 g., CGAMO, f. 2157, op. 1, d. 370, ll. 207f.

[1058]Der Abgesandte des *MUNI* in der Kommission machte diesen letztgenannten Vorschlag, der zum erwähnten Zeitpunkt bereits an die „Fraktion“ der Partei im *Mossovet* übermittelt war, im Einklang mit den Partei-Hardlinern im *MOIK* gegen den Widerstand der Vertreter des *MFO* sowie des *GUKCh-NKVD*. Vgl. zum Verlauf der Diskussion und zur Beschlußfassung ibid., ll. 207-215.

[1059]O merach po uluččeniju domovogo chozjajstva, *SU* 1929, No. 16, st. 45.

[1060]Vgl. Lučšie kvartiry v kommunal'nych domach - rabočim. Vyselenie netrudovogo ėlementa prodolžaetsja. Sud ne idet navstreču OMCh - čto tormozit vyselenie, *Nabat*, No. 33 (2075), 9.II.1929 g. S. 3.

sammlungen“ Anfang Februar 29 unter den üblichen aufgeforderten „Fragen“ und Interpellationen an den Serpuchover Stadtrat den Vorwurf, „daß die ehemaligen Großunternehmer und Hausbesitzer gerichtlich nicht aus ihren Häusern ausquartiert“ seien. Das Gericht habe ihre Ausquartierung abgelehnt[1061] - ein neuerlicher Beweis dafür, daß im Volksgerichtsprozeß nach wie vor die existierenden, die verbliebenen Bürgerrechte formal schützenden Gesetze noch nicht ohne weiteres zugunsten der Parteigesetzlichkeit zu beugen waren.

Ein anderer Grund für den geringen Erfolg der kommunalen Stellen bei den Ausquartierungsbegehren nach Maßgabe der oben genannten Listen waren aber eben auch das nur geringe Interesse des Wohnungsamts, gut zahlende „nichtwerktätige“ Mieter zu verlieren, sowie der aktive Widerstand der mitwohnenden Hausbewohner (etwa Nachbarn der *lišency*)[1062]. So konnten die Verantwortlichen am 9. Februar lediglich *fünf* weitere Personen als wirklich ausquartiert verbuchen, von denen zudem zwei laut einer früheren Zeitungsanzeige ihre Wohnungen angeblich bereits längst verloren hatten![1063] Der oben genannte Privathändler Borodin besaß zwar einen volksgerichtlichen Ausquartierungsbescheid[1064], erreichte indessen in einem Revisionsverfahren beim Gouvernementsgericht[1065] eine erneute Prüfung seines Falles, die für März angesetzt wurde[1066]. Interessant ist in diesem Zusammenhang die Bekanntgabe von 13 weiteren zur Ausquartierung vorgesehenen Personen, um den ideologischen Druck zu erhöhen - zusammen mit der unverhohlen zugegebenen Einschätzung, daß „allein durch den Apparat der OKCh das ganze nichtwerktätige Element unmöglich auszusiedeln“ und hier deshalb „die Hilfe aller Werktätigen nötig“ sei. Alle, die von der Existenz „nichtwerktätiger Elemente“ in ihren Häusern wüßten, seien verpflichtet, „dies an die Kommunalabteilung zu melden und an die Zeitung zu schreiben“[1067]. In diesen Tagen häufte sich nicht zufällig gerade bei der Kommunalabteilung, den Angaben

---

[1061]Voprosy. Zadannye na otčetnych sobranijach o rabote serpuchovskogo gorsoveta – Centrospirtom, Moločnoj kooperaciej i ob-edinennymi gruppami častnych predprijatij, CGAMO, f. 5812, op. 1, d. 3, l. 31.

[1062]Vgl. zu ersterem auch oben S. 218, zu letzterem S. 229.

[1063]Es handelt sich um zwei Personen von den erwähnten sieben Familien, die vor dem 28.I.29 ausquartiert wurden, vgl. S. 229.

[1064]Aber auch derjenige, dem ein solcher Beschluß zugestellt wurde, mußte zwar mit der Vollstreckung rechnen, konnte aber u. U. von der Nachlässigkeit der Vollzugsorgane profitieren. Dies zeigt eine Anfrage an den Serpuchover Stadtrat vom 8. Februar. Ein oder mehrere Betriebsangehörige wollten wissen, warum denn ein gewisser Golanov, der laut Gerichtsurteil für zwei Jahre nicht nur aus der Stadt, sondern auch „aus dem Gebiet des Moskauer Gouvernements“ zwangsausgesiedelt werden sollte, immer noch „in der 2. Kaserne in der Wohnung seiner Frau“ ungestört nächtige. Voprosy, zadannye na otčetnom sobranii o rabote Serpuchovskogo gorsoveta, na Novo-Tkackoj f-ke, 8-go fevralja 1929 g., CGAMO, f. 5812, op. 1, d. 3, l. 44.

[1065]Bis zum Herbst 1929, dem Abschluß der Verwaltungsreform, wurde amtlicherseits stets noch vom „Moskauer Gouvernementsgericht“, nicht vom „Moskauer Gebietsgericht“, gesprochen, wenn auch der Terminus „Gouvernement Moskau“ offiziell - wie oben erwähnt - bereits Mitte Januar 29 durch die Bezeichnung „Moskauer Gebiet“ abgelöst worden war.

[1066]Vragi vyselenija, *Nabat*, No. 33, (2075), 9.II.1929, S. 3.

[1067]Vgl. die Art.: Kto ešče vyseljajut sowie: Nužna pomošč’ vsech trudjaščichsja, ibid.

des *Nabat* zufolge, „das Material über die *fremden Leute*“[1068], wie die „nichtwerktätigen“ Personen - genauso, wie die gesamte *lišency*-Gruppe - offiziell zunehmend genannt wurden. „Viele der Händler“ schafften es offensichtlich nach wie vor, sich als Gewerkschaftsmitglieder eintragen zu lassen, manche mit, manche auch ohne Wahlrecht[1069]!

Die Serpuchover Kampagne zur Ausquartierung des „nichtwerktätigen Elements“ wurde vom *Nabat* trotz allem als „erfolgreich“ verbucht. Am 19. Februar veröffentlichte das Blatt eine „Liste des fremden Elements“, das neun weitere zur Ausquartierung vorgesehene Personen enthielt, wie vorher unter Angabe der jeweiligen Adressen. Bei genauerem Hinsehen kann jedoch nur sehr bedingt von einem Erfolg gesprochen werden: Weiterhin lag die Zahl der tatsächlich Ausquartierten weit unter dem Soll. *Lediglich noch fünf* Familien ehemaliger oder derzeitiger „Händler“ und „Fabrikanten“ hatten jetzt durch Gerichtsbeschluß ihr Wohnrecht eingebüßt, alle waren nach dem 1. Januar 1929 in der Zeitung angeprangert worden[1070]. Das Parteikomitee und die anderen örtlichen Verantwortungsträger waren sich der Kluft zwischen dem ideologischem Anspruch und der gegebenen Wirklichkeit bewußt: Im Anschluß an die Liste erschien ein Warnhinweis der „Abteilung für Kommunalwirtschaft“, der den „fremden Leuten“ bei Weigerung, der ihnen mitgeteilten Ausquartierungsanweisung Folge zu leisten, mit administrativen Maßnahmen drohte[1071]. Im Klartext hieß dies die Zwangsvorführung vor Gericht.

Am 22. Februar erschienen in der Presse erneut Meldungen über „Erfolge“ bezüglich der zugunsten der Arbeiter durchgeführten Ausquartierungen, andererseits aber auch erneut Hinweise über den Widerstand der „ehemaligen Hausbesitzer, *NĖP*-Leute, Spekulanten und Händler.“[1072] Letzteres wurde als Problem auch vom 1. Sekretär des *MK*, Molotov, einen Tag später, zu Beginn der 17. „Moskauer Gouvernementsparteikonferenz“, aufgegriffen und als gesetzmäßige Folge des verschärften Klassenkampfs im Zuge der Politik der „Herausdrängung der kapitalistischen Elemente aus den früheren Positionen“ eingestuft. Diese Einschätzung bestätigte die Konferenz in ihren Resolutionen vom 26. Februar,

---

[1068]Vgl. z.B. die vom Vollzugskomitee geprüfte, am 12.II. wieder an die Kommunalabteilung zurückgeschickte Liste mit Namen, Adressen und Angaben über die „soziale Herkunft“ der Auszuquartierenden; CGAMO, f. 4502, op. 1, d. 96, l. 34. Hervorhebung von H.-M. Miedlig.

[1069]Quellenbelege nach Anm. 1067. Durch diese Umstände wurde dem inkriminierten Personenkreis die Nutzung der jetzt auf Anweisung des Gouvernementsvollzugskomitees ausdrücklich nur an „Werktätige“ ausgegebenen Rabatmarkenhefte (*zabornye knižki*) für verbilligten Broteinkauf ermöglicht. „Nichtwerktätige Elemente“ sollten nämlich ihr Brot künftig zu erhöhten Preisen kaufen müssen. Die Mitte Februar 1929 tagende 17. Moskauer Gouvernementsparteikonferenz billigte diese diskriminierenden Beschlüsse des Vollzugskomitees; vgl. *Rezoljucii XVII Moskovskoj gubkonferencii*, S. 33.

[1070]Razvertyvaem nastuplenie na klassovogo vraga. Vytrjachnem ego iz našego apparata i iz našich domov. Kvartiry torgovcev - rabočim, *Nabat*, No. 41 (2083), 19.II.1929 g., S. 3.

[1071]Ibid.

[1072]Žestoko borot'sja s primirencami v nastuplenii na klassovogo vraga, ibid., No. 44 (2086), 22.II.1929 g., S. 3.

wobei klar ausgedrückt wurde, worum es der politischen Führung konkret ging, nämlich um „die Herausdrängung des privaten Händlers" aus der sowjetischen Gesellschaft. Der Vormarsch des Proletariats auf diesem Terrain ziele „auf die Ausrodung der Wurzeln des Kapitalismus selbst" [1073].

Dem dennoch wirkungsvollen latenten Widerstand der „kapitalistischen Elemente" in den kommunalen Wohnungen kamen die Behörden vor Ort in ihrem Handeln offensichtlich noch entgegen: So klagte der *Nabat*, daß sich zwar die Zahl der Auszuquartierenden (nicht die der tatsächlich Ausquartierten!) jeden Tag vergrößere, „leider" mangele es aber „einzelnen Sowjetorganisationen" an Bewußtsein[1074] für die „politische Bedeutung dieser Kampagne", weshalb sie „an sie von einem formalen Standpunkt aus" herangingen. Die „Sache der Ausquartierung" behinderten erneut „besonders das Volksgericht und die Staatsanwaltschaft", die die Verfahren verschleppten, wodurch den wohnraumbedürftigen Arbeitern der Einzug in diese Wohnungen erschwert werde. Was besonders zum Ärger Anlaß gab, war die differenzierte Sicht des Gerichts. Einem im Wortlaut zitierten Bericht des örtlichen Bevollmächtigten des „Gouvernementsgerichts" zufolge machte dieses, statt dem reinen „Klassenstandpunkt" zu folgen, *gerechterweise* Unterschiede zwischen verhältnismäßig armen Klein- und vermögenden Großhändlern. Es komme eben nicht auf kleine Händler, sondern auf die wirklich „großen Spinnen" der Branche an. Um diese müßten sich die Gerichte kümmern. Der Bevollmächtigte kritisierte in diesem Zusammenhang die „Kommunalabteilung", durch die „bisher nicht ein einziger Antrag auf Ausquartierung eines wirklich nichtwerktätigen Elements an das Gericht gegangen" sei (sic!) [1075].

Die Zeitungsredaktion äußerte im Namen der Partei offen ihren Unmut über die ausgewogene Meinung des Bevollmächtigten. Das Gericht habe „in der Frage der Ausquartierung" schließlich „eine harte Klassenlinie" zu verfolgen. Alle Behörden seien verpflichtet, die Beschlüsse des 15. Parteitags und der nachfolgenden *ZK*-Plenen auch in der konkreten Praxis umzusetzen[1076]. Die örtliche Parteiführung war über die in ihren Augen unzureichende Tätigkeit der „Kommunalabteilung" und des Gerichts derart aufgebracht, daß sie nicht davor zurückschreckte, sogar dazu aufzurufen, vorgeschriebene Instanzenwege nicht einzuhalten: „Die Wohnungsgenossenschaften müssen selbst, ohne auf die OKCh zu warten, bei Gericht Begehren um Ausquartierung der fremden Elemente einreichen"[1077].

So zeigt sich auch hier wieder die erwähnte Kluft zwischen dem von der Partei vorgegebenen ideologischen Anspruch und den tatsächlich vorhandenen

[1073]Otkrylas' XVII Moskovskaja Gubpartkonferencija. Vstupitel'noe slovo tov. Molotova, *Pravda*, No. 46 (4180), 24 fevralja 1929 g., S. 2 sowie: Ob uspechach i trudnostjach socialističeskogo stroitel'stva, ibid., No. 48 (4182), 27 fevralja 1929 g., S. 2.

[1074]Vgl. hierzu oben S. 100/101.

[1075]Žestoko borot'sja s primirencami v nastuplenii na klassovogo vraga, nemedlenno vyselit' čuždye ėlementy iz kommunal'nych domov - kak trebujut naši rabočie, *Nabat*, No. 44 (2086), 22.II.1929 g., S. 3.

[1076]Ibid.

[1077]Ibid.

Möglichkeiten, diesen in der Praxis zu verwirklichen. Dahinter stand das erwähnte Problem der mangelnden Anpassung sowohl des örtlichen Gerichts als auch der Kommunalabteilung an die politisch-ideologisch motivierte neue Repressionspolitik der Partei gegenüber dem „Klassenfeind in den Häusern". Orientiert an den Kriterien des mit dem Beginn der Justizreform 1921/22 staatlich sanktionierten Rechtssystems der „revolutionären Gesetzlichkeit", wehrten sich diese Organe nicht nur gegen eine *objektiv* illegale Praxis der staatlichen Gewaltanwendung im Geiste eines vom „revolutionären Bewußtsein"[1078] inspirierten Klassenrechts, sondern empfanden dieses Vorgehen auch *subjektiv* als unrechtmäßig. Dieses insbesondere im Justizapparat noch vorhandene Rechtsbewußtsein ist oben bereits als Fortwirkung alten vorrevolutionären, bürgerlich-liberalen Ideenguts beschrieben worden.

Am 27. Februar veröffentlichte der *Nabat* die Sondermeldung, daß die Kommunalabteilung mit dem „Technikbüro" des Stadtrats einen Vertrag abgeschlossen habe, der der Überprüfung von 32 in Privatpacht geführten Häusern zum Zweck der Ermittlung von Möglichkeiten zur vorzeitigen Auflösung der Pachtverträge dienen sollte. Von dieser Maßnahme erhoffte man sich endlich die gewünschte Beschleunigung der Ausquartierungen. In diesem Zusammenhang wurde die Kommunalabteilung erneut wegen Untätigkeit in der Ausquartierungsfrage öffentlich vorgeführt[1079]. Gleichzeitig erschienen 16 weitere denunzierende *zametki*. Die Ungeduld der klassenbewußten Entscheidungsträger ist verständlich, denn trotz aller Maßnahmen der beteiligten Behörden faßte das „Volksgericht" den Beschluß, zunächst nicht mehr als *drei* weitere „nichtwerktätige Elemente" ausquartieren zu lassen[1080]. Darunter befand sich der genannte Händler und Hausbesitzer Mjasnikov[1081].

Auch im März änderte sich an dem schleppenden Fortgang der im Vergleich zu den Wünschen der Hardliner der Partei nur in geringer Zahl tatsächlich durchgeführten Ausquartierungen wenig. Daran konnte auch das Gebot des im gleichen Monat abgehaltenen Serpuchover Kreisrätekongresses, alle von ihm ausdrücklich gebilligten Maßnahmen des Kreisvollzugskomitees zur Ausquartierung des „nichtwerktätigen Elements" zu beenden, und dies „in nächster Zeit", nichts ändern[1082]. Am 17. des Monats ließ die Serpuchover Parteiführung einen Leitartikel veröffentlichen, worin erneut beklagt wurde, daß die Ausquartierungen trotz der „Trommelkampagne" des *Nabat* nach wie vor „außerordentlich langsam" vonstatten gingen. Die Wohnungsgenossenschaften, die hier „fortschrittliche Positionen" einnehmen sollten, schöben die Verantwortung einfach auf die Kommunalabteilung ab. Noch nicht einmal sei die „Anzahl des in den Häusern der

---

[1078] Vgl. dazu Anm. 1020.

[1079] Počemu ne prinimajutsja mery? *Nabat*, No. 48 (2090), 27.II.1929 g., S. 3.

[1080] Obsledovanie 32 domovladenij, ibid.

[1081] Kvartiry nėpmanov - trudjaščimsja, ibid.

[1082] Vgl. *Rezoljucii po rabote serpuchovskogo Uispolkoma i socialističeskomu pereustrojstvu sel'skogo chojzajstva, prinjatye na XIV uezdnom s-ezde sovetov v marte 1929 goda*, S. 9.

Kommunalwirtschaft lebenden nichtwerktätigen Elements endgültig festgestellt". Wenn dies so weiterginge, würde die „Stoßkampagne ihre politische Bedeutung" verlieren. Kommunalabteilung und Wohnungsgenossenschaften wurden angewiesen, „die Ausquartierungsarbeit zu verstärken und die Aufmerksamkeit der Werktätigen auf diese Frage zu mobilisieren". Das gerade beim Rat der Volkskommissare der *RSFSR* verabschiedete Gesetzesprojekt, das besonders vermögende „Nichtwerktätige" einer nun auch *administrativen* Zwangsausquartierung unterwerfen sollte[1083], wurde dabei als schlagkräftiges Argument für das erwünschte Verhalten der städtischen Stellen benutzt. Das Gericht dürfe sich „keinerlei Nachsicht gegenüber dem Klassenfeind" mehr erlauben[1084]. In einem nachfolgenden Artikel wurde zwar freudig vermeldet, daß die Kommunalabteilung nun bereits begonnen habe, die Pachtverträge mit den ehemaligen Hausbesitzern zu kündigen[1085], auch dies bedeutete jedoch wenig, denn die grundsätzlichen Schwierigkeiten blieben bestehen. Die von Ausquartierung betroffenen „nichtwerktätigen Kategorien" der Stadtbevölkerung hatten aufgrund des Fehlens der von der Partei angemahnten „strikten Klassenlinie" in der örtlichen „Gerichtspolitik", ein Umstand, der ja nicht nur auf die Stadt Serpuchov beschränkt war, immer noch gute Chancen, davonzukommen[1086]. Deshalb versuchte Ende März eine offene Versammlung der Parteizelle der Kommunalarbeiter das Problem der schwachen Durchsetzungsmöglichkeit der Parteidirektiven und damit der eingeschränkten Kontroll- und Lenkungskapazitäten sowohl der lokalen wie der übergeordneten Machtinstanzen an der „Wohnungsfront" ein für allemal aus dem Wege zu räumen. Die Versammelten stellten unverblümt fest, daß das örtliche Gericht der Sache der Ausquartierung des „nichtwerktätigen Elements" nicht dienlich sei und im Gegenteil zugunsten der Beklagten urteile. Auch das Wohnungsamt (*žiliščnyj stol*) lasse der Ausquartierung „wenig Beachtung" zuteil werden. Daher erging schließlich der von allen getragene Beschluß, die Hausverwaltungen der Wohnungsgenossenschaften neu wählen zu lassen, um auf diese Weise mehr Parteimitglieder und Arbeiter in deren Apparate zu schleusen. Diese könnten dann die Ausquartierungen effektiver durchsetzen. Außerdem sollte der „kommunistische Sektor" (*kommunističeskaja čast'*) der Kommunalabteilung die Ursachen der mangelnden Bereitschaft der Gerichte, Ausquartierungen zu veranlassen, ermitteln und bewerten. Drittens wurde die „Fraktion" der Partei im Stadtrat gebeten, zu-

---

[1083]Im „Rat der Volkskommissare" konzipierte man die administrative Zwangsausquartierung auch aller „ehemaligen Hausbesitzer". Vgl. Zasedanie komissii, pod predsedatel'stvom t. Lavrova, po usileniju klassovoj rabočej politiki v domach. 4 fevralja 1929 g. CGAMO, f. 2157, op. 1, d. 370, l. 207.

[1084]Rešitel'no vyseljat' klassovych vragov iz kommunal'nych domov i žil'tovariščestv. Nikakich poblažek! *Nabat*, No. 63 (2105), 17.III.1929 g., S. 3.

[1085]Dogovora rastorgajutsja, ibid.

[1086]Vgl. auch den Fall des „Gemüsegartenbesitzers" Žit'kov, eines angeblich private Arbeitskräfte beschäftigenden Großverdieners, der als ehemaliger Hausbesitzer mit Erfolg seine Ausquartierung verhindern konnte und sich sogar noch am 30. März um die Wiedererlangung seines 1925 in kommunalen Besitz überführten Hauses bemühte; s. Vyselit' iz našich domov Žit'kovych, ibid., No. 73 (2115), 30.III.1929 g., S. 3.

sätzliche Finanzmittel zu mobilisieren und einen besonderen „juristischen Sektor" bei der Kommunalverwaltung einzurichten[1087]. Selbst diese weitgehenden Beschlüsse blieben dennoch ohne quellenmäßig faßbare Folgen. Sie wurden erst am 18. April dem Stadtratspräsidium zur Entscheidung vorgelegt[1088], zu einer Zeit, als sich die gesetzlichen Bestimmungen bezüglich einer Zwangsausquartierung der genannten Bevölkerungsgruppen bereits grundlegend verändert hatten.

2.2.1.3. Der Höhepunkt der Verfolgung 1929/30

Mit dem neuen Gesetz des „Allrussischen Zentralen Vollzugskomitees" vom 8. April 1929 „Über die Wohnbeschränkung für Personen der nichtwerktätigen Kategorien in den munizipalisierten und nationalisierten Häusern und über die Ausquartierung der ehemaligen Hausbesitzer aus den nationalisierten und munizipalisierten Häusern" schien eine Lösung der krisenhaften Durchsetzungsprobleme der gegen den „Klassenfeind" gerichteten Wohnungspolitik endlich in greifbarer Nähe. Das Gesetz setzte die automatische Beendigung des Mietvertrags zum 1. Oktober 29 für jeden „nichtwerktätigen" Mieter fest, der ein Jahreseinkommen von über 3000 Rubeln erzielte und daher zu den höchstmöglichen Einkommensteuersätzen veranlagt wurde[1089]. Diese Leute waren nun „der Ausquartierung im administrativen Verfahren ohne Zuweisung eines [anderen - *Erg. v. H.-M. Miedlig*] Wohnraums" unterworfen. In der „Anmerkung" zu diesem Artikel fand sich allerdings eine wichtige Einschränkung: „Hausgewerbetreibende und Handwerker", die aufgrund ihres Einkommens gleichhoch besteuert wurden, sollten hiervon ausdrücklich ausgenommen sein, „Pächter und Eigentümer von Industrieunternehmen" im Regelfalle ebenfalls, wenngleich sie in begründeten „Ausnahmefällen" mit Genehmigung der Bezirks- und Gebietsvollzugskomitees dennoch der Zwangsausquartierung unterworfen werden sollten. Das Gesetz betonte, daß der *lišency*-Status, für sich genommen, *kein* Kriterium für eine im Verwaltungsverfahren durchzuführende Zwangsausquartierung sein könne[1090]. Ehemalige Hausbesitzer, auch wenn sie inzwischen zu den „werktätigen" Arbeitern oder Angestellten zählen sollten, wurden ebenfalls zusammen mit den von ihnen materiell

---

[1087] Vypiska iz protokola obščego sobranija (otkrytogo) jačejki VKP (b) Kommunal'nikov ot 27/III-29g., CGAMO, f. 4502, op. 1, d. 96, l. 29.

[1088] Ibid.

[1089] Aber auch unabhängig vom Einkommen durften nach Art. 2 des bereits erwähnten *VCIK*-Gesetzes vom 15.XI.1927 nach dem 1. Oktober 1929 die in den munizipalisierten Wohnungen lebenden „Nichtwerktätigen" nur noch eine Wohnfläche nutzen, deren Ausdehnung vom örtlichen (z.B. städtischen) Vollzugskomitee im Verein mit entsprechenden Richtlinien des Innenkommissars der *RSFSR* genau festgelegt werden sollte; vgl. oben S. 208. Implizit bedeutete dies die Zwangsausquartierung desjenigen, der mit der vorgeschriebenen Verkleinerung seines Wohnraums nicht einverstanden wäre.

[1090] Ob ograničenii proživanija lic netrudovych kategorij v municipalizirovannych i nacionalizirovannych domach i o vyselenii byvšich domovladel'cev iz nacionalizirovannych i municipalizirovannych domov, *SU* 1929, No. 33, st. 339, Art. 1.

abhängigen Familienmitgliedern zum Kreis der Auszuquartierenden gerechnet, allerdings hatte in jedem Fall das jeweilige örtliche Vollzugskomitee seine Zustimmung zu geben. Aber auch hier sah das Gesetz Ausnahmen vor: So sollten Personen, die vor der Revolution als „Arbeiter" ihren Lebensunterhalt bestritten hatten, ehemalige Hauseigentümer mit einem Wohnraum von nicht mehr als 115 m², Bürger mit besonderen Verdiensten und staatlichen Auszeichnungen, Akademiemitglieder, Professoren und andere Lehrer der „höheren Lehranstalten", loyale ehemalige und derzeitige Angehörige der Roten Armee sowie jeweils alle dazugehörigen Familienmitglieder in keinem Fall von solchen Zwangsmaßnahmen betroffen sein. Die einzelnen Vollzugskomitees konnten zudem nach eigenem Ermessen noch andere Personen von der Zwangsausquartierung ausnehmen[1091]. Binnen zwei Wochen sollten die Volkskommissariate für Inneres und Justiz zu dem Gesetz eine entsprechende Durchführungsverordnung erarbeiten[1092]. Diese wurde allerdings erst am 15. Mai 1929 ausgefertigt und intern in Umlauf gebracht[1093], was wiederum Verzögerungen in der Verkündung der entsprechenden Verfügung des *MOIK* (für das Moskauer Gebiet) sowie der einzelnen einschlägigen städtischen Verordnungen zur Folge hatte.

Einige ehemalige Hausbesitzer vor Ort versuchten, die Gunst der Stunde zu nutzen, um sich vom Präsidium des Stadtrats ihre ihnen vor einigen Jahren im Rahmen der Demunizipalisierung zugestandenen, aber jüngst wieder entzogenen Besitzrechte endgültig bestätigen zu lassen. Sie konnten sich jedoch, wie außer für Serpuchov auch für die in unmittelbarer Nähe Moskaus gelegenen Datschenstädte Perovo und Kuskovo bezeugt, gegen die wirtschaftlichen Nutzungsinteressen der städtischen „Abteilungen für Kommunalwirtschaft" nicht durchsetzen.[1094] Das

---

[1091]Ibid., Art. 4, 5, 7.

[1092]Ibid., Art. 9. Über alle genannten Bestimmungen des Gesetzes wurde auch, in Kurzform und ohne Kommentar, informiert in *Pravda*, No. 82 (4216), 10 aprelja 1929 g., S. 6.

[1093]Instrukcija Narodnych Komissariatov Vnutrennych Del i Justicii *RSFSR*, No. 167/65, CGAMO, f. 2157, op. 1, d. 370, ll. 182-185.

[1094]Das sauber und klar geschriebene und präzise formulierte Gesuch der Serpuchover Bürgerin A.A. Glagoleva vom 9. April, beispielsweise, wurde eine Woche später von der Kommunalabteilung mit der Begründung abgelehnt, daß das fragliche Haus längst wohnungsgenossenschaftlich genutzt werde und so für die Abteilung durch die Erwirtschaftung von Pachtgeldern einen „Wert" darstelle. Nach den Worten der Klägerin hatte diese das Besitzrecht für das Haus im Jahr 1923 von der Kommunalabteilung zurückerhalten, worauf der Beschluß jedoch vom Kreisvollzugskomitee zu ihrem Nachteil und ohne Begründung wieder korrigiert worden sei. Am 26. April bestätigte das Präsidium des Vollzugskomitees dennoch den ablehnenden Bescheid. Vgl. Predsedatelju Serpuchovskogo Uispolkoma. Glagolevoj Aleksandry Andreevny živuščej v gorode Serpuchove v obščežitii No. 115 pri f-ke imeni Nogina. Zajavlenie, sowie: Vypiska protokola Prezidiuma Serpuchovskogo gorsoveta No. 3 ot 26.IV.29 g. Ibid., f. 4502, op. 1, d. 54, l. 69; l. 10. Ein analoges Ergebnis erbrachte der ebenso klar, unenthusiastisch und ohne Benutzung der bolschewistischen Denkschablonen und Sprachformeln aufgesetzte Antrag der A.N. Kuprijanova vom 15. April, gerichtet an die Serpuchover Arbeiter- und Bauerninspektion; vgl. V Serpuchovskuju Raboče-Krest'janskuju Inspekciju. Gr-ki Kuprijanovoj Anny Nikolaevny, živuščej Gorod Serpuchov [sic! Grammatik!]. Moskovskaja ulica dom No. 74. Zajavlenie., ibid., l. 70. Zur Bestätigung des ablehnenden Bescheides durch den Stadtrat vgl. Vypiska iz protokola Prezidiuma Serpuchovskogo gorsoveta No. 3 ot 26/IV-29 g., ibid., l. 73. Stil und Ausdrucksweise entsprachen

hier zutage tretende erstrangige Interesse der Kommunalabteilung am größtmöglichen finanziellen Ertrag der ihr übertragenen Liegenschaften zeigt auch der abschlägige Bescheid auf einen Antrag der „Serpuchover Zentralen Arbeiterkooperative" (*SCRK*), einige von der Stadt an Privatleute verpachtete „Handelsplätze" zu übernehmen[1095].

Der Serpuchover Stadtrat erwies sich weiterhin als Vorreiter gegenüber den Räten der anderen Städte des Moskauer Gebiets: Er beschloß schließlich Ende April erste energische Schritte, das neue Gesetz - auch *ohne* Regierungsinstruktion und Weisung des *MOIK* - umzusetzen, nachdem die Realisierung der längst genehmigten Planvorgaben in dieser Sache offensichtlich infolge des Wartens auf die Instruktionen der vorgesetzten Stellen mehrfach zeitlich aufgeschoben worden war[1096]. Die Kommunalabteilung und der „Juristische Sektor" waren angewiesen, „unverzüglich" eine Liste der Personen zusammenzustellen, die der administrativen Zwangsausquartierung nach Maßgabe des Gesetzes unterlägen. Der Leiter der „Abteilung für Kommunalwirtschaft" wurde persönlich für die Umsetzung der Anweisung haftbar gemacht[1097]. Während der Präsidialsitzung vom 26. April bemängelten die Anwesenden nach dem Vortrag des Leiters der Kommunalabteilung das „Arbeitstempo" der Abteilung in Sachen Zwangsausquartierung als „ungenügend" und trugen den Verantwortlichen auf, künftig „hart und entschie-

---

so gar nicht Stephen Kotkins „Speaking Bolshevik" als Identität stiftendes bzw. spiegelndes Medium in der Gesellschaft der „stalinistischen Zivilisation"; vgl. Stephen Kotkin: *Magnetic Mountain: Stalinism as a Civilization*. Berkeley u.a. 1995, S. 198ff. Die Verfasserinnen aus Serpuchov ließen eine solche „Sprache" vermissen, da ihre Begehren von reiner Zweckbestimmung (Rückgabe ihres einstigen Eigentums) geleitet und von kühler Distanz zum Regime geprägt waren. Die Petitionen stellten ganz im Sinne der Klassifikation von Sheila Fitzpatrick keine unterwürfigen, damals besonders oft von Frauen sehr emotional formulierten „Bitt-", geschweige denn „Opferbriefe" dar. Bei den Verfasserinnen handelte es sich eben nicht um Leute, die sich als unterlegene Bittsteller, sondern als selbstbewußte, auf ihre Rechte pochende Bürger fühlten. Sie hatten zur Untermauerung ihrer Ansprüche Juristen zumindest konsultiert, wenn nicht diese sogar mit der Abfassung der Schreiben beauftragt. Die Argumentation gründete sich auf akkurat zitierte Gesetzesparagraphen und behördliche Einzelentscheidungen. Zur typologischen Einordnung solcher Briefe Sheila Fitzpatrick: Supplicants and Citizens, S. 92. Weitere Beispiele für solche Art erfolgloser Beschwerden ehemaliger Hausbesitzerinnen vgl. bei CGAMO, f. 956, op. 1, d. 13, ll. 47, 48, 66, mit Briefen aus den Moskauer Beistädten Perovo und Kuskovo.

[1095]Die Kommunalabteilung machte in ihrer Entscheidung vom 22. April u.a. gegen den Antragsteller geltend, daß sie ja bei einem Beschluß zugunsten der *SCRK* auf die (lukrative!) hohe Monatspacht von nicht weniger als 638 Rubel und 64 Kopeken werde verzichten müssen. Das Präsidium des Stadtrats unterstützte offensichtlich diesen Beschluß. Vgl. V Prezidium Serpuchovskogo Gorsoveta; CGAMO, f. 4502, op. 1, d. 54, l. 24.

[1096]Vgl. dazu die „Arbeits"- und „Kalenderpläne" des Stadtrats: Zunächst hieß die Planvorgabe nur, im April 29 im Stadtrat einen Bericht über die ergriffenen Ausquartierungsmaßnahmen zu diskutieren, nachträglich wurde dieser Punkt mit einem handschriftlichen „Nein" versehen. Nach einem späteren „Arbeitsplan" war der Termin für einen solchen Bericht vor dem Stadtrat für den 19. April angesetzt. Wieder wurde der Punkt handschriftlich gestrichen. Vgl. ibid., d. 109, ll. 4, 13, 22.

[1097]V Otdel Kommunal'nogo Chozjajstva. Kopija: Juridičeskaja čast' UIKa, ibid., d. 96, l. 33.

dener" vorzugehen. Bis zum 15. Mai müsse der Plan zu 50% erfüllt sein. Die Kommunalabteilung solle jetzt die nachgefragte Liste erstellen und mit dem „Juristischen Sektor" abstimmen. Dieser habe das Material nach Personen durchzuordnen, die zum einen auf dem Verwaltungswege, zum anderen gerichtlich auszuquartieren seien[1098]. Kurz darauf ging dem Präsidium des Stadtrats eine Liste mit 67 Namen zu[1099]. Auch in Orechovo-Zuevo bemühte sich der Stadtrat nun verstärkt per Weisung an die Kommunalabteilung um die Kündigung von Pachtverträgen, die mit „nichtwerktätigen Elementen" abgeschlossen worden waren[1100].

Diese Aktivitäten standen unter dem Eindruck der 16. Allunionskonferenz der Partei, die vom 23.-28. April in Moskau stattfand. In ihrem offiziellen Bericht hierüber bekräftigte die *Pravda* noch einmal „die Herausdrängung des Kulakentums und der kapitalistischen Elemente insgesamt aus ihren Positionen", die gesetzmäßige Vermehrung der „Widersprüche" im Zusammenhang mit der „Verschärfung des Klassenkampfs" und beschwor die Verhinderung der „bourgeoisen Restauration" sowie die „Ausrodung" (*vykorčevyvanie*) der „Wurzeln des Kapitalismus in der Stadt und im Dorf"[1101]. Letzteres gebot auch das *MK* in einem am 25. April veröffentlichten offenen Brief „An alle Arbeiter, an alle Werktätigen in Moskau und im Gouvernement"[1102].

Die „Trommelkampagne" in Serpuchov mit dem Zweck der Entfernung des „nichtwerktätigen Elements" aus den munizipalisierten Wohnungen war vorerst beendet. Am 4. Mai veröffentlichte der *Nabat* einen abschließenden Artikel, in dem die führende Rolle der Zeitung in dieser „wichtigsten" Kampagne betont wurde. Letztere werde von der „Verschärfung des Klassenkampfs im Lande, der schärfsten Wohnungskrise in der Stadt, der zerstörten kommunalen Wirtschaft und der bewußten Schädlingstätigkeit seitens der fremden Elemente" geradezu diktiert. Noch einmal stellte die Redaktion die besondere Dringlichkeit einer Lösung der schweren Wohnungskrise heraus, die nun angeblich durch die Herausdrängung der genannten Personengruppen erreichbar war. Dabei merkte sie an, daß es durch die bis dahin unerträglich beengten Wohnverhältnisse der „Arbeiter"

[1098] Protokol No. 3 zasedanija prezidiuma serpuchovskogo gorodskogo soveta ot 26 aprelja 1929 goda, ibid., d. 51, l. 86.

[1099] Vgl. Spisok malomernych municipalizirovannych domovladenij, nachodjaščichsja v arende u častnych lic, na predmet ich prodaži, kak ne predstavljajuščich dlja Otdela Kommunal'nogo Chozjajstva cennost', ibid., d. 54, ll. 18, 19. Die Kleinräumigkeit der betroffenen Immobilien machte es der Kommunalabteilung leicht, auf die monatlichen Zahlungen der bisherigen „nichtwerktätigen" Pächter künftig zu verzichten, da der finanzielle Verlust für ihr Budget in diesem Fall nicht allzu groß war.

[1100] Protokol No. 3 zasedanija prezidiuma orechovo-zuevskogo gorsoveta rk i kd ot 4. maja 1929 g., ibid., f. 5700, op. 1, d. 28, l. 13.

[1101] Vgl. K XVI partijnoj konferencii sowie E.M. Jaroslavskij: Lenin i sovremennost', *Pravda*, No. 93 (4227), 23 aprelja 1929 g., S. 1.

[1102] Ko vsem rabočim, ko vsem trudjaščimsja Moskvy i gubernii, ibid., No. 95 (4229), 25 aprelja 1929 g., S. 5.

Krankheiten und sogar Todesfälle gegeben habe[1103]. So erschienen die - bisher nur *gerichtlich* erzwungenen - Maßnahmen gegen die „fremden Elemente" in den kommunalen Wohnungen gewissermaßen als gerechte, zutiefst humane Taten, die trotz erbitterten Widerstands der „starken, listigen und gerissenen Vertreter der Klassenfeinde" hätten durchgeführt werden können und am Ende 1074 m² Wohnraum für 69 bedürftige Familien freigemacht hätten[1104].

Das vorläufige Ende der Kampagnen bedingte die Tatsache, daß die Durchführungsverordnung des *MOIK* zum Gesetz vom 8. April noch ausstand. Dies verhinderte zwangsläufig die konkrete Umsetzung der neuen gesetzlichen Möglichkeiten, da ja die Städte und Kreise für ihr Territorium erst *nach* Erlaß einer *MOIK*-Verordnung entsprechende verbindliche Weisungen verfügen konnten. So wurden am 14. Mai zunächst die jeweiligen Vorsitzenden der Vollzugskomitees in den unmittelbar um Moskau herum gelegenen Industriestädten, ferner die entsprechenden Funktionäre aus Orechovo-Zuevo, Bogorodsk, Egor'evsk, Serpuchov, Podol'sk sowie auch aus Kolomna für den 20. jenes Monats nach Moskau zitiert, um an einer Sitzung der dort eingesetzten Kommission teilzunehmen, die für die „Frage der Ausquartierung der Personen nichtwerktätiger Kategorien und ehemaligen Hausbesitzer aus den munizipalisierten und nationalisierten Häusern in den Kreisstädten, Arbeiter- und Datschensiedlungen" zuständig war. Jeder Teilnehmer sollte ein für seine Stadt bzw. seinen Kreis ausgearbeitetes „Projekt" einer Ausquartierungsverfügung mitbringen und es während der Sitzung zur Diskussion stellen[1105]. Am 11. Mai war bereits das entsprechende „Projekt" des *MOIK* dem *MK* mit der Bitte um Stellungnahme zugestellt worden[1106]. Dem Präsidium des *Mossovet* schien die derzeitige Situation bezüglich der Zwangsausquartierung in den einzelnen Verwaltungskreisen des Moskauer Gebiets offensichtlich unklar. Am 16. Mai erkundigte sich die Führung des Moskauer Rats beim angegliederten „Wohnungsbaukomitee" deshalb explizit nach dem Stand der Dinge an Ort und Stelle. Wenn „diese Frage noch nicht entschieden" sei, „wäre es wünschenswert, die Vorsitzenden der Kreisvollzugskomitees von Serpuchov und Egor'evsk für diese Angelegenheit" zu mobilisieren[1107]. Dies hieß, daß sich die genannten beiden Vollzugskomitees für eine Beschleunigung der entsprechenden vorbereitenden Maßnahmen in den übrigen Städten und Kreisen des Gebiets engagieren sollten.

[1103]Bor'ba ėtažej. Nastuplenie na klassovogo vraga na žiliščnom fronte , načatoe „Nabatom", uvenčalos' polnym uspechom, *Nabat*, No. 101 (2143), 4.V.1929 g., S. 5.

[1104]Ibid.

[1105]Predsedateljam: Moskovskogo, Orechovo-Zuevskogo, Bogorodskogo, Serpuchovskogo, Egor'evskogo, Podol'skogo i Kolomenskogo UIK-ov. O sozyve soveščanija komissii po vyseleniju netrudovych ėlementov; CGAMO, f. 2157, op. 5, d. 71, l. 70.

[1106]V Moskovskij Komitet VKP (b). O vyselenii lic netrudovych kategorij i byvšich domovladel'cev iz municipalizirovannych i nacionalizirovannych domov, ibid.

[1107]Zam. Predsedatelja Mossoveta. No. 486, 16 V 1929 g. V žiliščno-stroitel'nyj Komitet, tov. Popovu, ibid., op. 1, d. 370, l. 164.

Die oben genannte „Instruktion" der Volkskommissariate für Inneres und Justiz vom 15. Mai als Durchführungsverordnung zum Gesetz vom 8. April führte indessen zu einem schweren Eklat in den Amtsbeziehungen zwischen der Regierung der *RSFSR* und dem Vollzugskomitee des Moskauer Gebiets - mit weitreichenden Folgen für die Verfolgungssituation in den einzelnen Städten. Der Konflikt muß als ein weiteres, hier besonders brisantes Anzeichen für die Herrschaftskrise angesehen werden, in die die Partei mit ihren schweren Legitimations- und Penetrationsproblemen auf rechtlichem und administrativem Gebiet im Gefolge des „großen Umbruchs" geraten war. Die nicht ganz ohne Widersprüche formulierte „Instruktion" legte nämlich das Aussiedlungs- bzw. Ausquartierungsgesetz - zum Ärger des *MOIK* - eher zugunsten als gegen die „nichtwerktätigen Elemente" und „ehemaligen Hauseigentümer" aus. Zunächst präzisierte die Verordnung, daß die Familienangehörigen auszuquartierender „Nichtwerktätiger" nicht in die Maßnahme gegen ihre unmittelbaren Verwandten einbezogen würden, wenn sie ein selbständiges „werktätiges" Arbeitseinkommen bezögen und für die Mietkosten selbst aufkämen. Aber auch, wenn letzteres nicht der Fall sein sollte, seien sie bei Nachweis einer abhängigen Beschäftigung im öffentlichen Sektor sowie der Mitgliedschaft in der zuständigen Gewerkschaft von der Ausquartierung ausgenommen[1108]. Private Bauunternehmer, Besitzer von Verlagen, Verwaltungsratsmitglieder privater Aktionärsgesellschaften in Industrie und Industriehandel, ferner im Ausfuhrgeschäft tätige Industrielle „sowie auch Pächter munizipalisierter Häuser, die nach Liste Nr. 3 zur Einkommensteuer veranlagt" würden, waren nach der Verordnung unter der Bedingung, daß sie in den von ihnen gepachteten Häusern selbst lebten, von der Zwangsausquartierung im Verwaltungsverfahren ausgenommen. Ebenso sollte letzteres ausdrücklich auch für *ehemalige* „Nichtwerktätige" gelten, die bei ihren werktätigen Angehörigen auf deren Kosten lebten, sowie auch für „nichtwerktätige Elemente" in den Diensträumen („Nebenzimmern") bei den Verkaufsstellen[1109]. Wie oben gezeigt wurde, waren jedoch gerade die „Pächter munizipalisierter Häuser" vielfach deren ehemalige Eigentümer, die nach der Formulierung von Art. 4 des Ausquartierungsgesetzes vom Stadtrat ggf. auf die Straße gesetzt werden *konnten,* wenn auch nicht in jedem Fall *mußten*! Über die Angehörigen der letztgenannten Personengruppe hatten die Hausverwaltungen der munizipalisierten Wohngebäude – so die Instruktion weiter - künftig zunächst standardisierte Erhebungen über die jeweilige „soziale Stellung" vor und nach der Revolution, die derzeitige Haupterwerbsquelle etc. anzustellen. Danach sollten dann die einzelnen Räte das Material prüfen und die Listen mit den Namen der Auszuquartierenden zusammenstellen. Dabei blieb ihnen ausdrücklich das Recht vorbehalten, „auch Personen anderer Kategorien, darunter Hauspächter [!], von der Ausquartierung auszunehmen"[1110]. Aus dieser *fakultativen* Regelung ergab sich ein Widerspruch zu der oben

[1108]Instrukcija Narodnych Komissariatov Vnutrennych Del i Justicii RSFSR, ibid., l. 182, Art. 2, primečanie 1.
[1109]Ibid., Art. 3., primečanie 1., 2., 3.
[1110]Ibid., Art. 7., 9.

genannten *Muß*-Bestimmung, derzufolge die Pächter in den munizipalisierten Wohnblocks vom Zwangsverfahren auszunehmen seien.

Der nachfolgende an den Rat der Volkskommissare der *RSFSR* adressierte Protest des *Mossovet*-Präsidiums ist insofern verständlich, geht jedoch in der Sache erheblich weiter und besitzt politische Implikationen[1111], die von Vertretern der „Stalingruppe" in der Parteifraktion des Moskauer Rats geltend gemacht worden sein dürften. So lautete der Hauptvorwurf, daß die neue „Instruktion" den Anwendungsbereich des *VCIK*-Gesetzes ohne gesetzliche Grundlage einenge. Die nach der Verordnung von Ausquartierung verschonten Verwaltungsratsmitglieder privater Aktiengesellschaften in Handel und Industrie seien nämlich nun besser gestellt als die auszuquartierenden sonstigen Aktiengesellschafter mit einem Einkommen von über 3000 Rubeln. Für diese Privilegierung gebe es keinen Grund. Zudem sei eine solche Einengung des Personenkreises der vom neuen Gesetz Betroffenen „unzweckmäßig und politisch nicht motiviert". Ebenso „unrichtig" sei die Verschonung der Pächter munizipalisierter Wohnhäuser von der Zwangsausquartierung. Hinter dieser Bestimmung stehe „offensichtlich" der Gedanke eines großen finanziellen Verlustes für die Stadträte infolge des drohenden Ausfalles an Pachtgeldern, was wohl „unerwünscht" sei. „Die Frage der privaten Pacht munizipalisierter Gebäude" könne auch nicht an allen Orten der *RSFSR* in gleicher Weise gelöst werden. Je nach den jeweils gegebenen Bedingungen müßten die Räte entsprechende „annehmbare Normen für eine Lösung dieser Frage" festsetzen[1112].

Gleichfalls für „falsch" befand das Präsidium des *Mossovet* die Bestimmung nach Art. 6 der Instruktion, derzufolge die Vergabe freien Wohnraums in den Häusern mit privaten Pächtern unmittelbar durch letztere erfolgen sollte. Auch hier wurde diese auf den ersten Blick lediglich verfahrenstechnische Frage ins Politische gewendet: Die „politische Bedeutung" des Gesetzes vom 8. April liege ja gerade darin, daß „der von den nichtwerktätigen Kategorien befreite Wohnraum in den munizipalisierten Häusern *von den örtlichen Räten* im Planverfahren mit Arbeitern, deren Wohnbedingungen außergewöhnlich schwierig sind, besetzt werde". Es gebe keinen Grund, hier den privaten Pächtern „besondere Vorrechte" einzuräumen[1113]. Schließlich verwarf das Ratspräsidium auch die Regelung, wonach frühere, bei „Werktätigen" wohnende "nichtwerktätige Elemente", die von ihren Mitbewohnern materiell abhängig seien, nicht der Zwangsausquartierung unterlägen. Diese Bestimmung würde infolge der „großen Zahl" in „isolierten einzelnen Wohnräumen (Zimmern)" lebenden Personen zu Mißbräuchen in der Weise führen, daß sich viele der eigentlich verdienten Ausquartierung entziehen

[1111]Vgl. die Zusammenfassung der Bestimmungen der „Instruktion" in der *Pravda*, wobei bezeichnend ist, daß die Nennung der widersprüchlichen Punkte ebenso wie ein Hinweis auf Unstimmigkeiten zwischen der Regierung der *RSFSR* und dem *Mossovet* fehlen; s. Vyselenie iz domov netrudovogo ėlementa i byvšich domovladel'cev, *Pravda*, No. 110 (4244), 17 maja 1929 g., S. 5.

[1112]Prezidium Moskovskogo Soveta. V Sovet Narodnych Komissarov RSFSR, CGAMO, f. 2157, op. 1, d. 370, l. 175.

[1113]Ibid. Hervorhebung von H.-M. Miedlig!

könnten. Abschließend bemängelte das Präsidium noch den seiner Meinung nach mit dem 15. September zu spät festgesetzten Termin des Beginns der Aussiedlungsaktionen, was sich aus den Gesetzen nicht ergebe und somit eine weitere „unmotivierte Vergünstigung für die Personen nichtwerktätiger Kategorien" darstelle. Ein weiteres Schlupfloch für die „Nichtwerktätigen" war nach Meinung des *Mossovet* auch die Verschonung derjenigen Personen von der Ausquartierung, die in den vom örtlichen Rat mitverpachteten betrieblichen „Nebenräumen" bei den Einkaufsläden wohnten. Auch hier kämen die „nichtwerktätigen" Bewohner der dort ebenfalls existierenden, von der Pacht jedoch völlig unabhängigen Räumlichkeiten dieser Art in den Genuß ungerechtfertigter „Vorrechte"[1114].

Die Art des Protestschreibens des *Mossovet* als einer der Regierung der *RSFSR* ja *untergeordneten* Behörde gegen die „Instruktion" vom 15. Mai muß als *prinzipielle* Auseinandersetzung der Hardliner der Partei mit den Regierungsinstanzen um die Umsetzung des neuen politischen Repressionskurses begriffen werden, in der das gültige Rechtssystem zur Disposition stand[1115]. Ton und Duktus der Argumentation verdeutlichen, wenngleich auch auf tatsächlich bestehende Ungereimtheiten verwiesen wird, die vom stalinistischen *ZK* bewußt erzeugte „Atmosphäre der Klassenwachsamkeit" im Zuge der „Politik des Klassenkrieges"[1116], des ideologisch festgelegten und als zwangsläufig (gesetzmäßig) für notwendig erkannten „Kampfes" mit den „kapitalistischen Elementen" als „Klassengegnern". Als solchen standen diesen etwaige Vorrechte oder Vergünstigungen gegenüber den „Werktätigen" a priori nicht zu. So ist es zu erklären, daß auch in der Moskauer Zeitung *Večernjaja Moskva* am 20. Mai 29 der offizielle Protest der „Moskauer Abteilung für unbewegliche Besitztümer" (*MUNI*) gegen dieselbe Durchführungsverordnung, noch dazu in ungewöhnlich scharfer Form, überhaupt erscheinen konnte. Unter Verweis auf Äußerungen des Leiters der Abteilung (Naletov) wurden hier die wichtigsten Einwände des *Mossovet* resümiert, die Instruktion als „fehlerhaft" und „in seiner jetzigen Form unannehmbar" (!) bezeichnet. „Massenversammlungen der Arbeiter" hätten „wiederholt" beschlossen, „den Kreis der der Ausquartierung unterliegenden *NĖP*-Leute und ehemaligen Hausbesitzer nicht zu verkleinern, sondern im Gegenteil zu vergrößern". Aus diesem Grunde habe das *MUNI* jetzt entschieden, gegen die Verfügung beim Moskauer Stadt- und Gebietsrat Beschwerde einzulegen[1117]. Auch diese Argumentation bestätigt, daß es hier weniger um eine Auseinandersetzung um bestehende oder nicht bestehende formalgesetzliche Regelungen bzw. deren Interpretation, sondern um die Durchsetzung einer strikten und als fortschrittlich erachteten Klassengesetzlichkeit geht, die direkt von den örtlichen Proletariaten auf Initiative der Partei im Zuge des „verschärften Klassenkampfs" beschlossen

---

[1114]Ibid.

[1115]Im Sinne der einleitenden Darlegungen oben, S. 26-28.

[1116]So Kuromiya, *Stalin's Industrial Revolution* , S. 63 bzw. 27.

[1117]Rasširit' krug vyseljaemych nėpmanov. MUNI oprotestovyvaet instrukciju o vyselenii. *Večernjaja Moskva*, No. 112, 20.V.1929 g., S. 2.

worden sei. Dieser Klassenkampf war eben auch einer um die „Verrechtlichung" revolutionärer Gewalt, die ihren Ursprung im als legitim gesetzten Machtanspruch des siegreichen Proletariats der bolschewistischen Revolution hatte. Einen solchen Grundkonflikt um die Legitimität ursprünglich außerstaatlichen Rechts im sozialistischen Staat konnte dieser nie wirklich lösen[1118].

Am 22. Mai antwortete das Innenkommissariat auf diese Angriffe in einem Brief an die Redaktion der Zeitung *Večernjaja Moskva*, das Präsidium des *Mossovet* sowie an das Volkskommissariat für Justiz. Die Argumentation des *MUNI*-Leiters Naletov stelle eine „öffentliche Verdrehung [...] des tatsächlichen Inhalts der Instruktion" dar. Die Befreiung der Verwaltungsratsmitglieder in Aktionärsgesellschaften von der Zwangsausquartierung betreffe nur „Industrie- und Industriehandelsgesellschaften" und nicht Handelsgesellschaften als solche. Außerdem seien die Verwaltungsratsmitglieder dieser Betriebe diejenigen, die ja die Produktion organisierten, weshalb die Regierung ihre Ausquartierung als „unzweckmäßig" ansehe, die anderen - auszuquartierenden - Gesellschafter hingegen nur „Nutznießer des Gewinns". Bezüglich der nach der Instruktion *nicht* aus den Wohnungen zu vertreibenden Pächter warf das *NKVD* Naletov vor, übersehen zu haben, daß mit dem Bezug auf Pächter, die in den von ihnen gepachteten Häusern auch selbst wohnten, schon eine entscheidende Einschränkung gegeben sei. Aus allem folge, daß nicht die „Instruktion" als „unannehmbar" zu betrachten sei, sondern die Einwände Naletovs[1119]. Damit fand die Auseinandersetzung zunächst ihren Abschluß. Die Regierung der *RSFSR* konnte in ihrem Festhalten am Primat des staatlichen Rechts im prinzipiellen, und an der „Instruktion" mit ihrer für die Betroffenen eher günstigen Auslegung der Gesetzesparagraphen im besonderen, gegen die Befürworter eines strikten Klassenrechts (noch) die Oberhand behaupten. Dennoch erfuhr die Krise um die Legitimität des Rechts im sozialistischen Staat hierdurch nun gewissermaßen höchstamtlich ihre Bestätigung.

Der grundsätzliche Dissenz zwischen dem *MOIK* bzw. seiner „Parteifraktion" und der Regierung der *RSFSR* in der „Ausquartierungsfrage" trug entscheidend dazu bei, den schnellen Erlaß einer Verordnung zur Durchführung des Gesetzes vom 8. April auf der Ebene des Moskauer Gebiets sowie dann auch entsprechender Verfügungen für die einzelnen Städte zu verhindern. Zunächst blieb nur, wie es in Serpuchov geschah, die Kommunalabteilungen sowie die vielfach zugunsten der Betroffenen entscheidenden Volksgerichte auf die Beachtung der existierenden einschlägigen Weisungen zu verpflichten[1120]. Nichtsdestoweniger

---

[1118]Vgl. dazu ausführlich Plaggenborg, Stalinismus als Gewaltgeschichte, S. 79-83.

[1119]Narodnyj Komissariat Vnutrennych Del RSFSR, Žiliščnyj Otdel. V redakciju gazety „Večernjaja Moskva". V prezidium Moskovskogo soveta. V Narodnyj Komissariat Justicii. CGAMO, f. 2157, op. 1, d. 370, l. 161.

[1120]Protokol No. 3 zasedanija plenuma serpuchovskogo gorsoveta ot 3-go Ijunja 1929 goda, ibid., f. 4502, op. 1, d. 49, l. 17. Der Serpuchover Stadtrat beschloß in dieser Sitzung – bezeichnend für die Situation - auch, die Gründe dafür, daß die Munizipalisierung großer in Privatbesitz befindlicher Häuser nicht vorankam, von der Kommunalabteilung ermitteln zu lassen.

wurde im *Mossovet* fieberhaft an einer grundlegenden Lösung der Probleme gearbeitet. Am 10. Juni trat dort eine spezielle „Konferenz" zur Lösung „der Frage der Ausquartierung des nichtwerktätigen Elements und der ehemaligen Eigentümer" zusammen. Die Teilnehmer beschlossen, auf der Ebene der einzelnen Verwaltungskreise „Ausquartierungskommissionen" zu schaffen, die aus je zwei Vertretern der Ratspräsidien, den Leitern der „Kreisverwaltung für unbewegliches Besitztum", der Miliz und je einem Abgesandten der „Wohnungs"- sowie der „Verwaltungs- und Justizsektionen" des jeweiligen Rats bestehen sollten. Mehr als sieben Mitglieder sollte keine der Kommissionen umfassen[1121]. Kurz darauf beschloß eine spezielle Versammlung beim *MUNI*, daß ebendiese Behörde die „allgemeine Führung" aller Kommissionen zu übernehmen habe[1122].

Das Kreisvollzugskomitee in Serpuchov erließ in dieser Situation, gedrängt von einer klassenbewußten Parteiführung, trotz oder gerade wegen des Fehlens einer Gebietsverordnung für die Regelung der „Ausquartierungsfrage" eine spezielle vorbereitende Verfügung, die der *Nabat* am 11. Juni veröffentlichte. Unter Bezug auf das Gesetz vom 8. April und die „Instruktion" vom 15. Mai wurden darin alle Wohnungsverwaltungen in den munizipalisierten Häusern verpflichtet, an das Präsidium des Kreisvollzugkomitees Informationen über die einzelnen Hausbewohner zu liefern. Neben dem Namen des Betreffenden und der Größe des von diesem genutzten Wohnraums waren aber nicht nur, wie schon bei der bisherigen Kampagne gegen die „nichtwerktätigen Elemente", „die soziale Lage des ehemaligen Besitzers bis zur Revolution und in der gegenwärtigen Zeit", die jeweilige „Beschäftigung und Hauptquelle des Einkommens" sowie die „Zusammensetzung der Familie und die Beschäftigung der Familienmitglieder" für das Vollzugskomitee interessant. Jetzt sollte auch eine „Charakteristik des ehemaligen Besitzers und dessen Einfluß" auf die Verwaltung und Nutzung des Hauses von der Hausverwaltung gegeben werden. Letztere hatte auch ihre „Meinung" hinsichtlich einer „Zweckmäßigkeit der Ausquartierung" darzulegen. Der Kommunalabteilung und den „Sektionen" des Stadtrats für Wohnungswesen, Verwaltung und Recht wurde aufgetragen, „die Richtigkeit der mitgeteilten Nachrichten zu überprüfen". Alle Wohnungsverwaltungen waren unter Androhung von Strafverfolgung gehalten, jede Manipulation der Unterlagen „bei der Zusammenstellung der Listen", die bis zum 15. Juni einzureichen waren, zu unterlassen[1123].

Die Munizipalisierung war ja die Voraussetzung für die Möglichkeit einer Zwangsausquartierung im Verwaltungsverfahren. Ibid.

[1121]Vgl. Protokol soveščanija po voprosu vyselenija netrudovogo ėlementa i byvšich sobstvennikov ot 10/VI-1929 g., ibid., f. 2157, op. 1, d. 370, l. 152.

[1122]Sobranie u tov. Kozlova po voprosu vyselenija netrudovogo ėlementa i byvšich sobstvennikov, ibid., l. 147.

[1123]Postanovlenie Prezidiuma Serpuchovskogo UIK-a o vyselenii v administrativnom porjadke lic netrudovych kategorij iz municipalizirovannych i nacionalizirovannych domov, raspoložennych v gor. Serpuchove i Proletarskom rabočem poselke, *Nabat*, No. 131 (2173), 11.VI.1929 g., S. 4.

Der Serpuchover Stadtrat kann in seinen Bemühungen zur Lösung der mit den Ausquartierungen verknüpften Probleme auch hier als Vorreiter angesehen werden. Nach den zugänglichen Zeugnissen zu urteilen, konnten in dieser Beziehung nur wenige andere Stadträte mithalten. Im besonderen Maße gilt dies für die kleinen, im agrarischen Westen des Gebiets gelegenen Städte, etwa für Klin, Zvenigorod und Možajsk, wo die Maßnahmen offensichtlich kaum vorankamen und von den „klassenfeindlichen Elementen" größter Widerstand geleistet wurde[1124]. So bemängelten die Teilnehmer der am 18. Juni erneut einberufenen Moskauer „Konferenz bezüglich der Frage der Ausquartierung der nichtwerktätigen Elemente und der Eigentümer" die „außerordentlich langsame" Arbeit der einzelnen Räte in der „Ausquartierungsfrage"[1125]. Kurz danach beschäftigte sich auch der Rat der Stadt Orechovo-Zuevo mit diesem Problem. Er diskutierte und beschloß jedoch vorerst nur das „Projekt" einer verpflichtenden städtischen Verfügung[1126]. Die endgültige Weisung wurde, wie in anderen Städten des Gebiets[1127], in Unterordnung unter die herrschende Hierarchie erst nach Erlaß der entsprechenden Gebietsverordnung vom 21. des Monats[1128] verabschiedet. Zu diesem Datum trat zum dritten Mal die erwähnte Moskauer „Konferenz" zusammen. Die Teilnehmer beschlossen u.a., die Listen mit den Daten der zu verfolgenden Personen den „Ausquartierungskommissionen" über eine Weisung der Moskauer Finanzabteilung zustellen zu lassen. Bis zum 15. Juli sollten alle Erhebungen der einzelnen Kommissionen zur Ermittlung des „nichtwerktätigen Elements" abgeschlossen sein. Die „Administrativabteilung" des Moskauer Rats wurde beauftragt, den Kommissionen umfassend bei der Beschaffung des bei den Hausverwaltungen befindlichen Materials über die zur Ausquartierung vorgesehenen Bürger „tatkräftig" zur Seite zu stehen[1129].

Einer der wichtigsten Beschlußpunkte der Konferenz betraf eine weder im Gesetz des 8. April noch in der „Instruktion" der Kommissare für Inneres und Justiz oder den bisher erlassenen städtischen Verfügungen bzw. deren Entwürfen vorgesehene Regelung, derzufolge auch alle Personen mit „unbestimmter Beschäftigung" und *„in der Vergangenheit* nichtwerktätigen Einkünften" belangt werden sollten! Dieses fiel dem Beschluß zufolge jedoch nicht in die Verantwortung der Kommissionen, sondern wurde jetzt „den Bevollmächtigten des

---

[1124] Vgl. Charakteristika sostava gorsovetov. Klassovaja bor'ba v gorode i rol' gorsovetov, CGAMO, f. 2157, op. 1, d. 306, l. 21.

[1125] Protokol No. 2 soveščanija po voprosu o vyselenii iz municipalizirovannych i nacionalizirovannych domov netrudovogo ėlementa i byvšich sobstvennikov ot 18-go ijunja 1929 g., ibid., d. 370, ll. 143, 146.

[1126] Protokol No. 5 zasedanija Prezidiuma Orechovo-Zuevskogo gorsoveta ot 20 VI 1929 g., ibid., f. 5700, op. 1, d. 28, l. 20.

[1127] Vgl. etwa für die Stadt Egor'evsk: *Krasnyj put'*, No. 169, 31.VII.1929 g., S. 4.

[1128] O vyselenii lic netrudovych kategorij i byvšich domovladel'cev iz municipalizirovannych i nacionalizirovannych domov v gorodach i rabočich poselkach Moskovskoj gubernii, CGAMO, f. 2157, op. 1, d. 370, ll. 132-133.

[1129] Protokol No. 3 soveščanija po voprosu o vyselenii iz municipalizirovannych i nacionalizirovannych domov netrudovogo ėlementa i byvšich sobstvennikov ot 21-go ijunja 1929 g., ibid., ll. 135, 136.

OGPU zur Prüfung und Ergreifung unumgänglicher Ausquartierungsmaßnahmen" zugewiesen. Die Vertreter des Staatssicherheitsdienstes hatten den jeweils „befreiten Wohnraum an die Wohnorgane" zur Vermittlung an Werktätige zu übergeben[1130]. An diesem Beschluß der Moskauer Konferenz orientierte sich auch die neue Ausquartierungsverordnung des *MOIK*: „Personen, die in der Vergangenheit nichtwerktätige Einkommen" erzielt hätten „und gegenwärtig keiner allgemein nützlichen Tätigkeit" nachgingen, sollten wie die „nichtwerktätigen Elemente" mit Einkommen über 3000 Rubeln und die ehemaligen Hausbesitzer der Ausquartierung unterliegen[1131]. Handwerker und gutverdienende Heimgewerbetreibende (zum Höchststeuersatz der Einkommensteuerliste „Nr. 3"[1132] veranlagte Bürger) sowie „Pächter und Besitzer von Industrieunternehmen" unterlägen zwar in der Regel nicht der Zwangsausquartierung, den „Stadt- und Siedlungsräten" räumte die Verfügung allerdings das Recht ein, „in Ausnahmefällen" dennoch mit Genehmigung des *MOIK* eine solche Maßnahme gegenüber diesen Personengruppen anzuordnen[1133].

Es war vorhersehbar, daß eine derartige verbindliche Verfügung erneut zu Konflikten mit den übergeordneten Stellen führen und folgerichtig auf den entschiedenen Widerstand der Aufsichtsorgane in der Regierung der *RSFSR* stoßen mußte. Der Protest schlug sich in einem offiziellen Schreiben des Volkskommissars für Justiz an das Präsidium des *Mossovet* nieder[1134]. Dieses anwortete kurz darauf seinerseits mit einem Gegenprotest, in dem die bewußte Abweichung von den gesetzlich zugestandenen Regelungen als völlig im Einklang mit diesen dargestellt wurde. Allerdings enthielt der Text dennoch das Eingeständnis, daß sich die wichtigsten neuen Bestimmungen der Verordnung im Gesetz vom 8. April nicht *explizit* wiederfänden. Die Personen „ohne gesellschaftlich nützliche Beschäftigung", die ihren Lebensunterhalt „aus gänzlich unbestimmten Quellen" bestritten, und „im wesentlichen" ehemalige Händler, „aber auch andere ehemalige Leute jedweder Art aus dem Adels- und Kaufleutemilieu" seien, müßten aber in Anbetracht ihrer in Moskau selbst besonders großen Zahl gleichfalls unbedingt der genannten Zwangsmaßnahme unterliegen. Das Ratspräsidium erachte es deshalb „als unumgänglich, im Interesse der Verwirklichung der richtigen Klassenpolitik im Wohnungswesen die munizipalisierten und nationalisierten Häuser von dieser Kategorie der Bewohner zu befreien"[1135].

Damit war klar, daß es dem Präsidium des *Mossovet* unter dem offensichtlichen Druck seiner Parteifraktion weniger um die formalgesetzliche Ordnung als vielmehr um die strikte Durchführung der „Klassenlinie" an der „Wohnungsfront"

[1130]Ibid., l. 135. Hervorhebung von H.-M. Miedlig.

[1131]Vgl. O vyselenii lic netrudovych kategorij i byvšich domovladel'cev iz municipalizirovannych domov v gorodach i rabočich poselkach Moskovskoj gubernii, ibid., l. 132.

[1132]Dazu oben S. 214 mit Anm. 978.

[1133]Wie Anm. 1131.

[1134]NKJu, No. 903 v. 96 S. CGAMO, f. 2157, op. 1, d. 370, l. 124.

[1135]V Prezidium Vserossijskogo Central'nogo Ispolnitel'nogo Komiteta. Na No. PU 757/9, ibid.

ging. Dies erhellt auch aus der der umstrittenen Verfügung des *MOIK* vom 21. Juni befindlichen vorgeschalteten Einleitung: Die Verfügung stütze sich nicht nur auf das *VCIK*-Gesetz vom 8. April, sondern auch auf die „Aufträge der Wähler an ihre Deputierten" bei den letzten Wahlen zum *Mossovet,* will heißen, auf die von den Betriebsparteizellen lancierten, offiziell eingetragenen Wünsche der wahlberechtigten Werktätigen[1136]. So wurde erneut dem quasidemokratisch geäußerten Willen der proletarischen klassenbewußten Avantgarde ein prinzipieller Vorrang vor der bestehenden formal gesatzten „revolutionären Gesetzlichkeit" zugewiesen[1137]. Es ist wichtig, hier noch einmal zu betonen, daß es bei diesen Auseinandersetzungen zwischen den genannten führenden Staatsbehörden nicht nur um einen Normen- und somit Machtkonflikt ging, sondern um viel mehr, nämlich um einen „Klassen-" und gleichzeitig Rechtskrieg auf der Grundlage eines *außerstaatlichen* Quasi-„Rechts", das sich aus der als legitim gedachten proletarisch-antikapitalistischen Revolutionsgewalt herleitete[1138] und von Pašukanis und seinen einflußreichen Gefolgsleuten in eine theoretisch-axiomatische Form gebracht worden war.

So konnte es nicht ausbleiben, daß der oberste Staatsanwalt der *RSFSR* gegen die Ausquartierungsverordnung des *Mossovet* Beschwerde einlegte[1139]. Aufgrund des durch diesen Einspruch ausgeübten Drucks faßte das Präsidium des Moskauer Rats schließlich am 19. Juli den Beschluß, seine Entscheidung nun doch „im Einklang mit dem Gesetz des *VCIK*" zu modifizieren, wenn auch nicht völlig zu revidieren.[1140] Die grundlegenden konfliktträchtigen Probleme waren damit jedoch keineswegs gelöst: Zwei Tage zuvor hatte sich eine soeben beim *Mossovet* gebildete Sonderkommission mit den Einwänden gegen die neue Gebietsverordnung beschäftigt und beschlossen, die „Kreisausquartierungskommissionen" anzuweisen, die von ihren werktätigen Kindern bzw. nahen Verwandten unterhaltenen „ehemaligen Hausbesitzer" nicht auszuquartieren, es sei denn, sie stünden in

---

[1136]O vyselenii lic netrudovych kategorij, ibid., l. 132.

[1137]A.Ja. Vyšinskij sah unter Rückgriff auf die theoretischen Leitsätze Stalins diesen auch von ihm als formalrechtlich illegal anerkannten Vorrang noch in einer 1933 erschienenen Schrift als durch die spezifischen Probeme der revolutionären Übergangssituation begründet. Die Wahrung der Interessen des Proletariats erforderten in dieser Notlage ein Abrücken vom staatlichen Rechtsrahmen. Vgl. Schlesinger, S. 200.

[1138]Vgl. oben S. 245/246.

[1139]Prezidium Moskovskogo Gubispolkoma. Udostoverenie, na zasedanie *VCIK* ot 15 VII 1929 g. P. 13-p. Protest Prokurora Respubliki na postanovlenie Mossoveta po voprosu o vyselenii netrudovych kategorij iz municipalizirovannych domov. CGAMO, f. 2157, op. 1, d. 370, l. 121.

[1140]Das *MUNI* und die Kreisräte sollten eine genaue Registrierung derer, die der Zwangsausquartierung unterlägen, sowie auch eine Bilanzierung der Anzahl freiwerdender Wohnungen vornehmen. Zusätzlich war nun aber vorgesehen, in Dreiwochenfrist auch den Nutzen einer Erweiterung des von der Ausquartierung betroffenen Personenkreises anhand genauer Erhebungen zu prüfen. Wäre die Zahl jener zusätzlichen „Kategorien" der Stadtbevölkerung groß genug, um bei Anwendung der Maßnahme neuen Wohnraum in größerem Ausmaß zu gewinnen, sollte beim *VCIK* ein Gesuch um eine entsprechende Ausweitung des Kreises der im Rahmen des Gesetzes vom 8. April zu verfolgenden Gruppen gestellt werden. Vgl. O vyselenii netrudovogo ėlementa iz municipalizirovannych domov, ibid., op. 5, d. 71. l. 63.

einem „feindlichen Verhältnis zur Sowjetmacht". Gleichzeitig billigte das Gremium eine vom *VCIK* beschlossene Ergänzung zum Gesetz vom 8. April[1141], wonach die Präsidien der örtlichen Stadträte bzw. Vollzugskomitees das Recht erhielten, neben den vermögenden Handwerkern und Heimgewerbetreibenden noch „andere Kategorien des nichtwerktätigen Elements" von der Zwangsausquartierung im Verwaltungsverfahren auszunehmen[1142]. Das Präsidium des Moskauer Rats, an den die Kommission ihren Beschluß zur Billigung weiterleitete, stimmte dem letzteren allerdings - nicht gerade überraschend - *nicht* zu. „Den Präsidien der örtlichen Stadträte das Recht einzuräumen, nach ihrem Ermessen Personen nichtwerktätiger Kategorien von der Ausquartierung auszunehmen", sei „unerwünscht, da dies zweifellos eine Masse jeder Art von Begehren und Anträgen auf Verschonung von der Ausquartierung" hervorrufen und so die ohnehin „äußerst schwierige Kampagne zur Umsetzung der Maßnahmen", die das Gesetz des 8. April vorsehe, noch mehr erschweren würde[1143]. Sowohl die Novelle des *VCIK* zum Ausquartierungsgesetz als auch die Entschließung der Sonderkommission des *Mossovet* wurden somit nur zum Teil gebilligt, was deren praktische Umsetzung nicht gerade erleichterte. Somit zeigten sich die oben erörterten staats- und rechtspolitischen Krisenprobleme im grundsätzlichen Gegensatz der Konzepte zur Durchführung der Repression gegen die „kapitalistischen Elemente" selbst in dem engen Raum zwischen verantwortlichen Machtorganen und ihnen unmittelbar angegliederten Gremien.

Aufgrund des großen Drucks der obersten Parteiführung sah sich das Innenkommissariat allerdings schon am 22. Juli veranlaßt, an die Präsidien der örtlichen Räte einen Gesetzesentwurf radikalen Inhalts zu versenden, der von diesen diskutiert werden sollte. Dem neuen Entwurf zufolge wurde nun die Anzahl der Personen, die der Zwangsausquartierung im Verwaltungsverfahren unterliegen sollten, erheblich erweitert: Die bisher auf 3000 Rubel festgesetzte Einkommensobergrenze, bei der die Repression überhaupt erst einsetzte, sollte jetzt auf 1800 Rubel herabgesetzt werden. Ferner waren nun auch andere *lišency*-Gruppen, nämlich alle ehemaligen Gutsbesitzer sowie einstige Angehörige der zaristischen Justiz, Gendarmerie und Polizei, frühere hohe Beamte der Lokal- und Zentralverwaltung sowie Offiziere der „Weißen Armee", die später nicht in der Roten Armee gedient hatten, ausdrücklich in die Maßnahmen einzubeziehen. Außerdem verwies der Zirkularentwurf auch auf die „Unumgänglichkeit der Ausquartierung der ehemaligen und gegenwärtigen Diener religiöser Kulte" hin[1144].

[1141]Vgl. Protokol prezidiuma *VCIK*-a No. 9, p. 14, 17 VII 1929 g. Ibid., op. 1, d. 341, l. 39.

[1142]Protokol zasedanija komissii, obrazovannoj pri Mossovete 17.VII.-29 g. po izmeneniju postanovlenija prezidiuma Mossoveta v sootvetstvii s postanovleniem *VCIK*-a i SNK RSFSR ot 8-go IV 29 g. o vyselenii netrudovogo ėlementa iz municipalizirovannych i nacionalizirovannych domovladenij ot 18-go VII 29 g., ibid., d. 370, l. 118.

[1143]Prezidium Moskovskogo Soveta. V Sovet narodnych komissarov RSFSR [undatiert!]. Ibid., l. 113.

[1144]Vgl. Novyj proekt zakona o vyselenii netrudovogo ėlementa. Čto predprinjal Narkomvnudel (Pis'mo NKVD v redakciju „Pravdy"), *Pravda*, No. 307 (4441), 27 dekabrja 1929 g., S. 4.

Eine solche radikale Initiative des *NKVD* ließ sich nicht problemlos durchsetzen. Die behördeninterne Diskussion zog sich bis Ende Dezember hin[1145]. Dies dürfte dazu beigetragen haben, daß das Tauziehen um die politisch „richtige" Gebietsausquartierungsverordnung dann schließlich am 27. Juli mit dem Erlaß einer erheblich entschärften Instruktion durch das „Präsidium des Moskauer Gouvernementsvollzugskomitees" endete, die als Kompromißlösung anzusehen ist: Der strittige Personenkreis „ohne besondere Beschäftigung" unterlag nun nicht mehr der Zwangsausquartierung im Verwaltungs-, wohl aber im gerichtlichen Verfahren. Die von den Justiz- und Innenkommissaren verneinte, vom *VCIK* jedoch zugestandene Regelung, wonach die Pächter und Eigentümer von Industrieunternehmen „in Ausnahmefällen" der Zwangsausquartierung im Verwaltungsverfahren unterliegen sollten, wurde aber beibehalten! Ansonsten strich das Präsidium alle von der vorgesetzten Stelle kritisierten Passagen[1146]. Damit konnten sich die Verfechter einer „strikten Klassenlinie" nicht voll durchsetzen. Sie versuchten auf Kreisebene am 29. Juli zwar, mit einer Eingabe an den *Mossovet* eine neuerliche Verschärfung der Ausquartierungsverordnung zu erreichen, jedoch ohne Erfolg[1147].

Der Serpuchover *Nabat* begann gleich am 28. Juli, einen Tag nach Erlaß der Gebietsverordnung, mit einer neuen Ausquartierungskampagne. Vorher waren kaum denunzierende „Anmerkungen" in der Zeitung erschienen[1148]. Eine bei der Kommunalabteilung tätige „Ausquartierungskommission" war bereits eingesetzt. Diese ließ über die Zeitung mit gleichem Datum eine Liste mit acht Namen von Personen veröffentlichen, die ihr bisheriges Wohnrecht verlieren sollten. Es handelte sich um den Sohn eines ehemaligen Händlers und Hausbesitzers, fünf ehemalige Hausbesitzer, davon zwei einstige Händler, einen Besitzer eines Handwerksbetriebs und einen Pächter[1149]. Zwei Tage später berichtete der *Nabat*, daß

[1145]Zum weiteren Verfahren in dieser Angelegenheit vgl. S. 269.

[1146]O vyselenii lic netrudovych kategorij i byvš. domovladel'cev iz municipalizirovannych i nacionalizirovannych domov v gorodach i rabočich poselkach Moskovskoj gubernii, CGAMO, f. 2157, op. 1, d. 370, l. 117.

[1147]Vgl. den Beschluß der Parteifraktion einiger Präsidien nicht näher bezeichneter Kreise, der eine Eingabe beim *Mossovet* vorsah, mit dem Ziel, die alte Regelung der administrativen Ausquartierung aller „früher von nichtwerktätigen Einkünften lebenden Personen", die „gegenwärtig ohne besondere Beschäftigung" seien, beizubehalten. Außerdem sollten auch alle ehemaligen Händler und derzeitig nicht genossenschaftlich organisierten Hausgewerbetreibenden mit einem Einkommen von 3000 Rubeln sowie alle ehemaligen „Fürsten, Fabrikanten, Großhändler" dieser Berufsgruppe der Ausquartierung im Verwaltungsverfahren unterworfen sein. Vgl. Vypiska iz postanovlenija frakcii prezidiuma rajsovetov, ot 29-go VII-29 g. /prot. No. 3, ibid., op. 5, d. 71, l. 62. Das Präsidium des Moskauer Rats reagierte mit dem Hinweis darauf, daß bereits eine einschlägige Verfügung erlassen worden sei, ibid. (Handschriftliche Notiz).

[1148]Zu diesen wenigen Artikeln vgl. Rabočij: Spekuljantu v trudkollektive ne mesto, *Nabat*, No. 149 (2191), 3.VII.1929 g., S. 3.

[1149]V bespoščadnoe nastuplenie na klassovogo vraga. Čuždyj ėlement dolžen byt' vyselen iz vsech kommunal'nych domov i žiltovariščestv. Vmesto torgovcev i byvš. domovladel'cev budut žit' rabočie. Načinaem pečatat' spisok vyseljaemych, ibid., No. 171 (2213), 28.VII.1929 g., S. 3.

bei der Kommunalabteilung eine „Spezialkommission“ für die konkrete Durchführung der Ausquartierungen eingesetzt worden sei. Diese bestehe aus zwei Mitgliedern (Arbeitern) und einem Präsidiumsmitglied des Stadtrats, einem Vertreter der „Unterabteilung für Wohnungswesen“ der Kommunalabteilung sowie dem örtlichen Leiter der Miliz. Derzeit werde „eine genaue Registrierung der nichtwerktätigen Kategorien“ und der in den Kommunalwohnungen lebenden ehemaligen Hausbesitzer vorgenommen. Zur weiteren vorgesehenen Verfahrenspraxis teilte die Redaktion mit, daß das Präsidium des Stadtrats in den folgenden Tagen die Unterlagen prüfen und über die Liste mit den Namen der zur Zwangsausquartierung im Verwaltungsverfahren ausgeschriebenen Bürger „abschließend“ befinden werde. Mahnend wurde darauf verwiesen, daß „der Erfolg dieser Arbeit“ ganz „von der Teilnahme der breiten Arbeitermassen an ihr“ abhänge. Die Wohnungsgenossenschaften und die „Kommunalsektion“ des Stadtrats seien verpflichtet, der Kommunalabteilung bei ihrer Arbeit zur Seite zu stehen. Im Interesse einer „genauen Registrierung“ sei auch der Komsomol heranzuziehen. Das Ziel lautete, bis zum 1. Oktober 1929 alle Ausquartierungsverfahren zufriedenstellend zu beenden[1150].

Der Stadtrat von Serpuchov war einer der wenigen örtlichen Machtorgane, die die Verfahren tatsächlich unverzüglich in Gang setzten, und damit wieder einmal ein Vorreiter im Vergleich zu den Verwaltungen anderer Städte. Dies galt um so mehr, als die Gebietsausquartierungsverordnung den Städten und städtischen Siedlungen für die Zusammenstellung der Listen eine Frist von einem Monat einräumte[1151]. Denn bereits am 1. August befand der Rat abschließend über die von der Ausquartierungskommission der Kommunalabteilung vorgelegte Namensliste[1152]. In Orechovo-Zuevo geschah dies mit leichter Verzögerung am 15. August[1153]. Insgesamt vollzog sich die Beschlußfassung und Durchführung der Maßnahmen nach Erlaß der genannten Gebietsverordnung vom 27. Juli im gesamten Moskauer Gebiet jedoch offensichtlich überaus schleppend. Teilweise kamen die Ausquartierungen kaum oder gar nicht voran. Eine weitere Sitzung der erwähnten Moskauer „Konferenz bezüglich der Frage der Ausquartierung des nichtwerktätigen Elements“, die am 22. August stattfand, lieferte dafür ein beredtes Zeugnis: Nach entsprechenden Berichten der vorgeladenen Vertreter des Moskauer Stadt- und Gebietsrats, einiger Moskauer Stadtkreiskommissionen, des *MUNI*, der Ad-

---

[1150]K pervomu oktjabrja vyselit' ves' netrudovoj ėlement iz kommunal'nych domov i žiltovariščestv. Zadača vsech trudjaščichsja - pomoč' OKCh v ėtoj rabote. Nikakogo primirenčestvo, ibid., No. 172 (2214), 30.VII.1929, S. 3.

[1151]Vgl. O vyselenii lic netrudovych kategorij i byvš. domovladel'cev iz municipalizirovannych i nacionalizirovannych domov v gorodach i rabočich poselkach Moskovskoj gubernii, § 4. CGAMO, f. 2157, op. 1, d. 370, l. 117.

[1152]Protokol No. 11 zasedanija prezidiuma serpuchovskogo gorsoveta 1-go avgusta 1929 g. 8. Spisok lic, podležaščich vyseleniju po porjadke post VCIK i SNK ot 8-go aprelja 1929 g. iz domov municipal'nogo fonda po gor. Serpuchovu, predstavlennyj komissiej pri OMCh. Ibid., f. 4502, op. 1, d. 51, ll. 32-34.

[1153]Protokol No. 8 Zasedanija Prezidiuma Orechovo-Zuevskogo Gorodskogo Soveta Ot 15-go Avgusta 1929 goda, ibid., f. 5700, op. 1, d. 28, ll. 32, 33.

ministrativen Abteilung des *Mossovet* und der „Gouvernementsstaatsanwaltschaft" wurde in einem Beschluß „über den Fortgang der Arbeit bei der Ausquartierung des nichtwerktätigen Elements" festgestellt, daß die Maßnahmen „zu langsam" in Angriff genommen würden und die einzelnen Hausverwaltungen Dokumente über die „nichtwerktätigen" Hausbewohner nicht zur Verfügung stellten. Auch die „faktische Überprüfung" des durch die Hausverwaltungen bereits eingereichten Materials sei „unzureichend". Die einzelnen Ausquartierungskommissionen wurden auf die „Notwendigkeit einer großangelegten und gründlichen tatsächlichen Überprüfung der Hausverwaltungen" hingewiesen und sollten die „gegen die Klassenlinie verstoßenden" Organe unter ihnen zur Verantwortung ziehen. Der Gebietsstaatsanwalt war angewiesen, alle ihm im Zusammenhang mit der Zwangsausquartierung zugehenden Klagen an die Kreiskommissionen sowie an die für die Hauptstadt und das Moskauer Gebiet zuständige Administrative Abteilung zu senden[1154]. Besondere Schwierigkeiten gab es offenbar erneut mit den Gerichten, die ja nun nach Art. 4 der revidierten Ausquartierungsverordnung des *Mossovet* auch alle „Personen mit unbestimmten Beschäftigungen" auf Antrag der Behörden auf die Straße setzen sollten. Hier hatten jetzt - so die Konferenz – unbedingt nicht nur die Ausquartierungskommissionen ihre Arbeit zu verstärken, sondern auch die örtlichen „Volksgerichte" auf Anweisung des jeweils zuständigen „Bezirksgerichts" diese Rechtssachen im Eilverfahren zu begutachten und „in unstrittigen Fällen" auch sofort zu entscheiden. Die Versammelten stellten ferner fest, daß die „sowjetische Öffentlichkeit" nur „unzureichend" in die Lösung dieser Probleme einbezogen sei und auch die örtliche Presse „den Gang" der Arbeiten in der Ausquartierungsfrage „außergewöhnlich mangelhaft" beleuchte[1155].

Bereits am folgenden Tag beschloß das Präsidium des *Mossovet*, die Vorentscheidungen der Moskauer Konferenz in allen wesentlichen Punkten zu übernehmen. Darüber hinaus wurden der Leiter des *MUNI* und die Kreisräte angewiesen, „konkrete Daten über die Größe des Wohnraums der einzelnen Gruppen, die munizipalisierte Häuser als nichtwerktätige Elemente bewohnen, jedoch nicht unter das geltende Ausquartierungsgesetz fallen", zu ermitteln und die betreffenden Personen genau zu registrieren. Wenn sich aus den Erhebungen ergeben sollte, daß bei Ausquartierung dieser Personengruppen „ein bedeutender Wohnraum" frei werden würde, müsse „bei der Regierung" der *RSFSR* ein offizielles Gesuch über die Erweiterung des im Gesetz vom 8. April genannten Personenkreises eingereicht werden[1156]. Ganz offensichtlich ging es hier um jene „Kategorie" der städtischen Bevölkerung, die der *Mossovet* schon in jener zunächst gescheiterten Verfügung vom 21. Juni in die im *administrativen* Verfahren vorgesehenen Ausquartierungen hatte einbegriffen sehen wollen, nämlich um die sog. Personen „ohne

[1154]Protokol soveščanija po voprosu o vyselenii netrudovogo ėlementa 22-go avgusta 1929 g., ibid., f. 2157, op. 1, d. 370, l. 22.

[1155]Ibid.

[1156]Protokol No. 62 zasedanija Prezidiuma Moskovskogo Soveta RK i KD ot 23-go avgusta 1929 goda, ibid., d. 93, l. 1.

besondere Beschäftigung"[1157], denen „nichtwerktätige Einkünfte" zugeschrieben wurden.

Somit war offensichtlich, daß der *Mossovet* seine strikte Klassenorientierung in der Ausquartierungsfrage auch nach der erzwungenen Rücknahme seiner gesetzwidrigen Gebietsverordnung keineswegs aufgegeben hatte. Das gerade auch im Widerstand der Hausverwaltungen und Gerichte zutage tretende Legitimationsdilemma, mit dem sich das Regime konfrontiert sah, hatte nichts von seiner Relevanz verloren.

In Serpuchov sollten nun mit den am 1. August gefaßten Beschlüssen des Stadtratspräsidiums über die von der zuständigen Spezialkommission der Kommunalabteilung vorgelegte Ausquartierungsliste 18 für ihren „nichtwerktätigen" und/oder Hausbesitzerstatus persönlich mit ihren Familien haftende Personen (12 Männer und sechs Frauen), davon 13 mit insgesamt 32 z.T. minderjährigen Angehörigen, sowie fünf Alleinstehende, ihre Wohnungen verlieren, ohne Anspruch auf Zuweisung eines Ersatzwohnraums. Einige dieser Personen waren vorher schon erfolglos zur Ausquartierung auf gerichtlichem Wege in der Zeitung ausgeschrieben worden[1158]. Die Liste wies bei allen Personen den genauen sozialen bzw. beruflichen Status nach: Bei den Männern handelte es sich um neun ehemalige Hausbesitzer, die z.T. vor der Revolution Eigner großer Handelsunternehmen und Restaurants gewesen waren, sowie um vier derzeit von „nichtwerktätigem Einkommen" lebende Stadtbürger. Die sechs genannten Frauen waren sämtlich ehemalige Hausbesitzerinnen, die noch in ihren alten, nunmehr munizipalisierten Häusern lebten. Darunter befand sich nun auch die oben genannte Anna Nikolaevna Kuprijanova[1159]. Weiter weist die Liste in einem 2. Teil acht ehemalige Hausbesitzer und Hausbesitzerinnen mit ihren Familien sowie zwei weitere Frauen, ebenfalls ehemalige Hauseigentümerinnen, nach. Es handelte sich um Personen, denen als derzeitigen Werktätigen von der Kommunalabteilung eine Ersatzwohnung gestellt werden mußte. Zwei der verzeichneten Männer hatten vor der Revolution als „Angestellte" gearbeitet, ein weiterer als „Händler", ein anderer als Stadtpolizist, und ein dritter führte einst eine private Druckerei. Vom Familienanhang einmal abgesehen, waren vier Frauen als selbständig verantwortlich erfaßt. Nur ein kleiner Teil der insgesamt Betroffenen, d.h. lediglich fünf Personen weiblichen Geschlechts, wurden in einer Ergänzung der Liste in Abänderung des Beschlusses der Ausquartierungskommission von dem Wohnungsverlust indessen verschont. Den entsprechenden beim Staatsanwalt oder beim Stadtrats-

[1157]Es sei hier auch an die besondere Berücksichtigung dieser Personen bei den Verfolgungen im Rahmen des Paßregimes 1933 erinnert, vgl. oben S. 169.

[1158]Fünf der in der Liste enthaltenen Namen von Einzelpersonen bzw. Familien tauchten so in den Ausquartierungslisten, veröffentlicht bereits in *Nabat*, No. 27 (2069), 2.II.1929 g., S. 3, auf. Zwei weitere Hausbesitzerinnen der Liste des 1. August sollten nach dem Willen der klassenbewußten Parteikämpfer an der „Wohnungsfront" eigentlich ebenfalls schon Anfang Februar ausquartiert sein, was seinerzeit gleichfalls vom Gericht abgelehnt worden war; vgl. ibid., No. 33 (2075), 9.II.1929 g., S. 3.

[1159]Vgl. Anm. 1094.

präsidium eingereichten Klagen gegen das Kommissionsurteil wurde damit nur zu einem sehr geringen Teil entsprochen[1160].

Daß die Serpuchover Liste vornehmlich ehemalige Haus- und Grundeigentümer beiderlei Geschlechts auswies, war kein Zufall. Auch die entsprechenden Listen anderer Städte des Gebiets verdeutlichen, daß die Hauptstoßrichtung der Repression eindeutig gegen diese Zielgruppen ging. Dies gilt z.B. auch für die Stadt Orechovo-Zuevo. Die oben bereits erwähnte Ausquartierungsliste vom 15. August zeigt dies sehr klar: Bezüglich der auszuquartierenden „Personen der nichtwerktätigen Bevölkerung" wies sie in einem 1. Teil nur sechs Namen (eine vierköpfige Familie und fünf Einzelpersonen) aus. Dabei handelte es sich wieder überwiegend um Privatunternehmer („Händler"). Alle Urteile der Kommission wurden vom Ratspräsidium bestätigt. Eine zweite Übersicht verzeichnete hingegen nicht weniger als 35 Familien ehemaliger Hausbesitzer. Das Ratspräsidium verfügte jedoch nicht ohne Grund in 13 dieser Fälle Abänderungen der Beschlüsse der „Ausquartierungskommission". Aus den Entscheidungen des Präsidiums geht nämlich hervor, daß die Kommissionsbeschlüsse nicht immer strikt am Gesetz orientiert gewesen waren oder aber im Rahmen der ihnen überlassenen Ermessensspielräume auch die persönliche Situation des Klägers, dessen Regimetreue oder -gegnerschaft etc. nicht ausreichend hinterfragt hatten. So verzichtete die Führung des Rats darauf, eine alte ehemalige Hausbesitzerin wegen ihrer Gebrechlichkeit, mehr jedoch noch wegen der Intervention ihrer Hausverwaltung, die die Frau als nicht mehr „klassengefährlich" einstufte, zwangsauszuquartieren. Eine andere ehemalige Hausbesitzerin mit ihrer Familie wurde ebenfalls entgegen dem Beschluß der Kommission nicht ausquartiert, da hierfür die gesetzlichen Voraussetzungen fehlten. In acht Fällen bestätigte das Ratspräsidium zwar prinzipiell den Ausquartierungsbeschluß, verfügte jedoch jeweils die in diesen Fällen gesetzlich vorgeschriebene Zuweisung eines Ersatzwohnraums[1161]. Diese Vorgaben des Gesetzes vom 8. April hätte die Ausquartierungskommission in ihrer Urteilsfindung beachten müssen, da die Betreffenden als „Werktätige" ja einen *Rechtsanspruch* auf eine Ersatzwohnung besaßen! Derartige und ähnliche das Los der Betroffenen verschlimmernden Unregelmäßigkeiten und Fehlentscheidungen der örtlichen Ausquartierungskommissionen und der mit ihnen zusammenarbeitenden Organe kamen nach einem 1930 verfaßten internen Bericht über die „Säuberung" des Apparats der Gebietsstaatsanwaltschaft in den Monaten August bis Dezember 1929 offensichtlich an vielen Orten des Moskauer Gebiets vor. Sie wurden amtlich als „Überspitzungen der Klassenlinie" eingestuft[1162]. So feierte das „re-

---

[1160]Vgl. Protokol No. 11 zasedanija prezidiuma serpuchovskogo gorsoveta 1-go avgusta 1929 g. CGAMO, f. 2157, op. 1, d. 51, ll. 32-34.

[1161]Zu allen genannten Beschlüssen Protokol No. 8 Zasedanija Prezidiuma Orechovo-Zuevskogo Gorodskogo Soveta Ot 15-go Avgusta 1929 goda, § 1. Ibid., f. 5700, op. 1, d. 28, ll. 32, 33.

[1162]Vgl. Akt obsledovanija raboty graždanskogo otdela brigadoj komissii po čistke apparata oblprokuratury, ibid., f. 2157, op. 1, d. 575, ll. 19, 20.

volutionäre Bewußtsein" abermals kurzfristige Siege über die „revolutionäre Gesetzlichkeit".

An den beiden bisher betrachteten Listen fällt auf, daß Aufstellungen über ehemals „nichtwerktätige" Personen, denen nun offiziell der Status „ohne besondere Beschäftigung" zugeschrieben war und die deshalb nach der gültigen Gebietsausquartierungsverordnung der Zwangskündigung per Gerichtsbeschluß unterlagen, völlig fehlen. Dies mag an dem umstrittenen Charakter dieser Bestimmung liegen, da ja hierfür nach wie vor keine eindeutige Richtlinie des Gesetzgebers auf der Ebene der *RSFSR*, geschweige denn der *UdSSR* existierte. Möglicherweise war aber auch eine abwartende Haltung angesichts des zu erwartenden Widerstands der örtlichen, oft nicht „klassenbewußt" urteilenden Volksgerichte der Grund. Was letzteres betrifft, so sprachen die oben gezeigten Verhältnisse in Serpuchov, Orechovo-Zuevo und anderswo eine klare Sprache.

Die mangelnde Berücksichtigung des letztgenannten Personenkreises in der offiziellen Liste bedeutete indessen nicht, daß die städtischen Stellen nicht auf einschlägige Meldungen, die die Hausverwaltungen bei ihnen einreichten, reagiert hätten, wenn auch zuweilen sehr spät. Als Beispiel sei der Fall der ehemaligen Grundbesitzerin E.A. Kislovskaja und ihrer Tochter angeführt. Schon am 1. August wandte sich der Vorsitzende der Serpuchover Wohnungskooperative, in deren Haus die beiden wohnten, an die städtische „Unterabteilung für unbewegliches Besitztum" mit der Bitte, die Frage der Ausquartierung der ehemaligen Grundbesitzerin und ihrer Tochter zu prüfen[1163]. Erst am 7. Dezember wurden die beiden Frauen dann schließlich vom einem „Inspektor des Wohnungsfonds" aufgesucht und einer Befragung unterworfen. Dabei stellte es sich heraus, daß E.A. Kislovskaja einer sehr vermögenden Gutsbesitzerfamilie entstammte, die einst auf ihrem Landgut im Kreis Tula sommers wie winters eine große Zahl abhängiger Arbeitskräfte beschäftigt hatte. Zwischenzeitlich war Frau Kislovskaja auch das Wahlrecht entzogen worden. Der Inspektor setzte ans Ende des Untersuchungsprotokolls die Beschlußempfehlung an die Kommunalabteilung, Mutter, Tochter sowie einen bei ihnen wohnenden weiteren Verwandten auf dem gerichtlichen Wege ausquartieren zu lassen. Zur Begründung führte er den ermittelten Befund an, nicht ohne zu bemerken, daß Frau Kislovskaja nichts bestritten habe[1164]. Am nächsten Tag forderte die Kommunalabteilung die Familie offiziell zum Verlassen der Wohnung auf. Bei Weigerung werde das in solchen Fällen vorgeschriebene gerichtliche Verfahren eingeleitet[1165]. Trotz eines Protestbriefs der Tochter (V.A. Kislovskaja) erging am 16. Dezember erneut eine Räumungsaufforderung der „Unterabteilung für unbewegliches Besitztum" unter Verweis auf die geltende Gebietsausquartierungsverordnung (§ 4). Mit gleicher Post erhielt die zuständige Wohnungsverwaltung die Anweisung, bei Gericht die Räumungsklage einzurei-

[1163]V OMCh podotdelu Nedvižimych Imuščestv ot Pred. Pravlenija Žilt-va No. 114 Orlova O.P. po fabričnoj ulice No. 27. Zajavlenie, ibid., f. 6266, op. 1, d. 5, l. 32.

[1164]Obsledovanie, ibid., l. 30.

[1165]Gr. Kislovskoj, fabričnaja ul., dom No. 27, ibid., l. 35.

chen[1166]. Daß sich das Gericht tatsächlich mit dieser Sache beschäftigte, ist angesichts des großen Interesses des Hausverwaltungsvorsitzenden wahrscheinlich, wenn auch nicht anhand der Quellen belegbar. Die erhaltenen Dokumente liefern keine Anhaltspunkte für eine gerichtliche Verurteilung zur Wohnungsräumung, wohl aber Indizien, die nahelegen, daß das Gericht eine solche Klage wieder einmal abschlägig beschied: Im Tätigkeitsbericht des Stadtrats für 1929 wurde auf große Schwierigkeiten mit dem Volksgericht in den Wohnungsangelegenheiten verwiesen und der „administrativen und Justizsektion“ massiv vorgeworfen, nichts gegen die vom Gericht begangenen „Verstöße gegen die Klassenlinie“ unternommen zu haben[1167].

So ist auch hier wieder die offiziell höchst unerwünschte Auswirkung jenes Bewußtseins von Recht anzunehmen, das sich bei den Justizangehörigen vor dem Hintergrund ihrer vorrevolutionären, von westlichen Freiheitsidealen stark beeinflußten Ausbildung und/oder auch im Gefolge der kompromißhaft bürgerlichen Rechtsschutz gewährenden *NĖP*-Gesetzlichkeit entwickelt hatte.

Nicht zuletzt diese Umstände trugen wesentlich zur Verschärfung der Repression gegen die „nichtwerktätigen Elemente“ an der „Wohnungsfront“ bei: Im Rahmen der nächsten regulären Ausquartierungsmaßnahmen war die Beteiligung des Volksgerichts, wie es die Gebietsausquartierungsverordnung vorsah, nun ausdrücklich vorher vom Stadtrat beschlossen. So verabschiedete das Präsidium des Serpuchover Rats am 28. August eine vierteilige Liste, auf der 11 Personen mit und ohne Familien verzeichnet waren, fast alle ehemalige Hausbesitzer und -besitzerinnen. Diese sollten im Verwaltungszwangsverfahren ihre Wohnungen verlieren, nur einer Familie und einer Einzelperson wurde das Recht auf Zuweisung einer Ersatzwohnung zugesprochen, zwei Personen durften in ihren Wohnungen verbleiben. Nun aber hatten zusätzlich eine Familie und neun weitere Leute erstmalig nach der neuen Verordnung *durch Richterspruch* ihre Wohnungen aufzugeben. Dieser letztgenannte Personenkreis bestand fast ausschließlich aus Bürgern, die derzeit einer gegenüber den Behörden nicht näher bestimmten Tätigkeit außerhalb des sozialistischen Sektors nachgingen[1168].

Die von den Präsidien der Stadträte veranlaßten Aufhebungen der z.T. überzogenen Urteile, die von den Ausquartierungskommissionen gefällt worden waren, können jedoch nicht darüber hinwegtäuschen, daß über die Masse der Klagen Betroffener zunehmend negativ entschieden wurde. Noch mehr als für die „nichtwerktätigen Elemente“ galt dies, wie oben gezeigt, für die ehemaligen Hauseigner. Dies belegen auch die weiteren erhaltenen Ausquartierungszeugnisse: Am 30. August wurden beim Stadtratspräsidium in Orechovo-Zuevo „zusätzliche Listen“ begutachtet. Danach sollten neun ehemalige Hausbesitzer und -besitzerinnen mit

---

[1166] Vgl. ibid., ll. 37-38.

[1167] Vgl. Otčet o rabote serpuchovskogo gorsoveta za vremja - 1929 god. Ibid., f. 4502, op. 1, d. 75a, l. 8.

[1168] Protokol Zasedanija Prezidiuma Serpuchovskogo Gorsoveta Ot 28-go VIII 1929 g., ibid., d. 51, ll. 19, 20.

ihren Familien ihr Obdach verlieren. Die dokumentierten Klagen gegen diese Entscheidung wurden abgewiesen[1169]. Es ist bezeichnend für die sich allmählich verstärkende Tendenz, gerade die ehemaligen Wohnungseigner mit dem Ausquartierungsterror zu überziehen, daß in Orechovo-Zuevo zu dieser Zeit nicht nur *eine* Ausquartierungskommission, sondern *noch eine zweite* tätig war, die sich ausschließlich mit dem letztgenannten Personenkreis beschäftigte[1170]. Am 14. September, als das Ratspräsidium derselben Stadt weitere Beschlüsse dieser Kommission begutachtete, wurden 27 von 28 Klagen ehemaliger Hauseigentümer abgewiesen, und auch der 28. Beschwerdeführer entging der Repression lediglich *im Verwaltungsverfahren,* während er nichtdestoweniger auf gerichtlichem Wege seine Wohnung verlieren sollte[1171]. Bei der Verabschiedung der nächsten Liste während der Präsidialsitzung des 28. September ging es überhaupt nur noch um die Entscheidungen der „Kommission für die Ausquartierung der ehemaligen Hausbesitzer", die übrigen „nichtwerktätigen Elemente" spielten offenbar keine Rolle mehr. Nur ein einziger Kläger – ein inzwischen politisch „ungefährlicher" alter Mann - bekam schließlich Recht[1172].

Es ist bemerkenswert, daß sich diese Verschärfung der „Strafpolitik" an der städtischen „Wohnungsfront", nicht zuletzt eine Reaktion auf die großen Probleme ihrer Implementierung, in den Beschlüssen der Anfang September stattfindenden einzelnen Bezirksparteikonferenzen nicht explizit niederschlug. Die Konferenz in Orechovo-Zuevo mahnte zwar die örtliche Parteiorganisation zum Widerstand gegen den „Klassenfeind" und zur „Mobilisierung der politischen Aktivität zum Kampf mit den dem Proletariat fremden Einflüssen" und sprach auch einer Verbesserung der materiellen Lebensbedingungen und der Versorgung der Arbeiter gerade in Anbetracht der „schweren Wohnungskrise" das Wort, Bezüge auf die Ausquartierungsproblematik finden sich jedoch in den Resolutionen nicht[1173]. Etwas schärfere Töne schlug die Bezirksparteikonferenz von Serpuchov in dieser Beziehung an. In ihren Beschlüssen wurde zur „Ausrodung der äußersten Wurzeln des Kapitalismus" angesichts der „Verschärfung des Klassenkampfs", zur mittelfristig „vollkommenen Liquidierung des privaten Handels" und zur schonungslosen „Herausdrängung der kapitalistischen Elemente" aus der

[1169]Darüber hinaus erhielten zwei „nichtwerktätige" Delinquenten, die der Zwangsausquartierung anheimfielen, immerhin das Recht auf Zuweisung eines Ersatzwohnraums zugesprochen. Bei einem anderen Stadtbürger, einem „ehemaligen Händler" samt Familie, wurde die von der Kommission vorgesehene Strafe hingegen verschärft und die Zuweisung eines Ersatzwohnraums versagt. Protokol No. 9 Zasedanija Prezidiuma Orechovo-Zuevskogo Gorodskogo Soveta Ot 30-go VIII 1929 goda, ibid., f. 5700, op. 1, d. 28, l. 41.

[1170]Ibid.

[1171]Protokol No. 10 Zasedanija Prezidiuma Orechovo-Zuevskogo Gorodskogo Soveta Ot 14-go IX 1929 goda, ibid., l. 46.

[1172]Protokol No. 11 Zasedanija Prezidiuma Orechovo-Zuevskogo Gorodskogo Soveta Ot 28-go IX 1929 goda, ibid., l. 59.

[1173]Vgl. *Rezoljucii pervoj okružnoj partijnoj konferencii Orechovo-Zuevskoj organizacii VKP (b) 5-8 sentjabrja 1929 g.*, S. 5ff.

Gesellschaft aufgerufen, jedoch ebenfalls ohne Bezug auf die angesprochene Frage[1174]. Gleiches gilt für die Konferenz in Kolomna[1175]. Die vom 15.-18. September stattfindende 1. Moskauer Gebietsparteikonferenz ging in ihren Reden, Vorträgen und Resolutionen ebenfalls nicht über diese standardisierten programmatischen Leitsätze hinaus[1176]. Die Ende 1928 tagende Serpuchover Kreisparteikonferenz, die 17. Moskauer „Gouvernementsparteikonferenz" vom Februar 1929 sowie der im März desselben Jahres stattfindende Kreisrätekongreß in Serpuchov sprachen hier noch eine ganz andere Sprache. So fand die zunehmende Tendenz zur Sekretierung, zur Dosierung von Informationen auf verschiedenen Ebenen der politischen Entscheidungsträger im Prozeß der allmählichen „Stalinisierung" von Staat und Gesellschaft ihre Bestätigung[1177].

Guten Aufschluß über die einzelnen Stadien der repressiven behördlichen Praxis im Rahmen der städtischen Ausquartierungsverfahren geben die Fälle des A.A. Šilov und G.I. Agal'cov, beide aus Serpuchov. Sie seien hier exemplarisch angeführt. Gleichzeitig legen auch sie Zeugnis von der schleichenden Verschärfung der Verfolgung an der „Wohnungsfront" im Verlauf des Spätsommers und des Herbstes 1929 ab.

Aleksej Aleksandrovič Šilov war Opfer einer jener denunzierenden „Anmerkungen" in der Presse aus dem Frühjahr 1929. In seinem Fall erschien die Anzeige in der Moskauer Gebietsparteizeitung *Rabočaja Moskva*. Der anonyme Autor der Zuschrift teilte den Lesern mit, daß Šilov vor der Revolution „Hauptbuchhalter beim Fabrikanten Konšin in Serpuchov" gewesen sei. Er habe es nicht nur als ehemaliges „Stadtoberhaupt" von Serpuchov nicht schlecht gehabt, lebe auch heute „weitaus besser als ein Arbeiter" und verfüge zudem nicht nur über eine „passable Wohnung in seinem ehemaligen Haus", sondern erhalte erstaunlicherweise auch eine Pension. „Nach aller Wahrscheinlichkeit" sei Šilov auch noch nicht einmal seines Wahlrechts beraubt. Darüber hinaus habe sich seine Frau abfällig über jene Arbeiter geäußert, die sich über die Pensionszahlung an ihren Mann sehr gewundert hätten[1178]. Die Anzeige ging vor ihrer Veröffentlichung in der Zeitung zunächst am 26. März 29 an den Serpuchover Stadtrat, dann an dessen Sektion der Arbeiter- und Bauerninspektion, die am 11. April beschloß, Šilov im Verwaltungsverfahren von der Kommunalabteilung ausquartieren zu lassen. Die „Anmerkung" wurde mit gleichem Datum der „Versicherungskasse" zugeleitet, um die Frage eines Pensionsentzugs zu prüfen[1179]. Es ging in diesem Verfahren also keineswegs nur um eine bloße Ausquartierung. Am 1. August erschien der Delinquent zwar zusammen mit seiner Ehefrau, der Tochter und dem Neffen auf

---

[1174] *Rezoljucii 1-voj okružnoj konferencii VKP (b) i Plan Raboty Okružkoma*, bes. S. 7-9.

[1175] Vgl. *Rezoljucii pervoj okružnoj partijnoj konferencii VKP (b)*, S. 4ff.

[1176] Vgl. die ausführlichen Berichte, Reden und Beschlüsse der Konferenz, abgedruckt in *Pravda*, No. 213, 215, 217, 220, 225 vom 15., 18., 20., 24. und 29. September.

[1177] Dazu V.S. Izmozik: Političeskij kontrol' v Sovetskoj Rossii. 1918-1928 gody, *VI* (1997), No. 7, S. 51.

[1178] CGAMO, f. 4502, op. 1, d. 96, l. 15

[1179] Ibid.

der endgültigen Ausquartierungsliste des Stadtratspräsidiums[1180], wurde allerdings der Personengruppe mit Anrecht auf Zuteilung eines Ersatzwohnraums zugeordnet. Dieses Vorrecht genossen nach dem noch gültigen Art. 9 der Gebietsausquartierungsverordnung vom 21. Juni u.a. anerkannte Pensionsbezieher und Invaliden[1181]. Zu letzteren gehörte Šilov, wenn man der am 11. August von seinem werktätigen Sohn beim Präsidium des Stadtrats eingereichten Klage gegen die Ausquartierungsmaßnahme Glauben schenkt[1182]. Trotz dessen Bemühungen, dem Verweis auf die angeschlagene Gesundheit des Vaters[1183], der Beibringung eines ärztlichen Attests und der auf Bitten von Šilovs Sohn an das Ratspräsidium geschickten Fürsprache seines Gewerkschaftsvertreters[1184] empfahl die Kommunalabteilung mit Schreiben vom 22. August, den Beschluß über die Zwangsausquartierung beizubehalten[1185]. Vorher war im *Nabat* eine folgenschwere Notiz erschienen, in der die Frage gestellt wurde, warum denn der Betroffene als ehemaliges „Stadtoberhaupt", das in seinem Haus nach wie vor „die besten Zimmer" belege, immer noch nicht zwangsausquartiert sei[1186]. Das wesentliche Argument für die Ausquartierung sah der mit der nochmaligen Überprüfung beauftragte „Inspektor des Wohnungsfonds" denn auch in ebendieser von der Arbeiter- und Bauerninspektion bestätigten ehemaligen Tätigkeit des Delinquenten als „Stadtoberhaupt"[1187]. Eine derartige Orientierung an Kriterien, wie sie nach dem geltenden Recht gegenüber Personen angewandt wurden, die einer Aberkennung ihres Wahlrechts unterlagen, war als Begründung einer Ausquartierung im Verwaltungszwangsverfahren indessen eindeutig gesetzlich untersagt[1188]! Am 17. September bestätigte das Präsidium des Stadtrats die Entscheidung vom 1. August dennoch als rechtmäßig[1189] (!). Eine Aufhebung der gesetzwidrigen, nach dem *Klassenprinzip* getroffenen Entscheidung zu erreichen, gelang deshalb nicht, weil das Urteil unter dem Druck der örtlichen Parteihardliner schon vorher feststand.

Die Ausquartierung Georgij Ivanovič Agal'covs wünschte bereits am 28. Februar 29 die „Serpuchover Abteilung der Gewerkschaftsunion für Arbeiterbildung". Sie richtete über die Kreisabteilung der Gewerkschaft allerdings mit gutem Grund erst am 12. April, also *nach* Erlaß der *VCIK*-Ausquartierungsverordnung, an das Kreisvollzugskomitee die Bitte, der Pächter Agal'cov möge veranlaßt wer-

---

[1180]Protokol No. 11 zasedanija prezidiuma serpuchovskogo gorsoveta 1-go avgusta 1929 g. Ibid., d. 51, l. 34.

[1181]Vgl. O vyselenii lic netrudovych kategorij i byvšich domovladel'cev iz municipalizirovannych i nacionalizirovannych domov v gorodach i rabočich poselkach Moskovskoj gubernii, ibid., f. 2157, op. 1, d. 370, l. 133.

[1182]V Prezidium Serpuchovskogo Gorsoveta. 11 avgusta 1929, ibid., f. 4502, op. 1, d. 96, l. 13.

[1183]Ibid.

[1184]Unterlagen ibid., ll. 16, 17, 18.

[1185]OMCh Serpuchovskogo UIKa. V Prezidium Gorsoveta, ibid., l. 12.

[1186]Vgl. Čuždyj ėlement iz našich domov - von, *Nabat*, No. 180 (2222), 8.VIII.1929 g., S. 3.

[1187]CGAMO, f. 4502, op. 1, d. 96, l. 14. Bericht unbetitelt.

[1188]Vgl. oben S. 238.

[1189]E.A. Šilovu, CGAMO, f. 4502, op. 1, d. 96, l. 11.

den, einen vom ihm genutzten Wohnflügel zu räumen, damit der freiwerdende Wohnraum „in die Verfügung des Bildungshauses" übergehen könne. Zunächst sah der Stadtrat offensichtlich trotz der für eine Ausquartierung nun günstigen Gesetzeslage keinerlei Möglichkeit, der Bitte zu entsprechen. „Im gegenwärtigen Augenblick" könne dem Ersuchen einerseits wegen der Existenz eines ordentlichen Pachtvertrages, andererseits auch wegen der Unmöglichkeit, Agal'cov einen geeigneten Ersatzwohnraum zuzuweisen, nicht entsprochen werden[1190]. Erst in der Liste vom 1. August tauchte Agal'covs Name nun zusammen mit seiner neun Mitglieder umfassenden Familie auf. Jetzt war seine Zwangsausquartierung „als ehemaliger Hausbesitzer und bis zur Revolution Eigner einer Druckerei und eines Kinos" beschlossene Sache, wenn auch, wie bei Šilov, unter den erleichternden Bedingungen der Zuweisung eines Ersatzwohnraums durch die Kommunalabteilung[1191]. Es ist anzunehmen, daß Agal'cov zunächst als Invalide eingestuft wurde, denn sonst hätte das klassenbewußte Serpuchover Stadtratspräsidium mit Sicherheit verfügt, den Delinquenten auf dem Verwaltungswege ohne Zubilligung einer Ersatzwohnung auf die Straße zu setzen. Ebendies geschah allerdings dann am 22. September: In einer „Ergänzungsliste" des *Nabat* mit den für eine Zwangsausquartierung vorgesehenen Personen erschien der Name Agal'covs nun unter solchen im harten Verfahren auszuquartierenden Bürgern[1192]. Wie im folgenden zu zeigen sein wird, ergab sich diese Umentscheidung des Stadtratspräsidiums unter dem Druck der örtlichen Parteiführung, die die Einhaltung des Termins für eine Beendigung aller Verfahren bis zum 1. Oktober gefährdet sah und so um so mehr auch hier - unter Mißachtung geltenden Rechts - die strikte Durchführung der „Klassenlinie" betrieb. Die neue Entscheidung hatte zudem den für die beteiligten Behörden nicht unangenehmen Nebeneffekt, daß gerade im Hinblick auf die herrschende „Wohnungskrise" der Wegfall der Verpflichtung zur Stellung eines Ersatzwohnraums den Stadtrat vor unerwünschten Schwierigkeiten bewahrte[1193].

Die von politisch motivierter Zwangsausquartierung im *gerichtlichen* Verfahren Betroffenen hatten nicht zuletzt infolge der Wohnraumknappheit und der damit verbundenen konträren Interessen der Wohnungsbehörden bedeutend mehr Chancen, sich vor Gericht mit Erfolg zu wehren und zumindest einen Aufschub des drohenden Vollzugs, wenn nicht gar dessen Modifizierung oder Aufhebung zu erwirken, als bei einer administrativ verfügten Maßnahme[1194]. Die Serpuchover

[1190]Unterlagen ibid., ll. 30-32.

[1191]Vgl. Anm. 1180.

[1192]Kto ešče vyseljaetsja. Spisok vyseljajuščichsja iz domov kommunchoza, *Nabat*, No. 219 (2261), 22. IX.1929 g., S. 6.

[1193]Die praktizierte Sippenhaftung griff auch auf die Tochter Agal'covs zu: Wenige Monate später verlor diese unter ausdrücklichem Verweis auf die kompromittierende soziale Stellung und frühere Tätigkeit ihres Vaters im Zuge der „Säuberung" der Serpuchover Bezirksfinanzabteilung ihren Arbeitsplatz im Apparat der Behörde. Vgl. S.A.: Otec tituljarnyj sovetnik [Säuberungsbericht], ibid., No. 5 (2348), 7.I.1930 g., S. 6.

[1194]Anfang August meldete sich ein Bürger mit der denunzierenden Mitteilung beim Serpuchover Stadtrat, daß der Hausbesitzer Krasnoščekov weiterhin in dem nunmehr von der „Verei-

Justiz trieb nämlich weiterhin keine „Klassenpolitik“, sondern arbeitete bewußt streng nach Gesetz, offenbar nach wie vor mit Sympathie gegenüber den vermögenden „nichtwerktätigen Elementen“. Erst unter erhöhtem Druck der Parteiorgane sah sie sich im Einzelfall dann, gegen das Recht, zu einer Änderung ihrer Entscheidungspraxis zuungunsten dieser „kapitalistischen“ Bevölkerungsgruppen gezwungen[1195]. Derartige Schwierigkeiten der örtlichen Partei- und Staatsbehörden mit den Gerichten und deren unzureichende Anwendung des von der Partei eingeforderten strikten Klassenrechts in der Ausquartierungsfrage waren - es ist wichtig, dies noch einmal zu betonen - kein Spezifikum der Stadt Serpuchov, deren Verhältnisse hier nur als Beispiel für ein im gesamten Moskauer Gebiet verbreitetes Phänomen zu verstehen sind.

Die Entscheidung des Stadtratspräsidiums war de facto stets die Endstation im Repressionsprozeß dieser Art. Gegen einen Negativbescheid war in der Regel keine erfolgverheißende Berufung mehr möglich, höchstens in Ausnahmefällen, wenn nachgewiesen werden konnte, daß es sich in der Tat um einen gesetz- bzw. verordnungswidrigen Beschluß des Stadtrats handelte. Dies zu belegen, gelang drei Klägern aus dem Landstädtchen Ruza in einem Revisionsbegehren gegen die Entscheidung ihres Rats, sie als ehemalige „Nichtwerktätige“ und nunmehr im

---

nigten Wohnungsgenossenschaft“ bewirtschafteten Haus lebe und Wohnungen vermiete. Der Leiter der mit der Untersuchung beauftragten „Unterabteilung für unbewegliches Besitztum“ (*P/ONI*) erklärte indessen in einem Brief vom 15. August an den wachsamen Bürger, daß in der besagten Wohnungsgenossenschaft noch drei weitere hausbesitzende Bewohner lebten, was auch in anderen Wohnungsgenossenschaften der Fall sei. Die Kommunalabteilung habe beim „Volksgericht“ die „Ausquartierung dieser Leute“ beantragt, jedoch ohne Erfolg. Bei den Hausbesitzern handele es sich nämlich laut Begründung des Gerichts um „Werktätige“, die ja nach einer Ausquartierung mit neuem (überall knappem) Wohnraum versorgt werden müßten. Außerdem störten sie nicht die „Bau- und Planarbeit“ der Genossenschaft. Die *P/ONI* gab sich in Anbetracht der Engpässe auf dem Wohnungsmarkt hiermit offensichtlich sehr gern schnell zufrieden. Da es sich um „werktätige“ Hausbesitzer handele, so die „Unterabteilung“, entfalle die „Schärfe der Frage ihrer Ausquartierung“ somit ja ohnehin. Vgl. CGAMO, f. 4502, op. 1, d. 96, l. 4.

[1195]Als ein gutes Beispiel sei der Fall des ehemaligen Unternehmers I.A. Agal’cov angeführt, wegen des gleichen Initials des Vaternamens möglicherweise ein Verwandter (Vater?) des genannten G.I. Agal’cov. Der *Nabat* meldete am 11. September, daß das Volksgericht dem Antrag der zuständigen Hausverwaltung, den ehemaligen Unternehmer, der inzwischen auch sein Wahlrecht eingebüßt hatte, auszuquartieren, nicht stattgegeben habe. Der Verfasser des Artikels rügte, das Gericht habe in Anbetracht der derzeitigen „sozialen Lage“ des Angeklagten diesen nur zur Begleichung der sechs Monate nicht gezahlten Miete verurteilt. Er monierte das „formale“ Vorgehen der Richter in dieser Sache als Verstoß „gegen die Klassenlinie“, vgl. Klassovaja linija i političeskoe čut’e otsutstvujut. Novye fakty o dejatel’nosti Serpuchovskogo Suda klassovomu vragu - poblažki, trudjaščichsja - na ulicu. Lišenca ne vyseljajut. *Nabat*, No. 209 (2251), 11.IX.1929 g., S. 6. Die Entscheidung des Gerichts war insofern korrekt, als der Betroffene nicht unmittelbar unter die „Kategorien“ der Ausquartierungsverordnung fiel, die fehlendes Wahlrecht nicht berücksichtigten. Nach enormem politischem Druck seitens der Partei, der sich am 17. November in einer weiteren Zeitungsanzeige manifestierte, erschien am 11. Dezember im gleichen Blatt dann auch die Meldung, daß das Volksgericht nach Wiederaufnahme des Verfahrens gegen Agal’cov nun doch noch dessen Ausquartierung verfügt habe. Agal’cov vyseljaetsja, ibid., No. 285 (2327), 11.XII.1929 g., S. 6.

öffentlichen Sektor beschäftigte Gewerkschaftsmitglieder ohne Zuweisung eines Ersatzwohnraums im Verwaltungsverfahren auszuquartieren. Der *Mossovet* mußte den Beschluß aufheben[1196]. Für andere Klagen gegen als unrechtmäßig betrachtete Entscheidungen des Stadtrats – etwa aus der Industriestadt Kolomna - belegen die Quellen indessen weder eine positive noch negative Entscheidung der Moskauer Behörde[1197]. Nach dem in dieser Zeit weit verbreiteten Trend[1198] zu urteilen, als Maßstab der Entscheidungen die „Klassenlinie" anstelle der existierenden Gesetze heranzuziehen, liegen letztlich negative Beschlüsse im Bereich des Wahrscheinlichen. Gerade die Fälle Šilov und Agal'cov zeigen, daß die Verfügungen des Stadtrats in Kraft gesetzt wurden, *obwohl* sie geltendes Recht mißachteten. Die Klagevorgänge belegen allerdings gleichzeitig, daß es durchaus auch weiterhin Schwierigkeiten der örtlichen Parteiführungen und der auf ihre Veranlassung handelnden Stadträte mit der Durchsetzung einer formal illegalen, klassenrechtlich orientierten Repressionspolitik gab.

Die für das Moskauer Gebiet erlassene Ausquartierungsverordnung sah, wie schon angemerkt, die Abwicklung *sämtlicher* „Befreiungen" der kommunalen Wohnungen von den in ihr genannten Personengruppen zum 1. Oktober 1929 vor. Konnten die einzelnen Stadträte dieses Gebot erfüllen? Soweit aus den heute zugänglichen einschlägigen Archivalien ersichtlich, ist diese Frage zu verneinen. Die Situation in Serpuchov illustrierte der *Nabat* in einem energischen Artikel vom 19. September: Das Blatt charakterisierte die Umsetzung der beschlossenen Maßnahmen gemäß den oben genannten Ausquartierungslisten als „außerordentlich langsam". Von 30 im Verwaltungsverfahren freizusetzenden Familien seien bislang nur 17 - darunter auch die genannte ehemalige Hausbesitzerin Kuprijanova - ausquartiert, von 21 Familien mit Anrecht auf Zuweisung einer Ersatzwohnung lediglich eine einzige! Als Grund führte der Artikel „die fehlende Umsetzung der Anweisung des Stadtrats seitens der Administrativen Abteilung des Bezirksvollzugskomitees" an. Die „Schwäche" dieser Abteilung werde von den ehemaligen Hausbesitzern ausgenutzt. Da nur noch zwei Wochen bis zum Ablauf der Frist für die Beendigung der Maßnahmen zur Verfügung stünden, hätten die Kommunal- sowie die Administrativabteilung „alle entschiedenen Maßnahmen für eine endgültige Ausquartierung aller Hausbesitzer und nichtwerktätigen Elemente" zu ergreifen. Gerade die „bisher vernachlässigten Hausbesitzer" müßten unbedingt in die Listen aufgenommen und aus ihren Wohnungen geworfen werden. „Die versöhnlerische Haltung der administrativen Abteilung gegenüber den Klassenfeinden" sei „unzulässig". Gerade „angesichts der schärfsten Wohnungskrise in Serpuchov" hätten die Verantwortlichen - so der Artikel weiter - „entschlossen" einer „strikten Klassenlinie gegenüber den fremden Elementen" zu fol-

[1196] Vgl. CGAMO, f. 2157, op. 1, d. 399, l. 58.
[1197] Ibid., l. 57.
[1198] Im Sinne der Darlegungen oben, S. 258/259ff.

gen[1199]. Schon *vor* dieser Zeitungsintervention, bereits am 17. September, hatte das Präsidium des Stadtrats versucht, über das im Rahmen der Gebietsverwaltungsreform neugeschaffene, ihm übergeordnete Bezirksvollzugskomitee auf die „schwachen" Behörden einzuwirken: Mit einer speziellen Verfügung wurde bestimmt, die weiteren Zwangsausquartierungen mit einer „Bitte" an das Bezirksvollzugskomitee zu verbinden, „Einfluß auf die bei der gegebenen Arbeit störenden" Stellen zu nehmen (!). In Klammern erschienen die Störenfriede explizit, nämlich die Administrative Abteilung und, was wunder, das „Volksgericht"[1200].

Es ergab sich also eine für die eingeschränkten Möglichkeiten der Partei bezüglich einer tatsächlichen Implementierung ihrer gegen die hier thematisierten Zielgruppen betriebenen Verfolgungspolitik in der Umbruchskrise symptomatische Situation: Weder die Verfügung des Rats noch die Zeitungsanweisung der örtlichen Parteileitung erreichten ihr Ziel, wenn auch die angegriffenen Dienststellen in letzter Minute versuchten, die für sie höchst unbefriedigende und durch die Nähe zu den Klassenfeinden, in die sie sich gerückt sahen, auch gefährliche Situation mit verschärfter Repression zu verbessern - mit nur geringem Erfolg: Die im *Nabat* vom 22. September veröffentlichte „Ergänzungsliste" mit den Namen weiterer im administrativen Verfahren Auszuquartierender wies lediglich *fünf* Einzelpersonen aus, nämlich zwei „ehemalige Händlerinnen" (begriffen als „nichtwerktätige Elemente"), einen „ehemaligen Hauseigner" sowie zwei „ehemalige Hausbesitzerinnen", davon eine gleichzeitig Ehefrau eines Geistlichen. Weiter verzeichnete die Liste nicht mehr als zwei Familien aus dem Milieu der „ehemaligen Händler" und Kleinbetriebsinhaber, darunter auch die vorher schon verfolgte Familie Agal'cov[1201]. So zeigte sich hier erneut die aufgrund doppelter Zuschreibung unvermeidbare kategoriale Vermischung mit den Personen ohne Wahlrecht[1202], obwohl letztere, wie erwähnt, eben nicht als solche, sondern immer nur wegen ihres „Nichtwerktätigen"-Status im Sinne des Gesetzes vom 8. April der administrativen Zwangsausquartierung unterlagen.

Trotz aller Bemühungen[1203] konnte der Termin des 1. Oktober von den meisten lokalen Vollzugskomitees nicht eingehalten werden. Daß dem so war, hatte

---

[1199] Nikakich poblažek! Nikakich primirenčestv! Vyselit' k 1 Oktjabrja ves' netrudovoj ėlement iz municipalizirovannych domov. Rešitel'no vypolnit' postanovlenie Mossoveta i Serpuchovskogo gorsoveta, *Nabat*, No. 216 (2258), 19.IX.1929 g., S. 6.

[1200] Vgl. Vyvody po obsledovaniju Gorodskogo Soveta v Serpuchove, v časti vypolnenija rešenija Prezidiuma Orgkomiteta Moskovskoj Oblasti ot 17/IX-29 o rasširenii prav i organizacionnom postroenii gorsovetov Moskovskoj Oblasti, CGAMO, f. 4502, op. 1, d. 83, l. 45.

[1201] Außerdem tauchten - ohne soziale Klassifikation - die Namen von lediglich drei Familien und fünf Einzelpersonen auf, die ebenfalls im Verwaltungsverfahren, jedoch unter Zuweisung einer Ersatzwohnung ausquartiert werden sollten. Quelle nach Anm. 1192.

[1202] Vgl. zu diesem Problem auch die folgende Zeitungsanzeige, die die „weichherzigen Richter" des Serpuchover Volksgerichts anprangerte: Znajuščij: Počemu ne vyseleny machrovye klassovye vragi; *Nabat*, No. 217 (2259), 20.IX.1929 g., S. 5.

[1203] Die schwierige Situation, in die die administrativen Repressionsorgane unter dem Zwang zur Durchsetzung der Ausquartierungsverfahren gerieten, bewog das gerade erst eingesetzte Bezirksvollzugskomitee in Serpuchov bereits am 9. September zu einer Anweisung an den „Justiz-

gewichtige Gründe, die der Moskauer Gebietsstaatsanwalt in einem Schreiben an das Präsidium des *Mossovet* wie folgt resümierte: Die praktische Anwendung des Ausquartierungsgesetzes vom 8. April habe zahlreiche „Defekte" produziert. Diese bestünden in der „unzureichenden Mobilisierung der Kräfte für diese Kampagne", in der „schwachen Heranziehung der gesellschaftlichen Öffentlichkeit für diese Arbeit" sowie in der „unzureichenden Führung" durch die einzelnen örtlichen Räte. Auch fehle eine wirksame Kontrolle der Tätigkeit der Hausverwaltungen im Ausquartierungsverfahren. Zudem wies der Staatsanwalt auf Schwierigkeiten mit der Umsetzung des umstrittenen § 4 der Gebietsausquartierungsverordnung (Einbeziehung der „Personen ohne besondere Beschäftigung" in die Maßnahmen) hin[1204].

Die von der Gebietsstaatsanwaltschaft hervorgehobenen „Defekte" alarmierten selbst die „Zentrale Kontrollkommission" (*ZKK*). Am 12. Oktober ließ sie in der *Pravda* mehrere Artikel veröffentlichen, die die genannten Mängel sowie die Untätigkeit der einzelnen Räte und die angeblich kontraproduktive Arbeit der örtlichen Staatsanwälte in der „Ausquartierungsfrage" am Beispiel der Leningrader und Moskauer Stadtkreise geißelten. Das Gesetz vom 8. April werde mehr oder minder nicht umgesetzt[1205]. Das *VCIK* teilte daraufhin am 10. Oktober dem Moskauer Stadt- und Gebietsrat seinen Beschluß mit, daß es einen besonderen Dreierausschuß (*trojka*) eingesetzt habe, der allerdings in erster Linie das Problem jener „Personen ohne besondere Beschäftigung" vor dem Hintergrund der Frage der *Gesetzeskonformität* bei der praktischen Durchführung der Ausquartierungen durch den *Mossovet* zu durchleuchten habe. Gleichzeitig sollte die *trojka* auch die Befolgung der vom *VCIK* im Juli verfügten, jedoch vom Moskauer Rat bemängelten[1206] Bestimmung überprüfen, wonach die einzelnen örtlichen Stadträte auch

sektor" der eigenen Stelle, an die Bezirkskommunal- sowie die -finanzabteilung und den Stadtrat. In ihr wurde die Abordnung von 10 „besonders gebildeten und politisch entwickelten Arbeitergenossen aus den Mitgliedern des Stadtrats" verfügt. Diese hätten in Wochenfrist den gesamten kommunalisierten und privaten Wohnungsbestand des Bezirks hinsichtlich der Möglichkeit einer Bereitstellung zusätzlichen Wohnraums für die Werktätigen zu überprüfen. Kommunalabteilung und „Justizsektor" sollten zusätzlich eine Verfügung erarbeiten, die die privaten Hausverwaltungen zwingen würde, Wohnraum ab 100 m² Größe der „Unterabteilung für Wohnungswesen" zu melden. Gleichzeitig war die Kommunalabteilung gehalten, alle Personen zu erfassen, die „eigene Häuser" besäßen und gleichzeitig in Kommunalwohnungen lebten. Ebenfalls erging an die gleiche Stelle die Verpflichtung, in der nächsten Stadtratssitzung „über die Ergebnisse der Ausquartierungen des nichtwerktätigen Elements" zu berichten. Vypiska iz protokola sekretariata Prezidiuma Serpuchovskogo Okrispolkoma, No. 1 ot 9/IX-29 g. O položenii s žiliščnym fondom v gor. Serpuchove, CGAMO, f. 4502, op. 1, d. 97, l. 9. Was die Erfassung des Wohnungsbestands betrifft, so legte die Kommunalabteilung zum 1. Oktober genaue Zahlen vor: Danach gab es in der Stadt Serpuchov immer noch nicht weniger als 3490 private Wohnungen bzw. Häuser, denen nur 643 munizipalisierte, 32 nationalisierte und 50 kooperativ bewirtschaftete Wohneinheiten gegenüberstanden. Svedenija. V gor. Serpuchove o žiloj ploščadi domov, raspoložennych v gorode po kategorijam pol'zovatelej po sostojaniju na 1-oktjabrja 1929 goda, ibid., f. 956, op. 1, d. 29, l. 101.

[1204] Prokuror Moskovskoj Oblasti. V Prezidium Mossoveta, ibid., f. 2157, op. 1, d. 370, l. 23.

[1205] Vgl. die unter der Schlagzeile *Ne dopustim sryvy klassovoj žiliščnoj politiki* abgedruckten Artikel in *Pravda*, No. 236 (4370), 12 oktjabrja 1929 g., S. 5.

[1206] Vgl. oben S. 251.

noch weitere, im Gesetz vom 8. April nicht genannte Personen von der Zwangsausquartierung im Verwaltungsverfahren ausnehmen könnten[1207].

Damit zeichnete sich ein erneuter Dissenz zwischen dem *Mossovet* als Verfechter eines proletarischen Klassenrechts und dem *VCIK* als Verteidiger des staatlichen Rechtssystems ab. Es ist bezeichnend, daß sich die auf der Ebene des Moskauer Gebiets eingesetzte, für die Ausquartierungen in allen Städten und Arbeitersiedlungen zuständige Kommission in ihrer Sitzung am 14. Oktober mit dieser Frage gar nicht befaßte. Wohl aber behandelte sie die von der Staatsanwaltschaft monierten „Defekte" der Verfahren und verordnete Abhilfe durch zusätzliche Kontrollen und die Abfassung von termingebundenen Überprüfungsberichten. Was die Ausquartierungen im Verwaltungsverfahren betrifft, so wurde beschlossen, statt des früher festgesetzten, jedoch nun als überholt erkannten Termins für den Abschluß aller Verfahren (1. Oktober) den 1. November festzuschreiben. Bis zum 10. dieses Monats sollten alle bei den Gerichten gegen die „Personen ohne besondere Beschäftigung" offensichtlich nur sehr zögerlich eingereichten Strafanzeigen eingegangen sein[1208].

Die nächste Auseinandersetzung des Moskauer Rats bzw. seines Vollzugskomitees mit dem *VCIK* um die erwähnten Probleme begann dann in der Tat am 16. Oktober. Sie wurde während der Sitzungen einer beim *VCIK* angesiedelten Spezialkommission ausgetragen. Diese bestand aus zwei Vertretern des *VCIK* und des Justizkommissariats, je einem Beauftragten des *MUNI* bzw. *MOUNI* und der Gebietsstaatsanwaltschaft sowie je zwei Abgesandten des *Mossovet* und zweier Moskauer Bezirksräte. Es nimmt nach dem bisher Gesagten nicht wunder, daß die Vertreter des *Mossovet* während der Diskussion genötigt waren, die Gebietsverordnung vom 27. Juli sowie überhaupt ihre Ausquartierungspolitik gegen den Vorwurf der Ungesetzlichkeit zu verteidigen. Unterstützt von dem anwesenden Abgesandten der Staatsanwaltschaft, rechtfertigten sie die umstrittene Einbeziehung der „Personen ohne besondere Beschäftigung" in die Verfahren. Dabei machten sie erneut deutlich, mit der Verordnung ausdrücklich „vom Standpunkt der Durchführung der Klassenlinie" ausgegangen zu sein. Bei dieser Sache handele es sich um eine „politische". Wenn es also „Gesetzesabweichungen" in der Verantwortung des Moskauer Rats gegeben habe, „dann nur nach der Form und nicht nach dem Geist des Gesetzes". Offen gaben sie zu, daß die besagten Personengruppen „formal" nicht unter die gesetzlichen Bestimmungen fielen. Nichtsdestoweniger *müßten* diese Gruppen aber als für die Gesellschaft besonders gefährlich (aus Gründen der Einhaltung der „Klassenlinie") zwangsausquartiert werden. Der Vertreter des Justizkommissariats stellte indessen unter Bezug auf die jüngsten Auseinandersetzungen des *MUNI* und des *Mossovet* mit der Regierung der *RSFSR* u.a. in dieser Frage nicht nur die Radikalität, sondern auch die Gesetzwidrigkeit

---

[1207] Protokol zasedanija Prezidiuma Vserossijskogo Ispolnitel'nogo Komiteta ot 10/X-1929 g., CGAMO, f. 2157, op. 1, d. 370, l. 39.

[1208] Zu allen Beschlüssen der Kommissionsitzung vgl. Protokol zasedanija komissii po vyseleniju netrudovych ėlementov iz municipalizirovannych domov gorodov i rab. poselkov Moskovskoj Oblasti, ibid., ll. 59-60.

des Standpunkts des Moskauer Rats heraus. Einer der Beauftragten des *VCIK* sprach – etwas zurückhaltender - von „Fehlern“ des Rats. Nach langer Diskussion konnten schließlich die Vertreter der „strikten Klassenlinie“ der Partei die Billigung der vorsichtig formulierten Feststellung durchsetzen, daß zumindest „in der Moskauer Praxis keine besonderen Verstöße in der Anwendung des Gesetzes“ vorgekommen seien. Das Präsidium des *Mossovet* wurde angewiesen, sich baldmöglichst um eine Ergänzung des Gesetzes im Sinne der formalen Einbeziehung des umstrittenen Personenkreises in die Ausquartierung im *Verwaltungsverfahren* zu bemühen. Dafür sollte die Kommission für das *VCIK* ein neues „Projekt“ ausarbeiten[1209].

In diesem Schlagabtausch zwischen den Vertretern des gesatzten staatlichen Rechts der „revolutionären Gesetzlichkeit“ und denjenigen, die für ein proletarisches Klassenrecht eintraten, hatten sich erstere somit am Ende zwar nicht vollkommen, aber doch ziemlich weitgehend erneut durchsetzen können. Das Ergebnis war dennoch ein schlechter Kompromiß. Der Grundkonflikt zwischen den beiden sich gegenüberstehenden, unvereinbaren Rechtsperzeptionen blieb weiter ungeklärt. Daß diese Auseinandersetzungen grundsätzlicher Art zwischen hohen und höchsten Staatsbehörden fortdauerten, zeigt die besondere Relevanz der „Legitimationskrise“ der Parteipolitik, die der „große Umbruch“ provozierte.

Der Serpuchover Stadtrat versuchte angesichts der nun abermals nicht eingehaltenen Ausquartierungsfrist (bis zum 1. November), zumindest was die Hauseigentümer betrifft, die Situation in einer „Flucht nach vorn“ radikal zu bereinigen: Zum Stichtag des 1. November veröffentlichte der *Nabat* den Beschluß des Präsidiums, demzufolge alle verbliebenen Hausbesitzer aus ihren Häusern geworfen werden sollten. Dies ging allerdings gerade *nicht* im Schnellverfahren, sondern erst nach Überprüfung und Munizipalisierung der einzelnen Wohnobjekte. So beklagte der Kommentator, einer der Prüfer, daß die eingeleiteten entsprechenden Ermittlungen durch die Kommunalabteilung bis zu vier Monate in Anspruch nehmen würden[1210]. In den kleinen Landstädten im Westen des Moskauer Gebiets scheint die Situation für eine erfolgreiche Ausübung der Repression an der „Wohnungsfront“ aufgrund des großen Widerstands der vielfach auch beim Stadtrat selbst einflußreichen „*NĖP*-Leute“ ganz besonders schwierig gewesen zu sein[1211]. Am 5. November mußte der Staatsanwalt des Moskauer Gebiets schließlich offiziell eingestehen, daß auch die verlängerte Frist für die Beendigung aller Ausquartierungsverfahren unrealistisch, zumal bereits verstrichen, war. Er kündigte an, sich beim *VCIK* über die Staatsanwaltschaft der Republik für eine Verlängerung um einen weiteren Monat zu bemühen, da das Stocken der Verfahren durch die vorgeschriebene Beendigung nicht nur „unzweckmäßig“, sondern an-

---

[1209]Vgl. Zasedanie VCIKa po proverke vypolnenija Moskovskim Sovetom postanovlenija VCIKa o vyselenii netrudovogo ėlementa iz municipalizirovannych stroenij, ibid., ll. 49-57.

[1210]Vgl. Obsledovatel': Predvoschitit' machinacii domovladel'cev, *Nabat*, No. 253 (2293), 1.XI.1929 g., S. 5.

[1211]Quelle nach Anm. 560.

gesichts des Drucks der Werktätigen auch „politisch unmöglich" sei. Als Ursachen für den zeitlichen Verzug in der Durchführung der Maßnahmen nannte der Staatsanwalt die unzureichende Vorbereitung der einzelnen Kommissionen auf die Kampagne und erneut die mangelnde Einbeziehung der „gesellschaftlichen Öffentlichkeit". Als einer der wichtigsten Gründe wurde zudem die Wohnungsknappheit angeführt, derzufolge die Auszuquartierenden mit Anspruch auf Zuweisung eines Ersatzwohnraums nicht umziehen könnten. Außerdem laufe die nun mögliche Ausquartierung per Gerichtsbeschluß nach § 4 der Gebietsausquartierungsverordnung zumindest in Moskau überhaupt „erst jetzt" an[1212]. So standen einer raschen Umsetzung der ehrgeizigen Repressionsziele nicht zuletzt von den örtlichen Machtorganen selbst verschuldete bzw. zu verantwortende widrige Umstände (nicht zuletzt die „mangelnde Führung" der zu- oder untergeordneten Stellen) entgegen.

Bis zum Jahresende 1929 verbesserten sich die Aussichten auf eine Lösung der Probleme auf dem Wohnungssektor im Sinne der repressiven ideologischen Orientierung der zentralen Parteiführung kaum. Am 27. Dezember konnte zwar die *Pravda* in einer Artikelreihe von Einzelerfolgen in der administrativen Zwangsausquartierung in den Städten Leningrad, Moskau und Char'kov berichten[1213], für die Städte des Moskauer Gebiets belegen die zugänglichen einschlägigen Quellen jedoch keinerlei konkrete Angaben hierüber. Dies unterstreicht noch einmal das erwähnte Stocken der Repressionsmaßnahmen in diesem Bereich. Nach wie vor war das *NKVD* mit der Überarbeitung des oben genannten Projekts vom 22. Juli zur Novellierung des Gesetzes vom 8. April beschäftigt, nachdem ihm aus vielen Gegenden Vorschläge im Sinne einer noch weiteren Verschärfung des Entwurfs zuungunsten der „nichtwerktätigen" und „fremden Elemente" zugegangen waren[1214]. Der Text des geplanten neuen Gesetzes, das zum 1. Januar 1930 in Kraft treten sollte, wurde indessen von anderen zentralen Behörden in Einzelpunkten kritisiert[1215]. Der Entwurf erhielt - was wunder - nie Gesetzeskraft.

Es ergibt sich die Frage, was denn mit den durch eine Zwangsausquartierung obdachlos gewordenen Bürgern weiter geschah. Hierzu enthalten die Quellen außerordentlich spärliche Angaben. Nach den für das *OGPU* gültigen „Instruktionen" konnte der Geheimdienst bisher nur in denjenigen Fällen eine Zwangsaussiedlung, d.h Verbannung bzw. Ausweisung einer (ggf. „nichtwerktätigen") Person aus den Städten und Dörfern des Moskauer Gebiets durchführen, wenn diese wegen „konterrevolutionärer Tätigkeit" auf Empfehlung der Gebiets-*trojka* des

[1212]Prokuror Respubliki. Sročno. Ibid., l. 21.

[1213]Artikel unter der Schlagzeile Rezul'taty našej kritiki. *Novyj projekt zakona o vyselenii netrudovogo ėlementa*, *Pravda*, No. 307 (4441), 27 dekabrja 1929 g., S. 4.

[1214]Čto predprinjal Narkomvnudel (Pis'mo NKVD v redakciju „Pravdy"), ibid.

[1215]Zum Einspruch des Justizkommissariats gegen die Vorlage vgl. CGAMO, f. 2157, op. 1, d. 374, l. 40.

OGPU von der Moskauer „Sonderkonferenz" (*osoboe soveščanie*) im außergerichtlichen Verfahren zu einer solchen Strafe verurteilt worden war[1216]. Es gibt jedoch Hinweise darauf, daß sich der ja oft nicht unvermögende betroffene Personenkreis im gesamten Moskauer Gebiet zumindest in dieser Zeit noch bei anderen Privatleuten in nach wie vor nicht munizipalisierten Häusern einmieten konnte[1217]. In Serpuchov scheinen gewisse Stadtbezirke fast nur von „nichtwerktätigen Elementen" bewohnt gewesen zu sein[1218].

Hinsichtlich ihres quantitativen Ergebnisses müssen die gegen die genannten „Elemente" gerichteten Ausquartierungsmaßnahmen in den einzelnen Städten des Moskauer Gebiets insgesamt, gemessen am hohen Anspruch der „Klassenpolitik", als Mißerfolg eingestuft werden. Deshalb ging der Moskauer Stadt- und Gebietsrat seit Ende November 1929 daran, neue Kommissionen und „Unterkommissionen" zu bilden, die nun endlich eine wirkungsvolle und komplexe Verfolgung der „nichtwerktätigen" Bevölkerungsteile ermöglichen sollten. Die Durchsetzung der Zwangsausquartierung „aus den munizipalisierten Häusern" war dabei nur *ein* Punkt eines ambitiösen Programms. Zunächst waren die Bemühungen des *MOIK* darauf gerichtet, die „kapitalistische" Zielgruppe durch drastische Erhöhung der Steuern und Abgaben wirkungsvoll zu repressieren und dadurch den kargen örtlichen Budgets neue lukrative Finanzierungsquellen zu erschließen. Zu diesem Zweck trat am 30. November beim *MOIK* bzw. *Mossovet* eine „Unterkommission für die Besteuerung der nichtwerktätigen Schichten der Bevölkerung" zu ihrer ersten Sitzung zusammen. Ihr gehörten außer dem Vorsitzenden, zwei Vertretern des *MOFO*, je einem Abgesandten der Gebietsstaatsanwaltschaft sowie des *MOUNI* nun auch zwei Bevollmächtigte des *OGPU* an. Die „Unterkommission" faßte die folgenden acht Beschlüsse, die von den erwähnten Institutionen bereits zum nächsten Tag (1. Dezember) umgesetzt werden sollten:

1. Auftrag an das *MOFO* zur Abgabe einer Stellungnahme hinsichtlich der Umsetzung des von der Parteifraktion im Präsidium des *Mossovet* schon am 28. No-

---

[1216] Dazu EINLEITUNG, S. 18/19. Vgl. etwa den Fall eines „ehemaligen Hausbesitzers" aus dem Arbeiterstädtchen Ozery, der im Oktober 1929 wegen „antisowjetischer Agitation" vom *OGPU* zur Verantwortung gezogen und aus dem Moskauer Gebiet ausgewiesen wurde; s. Spravka o fak-tach projavlenija klassovoj bor'by i iskaženija klassovoj linii, CGAMO, f. 2157, op. 1, d. 471, l. 21.

[1217] Vgl. ein auf Informationen des *OGPU* fußendes internes Papier, das der am 1. Dezember 29 tagenden „Unterkommission beim Präsidium des Gebietsvollzugskomitees und des Moskauer Rats für die Besteuerung des nichtwerktätigen Elements" als Arbeitsvorlage dienen sollte. Dieser Unterlage zufolge mieteten sich die besagten Leute oft zu überhöhten Mietpreisen bei privaten Hausbesitzern ein. Konkretnye predloženija, ibid., op. 5, d. 137, l. 16.

[1218] Vgl. den Bericht über das Ergebnis einer Überprüfung der Finanzwirtschaftsführung des örtlichen „Trusts der kommunalen Unternehmen", durchgeführt auf Weisung des Stadtrats zwischen dem 1. April und dem 1. Oktober 1929; s. insbesondere Punkt 10 der „Schlußfolgerungen" (*Vyvody*), in denen die Unzulässigkeit betont wird, Agenten der staatlichen Stromversorgung „mit schwacher Qualifikation" in diejenigen Stadtbezirke zu schicken, die „vom nichtwerktätigen Element dicht besiedelt" seien, ibid., f. 4502, op. 1, d. 50, l. 199.

vember gefaßten Beschlusses, die „nichtwerktätigen Bevölkerungsschichten“ mit einer einmaligen Sondersteuer zu belegen.

2. Anweisung an die Leiterin der Gebietsbildungsabteilung (*MONO*), Material über die Anzahl der Kinder in den Schulen Moskaus und des Moskauer Gebiets vorzulegen, unter genauer Bezeichnung der Zugehörigkeit zu „werktätigen“ oder „nichtwerktätigen Bevölkerungsschichten“. Ferner angeordnet: Zusammenstellung von Daten über die privaten Lehranstalten und die Anzahl der dort lernenden Kinder, geordnet „nach sozialen Gruppen“.

3. Auftrag an die Statistikabteilung, Daten über die Bevölkerungsgröße bei genauer Einteilung „in soziale Gruppen“ beizubringen.

4. Weisung an das *MOUNI*, „Zeugnisse über die Anzahl der Bauherren“, ohne Ansehen der tatsächlichen Nutzung des Baugrundes, sowie „über die Ausmaße der Besteuerung und auch die Anzahl der privaten Haushaltungen unter Einteilung in einträgliche und unrentable“ nach Maßgabe der für das Wirtschaftsjahr 1928/29 ergangenen Verfügungen des *VCIK* sowie des *NKVD* vorzulegen.

5. Auftrag an das *MOFO* und das *MOUNI* zur Ausarbeitung einer Vorlage zur Bauherrenbesteuerung, differenziert nach sozialen Gruppen, wobei eine Abgabenerhöhung besonders diejenigen „Bauherren“ zu treffen habe, „die spekulieren und ihre Wohnungen und Zimmer vermieten“.

6. Erarbeitung eines Entwurfs zur Einführung von Schulgeld für die Kinder „der nichtwerktätigen Schichten“ in den Städten und Dörfern seitens der Bildungsabteilung.

7. Einbringung eines Vorschlags zur Einführung einer kostenpflichtigen Behandlung in den Krankenhäusern und Ambulanzen für „nichtwerktätige Bevölkerungsschichten“.

8. Vorlage eines Exposés zur Erhöhung der Wasser- und Gastarife sowie der Kanalisationsgebühren für die eben genannten Personen[1219].

Während der Kommissionssitzung vom 1. Dezember wurden nicht über alle angeführten Punkte Entscheidungen herbeigeführt. Die Positionen 2., 3. und 6. blieben unbehandelt, der wichtige Bereich der Benachteilung der „nichtwerktätigen Elemente“ im Schulwesen schon deshalb, weil die Leiterin des *MONO* beiden Sitzungen fernblieb und auch kein Material zur Verfügung stellte (!)[1220]. In

---

[1219]Protokol No. 1 zasedanija podkomissii po obloženiju netrudovych sloev naselenija ot 30-ogo nojabrja 1929 goda, ibid., f. 2157, op. 5, d. 338, ll. 10, 25.

[1220]Protokol No. 2 zasedanija podkomissii pri prezidiume oblispolkoma i Mossoveta po obloženiju netrudovogo ėlementa, ibid., d. 137, l. 10. Ob es sich bei letzterem um einen demonstra-

der Frage der einmaligen Sonderbesteuerung der „nichtwerktätigen Bevölkerungsschichten“ erging der Beschluß, überwiegend von Freiberuflern und „Nichtwerktätigen“ besetzte „allgemein-bürgerliche Kooperativen“ mit 1 Rubel pro m² Wohnraum zu belasten. „Nichtwerktätige Kategorien“, die im eigenen Haus wohnten, sollten für die von ihnen selbst bewohnten Räume 5 Rubel pro m², für vermietete Wohnflächen im gleichen Haus jedoch nicht weniger als das Dreifache an Sondersteuer abführen müssen. „Private Bauherren“ waren nun verpflichtet, für gewerblich genutzte Räume eine Abgabe von 25% ihrer Jahreseinkünfte zu zahlen, „private Hausbesitzer“ je nach Höhe ihrer Miet- bzw. Pachteinnahmen zwischen 15% und 50% (!) dieser Einkünfte pro m² vermieteter Wohnfläche. Zudem ordnete die „Unterkommission“ die Ausfertigung einer „genauen Liste der aus den nichtwerktätigen Elementen [stammenden - *Erg. v. H.-M. Miedlig*] privaten Bauherren“ in Vierzehntagesfrist an[1221].

Der künftige Wegfall der kostenlosen ärztlichen Versorgung für Bürger der „nichtwerktätigen Kategorien“ wurde jetzt mit einer detaillierten Preisliste für die einzelnen Dienstleistungen genau durchreguliert. Auch hier war die Benachteiligung gegenüber der werktätigen Bevölkerung erheblich. Besitzer privater Marktstände, Läden oder heimgewerblicher Werkstätten sollten fortan bei der vorgeschriebenen Hygieneuntersuchung durch die Amtsärzte 100% mehr bezahlen müssen als vergleichbare kooperative und staatliche Verkaufsstellen. Außerdem beschloß die „Unterkommission“, die mangelnde Kontrolle über das „Privatkapital“, das unter Umgehung der Meldepflicht seines Eigners durch dessen Umzug in stadtnahe kleine Ortschaften (besonders in der Nähe Moskaus) gewissermaßen „verschwinden“ könne, durch vermehrte Aktivität der Administrativen Abteilung zu verstärken. Die „Moskauer Gebietskooperativunion“ sollte zudem gegen den Zufluß des Privatkapitals in die sog. „Scheinkooperativen“ durch Neuregistrie-

---

tiven Akt der Opposition gegen die Arbeit der „Unterkommission“ handelt, muß dahingestellt bleiben. Jedenfalls hatte es schon in der ersten Jahreshälfte Probleme und Mißverständnisse hinsichtlich des Umgangs mit den Kindern „nichtwerktätiger Schichten“ in den öffentlichen Schulen gegeben. So beschäftigte sich im April das Kollegium des Bildungskommissariats mit Nachrichten „über einen massenweisen Ausschluß [...] der Kinder der nichtwerktätigen Bevölkerung“ sowie „der Diener religiöser Kulte und der Personen ohne Wahlrecht“ aus den Bildungseinrichtungen auf dem gesamten Gebiet der *UdSSR*. „In einigen Schulen“ sei es zu einer „echten Säuberung der Lernenden, motiviert durch deren soziale Abkunft“, gekommen. Das Bildungskommissariat wies alle örtichen „Abteilungen für Volksbindung“ an, „die Säuberung der Schulen der ersten und zweiten Stufe unverzüglich zu beenden“. Solche Aktionen seien „keinesfalls zulässig“. Alle Schulleitungen wurden angewiesen, „alle wegen der sozialen Herkunft Ausgeschlossenen wieder aufzunehmen“, falls keine anderen Gründe für eine solche Maßnahme vorlägen. Vgl. Možno li proizvodit' čistku škol?, *Pravda*, No. 92 (4226), 21 aprelja 1929 g., S. 2. Der Druck auf die schulpflichtigen Abkömmlinge der „nichtwerktätigen Elemente“ vor Ort war dennoch auch weiterhin groß. So beschloß noch im Oktober die „Gruppe des Stadtrats bei der Neuen Tuchfabrik“ in Serpuchov, „eine vollkommene Säuberung derjenigen Kinder des nichtwerktätigen Elements durchzuführen, die sich der ideologischen Umerziehung nicht unterwerfen, sowie der Pädagogen, die den Belangen der Arbeitsschule nicht entsprechen“. Vgl. Protokol No. 4 zasedanija gruppy členov gorsoveta pri Novo-Tkackoj F-ke, CGAMO, f. 4502, op. 1, d. 198, l. 37.

[1221]Protokol No. 2 zasedanija podkomissii [...] po obloženiju netrudovogo ėlementa, ibid., f. 2157, op. 5, d. 137, l. 11.

rung und häufigere Überprüfungen dieser Betriebe vorgehen, auch mit Blick auf deren soziale Zusammensetzung. Die „wilden Genossenschaften" waren auch durch die entsprechenden Sektionen der einzelnen Stadträte genau zu überprüfen[1222].

Interessant ist der Brückenschlag vom Steuerproblem zum brisanten Thema der Ausquartierung der „nichtwerktätigen Elemente" aus den munizipalisierten Häusern: Im Falle von „bösartigen" Steuersündern dieser Kategorie hätten die administrativen Organe eine solche Zwangsmaßnahme als „verbindlich" anzusehen[1223]. Letzteres war an sich bereits mit der Regierungsverordnung vom 5. Juli 1928 und der entsprechenden Ausführungsbestimmung des Justiz- sowie auch des Innenkommissars der *RSFSR* vom 2. Oktober 28 obligatorisch[1224], wurde aber zumindest im Moskauer Gebiet offensichtlich nur unzureichend befolgt. Am gleichen Tag beschloß eine weitere, „für nichtsteuerliche Einkünfte" zuständige „Unterkommission" beim Präsidium des *MOIK* eine Erhöhung der Gastarife für die privaten Industrieunternehmen um das Dreifache. Für die „nichtwerktätigen Elemente" sowie Hausgewerbetreibende, die Arbeitskräfte beschäftigten, sollten die Tarife um 100% heraufgesetzt werden[1225].

Die beschlossenen Repressionen, insbesondere bezüglich der finanziellen Ausbeutung der „kapitalistischen Elemente", waren zwar ideologisch motiviert, müssen aber auch als Folge der vielen aktenkundigen Fälle von Mangelbesteuerung, Steuerflucht und Zahlungsverweigerung angesehen werden, die der „Unterkommission" aus den einzelnen Verwaltungskreisen und Städten besonders im zweiten Halbjahr 1929 zur Kenntnis gekommen war. Auch in der *Pravda* fand dieses überregional bedeutsame Thema seinen Niederschlag[1226]. So nimmt es nicht wunder, daß es auch in Serpuchov, Orechovo-Zuevo, Pavlovo-Posad, Kolomna und anderen Städten des Moskauer Gebiets in dieser Hinsicht „Verstöße

---

1222 Ibid., ll. 12, 13.

1223 Ibid.

1224 Vgl. S. 215.

1225 Ebenso wurde die Erhöhung der Wasserpreise für das „nichtwerktätige Element" gleich um 2 Rubel pro 100 Eimer Wasser, für Freiberufler und Heimgewerbetreibende mit abhängig Beschäftigen um 1 Rubel beschlossen. Von diesen Maßnahmen versprach man sich eine erhebliche Erhöhung der städtischen Budgets. Protokol No. 2 zasedanija podkomissii po nenalogovom dochodam, sozdannoj bjudžetskoj komissiej prezidiuma MOIKa ot 1-go XII 1929 g., CGAMO, f. 2157, op. 5, d. 338, l. 8. Die Preise für die Leistungen kommunaler Energieversorger zu Lasten der inkriminierten Personen waren vor Ort z.T. schon ein halbes Jahr früher neu festgesetzt worden. Dies betrifft z.B. die allerdings in der Praxis anscheinend vielfach nicht durchsetzbaren ungerechten Strompreise in Serpuchov. Vgl. einen im Auftrag des Stadtrats verfaßten Bericht über die Tätigkeit des „Finanzsektors des Trusts der kommunalen Unternehmen" zwischen dem 1. April und dem 1. Oktober 1929, worin beklagt wurde, daß sich die örtlichen „Agenten" der Stromversorgung oft nicht an das Gebot der Benachteiligung der „nichtwerktätigen Elemente" bei der Berechnung des Stromverbrauchs hielten! Finansovoe sostojanie, ibid., f. 4502 op. 1, d. 50, l. 199.

1226 Etwa: So vsej siloj udarim po izvraščenijam klassovoj linii v finorganach, *Pravda*, No. 236 (4370), 12 Oktjabrja 1929 g., S. 5 mit Beiträgen zur Arbeit der Moskauer und Leningrader Gebietsfinanzabteilungen.

gegen die Klassenlinie“ gab. Die Bezirks-, Kreis- und Stadtfinanzabteilungen besteuerten Privatunternehmer und andere als „nichtwerktätig“ eingestufte Personen offensichtlich nicht ausreichend, wobei ihnen von den klassenbewußten örtlichen Ratsbehörden und Parteileitungen Absicht unterstellt wurde[1227].

Die *Pravda*-Kampagne der zentralen Parteiführung gegen die „Verdrehungen der Klassenlinie“ seitens der örtlichen Finanzorgane bei der Besteuerung der „nichtwerktätigen Elemente“ erreichte Ende Dezember ihren Höhepunkt[1228]. Sie verstärkte in den Städten des Moskauer Gebiets das Klima des „Klassenkampfs“: In Orechovo-Zuevo kam es zur Lösung des Problems der „böswilligen Steuersünder“ unter den „NĖP-Leuten und Kulaken“ der Stadt in der Nacht vom 27. zum 28. Dezember zu einer gemeinsamen Aktion zwischen Staatsanwaltschaft, *RKI* und *OGPU*, die die Führung des „revolutionären Stabs“ speziell zusammengestellter „Arbeiterbrigaden“ übernahmen. Die Brigaden umfaßten „um die 1000 Menschen“, alle „Arbeiter von den Werkbänken“. Sie stürmten mit Gewalt die Wohnungen der Zielpersonen und konfiszierten Wertgegenstände im Gesamtwert von „ca. 2 Millionen Rubeln“. Der Leiter des „revolutionären Stabs der Arbeiterbrigaden“ berichtete an den Stadtrat nicht ohne Stolz vom „revolutionären Geist des Oktober“, der seine Brigaden während der Operation erfaßt habe[1229]. So fand die von Stalin theoretisch begründete Verrechtlichung revolutionärer Gewalt[1230] mit der Betonung der latent wirksamen „gewaltsamen Seite der Diktatur des Pro-

---

[1227]Vgl. Otčet o rabote Serpuchovskogo gorsoveta za vremja - 1929 god. CGAMO, f. 4502, op. 1, d. 75a, l. 3 sowie: Pravye dela Serpuchovskogo okružnogo finotdela. Prestupnye iskrivlenija klassovoj linii v nalogovoj rabote, *Nabat*, No. 212 (2254), 14.IX.1929 g., S. 1. Das Büro des Serpuchover Bezirksparteikomitees hatte diese Vorkommnisse in einer Verfügung vom 7. September offiziell festgestellt und geboten, „die Frage der mangelnden Besteuerung des Privatunternehmers unverzüglich an die Bezirksstaatsanwaltschaft zwecks umgehender Untersuchung zu übergeben“. Ibid., S. 5. Daraufhin stellte eine vom Serpuchover Kreisvollzugskomitee eingesetzte Untersuchungskommission eine Liste mit 21 namentlich genannten, z.T. recht begüterten „nichtwerktätigen“ Steuersündern und einigen wenigen Unternehmen zusammen, die den Zeitraum vom Beginn des Wirtschaftsjahrs 1928/29 bis zum 7. September 1929 betraf; vgl. CGAMO, f. 956, op. 1, d. 29, l. 51. Zu den „Verstößen gegen die Klassenlinie“ seitens der Finanzabteilung der Stadt Orechovo-Zuevo im Herbst 1929 s. Protokol No. 12 zasedanija plenuma orechovo-zuevskogo gorsoveta ot 1 februara 1930 g., ibid., f. 5700. Op. 1, d. 26, l. 52. Am 24. Oktober berichtete das Blatt *Kolomenskij rabočij*, daß Angestellte der Kreisfinanzabteilung in der Stadt Kolomna bei der Besteuerung der Einkünfte der „Kulaken“ viel zu geringe Summen zugrundegelegt hätten. Ähnliches führte die Zeitung *Kolotuška* vom 15. Oktober vor Augen, indem sie einige Fälle mangelhafter Besteuerung solcher „Nichtwerktätigen“ durch die Kreisfinanzabteilung in der Stadt Pavlovo-Posad anprangerte; vgl. Spravka faktov projavlenija klassovoj bor'by i iskaženija klassovoj linii, ibid., f. 2157, op. 1, d. 471, ll. 179, 191.

[1228]Vgl. Vyprjamim klassovuju liniju v nalogovoj politike, *Pravda*, No. 307 (4441), 27 dekabrja 1929 g., S. 4.

[1229]Vgl. Protokol No. 9/11 zasedanija plenuma orechovo-zuevskogo gorsoveta ot 30/XII-1929 g., CGAMO, f. 5700, op. 1, d. 26, ll. 46, 47.

[1230]Vgl. auch oben S. 250; 246.

letariats“[1231] auch und gerade im verordneten „Klassenkampf“ des „sozialistischen Vormarschs“ ihren praktischen Ausdruck.

Diese gewaltsamen Aktionen in Orechovo-Zuevo leiteten sich indessen keineswegs allein aus der *Pravda*-Kampagne ab, noch fußten sie auf Beschlüssen der örtlichen Organe, die selbständig in eigener Machtvollkommenheit gefaßt wurden. Sie sind vielmehr vor allem als Reaktion auf eine einschlägige Verfügung der *MOKK* vom 9. Dezember zu sehen, die sich an alle wichtigen Organe des Moskauer Gebiets, einschließlich der Gebietsstaatsanwaltschaft, des *MK*, des *MOFO* und des *OGPU* zum Zwecke einer effektiveren Verfolgung „böswilliger“ Steuersünder richtete. Auch diente die Weisung der Entlarvung unzureichender Besteuerungen von „Privatunternehmern“. Alle derartigen Aktionen sollten nach einer als „Operationsdirektive“ gedachten „Instruktion“, die von einem „zentralen Arbeiterstab“ erlassen worden war, ausdrücklich nur auf Anweisung der Staatsanwaltschaft durchgeführt werden, und zwar in kürzester Frist, „nach streng geheimer gründlicher vorheriger Vorbereitung“[1232]. Diese „Zwangseinziehung von Werten“ motivierte der *MOFO* in einer entsprechenden Richtlinie vom 15. Januar 1930 damit, daß der „private Sektor“ der Moskauer Gebietsverwaltung 2,5 Millionen Rubel an zuwenig gezahlten Steuern schulde[1233].

Es ist wichtig, hier zu betonen, dass diese Steuerschulden zumindest zu einem Teil auch durch die drastischen ideologischen Vorgaben der Parteiführung selbst bedingt waren. So geht aus einem in der zweiten Jahreshälfte 1930 verfaßten geheimen Bericht des *MOIK* „Über den Stand der Arbeiten bezüglich der Einziehung von Steuerrückständen im privaten Sektor des Moskauer Gebiets“ hervor, daß vor und nach der genannten *MOKK*-Weisung eine „Massenprüfung“ der bisherigen Besteuerungen nach nicht gesetzlich abgesicherten, künstlich „erhöhten Normsätzen“ teils durch Arbeiterbrigaden, „auf Eigeninitiative“ der einzelnen Verwaltungsbezirke oder auf Anweisung der inzwischen tätigen Kommissionen zur „Säuberung“ der Apparate durchgeführt wurde. Dabei seien Ende Dezember ergangene Richtlinien des *MOFO* nicht beachtet worden. „Ein besonderer Anstieg“ der Steuerschulden sei nicht zufällig im Dezember 29 sowie für die Monate Januar und Februar 1930 zu konstatieren, denn - so der Bericht - gerade „in diesen Monaten wurde die Direktive über die Liquidierung der städtischen Bourgeoisie, als Klasse, praktisch angewendet“[1234]. Die gesetzwidrig erhöhten Normsätze zur radikalen Beseitigung des Steuerproblems, ausdrücklich auch gegenüber dem *MOFO* unter Mitwirkung der Moskauer Gebietsparteiführung vom *MOIK*-Prä-

---

[1231]Dazu Kucherov, S. 680. Zitat ibid. nach J.V. Stalin: *Voprosy leninizma*, Moskva 1938, S. 113.

[1232]Ob organizacii provedenija raboty rabočich brigad po likvidacii nalogovoj nedoimočnosti s častno-kapitalističeskogo sektora, CGAMO, f. 2157, op. 5, d. 137, l. 45.

[1233]Finansovyj Otdel Mosoblispolkoma. Tov. Uchanovu, ibid., d. 282, l. 114.

[1234]O sostojanii raboty po vzyskaniju nedoimok po častnomu sektoru v Moskovkoj oblasti. Ibid., l. 68. Die „Liquidierung der Bourgeoisie als Klasse“ beschloß das *MK* und die *MKK* auf einem gemeinsamen Plenum im Januar 1930. Dieser Leitsatz wurde kurz darauf vom *MK* als „falsch“ bezeichnet und wieder annulliert, vgl. *Očerki istorii Moskovskoj organizacii KPSS, 1883-1965*, Moskva 1966, S. 467.

sidium am 28. Januar verordnet[1235], waren also die Folge einer rigorosen Klassenkampfkampagne der Partei nicht nur gegen die tatsächlichen, sondern auch *gedachten* Steuerschuldner unter den privaten Kapitalseignern.

So obsiegte auch in der *steuerlichen* Repression der „nichtwerktätigen" bzw. „kapitalistischen Elemente" das „revolutionäre Bewußtsein" über die „revolutionäre Gesetzlichkeit", eine Politik, wie sie von Stalin selbst als Krisenmanagement (Nothilfemaßnahme) zur Sicherung der Interessen des Proletariats in einer revolutionären Situation gerechtfertigt worden war. Dieser Sieg war jedoch auch hier nur vorübergehend: Die schwierigen Verhältnisse geboten bald eine Abkehr vom proletarischen Klassenrecht. Nach dem 13. Juni 1930 erging eine Verfügung des *MOIK*[1236] zur Korrektur der Folgen vieler seitens der Kreisbehörden begangener Verstöße gegen die „sozialistische Gesetzlichkeit"[1237] auf dem Wege der Einsetzung spezieller Kommissionen[1238]. Der oben zitierte Geheimbericht des *MOIK* mahnte ebenfalls die Korrektur der „Linken Abweichungen" in der Steuerpolitik gegenüber den „nichtwerktätigen", „kapitalistischen Elementen" an *und gebot die Rücknahme der Sondermaßnahmen*, die nicht zuletzt die Rechte auch vieler kleiner Heimgewerbetreibender verletzt hätten.[1239]. Von daher verwundert es nicht, daß auch die entsprechende Sonderkommission in Serpuchov viele Rechtsbrüche im Zuge der Durchsetzung der radikalen Besteuerungen feststellte und zahlreiche Neuveranlagungen diverser „Nichtwerktätiger" verfügte[1240].

Die Krisenprobleme des Umbruchs, die sich der erfolgreichen Repression der „privatkapitalistischen Elemente" entgegenstellten, versuchten der *Mossovet* und sein Vollzugskomitee im Zuge ihres ambitiösen Verfolgungsprogramms noch am Jahresende 1929 auf dem Wege der Einsetzung immer neuer Kommissionen zu lösen. Von größter Bedeutung war hier die zum 14. Dezember anberaumte 1. Sitzung der neuen „Kommission für die Frage der Erkundung von Möglichkeiten und Maßnahmen hinsichtlich des Vorgehens gegen die privatkapitalistischen Elemente in allen Bereichen der Wirtschaft des Moskauer Gebiets". An der Sitzung

---

[1235] Vgl. Sekretno. Delo Frakcii VKP(b). Prez. Mos. Oblast. Ispol. Kom-a. V. Mos. Finotdel. CGAMO, f. 2157, op. 5, d. 137, l. 41.

[1236] Das Datum bezieht sich auf die Ausfertigung des „Projekts" der als separate Quelle nicht mehr erhaltenen Verfügung. Diese unterschied sich jedoch, dem zitierten Geheimbericht zufolge, in ihren Bestimmungen nicht von dem projektierten Text. Vgl. Anm. 1238.

[1237] So der genannte Geheimbericht, vgl. O sostojanii raboty po vzyskaniju nedoimok po častnomu sektoru v Moskovskoj oblasti, CGAMO, f. 2157, op. 5, d. 282, l. 67.

[1238] Vgl. Postanovlenie Prezidiuma Mosoblispolkoma i Moskovskogo Soveta RK i KD. O sostojanii raboty po vzyskaniju nedoimok po častnomu sektoru v Moskovskoj oblasti. Ibid., ll. 77-78. Dazu den in Anm. 1237 genannten Bericht O sostojanii raboty po vzykaniju nedoimok, ibid., l. 69.

[1239] Die Rückkehr zum Recht bei der Besteuerung der „Privaten" setzte auch eine Versammlung aller Leiter der Bezirks- und Kreisfinanzabteilungen fest, die bereits am 10. Februar zusammengetreten war. Vgl. die in Anm. 1237 zitierte Quelle O sostojanii raboty po vzykaniju nedoimok, ibid., ll. 67, 69.

[1240] Vgl. zu den entsprechenden Listen mit detaillierten Angaben zu den jeweiligen Fällen: Vyvody, ibid., f. 4502, op. 1, d. 83, ll. 29-37.

nahm außer je einem Vertreter des *MOIK*, des *MOUNI* sowie verschiedener Wirtschafts-, Planungs- und Finanzinstitutionen auch ein Mitarbeiter des *OGPU* teil[1241]. Einen Tag zuvor war der Leiter der „Gebietshandelsabteilung" angewiesen worden, konkrete Vorschläge für die anstehende Sitzung hinsichtlich eines „Systems von Maßnahmen, das zum Zwecke der Herausdrängung des Privathändlers aus dem Handel" zu entwickeln sei, mit allen hiermit im Zusammenhang stehenden Fragen zu unterbreiten[1242]. In den zugesandten Unterlagen hatten die Vorschläge, die „Privatunternehmer" sowie die „wilden Kooperativen", in denen sich das Privatkapital verstecke, aber auch „die gesamte nichtwerktätige Bevölkerung" komplett von der Versorgung mit Rohstoffen bzw. Verbrauchsgütern des alltäglichen Bedarfs abzuschneiden (!), besondere Bedeutung[1243]. Der Leiter des *MUNI* hatte seinerseits für die Sitzung einen Katalog von Maßnahmen zu erarbeiten, die sich an den folgenden Hauptleitlinien „des Vorgehens gegen den Privatunternehmer auf dem Gebiet der Wohnungswirtschaft" orientieren sollten:

1. Kündigung der mit dem jeweiligen Unternehmer abgeschlossenen Verträge zur Nutzung von Handelsräumen.

2. „Ausquartierung der Personen ohne Wahlrecht und der nichtwerktätigen Elemente aus den munizipalisierten Häusern".

3. „Enteignung der Haushalte in der Stadt Moskau".

4. Munizipalisierung der Häuser und Wohnungen auf dem Territorium des Moskauer Gebiets[1244].

Es ist interessant, daß sich die in Punkt 2. vorgeschlagene Verfolgungsmaßnahme - bezeichnend für die Führung des *MUNI* bzw. *MOUNI* - nicht mit der formalgesetzlichen Lage deckte. Nach der nach wie vor gültigen *VCIK*-Ausquartierungsverordnung vom 8. April war ein Wohnugsverlust der *lišency* ohne Anwendung weiterer Kriterien und deren pauschale Gleichsetzung in dieser Beziehung mit den „nichtwerktätigen Elementen" selbstverständlich illegal![1245]

Zur „erfolgreicheren Durchführung" des Vorhabens im Sinne „des Vorgehens gegen das privatkapitalistische Element in allen Wirtschaftszweigen des Moskauer Gebiets" beschloß die Kommission in jener Sitzung vom 14. Dezember die Einsetzung von nicht weniger als fünf „Unterkommissionen". Die ersten beiden

---

[1241]Protokol No. 1 zasedanija komissii po voprosu o vyjavlenii vozmožnostej i merach po nastupleniju na častno-kapitalističeskie ėlementy vo vsech otrasljach chozjajstva Mosk. Oblasti, ibid., f. 2157, op. 5, d. 89, l. 46.

[1242]Sekretar' Zav. Sekretnoj čast'ju, Mosobltorgotdel - tov. Bolotinu. Sročno, sekretno, ibid., d. 137, l. 55.

[1243]Vgl. Proekt rezoljucii po dokladu o častnoj torgovle [der Leiter der Gebietshandelsabteilung, Bolotin, an den „geheimen Sektor" des *Mossovet* am 13. Dezember 29], ibid., ll. 52-54.

[1244]Sekretar' sekret. čast'ju, MUNI - tov. Aronu, 13/XII-29 g., ibid., d. 71, l. 55.

[1245]Vgl. oben S. 238, mit Anm. 1090.

sollten sich mit der „Herausdrängung" des Privatunternehmers aus Landwirtschaft und Industrie, die dritte mit dem Handelssektor, die vierte mit der Situation im Wohnungswesen und die fünfte mit dem heimgewerblich-handwerklichen Sektor befassen. In den beiden letztgenannten Kommissionen sollte jeweils auch ein Vertreter des *OGPU* Sitz und Stimme erhalten. Alle zu bildenden Gremien hatten sich um die Beschaffung des für ihren Bereich notwendigen Materials zu kümmern und in Dreitagesfrist „Maßnahmen des weiteren Vorgehens gegen die *privatkapitalistischen* Elemente" zu erarbeiten und zur nächsten Kommissionssitzung zur Diskussion zu stellen[1246].

Für den im Rahmen des „Klassenkampfes" an der „Wohnungsfront" besonders wichtigen Sektor der „Wohnungswirtschaft" wurde in einem der vorgelegten Positionspapiere festgestellt, daß der Wohnungsmarkt in den Städten und Siedlungen des Moskauer Gebiets immer noch mehrheitlich in privater Hand sei. „Unter den Bedingungen der scharfen Wohnungskrise" fänden die privaten Hausbesitzer in den Industriestädten gute Möglichkeiten, „mit dem Wohnraum zu spekulieren, [und - *Erg. v. H.-M. Miedlig*], besonders in den Datschensiedlungen, ihre Häuser zu einem Hort für NĖP-Leute und alle anderen klassenfremden Elemente, die aus den munizipalisierten Häusern ausquartiert werden, zu machen"[1247]. Noch schärfer war dieser Sachverhalt in einem Exposé der „Geheimabteilung" des *MOUNI* vom 20. Dezember formuliert: „Auf dem Gebiet der Wohnungswirtschaft" müsse „das Vorgehen gegen den Privatunternehmer [...] hauptsächlich auf der Linie der Abschaffung oder der krassen Einschränkung des privaten Besitzrechts auf Immobilien in den Städten, den Arbeiter- und Datschensiedlungen vonstatten gehen". Die Privathäuser seien nicht nur ein „Hort" für die „nichtwerktätigen Kategorien", sondern auch „ein Nest antisowjetisch eingestellter Leute". Demzufolge schlug die „Geheimabteilung" vor, durch Antrag beim *VCIK* das Recht des *MOIK* anerkennen zu lassen, alle Privathäuser insgesamt als munizipalisiert zu betrachten. Auf diese Weise wäre dann, so der dahinterstehende Gedanke, endlich der Weg für eine wirklich durchgreifende Zwangsausquartierung der „nichtwerktätigen" Bewohner zu erreichen. Als Konsequenz des Vorschlags müsse an alle Bezirksvollzugskomitees die Anweisung ergehen, „Listen aller demunizipalisierten und nicht munizipalisierten Haushalte, die als munizipalisiert anerkannt werden müssen", binnen zwei Monaten an das *MOUNI* zu überstellen. Zur konkreten Ausquartierung der „nichtwerktätigen Elemente" schlug die Abteilung ferner vor, das in Arbeit befindliche Gesetzesprojekt des *NKVD* über die Erweiterung des für eine Zwangsausquartierung im Verwaltungsverfahren vorgesehenen Personenkreises (Einbeziehung aller „Nichtwerktätigen" *sowie auch der*

[1246]Protokol No. 1 zasedanija komissii po voprosu o vyjavlenii vozmožnostej i merach po nastupleniju na častno-kapitalističeskie ėlementy, CGAMO, f. 2157, op. 5, d. 89, l. 48.

[1247]Vgl. Zapiska o roli častnogo kapitala v osnovnych otrasljach narodnogo chozjajstva Moskovskoj Oblasti, ibid., l. 37. Daß die „Datschensiedlungen" tatsächlich ein Rückzugsgebiet für solche „Elemente" darstellten, ist von der Forschung jüngst bestätigt worden, vgl. Lovell, S. 262, bes. dort Anm. 30.

Personen ohne Wahlrecht insgesamt!) möglichst schnell zu verabschieden und die Ausquartierungen dann „im Verlauf des Jahres 1930“ durchzuführen[1248].

Die nachfolgende Kommissionsitzung vom 22. Dezember verlief äußerst kurz. Alle Vorlagen der „Unterkommissionen“, außer den – problematischen – Vorschlägen des *MOUNI*, wurden gebilligt[1249]. Auf das Problem der Zwangsausquartierung „des nichtwerktätigen Elements“ aus den munizipalisierten Häusern und die damit zusammenhängende Probleme an der „Wohnungsfront“, einschließlich der Fragen der Neuerfassung und Munizipalisierung von Datschen und anderen privaten Immobilien, ging das Gremium erst während seiner Sitzung am 27. des Monats ein. Mit nur marginalen Modifizierungen akzeptierte sie alle oben genannten Vorschläge des *MOUNI* und erhob sie zum Programm für das weitere Vorgehen gegen die „nichtwerktätigen Elemente“. Die Fragen hielt die Kommission für wichtig genug, um sie zum *ausschließlichen* Thema der Sitzung zu machen[1250]. Dies hatte seinen Grund: Das *MOUNI* hatte bereits am 15. Dezember in einem an die Kommunalabteilungen aller Bezirksstädte des Moskauer Gebiets gerichteten Rundschreiben Aufschluß über den Fortgang der Ausquartierungen der „Nichtwerktätigen“, über die Anzahl der somit freigewordenen Wohnungen, deren Größe sowie über den sozialen Status der neuen Mieter verlangt[1251] und bis zum Jahreswechsel aus nur sehr wenigen Städten überhaupt Antworten erhalten! Die praktische Umsetzung des Ausquartierungsgebots stieß offensichtlich nach wie vor auf große Schwierigkeiten. Die Kommunalabteilung des zum großen Teil agrarisch geprägten Moskauer Bezirks berichtete unter Verweis auf die in 10 Kreisstädten (Možajsk, Volokolamsk, Vereja, Mytišči u.a.) ermittelten Daten, daß in diesen Orten 1929 lediglich insgesamt 97 Familien *ehemaliger Hausbesitzer* wirklich ausquartiert worden seien. Die Kommunalabteilungen der einzelnen Städte hätten Zeugnisse über die sonstigen „nichtwerktätigen Elemente“ überhaupt nicht eingereicht, genausowenig wie Angaben über „die Größe des befreiten Wohnraums“ und die neuen Mieter. Entsprechende Belege seien inzwischen eingefordert worden. Als Haupthinderungsgrund erfolgreicher Zwangsausquartie-

---

[1248]Zusätzlich wurde im Exposé angeregt, bei der Vergabe von gewerblichen Räumen an die Heimgewerbetreibenden seitens der „Wohnungsorgane“ dem *MOUNI* fortan immer auch „deren soziale Stellung“ mitzuteilen. Weiter war vorgesehen, die Pachtsumme für private Pächter von Wohnhäusern drastisch zu erhöhen. Vgl. M.S.R., K. i Kr. D. Upravlenie Nedvižimymi Imuščestvami. Sekretnyj Otdel. V Komissiju po razrabotke mer dlja nastuplenija na častno-kapitalističeskie ėlementy, CGAMO, f. 2157, op. 5, d. 282, ll. 116-117.

[1249]Zu den heimgewerblichen und Handwerkskooperativen erging der Beschluß, wegen der häufigen Ungesetzlichkeiten und „systematischen Verdrehungen der Klassenlinie“, die seitens der in diesen Kooperativen Beschäftigten begangen worden seien, beim *MK* sowie beim Gebietskomitee des Komsomol „die Frage einer Ergänzung der führenden Organe“ dieser Betriebe durch erfahrene und zuverlässige Parteimitglieder, Komsomolzen und empfohlene Arbeiter zu stellen. Vgl. Protokol No. 2 zasedanija komissii po namečeniju sistemy meroprijatij dlja bolee bystrogo vytesnenija častnogo kapitala iz različnych sfer chozjajstva, ot 22. dekabrja 1929 g., ibid., l. 49.

[1250]Vgl. Protokol No. 4 zasedanija komissii tov. Gibera po voprosu o vytesnenii častno-kapitalističeskich ėlementov iz različnych sfer chozjajstva, ibid., ll. 51-52.

[1251]Das Zirkular selbst ist nicht erhalten, dafür jedoch die Anworten der hierauf unmittelbar und sehr genau Bezug nehmenden örtlichen Stellen.

rungen nannte die Abteilung die „zu hohen Einkommensnormen", die das Gesetz des 8. April mit der Bemessungsgrenze von 3000 Rubeln festgesetzt hatte. Die „Mehrheit der Händler" in den meist kleinen Städten hätten niedrigere Einkünfte und blieben deshalb von den Maßnahmen unberührt. Auch die „Datschensiedlungen", in denen „ein großer Prozentsatz der Händler und Personen mit unbestimmter Beschäftigung" lebe, bleibe von der Wirkungskraft des Gesetzes ausgenommen. So wohne der letztgenannte Personenkreis auch weiterhin „seelenruhig" in seinen Datschen[1252].

Aus Serpuchov gingen am 28. Dezember zwar detailliertere Informationen zu, diese belegten allerdings gleichfalls sehr geringe Ausquartierungserfolge. Nicht mehr als 27 Familien ehemaliger Hausbesitzer und 28 Familien „nichtwerktätiger Elemente" waren nach diesen Angaben im Jahr 1929 im Verwaltungsverfahren zwangsausquartiert worden! Die Vertreibung dieser Leute aus den kommunalen Wohnungen werde bis zum 1. Januar fortgesetzt. „Listen für eine weitere Ausquartierung" versprach die Bezirkskommunalabteilung „zusammen mit konkreten Vorschlägen" später „ergänzend" zuzusenden[1253].

Es ist nach dem oben Gesagten zu vermuten, daß sich diese Mißerfolge bei der Durchführung der Maßnahme zumindest zu einem Teil aus der Tatsache ergaben, daß viele der Betroffenen nicht alle gesetzlichen Kriterien für einen Wohnungsverlust erfüllten. Andererseits kam ihnen offensichtlich auch das mangelnde Engagement der Staatsanwaltschaften zur Erzwingung der Ausquartierungen zugute: Nach den Ermittlungen einer im zweiten Halbjahr 1929 eingesetzten Arbeiterbrigade im Rahmen der „Säuberung" des Apparats der Organisationsabteilung bei der Gebietsstaatsanwaltschaft stellte es sich nämlich heraus, daß sich diese Behörde in jenen Monaten August bis Dezember 1929 in den einzelnen Bezirken des Moskauer Gebiets kaum an „Vorbereitung, Organisation und Durchführung der Kampagne" beteiligt hatte. Das Anklageorgan habe, abgelenkt durch die zeitgleich durchgeführte Neuordnung der Gebietsverwaltung, an die untergeordneten Stellen vor Ort keinerlei konkrete Anweisungen zur Durchführung der Kampagne gegeben, sich nicht über die Situation in den einzelnen Orten informiert und „nicht eine einzige Instruktivkonferenz mit den Mitarbeitern der einzelnen Bezirksstaatsanwaltschaften" abgehalten[1254]. Eine „feste Linie" in der Arbeit der Gebietsstaatsanwaltschaft bei der Ausquartierung des „nichtwerktätigen Elements" sei bislang nicht erkennbar. Zahlreiche Klagen seitens einiger Bürger belegten z.T. „unrichtige" Entscheidungen entweder als „linke Übertreibung"[1255] oder im

---

[1252]Moskovskij Okružnoj Ispolnitel'nyj Komitet Rab., Kr. i Kr. D. Otdel Mestnogo Chozjajstva. V MUNI. Organizac. Instruktorsk. Otdel, CGAMO, f. 956, op. 1, d. 8, l. 32.

[1253]Otdel Mestnogo Chozjajstva Serpuchovskogo Okružnogo Ispolkoma. V Org. Instruktorskij Otdel MOUNI, ibid., ll. 87, 88.

[1254]Die zeitweilige Paralysierung der örtlichen Staatsanwaltschaften sieht P.H. Solomon wesentlich durch deren Einbindung in die sich um diese Zeit verschärfenden Kollektivierungskampagnen bedingt. Vgl. Solomon, Local Political Power, S. 108. Wie im folgenden gezeigt werden soll, war dies jedoch keineswegs der einzige Grund für die Passivität der örtlichen Anklagevertreter.

[1255]Vgl. auch den oben angeführten Fall aus dem Landstädtchen Ruza, S. 263/264.

Gegenteil *zu Lasten der Werktätigen*, etwa in der Weise, daß diese ohne Zuweisung eines Ersatzwohnraums ausquartiert wurden[1256]. Wie am 15. August 1930, nach der „Säuberung" der „Zivilabteilung der Moskauer Gebietsstaatsanwaltschaft", von der zuständigen „Säuberungsbrigade" festgestellt wurde, war zudem der stellvertretende Leiter dieser Abteilung an den Schwierigkeiten im Rahmen der Zwangsausquartierungen nicht unschuldig. Ihm wurden „eine Reihe von Überspitzungen und Verletzungen der Klassenlinie in der Wohnungsfrage und bei der Ausquartierung des nichtwerktätigen Elements" in jenem zweiten Halbjahr 1929 zur Last gelegt[1257]. Schon am 29. November 1929 war in der Diskussion der Mitglieder des Büros der administrativen sowie der Rechtssektion des *Mossovet* geäußert worden, daß es „Fakten" gebe, die belegten, daß „die Staatsanwaltschaft auf der Seite der ehemaligen Gutsbesitzer steht, die Arbeiter jedoch auf Wohnraum warten"[1258]. Aus einem weiteren Bericht über die „Säuberung" der „Zivilabteilung" der Staatsanwaltschaft geht hervor, daß diese in dieser Zeit nichts gegen die ungesetzlichen, nur aufgrund einer Aberkennung des Wahlrechts von den weisungsberechtigten Mitarbeitern der Anklagebehörde betriebenen Ausquartierungen getan habe[1259]. Wie erwähnt, setzte das *VCIK* deshalb am 10. April 1930 seine spezielle Verordnung gegen diese Mißbräuche in Kraft[1260].

So trieb die kompromißlose Klassenkampfpolitik der Parteiführung die Strafverfolgungsorgane beim Gebietsankläger 1929/30 z.T. zu gesetzlosem, proletarisch-revolutionärem Übereifer. Gleichzeitig zeigte sich auf der anderen Seite aber auch, daß deren Handlungen nach wie vor von Resten „bürgerlich"-moralischen Rechtsempfindens in der Tradition der liberaldemokratischen Ideen in der russischen Intelligenz der 40er und 50er Jahre des 19. Jahrhunderts sowie der liberalen Reformen im Justizwesen zwischen 1864 und 1917 geprägt waren[1261]. Letzteres bedeutete also abermals einen Normenkonflikt mit den Leitsätzen der „Revolution von oben". Diese unzureichende Anpassung der Strafverfolgungsbehörden an die Repressionsgebote der politischen Wende 1928/29ff. betraf - dies ist zu betonen - wiederum keineswegs nur die Staatsanwaltschaften im Moskauer Gebiet[1262].

[1256] Akt obsledovanija Rabočej Brigady po čistke apparata organizacionnogo otdela Mosoblprokuratury, CGAMO, f. 807, op. 1, d. 527, ll. 17, 18.

[1257] Vgl. Protokol No. 5 soveščanija brigady po čistke graždanskogo otdela obl. Prokuratury 15 VIII 1930 g., ibid., d. 526, l. 56.

[1258] Protokol No. 21 zasedanija bjuro administrativno-pravnoj sekcii Mossoveta ot 29-go XI 1929 g., ibid., f. 2157, op. 1, d. 77, l. 72.

[1259] Akt obsledovanija raboty graždanskogo otdela brigadoj komissii po čistke apparata oblprokuratury, ibid., f. 807, op. 1, d. 527, l. 56.

[1260] Vgl. zum *VCIK*-Text S. 142, Anm. 669. Ferner s.a. Ustranit' narušenija izb. zakonodatel'stva. Uporjadočit' proizvodstvo del, kasajuščich izb. prav graždan [wichtige Auszüge aus der Verordnung und Kommentare dazu], *Nabat*, No. 85 (2428), 13.IV.1930, g., S. 4.

[1261] Hierzu vgl. Richard S. Wortman: *The Development of Russian Legal Consciousness*, Chicago, London 1976, S. 207-234, 244-289; ferner Huskey, *Russian Lawyers*, S. 13 (hier auch Anm. 7) sowie S. 21/22, 31.

[1262] Entsprechende Belege aus dem Smolensker „Westgebiet" (*Zapadnaja oblast'*) bei Glenn G. Morgan: The Soviet Procuracy and the Class Struggle: Smolensk (1929-1930), *ASEER* VI (1957), No. 1, S. 17.

Damit boten das Personal der Moskauer Gebietsstaatsanwaltschaft sowie die einzelnen Staatsanwälte in den Kreis- und Bezirksstädten, schlecht ausgebildet, häufig miserabel untergebracht und mangelversorgt[1263], mit ihren Fehlern, Versäumnissen und „rückschrittlichen" Empfindungen genügend Angriffspunkte, um als Sündenböcke für das Fiasko der harten „Klassenpolitik" der Partei an der „Wohnungsfront" zu dienen. Sie hafteten so für ein wichtiges Moment der Herrschaftskrise des „großen Umbruchs".

Die Schere zwischen dem Anspruch der Partei, die gegen die „nichtwerktätigen Elemente" gerichtete repressive Wohnungspolitik konsequent durchzusetzen, und den faktisch existierenden einschränkenden Möglichkeiten sollte sich, zusätzlich verschärft durch das mangelhafte Funktionieren der Instanzenzüge, bis auf weiteres nicht schließen. Erst in den Monaten Februar bis Juni 1930 gingen beim *MOUNI* als Antwort auf dessen Weisung vom 15. Dezember weitere Informationen aus den einzelnen Städten über die dortige Ausquartierungspraxis ein. Nach einem Bericht der Bezirkskommunalabteilung in Kolomna vom 6. Februar waren seit dem 8. April 1929 in der südostlich von Moskau gelegenen Kleinstadt Bronnicy lediglich zwei Händler- und zwei Hausbesitzerfamilien, zusätzlich drei ausschließlich von „nichtwerktätigem Einkommen" lebende und zwei „weitere" Familien nicht näher bezeichneter Kategorie im Verwaltungsverfahren zwangsausgesiedelt worden[1264], ein für die örtlichen Behörden beschämender Befund bei einer Einwohnerzahl von 1929 ca. 4500 Menschen[1265]. Dies gilt um so mehr, als ja gerade die kleinen Städte und Datschensiedlungen als Ballungszentren für die „nichtwerktätigen Elemente" anzusehen waren[1266]. Für Zarajsk mit seinen 1929 ca. 46500 Einwohnern[1267] vermeldete der Bericht die Ausquartierung von lediglich zehn Händler- und acht Hausbesitzerfamilien, für die deutlich größere Stadt Kolomna[1268] nur 19 Händler- und ebenso viele Hausbesitzerfamilien[1269]. Aus der Kleinstadt Pokrov gingen dem *MOUNI* am 10. Februar entsprechende Unterlagen zu, wonach dort „in der Periode 1928-29" ganze zwei Hausbesitzerfamilien zwangsausquartiert worden seien! Der Grund lag in der Situation, daß das „nichtwerktätige Element" überwiegend in den eigenen, noch nicht munizipalisierten Häusern wohnte und von daher nicht dem Zugriff der „Ausquartierungskommission" des Stadtrats unterlag. Daher äußerte dieser in seinem Schreiben gleichzeitig den Wunsch nach Durchführung einer „zusätzlichen Munizi-

---

[1263]Zu Lage und Ausbildung der Staatsanwälte im Moskauer Gebiet vgl. EINLEITUNG, S. 23, 24 nebst den dort zitierten Quellen.

[1264]Kolomenskij Okružnoj Ispolnitel'nyj Komitet R.K. i Kr. Dep. Otdel Mestnogo Chozjajstva. V MUNI, CGAMO, f. 956, op. 1, d. 8, l. 66.

[1265]Die Einwohnerzahl errechnet sich aufgrund der Zählungen von 1926 und 1939, vgl. Anm. 85.

[1266]Vgl. oben S. 278 mit Anm. 1247 sowie unten S. 295.

[1267]Die Einwohnerzahlen errechnen sich auch hier aus den vorliegenden Angaben zu den Jahren 1926 und 1939. Vgl. Anm. 84.

[1268]Zur Topographie, Einwohnerzahl etc. vgl. Anm. 81.

[1269]Quelle nach Anm. 1264.

palisierung“ und anschließender Zwangsaussiedlung aller Zielgruppen „aus den Häusern oder ganz aus der Stadt“[1270]. An diesem Beispiel wird noch einmal deutlich, wie eng Munizipalisierung und Ausquartierung im Verwaltungsverfahren zusammenhingen und wie „sicher“ die noch in ihren Häusern lebenden „Nichtwerktätigen“ infolge der sich mühsam dahinschleppenden oder ausbleibenden Munizipalisierungen waren. Ein am 15. Februar ans *MOUNI* gerichteter Bericht der Bezirkskommunalabteilung von Orechovo-Zuevo belegte für die Verhältnisse in der Stadt Pavlovo-Posad im Osten der *oblast'*[1271] Ähnliches: Nur zwei Händlerfamilien und eine einzige Familie von Hausbesitzern wurden 1929 von der zuständigen Kommission des Stadtrats ausquartiert[1272]. In der Arbeitersiedlung Drezna mit ihren 1929 ca. 9000 Einwohnern war die Situation für die Herrschenden im Verhältnis zu anderen Städten bzw. Arbeitersiedlungen dieser Größenordnung deutlich besser: Immerhin zehn „nichtwerktätige“ und Hausbesitzerfamilien konnten hier 1929 ausquartiert werden[1273], was auch durch den Druck des den Ort prägenden proletarischen Elements auf diese „kapitalistischen Kategorien“ der Bevölkerung zurückzuführen ist[1274].

Infolge dieser Schwierigkeiten bei der Durchführung der Ausquartierungen versuchten die Gebietsbehörden mit den typischen Rechtsbrüchen, Rechtsbeugungen bzw. zu weit gehenden Interpretationen bestehender gesetzlicher Regelungen im Sinne einer willkürlich verschärften „Klassenpolitik“ Abhilfe zu schaffen. So versandte das *MOUNI* noch am 21. Januar im Interesse der „praktischen Durchführung der Generallinie der Partei zur Herausdrängung der privatkapitalistischen Elemente aus allen Bereichen der Volkswirtschaft und der Liquidierung der Reste der Bourgeoisie als Klasse“ [1275] ein Zirkular an alle Leiter der Moskauer „Kreisverwaltungen für unbewegliches Besitztum“ sowie sämtlicher Bezirkskommunalabteilungen im Moskauer Gebiet. Der Rundbrief sollte der entsprechenden „entschlossenen und schnellen Änderung der Methoden und Arbeitsformen des ganzen Sowjetapparats, darunter auch der Wohnungsorgane“, dienen. Die erste der übermittelten Weisungen war insofern gesetzwidrig, als sie künftig jede „Demunizipalisierung“ oder „Veräußerung munizipalisierter Gebäude zugunsten von Privatpersonen“ generell verbot. Die zweite - nicht ungesetzliche – Bestimmung enthielt ein Gebot zur „unverzüglichen Überprüfung des gesamten privaten Besitzfonds“ mit dem Ziel, all das festzustellen, was für den „Munizipalfonds“ von Wert sein könnte. Unter implizitem Bezug auf die oben erwähnte Verfügung der *MOKK* vom 19. Dezember 1929 zeigte sich erneut jene hier mehrfach thematisierte, radikal-proletarische Rechtsauffassung vom grundsätz-

---

[1270]Pokrovskij Gorodskoj Sovet Orechovo-Zuevskogo Okruga Moskovskoj Oblasti. V MUNI, CGAMO, f. 956, op. 1, d. 8, l. 67.

[1271]Näheres zu Pavlovo-Posad Anm. 69.

[1272]Svedenija o vyselenii iz municipalizirovannych domov netrudovogo ėlementa i byv. domovladel'cev po Orechovo-Zuevskomu Okrugu v 1929 g., CGAMO, f. 956, op. 1, d. 8, l. 71.

[1273]Ibid.

[1274]Näheres zu Drezna vgl. oben S. 77/78.

[1275]Vgl. auch oben S. 275 mit Anm. 1234.

lichen Primat einer parteilich-„revolutionären" Klassengesetzlichkeit und -herrschaft *über* den bestehenden formalgesetzlichen Normen und Vorschriften. In einem speziellen Abschnitt „Über die Methoden der Arbeit" in diesem Bereich schrieb das *MOUNI* die genaue Registrierung derjenigen „Nichtwerktätigen", die dem Staat absichtlich Abgaben und Steuern vorenthielten, und deren Erfassung in Listen vor. Ferner sollten folgerichtig spezielle Dreierkollegien (*trojki*) mit je einem Vertreter der Staatsanwaltschaft, der Bezirkskommunal- und der Finanzabteilung eingesetzt werden. Die *trojka* hatte nun „im geheimen Verfahren" einen „Stoßangriff" (*udarnyj nalet*), ggf. unter Zuhilfenahme von „Arbeiterbrigaden", wie in Orechovo-Zuevo geschehen, auf die Wohnung des Steuersünders durchzuführen und die Werte zu konfiszieren[1276]. Zudem wurden die örtlichen Abteilungen für Kommunalwirtschaft angewiesen, „den Druck auf die privaten Eigentümer zu verstärken" und die Einhaltung der gesetzlich vorgeschriebenen Verpflichtungen (etwa Abtretung von 10% des Wohnraums an die Wohnungsverwaltung u.a.) zu überprüfen. Hierbei sollten gegenüber den „NĖP-Leuten" besondere „Maßnahmen" Anwendung finden. Es ist hier zu betonen, daß das Zirkular ein generelles Verbot der Verpachtung munizipalisierten Wohnraums an private Interessenten festschrieb, obwohl dies bislang noch nicht in dieser Form gesetzlich geregelt war.[1277] In einer „Stoßkampagne" sollten die bisherigen Pächter genauso wie die Hauseigentümer behandelt werden, denn es gehe um einen „grundlegenden und entschiedenen Schlag gegen die ehemaligen und NĖP-Leute", ganz im Gegensatz zu den Arbeitern und Angestellten, denen ein „aufmerksameres Herantreten" zukomme[1278]. Daneben war - so das Zirkular - auch die „Klassenzusammensetzung der Wahlorgane in den Wohnungsgenossenschaften" zu verbessern. Zu diesem Zweck wurde verfügt, in jeder Stadt und jeder Siedlung des Moskauer Gebiets die entsprechenden Hausverwaltungen auf ihre „soziale Zusammensetzung" hin zu überprüfen und den „klassenproletarischen Einfluß" durch die Besetzung der Wohnungsverwaltungen mit klassenbewußten Arbeitern „aus den Fabriken und Betrieben" zu stärken. Die alten Kader müßten entlassen werden[1279].

Zu den wichtigsten Bestimmungen dieses klassenkämpferischen Zirkulars gehören diejenigen über die Zwangsausquartierung der „nichtwerktätigen Elemente" und „ehemaligen Hausbesitzer" aus den munizipalisierten Wohnhäusern. Wie bereits in der gesetzwidrigen Gebietsverordnung vom 21. Juni 1929 nahm auch hier das *MOUNI* Bezug auf die bestehenden „Mängel" des Ausquartierungsgesetzes vom 8. April, denen zufolge nur „ein geringer Teil" der einschlägigen „nichtwerktätigen Kategorien" tatsächlich der Verfolgung unterworfen werden könne. Hier hatte die Gebietsverwaltung nicht Unrecht, wie oben anhand von Beispielen aus

---

[1276]Auch in anderen Gebieten der *UdSSR* wurden derartige Verfügungen einer militärischen Vorgehensweise erlassen und umgesetzt; vgl. Solomon, Local Political Power, S. 315.

[1277]Eine entsprechende Verfügung des *VCIK* trat erst am 4. Mai 1930 in Kraft, vgl. Po dokladu NKRKI RSFSR o rezul'tatach obsledovanija municipal'nogo domovogo chozjajstva, *SU* 1930, No. 22, st. 293.

[1278]Vsem zavedujuščim okrkomchozami, vsem zavedujuščim R.U.N.I., CGAMO, f. 2157, op. 5, d. 89, ll. 21, 23.

[1279]Ibid., ll. 23/24.

den einzelnen Städten veranschaulicht werden konnte. Unter Verweis auf den nach wie vor bei der Regierung der *RSFSR* befindlichen neuen Entwurf des Ausquartierungsgesetzes mit seinen Vorschlägen in Richtung einer Ausweitung des zu verfolgenden Personenkreises, dessen offizielle Verabschiedung für Februar zu erwarten sei, gebot das *MOUNI* nun, vor Ort entsprechende „Vorbereitungsarbeiten" durchzuführen. Der neue Personenkreis (Personen ohne Wahlrecht sowie Bürger „ohne besondere Beschäftigung" und *Heimgewerbetreibende* mit Einkünften von über 3000 Rubeln) könne dann baldmöglichst zwangsausquartiert werden[1280]. Zur Verabschiedung des neuen *VCIK*-Gesetzes sollte es, wie schon bemerkt, nie kommen.

Zur Frage der „Remunizipalisierung der Häuser und Datschen" fügte die Gebietsverwaltung unter Verweis auf ein bereits bei der Regierung befindliches Gesetzesprojekt[1281] seinem Zirkular eine spezielle „Instruktion" an alle örtlichen Kommunalabteilungen bei. Im Rahmen der Überprüfung und Erfassung des gesamten privaten Wohnungs- und Hausbestandes war nun jeder Stadt- bzw. Siedlungsrat gehalten, spezielle Fragebögen (*ankety*) vorzufertigen und den jeweiligen Mitgliedern der Wohnungssektionen sowie einem „Aktiv" aus fortschrittlichen Arbeitern und Angestellten zu übergeben. Letztere sollten die Untersuchung an Ort und Stelle durchführen. Nach abgeschlossener Überprüfung fiel je „nach Zuständigkeit" den Moskauer „Kreisverwaltungen für unbewegliches Besitztum", den „Bezirkskommunalabteilungen" sowie den „Kreis-" bzw. städtischen Vollzugskomitees des Moskauer Gebiets die Aufgabe zu, die Erhebungen zu überprüfen und dann spezielle Kommissionen einzusetzen. Diese hatten „auf der Grundlage der Fragebögen" Listen mit einschlägigen Daten auszufertigen. Dabei waren in erster Linie Angaben über die Inhaber der Privathäuser („Nichtwerktätige Elemente" oder Arbeiter und Angestellte) wichtig. Der geplanten Aktion war eindeutig ein repressiver Charakter zuzuschreiben, denn es ging ja nicht nur um die Schaffung von Möglichkeiten, Immobilien zu konfiszieren, sondern gerade auch um die Stigmatisierung und Verfolgung der Eigentümer: Die in den *ankety* vorgedruckten „Fragen" betrafen nämlich nicht nur den Namen des jeweiligen Hauseigners, sondern auch dessen derzeitige sowie frühere „soziale Stellung", die nun „ausführlich" darzustellen war, die Art seines Einkommens sowie desjenigen der Familienmitglieder und auch deren „Zusammensetzung". Schließlich waren auch die Art der Einkünfte, die das Haus abwarf und nicht zuletzt auch noch die „Zusammensetzung der Bewohner" zu notieren. Hier sollte die Zugehörigkeit zu den Kategorien „Arbeiter", „Angestellter", „Heimgewerbetreiber" mit und ohne abhängig Beschäftigte oder „Händler" (mit solchen Beschäftigten) genau eingetragen werden[1282].

Das *MOUNI* kam mit seinem problematischen Zirkular der offiziellen Verabschiedung eines wichtigen Teils des von den oben genannten Kommissionen und

---

[1280]Ibid., l. 23.

[1281]Ibid. l. 20.

[1282]Instrukcija vsem okružnym otdelam mestnogo chozjajstva i vsem R.U.N.I., ibid., ll. 24, 25.

„Unterkommissionen" erarbeiteten Pakets von Maßnahmen „zur Herausdrängung des Privatkapitals aus allen Bereichen der Wirtschaft" zuvor. Dieses umfassende Repressionsregelwerk des *MOIK* mußte erst noch von einer speziellen Kommission in die Form einer Verfügung gebracht werden[1283]. Eine solche für das Moskauer Gebiet gültige umfassende Verordnung trat allerdings, genauso wie das geplante neue Ausquartierungsgesetz auf der Ebene der *RSFSR*, nie in Kraft! Auch dies zeugt von den nach wie vor großen Widerständen in den zentralen Apparaten gegen die ehrgeizigen, z.T. gesetzwidrigen Projekte der klassenbewußten Hardliner in der Partei. Indessen wurden weitere Einzelbereiche aus dem ambitiösen Kampfprogramm gegen die „nichtwerktätigen Elemente" in getrennten Verfügungen des *MOIK* konkret umgesetzt[1284].

Die Gebote und Verbote des *MOUNI*-Zirkulars vom 21. Januar 1930 wurden von den einzelnen städtischen Stellen aus einsichtigen Gründen nur teilweise, zögerlich oder auch gar nicht befolgt. Die Serpuchover Kommunalabteilung gehörte zu den Zögerern. Sie ließ zunächst zu zwei Terminen je eine Liste mit Personen, die die ihnen auferlegte Pacht für die Nutzung von Geschäftsräumen nicht gezahlt hatten, zur Durchführung von Strafmaßnahmen erstellen. Die erste Aufstellung umfaßte fünf Privatunternehmer, einen privaten Betrieb, aber auch vier Kooperativen und betraf den Zeitraum 1928-29. Darunter befand sich auch die ehemalige Hausbesitzerin Kuprijanova, deren Fall bereits oben im Zusammenhang mit ihrer Zwangsausquartierung besprochen wurde[1285]. Das zweite Verzeichnis wies für die Jahre 1924-28 noch 31 Privatunternehmer und -unternehmerinnen aus[1286]. Da offensichtlich nichts weiter unternommen wurde, ließ das *MOUNI* die „Wohnungswirtschaft" Serpuchovs zwischen dem 7. und dem 13. Februar von einem Bevollmächtigten (*instruktor*) eingehend überprüfen. Dessen Bericht wies darauf hin, daß überhaupt erst seit kurzem seitens der Abteilung für Kommunalwirtschaft gegen die vielen privaten Häuser und Wohnungen im Zuge einer „ergänzenden Munizipalisierung" vorgegangen werde und bis in die jüngste Zeit „keinerlei Maßnahmen" in dieser Richtung ergriffen worden seien. Auch fehle nach wie vor jede Führung des kommunalen sowie des kooperativen Wohnungsfonds durch die Kommunalabteilung, die keinerlei Unterlagen über Gewinne oder Verluste der

---

[1283]Vgl. Frakcii VKP (b) Moskov. Obl. Ispol. Kom-ta. 28. Janvarja 30. V Narod. Komis. Raboče-krest'an. Inspekcii, ibid., l. 19.

[1284]So traten z.B. zum 28. Januar 1930 Bestimmungen über eine künftig kostenpflichtige medizinische Versorgung für „Inhaber, Mitinhaber, Pächter von Handels- und Industrieunternehmen, aber gleichfalls auch Personen, die von nichtwerktätigem Einkommen von Kapitalien, Prozentbüchern u.a. leben", in Kraft. In Serpuchov, Lopasnja, Kašira und den anderen Orten des Serpuchover Bezirks erlangte eine entsprechende Verordnung am 3. August Rechtsgültigkeit. Zu beiden Verfügungen: Vypiska iz protokola No. 18 Zasedanija Sekretariata Serpuchovskogo Okružnogo Ispolnitel'nogo Komiteta ot 3-go avgusta 1930 goda, ibid., f. 4502, op. 1, d. 128, l. 26.

[1285]Vgl. Spisok nedoimščikov po arende torgovych pomeščenij na 30/I-1930 g. za 1928-29 g., ibid., f. 956, op. 1., d. 29, l. 88.

[1286]Spisok nedoimščikov po arende torgovych pomeščenij na 4. fevralja 1930 goda, ibid., l. 83.

sich selbst überlassenen Kooperativen besitze[1287]. Die Empfehlungen des „Instruktors" an den Stadtrat zur Besserung dieser Situation waren entsprechend weitgehend. Orientiert an den Vorgaben des *MOUNI*-Zirkulars, forderten sie u.a. die Lösung *aller* Pachtverträge mit Privatleuten und deren Überschreibung an „Wohnungsgenossenschaften" ein, ferner die „vollständige Untersuchung" sämtlicher munizipalisierter Wohnungen und die Durchführung von vorbereitenden Arbeiten für eine Zwangsmunizipalisierung „auf dem Wege der Ermittlung wertvoller Haushalte, die von den privaten Hausbesitzern geführt" würden[1288]. Das Präsidium des Serpuchover Stadtrats teilte dem *MOUNI* schließlich am 11. März seine Beschlüsse in dieser Sache mit. Wie von der vorgesetzten Stelle erwartet, deckten sie sich voll mit denen des „Instruktors"[1289]. Dies zwang die Kommunalabteilung der Stadt, im Frühjahr 1930 zumindest ihre Ausquartierungsaktivitäten erheblich zu steigern und die dem *MOUNI* zum Jahresende gegebenen Versprechen einzulösen. Eine am 22. April an die letztgenannte Behörde gesandte Unterlage der „Unterabteilung für unbewegliche Besitztümer" bezeugt, daß in der Zeit vom 1. Januar bis zum 1. April 1930 nicht weniger als 73 Händlerfamilien zwangsausquartiert worden waren[1290]. Wie nach dem bisher Gesagten zu erwarten, überstieg diese Zahl um ein Vielfaches die Anzahl derjenigen „Nichtwerktätigen", die zwischen dem 1. August 1929 und dem 1. Mai 1930 im *gerichtlichen* Verfahren ihre Wohnungen verloren hatten: Es waren nicht mehr als fünf[1291].

Deutlich passiver blieben indessen die Städte und urbanen Siedlungen (einschließlich der sog. „Arbeitersiedlungen") des Bezirks Orechovo-Zuevo. Auch hier sah sich das *MOUNI* veranlaßt, einen speziellen „Instruktor" in die Stadt Pavlovo-Posad zu entsenden, der die dortige „Wohnungswirtschaft" eingehend untersuchen sollte. Sein Bericht vom Februar stellte fest, daß den „privaten Pächtern des Wohnungsfonds" das Erfordernis einer „entschlossenen" Enteignung der von ihnen bewirtschafteten Liegenschaften gar nicht zur Kenntnis gegeben worden sei. Die Bezirkskommunalabteilung in Orechovo-Zuevo habe keinerlei Weisungen „über die Führung der Wohnungswirtschaft" erteilt[1292]. Weder die 54 in Privatpachtverhältnissen geführten munizipalisierten Häuser noch die 1599 privaten Wohngebäude würden hinsichtlich der Erfüllung der vertraglichen bzw. gesetzlichen Verpflichtungen von der Kommunalabteilung überprüft. Außerdem gebe es

---

[1287]Demnach hatte sich an der Situation im Vergleich zum Jahresende 1928 nicht viel geändert; vgl. dazu oben S. 217/218. Die Abteilung ergreife zudem, so der Bericht weiter, keine Maßnahmen gegen die Hausbesitzer, die die vorgeschriebene Abtretung von Wohnraum an den Stadtrat unterließen. Doklad po obsledovaniju žiliščnogo chozjajstva goroda Serpuchova, proizvedennomu 7-13 II 1930 g. CGAMO, f. 956, op. 1, d. 29, l. 3.

[1288]Ibid., l. 4.

[1289]Iz protokola Serpuchovskogo gorsoveta No. 27, 16.II.30 g., v MUNI, 11/III-30 g., ibid., l. 1.

[1290]Svedenija o vyselenii netrudovych ėlementov za vremja s 1-go janvarja po 1-oe aprelja 1930 goda, ibid., d. 8, l. 103.

[1291]Spravka. Otčet Serpuchovskogo Otdela Kommun. Chozjajstva. O količestve lic netrudovych kategorij, vyselennych na osnovanii sudebnych rešenij po iskam žiliščnych organov, za vremja 1 Avgusta 29 g. po 1-oe Maja - 1930 goda, ibid., l. 132.

[1292]Doklad obsledovanija žiliščnogo chozjajstva g. Pavlovo-Posada, ibid., d. 36, l. 38.

keine „genauen Zeugnisse über die Ausquartierung des nichtwerktätigen Elements". Zudem seien die Hauseigentümer ohne Wahlrecht „nicht alle ausquartiert" worden. Sämtliche Pächter dieser Kategorie besäßen nicht nur nach wie vor ihren Vertrag (und ihr Haus), sondern säßen „auch selbst" weiterhin in ihren Wohnungen[1293]. Letzteres läßt darauf schließen, daß den städtischen Stellen die Illegalität der diesbezüglichen Bestimmungen des *MOUNI*-Zirkulars klar war und deshalb an die praktische Umsetzung der Zwangsausquartierungen der vom Gesetz ausdrücklich nicht berührten *lišency* nur sehr zögerlich bzw. überhaupt nicht herangegangen wurde. Erneut meldete sich das „bürgerliche" Rechtsempfinden! Da die in zentralen Punkten gegen die „revolutionäre Gesetzlichkeit" verstoßenden Bestimmungen des Zirkulars vom 21. Januar folgerichtig nicht oder nur sehr unzureichend befolgt worden waren, schlug der Ermittler eine Reihe von Maßnahmen vor, darunter die genaue Erfassung des munizipalisierten Wohnungsfonds und die Feststellung seines Zustands, die Überprüfung aller privaten Pachtverhältnisse, die Einleitung von Gerichtsverfahren gegen die Pächter bei offensichtlichen Vertragsverletzungen sowie schließlich in Anlehnung an die im Zirkular besonders hervorgehobenen Gebote - wie in Serpuchov - auch die *Liquidierung aller dieser Pachtverhältnisse* zum Ende des Berichtsjahres. Gleichfalls sollte der gesamte private Wohnungsbestand Pavlovo-Posads durch „Arbeiterbrigaden" überprüft und die Unterlagen über die ermittelten „wertvollen", mit Wohn- und Geschäftsräumen ausgestatteten Objekte an das Gericht zur Einleitung von Demunizipalisierungsverfahren überwiesen werden. Ganz im Sinne des Zirkulars berücksichtigte der Prüfer des *MOUNI* auch die damit gegebenen Möglichkeiten zur Zwangsausquartierung der Bewohner und ihre Folgen: Bei der neuen „Verteilung des Wohnraums" sei streng darauf zu achten, wem die Wohnung überlassen werde, und die „soziale Stellung" des Unterzubringenden festzustellen[1294].

In einigen anderen Städten des Moskauer Gebiets scheinen sich die Präsidien der Vollzugskomitees und die ihnen zugeordneten Behörden jedoch nicht nur wenig an die Weisungen des Zirkulars vom 21. Januar gehalten, sondern diese im Gegenteil in der praktischen Umsetzung z.T. auch noch wesentlich verschärft zu haben[1295].

Die Gebietsstaatsanwaltschaft wurde, nicht zu Unrecht, weiter für die mangelhafte Durchsetzung der gesetzten Ziele im Kampf an der „Wohnungsfront" an den einzelnen Orten der *oblast'* verantwortlich gemacht: Am 12. März trat beim *Mossovet* eine spezielle Arbeitsgruppe zusammen, deren Aufgabe es war, „einige Brigaden zu organisieren und die Arbeit der Staatsanwaltschaft hinsichtlich der Ausquartierung des nichtwerktätigen Elements daraufhin zu überprüfen, ob die Staatsanwaltschaft diese Arbeit hier in ausreichender Klarheit durchgeführt hat". Im einzelnen sollte nachgeprüft werden, welche Klagen mit welcher Begründung

---

[1293]Ibid., l. 37.

[1294]Ibid.

[1295]Vgl. das nachfolgend zitierte *MOUNI*-Zirkular vom 27. April, das allerdings die betroffenen Städte nicht beim Namen nennt.

und von wem gegen die Entscheidungen der Anklagebehörde eingereicht worden waren, wie viele Ausquartierungsverfahren die Behörde gestoppt hatte, aus welchem Grund u.a. Von vier neu zu schaffenden Brigaden sollte sich eine *ausschließlich* mit dem Problem der Zwangsausquartierung der „Nichtwerktätigen" beschäftigen[1296]. Aber nicht nur die Vollzugsorgane des Gebietsanklägers, sondern auch die einzelnen örtlichen Staatsanwälte gerieten so - wie auch in anderen Teilen der *UdSSR* - unter Kuratel der proletarischen „Klassenkräfte" [1297]: Für die Monate März und April stellte ein Anfang August verfaßter Bericht der mit der „Säuberung" der „Zivilabteilung" bei der Gebietsstaatsanwaltschaft beauftragten „Arbeiterbrigade" „Übertreibungen" (*peregiby*) im Sinne eines „Schutzes der [...] sozial-fremden Elemente" sowie „klassenfeindlicher" Personenkreise „in der Arbeit der Zivilabteilung" fest[1298]. Auch hier standen offenkundig noch die Reste eines vorrevolutionären „bürgerlichen" Rechtsbewußtseins gegen die Gebote des proletarischen Klassenrechts. Am 26. Juni traten nach diesem Muster auch in Serpuchov „Arbeiterbrigaden" an, die ihre örtliche Staatsanwaltschaft kontrollieren und „Fehler" berichtigen sollten[1299].

Die schleppende, nur Teilbereiche erfassende, im wesentlichen ganz ausbleibende oder im Gegenteil unverhältnismäßig verschärfte Umsetzung der Bestimmungen des Zirkulars vom 21. Januar in den einzelnen Städten der *oblast'* fand spätestens mit dem 27. April ihr Ende, nachdem das *MOUNI* auf Druck von oben gezwungen worden war, seinen Rundbrief zurückzuziehen und durch einen neuen zu ersetzen[1300]. In diesem geheimen Rundschreiben an die Leiter der örtlichen Abteilungen für Kommunalwirtschaft gab die Behörde unumwunden zu, daß sich das alte Zirkular „nicht in Übereinstimmung mit der Generallinie, verfolgt von der Partei und der Regierung, in der Frage der Herausdrängung der privatkapitalistischen Elemente aus allen Bereichen" befunden habe „und, auf der anderen Seite, vor Ort viele Übertreibungen zugunsten der Werktätigen bei seiner Anwendung zugelassen" worden seien. Bei der Befolgung der Bestimmungen des Zirkulars über die Überprüfung des privaten Wohnungsbestands habe es zahlreiche illegale

---

[1296]Protokol No. 1 Soveščanija Prokurorskoj Gruppy , sostojavš. 12 Marta 1930 g., CGAMO, f. 2157, op. 1, d. 91, l. 15.

[1297]Zur Kontrolle, ja Manipulierung der örtlichen Staatsanwaltschaften durch die lokalen Machtorgane, insbesondere im Zuge der Kollektivierungskampagnen, als typische *regionsübergreifende* Erscheinung in dieser Zeit vgl. Solomon, Local Political Power, S. 312, 314, 315.

[1298]Akt obsledovanija raboty graždanskogo otdela brigadoj komissii po čistke apparata oblprokuratury, CGAMO, f. 807, op. 1, d. 527, l. 56.

[1299]Budem na straže revoljucionnoj zakonnosti, *Nabat*, No. 143 (2486), 26.VI.1930 g., S. 5. Über die Effektivität der Aktion läßt sich nur mutmaßen. Konkrete Ergebnisse, ob positive oder negative, sind den bisher zugänglichen Archivalien nicht zu entnehmen.

[1300]Schon am 29. März und 2. April hatte das *MOUNI* den örtlichen Stellen mündlich und schriftlich Anweisung gegeben, die Umsetzung des bisher gültigen Zirkulars auszusetzen. Dies geht aus dem einleitenden Text des neuen Rundschreibens hervor; vgl. Vsem zavedujuščim okrkomchozami, vsem zavedujuščim R.U.N.I., CGAMO, f. 2157, op. 5, d. 89, l. 9.

Enteignungen von Privatwohnungen und Häusern gegeben[1301], „unter administrativer Nötigung als sogenannte freiwillige Übergabe"[1302]. Alle diese Fälle „des erzwungenen freiwilligen Verzichts" der Hausbesitzer auf ihre Immobilie müßten korrigiert und den Betroffenen ihr Eigentum zurückgegeben werden[1303]. Was die Verpachtung von Wohnraum an „nichtwerktätige Elemente" betrifft, so wurde die auch jetzt noch gesetzwidrige Bestimmung des ersten Zirkulars, wonach dies generell verboten sein sollte, allerdings auch in der neuen Verordnung weiter beibehalten[1304]!

Eine der wichtigsten Weisungen des neuen Rundbriefs war diejenige über die Zwangsausquartierung der „Nichtwerktätigen" im Verwaltungsverfahren. Hier sah sich das *MOUNI* zur grundlegenden Korrektur seiner bisherigen Position genötigt. Unter Verweis darauf, daß das *VCIK* eine „Ausweitung" desjenigen aus den munizipalisierten Häusern auszuquartierenden Personenkreises, den das Gesetz vom 8. April festgelegt hatte, als „derzeit nicht aktuell" ansehe, betonte es nun die Unzulässigkeit einer solchen Erweiterung[1305]. Somit wurde das einer „strikten Klassenpolitik" verpflichtete *MOUNI* letztlich dann doch wieder auf den Boden der „revolutionären Gesetzlichkeit" zurückverwiesen. Dahinter stand für die zentrale Parteiführung nicht weniger als das Erfordernis des eigenen Machterhalts[1306] und damit auch der Überwindung der Krise ihrer Herrschaft.

[1301]Erwähnt sei hier das Beispiel des „ehemaligen Großhändlers" P.G. Karmalin aus der kleinen Landstadt Ruza im Westen der *oblast'*. Dieser verlor sein Haus auf dem Wege der Zwangsmunizipalisierung durch einseitigen Beschluß des Stadtrats, der vom Kreisvollzugskomitee nachfolgend bestätigt wurde. Die Enteignung wurde vollzogen, obwohl weder das *MOIK* noch das *VCIK* die hierfür nötige Zustimmung gegeben hatten. Als Grund machte der Rat einerseits die soziale Abkunft Karmalins als reicher „Großhändler", andererseits die „dringende" Notwendigkeit eines Erwerbs des Hauses durch die Stadt (im Haus gab es ein Bad, das der Stadt in Ermangelung einer öffentlichen Badeanstalt zur Nutzung zugänglich gemacht werden sollte) geltend. Vgl. Moskovskomu Oblastnomu Upravleniju Nedvižimych Imuščestv, ibid., f. 956, op. 1, d. 35, l. 50.

[1302]Auch dem *VCIK* bereiteten diese offensichtlich in der gesamten *RSFSR* verbreiteten Nötigungen Sorge. Am 2. November 1930 beschloß das Gremium, den Rat der Volkskommissare der *RSFSR* zu beauftragen, die Gesetzeslage zu sondieren und einen entsprechenden, diese Praxis verbietenden Zirkularentwurf zur Versendung an die untergeordneten Verwaltungseinheiten zu erarbeiten, vgl. GARF, f. 1235, op. 141, d. 816, l. 11.

[1303] Vsem zavedujuščim okrkomchozami, vsem zavedujuščim R.U.N.I., CGAMO, f. 2157, op. 5, d. 89, l. 10.

[1304]Ibid. Wahrscheinlich war dem *MOUNI* von den übergeordneten Behörden signalisiert worden, daß die Verabschiedung einer solchen gesetzlichen Regelung durch den Rat der Volkskommissare der *RSFSR* unmittelbar bevorstand und dann ja auch, wie oben erwähnt, am 4. Mai verabschiedet wurde.

[1305]Ibid., l. 11.

[1306]Vgl. Solomon, Local Political Power, S. 324. R. Sharlet zufolge war Stalin spätestens um die Mitte der 30er Jahre auf das staatliche Recht als Hilfsmittel zur Absicherung der Ergebnisse seiner „Revolution von oben" geradezu angewiesen, vgl. Robert Sharlet: Stalinism and Soviet Legal Culture, in: *Stalinism: Essays in Historical Interpretation*. Ed. by Robert C. Tucker, New York 1977, S. 163.

Auch unter der Geltung des neuen (korrigierten) Zirkulars wurden wieder lokale Untersuchungskommissionen eingesetzt, die die Tätigkeit bzw. Untätigkeit der örtlichen Kommunalabteilungen und der angeschlossenen Stellen zu kontrollieren hatten. Das Hauptinteresse lag dabei wie vorher auf der Überprüfung der Erfüllung bestehender gesetzlicher Verpflichtungen seitens der privaten Hausbesitzer und Pächter gegenüber den kommunalen Stellen. Die Eliminierung der Folgen diverser Fehler und „Überspitzungen" bzw. „Verstöße gegen die Klassenlinie", die sich die städtischen Organe bei der Befolgung der ungesetzlichen Bestimmungen des „Drucks" auf die Hauseigentümer zuschulden kommen ließen, wurden vom *MOUNI* durch Anforderung von Berichten aus den jeweiligen Orten nachgeprüft. So konnte die Behörde am 1. Juni an das Präsidium des *MOIK* sowie des *Mossovet* melden, daß die „Unregelmäßigkeiten" in der Arbeit der Kreis- und Bezirksabteilungen für Kommunalwirtschaft jetzt „berichtigt" würden. „Ein Teil der unrechtmäßig enteigneten Häuser" sei an die alten Hauseigentümer „schon zurückgegeben" worden. Nichtsdestoweniger verfolgten die Kontrollen der tatsächlich geleisteten Arbeit insbesondere im Zuge der unter großem Druck auf die Hauseigentümer durchgeführten „Kampagne der Häuseraussonderung" weiter die alten repressiven Ziele: die Enteignung und Ausquartierung der bisherigen Eigentümer[1307].

Am 11. Juni verlangte das *MOUNI* erneut von allen Bezirkskommunalabteilungen Auskünfte über die „Resultate" der örtlichen Kampagnen zur Ausquartierung des „nichtwerktätigen Elements" aus den munizipalisierten und nationalisierten Haushalten unter Bereitstellung von Daten, die den Zeitraum vom 8. April bis zum 1. Mai 1930 umfassen sollten[1308]. Die Moskauer Bezirksabteilung für Kommunalwirtschaft schickte am 20. Juni einzelne, jedoch ungenaue und lückenhafte Daten, die nicht explizit die einzelnen Städte, sondern die Kreise des Bezirks (Angaben über Städte hier enthalten) umfaßten. Auch diese Unterlagen belegen für die diejenigen Verwaltungseinheiten mit einem in ihren Städten existierenden hohen Arbeiteranteil auch die höchsten Ausquartierungszahlen: Für den Kreis und die Arbeiterstadt Podol'sk[1309] weisen die Angaben die Ausquartierung von 20 Händler-, drei Hausbesitzerfamilien sowie zwei Familien von „Personen mit unbestimmter Beschäftigung" nach. Die letztere Kategorie traf Personen, die ein Opfer der ungesetzlichen Bestimmungen des *MOUNI*-Zirkulars vom 21. Januar geworden waren und nun wieder ihr Wohnrecht zurückerhalten sollten. Im Kreis Bogorodsk mit der gleichnamigen Industriestadt im Osten der Hauptstadt[1310] waren es insgesamt 15 Händlerfamilien und 11 weitere Familien von „Personen mit unbestimmter Beschäftigung". Im Kreis sowie der Stadt Dmitrov[1311] hatte man 17 Personen dieser letzteren Kategorie zwangsausgesiedelt, was

[1307]Moskovskoe Upravlenie Nedvižimych Imuščestv. V Upravlenie Delami Prezidiuma Mosoblispolkoma i Mossoveta tov. Lejkinu, vgl. CGAMO, f. 2157, op. 1, d. 71, l. 36.

[1308]Moskovskoe Oblastnoe Upravlenie Nedvižimych Imuščestv. Instr. Otdel. Vo Vse Okrkomchozy, ibid., f. 956, op. 1, d. 8, l. 124.

[1309]Näheres zu Podol'sk vgl. Anm. 53.

[1310]Zu Bogorodsk Anm. 52.

[1311]Vgl. Anm. 58.

nun gleichfalls wieder rückgängig gemacht werden mußte. In den Kreisen und gleichnamigen Landstädten Vereja, Ruza[1312] und Puškino[1313] hingegen wurden im angegebenen Zeitraum aufgrund der „Untätigkeit" (!) der verantwortlichen Stellen nur drei, zwei bzw. fünf „Händler"- und zwei, eine bzw. zwei Hausbesitzerfamilien ausquartiert[1314]. In Kreis und Stadt Zagorsk[1315] waren es fünf „Händler"- und immerhin zehn Hausbesitzerfamilien sowie schließlich auch zwei Familien von Personen mit „unbestimmter Beschäftigung"[1316].

Die Bezirkskommunalabteilung in Serpuchov trug dem Auskunftsverlangen des *MOUNI* am 26. Juni Rechnung. Sie teilte mit, daß in Anwendung der gesetzlichen Bestimmungen zwischen dem 1. August 1929 und dem 1. Mai 1930 „im administrativen Verfahren" drei Familien aus der Kategorie der „nichtwerktätigen Elemente" sowie 31 „ehemalige Hausbesitzer" und ihre Familien zwangsausquartiert worden seien[1317]. Nach dem oben genannten, am 22. April ergangenen Bericht waren es aber allein in der Zeit vom 1. Januar bis zum 1. April 1930 **73** Händlerfamilien gewesen! Diese Diskrepanz muß damit erklärt werden, daß im letztgenannten Zeitraum das *MOUNI*-Zirkular vom 21. Januar 1930 mit seinen (ungesetzlichen) Möglichkeiten zur Ausweitung des der Zwangsausquartierung unterworfenen Personenkreises entsprechende Aktivitäten der Serpuchover Ausquartierungskommission nach sich gezogen hatte. Nach dem Erlaß der revidierten Gebietsverordnung des *MOUNI* vom 27. April 1930 mußten nun auch die Behörden in Serpuchov die unrechtmäßig Ausquartierten wieder in ihre alten Wohnungen einweisen![1318] Bis zum Oktober 1930 scheint sich die Anzahl der ausquartierten ehemaligen Hausbesitzer dann auf 66 erhöht zu haben[1319]. Ein solches Ergebnis muß, gemessen an den Ansprüchen der verfolgenden Stellen, als sehr bescheiden eingestuft werden, selbst wenn man den Ungenauigkeitsfaktor der erhaltenen Statistiken einrechnet. Noch mehr gilt dies für die Arbeiterstadt Orechovo-Zuevo: Der Stadtrat schickte im Juli seinen Beleg, demzufolge im gegebenen Zeitraum (August 1929 bis Mai 1930) trotz der Bedeutung der privaten

---

[1312]Zu diesen beiden Kleinstädten im Westen der *oblast'* Anm. 62, 61.

[1313]1926 zählte die 43 km nordöstlich von Moskau gelegene Stadt 3500, 1939 dann schon 21000 Einwohner, *Goroda Rossii*, S. 370.

[1314]Moskovskij Okružnoj Ispolnitel'nyj Komitet Soveta R.K. i K.D. Otdel Kommunal'nogo Chozjajstva. V MOUNI, Orginstruktorskij Otdel, CGAMO, f. 956, op. 1, d. 8, ll. 125, 126.

[1315]Zu Zagorsk vgl. Anm. 57.

[1316]Moskovskoe Upravlenie Nedvižimych Imuščestv. Instr. Otdel. Vo Vse Okrkomchozy. CGAMO, f. 956, op. 1, d. 8, l. 126.

[1317]Vgl. Otčet Serpuchovskogo Otdela Kommunal'nogo Chozjajstva. O rezul'tatach primenenija postanovlenija VCIK i SNK RSFSR ot 8 aprelja 1929 goda. Vyseleno v administrativnom porjadke za vremja s 1-go avgusta 1929 goda po 1-oe Maja 1930 goda, ibid., l. 131.

[1318]Insbesondere die örtliche Staatsanwaltschaft war hier als Gesetzeshüter aufgetreten und hatte zahlreiche Ausquartierungsverfahren als unzulässig moniert; vgl. Otčet gorsoveta za 8 mesjacev oktjabr' 1929 g. maj 1930 g., ibid., f. 4502, op. 1, d. 190, l. 107.

[1319]Ibid.

Unternehmer in der Stadt lediglich 13 Händler- und drei Hausbesitzerfamilien im Verwaltungsverfahren ausquartiert worden waren[1320].

Resümierend kann gesagt werden, daß die von den dominanten radikalen politischen Kräften der Partei geforderte „strikte Klassenpolitik“ bezüglich der Ausquartierungsrepression ohne Ansehen der formalen Gesetzeslage in den einzelnen Städten des Moskauer Gebiets selbst 1929/30 nur sehr unzureichend um- bzw. durchgesetzt werden konnte. Aber auch bei der Anwendung der *gesetzlich festgelegten* Verfolgungsmaßnahmen entging die Mehrzahl der betroffenen Personengruppe letztlich dem drohenden Wohnungsverlust. Der Grund waren die vom *VCIK* in der Tat zu hoch angesetzten Einkommensobergrenzen, die den tatsächlichen Vermögensstatus der meisten „nichtwerktätigen Elemente“ bzw. ehemaligen Hausbesitzer nicht tangierten. Dies gilt besonders für die vielen kleinen Hausbesitzer in den schwach industrialisierten Landstädten. An den Industriestandorten wirkte sich hingegen offensichtlich der proletarische Druck auf die Ausquartierungsmaßnahmen aus und verhalf zu etwas besseren, teilweise aber auch hier äußerst bescheidenen Ergebnissen, wenn man sie an den Zielvorgaben der verantwortlichen Behörden und der auch hier teilweise großen Bedeutung der örtlichen privaten Unternehmer mißt. Die in der „mangelnden Führung“ der unteren durch die übergeordneten Organe zutage tretenden Schwächen des Instanzenzuges, Passivität (Widerstand!) der Kommunalabteilungen sowie die Obstruktion der Betroffenen, z.T. auch ihrer Hausverwaltungen, taten in dieser Situation ein übriges. So perpetuierte sich die „Penetrationskrise“ weiter, in der die Partei- wie auch die Staatsführung steckten. Die jeweiligen Situationen in den Städten Pavlovo-Posad[1321], Serpuchov[1322], Zarajsk[1323] und Bogorodick[1324] liefern hier besonders illu-

---

[1320]Svedenija o vyselenii iz municipalizirovannych domov netrudovogo ėlementa i byv. domovladel’cev, ibid., f. 956, op. 1, d. 8, l. 136.

[1321]Am 18. August bescheinigte erneut ein „Instruktor“ in seinem Untersuchungsbericht über die Situation der örtlichen „Wohnungswirtschaft“ dieser Stadt viele der schon genannten Mängel und Schwierigkeiten in der Arbeit der verschiedenen Dienststellen unter der Regie der örtlichen Kommunalabteilung. Nur während der offiziellen Kampagne mit dem Ziel der Übereignung der Privathäuser an die Stadt werde, dem Bericht zufolge, der „Zustand der im Privateigentum befindlichen Häuser“ überhaupt von der Kommunalabteilung überprüft, wobei meist nur „die größten Haushalte“ an die Reihe kämen. Auch die Arbeit der neugegründeten „vereinigten Wohnungsgenossenschaften“ vollziehe sich ohne Kenntnis und Kontrolle der Wohnungsbehörden. Weder erfolge eine Aktualisierung der veralteten Munizipalisierungsdaten noch eine Registrierung der Pächter munizipalisierter Wohnhäuser. Besonders rügte der „Instruktor“, daß die Ergebnisse der schon im Februar durchgeführten Überprüfung bis zu seinem erneuten Eintreffen in Pavlovo-Posad weder dem Präsidium des Stadtrats noch der Kommunalabteilung mitgeteilt worden seien. Dies zeuge nicht zuletzt von mangelnder „Führung“ seitens der übergeordneten Gebietsorgane. Vgl. Sklad ob obsledovanii žiliščnogo chozjajstva, g. Pavlovo-Posad, ibid., d. 36, ll. 31, 39.

[1322]Auch eine vom Stadtrat in Serpuchov abermals eingesetzte Kommission bestätigte am 24. September nicht nur den letzten Befund des *MOUNI*-„Instruktors“, sondern deckte noch „eine Masse“ weiterer Mängel in der Arbeit der „Unterabteilung für unbewegliches Besitztum“ auf. Die angeordnete Inventarisierung des munizipalisierten Wohnungsbestandes kam, so der Befund, infolge verschiedener verwaltungsorganisatorischer „Defekte“, Untätigkeit und schlampiger Registrierung weiterhin kaum voran, während die Erfassung des privaten, kooperativen sowie des nationalisierten Wohnungsfonds bislang überhaupt noch nicht durchgeführt worden sei. So konnte schon infolge des Fehlens von Unterlagen nicht wirkungsvoll genug gegen die Hausbesitzer vorgegangen und deren Eigentum munizipalisiert werden, um sie danach einem Zwangsausquartierungsverfahren zu unterwerfen! Auch eine Untersuchung der von der Kommunalabteilung verpachteten Wohnungsgenossenschaften war bis zum Zeitpunkt der Ermittlungen der Kommission – so der Bericht - nicht erfolgt. Vgl. Akt 1930 goda, sentjabrja 24-go dnja, ibid., ll. 104, 108. Am Jahresende konnte der Rat in seinem Rechenschaftsbericht über die Arbeit der „Unterabteilung für unbewegliches Besitztum" während des Zeitraums zwischen dem 1. Oktober 1929 und dem 1. Oktober 1930 hinsichtlich des nun endlich ermittelten Wohnungsbestandes zwar Zahlen nennen, allerdings nur „ungenaue", da bei einigen privaten Wohnungen und Häusern, die erst später in das Stadtnetz integriert wurden, keinerlei Daten vorlägen. Trotz der Ungenauigkeiten belegen die mitgeteilten Angaben eindeutig, daß, genauso wie in anderen Städten, die Zahl der privaten Wohnungen bzw. Häuser nach wie vor bei weitem über der Anzahl der munizipalisierten, nationalisierten und kooperativen Wohneinheiten lag. Vgl. Otčet o rabote podotdela nedvižimych imuščestv serpuchovskogo otdela kommunal'nogo chozjajstva s 1-go oktjabrja 1929 goda po 1-oe oktjabrja 1930 goda, ibid., l. 102. Dem Bericht zufolge waren von der Enteignung lediglich 72 von 3594 Privathäusern im angegebenen Zeitraum betroffen, von denen sechs „aus verschiedenen Gründen" ihren bisherigen Eigentümern allerdings wieder zurückgegeben werden mußten. Ibid., l. 103.

[1323]Nähere Angaben zu Größe und Lage der Stadt in Anm. 84. Von den auch hier problematischen Munizipalisierungsmängeln abgesehen, nahmen nach dem Bericht des abgeordneten *MOUNI*-Bevollmächtigten über eine zwischen dem 30. August und dem 1. September angestellte Überprüfung in dieser umweit von Ozery gelegenen Kleinstadt gerade die privaten Hausbesitzer „willkürlich" hohe Mietpreise. Der zuständige „Instruktor" mahnte deshalb „den entschiedensten Kampf gegen diese Erscheinung" an. Er empfahl, die Wohnungen von „Elementen", die solche überhöhten Mieten verlangten, zu „säubern" und ihnen „die zur Nutzung überlassenen Möbel, persönliche und kommunale Dienstleistungen, Heizung u.a." nicht mehr zur Verfügung zu stellen. Vgl. Doklad instruktora Org.-Instr. Sektora tov. Antonova, B. A. ob obsledovanii žiliščnoj raboty Zarajskogo gorkomchoza, CGAMO, f. 956, op. 1, d. 27, ll. 11, 13.

[1324]In diesem südwestlich von Serpuchov gelegenen Landstädtchen mit 1926 6400 Einwohnern (Vgl. zur Topographie, Einwohnerzahl etc. *Goroda Rossii*, S. 49) war die Lage an der „Wohnungsfront" noch schwieriger als in Serpuchov, Pavlovo-Posad und Zarajsk. Die städtischen Behörden hatten die „Wohnungswirtschaft", insbesondere den privaten Wohnungsfonds, anscheinend überhaupt nicht unter Kontrolle. Daher gehörte es zu den Weisungen des die Situation Mitte Oktober überprüfenden „Instruktors", den privaten Haus- und Wohnungsbestand endlich genau zu registrieren und alle Eigentümer in einer Liste zu erfassen. Vgl. Doklad o rezul'tatach obsledovanija žiliščnogo chozjajstva bogorodickogo rajona, proizvod. 13-16-go oktjabrja 1930 g. CGAMO, f. 956, op. 1, d. 36, ll. 64, 67. Da der Stadtrat nicht reagierte, sandte der Leiter des „Organisations- und Instruktionssektors" des *MOUNI* am 10. November an das Kreisvollzugskomitee von Bogorodick eine eindeutige Weisung, in der die Befolgung der vom Instruktor verordneten Maßnahmen angemahnt wurde. Im Zuge der Untersuchungen stellte sich indessen heraus, daß der örtliche Rat gar nicht angemessen reagieren *konnte*, da er vom Kreisvollzugskomitee, das die meisten Funktionen des Rats an sich gerissen hatte, „faktisch liquidiert" worden war. Vgl. Prezidiumu Bogorodickogo RIKa; Moskovskoe Oblastnoe Upravlenie Nedvižimych Imuščestv. Org-Instr. Sektor. V Orgotdel Mosoblispolkoma, ibid., ll. 70, 76. Die Entmachtung des Stadtrats durch das ansässige Kreisvollzugskomitee kam besonders in den kleinen Orten ab und zu vor, da der Tätigkeitsbereich zwischen den Stadträten und den oftmals, wie in Bogorodick, auch im gleichen Gebäude residierenden Kreisvollzugskomitees nicht sauber abgegrenzt war. Kompetenzüberschneidungen waren so an der Tagesordnung. Ein weiteres Beispiel hierfür ist die bei Moskau gelegene Kreisstadt Mytišči. Vgl. zu letzterem Dokladnaja Zapiska. Mytiščinskij Gorsovet. [Interne

strative, exemplarische Beispiele. Deshalb orientierte sich die Politik des Regimes allmählich an der Beendigung der letztlich wenig erfolgreichen Kampagnen um die Zwangsausquartierung der „nichtwerktätigen Elemente“ und der ehemaligen Hauseigentümer aus den kommunalen Wohnungen. Für das letzte Quartal des Jahres 1930 sind kaum noch Auseinandersetzungen um die Ausquartierung dieser „fremden Leute“ oder konkrete Maßnahmen auch anderer Art in dieser Hinsicht quellenmäßig belegt[1325].

2.2.1.4. Die Entspannungsphase 1931-1934

Wie oben angeführt, hatte das *MOUNI* bzw. *MOIK* auf der Grundlage einschlägiger Erhebungen festgestellt, daß es gerade in den kleinen Landstädten und Datschensiedlungen eine besonders große Konzentration an „nichtwerktätigen“ Bevölkerungskategorien gab. Deshalb verfügte das *MOUNI* am 28. Februar 1931, den „Trust“ (*trest*) „Datschenwirtschaft“ genau hierauf zu untersuchen, alle Verträge mit den „individuellen Pächtern“ zu überprüfen und ggf. vorfristig zu kündigen, falls dies für den „Trust“ nötig sein sollte. Innerhalb von 10 Tagen war die Ermittlung aller inkriminierten Personen zum Abschluß zu bringen, um dann die Häuser räumen und „an die Arbeiter für deren sommerliche Erholung“ vergeben zu können. „Mit aller Entschiedenheit“ müsse, so die Anweisung, „gegen die opportunistische Haltung der Datschenleiter“[1326] vorgegangen werden, da diese für das langsame Tempo „in einer derart wichtigen politischen Angelegenheit wie die der Ausquartierung des nichtwerktätigen Elements“ unmittelbar verantwortlich seien[1327]. Ob die Weisung nun letztlich auch umgesetzt wurde, kann infolge des Fehlens von Belegen nicht mit Bestimmtheit gesagt werden. Dies erscheint nicht eben zufällig: Spätestens in der zweiten Jahreshälfte 1931 zieht sich durch die erhaltenen einschlägigen Quellen ein deutlicher Trend, der darauf hinweist, daß die Moskauer Gebietsbehörden, manchmal im Gegensatz zu den örtlichen Stellen, dem leidigen Thema der Munizipalisierung bzw. der damit zusammenhängenden Zwangsausquartierung der „nichtwerktätigen Elemente“ nicht mehr denselben ho-

---

Unterlage der *MOKK* vom Frühjahr 1931]. Ibid., f. 807, op. 1, d. 241, l. 296 sowie Vyvody po obsledovaniju Mytiščinskogo Gorsoveta, ibid., ll. 207, 208.

[1325] Zu letzterem gehört die „Verpflichtende Verfügung“ des Serpuchover Stadtratspräsidiums vom 10. November „Über die Ausgabe von neuen Lebensmittelkarten der 3. Auflage“, die mit häufigen Mißbräuchen des Rabattkartensystems begründet wurde. Ausdrücklich bestimmte die Verordnung, daß alle Kategorien des „nichtwerktätigen Elements“, zu denen auch die Geistlichen und die an religiösen Schulen unterrichtenden Lehrer gezählt wurden, jeden Anrechts auf solche Lebensmittelkarten beraubt seien. O vydače novych zabornych knižek III-go vypuska, CGAMO, f. 4502, op. 1, d. 128, ll. 40-42. Der Verlust des Pensionsrechts für diese Personen sowie ein System verschärfter Besteuerung von Privatunternehmern war schon vorher durch die Bundesgesetzgebung vorgegeben worden. Vgl. Položenie o pensijach i posobijach po social'nomu strachovaniju, *SZ* 1930, No. 11, st. 132 (13.II.1930); Pcloženie o promyslovom naloge s častnych predprijatij i promyslov, *SZ* 1930, No. 46, st. 481 (2.IX.1930).

[1326] Will heißen: Leiter der Hausverwaltungen in den Datschen.

[1327] Rasporjaženie MOUNI No. 25, 28 II 1931 g., CGAMO, f. 956, op. 1, d. 32, ll. 47, 48.

hen ideologischen Rang einräumten wie zuvor. Der Fall des Arztes Pospelov aus der Kleinstadt Bogorodick kann hier als exemplarisch gelten. Ende 1931 hatte Pospelov beim *MOIK* über die Entscheidung des Stadtrats, ihn im Verwaltungsverfahren zwangsauszuquartieren, Beschwerde eingelegt. Auf die am 14. Dezember desselben Jahres vom *MOIK* an den Rat übermittelte Anfrage bezüglich der Motive für die Maßnahme wurde aus Bogorodick die derzeit gegebene Gesetzeslage ins Feld geführt. Der mit der Untersuchung des Falles beauftragte Leiter der Gebietskommunalabteilung problematisierte die Anwendung des Gesetzes vom 8. April 1929, um das es seiner Meinung nach ging, am 7. Februar 1932 in einem Schreiben an das Präsidium des *MOIK* wie folgt:

> Dieses Gesetz hat aber Kampagnencharakter, und gegenwärtig sind alle von diesem Gesetz umrissenen Maßnahmen praktisch schon verwirklicht [!].
> Aber wenn auch das oben genannte Gesetz permanente Gültigkeit besäße, so würde der Arzt Pospelov in diesem Fall trotzdem nicht der Ausquartierung unterliegen, denn unter Punkt 6. Buchst. Z) ist gesagt, daß Personen mit anerkanntermaßen außerordentlichen Verdiensten in jedem Fall nicht der Ausquartierung unterliegen.
> Der Arzt Pospelov hat eben gerade solche Verdienste.[1328]

Die Gebietskommunalabteilung unterstützte am Schluß der Stellungnahme noch einmal ausdrücklich die Beschwerde Pospelovs *gegen* den Stadtrat von Bogorodick[1329].

Schon die Frage des *MOIK* nach den Motiven für die Ausquartierung, mehr aber noch die Interpretation des bis vor kurzem noch höchst wichtigen Ausquartierungsgesetzes vom 8. April 29 als schon obsolet, weil nur von vorübergehender Bedeutung, legen einen deutlichen Wandel in der Repressionspolitik nahe. Die berühmte Rede Stalins vom Juli 1931, die das Ende der Verfolgung der bürgerlichen Spezialisten einleitete, ist hier ein Signal. Die Wohnungskrise vor Ort war indessen keineswegs gelöst, d.h. die Politik der Ausquartierung des „nichtwerktätigen Elements" hatte hier kaum Entlastung gebracht[1330]. Eine Verlängerung der scharfen Verfolgungskampagne gegen die „nichtwerktätigen" bzw. „kapitalistischen Elemente" über das Jahr 1930 hinaus verlor aber auch aus dem Grund viel von seiner Dringlichkeit, weil diese Zielpersonen, zumindest zu einem Teil, gleichfalls im Rahmen der hier nicht zu thematisierenden „Säuberung" der staatlichen und kooperativen Apparate, aber ganz besonders im Zuge der Kampagne gegen die Personen ohne Wahlrecht, die Paßkampagne 1933 eingeschlossen, belangt werden konnten und dies auch wurden. 1934 kehrten die städtischen Führungen so im wesentlichen zur alten, vor 1929 praktizierten und vornehmlich *pekuniär* orientierten

---

[1328]Zavedujuščij MOKO. V Prezidium Mosoblispolkom, ibid., d. 36, l. 60.

[1329]Ibid.

[1330]Vgl. die Berichte einzelner Leiter der städtischen Kommunalabteilungen des Moskauer Gebiets während einer 1932 abgehaltenen Konferenz; *Kommunal'no-žiliščnye sekcii o sebe*, bes. S. 20.

Verfolgung der „Nichtwerktätigen“ zurück, etwa auf dem Wege der übermäßigen Besteuerung der Einkünfte[1331].

Dies bedeutete nicht, daß auch die politische Krise, in die Stalins „großer Umbruch“ führte, damit beendet war. Solange die oben genannten tiefgreifenden Gründe, die zu ihr geführt hatten, nicht eliminiert waren, verlor sie mit der Einstellung der Kampagne gegen die „nichtwerktätigen Elemente“ als Sondergruppe der *lišency* nur *eines* ihrer symptomatischen Erscheinungsbilder.

2.2.2. Die „Diener religiöser Kulte“, die religiösen Gemeinschaften und deren Mitglieder

2.2.2.1. Die Entwicklung der Rechtslage bis 1928

Die im europäischen Teil der *RSFSR* das religiöse Leben dominierende russisch-orthodoxe Kirche war wegen ihrer weiten Verbreitung der für das sozialistische Regime am schwierigsten zu bekämpfende Gegner. Daher nimmt es nicht wunder, daß die Kirchen und ihre Amtsträger gleich nach der Oktober-Revolution in jenem berühmten Dekret des Rats der Volkskommissare der *RSFSR* vom 23. Januar 1918 über die Trennung von Kirche und Staat in ihrer Stellung und ihren Rechten einen grundlegenden Abbau erfuhren: Sämtliches Kircheneigentum ging prinzipiell an den Staat über. Dieser überließ jedoch jeder „religiösen Gemeinschaft“, wie die Kirchengemeinden nun genannt wurden, ihr bisheriges Eigentum, sofern für die Abhaltung des gesetzlich garantierten Gottesdienstes unbedingt nötig, durch Vertrag zwischen ihm, d.h. konkret dem örtlichen Rat und der Kirchenorganisation, zur einstweiligen Nutzung. Die Gemeinden sollten den Status „privater Gesellschaften“ erhalten, ohne jedoch die damit verbundenen Rechte zu genießen. So stand ihnen neben dem Fehlen des Eigentumsrechts auch nicht zu, als juristische Person aufzutreten, was z.B. die Einreichung von Klagen bei Gericht nur jedem einzelnen Gemeindemitglied als Privatperson, nicht als Vertreter der Gemeinde, ermöglichte. Auch die freie Religionsausübung für Popen und Gemeindemitglieder sollte nur unter der Bedingung stattfinden können, daß die Rechte anderer Bürger nicht berührt würden und die „öffentliche Ordnung“ nicht beeinträchtigt wäre. Im öffentlichen Raum, also außerhalb der der Gemeinde überlassenen Liegenschaften und Gebäude (Kirchen, Bethäuser), war jede religiöse Tätigkeit verboten, ebenso wie auch religiöser Unterricht in öffentlichen *und privaten* Schulen[1332]. Jeder Geistliche hatte nach einem Zirkular des *NKVD* vom 28.

[1331]So in Serpuchov durch städtische Verfügung vom 25. November 1934: Ob ustanovlenii perečnja mestnych nalogov i zborov v gorode i rajone na 1935 god., CGAMO, f. 4502, op. 1, d. 539, ll. 25-27. Für Orechovo-Zuevo vgl. Postanovlenija Prezidiuma Orechovo-Zuevskogo Gorodskogo Soveta RK i KD s 1-go po 23-e dekabrja 1934 g. (Protokol No. 28), ibid., f. 5700, op. 1, d. 71, ll. 188-191.

[1332]Vgl. Ob otdelenii cerkvi ot gosudarstva, *SU* 1918, No. 18, st. 263. Dazu auch die Instruktion des Volkskommissars für Justiz vom 24. August 1918: Porjadok provedenija v žizn' dekreta „Ob otdelenii cerkvi ot gosudarstva i školy ot cerkvi“, *SU* 1918, No. 62, st. 685.

Februar 1919 das freie Recht der Predigt „nach seiner Überzeugung“, allerdings nur, „sofern die religiösen Handlungen nicht von konterrevolutionären und strafrechtlich zu ahndenden Betätigungen begleitet“ würden[1333]. Eine vier Jahre später erlassene Instruktion der Volkskommissare für Justiz und Inneres betonte zwar das Fehlen einer Zensur für Predigttexte, band jedoch diesen Vorteil an das Erfordernis, daß der Text „ausschließlich religiösen Charakter“ haben müsse[1334]. Gottesdienste bzw. Predigten in privaten Wohnungen bedurften zudem der vorherigen Genehmigung der örtlichen Behörden[1335]. Wenn „Gebetsversammlungen“ der Kirchengemeinde in privaten Räumlichkeiten bei Anwesenheit von weniger als 20 Personen stattfinden sollten, nahm sich der Staat das Recht, vor dem geplanten Gottesdienst Informationen über den genauen Zeitpunkt, Ort und Inhalt der Predigt zu verlangen[1336]. Nach einer Klarstellung der für die Gesetzesauslegung in Kirchenfragen zuständigen 5. Abteilung des Justizkommissariats zu der einschlägigen Instruktion der Justiz- und Innenkommissariate vom 19. Juni 1923 war überdies jede allgemeine Versammlung der Gläubigen zur Regelung von Verwaltungs- und Wirtschaftsfragen der „religiösen Gemeinschaft“ der örtlichen Miliz rechtzeitig vor ihrer Abhaltung zur Kenntnis zu bringen, unter Mitteilung der oben genannten Informationen über Organisation und Ablauf der Veranstaltung[1337].

Alle örtlichen religiösen Vereinigungen mußten nach einer *VCIK*-Instruktion vom 3. August 1922 von der zuständigen Verwaltungsabteilung des jeweiligen Gouvernementsvollzugskomitees registriert werden. Sollte die Überprüfung ergeben, daß das von den Gemeinden jeweils einzureichende Statut der Verfassung der *RSFSR* oder den geltenden Gesetzen widersprach, so war die „Gemeinschaft“ aufzulösen[1338]. Eine Verfügung der Justiz- und Innenkommissare vom 15. April 1923 gab drei Möglichkeiten für eine solche Auflösung vor: 1. per Weisung des Gouvernementsvollzugskomitees[1339], 2. nach „Inhaftierung eines Teils der Mitglieder der Gemeinschaft“ (!)[1340] und 3. auf deren Eigeninitiative hin[1341].

[1333]Cirkuljar NKVD RSFSR 28 fevralja 1919 g. No.123/37, s. Giduljanov, *Otdelenie cerkvi ot gosudarstva v SSSR*, Moskva 1926, S. 32.

[1334]Instrukcija NKJu i NKVD 19 ijunja 1923 g., vgl. ibid., S. 33.

[1335]Vgl. Raz-jasnenie V Otdela NKJu RSFSR o religioznych sobesedovanijach na domu (16 marta 1922 g., No. 126). Ibid., S. 37.

[1336]Diese Richtlinien wurden nicht offiziell im Gesetzblatt verkündet, waren jedoch gängige Praxis, die sich schließlich auch auf eine rechtsverbindliche Erläuterung der 5. Abteilung des Justizressorts vom 29. September 1924 gründeten, vgl. ibid., S. 153 bzw. 47.

[1337]Vgl. ibid., S. 146.

[1338]Vgl. O porjadke utverždenija i registracii obščestv i sojuzov, ne presledujuščich celi izvlečenija pribyli i o porjadke nadzora za nimi, ibid., S. 78, 79.

[1339]Nach einer kurz darauf zusätzlich erlassenen „Instruktion“ konnte eine solche erfolgen, wenn die örtlichen Behörden einen dringenden Bedarf an der Nutzung der jeweiligen kirchlichen Immobilien für staatliche bzw. gesellschaftliche Zwecke angemeldet hatten. Vgl. Instrukcija po voprosam, svjazannym s provedeniem dekreta ob otdelenii cerkvi ot gosudarstva (19.6.1923). *Sbornik dejstvujuščich na territorii RSFSR administrativnych zakonov*, S. 105.

[1340]Die in diesem Punkt etwas genauere Instruktion vom 19. Juni 1923 sah die Kündigung des Vertrages über die Nutzung der den Gemeinden überlassenen Objekte und Grundstücke etwa dann

Nach 1925 nahm nicht nur die Schließung von Kirchen auf Antrag der örtlichen Behörden im Zuge solcher Gemeindeauflösungen zu, sondern auch die Requirierung von Kirchenglocken zur Befriedigung des staatlichen Buntmetallbedarfs. Letzteres ging mit einer Instruktion der Volkskommissariate für Justiz und Inneres im Frühjahr 1926 einher, die das *gleichzeitige* Läuten aller Glocken einer Kirche verbot und bemängelte, daß der Glockenton oftmals nicht nur im Zusammenhang mit kirchlichen Handlungen bzw. Feiern erklinge. Er beeinträchtige somit „das normale Funktionieren der öffentlichen Rechtsordnung" und wirke „besonders einengend [...] auf das Leben der städtischen Bevölkerung"[1342]. Ein generelles Verbot des Glockenläutens erging jedoch noch nicht.

So war schon vom Anfang der 20er Jahre bis zum Höhepunkt und Ende der *NĖP*-Periode das Recht der Existenz und der freien religiösen Betätigung der Kirchengemeinden und deren Mitglieder zwar prinzipiell garantiert, in Einzelfragen der Praxis jedoch formellen wie informellen Einschränkungen unterworfen. Die Tatsache, daß die Partei- und Staatsführung spätestens seit dem 12. Parteitag, also seit 1923, eine eher gemäßigte, behutsame Kirchenpolitik betrieb, die mehr auf mittel- bis langfristig wirksame antireligiöse Erziehung und Propaganda als auf administrativen Zwang setzte[1343], war zumindest z.T. auch durch die verbreiteten

vor, wenn sich Gemeindemitglieder an „konterrevolutionären Auftritten" beteiligen oder auch das zur Verfügung gestellte Vermögen veruntreuen sollten. Ibid.

[1341]Vgl. O porjadke registracii religioznych obščestv i vydači razrešenij na sozyv s-ezdov takovych, *SU* 1923, No. 37, st. 384. Diese Regelungen wurden 1927 in ihren wesentlichen Punkten durch ein entsprechendes Zirkular der Justiz- und Innenkommissare der *RSFSR* bestätigt, vgl. O porjadke zaključenija i rastorženija dogovorov s religioznymi ob-edinenijami na besplatnoe pol'zovanie molitvennymi zdanijami i kul'tovym imuščestvom i ob učete religioznych ob-edinenij. *Otdelenie cerkvi ot gosudarstva. Dopolnenie Pervoe k knige P.V. Giduljanova*, Moskva 1928, S. 11-13.

[1342]Vgl. V.F. Kozlov: Gibel' cerkovnych kolokolov v 20-e - 1930-e gody, *Otečestvo* (1994), Vyp. 5, S. 144, 145.

[1343]Vgl. dazu die Darstellung bei Arto Luukkanen: *Religious Policy of the Stalinist State. A Case Study: The Central Standing Commission on Religious Questions, 1929-1938*, Helsinki 1997, S. 37. In der offiziellen Resolution des 12. Parteitags wurde das Scheitern der bisherigen Religionspolitik deutlich klargestellt. Der „revolutionäre Prozeß", gerade in der antireligiösen Propaganda, habe Stadt und Land, wo sich kapitalistische Verhältnisse im Rahmen der *NĖP* weiterentwickelten, noch keineswegs erreicht. Es gehe jetzt um „vertiefte systematische Propaganda", die den Klassencharakter der Religion herausstellen müsse. Dabei sei vor Ort „sorgsam" vorzugehen und „jede Beleidigung der Gefühle der Gläubigen" zu vermeiden. Andernfalls werde es erst recht „zur Verstärkung des religiösen Fanatismus" kommen. Neues leicht verständliches, auf den jeweiligen Bildungsstand der Zuhörer zugeschnittenes antireligiöses Lehrmaterial müsse herausgegeben und im Rahmen öffentlicher Veranstaltungen von gut ausgewählten Propagandisten vorgetragen werden. Gleiche Sorgfalt gelte entsprechend auch für die Lehre an Schulen und Universitäten. Vgl. *KPSS v rezoljucijach i rešenijach*, T. 2, S. 469-472. „Eine ähnlich vorsichtige Haltung kennzeichnete die Verfügungen des Dreizehnten Kongresses der Kommunistischen Partei im Frühjahr 1924. Verwaltungsmaßnahmen wie die willkürliche Schließung von Kirchen wurden strengstens verurteilt". So John Shelton Curtiss: *Die Kirche in der Sowjetunion (1917-1956)*, München 1957, S. 196. Dazu *KPSS v rezoljucijach i rešenijach*, T. 3, S. 84. Der Umschwung in der offiziellen Kirchenpolitik ergab sich aus der Notwendigkeit, die Bauernschaft, in der die orthodoxe Kirche maßgeblich verankert war, nicht gegen die Partei aufzubringen, sondern im Gegenteil

Mißbräuche der einschlägigen gesetzlichen Regelungen seitens der lokalen Verwaltungsorgane zu Lasten der Kirchenorganisationen bewirkt worden[1344], die oben beschriebene Situation der Kirchengemeinden und geistlichen *lišency* änderte sich dadurch nicht grundsätzlich. Die kirchlichen Amtsträger unterlagen nämlich auch unmittelbar mit ihrer Person speziellem Rechtsentzug und standen unter der besonderen Aufsicht des Staates. Ihre schon von Anfang des Sowjetregimes an vorgegebene prinzipielle Ungleichbehandlung und institutionelle Schlechterstellung im Vergleich zu den „werktätigen" Bevölkerungsschichten soll im folgenden anhand der Entwicklung in den zehn Jahren 1918-28 nachgezeichnet werden.

Bereits in den *lišency*-Katalogen, die die Verfassungen von 1918 und 1925 normierten, tauchten in Art. 65 bzw. 69 die geistlichen Würdenträger als „Mönche und geistliche Diener von Kirchen und religiösen Kulten" bzw. „Mönche und geistliche Diener religiöser Kulte aller Bekenntnisse und Richtungen" auf[1345]. Aus den nachfolgend erlassenen Gesetzen und Zirkularen ist die schrittweise erfolgende Entrechtung dieses Personenkreises klar abzulesen: War den genannten Geistlichen mit einem Zirkular des Kommissars für Volksbildung vom 3. März 1919 auf der Grundlage des Dekretes über die Trennung von Kirche und Staat die Abhaltung von Religionsunterricht „in allen Schulen" untersagt worden[1346], so stand ihnen gemäß einer Klarstellung der 5. Abteilung des Justizkommissariats vom 12. Dezember 1921, wie allen anderen *lišency*, auch nicht zu, sich in die Verwaltungs- und Kontrollorgane der „Verbrauchergesellschaften" wählen zu lassen

---

in den proletarischen Staat zu integrieren. Vgl. hierzu Gregory L. Freeze: The Stalinist Assault on the Parish, 1929-1941, in: *Stalinismus vor dem Zweiten Weltkrieg*, S. 209/210.

[1344]Angeführt sei hier jene Direktive des *ZK* vom Juli 1923, in der unter Verweis auf die „Notwendigkeit eines behutsamen Verhältnisses gegenüber den religiösen Vorurteilen der Bauern und des zurückgebliebenen Teils der Arbeiter" von den Gouvernements- und Gebietskomitees verlangt wurde, dafür zu sorgen, daß die ungesetzlichen „massenhaften Kirchenschließungen", ohne Rücksicht auf die Klagen der Gläubigen, aufhörten; vgl. *Russkaja pravoslavnaja cerkov' i kommunističeskoe gosudarstvo, 1917-1941. Dokumenty i fotomaterialy*, Moskva 1996, S. 184, 185. Ein geheimes *VCIK*-Zirkular vom 24. August 1924 an die Vollzugskomitees der Autonomen Republiken, Gebiete und Gouvernements ermahnte die Adressaten, daß die freie Religionsausübung nicht von den örtlichen administrativen Organen verhindert werden dürfe, es sei denn, es handele sich gleichzeitig um eine Störung der öffentlichen Ordnung. Das Zirkular mahnte zur Vorsicht bei der Schließung von Kirchen und der Kündigung von Nutzungsverträgen mit den „religiösen Gemeinschaften". Unter Verweis auf eine Verfügung des *VCIK* vom 29. März 1923 hieß es weiter, daß vor dem Vollzug einer solchen staatlichen Zwangsmaßnahme unbedingt zu prüfen sei, ob nicht statt dessen eine andere Sanktion verordnet werden könne. Jede Kirchenschließung dürfe nur erfolgen, wenn sichergestellt sei, daß den Gläubigen in der Nähe ein geeigneter Ersatz zur Verfügung stehe, damit sie nicht in der Umsetzung ihres Rechts auf Religionsausübung gehindert wären. Vgl. Vsem CIKam avt. resp., vsem obl. i gub. ispoln. komitetam RSFSR. Sekretno. Cirkuljarno. GARF, f. 1235, op. 140, d. 1090, ll. 3, 4.

[1345]Vgl. EINLEITUNG, S. 7. Erstgenannte Formulierung nach Art. 65 der Verfassung von 1918 zitiert nach *Die Sowjetunion* (1), S. 157.

[1346]Vgl. Cirkuljar Narkomprosa ot 3 marta 1919 g., Giduljanov, *Otdelenie*, S. 294.

oder hier ein Wahlrecht in Anspruch zu nehmen[1347]. Auch das Recht auf Mitgliedschaft in einer der Gewerkschaftsorganisationen besaß kein Geistlicher, allerdings konnten nach einer Erklärung der obersten Gewerkschaftsführung vom Juli 1923 „ehemalige Kultdiener“ ein solches Recht beanspruchen, wenn sie zum gegenwärtigen Zeitpunkt „in der Produktionsarbeit in Betrieben und Behörden“ tätig seien[1348]. So zeigt sich, daß zu dieser Zeit das Prinzip des minderberechtigten „Ehemaligen“, d.h. das der Haftung für die *frühere* berufliche Tätigkeit, noch nicht in vollem Umfang galt. Genauso durften *ehemalige* Geistliche nach der oben genannten Verfügung des Bildungskommissars durchaus auch in den Schulen unterrichten, wenn auch „jedes Mal nur mit besonderer Erlaubnis des Volksbildungskommissars“[1349]. Das Prinzip der Haftung für vergangene Tätigkeiten wurde dann aber, wie oben dargelegt, mit der Wahlinstruktion vom 16. Januar 1925 für alle *lišency* geltendes Recht[1350]. Die Ehefrauen der Geistlichen sollten auch noch Ende Juni 1925 nach Mitteilung der Gewerkschaftsführung nicht automatisch ihrer „politischen Rechte“ beraubt sein. Wenn sie einer Lohnarbeit nachgingen, stünde ihnen selbstverständlich auch die Mitgliedschaft in der Gewerkschaft offen[1351].

Die offizielle Terminologie „Kultdiener“, „Diener geistlicher Kulte“, „Angehörige der Geistlichkeit“ u.ä. erwies sich bereits in der ersten Hälfte der 20er Jahre als zu wenig aussagekräftig, um den Kreis jener Geistlichen, denen das politische Wahlrecht nicht zustehen sollte, befriedigend und für jeden, besonders die interessierte Behörde, einleuchtend zu umschreiben. Dies gab häufig zu Mißverständnissen Anlaß. In einem Zirkular des Finanzkommissariats vom 26. Februar 1924 sowie einer ergänzenden Klarstellung der Steuerverwaltung des Kommissariats vom 8. April desselben Jahres an die Adresse der mit der Aberkennung des Wahlrechts bzw. ihren Folgen befaßten Stellen hieß es deshalb:

> Zu den Dienern religiöser Kulte werden nur jene Personen gezählt, die zu den Klerikern gehören und persönlich Kultzeremonien vollziehen, wie z.B. Bischöfe, Priester, Diakone, Rabbiner, Mullahs usw.
> Weitere Personen hingegen, die von Einkünften aus der einen oder anderen Dienstleistung für die Kirchen leben, aber keine Zeremonien vollziehen, z.B. Küster, Hostienbäckerinnen, Kantoren, [evangelisch-lutherische - *Erg. v. H.-M. Miedlig*] Kirchendiener, Chorsänger und dergl. haben nichts mit den Dienern religiöser Kulte zu tun[1352].

Der Ausschluß des kirchlichen *Dienst*personals aus dem Kreis derer, denen das Wahlrecht nicht zustehen sollte, hatte seine spezielle ideologische Begrün-

---

[1347]Ibid., S. 293.
[1348]Ibid., S. 292.
[1349]Wie Anm. 1346.
[1350]Vgl. oben S. 40.
[1351]Giduljanov, *Otdelenie*, S. 290.
[1352]Cirkuljar Narkomfina po Nalog. Upr. ot 26 fevralja 1924 g., No. 686, p. 6, sowie: Razjasnenie Nalogovogo Upravlenija Narkomfina ot 8 aprelja 1924 g. No. 4221374. Vgl. ibid., S. 288.

dung: Anläßlich des in der neuen Verfassung vom Januar 1925 verankerten Novums, demzufolge „Mönche und geistliche Diener religiöser Kulte aller Bekenntnisse und Richtungen, *für die diese Beschäftigung den Beruf darstellt*“[1353], dem Wahlrechtsentzug unterliegen sollten, setzte der Justizkommissar der *RSFSR* am 25. Mai 25 fest, daß „auf diese Weise [...] jenen kleinen Kirchendienern, die faktisch eher ein ausgebeutetes als ein ausbeuterisches Element darstellen“, das Wahlrecht erhalten bleiben solle[1354]. Somit wurde die Zwei-Klassen-Teilung derer, die bei den „religiösen Gemeinschaften“ tätig waren, zum offiziellen Ideologem. Es ist davon auszugehen, daß das an anderer Stelle besprochene *CIK*-Wahlgesetz vom 16. Januar 1926 auf diesen Unterschied zwischen „ausbeuterischen“ Geistlichen minderen Rechts und „ausgebeutetem“ kirchlichem Dienstpersonal mit vollen bürgerlichen Rechten zumindest anspielte: „Personen, die den Dienern religiöser Kulte angehörten“, wurden hier zusammen mit den „Gutsbesitzern“ und der „Bourgeoisie“ als „zur Klasse der Ausbeuter“ gehörig eingestuft[1355]. Die *VCIK*-Wahlinstruktion vom 4. November 26 übernahm diese Formulierung als geltendes Recht für die *RSFSR*[1356].

Der Justizkommissar reagierte mit der genannten Klarstellung vom Mai 1925 offensichtlich auf eine weitverbreitete unerwünschte Aberkennung des Wahlrechts gerade auch dieser „kleinen Kirchendiener“ seitens der örtlichen Behörden. Jenes *CIK*-Zirkular vom 8. April 25, das die Unzulässigkeit der mißbräuchlichen Wahlrechtsentzüge betonte[1357], bemängelte nämlich, daß die „örtlichen Organe [...] nicht nur nichtwerktätigen und konterrevolutionären Elementen [...], sondern auch Heimgewerbetreibenden, die Hilfsbetriebe besitzen, Dienern bei den Kirchen und Kulthäusern, Wächtern, Chorsängern, Organisten, aber auch Mitgliedern der Kirchenräte“ das Wahlrecht entzögen, um sie stärker besteuern zu können. Eine solche „erweiterte Auslegung“ der einschlägigen Paragraphen des Wahlgesetzes vom 16. Januar stehe niemandem zu[1358]. Ein von der gleichen Stelle zum gleichen Thema und im gleichen Sinne erlassenes zusätzliches Zirkular wies u.a. ausdrücklich darauf hin, daß das Verbot des Wahlrechtsentzugs nicht nur für die eben aufgeführten kirchlichen Hilfsdiener, sondern auch für die „Küster, Kantoren, Muezzins“ gelte. Im Falle der letzteren sei allerdings Bedingung, daß „diese Beschäftigung“ nicht ihren „Hauptberuf“ darstelle[1359]. Gerade diese Vorschrift führte indessen bei der konkreten Anwendung zu Problemen. So ging dem Justizkommissar von der Gewerkschaftsführung der Eisenbahner die Anfrage zu, ob denn ein baptistischer Prediger, der hauptamtlich bei der Bahn tätig sei und nur in seiner Freizeit regelmäßig predige, nun dem Wahlrechtsentzug unterliege oder nicht. Der Justizkommissar erläuterte im Juni 25 unter Verweis auf den ent-

---

[1353]Vgl. EINLEITUNG, S. 7. Hervorhebung von H.-M. Miedlig.

[1354]Vgl. Giduljanov, *Otdelenie*, S. 283.

[1355]Instrukcija o vyborach v sovety, *SZ* 1926, No. 66, st. 501, Art. 14.

[1356]*Instrukcija o vyborach sovetov i ispolkomov RSFSR*, Art. 19., S. 44.

[1357]Vgl. oben S. 41, Anm. 217.

[1358]O primenenii instrukcii o vyborach v sovety, *SZ* 1925, No. 42, st. 313. Vgl. die Einleitung und Art. 2 der Vorschrift.

[1359]Protokol Prezidiuma CIK SSSR No. 51, No. 27; vgl. Giduljanov, *Otdelenie*, S. 285.

sprechenden Verfassungsartikel, daß das entscheidende Kriterium „der **ständige, systematische** Charakter“ der Predigertätigkeit sei, auch wenn diese nicht im „Hauptberuf“ wahrgenommen werde. Von letzterem spreche die Verfassung ja auch gar nicht, sondern vom „Beruf überhaupt“[1360]. Diese Interpretation bedeutete eine verschärfende Auslegung des Verfassungsparagraphen, de facto eine Erweiterung des zu verfolgenden Personenkreises.

Ähnlich wie zwischen den „Dienern religiöser Kulte“ und dem kirchlichen Hilfs- bzw. Dienstpersonal wurde in entsprechenden Zirkularen und Instruktionen auch bei den im Bereich der *Klöster* lebenden Geistlichen zwischen Ausbeutern und Ausgebeuteten mit entsprechenden Folgen für einen Wahlrechtsentzug unterschieden. Das Rundschreiben des Justizkommissars vom 3. Januar 1919 legte bereits fest, daß „unter der klösterlichen Bevölkerung ein Unterschied zwischen den werktätigen Elementen (Arbeitselement in den Klöstern) und denen, die deren Religiosität ausbeuteten“, gemacht werden müsse. Diesen „werktätigen Elementen“ stünden die vollen bürgerlichen Rechte ohne Einschränkung zu[1361]. Es gelte das Prinzip, daß jeder Angehörige der Klöster erst dann seine Rechte einbüße, wenn er zum Mönch bzw. zur Nonne geweiht werde. Durch diesen Akt werde er/sie nämlich in die Lage versetzt, eine „führende Rolle“ im Kloster zu spielen[1362].

Den genannten Zirkularen und Klarstellungen der obersten Staatsbehörden entsprachen auch einschlägige Bestimmungen der *VCIK*-Wahlinstruktion vom 13. Oktober 1925, die bezüglich der „Küster, Kantoren, Muezzins“ zunächst als Sanktionskriterium die hauptberufliche „Ausführung religiöser Riten“ vorsahen[1363]. Weiter verordnete das bis 1930 für die gesamte *RSFSR* gültige *VCIK*-Wahlgesetz vom 4. November 1926 für alle kirchliche bzw. religiöse Riten zelebrierenden oder an solchen Ritualen mitwirkenden Mönche, Priester, Küster, Diakone, „Schriftgelehrten“, Schamanen, buddhistische und islamische Geistliche etc. den Verlust des Wahlrechts, „unabhängig davon, ob sie für die Wahrnehmung ihrer Pflichten eine Vergütung erhalten“[1364]. Daß somit nur die „ausbeuterischen“, als „nichtwerktätig“ gedachten Geistlichen mit der Sanktion zu belegen waren, ergibt sich auch aus der kurz vorher (am 26. Oktober) von der obersten Gewerkschaftsführung erlassenen Regelung, wonach „Mönche, geistliche Diener religiöser Kulte aller Glaubenbekenntnisse, *die zur geistlichen Hierarchie gehören*“, wie alle *lišency*, kein Anrecht auf Mitgliedschaft in einer Gewerkschaft haben sollten[1365].

[1360]Raz-jasnenie NKJu ot 19 ijunja 1925 g. No. 98 v 43, s. ibid., S. 288/289. Hervorhebung im Text.

[1361]Ibid., S. 603 (ausführlicher Kommentar dazu ibid. S. 601-603).

[1362]Ibid., S. 608/609.

[1363]Instrukcija o perevyborach gorodskich i selskich sovetov, Art. 19, Anm. 1, 2. Ibid., S. 283.

[1364]*Instrukcija o vyborach sovetov i ispolkomov RSFSR*, Art. 15m), S. 29.

[1365]Die dem entsprechenden Paragraphen beigefügte „Anmerkung“ machte die erwähnte Zwei-Klassen-Einteilung noch deutlicher: „Personen, die zum Bedienungspersonal des Kultes und des Kultgebäudes gehören, in Lohnarbeit stehen und nicht des Wahlrechts beraubt sind (Chor-

Einen Wahlrechtsentzug erleichterte schon die Berichtspflicht gegenüber dem Staat anläßlich der offiziell vorgeschriebenen Gemeinderegistrierungen: Nach der „Registrierungsordnung" vom 15. April 1923 hatten alle Bürger, die eine „religiöse Gemeinschaft" zu gründen beabsichtigten, eine Liste der in Frage kommenden führenden Personen der künftigen Kirchenorganisation (Vorsitzende, Mitglieder des Kirchenrats) zusammenzustellen, aus der u.a. auch die jeweilige „soziale Stellung", die „Zugehörigkeit zu diesem oder jenem Stand bis zur Revolution" und die jeweilige „Vermögenslage" jedes dieser religiös Aktiven, mit oder ohne Priesteramt, ersichtlich sein sollte[1366].

Speziell die „Diener religöser Kulte" waren als *lišency*, abgesehen vom Wahlrechtsentzug, noch einer Reihe anderer Benachteiligungen gegenüber dem vollberechtigten Staatsbürger unterworfen: Einerseits waren sie, wie die oben besprochenen „nichtwerktätigen Elemente", nicht in die reguläre Armee zum Wehrdienst einzuziehen, sondern mußten jenen erwähnten diskriminierenden Sonderdienst ableisten[1367], andererseits hatten sie nach einem Bescheid des Justizkommissariats vom 19. Dezember 1923 für sich bzw. ihre Kinder im Rahmen der schulischen Ausbildung Lehrgeld zu bezahlen. Allerdings galt die Bedingung, daß sie wie Freiberufler für ihre geistlichen Dienstleistungen private Vergütungen erhielten und der Einkommensteuer unterlagen[1368]. Das Steuergesetz vom 29. Oktober 1924 reihte zudem die vermögende oder als vermögend gedachte Gruppe der nicht von „Lohnarbeit" lebenden Geistlichen des obengenannten Typs vollends in die Reihe der freiberuflich Tätigen, d.h. der „frei praktizierenden Ärzte, Zahnärzte, Veterinäre, Ingenieure, Architekten u. dergl." ein. Sie unterlagen damit einer Besteuerung, die wie bei den „nichtwerktätigen" Bevölkerungsschichten weit über der maximalen Besteuerung der Arbeiter und Angestellten lag[1369]. Die ideologische Zweiteilung der im geistlichen Sektor tätigen Personen behielt der Gesetzgeber dabei im Blick: Noch am 8. April desselben Jahres hatte die 5. Abteilung des Justizkommissariats auf der Grundlage eines Zirkulars der Steuerverwaltung ausdrücklich festgestellt, daß der hohen Einkommensbesteuerung nur diejenigen Geistlichen unterlägen, „die persönlich Kultzeremonien vollziehen", keinesfalls das oben genannte kirchliche bzw. klösterliche Dienstpersonal[1370].

Der Prozeß der rechtlichen Gleichstellung dieser Gruppe der „Kultdiener" mit den „Nichtwerktätigen" setzte sich zusehens weiter fort, auch gerade in abga-

---

sänger, Glöckner, Organisten, Wächter), können Gewerkschaftsmitglieder sein". Vgl. O porjadke priema i isključenija členov profsojuza, Art. 7. *Otdelenie cerkvi ot gosudarstva. Dopolnenie Pervoe*, S. 20. Hervorhebung von H.-M. Miedlig.

[1366]Vgl. O porjadke registracii religioznych obščestv i vydači razrešenij na sozyv s-ezdov takovych, Art. 3. *Sbornik dejstvujuščich na territorii RSFSR administrativnych zakonov*, S. 100.

[1367]Vgl. oben S. 44, 205.

[1368]Vgl. Cirkuljar NKJu No. 258, 15 dekabrja 1923 g., Giduljanov, *Otdelenie*, S. 302.

[1369]Položenie o gosudarstvennom podochodnom naloge, *SZ* 1924, No. 20, st. 196, Art. 6.

[1370]Giduljanov, *Otdelenie*, S. 324/325.

ben[1371] und mietrechtlicher[1372] Hinsicht. So vollzog sich in allen diesen Punkten allmählich die Anpassung der „ausbeuterischen" Geistlichkeit an den Benachteiligungskatalog der „nichtwerktätigen Elemente". Bis 1928 war dieser Prozeß im wesentlichen abgeschlossen.

Nun ist die formalgesetzliche Situation, in die die „Kultdiener" eingebunden waren, die eine, die konkrete Verfolgungs*praxis* jedoch eine ganz andere Sache. Es ist wichtig, zu betonen, daß in der Zeit zwischen dem 12. Parteitag und dem Zäsurjahr 1928 die persönliche Situation für den einzelnen Popen bzw. Mönch als in der Regel nicht sehr dramatisch oder gar existenzbedrohend angesehen werden kann. Für das Moskauer Gouvernement ist anhand der einschlägigen Quellen aus mehreren Verwaltungskreisen noch für die Zeit 1926/27 nachzuweisen, daß die Geistlichkeit, trotz der fortschreitenden formalgesetzlichen Verschlechterung ihrer Rechtsstellung, nicht nur in den Städten, zumal den geistigen Zentren, sondern auch in den Dörfern von den Behörden weitgehend in Ruhe gelassen wurde: Selbst da, wo eine Aberkennung des Wahlrechts gesetzlich vorgeschrieben war, sahen die zuständigen Wahlkommissionen offenbar des öfteren auch einmal von einem Entzug ab. Es ist nämlich erstaunlich, wie wenig Geistliche auf den offiziellen *lišency*-Listen auftauchten[1373]. Der Grund hierfür dürfte in dem nach wie vor starken Einfluß der Religion im allgemeinen[1374], dem Widerstand der

---

[1371]Nach der Ergänzung einer Vorschrift des *VCIK* sowie des Rats der Volkskommissare der *RSFSR* vom 24. Januar 1927 (*SU* 1917, No. 13, st. 88) war das Schulgeld neben den von „nichtwerktätigem Einkommen" lebenden städtischen und ländlichen Händlern und Gewerbetreibenden sowie Fabrikbesitzern fortan generell von den Personen ohne Wahlrecht, einschließlich *aller* „Diener der verschiedenen Kulte", zu bezahlen, vgl. GARF, f. 1235, op. 140, d. 723, l. 3.

[1372]Mit dem 23. August 1926 hatten nun auch die „Diener religiöser Kulte" in allen Städten und städtischen Siedlungen der *RSFSR* ausdrücklich dieselben hohen Mietsätze für Wohnraum zu entrichten wie das „nichtwerktätige Element". Vgl. auch die Ausführungen oben S. 207 bzw. 214.

[1373]Die offizielle Liste der Serpuchover Einberufungskommission zur Rekrutierung der Personen ohne Wahlrecht in die besonderen Wehrersatzregimenter (*tylovoe opolčenie*) vom 30. August 1926 wies z.B. von 24 Personen nur einen „Küster" sowie einen „Sohn eines Geistlichen", beide nicht aus der Stadt Serpuchov selbst, die Liste vom September desselben Jahres lediglich eine einzige Person (von fünf) auf, die zudem auch wieder *nur in die Nähe* der Geistlichkeit gerückt wurde: Es handelte sich um den *Sohn* des Bischofs. Vgl. Spisok graždan 1904 goda, podležaščich prizyvu 1926 g., otnesennych Voenno-učetnymi stolami k kategorii tylovogo opolčenija; Spisok graždan 1904 i 1903 goda, podležaščich prizyvu v 1926 g., otnesennych k Serpuchovskoj Prizyvnoj Komissii k kategorii tylovogo opolčenija, CGAMO, f. 2139, d. 366, ll. 8, 10. Sowohl aus den Sitzungsprotokollen der Kreiswahlkommission Orechovo-Zuevos und der die Beschlüsse dieser Kommission überprüfenden *trojka* vom 13. und 17. Januar 1927 ergibt sich für die Städte Orechovo-Zuevo und Pokrov kein Hinweis darauf, daß ein „Kultdiener" auf die *lišency*-Liste gesetzt wurde. Gleiches gilt für die von der Kreiswahlkommission bzw. der zugeordneten *trojka* Orechovo-Zuevos am 20., 24. und 27. Januar sowie 5. und 10. Februar, ferner am 15. März zusammengestellten Listen über die Personen ohne Wahlrecht. Vgl. ibid., f. 5736, op. 1, d. 5, ll. 31, 50, 55, 56, 60, 63, 64, 70, 71, 74. Einen analogen Befund liefert die *lišency*-Liste der die Beschlüsse der Serpuchover Kreiswahlkommission überprüfenden Gutachterkommission vom 16. September 1926; s. Protokol zasedanija komissii pri Serpuchovkom UIKe po peresmotru lic ne imejuščich pravo byt' izbrannym i izbirat', ibid., f. 2139, op. 1, d. 366, l. 5.

[1374]Vgl. unten bes. S. 309/310, 314.

Gläubigen gegen ihre schleichende Entrechtung im besonderen[1375] sowie nicht zuletzt auch im deutlichen Desinteresse[1376] der örtlichen Verantwortungsträger an Kampagnen gegen die „Diener religiöser Kulte" vor dem Hintergrund des Fehlens ideologischer Vorgaben liegen. Seit dem 12. Parteitag mit seiner bereits genannten ausführlichen Resolution zur antireligiösen Propaganda und Erziehung und der ausdrücklichen Ablehnung administrativer Gewalt gegenüber der Geistlichkeit kam es nämlich im Verlauf *keines* der folgenden Parteitage und -konferenzen zur Festsetzung weiterer Leitlinien hinsichtlich einer Verfolgung der „Kultdiener" oder religiös orientierten Personen. Allerdings gab es Diskussionen wie etwa auf den Kongressen der halbamtlichen, vom Blatt *Bezbožnik* („Atheist") unter E. Jaroslavskij geführten antireligiösen Kampforganisation[1377] 1924 und 1925 sowie auch der im April 1926 durchgeführten Parteikonferenz über die künftig durchzuführende antireligiöse Propaganda. Aber hier ging es weniger um eine Verschärfung der Repression gegen die Geistlichkeit als vielmehr um Vereinbarungen über die konkrete Organisation verstärkter antireligiöser Massenarbeit an Schulen und Universitäten, die künftig enge Zusammenarbeit der örtlichen Atheistenorganisationen mit der Partei zum Zwecke einer gemeinsamen Durchführung antireligiöser Bildungs- bzw. Ausbildungsprogramme, um die antireligiöse Zusammenarbeit der Atheistengruppen mit den Gewerkschaften, Arbeiterklubs, Bauerngruppen etc. Das Ziel dabei war, den als reaktionär eingestuften „Dienern religiöser Kulte" ihre gläubige Klientel zu entziehen und sie dadurch allmählich überflüssig zu machen[1378]. Auch während des 15. Parteitags im Dezember 1927 wurde zwar „die Notwendigkeit einer entschlossenen Hebung des kulturellen Niveaus der Bevölkerung in Stadt und Land" zum Leitprogramm erhoben[1379] und damit jene in der Forschung als „kulturelle Revolution" innerhalb des „großen Umbruchs" 1928-31 eingeleitete Entwicklung vorbereitet, es kam aber nicht zu antireligiösen Resolutionen[1380]. Die obersten zuständigen Parteigremien forderten gerade deshalb alle örtlichen Organisationen der Partei auf, die einzelnen lokalen „Zellen" der „Union der Atheisten" systematisch zu führen. Diese erwies sich nämlich als ein nur schwaches Hilfsinstrument der Partei, da sie, ohne eine starke zentrale Führung, bis 1929 überwiegend von einer erfolg-

---

[1375]Vgl. z.B. unten S. 321-324.

[1376]Hierzu Beispiele im folgenden.

[1377]Ab Juni 1925 nannte sich die kurz zuvor gegründete Organisation offiziell „Bund der kämpferischen Atheisten" (*Sojuz voinstvujuščich bezbožnikov*); Curtiss, S. 197. Da sie jedoch in den Jahren 1928ff. in den örtlichen Quellen meist verkürzend als *Sojuz bezbožnikov* auftritt, wird sie im folgenden in dieser Form zitiert.

[1378]Vgl. ibid., S. 199.

[1379]*KPSS v rezoljucijach i rešenijach*, T. 4, S. 46.

[1380]In der Diskussion der Teilnehmer des 15. Parteitags über die Religionspolitik bemängelte Stalin deshalb, daß im Land „eine gewisse Müdigkeit im religionsfeindlichen Kampf vorhanden sei". Vgl. Curtiss, S. 198. Noch im Frühjahr 1927 hatte die „Union der Atheisten" das niedrige Niveau und schlechte Vorankommen dei antireligiösen Arbeit in den örtlichen Schulen beklagt. Stalin besaß also konkrete Gründe für seine Kritik. Dazu ibid., S. 204.

reichen Tätigkeit ihrer offensichtlich wenig effektiv arbeitenden örtlichen Organe abhing[1381].

Somit trat auch in der Verfolgung der „Diener religiöser Kulte“ das im Rahmen dieser Studie bereits häufig angeführte Problem der „mangelnden Führung“ derjenigen Organisationen zutage, die mit oder im Auftrag der Partei bzw. der örtlichen Räte die amtlichen Repressionsgebote de facto durchzusetzen hatten. Erneut zeigten sich damit deutliche Anzeichen eines Regimes in der „Penetrationskrise“ - im oben erläuterten Sinne - als strukturelles Problem seiner Herrschaft.

2.2.2.2. Die „Erstürmung des Himmels“[1382]: Der Beginn der Verfolgungen 1928, der erste Höhepunkt 1929

Was die Wahlkampagnen 1927/28 in den Städten des Moskauer Gouvernements anbelangt, so spielten hier die „Diener religiöser Kulte“ noch keine herausgehobene Rolle. Dies verdeutlichen die Aussagen der einschlägigen, oben in anderem Zusammenhang analysierten Quellen[1383]. Wenn sich diese Personengruppe als *lišency* im ersten Halbjahr 1928 auch nicht eigens durch große Zahl oder öffentlichen Widerstand exponierte, so wurden jedoch, speziell in den religiösen Zentren, sowohl hauptamtliche Geistliche als auch gläubige Laien verstärkt der Verfolgung durch das *OGPU* ausgesetzt. In Sergiev mit seinen zahlreichen Kirchen und Klöstern, darunter auch das berühmte Troice-Sergiev-Kloster (*Troice-Sergieva Lavra*), seiner geistlichen Akademie, seinem Priesterseminar und seinen Museen sakraler Kunst[1384], wurden im Frühjahr 28 nicht weniger als 80 religiös orientierte Bürger, die z.T. mit Hilfsdiensten für die Kirche beschäftigt waren, ferner Museumsmitarbeiter und Restaurateure religiöser Kunstwerke, geheimdienstlich beobachtet und inhaftiert[1385]. Dabei sollten gerade diese Personen, sofern sie keine „Kultdiener“ im oben genannten Sinne waren, die Aberkennung des Wahlrechts nicht zu fürchten haben, denn sie wurden ja als Werktätige formalrechtlich nicht zu den Feinden des sozialistischen Staates gezählt. In diesen

---

[1381]Ibid., S. 200. Zur schwachen Wirksamkeit der „Union“ in dieser Zeit vgl. auch Freeze, S. 212 sowie Daniel Peris: The 1929 Congress of the Godless, *SS* 43 (1991), No. 4, S. 713.

[1382]Der Begriff tauchte in der antireligiösen Presse 1928/29 wiederholt auf; vgl. Al. Valentinov: Černaja kniga („Šturm nebes“). Sbornik dokumental'nych dannych, charakterizujuščich bor'bu sovetskoj kommunističeskoj vlasti protiv vsjakoj religii, protiv vsech ispovedanij i cerkvej, *Volga* (1991), No. 4, S. 108. In der älteren und neuen westlichen Literatur wird dieses Etikett als Kennzeichen der radikalen Religionspolitik der „Stalingruppe“ im Politbüro nach dem Ende der *NĖP*-Periode und somit als epochenabgrenzendes Kriterium benutzt. Vgl. Curtiss, S. 188; Arto Luukkanen: *The Party of Unbelief. The Religious Policy of the Bolshevik Party, 1917-1929*, Helsinki 1994, S. 208; Daniel Peris: *Storming the Heavens: The Soviet League of the Militant Godless*, Ithaca u.a. 1998.

[1383]Vgl. oben S. 78, 81.

[1384]Näheres dazu: *Goroda Rossii*, S. 418-420.

[1385]Vgl. T.V. Smirnova: Dom na Valovoj i ego obitateli. 1920-e gody v Sergievom Posade, *MŽ* (1997), No. 12, S. 35.

Zusammenhang paßt, daß die örtliche Zelle der „Union der Atheisten" im Zuge eines antireligiösen Propagandafeldzuges die Öffentlichkeit zu mobilisieren suchte und die Stadt Sergiev im Blatt *Bezbožnik* als „Hexenküche" bezeichnete[1386]. Amtsmißbräuche seitens des *OGPU* lagen in dieser Hexenjagdatmosphäre nahe. Dabei zeigte sich auch hier die große Bedeutung und Verantwortung der mit kompromittierenden „Anmerkungen" arbeitenden örtlichen Parteipresse für die politisch motivierte Verfolgung in dieser Zeit[1387]. Diese gerade in den alten russischen Städten mit stabiler religiöser Infrastruktur auch in anderen Teilen der *RSFSR* durchgeführten Aktionen gegen die religiösen bzw. religiös aktiven Bürger (*cerkovniki*) sowie gegen die Kirchengemeinden und ihren Besitz (Konfiszierungen)[1388] - letzteres von Moskau abgesehen allerdings zu dieser Zeit noch kaum im Moskauer Gouvernement - hatten ihren Ursprung in einer Kampagne der obersten Parteiführung, wobei die *Pravda* wieder eine zentrale Rolle spielte. Zunächst ging es dabei allerdings schwerpunktmäßig um die Stigmatisierung der Geistlichkeit *auf dem Lande* im Zuge des vom April-Plenum des *ZK* beschlossenen verschärften Klassenkampfs im Rahmen der Kollektivierungs- und Getreiderequirierungskampagnen[1389]. Dennoch tauchte der Bezug auf die *Städte* durchaus schon Ende 1927/Anfang 1928 in einzelnen Kreisstädten des Moskauer Gouvernements im Rahmen von Zeitungsartikeln oder internen Richtlinien der örtlichen Parteiführung auf[1390].

[1386] Vgl. F.V. Kozlov: Tragedija malych gorodov, *Rossijane* (1995), No. 7/8, S. 71.

[1387] Zwei exemplarische Fälle seien hier genannt: Nach den Akten der Organisation „Hilfe für politische Gefangene" des Roten Kreuzes sahen sich im Juni 1928 zwei Krankenschwestern in Sergiev willkürlichen Übergriffen der Staatssicherheitsorgane ausgesetzt. Eine der beiden Frauen hatte sich offenbar eine Anklage des Geheimdienstes wegen angeblichen Tragens eines Mönchsgewandes eingehandelt, obwohl die Beschuldigte für jeden sichtbar ihre normale Dienstkleidung trug. Die andere, nach eigenen Angaben dazu noch gesellschaftlich aktiv, wurde Opfer eines ähnlichen Vorwurfs. Die Organe des *OGPU* wiesen beide Beschuldigten für drei Jahre aus dem Territorium des Moskauer Gebiets aus. Die Krankenschwestern, die durch die Strafmaßnahme ihr Wahlrecht verloren, waren vor ihrer Verhaftung jeweils in der Zeitung denunziert und so gewissermaßen dem Zugriff der Sicherheitsorgane öffentlich überantwortet worden. Vgl. V kollegiju OGPU. GARF, f. 8409, op. 1, d. 406, ll. 42, 43.

[1388] Vgl. Kozlov, S. 67-69 sowie Dimitry V. Pospielovsky: *A History of Soviet Atheism in Theory and Practice and the Believer, Vol. 2: Soviet Antireligious Campaigns and Persecutions*, London 1988, S. 38.

[1389] Dazu Michail Vital'evič Škarovskij: Die russische Kirche unter Stalin in den 20er und 30er Jahren des 20. Jahrhunderts, in: *Stalinismus vor dem Zweiten Weltkrieg*, S. 245, unter Verweis auf einen einschlägigen *Pravda*-Artikel vom 13. April 1928. Zu den repressiven Vorgaben des Zentralkomitees bezüglich der letztgenannten Probleme vgl. *KPSS v rezoljucijach i rešenijach*, T. 4, S. 75-83. Auf ein schärferes Vorgehen (auf administrativem Wege) gegen die „Kultdiener" und religiös Aktiven vermochte sich das noch nicht mit einer Stimme sprechende *ZK* jedoch nicht zu einigen.

[1390] Vgl. hier den bereits zitierten Artikel des Serpuchover *Nabat* vom 5. Januar 1928, in dem die Pflichten der Arbeiterkorrespondenten bei ihrer Berichterstattung erörtert wurden. Die proletarischen Berichterstatter hatten danach u.a. auch den „Einfluß der antisowjetischen Elemente (Händler, NÈP-Leute, *religiös Aktive* etc.) auf den zurückgebliebenen Teil der Arbeitermassen" zu beleuchten; dazu oben S. 58. Hervorhebung von H.-M. Miedlig. Für Orechovo-Zuevo vgl. Tezisy dlja dokladčikov o perevyborach sovetov v 1927 godu, CGAMO, f. 5736, op. 1, d. 5, l. 20.

Die Verschärfung der Propaganda gegen die Geistlichkeit im Verlauf des Jahres 1928 war nicht in allen Städten des Moskauer Gouvernements mit einem derart harten Vorgehen gegen die „Diener religiöser Kulte" sowie die aktiv Gläubigen verbunden wie in Sergiev. In einem anderen bedeutenden städtischen religiösen Zentrum, der Bischofsstadt Serpuchov mit seinen zahlreichen Kirchen und „Kultdienern"[1391], bemühte sich das Parteiblatt *Nabat* zunächst nur darum, die grundsätzlichen propagandistischen Leitlinien im Kampf gegen die Religion zu verbreiten und dabei den ideologischen Standort der Geistlichkeit abzustecken. Das Blatt führte dabei nicht ohne Befriedigung ausführlich den Streit und die massiven Auseinandersetzungen vor, die sich in der Kirche „Kreuzigung" am 8. Januar zwischen den Anhängern der streng antikommunistischen Traditionalisten und denjenigen der gegenüber dem Regime loyalen „Lebendigen Kirche" (*Živaja cerkov'*) zugetragen hatten. Es ging um den Kampf zwischen den beiden grundlegenden Richtungen innerhalb der russisch-orthodoxen Kirche, die das Ergebnis der 1922 von der Partei gezielt genährten Kirchenspaltung waren[1392]. Die Traditionalisten unter den Gläubigen rekrutierten sich - so die Zeitungsausgaben vom 20. und 31. Januar - aus „Händlern" und Popen, einer unheiligen Allianz der „Konterrevolutionäre", während sich die andere Seite unter Beteiligung des örtlichen Bischofs nun angesichts des Erstarkens der „Sowjetmacht" mit einem plötzlich vollzogenen Kurswechsel bei dieser „einzuschmeicheln" suche. Zum Beweis wurde angeführt, daß die neue sozialistische Ordnung während des Gottesdienstes nunmehr als von Gott gegeben proklamiert worden sei[1393]. In diesen Zeitungstexten ging es keineswegs nur um die Darstellung einer Selbstzerstörung der orthodoxen Kirche, die gewissermaßen als Legitimation für deren endgültige Eliminierung durch den Staat angesehen wurde. Den Autoren war vielmehr in erster Linie an der ideologischen Zuordnung der Gläubigen und der „Kultdiener" zum Lager der „Konterrevolutionäre" gelegen. So stellten sie eine von gleichen Interessen gekennzeichnete Einheitsfront aus religiös aktiven Laien und jener Gruppe von Personen, denen schon per Gesetz als „Ausbeutern" das Wahlrecht aberkannt worden war, nämlich den Priestern und Händlern als gleichsam natürlichen Verbündeten gegen den Sowjetstaat, als gegeben hin.

Am 4. April leitete die Serpuchover Kreisorganisation der „Union der Atheisten" über den *Nabat* eine neue Kampagne ein, die aufgrund von Wortwahl und Argumentation vermuten läßt, daß schon die dargestellten tendenziösen Berichte des Januar von Leuten aus dem gleichen Lager verfaßt worden waren: Ziel der Kampagne der „Union" sollte es nämlich sein, „einen Keil in das Bündnis zwi-

---

[1391]Nach einem internen Verzeichnis des Serpuchover Stadtrats bestanden in der Stadt am 1.I. 1931 noch 23 Kirchen und Bethäuser. 11 von ihnen waren 1929 bereits geschlossen worden. Eine weitere Kirche hatte der Stadtrat im gleichen Jahr abreißen lassen. Im gesamten Jahr 1928 erfolgte noch *keine* Schließung von Gotteshäusern. Vgl. Svedenija o zakrytych cerkvach po g. Serpuchovu po sostojaniju na 1/I-31 g. Ibid., f. 4502, op. 1, d. 352, l. 50.

[1392]Zu der Geschichte dieses „Schismas" vgl. Curtiss, S. 125ff.

[1393]Vgl. Grandioznyj skandal v svjatom semejstve, *Nabat*, No. 17 (1757), 20.I.1928 g., S. 2 sowie: Na antireligioznom učastke kulturnogo fronta, ibid., No. 26 (1766), 31.I.1928 g., S. 2.

schen den Popen und der Bourgeoisie" zu schlagen. Damit war dieselbe soeben erörterte ideologische Position angesprochen[1394]. Am 13. des Monats, zeitgleich mit den Sitzungen des April-Plenums des *ZK* und dem genannten *Pravda*-Artikel, machte ein weiterer propagandistischer Text des *Nabat* nicht die „Kulturfront", sondern vielmehr die „Kulturrevolution" zum Thema. „Popen und Sektierer" hemmten diesen neuen Aufbruch „mit Kreuz und Gebet". Daher sollten Geistliche generell boykottiert werden. Erneut wurde die enge Verbindung zwischen dem Christentum und seiner „Kultur", wie es ironisch (Anführungszeichen!) hieß, auf der einen, und den Ausbeutern auf der anderen Seite, nämlich dem „Fabrikanten" und dem als „ärgsten Klassenfeind" bezeichneten „Kaufmann" (*kupec*) betont. Am Schluß der Artikelreihe erging an alle Leser der Aufruf, „die Kirche den Popen und Händlern" zu überlassen und selbst statt dessen den „Klub" oder die Lesehalle zu besuchen[1395]. Somit verfestigte sich zusehens diese „unheilige" strukturelle Beziehung zwischen den „Dienern religiöser Kulte" und den Händlern und Kaufleuten zum Klassenfeind-Ideologem.

Noch kam es in Serpuchov allerdings nicht zu einer derartig offenen Denunzierung konkreter Geistlicher oder mutmaßlich religiöser Personen in der Zeitung wie in Sergiev. Dafür mußten infolge des Widerstandes und z.T. auch des Ansehens der örtlichen Geistlichkeit in der Bischofsstadt erst noch die Grundlagen geschaffen werden. So bemühten sich die „Union" sowie die örtliche Parteiführung zunächst um die Verbesserung der antireligiösen Propagandaarbeit. Unter Hinweis auf die bevorstehende 3. Kreiskonferenz der Atheistenorganisation mahnten deren Aktivisten in einem *Nabat*-Artikel vom 28. April an, „in die Tiefe der gläubigen Massen selbst - mit der antireligiösen Propaganda" vorzustoßen. Bisher seien in dieser Richtung nur sehr geringe Erfolge erzielt worden[1396]. Im Kreis Orechovo-Zuevo existierte die „Union", einem internen Bericht zufolge, im wesentlichen nur „in der Vorstellung ihres Vorsitzenden"[1397]. Vor dem gleichen Problem standen die antireligiösen Aktivisten auch in anderen Städten des Moskauer Gouvernements, z.B. im Industriestandort Egor'evsk, wo die christliche Religion großen Einfluß auf die dortige Arbeiterschaft hatte[1398].

Stalin und der von ihm dominierten Politbüromehrheit war daran gelegen, nicht nur die Verschärfung der antireligiösen Agitation voranzutreiben, sondern auch die Mitglieder der „kirchlichen und Sektenorganisationen", eben nicht nur die Kulaken und *NĖP*-Leute, gerade durch ein eindeutiges Votum der „fort-

---

[1394]In dem Artikel wurde außerdem „zur neuen Atacke gegen die religiösen Positionen" aufgerufen und darauf verwiesen, daß die Agitationsabteilung des Kreisparteikomitees beschlossen habe, zusammen mit der „Union" in den kommenden Sommerferien neue Schnellkurse zur antireligiösen Schulung durchzuführen. K novoj atake na religioznye pozicii, ibid., No. 80 (1820), 4.IV.1928 g., S. 2.

[1395]Sorvem masku christianskogo licemerija, ibid., No. 88 (1828), 13.4.1928 g., S. 2.

[1396]Bezbožniki dolžny podvesti itogi svoej raboty, ibid., No. 99 (1839), 28.IV.1928 g., S. 2.

[1397]Vgl. Freeze, S. 212.

[1398]Vgl. Antireligioznaja propaganda - klassovaja bor'ba, *Pravda*, No. 299 (4131), 25 dekabrja 1928 g., S. 1.

schrittlichen“ jungen Generation als „Klassenfeinde“ zu stigmatisieren. Bucharin, der dies mit einer Rede auf dem 8. Komsomol-Kongreß am 6. Mai besorgen sollte, sprach in diesem Punkt jedoch nicht einer generellen Verschärfung der Religionspolitik das Wort. Die Mitglieder der religiösen Organisationen und Sekten seien zwar prinzipiell „Klassenfeinde“, hätten jedoch nicht alle als „konterrevolutionär“ zu gelten. Nur gegen Konterrevolutionäre sei ein hartes Vorgehen angebracht, andere müßten aufgrund ihrer unterschiedlichen sozialen Stratifikation und ihrer z.T. „progressiven“ (kollektivistischen) Organisationsformen, die auch ehrliche Arbeiter anzögen, vielmehr durch Überzeugungsarbeit für die Partei gewonnen werden. Insgesamt sei die antireligiöse Arbeit und Propaganda zu verstärken. Damit sprach sich Bucharin entsprechend seiner Überzeugung von der Notwendigkeit, eine gemäßigte Vorgehensweise in der künftigen Gesellschafts- und Wirtschaftspolitik zu befolgen, für eine eher vorsichtige, differenzierte Behandlung der nach wie vor einflußreichen religiösen Gruppen und Organisationen aus, was nicht im Interesse der Hardliner der Partei lag[1399].

Die entsprechenden unterschiedlichen Anschauungen in *ZK* und Politbüro in diesen Fragen spiegelten sich auch in einem Leitartikel des Serpuchover *Nabat* vom 26. Juni. Zum einen wurde unter Betonung einer jüngst beobachteten „gewissen Erhöhung der Aktivität feindlicher [...] bourgeoiser Oberschichten“ als angebliche Reaktion auf die Erfolge beim sozialistischen Aufbau erneut jene strukturelle Verbindung zwischen den einzelnen kirchlichen Organisationsformen, etwa den „Kirchenräten“, und der genannten Stadtbourgeoisie hergestellt[1400]. Damit waren die immerhin *legal* existierenden Kirchengemeinden und deren Mitglieder, und zwar eben keineswegs nur die „Kultdiener“, erneut eindeutig stigmatisiert. Zum anderen mahnte der Autor als erstes Gebot eine Stärkung der „Kampffront gegen die Religion“ an, da diese Front „noch sehr sehr schwach“ sei[1401]. Mit einem derartigen Verweis auf die offensichtlich noch großen Defizite in der antireligiösen Propaganda war gleichzeitig auch der Bucharinschen Forderung nach deren Verstärkung entsprochen.

Tatsächlich war die antireligiöse Agitation und Propaganda selbst nach Erlaß einer Direktive des *MK* an alle örtlichen Parteiorganisationen des Gouvernements, sie vermehrt zu betreiben, auch in einzelnen großen Fabriken Serpuchovs mehr als schwach: Nach einem Zeitungsbericht vom 6. September konnte die Zelle der „Union der Atheisten“ in der „Kattundruck-Fabrik“ weder unter den Mitgliedern der eigenen Organisation (!), noch „unter den gläubigen Arbeitern“ das vorge-

---

[1399]Dazu Luukkanen, *The Party of Unbelief*, S. 217, aufgrund der Sitzungsprotokolle des Kongresses.

[1400]Diese religiösen Vereinigungen bestünden nämlich aus „NĖP-Leuten, Händlern, ‘ehemaligen Leuten’ etc.“, also aus *lišency*. Sie nutzten - so der Artikel weiter - die Religion aus, um „ihre eigene christliche Ideologie“ zu verbreiten und „die weniger bewußten Schichten der Arbeiterklasse“ zu beeinflussen. Vgl. Usilim front bor’by s religiej, *Nabat*, No. 146 (1886), 26.VI.1928 g., S. 1.

[1401]„Der Kampf gegen die Religion“ werde sich nämlich „nicht von der Stelle bewegen“, wenn „die Öffentlichkeit insgesamt und jeder bewußte Werktätige im einzelnen an diesem Kampf“ nicht teilnehme. Ibid.

gebene Programm der „täglichen Massenarbeit“ umsetzen. Der Verfasser des Berichts hob als Grund dafür hervor, daß sowohl die betriebliche Parteizelle als auch das Gewerkschaftskomitee und der Arbeiterklub die Agitationsarbeit der „Union“ aus Desinteresse nicht möglich machten. Einzelne betriebliche Parteimitglieder seien zur Mitarbeit bereit, würden aber von ihrer Zelle, die ihnen andere Arbeiten aufhalse, daran gehindert. Der Autor drückte sein Befremden darüber aus, daß die Parteiorganisation der Fabrik es offensichtlich „nicht für nötig“ erachtete, die *MK*-Direktive zu befolgen[1402]. Ähnlich war die Stituation auch im Werk „Roter Textilarbeiter“, wo nach einem Bericht des „Zellenbüros der Atheisten“ vor der Agitpropkommission der Betriebsparteizelle „die Parteiorganisationen der antireligiösen Arbeit wenig Beachtung“ schenkten[1403]. Die Quellen bezeugen solche für die Parteiführung höchst unbefriedigende Verhältnisse nicht nur für einzelne[1404], sondern zahlreiche Städte des Gouvernements[1405].

In Serpuchov zeigten allerdings nicht nur die betrieblichen Parteiorganisationen, sondern auch der Stadtrat selbst bzw. sein Vollzugskomitee kein sonderliches Interesse an einer offensiven antireligiösen Propaganda. Eine derartige Passivität der Verantwortlichen beschränkte sich hier also keineswegs nur auf einige wenige Fabriken. Dies belegt die Diskussion des offiziellen Rechenschaftsberichts des Rats über die von ihm geleistete Arbeit im Wirtschaftsjahr 1927/28 während einer „allgemeinen Versammlung der Arbeiter und Angestellten“ bei der genannten Fabrik „Roter Textilarbeiter“, die am 12. September 1928 stattfand. Mehrere Diskutanten bemängelten, daß „der religiöse Kampf“ in der Stadt nur „schwach“ geführt werde. Ausgerechnet „in der Moskauer Straße, direkt im Arbeiterzentrum“ versammelten sich ungeniert „Evangelisten“, die hier eine „Agitation ihrer Art“ betrieben, aber der Stadtrat unternehme „nichts in dieser Frage“. Bezeichnenderweise faßte die Versammlung am Ende hierzu aber schließlich doch keinen Beschluß[1406]: Nach der Verfassung der *RSFSR* hatte nämlich jeder Bürger nicht nur das Recht der antireligiösen, sondern auch das der *religiösen* Propaganda[1407]. Diese Aktivitäten konnten, wie oben dargestellt, legal nur unterbunden werden, wenn sie die öffentliche Ordnung beeinträchtigten und/oder den Charakter einer *politischen* Demonstration besaßen. So hatten es die aufstrebenden Parteihardliner in diesem Fall nicht nur mit einer auf die neue Repressionspolitik noch unzureichend vorbereiteten Gesetzes-, sondern auch mit einer solchen Verfassungslage zu tun, was ihre diesbezüglichen Handlungsmöglichkeiten deutlich einschränkte[1408].

[1402] P. Molov: Počemu jačejka bezbožnikov ne rabotaet, ibid., No. 207 (1947), 6.IX.1928 g., S. 2.

[1403] Panja: Jačejka partii ne okazyvaet pomošč’, ibid.

[1404] Zur Situation in Orechovo-Zuevo und Egor’evsk vgl. oben S. 310.

[1405] Vgl. unten S. 323.

[1406] Protokol obščego sobranija rabočich i služaščich f-ki „Krasnyj Tekstil’ščik“ ot 12 IX 1928 g. CGAMO, f. 4502, op. 1, d. 34, l. 31.

[1407] *Konstitucija RSFSR*, S. 6 (Art. 4).

[1408] Eine Änderung der *RSFSR*-Verfassung mit dem Verbot jeder religiösen Propaganda wurde erst vom 14. Allrussischen Rätekongreß im Mai 1929 beschlossen. Vgl. unten S. 326.

Noch vor jener großen Zäsur Ende 1928, die durch die Oktoberbeschlüsse sowie die Entscheidungen des November-Plenums des *ZK* zur Eliminierung der „Rechtsabweichler“ und nicht zuletzt zur Säuberung des *MK* charakterisiert war, betrieben die Ratsorgane sowie das „Volksgericht“ in Serpuchov zusehens eine Politik der schleichenden Verhärtung in der bisherigen Verfolgungs*praxis* der *cerkovniki*. Die genannten, vom *Nabat* schon im Januar, April und Juni statuierten Ideologeme[1409] wurden gewissermaßen operationalisiert: So berichtete die Zeitung in ihrer Ausgabe vom 19. September, daß vier Lehrer beim örtlichen Gericht Klage gegen ihre Entlassung durch die Kreisbildungsabteilung eingereicht hätten. Die Beschwerde sei jedoch abgewiesen worden. Es ist für den gegebenen Zusammenhang wichtig, zu betonen, daß alle Kläger neben ihrem Lehrberuf nebenamtlich auch als Dirigenten von Kirchenchören tätig waren. Die Richter befanden einen solchen gleichzeitigen „Dienst in Schulen, die junge Menschen erziehen, und in Kirchenchören“ für „nicht zulässig“[1410]. Sie folgten damit der parteiideologisch motivierten Maßnahme der Bildungsabteilung, obwohl es sich nicht um Tätigkeiten handelte, die mit den unter Inanspruchnahme von dienendem Personal wahrgenommenen zeremoniellen Aufgaben der „Kultdiener“ vergleichbar waren. Es ging hier ja nicht um „ausbeuterische“ Betätigungen, sondern um reine Hilfsdienste: Wie oben dargestellt, hatten bisher solche *cerkovniki*, die bei ordnungsgemäß registrierten Kirchengemeinden („religiösen Gemeinschaften“) arbeiteten, formalgesetzlich nicht als „nichtwerktätige“ Feinde des Sowjetstaates, sondern zunächst einmal als arbeitende Bürger zu gelten, denen demzufolge auch die Wahl- und Bürgerrechte in vollem Umfang zustehen sollten. Von vornherein zu konterrevolutionären „Klassenfeinden“ stempelten sie indessen, wie oben belegt, die Hardliner in der zentralen Parteiführung[1411]. So sah sich das „Volksgericht“ unter dem Druck der örtlichen leitenden Parteikader genötigt, seine Entscheidungsfindung in diesem Fall - ganz im Gegensatz zu seiner sonstigen oben dargestellten Praxis - an den Maßstäben der proletarischen „Klassenlinie“ der Partei auszurichten und vom Recht abzurücken.

[1409]Vgl. oben S. 309/310, 311.

[1410]I. Agal': Isi četyrech, *Nabat*, No. 218 (1958), 19.IX.1928 g., S. 4. Der Artikel erschien in der Rubrik *Iz saly suda*, die von Zeit zu Zeit jeweils am Ende einer Ausgabe bedient wurde.

[1411]Die zunehmende Abkehr von der versöhnlichen Haltung gegenüber den *cerkovniki* zeigte sich nicht zuletzt auch in einem Beschluß der *RKI*-Sektion des Serpuchover Stadtrats vom 8. Oktober, der vom Ratspräsidium die Aberkennung der „Bürgerrechte“ eines ehemaligen Kaufmanns und einstigen Mitglieds der (vorrevolutionären) Stadtverordnetenversammlung, nunmehr des Stadtrats, verlangte. Als „Ehemaliger“ unterlag der Betroffene natürlich schon per Gesetz dieser Maßnahme, mindestens einer Aberkennung des Wahlrechts. Neu jedoch war, daß als *zusätzlich belastendes Moment* angeführt wurde, daß es sich hier um einen „religiös Aktiven“ (*aktivnyj religioznik*) handele. Vgl. Protokol No. 1 zasedanija bjuro sekcii RKI ot 9/X-28 goda, CGAMO, f. 4502, op. 1, d. 44, l. 4. Der Betroffene tauchte dann in der Tat in der offiziellen *lišency*-Liste namentlich auf; vgl. Bjulleten' Serpuchovskogo Gorodskogo Soveta. Priloženie k gazete „Nabat“ No. 288 (2631) [14.XII.1930], ibid., f. 5812, op. 1, d. 9a, l. 17. Zur Gleichsetzung von *cerkovniki* und *religiozniki* in der Verfolgung durch Partei und Staat 1928/29 vgl. auch Freeze, S. 213.

Einen Tag nach dem an anderer Stelle erwähnten berühmten offenen Brief des *ZK* vom 18. Oktober, veröffentlicht in der *Pravda*, startete das oberste Parteiblatt eine spezielle Kampagne gegen die aktiv Gläubigen und die Angehörigen des genannten kirchlichen Dienstpersonals. Dabei generalisierten die abgedruckten Artikel signifikanterweise die regimefeindliche Zielrichtung gerade auch der - wie in Serpuchov - gerichtlich geahndeten kirchlichen Aktivitäten mancher Lehrer: „In der letzten Zeit" habe die Tätigkeit der religiös Aktiven und „Sektierer" (*sektanty*) „merkbar" zugenommen. Die *cerkovniki* wirkten nicht nur unter der Lehrerschaft, sondern exponierten sich zugleich auch verstärkt in Kirchenchören, oft unter der Leitung von Geistlichen. Gleichzeitig seien vermehrte Umtriebe von Sektengruppen zu beobachten[1412]. Da demnach dieser „Feind" nicht schlafe, müßten alle „Kräfte für einen Gegenschlag" mobilisiert werden. Dafür mahnte das Blatt die Verbesserung der Ausbildung und Vorbereitung antireligiöser Propagandisten an. Es gebe zahlreiche „Klagen über die Schwäche antireligiöser Arbeit" im Lande. Ein wesentlicher Punkt sei der Mangel an qualifizierten Propagandisten, selbst unter den Parteiaktivisten, die den Parolen der Gegenseite oftmals nichts entgegenzusetzen hätten. Unter Verweis auf die schwache Wirksamkeit der „Union der Atheisten" (trotz ihrer zahlreichen Resolutionen) betonte die *Pravda,* wie wichtig es sei, ein „Organisationsnetz" antireligiöser „Zirkel" in den Betrieben einzurichten. Diese müßten solide, gerade für die Ausbildung künftiger Arbeiter-Propagandisten wichtige Kenntnisse über die Religion vermitteln. Auch fehlte nicht die Forderung nach unbedingter Einbindung der antireligiösen Inhalte in die Parteischulungen[1413].

Zunehmend setzte sich in der antireligiösen Parteipropaganda ein aggressiver Ton durch. Jaroslavskij, Vorsitzender sowohl der „Union" als auch der „Antireligiösen Kommission" beim Politbüro, sprach in einer nichtöffentlichen Rede vor dem Organisationsbüro des *ZK* am 10. Dezember vom „Klassenfeind", der unter der Maske der legalen religiösen Organisationen seine konterrevolutionären Ziele unter Ausnutzung der kulturell - besonders auf dem Lande – zurückgebliebenen Massen verfolge. Er ermutigte die Regierung in den Bemühungen, den Einfluß der religiösen Gemeinschaften zurückzudrängen[1414]. Einen Tag später wandte sich der 1. Sekretär des *MK*, K. Bauman, aus Anlaß des Beginns der Wahlkampagnen mit jenem bereits zitierten Aufruf „an alle Parteiorganisationen des Moskauer Gouvernements", in dem u.a. pauschal alle religiös aktiven Bürger und die Sektenangehörigen zu den „antisowjetischen Elementen" gezählt und ihre Tätigkeit in den Kontext des „sich verschärfenden Klassenkampfs" gestellt wurde. Auch diese Gruppen nutzten, so warnte Bauman, gezielt zusammen mit den anderen „Elementen" die „Schwierigkeiten bei der sozialistischen Rekonstruktion

---

[1412]Letzteres war nicht zuletzt ein Resultat der oftmals bevorzugten Behandlung der Sekten durch die Partei während des Höhepunkts der *NĖP*-Periode, vgl. Freeze, S. 210/211, bes. Anm. 9.

[1413]Vgl. die Artikel unter der Schlagzeile *Cerkovniki i sektanty nastupajut. My dolžny otvetit' kontrudarom. Pravda*, No. 244 (4076), 19 oktjabrja 1928 g., S. 4.

[1414]Vgl. Luukkanen, *The Party of Unbelief*, S. 218, unter genauer Nennung der zugrundegelegten Archivalien.

der Volkswirtschaft" aus, um „in die Reihen des Proletariats und der Bauernschaft Desorganisation" zu bringen[1415]. Der konkreten, nun verschärften Verfolgung der schon formalgesetzlich gebrandmarkten religiösen Gruppe der „Diener religiöser Kulte" und Mönche und ihrer Angehörigen, etwa durch eine strikte Praxis der Aberkennung des Wahlrechts durch die örtlichen Wahlkommissionen, sprach der offene Brief jedoch, genauso wie im genannten *Pravda*-Artikel vom 19. Oktober, (noch) nicht das Wort.

Letzteres blieb nicht ohne Folgen: In den Städten des Moskauer Gouvernements brachte eine derartige Verfolgung bis zum Jahresende 1928 nur bescheidene Resultate. In den Städten Orechovo-Zuevo und Pokrov waren am 10. Dezember nur 48 „Diener religiöser Kulte und Mönche" (von 1728 erfaßten *lišency*) ohne Wahlrecht, in den Arbeitersiedlungen des gesamten Kreises Orechovo-Zuevo 12 solche Personen (von 235 aufgeführten Bürgern). Die erfaßten Geistlichen lagen damit in ihrer Quantität innerhalb der Rangfolge der einzelnen *lišency*-Kategorien auf Platz 3 bzw. 4 hinter den zahlenmäßig dominierenden „Händlern" und „Handelsvermittlern", ferner den Ausbeutern fremder Arbeitskräfte bzw. den von „nichtwerktätigen Einkünften" lebenden Bürgern[1416]. Diesen Sachverhalt belegt auch jene *lišency*-Liste für die Industriesiedlung Drezna vom 22. November, wo unter 69 Verzeichneten lediglich ein „Kultdiener" auftauchte[1417]. Was die Städte Orechovo-Zuevo und Pokrov betrifft, so dürfte dieser Befund, selbst wenn man die von vornherein geringere Zahl der existierenden städtischen „Kultdiener" etwa im Vergleich zu derjenigen der „Händler" in Betracht zieht[1418], der mangelnden Erfassung aller *lišency*-Gruppen durch die Wahlkommissionen geschuldet sein, einer ja nicht nur im Moskauer Gouvernement weit verbreiteten Erscheinung. Einen weiteren Beleg für die mangelhafte amtliche Erfassung der „Diener religiöser Kulte" bzw. ihrer von ihnen materiell abhängigen Familienangehörigen liefert das bereits erwähnte Protokoll einer Sitzung der Kommunalsektion des Serpuchover Stadtrats vom 28. Dezember. Nach Verlesung des Berichts eines Vertreters der städtischen Wohnungswirtschaft wurde das Problem erörtert, daß die Erfassung des kommunalen Wohnraums einschließlich der damit verbundenen Feststellung seiner - ggf. dem Wahlrechtsentzug unterliegenden - Bewohner derzeit nicht möglich sei, da einschlägig Interessierte dies durch Verschleierung der tatsächlichen Situation verhinderten. Als Beispiel nannte ein Diskutant einen Geistlichen, der Pächter eines munizipalisierten Wohnhauses sei, seine Funktion aber aus gutem Grund von zwei Verwandten wahrnehmen lasse. Zudem arbeiteten zwei seiner Söhne weiterhin unbehelligt in einer Fabrik. Einer der Beschlüsse der Versammlung lautete deshalb, solche Leute wie

---

[1415]K. Bauman: Ko svem partijnym organizacijam Moskovskoj gubernii, *Pravda*, No. 287 (4119), 11 dekabrja 1928 g., S. 4.

[1416]Vgl. auch oben S. 81/82, Quelle nach Anm. 395.

[1417]Dazu oben S. 77/78, Quelle nach Anm. 379.

[1418]Die niedrige Anzahl geistlicher *lišency* in Orechovo-Zuevo ist in der Tat keineswegs *nur* durch die a priori vergleichsweise geringe Präsenz der Geistlichkeit dieser Stadt bedingt, ein Schluß, zu dem auch die *lišency*-Listen vom 23. und 24. Januar 1929 Anlaß geben könnten; vgl. dazu Anm. 1504.

den Geistlichen „unbedingt" der Ausquartierung aus der Kommunalwohnung zu unterwerfen[1419]. Der Name des „Kultdieners" wurde denn auch im Januar 1929 dem Präsidium des Stadtrats gemeldet[1420]. Eine tatsächlich durchgeführte Ausquartierung des Geistlichen belegen allerdings weder die im *Nabat* veröffentlichte entsprechende Liste noch sonstige Unterlagen des Stadtrats. Was die Aberkennung seines Wahlrechts betrifft, so ist diese indessen in einer späteren Quelle nachzuweisen. Der Name des „Kultdieners" tauchte in der 791 Namen von *lišency* aller Kategorien umfassenden Liste vom Dezember 1930 auf[1421].

So zeigt sich, daß in der örtlichen Verwaltungspraxis die „Diener religiöser Kulte" und ihre von ihnen wirtschaftlich abhängigen Familienangehörigen - auch durch Verhinderungsstrategien interessierter Kreise - nur mit deutlichen Einschränkungen oder erst sehr spät überhaupt erfaßt und zu den *lišency* gezählt wurden. Waren sie, wie meistens, gleichzeitig aber auch in die Kategorie der „nichtwerktätigen Elemente", die der gerichtlich verfügten Zwangsausquartierung aus den Kommunalwohnungen unterliegen sollten, eingruppiert, so bedeutete dies noch lange nicht den *tatsächlichen* Wohnungsverlust[1422]. Damit krankte die Repressionspolitik auch gegen die geistlichen *lišency* schon zu Beginn der politischen Wende 1928/29 an unzureichenden Durchsetzungskapazitäten - eine der wichtigen Voraussetzungen für die politische Herrschaftskrise des „großen Umbruchs".

Der radikale Ton in der antireligiösen Propaganda der zentralen Parteiführung verfestigte sich in dem wichtigen programmatischen Artikel der *Pravda* vom 25. Dezember 1928, mit dem eine weiterere Kampagne gegen die Religion eingeleitet wurde. Der Leitartikel unterstrich die Notwendigkeit, die „sozialen Wurzeln der Religion" aufzuspüren und „zu verstehen, daß der antireligiöse Kampf Klassenkampf ist". Den über Jahrhunderte wirksamen Einfluß der religiösen Vereinigungen gelte es zu brechen. „Der politische Klassenfeind" verberge sich in diesen Organisationen, aber manchmal schreite er auch „offen zum Kampf". Bei diesem gehe es um Einfluß bei der Arbeiterklasse und der Bauernschaft[1423]. Auch hier wurde die Frontlinie maßgeblich nicht nur gegenüber den „Kultdienern", den z.B. als Bischöfe tätigen angeblichen „Trotzkisten", „ehemaligen Sozialrevolutionären" und „Menschewisten", sondern auch gegenüber dem kirchlichen Hilfspersonal, den Chorsängern, religiösen Kunstschaffenden etc. gezogen. Die letztgenannte Personengruppe stufte der Kommentator gerade wegen ihres „Einflusses auf die Massen" unter Nutzung großer materieller Ressourcen, wie sie der „Union

---

[1419]Protokol zasedanija kommunal'noj sekcii Serpuchovskogo gorsoveta ot 28 XII 1928 g., CGAMO, f. 4502, op. 1, d. 52, l. 21.

[1420]Ibid. (Handschriftliche Notiz).

[1421]Dazu die in Anm. 1411 zweitgenannte Quelle.

[1422]Hierzu auch unten S. 357-360.

[1423]Zur Wichtigkeit dieses Leitartikels als Meilenstein in der antireligiösen Propaganda Dimitry Pospielovsky: *A History of Marxist-Leninist Atheism in Theory and Practice, and the Believer. Vol. 1: A History of Marxist-Leninist Atheism and Soviet Antireligious Policies*, London 1987, S. 46, 47.

der Atheisten" nicht zur Verfügung stünden, als gefährlich ein. Der „Klassenfeind" schaffe es nämlich, auch die politisch weniger bewußten Arbeiter für die Mitarbeit in den „Kirchenräten" zu mobilisieren. Die kirchlichen bzw. religiösen Organisationen seien nach wie vor feindliche „Klassenorganisationen". Die Pflicht jedes Parteimitglieds und jedes Komsomolzen bleibe deshalb „die aktive, energische Beteiligung an der antireligiösen Arbeit". Eine solche „Hilfe" müsse dabei „systematisch, ständig, allseitig" sein[1424].

An diesen Leitlinien orientierten sich auch die Beschlüsse des Politbüros während seiner geheimen Sitzung am 1. Januar 1929, wobei die außerordentliche Schwäche der antireligiösen Tätigkeit in den Gewerkschaften und dem Volksbildungskommissariat gerügt wurde[1425]. Am gleichen Tag setzte die *Pravda* ihre Kampagne fort, wobei sie den „Popen und Sektierer" weiter auf eine Stufe mit dem „Kulaken und NĖP-Menschen", aber auch dem „Schädling und Bürokraten" setzte und als Anhänger der „Rechtsabweichung" erneut in den Kontext einer „Zusammenarbeit mit der kapitalistischen Bourgeoisie" stellte[1426]. Nachdem angesichts der bevorstehenden Wahlen ein „stärkeres Feuer" auf die Popen und religiös Aktiven auf dem Lande als Alliierte der „Kulaken" angemahnt worden war[1427], konstatierte das Parteiblatt am 12. Januar ausdrücklich ein verstärktes Aufleben der Tätigkeit von „Popen und Sektierern", zusammen mit anderen Klassenfeinden, z.B. *NĖP*-Leuten, *auch in der Stadt*. Ein probate Erklärung für diesen Umstand bot hier wiederum das Ideologem von der „Verschärfung des Klassenkampfs" als „unvermeidlicher" Folge der sozialistischen „Rekonstruktion" von Wirtschaft und Gesellschaft[1428].

Diese von der nach wie vor weiten Verbreitung religiöser Anschauungen zeugende Situation bewog das Politbüro, sich am 24. Januar erneut mit weiteren „Maßnahmen zur Intensivierung der antireligiösen Arbeit" zu beschäftigen. Als besonders bedrohlich galt ihm der anwachsende Zustrom religiös geprägter bäuerlicher Arbeitkräfte in die Städte, wodurch die dortige Arbeiterschaft einem unerwünschten Einfluß ausgesetzt wurde. Angesichts der Stärke und Resistenz der religiösen Orientierungen sah das Politbüro schließlich weiter davon ab, administrative Maßnahmen zur Lösung der Probleme zu ergreifen und verfügte nur eine Verstärkung der antireligiösen Kampagnen sowohl der Parteiorganisationen als auch der „Union der Atheisten". Aus der Resolution des Machtgremiums in diesen Fragen geht ferner der wichtige, aber nicht mehr überraschende Umstand

---

[1424] Antireligioznaja propaganda, wie Anm. 1398.

[1425] Vgl. Luukkanen, *The Party of Unbelief*, S. 218.

[1426] Vgl. die unter *Sistematičeski ras-jasnjat' melkoburžuaznuju suščnost' pravogo uklona* abgedruckten Meldungen und Kommentare; *Pravda*, No. 1 (4135), 1 janvarja 1929 g., S. 4.

[1427] Vgl. die Artikelreihe unter den Schlagzeilen *Sil'nee ogon' po kulaku, nėpmanu i pomogajuščemu im bjurokratu*, ibid., No. 6 (4140), 8 janvarja 1929 g., S. 3 sowie *Krepče udarim po kulaku i cerkovniku*, ibid., No. 9 (4143), 11 janvarja 1929 g., S. 3.

[1428] K rajonnym partijnym konferencijam, ibid., No. 10 (4144), 12 janvarja 1929 g., S. 1.

hervor, daß künftig weniger die „Diener religiöser Kulte“ als vielmehr die religiösen Laien einer verstärkten Repression unterworfen werden sollten[1429].

Der Erlaß entsprechender Anweisungen an die örtlichen Parteistellen hatte auch in den Städten des Moskauer Gouvernements bzw. Gebiets einschlägige Konsequenzen. Die verfügbaren Quellen belegen besonders für die erste Hälfte des Jahres 1929 verstärkte Bemühungen der örtlichen Parteiinstanzen, die gesetzlich garantierten „religiösen Gemeinschaften“ durch Schließung von Kirchen bzw. Bethäusern zu schwächen und dadurch gerade den religiös aktiven Bürgern, etwa den Mitgliedern der „Kirchenräte“, den Boden für weitere, als antisowjetisch eingestufte Tätigkeiten zu entziehen. Diese in der neuen westlichen Forschung als „neues Ziel“ der antireligiösen Repression bezeichnete Verfolgung der *cerkovniki* bzw. *religiozniki*, die sowohl in der öffentlich zugänglichen Presse, etwa in der *Izvestija* am 22. März, als auch in geheimen Berichten für nötig befunden wurde, brachte diesen Personenkreis in unmittelbaren Zusammenhang mit den „Ehemaligen“ [1430]. Damit sind im gegebenen Fall natürlich die „Diener religiöser Kulte“ angesprochen, denen das politische Wahlrecht schon per Gesetz nicht zustehen sollte. Der Zugriff auf diese „gesetzlichen“ *lišency* trat aber nun zunächst zurück. Er wird hier an späterer Stelle erörtert werden. Zuerst sollen die typischen, rechtlich oft problematischen und deshalb häufig sehr langwierigen Aktionen und Kampagnen um die Schließung von Kirchen und Klöstern Anfang 1929 im folgenden am Beispiel des Kampfes um die Kirche „Aleksandr Nevskij“ in Serpuchov zur Sprache kommen. Es handelte sich um die erste Kirche der Stadt, die aus politischen Gründen zum Abriß ausgeschrieben werden sollte. Vielleicht sind auch von daher die außerordentlichen Schwierigkeiten zu erklären, auf die die Umsetzung dieses Vorhabens stieß. Gleichzeitig wird an diesem Gegenstand die Stärke des Widerstands ersichtlich, den die Gläubigen zusammen mit der Geistlichkeit nach wie vor zu mobilisieren imstande waren.

Bereits am 3. Dezember 1928 hatte das Präsidium des Serpuchover Rats aufgrund zahlreicher von den zuständigen Parteizellen in den Betrieben lancierter und auf öffentlichen Vorwahlversammlungen beschlossener Wählerbegehren entschieden, offiziell bei der vorgeordneten Stelle, dem *Mossovet*, die Schließung sowie den Abriß der Aleksandr-Nevskij-Kirche zu beantragen[1431]. Der *Nabat* berichtete hierüber allerdings erst am 10. Januar 1929 und machte gleichzeitig Druck auf die entscheidungsbefugte übergeordnete Instanz in Moskau durch Formulierung eindeutiger Erwartungen[1432]. In dieser Richtung agierten auch einzelne Stadtratsmitglieder[1433]. Am Schluß der betreffenden Plenarsitzung des Rats er-

---

[1429] Vgl. Freeze, S. 213.

[1430] Vgl. ibid., S. 218.

[1431] Vypiska iz protokola No. 27 zasedanija Prezidiuma Serpuchovskogo Gorodskogo Soveta ot 3 Dekabrja 1928 g. CGAMO, f. 4502, op. 1, d. 87, l. 8.

[1432] Cerkov' Aleksandra Nevskogo budet zakryta, *Nabat*, No. 8 (2050), 10.I.1929 g., S. 4.

[1433] Die Deputierten stellten dem Ratspräsidium am 11. Januar die Frage, ob denn die Kirche „in nächster Zukunft abgetragen“ werde, denn „die Arbeiter“ seien in Bewegung geraten und erklärte der Vorsitzende beschwichtigend, daß das Präsidium das Einverständnis der übergordneten Moskauer Instanz bezüglich das Abrisses der Kirche sowie noch drei weiterer Gotteshäuser bereits habe[1434]. Zu diesem Zeitpunkt dürfte die Kirche bereits geschlossen gewesen sein[1435]. Aber erst am 25. des Monats erging dann tatsächlich die offizielle Billigung des *Mossovet*, der seine Entscheidung auf die Erfüllung der in jener oben genannten Instruktion des Justiz- sowie des Innenkommissariats der *RSFSR* vom 19. Juni 1923 aufgeführten Vorbedingungen gründete[1436]. Der interessierten Öffentlichkeit in der Stadt ging die Information über die Entscheidung des *Mossovet*-Präsidiums indessen, vermutlich aus taktischen Gründen wegen der Stärke der religiösen Opposition, erst am 24. März als gleichsam hochaktuelle Meldung in der *Nabat*-Rubrik „Neuigkeiten des Tages" (!) zu[1437]. Vorher wurde in Kauf genommen, daß die getreu der Parteilinie ihrer Betriebe engagierten Werktätigen während der Wahlkampagnen in der Zeit zwischen dem 25. Januar und dem 14. Februar wiederholt in ihren „Wähleraufträgen" an den künftigen Rat die Ende Januar bis auf Widerruf ja *bereits erfolgte* Schließung der Aleksandr-Nevskij-Kirche, neben der Stillegung noch zwei weiterer Kirchen, forderten! Dabei mußte sich der wissende aber schweigende amtierende Rat bzw. sein Präsidium den Vorwurf der uninformierten Arbeiter gefallen lassen, die „Gemeinschaft der Atheisten" bei der antireligiösen Arbeit im Stich zu lassen, ja sich überhaupt nicht für diese Arbeit zu interessieren[1438].

Nach der Veröffentlichung der *Mossovet*-Entscheidung wehrten sich die Betroffenen dann tatsächlich auf dem Wege einer Eingabe an das *VCIK* gegen die Zwangsräumung und den drohenden Abriß ihrer Aleksandr-Nevskij-Kirche, womit sie vorübergehend eine Neueröffnung des Gotteshauses erzwangen. Erst am 15. Mai, nach Erlaß des neuen, verschärfte Bestimmungen gegen die *religiozniki* enthaltenden Gesetzes vom 8. April „Über die religiösen Vereinigungen"[1439], sah

---

warteten „deren baldigsten Abriß". Voprosy zadannye na zasedanii Plenuma Serpuchovskogo Gorsoveta 11-go janvarja 1929 goda. CGAMO, f. 4502, op. 1, d. 52, l. 65.

[1434] Protokol No. 1 Plenuma Serpuchovskogo Gorodskogo Soveta ot 11 janvarja 1929 goda, ibid., d. 49, l. 62.

[1435] Dies geht aus der internen Liste des Stadtrats hervor, die - mit entsprechenden Daten - alle bereits geschlossenen sowie die von den Gläubigen noch genutzten Gotteshäuser ausweist. Vgl. Svedenija o zakrytych cerkvach po g. Serpuchovu po sostojaniju na 1/I-31 g., ibid., d. 352, l. 50.

[1436] Erstens störe die Kirche durch ihre zentrale Lage in der Stadt tatsächlich den Verkehr, zweitens sei den Gläubigen durch mehrere in der Nähe gelegene Gotteshäuser ausreichender Ersatz geboten. Außerdem hätten die Betroffenen die Möglichkeit, beim *VCIK* gegen die Maßnahme zu intervenieren, wonach die Angelegenheit dann bis zur endgültigen Entscheidung aufgeschoben werden müsse. Vypiska iz protokola Prezidiuma Moskovskogo Soveta R., K. i K.D. No. 6 ot 25 Janvarja 1929 goda. Ibid., d. 87, l. 4.

[1437] *Novosti dnja.* Cerkov' Aleksandra Nevskogo budet zakryta. *Nabat*, No. 68 (2101), 24.III.1929 g., S. 4.

[1438] Vgl. Antireligioznye Voprosy i Zakrytie Cerkvej, CGAMO, f. 5812, op. 1, d. 3, l. 15. Manche Stimmen in den Betrieben gingen noch beträchtlich weiter: Die Stadtverwaltung baue sogar „verschiedenen Sektengruppen" Wohnungen und verschaffe auch den Popen Zugang zu den kommunalen Unterkünften - ein ungeheuerlicher Vorwurf gegenüber einem Machtorgan, das die Interessen der Arbeiterklasse zu vertreten hatte. Ibid.

[1439] Hierüber wird im folgenden noch zu handeln sein.

sich das oberste Räteorgan der *RSFSR* in einer Weisung an das Präsidium des *Mossovet* in der Lage, dessen Antrag zu folgen[1440]. Nach Eingang eines entsprechenden Bescheides beim Serpuchover Kreisvollzugskomitee erging am 22. Mai die Anordnung an die Administrative Abteilung des Stadtrats, unter Einschaltung der Abteilung für Kommunalwirtschaft und mit Billigung des Ratspräsidiums die endgültige Kirchenschließung in die Wege zu leiten[1441]. Der Vollzug der Weisung erfolgte jedoch noch immer nicht prompt, aus gutem Grund: Erst am 28. Mai informierte der *Nabat* die Öffentlichkeit über die *VCIK*-Entscheidung, gleichzeitig aber auch über tagelange massive Proteste der betroffenen Gläubigen an Ort und Stelle vor der zum Abriß freigegebenen Kirche. Der Redaktion seien hierzu zahlreiche Briefe von Arbeitern verschiedener Fabriken der Stadt zugegangen, in denen von der Administrativen Abteilung des Rats entschiedene „Maßnahmen gegenüber den Händlern und Händlerinnen, Gartenbesitzern, Popensöhnen", die hier „gegen die Erfüllung des Willens vieler tausend Serpuchover Arbeiter" demonstrierten und agitierten, erwartet würden. In einem als Beispiel wörtlich abgedruckten offenen Brief forderte der klassenbewußte Verfasser die Administrative Abteilung „kategorisch" auf, die nun schon drei Tage andauernden Demonstrationen der „der Arbeiterklasse feindlichen Elemente" mitten auf dem „Platz der Internationale" endlich zu beenden. Erforderlich sei, „alle möglichen [...] Maßnahmen" gegen diese „Elemente" zu ergreifen, die zudem „eine böswillige Agitation gegen die Sowjetmacht" betrieben. Es könne doch nicht sein, daß die Administrative Abteilung tatenlos dem Übergleiten der Macht in die Hände der „Händler" zusehe? [1442] Offenbar bestanden unter dem Eindruck der offenen Demonstrationen Bedenken nicht nur der im Ratspräsidium Verantwortlichen, sondern auch der örtlichen Parteiführung gegenüber einem raschen Zugriff der Sicherheitsorgane, zumal ja auch das *OGPU* nicht eingriff. Um den Druck auf die Stadtverwaltung und deren Vollzugsorgane zu erhöhen, fügte die Redaktion deshalb in eigenem Namen in Fettdruck noch hinzu, daß sie die Administrative Abteilung über alles informiert habe und hoffe, „daß sie [d.h. die Abteilung, *Erl. v. H.-M. Miedlig*] für sich aus dem oben Angeführten die entsprechenden Schlüsse zieht *und die Forderungen der Arbeiter befriedigt*"[1443]. Die *Nabat*-Redaktion teilte somit erstmalig die von ihr nach Erhalt sanktionsfordernder Zuschriften eingeleiteten Maßnahmen ganz öffentlich mit! Die Kirche wurde in der Folge dann tatsächlich abgerissen[1444]. Die hinter der Zeitung stehende Parteileitung in Serpuchov nutzte wie das *MOUNI* des *Mossovet* im Zuge der oben in anderem Zusammenhang dargestellten Ausquartierungsverfahren also auch hier wieder das probate Mittel der gleichsam basisdemokratischen Legiti-

[1440]Vserossijskij Central'nyj Ispolnitel'nyj Komitet Sovetov RK i KD. Sekretariat Predsedatelja VCIK. V Prezidium Mossoveta. CGAMO, f. 4502, op. 1, d. 87, l. 7.

[1441]Handschriftliche Notiz ibid.

[1442]Trebovanie rabočich k admotdelu UIK-a, *Nabat*, No. 119 (2161), 28.V.1929 g., S. 1.

[1443]Ibid. Hervorhebung im Original!.

[1444]Eine interne Aufstellung des Stadtrats über die in Serpuchov bisher existierenden Kirchen vom Janunar 1932 wies das Gotteshaus als „abgerissen" aus. Vgl. CGAMO, f. 4502, op. 1, d. 352, l. 46.

mierung der projektierten bzw. schon in Angriff genommenen Maßnahmen durch die von ihr selbst lancierten Forderungen und Vorschläge des „Proletariats". Gleichzeitig wurde erneut ein innerer, struktureller Zusammenhang zwischen den protestierenden *religiozniki* bzw. „Sektierern" und dem Bürger ohne Wahlrecht, insbesondere dem starken städtischen „Klassenfeind", hergestellt, der in der Kategorie der „Händler" erfaßt war.

Es ist wichtig, im Zusammenhang mit diesem Kirchenschließungsverfahren festzuhalten, daß letztlich nur die Verschärfung des Religionsgesetzes der neuen Parteipolitik des „großen Umbruchs" überhaupt zum Erfolg verhelfen konnte. Damit wurde schließlich doch im Zeichen einer größere politische Stabilität verheißenden Legitimität dem staatlichen Recht Vorrang vor dem (außerstaatlichen) Parteiimperativ eingeräumt. Ähnliches belegen auch weitere Kirchenschließungsverfahren in derselben Stadt[1445].

An diesen Vorgängen wird einerseits deutlich, wie stark und offensichtlich schwer überwindbar die Widerstände seitens der *cerkovniki* gegen die Kirchenschließungspolitik der Partei immer noch waren. Andererseits war das behutsame Vorgehen der Gebietsparteiführung auch eine Folge der verbreiteten zügellosen, z.T. gewaltsamen und nicht den vorgeschriebenen Verfahren folgenden Kirchenschließungsaktionen der örtlichen Behörden in Stadt und Land, worauf noch einzugehen sein wird. Das Resultat zeigte sich auch in anderen Kreisstädten: In den Arbeiterstandorten Egor'evsk und Borovsk kam es im gesamten Jahr 1929 le-

---

[1445]Seit Herbst 1928 hatte sich das in seiner antireligiösen Politik vorher eher träge und desinteressiert erscheinende Präsidium des Stadtrats um die Schließung der Kirchen „Verwandlung" und „Himmelfahrt" beim *Mossovet* bemüht und schließlich am 12. Oktober die Billigung der letztgenannten Behörde erhalten. Dagegen klagten wiederum die betroffenen Gläubigen beim *VCIK*. Erneut erst im Mai 1929, also nach Erlaß des erwähnten neuen Gesetzes über die „religiösen Vereinigungen", entschloß sich das Gremium, dem Antrag des Moskauer Ratspräsidiums schließlich stattzugeben. Vserossijskij Central'nyj Ispolnitel'nyj Komitet Sovetov RK i KD. Sekretariat Predsedatelja VCIK. V Prezidium Moskovskogo Gubispolkoma, CGAMO, f. 4502, op. 1, d. 87, l. 14. Hier alle erwähnten Angaben. Es dauerte einen weiteren Monat, bis der *Mossovet* gegenüber dem Serpuchover Kreisvollzugskomitee die Umsetzung der Entscheidung anordnete. Dies bedeutete jedoch noch immer keinen Vollzug der Anweisung in kürzerer Frist: Erst am 10. Oktober beschloß die nun verstärkt eingesetzte „Antireligiöse Kommission" des *MK*, die sich auf Antrag des Serpuchover Stadtrats mit dem Fall befaßte, die Kirche „Verwandlung" tatsächlich zu räumen und als Lagerhalle zu nutzen, die „Himmelfahrtskirche" jedoch abzureißen. Begründet wurde nur die erstgenannte Maßnahme: Die Kirche liege „auf dem Territorium der Kattundruckfabrik" und störe dort den „Produktionsprozeß". Protokol No.... Zasedanija Antireligioznoj Komissii pri MK VKP(b). „10" Oktjabrja 1929 goda. Ibid., f. 2157, op. 5, d. 108, l. 272. Nach den verfügbaren Quellen wurden beide Kirchen noch 1929 endgültig geschlossen. Den *Abriß* der „Himmelfahrtskirche" belegen Zeugnisse des Stadtrats erst aus dem Jahr 1932. Neben den bisher genannten Belegen vgl. Spisok služitelej religioznogo kul'ta g. Serpuchova lišennych izbiratel'nych prav, ibid., f. 5812, op. 1, d. 5a, l. 166. Zu letzterem Svedenija o zakrytych kul'tovych zdanijach po g. Serpuchovu po sostojaniju na 20 ijunja s.g., ibid., f. 4502, op. 1, d. 353, l. 15. Die Datumsangabe der letztgenannten Quelle bezieht sich auf das Jahr 1932.

diglich zur Schließung je einer Kathedral-Kirche, in Sergiev und Orechovo-Zuevo begannen die Kirchenschließungen erst 1930[1446].

Für 1929 läßt sich also noch nicht von *massenhaften* Kirchenschließungen *im gesetzlichen Verfahren* in den Städten des Moskauer Gebiets reden. Nach den vorliegenden Zeugnissen war Serpuchov mit der Schließung von fast 50% seiner Kirchen in jenem Jahr[1447] eher die Ausnahme.

Die nach den Politbüro-Beschlüssen vom Januar 29 ergriffenen Maßnahmen der örtlichen klassenbewußten Kräfte bargen im Vorgehen gegen die religiös aktiven Bürger auf dem Wege der Schließung von Kirchen per „*Wählerauftrag*" nicht unerhebliche Risiken. Die Partei erlitt hier mitunter sogar Niederlagen. In einem internen Bericht aus Orechovo-Zuevo vom 5. Februar über den Verlauf der Wahlen in der Zwirnfabrik „Proletarische Diktatur" hieß es, daß „in einigen Abteilungen Vorschläge über die Kirchenschließungen" gemacht worden seien, die aber „mit Stimmenmehrheit durchfielen, als Folge dessen, daß keine antireligiöse Arbeit betrieben wurde"[1448]. Am 15. Februar wurden bei den Ratswahlen in der „2. Webfabrik" in Orechovo-Zuevo - einem weiteren Bericht zufolge - vereinzelt „demagogische Stimmungen" laut, die gegen die in den offiziellen Wählerauftrag neu aufgenommene Schließung der örtlichen Kirchen opponierten. Diese Stimmen hätten, obwohl sie von nicht mehr als vier Personen stammten, jedoch letztlich zum Erfolg der Opposition geführt[1449]. Ein ergänzender Bericht von dieser Versammlung, der an die Parteizelle der Fabrik sowie an das Kreisvollzugskomitee gerichtet war, unterstrich, daß die Novellierung des Wählerauftrags bezüglich der Kirchenschließungen „viel Lärm, Geschrei, Beleidigungen" provoziert habe. Nach vergeblichen Bemühungen, die Stimmung zu ändern, stimmten, so der Bericht, letztlich nur 16 Wähler im Sinne der Partei[1450]. Nach einem weiteren Rapport vom 21. Februar über den Verlauf einer „allgemeinen Versammlung der Heimarbeiterinnen" unter Führung des Kreisverbands der Nahrungsmittelgewerkschaften zwecks Durchführung der Wahlen lehnten 77 von 177 Personen die von den „fortschrittlichen" Parteimitgliedern eingebrachte Vorlage (Schließung aller örtlichen Kirchen) ab. In der Schlußabstimmung seien dem Präsidium der Versammlung schließlich schriftliche und mündliche Eingaben zugegangen, die nicht die Schließung der Kirchen, sondern die Abschaffung der Räte selbst (!) forder-

---

[1446]Vgl. Kozlov, S. 71. Zum 80 km südwestlich von Moskau gelegenen Borovsk vgl. in diesem Zusammenhang *Goroda Rossii*, S. 52-54. Zu Orechovo-Zuevo Protokol No. 22 Zasedanija Prezidiuma Orechovo-Zuevskogo Gorodskogo Soveta RK i KD ot 14 fevralja 1930 g., CGAMO, f. 5700. op. 1, d. 33, l. 43; Svedenija charakterizujuščie sostojanie voprosa o zakrytii cerkvej v Orechovo-Zuevskom okruge. Na 21-e marta 1930 g., ibid., f. 2157, op. 5., d. 108, l. 208.

[1447]Vgl. die in Anm. 1391 genannte Quelle.

[1448]Svodka o chode perevybornoj kampanii gorsoveta po Krutil'no-Nitočnoj f-ke, CGAMO, f. 5736, op.1, d. 9, l. 59.

[1449]Svedenija v uezdnuju izbiratel'nuju komissiju o provedenii perevyborov v gorodskoj sovet po 2-j Tkackoj fabr. 2-go ėtaža, ibid., l. 130.

[1450]V U.I.K. g. Orechovo-Zueva i v jačejku VKP (b) TK. No. 2, ibid., l. 131.

ten[1451]. Am 2. März berichtete das Betriebskomitee beim „wirtschaftlichen Sektor“ der Fabrik „Proletarische Diktatur“ an das Vollzugskomitee sogar, daß bei den Wahlen in der Betriebsabteilung für Wohnungsangelegenheiten „heiße Diskussionen [...] bezüglich des Punktes über die Schließung der Kirchen“ stattgefunden hätten, mit dem Resultat seiner „mehrheitlich“ beschlossenen Absetzung von der Tagesordnung[1452]. Eine derartige Situation in Orechovo-Zuevo verdeutlicht, daß sich die Stärke des Widerstands der Kirchengemeinden bzw. der Gläubigen gegen die politisch motivierte Repression seitens der staatlichen und der Parteiinstanzen selbst auf die Wähler in den Fabriken einer proletarischen Musterstadt auswirkte, mit der Möglichkeit, die künftige antireligiöse Politik des Stadtrats gegen den Willen der Partei maßgeblich zu beeinflussen. Damit sah sich die Politbüromehrheit um Stalin zu Beginn des „großen Umbruchs“ auch auf diesem Gebiet einem schwer zu lösenden Herrschaftsdilemma gegenüber.

Die schwierige Lage an der „Religionsfront“ hatte sowohl die Erwähnung einschlägiger Tatbestände in offiziellen Parteiresolutionen und Reden hochrangiger Politiker als auch den Erlaß neuer Gesetze zur Folge. Die Ende Februar 29 stattfindende 17. Moskauer Gouvernementsparteikonferenz stellte denn auch sowohl nach wie vor starke Defizite in der antireligiösen Arbeit als auch ein Anwachsen der Tätigkeit der religiös Aktiven und „Sektierer“ in Stadt und Land fest. Hier, auch in industriellen Unternehmen, zeige sich „der Einfluß der bourgeoisen Kulakenideologie in einzelnen besonders zurückgebliebenen Schichten der Arbeiterklasse“ des Gouvernements. Als Grund für diese Schwächen im Kampf „mit dem Einfluß der fremden und feindlichen Ideologie“ machte die Konferenz das leidige Problem der mangelnden Führung bei der Massenarbeit vor Ort seitens des *MK* und der Kreisparteiorganisationen verantwortlich[1453]. In einer Plenarsitzung des *Mossovet* vom 2. April bemühte der erneut einstimmig zum Präsidiumsvorsitzenden gewählte Uchanov in seiner Glückwunschadresse zum zehnjährigen Amtsjubiläum Kalinins als *VCIK*-Vorsitzender nicht nur in einer allgemeinen Phrase das verpflichtende Ideologem vom gesetzmäßigen „verstärkten Widerstand der kapitalistischen Elemente in Stadt und Land“ gegen das Voranschreiten des sozialistischen Aufbaus. Er verknüpfte diesen Widerstand auch mit einem neuen „Aufleben der antisowjetischen Tätigkeit religiöser Gruppierungen in der Stadt

---

[1451]Auf der nachfolgenden gemeinsamen Vollversammlung der Heimarbeiterinnen (179 Teilnehmerinnen) und der Beschäftigen der städtischen Nahrungsmittelversorgungsunternehmen (160 Teilnehmer) hätten sich schließlich nur 125 Anwesende für die Ergänzung des Wählerauftrags in dem von der Partei empfohlenen Sinne ausgesprochen, der Rest habe sich der Stimme enthalten. Vgl. V U.P.B., G.O., U.I.K., ibid., l. 92.

[1452]Političeskij otčet o chode perevyborov členov gorsoveta po chozjajstvennoj časti, ibid., l. 115. Auch in der „Baumwollspinnfabrik No. 2“ sei, so ein geheimer Bericht vom 9. des Monats an die Informationsabteilung des Vollzugskomitees, „die Aktivität gegen die Annahme des Punktes über die Schließung der Kirchen“ rege gewesen und damit klar, daß die *cerkovniki* hier „eine große Vorbereitungsarbeit“ geleistet hätten. Političeskaja svodka o perevyborach členov Gorsoveta po Bumago-Prjadil'noj f-ke No. 2, ibid., l. 112.

[1453]*Rezoljucii XVII Moskovskoj Gubpartkonferencii*, S. 37, 38.

und auf dem Dorf“[1454]. So war die logische Konsequenz jenes Gesetz „über die religiösen Vereinigungen“ vom 8. April, das aufgrund seiner Verschärfung der Bestimmungen bezüglich der Lage der Religiösen und der „Kultdiener“ in der Forschung als Meilenstein der antireligiösen Politik von Partei und Regierung gewertet wird[1455]. Am gleichen Tag beschloß das *VCIK*, bei seinem Präsidium eine „ständige Kommission für Kultfragen“ einzurichten, die aus je einem Vertreter der Volkskommissariate für Justiz, Inneres und Volksbildung sowie des Zentralverbands der Gewerkschaften und des *OGPU* bestehen sollte. Der neuen Kommission war als eine der ersten Aufgaben zugedacht, in Zweiwochenfrist per Zirkular an alle untergeordneten Vollzugskomitees die strikte Beachtung des neuen Gesetzes durch die lokalen Behörden anzumahnen. Das Präsidiumsmitglied Smidovič beklagte in seinem Redebeitrag, daß sich „in den letzten beiden Jahren“ die Zahl der dem *VCIK* zugehenden Beschwerden auch seitens „verschiedener Sekten und religiöser Organisationen“ drastisch vermehrt habe, woraus der Schluß zu ziehen sei, „daß eine Periode der Verfolgung eröffnet wurde“. So setzten die Versammelten u.a. fest, daß zu den von der neuen Kommission zu entscheidenden Fragen auch die Probleme um die Liquidierung religiöser Stätten zu gehören hätten[1456]. Bereits am 25. März hatte die Parteifraktion des *VCIK* angesichts des Drucks zahlreicher Klagen der Gläubigen gegen die Kirchenschließungen die Einsetzung einer derartigen Kommission beschlossen[1457].

Das neue Gesetz „über die religiösen Vereinigungen“ schränkte einerseits die „Diener religiöser Kulte“, Prediger, Äbte etc. insofern in ihrer kirchlichen Tätigkeit ein, als es diese räumlich eng an die Wohnorte der einzelnen Gemeindemitglieder sowie das Gotteshaus band. Die religiös aktiven Angehörigen der jeweiligen Gemeinschaft, also die hier zunächst zu behandelnden *cerkovniki* bzw. *religiozniki*, erhielten zwar ein erweitertes Mitbestimmungsrecht gegenüber ihrer Leitung, mußten jedoch nun hinnehmen, daß jede Liquidation bzw. Schließung einer Kirche ausschließlich auf Initiative des Staates oder gesellschaftlicher Organisationen, die ein begründetes Interesse an dem Objekt nachzuweisen hatten, bei der übergeordneten Behörde beantragt werden konnte[1458]. Vorher war auch die „religiöse Gemeinschaft“ hierzu berechtigt gewesen[1459]. In diesem Zusammenhang wurde nun nicht mehr ausdrücklich vorgeschrieben, daß vor einer solchen Maßnahme ein Einvernehmen mit der Mehrheit der betroffenen Gläubigen her-

---

[1454]Protokol No. 4 zasedanija plenuma Moskovskogo soveta RK i KD 2-go aprelja 1929 g., CGAMO, f. 2157, op. 1, d. 12, l. 60.

[1455]Vgl. Luukkanen, *The Party of Unbelief*, S. 218; Pospielovsky, *A History of Marxist-Leninist Atheism*, (1), S. 49; Škarovskij, S. 244.

[1456]Protokol zasedanija VCIK No. 105 ot 8 IV 1929 g. GARF, f. 1235, op. 141, d. 130, l. 28. Weiteres zu dieser Sitzung von grundsätzlicher Bedeutung für das Verhältnis von Partei und Staat, während der Smidovič die entscheidende Rolle spielte, S. 337, 338 dieser Studie.

[1457]Stenogramma zasedanija frakcii VKP (b) Prezidiuma VCIK ot 25/III-29 g., ibid., l. 22.

[1458]Postanovlenie Vserossijskogo Central'nogo Ispolnitel'nogo Komiteta i Soveta Narodnych Komissarov RSFSR o religioznych ob-edinenijach, CGAMO, f. 4502, op. 1, d. 352, l. 4 (Art. 19), l. 5 (Art. 31), l. 6 (Art. 36).

[1459]Vgl. oben S. 298.

gestellt oder ein geeignetes Ersatzobjekt in der Nähe zur Sicherstellung der religiösen Bedürfnisse der Bürger existieren müsse. Dem Religionsverband war zudem verboten, selbst die eigenen Mitglieder bei Bedürftigkeit materiell zu unterstützen, geschweige denn andere soziale Hilfsdienste zu erbringen[1460]. So war fortan nicht nur die freie Religionsausübung der religiös aktiven Bürger faktisch engen Grenzen unterworfen, sondern auch deren materieller Status ggf. nicht gesichert.

Daß es nicht nur um die Ausgrenzung der geistlichen *lišency* („Kultdiener"), sondern ganz wesentlich um die der *religiozniki* bzw. *cerkovniki* ging und gehen sollte, verdeutlichten nicht zuletzt die Diskussionen der Teilnehmer des kurz nach dem Inkrafttreten des Gesetzes einberufenen 9. Gouvernementsrätekongresses[1461]. Auch in einem „An der religiösen Front" betitelten *Pravda*-Artikel vom 18. April wurde nun gegen die als Resultat des Klassenkampfs erkannte Verstärkung der „Tätigkeit der religiösen Organisationen" massiv mobil gemacht. „Natürlich" könne man mit diesen Vereinigungen nicht genauso wie „mit jeder beliebigen antisowjetischen Partei" umgehen, da hier die „werktätigen Massen" dazugehörten. Der Kampf müsse hier deshalb „vorsichtiger" geführt werden. Dennoch seien die „*gesetzlichen Maßnahmen der administrativen Ordnung*" zu ergreifen. Die Ratsorgane wendeten solche „gesetzlichen Strafmaßnahmen" gegenüber den religiösen Organisationen jedoch nicht an, im Gegenteil, was „zur Stärkung der Positionen" dieser Vereinigungen führe. Der Verfasser mahnte deshalb nicht nur eine „breite propagandistische Arbeit", sondern auch eine „starke Kontrolle über die Tätigkeit der religiösen Organisationen" an. Aber „nicht nur die administrativen Organisationen, sondern die gesamte sowjetische Öffentlichkeit" habe für die „Erfüllung des Dekrets zur Trennung von Kirche und Staat" Sorge zu tragen. Gleichzeitig plädierte der Autor für neue Gesetzesinitiativen (etwa zur Abschaffung des Läutens der Kirchenglocken u.a.). In allen Fragen der anstehenden antireligiösen Propaganda beschwor der Artikel den Schulterschluß mit der „Union der Atheisten"[1462].

Den hier durchscheinenden Widerstreit von radikalen und gemäßigten Strömungen in der Partei bzw. den Räteorganen in diesen Fragen machten die Diskussionen während des 14. Allrussischen Rätekongresses Mitte Mai 1929 besonders deutlich. Hier versuchten einige Deputierte - im Gegensatz zu Rykov und anderen gemäßigten Kräften - die sozialistische Gesetzlichkeit gewissermaßen auszuhebeln und sie im antireligiösen Kampf durch die harte „proletarische Ar-

---

[1460]Postanovlenie [...] o religioznych ob-edinenijach, CGAMO, f. 4502, op. 1, d. 352, l. 4 (Art. 17).

[1461]Die Deputierten forderten u.a. den Ausschluß der „religiös Aktiven und Sektierer" vom Buchmarkt: Trotz der allgemeinen Papierknappheit beschafften sich diese angeblich genug Papier für ihre Bücher, die sie dann über staatliche Stellen zu einem Zehntel des staatlichen Verkaufspreises erfolgreich vertrieben. Die Druckbetriebe hätten Bestellungen dieser Leute deshalb abzulehnen. Na IX gubernskom s-ezde sovetov (Prenija po dokladu t. Uchanova), *Pravda*, No. 83 (4217), 11 aprelja 1929 g., S. 2.

[1462]F. Oleščuk: Na antireligioznom fronte, ibid., No. 89 (4223), 18 aprelja 1929 g., S. 4.

beiterhand" zu ersetzen[1463]. Die Verabschiedung einer solchen Methode in der künftigen Auseinandersetzung gelang zwar einstweilen nicht, jedoch beschloß der Kongreß eine sehr wichtige Änderung der Verfassung der *RSFSR*: Das bisher verbürgte Recht jedes Bürgers, auch *religiöse* Propaganda zu betreiben (Art. 14), wurde gestrichen[1464]- auch dies ein Erschwernis für die praktische Religionsausübung der aktiv Gläubigen, denn wer legte fest, wann der Tatbestand der religiösen Propaganda bei der kirchlichen Arbeit gegeben war? Der 2. Allunionskongreß der „Union der Atheisten" vom Juni 29 ermöglichte zwar noch einen Ausgleich zwischen radikalen und gemäßigten Kräften in der Verständigung auf eine Verschärfung der antireligiösen Propaganda[1465], nach den Informationen der „Antireligiösen Kommission" beim Politbüro boten indessen die konkreten Verfahren, die anläßlich der Schließung von Kirchen angewendet wurden, oftmals ein anderes Bild. Hier waren Mißbräuche und Gesetzesbrüche wie Kirchenschließungen ohne Abwarten der endgültigen Entscheidung des *VCIK,* mutwillige Beschädigungen religiöser Gegenstände und physische Verletzungen Gläubiger seitens der lokalen Machtorgane offensichtlich weit verbreitet, wenn dies auch nach den vorliegenden Quellen in dieser Zeit mehr für die dörflichen Regionen als für die Städte galt[1466].

Dieser Befund läßt sich auch auf die Verhältnisse in den Städten (und Dörfern) des Moskauer Gebiets übertragen. Am 17. Juni schrieb der Gebietsstaatsanwalt an die Vorsitzenden des Organisationsbüros des *ZK* sowie des Organisationskomitees in Zuständigkeit für das Moskauer Gebiet, daß „in einer Reihe von Bezirken" anläßlich der „Konfiszierung von kirchlichem Eigentum und der Schließung von Kirchen" unliebsame „Ereignisse" stattgefunden hätten, die „besondere [...] Aufmerksamkeit und tiefe Analyse" erforderlich machten. Es gehe nicht nur um „erbitterten Widerstand antisowjetischer Elemente" im Zuge der „Verschärfung des Klassenkampfs", wobei religiöse Losungen, „Stimmungen und Gefühle" sowohl bei der Mehrheit der Bauernschaft als auch beim „Kleinbürgertum" in den Städten vermehrt auftauchten. Vielmehr zeigten sich im Verlauf des Kampfes mit diesen Umständen „auch die mangelnde Vorbereitung und das Unvermögen der Räte- und teilweise auch Parteiorganisationen vor Ort, diese [antireligiöse - *Erg. v. H.-M. Miedlig*] Arbeit durchzuführen". Die mit der Kirchenschließung und den Konfiszierungen befaßten Organe „handelten in diesen Fällen mit Gewalt, überfallartig", berücksichtigten „überhaupt nicht die konkrete Situation" und leisteten weder „Vorbereitungsarbeit", noch studierten sie „den Feind selbst". „Diese Fehler" seien „von reaktionären Elementen" ausgenutzt worden, weshalb die oppositionellen Bewegungen im Resultat „die Form und den Charakter von antisowjetischen Massenauftritten" angenommen hätten. Der

---

[1463]XIV Sverossijskij S-ezd Sovetov. Zaključitel'noe slovo tov. Rykova, ibid., No. 109 (4243), 16 maja 1929 g., S. 2.

[1464]Luukkanen, *The Party of Unbelief*, S. 225.

[1465]Vgl. Očerednye zadači antireligioznogo fronta. Zaključitel'noe slovo tov. Em. Jaroslavskogo na s-ezde bezbožnikov, *Pravda*, No. 135 (4269), 15 ijunja 1929 g., S. 5.

[1466]Vgl. Freeze, S. 213/14 aufgrund eines Protokolls der „Antireligiösen Kommission" vom 23. Mai 1929.

Staatsanwalt nannte als Beispiele für diesen durch z.T. ungesetzliche, willkürliche und nicht unter den zuständigen Instanzen abgesprochene Aktionen hervorgerufenen Widerstand u.a. den Kreis Egor'evsk sowie die Arbeiterstadt Mytišči unweit von Moskau. Dabei sei es auch zu Erschießungen solcher religiös aktiven Oppositionellen gekommen. Diese „Fälle" diktierten, so der Staatsanwalt weiter, „die Unumgänglichkeit einer grundlegenden Änderung der Methoden und Verfahren", die gegenwärtig „bei der Schließung von Kirchen" praktiziert würden. Solche Maßnahmen müßten nach „gründlicher und vertiefter Vorbereitung" und Analyse der gegebenen Situation *immer* „unter unmittelbarer Beobachtung und Führung der Parteiorganisationen" durchgeführt werden und nicht, wie geschehen, durch die administrativen Organe *ohne Wissen* der Parteiinstanzen. Es sei „unumgänglich", für die Durchführung solcher Aktionen „taktvolle und disziplinierte Mitarbeiter zu schicken". Der Staatsanwalt empfahl abschließend, diese aktuellen Fragen „einer speziellen Erörterung im Organisationsbüro" zu unterwerfen. Wünschenswert erscheine in diesem Zusammenhang „die Schaffung einer Spezialkommission beim Agitprop"[1467].

Dieses rohe, unbarmherzige und gesetzwidrige Vorgehen der örtlichen Machtorgane gegen die *cerkovniki* und andere religiöse Oppositionelle - nicht zuletzt bewirkt auch durch die oben genannte *Pravda*-Kampagne - verdeutlicht den quasirevolutionären Übereifer, den die durch die antireligiöse Propaganda radikalisierten Vertreter örtlicher Ratsbehörden gegenüber den religiös aktiven Bürgern an den Tag legten. Das Zentralkomitee reagierte auf diese Situation mit einer Instruktion an alle untergeordneten Parteiinstanzen, in der ein „taktvolles" Umgehen mit den von einer Kirchenschließung betroffenen Bürgern verfügt wurde. Dies bedeutete nicht weniger als eine Zurechtweisung der Hardliner in der Partei[1468] und verweist damit erneut auf die Tatsache, daß es nach wie vor zu keinem tragfähigen Kompromiß, sondern im Gegenteil zu erhöhten Spannungen zwischen den nach vorn drängenden Verfechtern einer radikal-proletarischen Klassenpolitik und -justiz sowie den Befürwortern einer strikten Beibehaltung der „revolutionären" bzw. „sozialistischen Gesetzlichkeit", wie sie die *NÉP* seit 1921/22ff. kennzeichnete, gekommen war[1469]. Die von der zentralen Parteiführung offensichtlich nicht mehr kontrollierbare Gewaltausübung seitens der örtlichen Organe bedrohte mittelfristig ihr Machtmonopol[1470] und trug so zur Verschärfung jenes sich zur Krise steigernden politischen Kontrolldilemmas des Regimes bei, in diesem Fall anläßlich der Umsetzung seiner antireligiösen Politik.

So ist es nicht verwunderlich, daß die *cerkovniki*, insbesondere die Mitglieder der Kirchenräte und sonstigen bei den kirchlichen Organisationen tätigen Mitarbeiter, obwohl offiziell in der Regel „werktätig" und - im Gegensatz zu den „Die-

---

[1467]Vgl. Prokuror Moskovskoj Gubernii. Org. Bjuro CK VKP(b) Moskovskoj Oblasti, Tov. Baumanu, Org. Komitet Moskovskoj Oblasti Tov. Uchanovu. CGAMO, f. 2157, op. 5, d. 108, ll. 303-305.

[1468]Dazu Freeze, S. 214.

[1469]In diesem Sinne ibid.

[1470]Vgl. dazu oben S. 290.

nern religiöser Kulte" - vielfach noch im Besitz des Wahlrechts, von manch einer dem Ton und Inhalt diverser Artikel in der zentralen Presse[1471] folgenden örtlichen Parteipropaganda den *lišency* gleichgestellt und als „Klassenfeinde" bezeichnet wurden. Als ein typischer Fall kann die Repression des Gesellen Gorbatov aus der Webabteilung der Fabrik *Zanarka* in Serpuchov gelten, dem Anfang Juli 29 von einem klassenbewußten Arbeiterkorrespondenten im *Nabat* die Verhinderung des sozialistischen Wettbewerbs in der Webabteilung aus grundsätzlichen klassenfeindlichen Erwägungen vorgeworfen wurde. Es handele sich bei Gorbatov nicht um irgendeinen Gesellen, sondern, wie in Fettdruck hervorgehoben wurde, um den *„Kirchenältesten der Kirche Troica"*. Gorbatov habe dieses „Ehrenamt eines Gottesdieners" schon längere Zeit ausgeübt, bereits „im vergangenen Winter [...] Fabrikarbeiterinnen, ehemalige Nonnen, mit Hostien versorgt" und eine der besten Arbeiterinnen, „den Stolz der Fabrik", unter Androhung physischer Gewalt an der aktiven Teilnahme am sozialistischen Wettbewerb gehindert. Auch andere vorbildliche Arbeiterinnen seien von diesem „Klassenfeind" angesteckt worden. Die Arbeiter müßten ihm deshalb geben, was er verdiene, denn für „Verräter der Arbeiterklasse" gebe es „in den sowjetischen Fabriken keinen Platz"[1472]. Was mit diesem Aufruf gemeint war, folgte in einem nachfolgend veröffentlichten, von 22 Arbeitern unterschriebenen offenen Brief. Darin wurde verlangt, Gorbatov für seine Tat auch „gerichtlich zur Verantwortung zu ziehen". Dabei forderten die Verfasser keineswegs eine Bestrafung in einem regulären Strafverfahren, sondern in einem öffentlichen „Schauprozeß"[1473]. Ähnliches wurde in zwei anschließenden Artikeln auch im Falle von zwei Arbeiterinnen verlangt, und zwar als Strafe für die Verleumdung ebenfalls gewissenhaft im Rahmen des sozialistischen Wettbewerbs engagierter Werktätiger[1474]. Die Zeitungsartikel hatten zur Folge, daß die „Gruppe unbesonnener, ungebildeter Arbeiterinnen", die sich von Gorbatov „vergiften" ließen, ihren „Fehler" zugaben und sich öffentlich (im *Nabat*) von dem „antiproletarischen Auftritt" des „Kirchenältesten" distanzierten[1475]. Noch am gleichen Tag trat in der Fabrik *Zanarka* eine „Konferenz der Arbeiter und Arbeiterinnen" zusammen, die befand, daß „die Schädlinge der sozialistischen Industrie" vor Gericht zu stellen seien. Darauf wurde das Fabrikkomitee (*fabkom*) der Gewerkschaft tätig und verwies den Fall „über die Organisationsabteilung der Textilarbeiterunion" tatsächlich an das Gericht[1476]. Am 14. des Monats erfuhr die Serpuchover Öffentlichkeit aus der

[1471]Vgl. oben S. 316/317.

[1472]K.: Vo glave travivših - cerkovnyj starosta. Gorbatov i ego podpevaly - vragi rabočego klassa, *Nabat*, No. 152 (2194), 6.VII.1929 g., S. 1.

[1473]Trebujem organizacii obščestvenno-pokazatel'nogo suda, ibid.

[1474]Vgl. Il.: Klevetnikov pod sud. Brat' primer s Širokovoj i Juzovoj, sowie N.: V obstanovke travli, ibid.

[1475]Vgl. Proletarskij otvet na vylazku klassovogo vraga, sowie: Vsjakim popytkam Gorbatovych sorvat' naše socialističeskoe stroitel'stvo - dadim žestokij otpor. Spepina i Makarenkova otkreščivajutsja ot Gorbatova, ibid., No. 155 (2197), 10.VII.1929 g., S. 1, 3.

[1476]Vgl. die in einen besonderen Kasten eingerahmte Zeitungsnotiz unter der Schlagzeile: Gorbatov budet predan sudu, ibid., No. 156 (2198), 11.VII.1929 g., S. 3.

Zeitung von der Entlassung Gorbatovs. Der zuständige Untersuchungsrichter des Volksgerichts führe in diesem Fall eine „Eilermittlung“[1477]. Die Abrechnung des proletarischen Staates mit dem kirchlich engagierten „Klassenfeind“ und dessen „Handlangern“ fand denn auch vor einem proletarischen Gericht „im Sommersaal“ der Fabrik *Zanarka* vom 5. bis zum 7. August statt. Über jeden Prozeßtag berichtete die Zeitung ausführlich. Alle Beteiligten wüßten von keiner Verfehlung und beteuerten ihre Unschuld. Gorbatov wurde schließlich zu 1½ Jahren Haft „ohne strenge Isolation“, die anderen vier beteiligten Arbeiterinnen zu drei bzw. sechs Monaten Zwangsarbeit sowie je zwei sog. „öffentlichen Verweisen“ verurteilt[1478].

Zu dieser Zeit kam ein solcher „Klassenfeind“ wie Gorbatov also noch mit einer relativ milden Strafe davon, ganz im Gegensatz zu den späteren, oben in anderem Zusammenhang genannten Fällen proletarischer Klassenjustiz. Möglicherweise wirkte sich bei Gorbatov auch dessen Stellung als Arbeiter, also als „werktätiges Element“, aus. Es handelte sich eben nicht um einen (ggf. ehemaligen) „Kultdiener“, einen „ehemaligen Händler“ oder einen anderen „Ehemaligen“, dem das Wahlrecht schon per Gesetz nicht zustand. Andernfalls hätte die klassenbewußte Serpuchover Parteiführung in diesem Fall beide „Kategorien“ von „Klassenfeinden“, wie zuvor dargestellt, mit Sicherheit miteinander kombiniert. Genau dieses tat denn auch der Verfasser einer gleichfalls im *Nabat* am 8. September plazierten „Anmerkung“, die einen in der Nogin-Fabrik tätigen *cerkovnik*, den „Kirchendiener Gordeev“, an den Pranger stellte. Unter Hinweis darauf, daß es sich bei Gordeev um einen Bürger ohne Wahlrecht handele[1479], wovon es in dem Betrieb etliche gebe, formulierte der Autor am Schluß die zynisch anmutende Frage, ob denn eine Weiterarbeit dieses *lišenec* in der Fabrik sinnvoll sei.[1480] Damit wurden die in den Kirchengemeinden religiös Aktiven, eben jene *cerkovniki*, erneut auf dieselbe Ebene der „Klassenfeinde“ und „fremden Elemente“ gehoben, auf der sich die „Diener religiöser Kulte“ längst befanden. Als ent-

---

[1477]Vgl. die ebenfalls fett eingerahmte Notiz mit der Überschrift: Gorbatov ot raboty otstranen. Obščestvenno-pokazatel'nyj sud v načale avgusta, ibid., No. 159 (2201), 14.VII.1929 g., S. 3.

[1478]Im Fall der inkriminierten Arbeiterinnen lautete die Urteilsbegründung „Verbreitung falscher Gerüchte ohne Kenntnis [der Sachlage - *Erg. v. H.-M. Miedlig*] sowie Störung der Arbeitsdisziplin“. Vgl. 5-go avgusta sudjat vragov socialističeskogo sorevnovanija. Agenty klassovogo vraga dolžny ponesti zaslužennoe nakazanie, ibid., No. 177 (2219), 4.VIII.1929 g., S. 4 sowie die Prozeßberichte ibid., No. 178 (2220), 6.VIII.1929 g., S. 1; No. 179 (2221), 7.VIII.1929 g., S. 1.

[1479]N.D. Gordeev tauchte tatsächlich in der *lišency*-Liste vom 15. Mai 1929 namentlich auf, vgl. Spisok lic, lišennych izbiratel'nych prav po gorodu Serpuchovu, ibid., No. 108 (2150), 15.V.1929 g., S. 4. Vergeblich klagte er gegen die Entscheidung der Wahlkommission: Am 1. Juli 29 erteilte ihm das Präsidium des Serpuchover Stadtrats einen abschlägigen Bescheid, vgl. Protokol No. 5 zasedanija prezidiuma Serpuchovskogo gorsoveta 1-go ijulja 1929 g. CGAMO, f. 4502, op. 1, d. 51, l. 45.

[1480]Der Artikel erschien unter der Schlagzeile *Wir werden die Arbeiterreihen von Popen- und Kulakenagitatoren reinigen, die Fabriktore vor den fremden Elementen verschließen*: Mesto li emu na fabrike, *Nabat*, No. 207 (2249), 8.IX.1929 g., S. 3.

scheidendes und bequem anzuwendendes Qualifikationskriterium diente dabei der Verlust des Wahlrechts.

Der *konkrete* Kampf gegen die religiös Aktiven und die ihnen zugeordneten kirchlichen Organisationen war nicht nur wegen der Notwendigkeit der Feststellung solcher Qualifikationsmerkmale offenkundig weit schwieriger als der gegen die „Kultdiener“. Dies geht nicht zuletzt aus einem Vortrag des 1. Sekretärs der Serpuchover Bezirksparteiorganisation hervor, der am 3. September, dem Tag der Eröffnung der 1. Serpuchover Bezirksparteikonferenz, gehalten wurde. Der Sekretär behandelte das Thema „Die Kirche - ein Agent des Klassenfeindes“. Im Zusammenhang mit der Wahl eines regimekritischen Bischofs für Serpuchov bedauerte er, daß „die antireligiöse Arbeit schwächer als die Arbeit der *cerkovniki*“ sei. Die Angehörigen der „Union der Atheisten“ beschäftigten sich in ihren Diskussionen unter den Arbeitern mit eigentlich gar nicht mehr zu erörternden Fragen wie der nach der Existenz Gottes und der Möglichkeit der Taufe. Sie kämen nicht darauf, sich statt dessen „in die Arbeitermasse“ zu begeben „und ihr die Schädlingsarbeit der *cerkovniki* zu erklären“[1481]. Das Präsidium des Moskauer Gebietsgewerkschaftsbundes bestimmte deshalb am 10. Oktober, daß jedes Fabrikgewerkschaftskomitee „Verantwortung für die antireligiöse Arbeit im Unternehmen“ zu tragen habe. Die lokalen Gewerkschaftsorganisationen müßten für die Durchführung dieser Arbeit einen fixen Prozentsatz an Finanzmitteln zuweisen. Überdies betonte das Gremium, daß die bisher sehr schwache „Union der kämpfenden Atheisten“ nun eine „in der Tat kämpfende Organisation“ mit Massenbasis werden müsse[1482].

Im Sinne einer faktischen Verbesserung dieser schwierigen Situation an der „antireligiösen Front“ mit ihren Erschwernissen für die Verfolgung der *cerkovniki* beschloß die Agitpropabteilung des *MK* noch im gleichen Monat eine „Resolution [...] über den Zustand und die Aufgaben der antireligiösen Arbeit“. In diesem Papier wurden „die religiösen und Sektenorganisationen“ von vornherein als „schädlich“ und „konterrevolutionär“ klassifiziert, da sie „gegen die Maßnahmen der Sowjetmacht und der Partei“ kämpften und damit den „sozialistischen Aufbau“ untergrüben. Sowohl die Religion als solche als auch die kirchlichen Organisationen spielten somit „die Rolle eines Agenten der konterrevolutionären Kräfte“. Bemängelt wurde, daß sowohl die Räte, Gewerkschaften und anderen gesellschaftlichen Organisationen als auch die Parteiinstanzen „die antireligiöse Arbeit vollkommen unzureichend“ betrieben, den Kampf mit der Religion unterbewerteten und weder „rechtzeitig“ noch „ausreichend“ auf die „konterrevolutionäre Tätigkeit der kirchlichen Organisationen“ reagierten. Alle örtlichen Parteiorganisationen des Moskauer Gebiets müßten deshalb die Apparate der „Union der Atheisten“ nun auch formal übernehmen und die antireligiöse Arbeit vor Ort besser

---

[1481] Pervaja okružnaja partijnaja konferencija. Doklad t. Makarova ob očerednych zadačach okružnoj partijnoj organizacii, ibid., No. 203 (2245), 4.IX.1929 g., S. 3.

[1482] Vgl. *Religija i klassovaja bor'ba*, S. 110. Entsprechende Beschlüsse faßte dann auch die 1. Gebietskonferenz der „Union“; ibid., S. 111.

führen, gerade im Zusammenhang mit einer Überprüfung der entsprechenden Wähleraufträge bezüglich deren Umsetzung. Weiter beklagten die Verantwortlichen des Agitprop den „zufälligen Kampagnencharakter" der „religiösen Massenarbeit", die „systematisch" zusammen mit der „Union" und den gesellschaftlichen Organisationen durchzuführen sei. An den Arbeiterfakultäten müßten deshalb spezielle „Antireligiöse Abteilungen" und in den einzelnen Fabriken, Sowchosen und Kolchosen „antireligiöse Zirkel" eingerichtet werden. Schließlich gebot die Resolution, „auf der Grundlage der Wähleraufträge das Werk der Schließung der Kirchen, Synagogen, Bethäuser u.a. auch systematisch fortzusetzen", damit „die alltäglichen und kulturellen Bedürfnisse der Werktätigen" durch die Nutzung dieser Gebäude befriedigt werden könnten. Allerdings fand sich gleichzeitig der wichtige Hinweis, daß Schließungen von Kirchen „nur auf der Grundlage von Entscheidungen administrativer Organe" oder ohne nachfolgende Überführung in ihre neue Bestimmung absolut unzulässig seien, weil dies von den *cerkovniki* und Sektenangehörigen „für eine feindliche Agitation" ausgenutzt werden könne. Weiter hieß es zu diesem Punkt, daß jede Kirchenschließung gründlich vorzubereiten und *dabei die Zustimmung der Mehrheit der betroffenen Werktätigen zu sichern sei*[1483]. Mit letzterem war ein wichtiges Kriterium erwähnt, das Folgekonflikte mit den staatlichen Organen verhindern helfen sollte, im neuen Gesetz über die religiösen Vereinigungen, wie oben schon erwähnt, indessen nicht explizit enthalten war!

Diese Vorgaben berührten einzelne Städte des Gebiets zunächst allerdings nur unwesentlich. Ein gutes Beispiel hierfür sind die in dieser Hinsicht bereits problematisierten, weiterhin kirchenfreundlichen Verhältnisse in der Arbeiterstadt Orechovo-Zuevo[1484] trotz der weisungsgemäßen Einrichtung einer „Antireligiösen Abteilung" bei der örtlichen „Arbeiterfakultät"[1485]. Noch im gleichen Monat Oktober versandte das Präsidium des *Mossovet* ein Zirkular an die eigene Administrative Abteilung sowie alle Präsidien der Bezirksvollzugskomitees der *oblast'*, unter deutlichem Bezug auf den Schlußteil der eben zitierten Resolution: Neben der Einhaltung der gesetzlichen Verfahrensvorschriften vor jeder Kirchen-

---

[1483] Rezoljucija po dokladu o sostojanii i zadačach antireligioznoj raboty, prinjataja na soveščanii APPO MK VKP(b) - X/29 g. CGAMO, f. 2157, op. 5, d. 108, ll. 251-253.

[1484] Während der Plenarsitzung des Rats von Orechovo-Zuevo vom 28. Oktober äußerte sich ein Teilnehmer der Diskussion über die Bilanz des letzten Bezirks- sowie des Gebietsrätekongresses wie folgt: „Es gibt bei uns viele Worte, aber wenig Taten. Wir haben keinen Plan für die antireligiöse Arbeit". Entsprechende Rückschlüsse lassen sich so hinsichtlich der Arbeitseffektivität der Zellen der „Union der Atheisten" ziehen. Obwohl noch während der gleichen Ratssitzung sowie am 27. November zum wiederholten Mal die Schließung zweier Kirchen und des Bethauses der Altgäubigen in der Stadt beschlossen wurde, reagierte das städtische Vollzugskomitee nicht. Erst auf erheblichen Druck zahlreicher „Anmerkungen" in der Zeitung *Kolotuška* fällte das Ratspräsidium schließlich am 10. Dezember eine derartige Entscheidung. Vgl. Protokol No. 7/9 zasedanija Plenuma Orechovo-Zuevskogo Gorsoveta ot 28-go X-29 goda, ibid., f. 5700, op. 1, d. 26, l. 30 sowie Protokol No. 16 Zasedanija Prezidiuma Orechovo-Zuevskogo Gorsoveta ot 10/XII-29 g. Ibid., d. 28, l. 96.

[1485] Vgl. dazu den Rechenschaftsbericht des Bezirksvollzugskomitees von Orechovo-Zuevo für das Jahr 1929: *Materialy k otčetu*, S. 52.

schließung wurde nicht nur deren genaue Beachtung, sondern zusätzlich auch die Berücksichtigung einer gleichfalls *gesetzlich nicht ausdrücklich normierten* Bestimmung angeordnet, wonach den Gläubigen als Ersatz eine nicht weiter als fünf Kilometer entfernte Kirche zur Verfügung stehen müsse. Jede Schließungsmaßnahme erfordere gründliche Vorbereitung, „ein 'Administrieren' in diesen Fällen" sei „unangemessen"[1486]. Die genaue Beachtung dieser Verfahrensregeln vor einer Kirchenschließung mahnte das *Mossovet*-Präsidium abermals in einem weiteren, an den gleichen Adressaten gerichteten Rundschreiben vom 13. November an. Als Grund wurde angeführt, daß das Gesetz vom 8. April von den örtlichen Behörden, die nun in größerer Zahl beim *Mossovet* um die Billigung der Liquidierung von bestimmten Kirchen und Bethäusern nachsuchten, „nicht vollständig" umgesetzt werde[1487].

Kirchenschließungen im Zuge der Repression gegen die religiösen Gemeinschaften und deren Mitglieder stellten für die Partei spätestens seit dem genannten verheerenden Bericht des Gebietsstaatsanwalts und dem zur Mäßigung in diesen Fragen aufrufenden Zirkular des Zentralkomitees ein besonderes Problem dar, mit einschlägigen Folgen für die einzelnen Parteiinstanzen vor Ort: Auf der Ebene des Moskauer Gebiets entschied seit dem Sommer 1929 verstärkt nicht mehr nur das *MOIK* über eingehende Anträge der örtlichen Behörden, diese oder jene Kirche zu schließen oder abzureißen, sondern auch ein Parteiorgan, nämlich die bereits genannte „Antireligiöse Kommission" beim *MK*[1488]. Die nunmehr waltende Vorsicht im Umgang der Machtorgane mit diesen heiklen Fragen zeigte sich auch in einer neuen Vorgehensweise bei den Entscheidungen: Vor jedem Beschluß der Kommission war immer ein Vertreter des betroffenen Bezirksvollzugskomitees sowie der Administrativen Abteilung des *MOIK* einzuladen und zur Sache zu hören. Dies zeigen geheime Dokumente unter Bezug auf mehrere Städte in verschiedenen Regionen der Moskauer *oblast'*[1489]. Als konkretes Beispiel für diese vorsichtige Entscheidungspraxis[1490] angesichts der großen Probleme sei hier ein Fall

---

[1486]Prezidium Moskovskogo Soveta R., K. i K.D. V Prezidiumy Okružnych Komitetov Moskovskoj Oblasti. K o p i j a: A.O.M.O.I.K. Sekretno. CGAMO, f. 2157, op. 5, d. 108, ll. 260-61.

[1487]S. idem: V Prezidiumy Okružnych Komitetov Moskovskoj Oblasti. Kopija: AOMOIK, ibid., l. 256.

[1488]Vgl. ein Ende August verfaßtes Schreiben des Sekretärs der Parteifraktion beim *MOIK* an die „Antireligiöse Kommission" beim *MK* über die Schließung einzelner Kirchen: Sekretar' frakcii VKP(b) MOIK. MK VKP(b) /antireligioznaja komissija/, 2602/1010/c, 22-go VIII 29 g., ibid., l. 296.

[1489]Vgl. die Schreiben des Leiters des „geheimen Sektors" beim Präsidium des *Mossovet* anläßlich diverser Entscheidungen bezüglich der Schließung von Kirchen und Klöstern in Kolomna, Možajsk, Orechovo-Zuevo und Serpuchov vom 20., 21,. 25., 26. und 29. Oktober. Zav. Sekretnoj Časti Prezidiuma Mossoveta. V Moskovskij Oblastnoj Komitet VKP(b) /Antireligioznaja Komissija/. Ibid., ll. 268, 270, 273, 279, 284, 287.

[1490]Entsprechend war auch die Vorgehensweise der Kommission bei der Beurteilung des Begehrens nach Schließung von fünf weiteren Serpuchover Kirchen im Oktober/November 1929. Vgl. Protokol antireligioznoj komissii pri MK VKP(b) ot 25/X-29 g., ibid, d. 108, l. 279. Mit einer Ausnahme wurden diese Gotteshäuser nach Einholung einer entsprechenden Billigung des *Mos-*

aus der Industriestadt Kolomna genannt: Gegenüber dem Verlangen des Stadtrats, die Kirche „Nikolaushof“ zu schließen und in eine städtische Bibliothek zu verwandeln, ferner die Kirche „Auferstehung“ in die städtischen Schulen zu integrieren, zeigte sich die Kommission zurückhaltend. Die Schließung der genannten Kirchen sei zwar möglich, erst müsse jedoch noch zusätzliche „vorbereitende politische Arbeit unter den Arbeitern“ geleistet und im städtischen Budget die entsprechenden „Mittel für den Umbau“ ausgewiesen werden[1491].

Das in der oben genannten Resolution der *MK*-Agitpropabteilung angemahnte Gebot des verschärften Kampfs mit den religiös Aktiven und den Kirchengemeinden als solchen konnte für die betroffenen *cerkovniki* in den einzelnen Städten des Moskauer Gebiets ganz konkrete üble Folgen haben: In Serpuchov stellte sich auf dem Wege der Umsetzung von Repressionsbeschlüssen betrieblicher Versammlungen erneut vorübergehend die proletarische Klassenjustiz über das Gesetz, im Verein mit einer verstärkten Tätigkeit des *OGPU*. Die Opfer waren sowohl die *cerkovniki* als auch die „Diener religiöser Kulte“, denen man den Vorwurf der Abhaltung „konspirativer Versammlungen“, die gegen die Politik von Partei und Regierung gerichtet seien, machte. Auch in diesem Fall wurde die Abhaltung eines außerordentlichen Schauprozesses *außerhalb* der *OGPU*-Justiz in der eigenen Fabrik verlangt[1492]. Damit sanken die religiös Aktiven erneut auf das staatsfeindliche Niveau der „Ausbeuter“ und *lišency*, auf dem sich die „Diener religiöser Kulte“ befanden[1493]. Der Kreis schließt sich in dem Bericht, daß in der Kleinstadt Ozery am 6. Oktober „unter dem Schutz der Kirche“ eine „Demonstration von Händlern und religiös Aktiven“ stattgefunden habe, die sich gegen die Getreiderequirierungen und Zwangsenteignungen von „Kulakenwirtschaften“ gerichtet hätten[1494]. Noch deutlicher wurde die ebendort erscheinende Parteizeitung *Kras-*

---

sovet sowie des *VCIK* in der Folge tatsächlich geschlossen. Der offiziellen Begründung zufolge benötigte die Stadt dringend Raum für die Lagerung von Korn, andererseits führten die *cerkovniki* angeblich vom Kirchenterritorium aus „konterrevolutionäre Aktionen“ durch. Vgl. Vypiska iz protokola Mos.Obl.Ispol.Kom-a i Prezidiuma Moskovskogo Soveta R., K. i K.D. No. 23 ot 28 nojabrja 1929 g. Ibid., d. 88, l. 45 sowie Cerkvi budut zakryty, *Nabat*, No. 280 (2322), 5.XII.1929 g., S. 1; ferner CGAMO, f. 4502, op. 1, d. 88, ll. 38, 39; 40, 43, 45.

[1491]Protokol No.... Zasedanija Antireligioznoj Komissii pri MK VKP(b). „10“ Oktjabrja 1929 goda. CGAMO, f. 4502, op. 1, d. 88, l. 272.

[1492]Zu einem Fall aus der Serpuchover Fabrik *Zanarka* im Oktober 1929 vgl. Vyvody iz protokola obščego sobranija rabočich i služaščich zanarskoj f-ki ot 19/X-29 g. Ibid., l. 1. Ob es zu dem betrieblichen Schauprozeß nach dem oben gezeigten Muster dann wirklich kam, kann auf der Grundlage der einschlägigen Quellen allerdings nicht mit Bestimmtheit behauptet werden.

[1493]Vgl. hier auch eine andere Quelle, die von „geheimen Zusammenkünften nach allen Regeln der Konspiration“ in derselben Stadt spricht. Zur Sicherung der Treffen hätten die *cerkovniki* vor dem Haus Wachen postiert, die nahende *OGPU*-Leute rechtzeitig melden sollten. Mit dem Verweis darauf, daß diese religiös aktiven Oppositionellen in eigenen Häusern tagten, erfolgte gleichzeitig deren Zuordnung zur Kategorie der Hausbesitzer, womit sie in direkte Verbindung mit der „nichtwerktätigen“ städtischen „Bourgeoisie“ gebracht wurden. *Religija i klassovaja bor'ba*, S. 24.

[1494]Ibid., S. 32.

nye Ozery, die am 25. Oktober die Aushebung „einer Gruppe von religiös Aktiven" nach deren „Hetze gegen die Sowjetmacht" durch das *OGPU* der Stadt vermeldete. Mitglied „dieser Gruppe" sei u.a. ein „ehemaliger Händler und Kirchenältester" gewesen, der zudem bei sich zu Hause eine größere Menge wertvollen Kirchenguts versteckt gehalten habe[1495]. Mit diesen konkreten doppelten Zuordnungen war es problemlos möglich, die formalgesetzlich nicht zu den *lišency* zu zählenden *cerkovniki* in die Verfolgung derjenigen einzubeziehen, die einer Aberkennung ihres Wahlrechts per Gesetz ohnehin unterlagen.

Die Stigmatisierung von Werktätigen, die aus ihrer Religiösität selbst am Arbeitsplatz keinen Hehl machten, wurde besonders in den drei letzten Monaten des Jahres 1929 im Rahmen der Kampagne gegen die *cerkovniki* in den örtlichen wie auch den überregionalen Zeitungen des Moskauer Gebiets verstärkt betrieben: Die Textilarbeiterzeitung *Golos tekstilej* berichtete am 14. Oktober, daß in einigen Industriestandorten im Bezirk Orechovo-Zuevo religiöse „Sektierer" gegen die jüngst (im September) verordnete „ununterbrochene Arbeitswoche" aufträten und agitierten[1496]. Am 25. des Monats berichtete der in Kolomna erscheinende *Kolomenskij rabočij* von einem Arbeiter, der in der Dampflokabteilung des örtlichen Schienenfahrzeuge herstellenden Betriebes als „aktiver Baptist" auftrete, während der Arbeit Psalmen singe und Handzettel religiösen Inhalts verteile. Das hierüber informierte Präsidium des *Mossovet* leitete den Fall an die Staatsanwaltschaft weiter.[1497] Diese war zuständig, denn es handelte sich hier um einen Akt, der durchaus als verfassungswidrig einzustufen war: Es sei in diesem Zusammenhang darauf hingewiesen, daß nach Inkrafttreten der oben genannten Verfassungsänderung vom Mai 1929 die Strafverfolgungsbehörden hier einen Verstoß gegen das Verbot der religiösen Propaganda geltend machen konnten. Der Serpuchover *Nabat* konfrontierte seine Leser am 5. November mit Nachrichten ähnlicher Art, wobei zur Stigmatisierung der religiös Aktiven erneut das probate Verfahren der doppelten Zuschreibung (*cerkovnik* - *lišenec*) angewandt wurde[1498].

[1495]Vgl. Spravka o faktach projavlenija klassovoj bor'by i iskaženija klassovoj linii, CGAMO, f. 2157, op. 1, d. 471, l. 21.

[1496]Ibid., l. 187.

[1497]Ibid., l. 180.

[1498]So schrieb das Blatt, daß der ehemalige, nunmehr als „Pensionär" lebende Arbeiter N.P. Nechaev anläßlich der Vorbereitungen für einen „Kulturmarsch" durch die Arbeiterkasernen im Rahmen der Feiern zum Jahrestag der Oktoberrevolution einzelne Mitglieder der für die organisatorische Durchführung im entsprechenden Wohnblock zuständigen „Alltags-" bzw. „Alltagskulturkommission" (hauseigenes Propaganda- und Überwachungsorgan der Partei) tätlich angegriffen und beschimpft habe. Sein Ziel sei gewesen, bewußt Partei und öffentliche Organisationen zu verunglimpfen. Nechaev habe schon früher in der Fabrik eine „antisowjetische Linie" verfolgt, opponiere aber jetzt besonders gegen die neuen wirtschaftspolitischen Maßnahmen unter starkem Bezug auf die Religion, der er sehr verhaftet sei. Der Angriff auf „Vertreter der Arbeiteröffentlichkeit" müsse deshalb als „konterrevolutionärer Auftritt" bewertet werden. Der Verfasser dieses denunzierenden Artikels bemühte sich nicht ohne Grund auch um die Biographie des ehemaligen Arbeiters: Dieser sei nämlich „vor der Revolution" in Moskau als „Unternehmer" tätig gewesen. Damit war Nechaev nicht nur als *cerkovnik*, sondern auch als potentieller *lišenec* stigmatisiert. Vgl. Antisovetskij ėlement s kindžalom na obščestvennika. Gnusnaja kontrrev. vylazka na krasil'-

Am Ende des Jahres resümierte der Serpuchover Rat in seinem Rechenschaftsbericht für 1929, daß es „eine ganze Reihe von konterrevolutionären Auftritten des Klassenfeindes" gegeben habe. Einerseits hätten sich der „NĖP-Mensch in der Stadt", andererseits auch „die religiös Aktiven sowohl in offener als auch in verdeckter Form" in ihren Bemühungen zur Verhinderung der Politik des Rats exponiert[1499]. In Podol'sk und Egor'evsk war die Situation nicht prinzipiell anders, was den nach wie vor großen Einfluß der Religion auf die Arbeiterschaft, der durch Zuzug bäuerlicher Arbeitskräfte aus den umliegenden Dörfern verstärkt wurde, aufs neue unter Beweis stellte. In der erstgenannten Stadt wurde unter den Arbeitern einer Fabrik ein bezahlter Baptistenführer mit zwei ihm von der Sekte zur Verfügung gestellten Häusern entdeckt und aus der Fabrik entfernt, in Egor'evsk als besonders exemplarischer Fall eine Arbeiterin als „Vorsitzende eines der Kirchenräte"[1500].

Die Opposition der *cerkovniki* gegen die neue Politik von Partei und Staat im Verlauf des großen „Umbruchs" beschränkte sich in dieser Zeit jedoch keineswegs auf die Arbeiterstädte und -siedlungen. In den kleinen Landstädten des Westens und Nordens der *oblast'* bestimmte sie einem geheimen Bericht aus dem Dezember 1929 zufolge sogar zuweilen - zusammen mit den *lišency* und der „kleinbürgerlichen Spießerintelligenz" - die Stadträte. Auch hier zeigten die einer harten Parteilinie verpflichteten Verantwortlichen das Bemühen, die religiös aktiven Bürger auf dem Wege einer Überprüfung ihrer Vergangenheit zugunsten einer leichteren Desavouierung in das Lager der *lišency* zu verbannen: Es handele sich bei ihnen - auch bei den Sektenanhängern - um „ehemalige Händler"[1501].

Bevor im folgenden auf die weitere Entwicklung der Politik der einzelnen Stadträte in ihrem Vorgehen gegen die *cerkovniki* und die „religiösen Vereinigungen" vor dem Hintergrund der Umbruchskrise eingegangen werden soll, muß auch der Kampf gegen die „Diener religiöser Kulte" und Mönche als *lišency* so-

---

no-otdeločnoj f-ke. Krasilščiki trebujut surovoj raspravy nad Nechaevym, *Nabat*, No. 256 (2298), 5.XI.1929 g., S. 1, 5. Letzteres blieb für ihn allerdings ohne dokumentarisch nachweisbare Folgen. Die bisher zugänglichen einschlägigen *lišency*-Listen verzeichnen seinen Namen nicht. Der Betroffene hatte jedoch mit einer Bestrafung besonderer Art zu rechnen: Wie im Falle des Arbeiters Gorbatov sollte er nach dem durch die Parteizelle lancierten Beschluß einer allgemeinen „Arbeiterversammlung" seines ehemaligen Betriebs einem „proletarischen Schauprozeß" unterworfen werden. Zu letzterem V otvet na vylazku klassovogo vraga, ibid., No. 256 (2298), 5.XI.1929 g., S. 5. Ob ein solcher Prozeß in der Folge tatsächlich stattfand, läßt sich aufgrund der erhaltenen Dokumente indessen nicht zweifelsfrei behaupten. Berichte über derartige „konterrevolutionäre Auftritte" mit religiösem Hintergrund gingen der Redaktion des *Nabat* aus verschiedenen Betrieben der Stadt zu. Vgl. dazu N. Baženov: Naglejšaja vylazka kontrrevoljucionerov na Zanarke, ibid., No. 266 (2308), 19.XI.1929 g., S. 3, ferner: F. Iljušin: Okončatel'no razgromit' Gorbatovščinu. Ot ugovorov i pros'b - k bespoščadnomu nastupleniju. Vygnat' s fabriki kulakov, popovskich agitpropov i ich podpeval, ibid., No. 270 (2312), 23.XI.1929 g., S. 3 u.a..

[1499]Vgl. Otčet o rabote Serpuchovskogo gorsoveta za vremja - 1929 god. CGAMO, f. 4502, op. 1, d. 75a, l. 7.

[1500]Vgl. *Religija i klassovaja bor'ba*, S. 68, 69.

[1501]Bericht der Informationsabteilung des *MOIK*, CGAMO, f. 2157, op. 1, d. 306, l. 22.

zusagen „erster Ordnung", wie er sich 1929 in den Städten des Moskauer Gebiets dargestellte, zur Sprache kommen. Das Vorgehen der städtischen Behörden des Gebiets richtete sich nämlich auch 1929 weiter gegen diese letztgenannte Zielgruppe im Rahmen der vorgegebenen antireligiösen Politik.

Für die erste Jahreshälfte 1929 lassen die Quellen trotz der laufenden Vorwahl-, Ausquartierungs- und Kirchenschließungskampagnen im oben beschriebenen Sinne noch keine Intensivierung der Verfolgungen von „Kultdienern" erkennen. Die geringe Präsenz der Geistlichen im Focus der städtischen amtlichen Verfolger zeigte sich maßgeblich in den *lišency*-Listen in dieser Zeit: Die 38 Namen umfassende, von der Serpuchover Wahlkommission erstellte Liste vom 8. Februar etwa verzeichnete lediglich einen „Diener religiöser Kulte" und eine Nonne, das Verzeichnis vom 15. Mai, das 15 Namen enthielt, wies lediglich drei Personen aus, die von einem „Kultdiener" (Ehemann oder Vater) wirtschaftlich abhängig waren. Auch in den Akten mit den Beschwerden der Bürger, die als Geistliche oder deren Angehörige über den Entzug des Wahlrechts in der ersten Jahreshälfte geklagt hatten, tauchte lediglich *ein* neuer (zusätzlicher) Name auf[1502]. Erst 1930 sollte sich dies im Zuge massiver Verfolgungen dieser Personengruppe ändern. Im traditionell von der Arbeiterschaft geprägten Orechovo-Zuevo mit ganz im Gegensatz zu Serpuchov nur drei Kirchen und drei Bethäusern für Altgläubige[1503] spielte die Größe der amtlich erfaßten geistlichen *lišency* und ihrer Angehörigen, wenn auch nur quantitativ, eine deutlich geringere Rolle[1504]. Aber auch in den kleinen bis sehr kleinen Städten der *oblast'* mit einer nur dünnen proletarischen Schicht, etwa Možajsk, Zvenigorod, Volokolamsk u.a., stellten die „Diener religiöser Kulte" sogar im gesamten Jahr 1929 offensichtlich eine nur kleine Gruppe unter den *lišency*[1505], das Gros der dem Wahlrechtsentzug unter-

---

[1502]Vgl. Dopolnitel'nyj imennoj spisok lic, lišennych izbiratel'nych prav. Priloženie k gazete „Nabat", No. 32 [8.II.1929], ibid., f. 5812, op. 1, d. 1, l. 20. Ferner: Kto ne možet vybirat'. Dopolnitel'nyj imennoj spisok lic, lišennych izbiratel'nych prav po gorodu Serpuchovu, *Nabat*, No. 43 (2085), 21.II.1929 g.; No. 44, 22.II.1929 g. und No. 45 (2087), 23.II.1929 g., jeweils S. 4, sowie: Spisok lic, lišennych izbiratel'nych prav po gorodu Serpuchovu, ibid., No. 108 (2150), 15.V.1929 g., S. 4; Protokol No. 5 zasedanija prezidiuma Serpuchovskogo Gorsoveta ot 1-go ijulja 1929 g., CGAMO, f. 4502, op. 1, d. 51, l. 46; Protokol No. 11 zasedanija prezidiuma Serpuchovskogo Gorsoveta ot 1-go avgusta 1929 goda, ibid., l. 31.

[1503]Vgl. Protokol No. 22 Zasedanija Prezidiuma Orechovo-Zuevskogo Gorodskogo Soveta ot 14 fevralja 1930 g., CGAMO, f. 5700, op. 1, d. 33, l. 43.

[1504]In den erhaltenen *lišency*-Listen Orechovo-Zuevos aus der Vorwahlzeit waren die Geistlichen kaum vertreten, s. etwa Protokol No. 11 ot 23 janvarja / Protokol No. 12 ot 24 janvarja uezdnoj P/komissii po lišeniju i vosstanovleniju izbiratel'nych prav sowie Protokol No. 14 zasedanija uizbirkoma ot 24/I-29 g., ibid., f. 5736, op. 1, d. 10, ll. 76ff. Die Berichte und sonstigen Unterlagen über die Rolle der „Kultdiener" während des Ablaufs der Ratswahlen 1929 in Orechovo-Zuevo belegen demgegenüber zwar lediglich eine, allerdings für den großen Einfluß der örtlichen Geistlichkeit sehr beziehungsreiche Feststellung des Stadtratsplenums vom 13. März, wonach „die Klassenfeinde (Popen, NĖP-Leute)" versucht hätten, die Wahlen zu ihren Gunsten zu beeinflussen. Dies sei ihnen nicht gelungen. Vgl. Protokol No. 1 Zasedanija Plenuma Orechovo-Zuevskogo Gorsoveta ot 13-go marta 1929 g., ibid., d. 26, l. 1.

[1505]Charakteristika sostava gorsovetov, ibid., f. 2157, op. 1, d. 306, l. 19.

worfenen „Kultdiener“ wurde nicht in der Stadt, sondern in den Dörfern des zugehörigen Landkreises zur Verantwortung gezogen[1506].

Ferner zeigte die zeitgleich mit den Mobilisierungen im Zusammenhang mit den bevorstehenden Wahlen Anfang 1929 verlaufende intensive Kampagne zur Ausquartierung der „nichtwerktätigen Elemente“ aus den kommunalen Wohnungen, daß die „Diener religiöser Kulte“, wenngleich als „nichtwerktätig“ angesehen, selbst in einer Bischofsstadt mit vergleichsweise vielen Geistlichen zunächst nur marginal betroffen waren: Die offizielle Serpuchover Ausquartierungsliste vom 2. Februar enthielt nicht mehr als zwei Namen von Popen, die nach einem entsprechenden in der Liste angebrachten Zusatzvermerk auch ihr Wahlrecht bereits eingebüßt hatten[1507]. Am 6. März meldete der *Nabat*, daß bisher „drei Zimmer von Nonnen“ im Rahmen der Ausquartierungen geräumt worden seien, ein für die klassenbewußten Verantwortlichen ärgerliches, weil äußerst bescheidenes Ergebnis, das, wie schon an anderer Stelle hervorgehoben, der mangelnden Mitarbeit der „Wohnungsgenossenschaften“ und der Kommunalabteilung zugeschrieben wurde[1508].

Dennoch kann, auch was die Städte des Moskauer Gebiets betrifft, von einem im allgemeinen noch guten, sorglosen Leben der geistlichen *lišency* im Frühjahr 1929 keineswegs die Rede sein. Das erwähnte *VCIK*-Präsidiumsmitglied Smidovič stellte während der Sitzung des obersten Vollzugskomitees vom 8. April 29 fest, daß die „Kultdiener“ in Stadt und Land de facto in mancher Hinsicht sogar schlechter gestellt seien als die „Kulaken“. Diese, wie auch die „NĖP-Leute“, hätten prinzipiell das Recht, in Kooperativen einzutreten, den Geistlichen werde dies jedoch verwehrt. Dies führe nun dazu, daß die Betroffenen sich vielfach nur sehr schwer mit Nahrungsmitteln versorgen könnten, da sie durch die fehlende Zugehörigkeit zu einem staatlichen Betrieb bzw. einer Kooperative kein Anrecht auf Lebensmittelkarten besäßen. Auch würden sie in der Regel einer harten Individualsteuer unterworfen, während die „Kulaken“ auch hier bessergestellt seien, insofern sie festgelegte Steuersätze zu entrichten hätten. Die dem *VCIK* massenhaft zugehenden Beschwerden aus allen Landesteilen[1509] belegten auch bezüglich der „Wohnungsfrage in den Städten“ eine deutliche Benachteiligung der „Kultdiener“. So habe der *Mossovet* die in einer munizipalisierten Wohnung lebenden *lišency* dieser Kategorie mit seiner jüngsten Mietverordnung zur Zahlung eines „maximalen Satzes“ verpflichtet. Für den thematischen Zusammenhang dieser Studie ist es von grundlegender Bedeutung, daß Smidovič direkt auf das eigentliche zentrale Problem, nämlich den bestehenden unaufgelösten Widerspruch zwischen der parteilichen Prärogative und gesetzlichem formalisiertem

[1506]Vgl. die statistischen Aufstellungen über die zahlenmäßige Verteilung der *lišency*-Kategorien auf die einzelnen *rajony* des Moskauer Gebiets vom April 1930, die auch die vorhergehenden Monate des Jahres 1929 berücksichtigen; ibid., d. 662, ll. 3ff.

[1507]Kto budet vyselen v pervuju očered'. Spisok vyseljaemych čuždych ėlementov, *Nabat*, No. 27 (2069), 2.II.1929 g., S. 3.

[1508]Vgl. Očiščenie kommunal'nych domov ot čuždych ėlementov prodolžaetsja. Slaboe sodejstvie ėtoj kampanii žiltovariščestv. Ibid., No. 54 (2096), 6.III.1929 g., S. 3.

[1509]Vgl. in diesem Zusammenhang auch oben S. 324.

Recht, verwies: Einerseits sei Religionsfreiheit jedem Bürger garantiert, andererseits jedoch durch die Vorgaben der Partei eingeschränkt. Diese fordere per Politbüro-Direktive eine bestimmte strenge Haltung gegenüber den „Kultdienern“ und ihre Behandlung als „Klassenfeinde“, was jedoch bisher in keiner gesetzlichen Regelung seine Entsprechung finde. Von den repressierten Klägern werde er beschimpft, von den Vertretern der „Union der Atheisten“ jedoch „als Beschützer der Religion“ gescholten. Abschließend drohte Smidovič aus diesen Gründen sogar seinen Rücktritt an und verlangte die Ausarbeitung eines Gesetzesprojekts zur Festlegung einer besonderen gesetzlichen Stellung der „Diener religiöser Kulte“, auch hinsichtlich ihres Zugangs zu kooperativen Organisationen[1510]. So spiegelte sich die durch die Setzung eigenen Rechts zunehmende Legitimationskrise der Parteipolitik erneut auch in der Arbeit der höchsten Räteinstanz der *RSFSR* wider.

Die örtlichen Parteiführungen und Räte, mit dem *Mossovet* an der Spitze, nahmen offensichtlich angesichts der geringen Erfolge bei der Aberkennung des Wahlrechts und der Ausquartierung der Geistlichen aus den munizipalisierten Wohnungen nun verstärkt zu einer gesetzlich nicht abgesicherten finanziellen Ausbeutung dieser Personengruppe Zuflucht. Es ist daher nicht verwunderlich, daß die brisanten Ausführungen Smidovičs, die die Existenz einer erheblichen, durch die Politik der Partei hervorgerufenen Rechtsunsicherheit im Lande unter Beweis stellten, zu einer stürmischen Diskussion führten. Am Ende wurde nicht nur die Einrichtung jener „ständigen Kommission für Kultfragen“ beschlossen, die alle aufgeworfenen Fragen behandeln sollte, sondern auch eine Weisung an das Finanzkommissariat erlassen, die gesetzlichen Vorgaben bezüglich der Besteuerung der Geistlichen strikt einzuhalten[1511]. Zu einer grundsätzlichen Neuregulierung des Status der „Diener religiöser Kulte“ kam es in den folgenden Jahren indessen dennoch nicht. Allerdings wurden 1930 einige Gesetze bzw. Verordnungen erlassen, die Smidovičs Anregungen in einzelnen Teilbereichen aufgriffen. Hierauf wird im folgenden im Zusammenhang mit den Auswirkungen auf die Verhältnisse im Moskauer Gebiet noch zurückzukommen sein.

In der zweiten Jahreshälfte 1929 nahm der Druck auf die werktätige Bevölkerung, bisher nicht aufgespürte Geistliche an die städtischen Behörden zu melden, weiter zu. Aufmerksame „klassenbewußte“ Bürger mit oder ohne offizielles Amt konnten und sollten auch über die örtlichen „Klagebüros“ der *RKI* und deren Beauftragte die verfängliche Vergangenheit bzw. Verwandtschaft der Angehörigen dieses Personenkreises aufklären helfen und dadurch zur Ausgrenzung potentieller *lišency* beitragen. Folgendes Beispiel aus Serpuchov, das die Unbotmäßigkeit der Kommunalabteilung hinsichtlich der Beachtung der verordneten „Klassenlinie“ erneut vor Augen führt, sei hier erwähnt: Am 19. August entschied das „Klagebüro“ der für das Moskauer Gebiet zuständigen *RKI* über eine Beschwerde, die vom *RKI*-„Bevollmächtigten“ für den Serpuchover Kreis übermit-

[1510] Protokol zasedanija VCIK, No. 105, 8/IV-29 g. GARF, f. 1235, op. 141, d. 130, ll. 16, 18.
[1511] Ibid., ll. 20, 21, 28.

telt worden war. Es ging um das Vorgehen des leitenden Personals bei der Kommunalabteilung der Kreishauptstadt im Zuge einer gerichtlichen Klage gegen die Pächter eines bestimmten Wohnhauses. Diese sollten nach dem Standpunkt der Kläger wegen mangelnder Erfüllung ihrer vertraglichen Verpflichtungen zwangsausquartiert werden. Aufgrund des vorliegenden, zuvor dem *Nabat* zugestellten Materials sah sich das „Klagebüro" indessen von einem „undurchdachten Herangehen seitens der Führer der OKCh" an die Sache überzeugt, denn nach den Unterlagen handele es sich bei den Pächtern nicht um Leute mit proletarischer Herkunft, sondern um „Kinder eines Dieners religiöser Kulte, die auch die Verbindungen zum Vater nicht abgebrochen" hätten, ja mit diesem sogar zusammenlebten. Aus *ebendiesen* und nicht aus den angeführten Gründen sei die Zwangsausquartierung geboten gewesen. Das „Klagebüro" monierte auch, daß die Kommunalabteilung nicht in der Lage gewesen sei, in dieser Sache „eine öffentliche Meinung zu schaffen", und ermahnte die Abteilung, „künftig solche Fehler nicht zuzulassen". Allerdings sei auch die „Anmerkung" im *Nabat* von der werktätigen Herkunft der Pächter ausgegangen. Daher müsse die Redaktion der Zeitung auf dem Wege einer gesondert zu veröffentlichenden „Erläuterung" diesen Sachverhalt öffentlich berichtigen[1512]. Am 31. des Monats ordnete das Kreisvollzugskomitee pflichtgemäß die Umsetzung der Weisungen an[1513].

Nach allem bisher Gesagten liegt der Schluß nahe, daß die Vertreter der Kommunalabteilung mit ihrem von vorgesetzter Stelle gerügten „undurchdachten Herangehen" an die Angelegenheit wegen bestimmter (wirtschaftlicher) Eigeninteressen zunächst dazu tendierten, sich unter Bezug auf formalrechtliche Positionen eher auf die Seite der Delinquenten als auf die der klassenbewußten Verfolger zu stellen.

Weitere Beispiele für denunziatorische Meldungen bisher unentdeckt gebliebener „Popenkinder" als potentiellen *lišency* durch einzelne aufmerksame Bürger belegen die Quellen gerade für das Jahresende 1929 in größerer Zahl. Es können hier nur wenige Fälle erwähnt werden, etwa die Verfolgung der beiden Abkömmlinge des in der Stadt Serpuchov damals nicht unbekannten Priesters Smirnov[1514]. Diese verloren daraufhin tatsächlich sowohl ihre Gewerkschafts- wie auch ihre Wahlrechte, wenn auch infolge langwieriger Untersuchungsverfahren im innerstädtischen Amtsverkehr erst im Frühjahr 1930[1515]. Ebendieses Schicksal ereilte

---

[1512]Vypiska iz protokola No. 21 zasedanija B.Ž. ORKI ot 19/VIII-1929 g., CGAMO, f. 4502, op. 1, d. 96, l. 24.

[1513]Ibid. (handschriftliche Notiz).

[1514]Pavel Smirnov war Geistlicher an der inzwischen geschlossenen Aleksandr-Nevskij-Kirche. Sein Name tauchte in einer Aberkennungsliste auf, die Ende September/Anfang Oktober 1929 bei der städtischen Wahlkommission erstellt worden war. Vgl. Spisok služitelej religioznogo kul'ta g. Serpuchova lišennych izbiratel'nych prav, ibid., f. 5812, op. 1, d. 5a, ll. 166-167.

[1515]Nach dem Zeugnis eines Notars, der die Überschreibung des Hauses des Geistlichen an dessen Kinder amtlich beglaubigt hatte, arbeiteten zwei der Söhne als Arbeiter in je einem Serpuchover Betrieb. Beide müßten jedoch, so der Notar in einem Schreiben an die Bezirks-*RKI* im November, unbedingt sowohl die Mitgliedschaft in der Gewerkschaft als auch ihr Wahlrecht verlieren, da sie mit ihrem Vater zusammenwohnten und gemeinsam wirtschafteten. Die Informatio-

auch die inzwischen „werktätige", sich zum Zeitpunkt der Denunziation zu Ausbildungszwecken in Moskau aufhaltende Tochter des Popen Ja.Ja. Brilliantov[1516]. Der Denunziant vergaß in diesem letzteren Fall am Ende nicht, im gleichen Zusammenhang auch noch eine andere an gleicher Stelle in Moskau tätige Tochter eines „Dieners religiöser Kulte" namentlich anzuzeigen, mit der Bitte an die Behörden, deren Vor- und Vaternamen sowie den Wahlrechtsstatus zu ermitteln[1517]. Bezüglich dieser zweiten „Popentochter" läßt sich ein Wahlrechtsverlust jedoch nicht zweifelsfrei nachweisen, wenn auch ihr Vater schon auf der Liste stand[1518].

Gerade für das letzte Quartal des Jahres 1929 belegen die Quellen zahlreiche Beispiele regen, teilweise offenen Widerstands der Geistlichen und ihrer Familien gegen die zunehmende Entrechtung. Dies betrifft zwar besonders die dörflichen Gegenden, wo die „Diener religiöser Kulte" traditionell starken Einfluß auf die Bauernschaft ausübten, aber auch in den Städten bildeten sie hier und dort eine „konterrevolutionäre" Allianz mit den *cerkovniki*, wie die oben zitierte Quelle über die Verfolgung durch die proletarische Avantgarde in der Serpuchover *Zanarka* vom Oktober des Jahres u.a. belegt. Die dort dokumentierte Inhaftierung von aktiv Gläubigen *und* Popen durch das *OGPU*, die laut einem anderen Zeugnis am 12. des Monats vorgenommen wurde, war nur eine unter anderen: Vorher hatte der Geheimdienst bei einer Haussuchung, die ebenfalls in Serpuchov statt-

---

nen wurden erst am 10. Januar 1930 vom zuständigen Fabrikgewerkschaftskomitee bestätigt. Am 26. Februar beschloß die Bezirksabteilung der zuständigen Gewerkschaft schließlich, dem einen „Popensohn" die Mitgliedschaft in dieser zu entziehen, nachdem sie die einschlägigen Unterlagen an die Wahlkommission des Rats zur Aberkennung des Wahlrechts übermittelt hatte. Der Entzug dieses Bürgerrechts erfolgte im Mai. Bezüglich des anderen Sohnes teilte die gleiche Stelle das Erfordernis einer solchen Maßnahme auch dessen Betrieb mit. Diesem wurde vom Stadtrat am 14. März schließlich mitgeteilt, daß der Name inzwischen auf der *lišency*-Liste plaziert worden sei. Alle Schriftwechsel unter ibid., ll. 9, 112-114.

[1516]So wandte sich ein Bürger am 1. Januar 1930 an das Präsidium des Serpuchover Rats mit der sich auf einschlägige im Dezember 29 eingesehene „Zeugnisse" stützenden Mitteilung, daß im Konstruktionsbüro eines bestimmten Moskauer elektrotechnischen Betriebs eine Serafima Ja. Brilliantova als Zeichnerin arbeite. Ihr Vater sei der Serpuchover Geistliche und *lišenec* Ja.Ja. Brilliantov (vgl. die oben zitierte *lišency*-Liste, die führende Serpuchover Geistliche verzeichnete; s. Anm. 1514 und die dort genannte Quelle). Der Briefschreiber zeigte sich „überzeugt", daß die Betreffende sowohl im Betrieb als auch im Rahmen ihrer Moskauer Fortbildung „ihre soziale Stellung" verborgen habe. Daher bat er das Ratspräsidium, die zuständige „provisorische Kontrollkommission" hierüber zu informieren, da es deren Aufgabe sei, die Existenz der „proletarischen Schicht" in den Betrieben zu garantieren. Der Kommissionsvorsitzende und die Leiter des Fortbildungskurses müßten informiert sein, um entsprechende „organisatorische Schlüsse" ziehen zu können. Vgl. V Prezidium Serpuchov. Gorsoveta. Zajavlenie, CGAMO, f. 5812, op. 1, d. 5a, l. 99. Am 8. Februar verlor Serafima Ja. Brilliantova ihr Wahlrecht. Spisok lic, lišennych izbiratel'nych prav po gorodu Serpuchovu. Bjulleten' Serpuchovskogo Gorodskogo Soveta. Priloženie k gazete „Nabat" No. 288 (2631), ibid., d. 9a, l. 17.

[1517]Ibid., d. 5a, l. 99.

[1518]Hierzu Spisok služitelej religioznogo kul'ta g. Serpuchova lišennych izbiratel'nych prav, ibid., l. 166.

fand, eine verschworene Gemeinschaft dingfest gemacht, die nach Geldsammlungen mehrere Postsendungen mit Hilfsgütern im Wert von jeweils angeblich über 600 Rubeln zur Unterstützung zwangsverschickter und verbannter Geistlicher versandt hatte. In Egor'evsk hielten die ansässigen Popen nach dem Beschluß zur Schließung von zwei Kirchen zusammen mit den Mitgliedern der Kirchenräte eine oppositionelle „Untergrundversammlung" ab, in der nach den Ermittlungen des *OGPU* ein Plan ausgearbeitet wurde, öffentliche Versammlungen und Straßendemonstrationen gegen die Kirchenschließungen zu veranstalten und Arbeiterversammlungen zu sprengen. Auch die Stadt Ozery war Schauplatz derartiger Demonstrationen, wie schon an anderer Stelle dargestellt wurde. Hier war die örtliche Geistlichkeit ebenso beteiligt[1519]. So zeigte sich die Opposition gegen die vermehrte Verfolgung der geistlichen *lišency* gerade auch in den *Arbeiterstädten* des Moskauer Gebiets.

Somit ist folgendes festzuhalten: Aufgrund der beschriebenen rechtlichen Legitimationsprobleme der Partei, deren Konzentration auf die verstärkte Verfolgung der *cerkovniki* und anderer Gründe, die nicht zuletzt auch mit dem Widerstand der Betroffenen bzw. deren Einfluß zusammenhängen, verlief die Ermittlung und listenmäßige Erfassung neuer geistlicher *lišency* samt deren Familienangehörigen in der ersten Hälfte des Jahres 1929 nur zögerlich. Dies änderte sich allmählich in der zweiten Jahreshälfte mit steigendem politischem Druck, trotz z.T. offener Opposition der „Diener religiöser Kulte" in verschiedenen Städten des Moskauer Gebiets. Dabei liefen, ob initiiert durch Denunziation von privater Seite oder als Folge behördlicher Anfragen, alle in die Wege geleiteten Ermittlungen gegen die Familienangehörigen Geistlicher als potentielle *lišency* nach dem gleichen Verfahren wie bei den anderen dem Wahlrechtsentzug unterliegenden Personengruppen im zwischenbehördlichen Amtsverkehr ab.

Ferner ist zu betonen, daß es selbst Ende 1929 nach einer amtlicherseits erfolgten Meldung von Geistlichen und deren Familienangehörigen an die Behörden keineswegs einen *Automatismus* in der nachfolgenden Sanktion gab, zumindest nicht im städtischen regulären Amtsverfahren unter der üblichen Einschaltung ermittelnder Milizinspektoren[1520]. Auch die Tendenz der städtischen Kommunal-

[1519]Vgl. *Religija i klassovaja bor'ba*, S. 24, 33, 32.

[1520]Als besonders prägnantes Beispiel sei hier der Fall des A.A. Veličkovskij, „Sohn eines Dieners religiöser Kulte" aus Serpuchov, genannt. Angesichts der bevorstehenden Einberufung Veličkovskijs bat das „Kreismilitärkommissariat" der Roten Armee das Bezirksvollzugskomitee, „im Eilverfahren" den Wahlrechtsstatus des Einzuberufenden mitzuteilen, da dieser „Verbindung zu seinem Vater, einem lišenec" unterhalte. Deshalb beauftragte das Vollzugskomitee im September 29 die zuständige Administrative Abteilung des Rats, zu ermitteln, welcher Arbeit der Vater „zum gegenwärtigen Zeitpunkt" nachgehe, ob ihm die Wahlrechte entzogen seien und welche Verbindung zum Sohn bestehe. Einen Monat später teilte der zuständige Milizinspektor dem Leiter der Administrativen Abteilung nach Durchführung der angeordneten Recherchen mit, daß es sich bei dem Vater Veličkovskijs tatsächlich um einen nach wie vor tätigen „Kultdiener" handele, nämlich um einen „Küster", der noch auf dem Dorf wohne. Veličkovskij junior arbeite als Elektro-

abteilung, sich, wie besonders für Serpuchov belegt, aus bestimmten (ökonomischen) Interessen heraus bei einem amtlichen Vorgehen gegen die „nichtwerktätigen" Delinquenten eher auf deren Seite zu stellen, blieb offensichtlich weiter erhalten - sehr zugunsten der krisenvermehrenden Schwäche in den Beherrschungskapazitäten der örtlichen Machtorgane. Trotzdem konnten die „Diener religiöser Kulte" letztlich ihre fortschreitende Ausgrenzung und Entrechtung nicht verhindern. In Serpuchov waren im Oktober an 18 Kirchen und einer „religiösen Gemeinde" 39 von ihnen ohne Wahlrecht, d.h. ein bis drei „Kultdiener" (Diakone, Popen, „Oberpriester") pro „religiöse Vereinigung" und Kirche[1521]. Damit standen Ende 1929 zwar die wichtigsten, aber nach wie vor keineswegs alle Geistlichen dieser Stadt auf der *lišency*-Liste[1522].

2.2.2.3. Phasen erneuter Gesetzlosigkeit 1930-32 und nachfolgende Entspannung

Wie schon oben in anderem Zusammenhang deutlich gemacht wurde, waren besonders die ersten drei Monate des Jahres 1930 eine Zeit, in der, mit Billigung der Hardliner in der obersten Parteiführung und des *MOIK* im besonderen, der Kampf gegen die *lišency* und „nichtwerktätigen Elemente" unter Mißachtung der „revolutionären Gesetzlichkeit" bei gleichzeitiger Etablierung einer formal ungesetzlichen, parteigebundenen proletarischen Klassenjustiz geführt wurde. Es kann dabei als symptomatisch für die in eine Herrschaftskrise geratene regierende Partei während der Stalinschen „zweiten Revolution" angesehen werden, daß die staatliche Rechtsordnung gerade von den lokalen *Partei*instanzen in den einzelnen Städten abgedrängt wurde. In dieser Beziehung waren die „religiösen Gemein-

---

techniker in einem baumwollverarbeitenden Betrieb in der Stadt und besitze auch die Mitgliedschaft in der Gewerkschaft. Der Inspektor hob besonders hervor, daß zum Vater keinerlei Verbindung, „weder materiell noch schriftlich", bestehe. Ob letzterer tatsächlich sein Wahlrecht eingebüßt habe, könne vor Ort nicht festgestellt werden. Der werktätige Sohn schien damit entlastet, indessen gab sich die Administrative Abteilung, selbst unter Druck, mit den lückenhaften Angaben über den Vater nicht zufrieden. Deshalb erteilte sie an die Miliz den Auftrag, trotz aller Schwierigkeiten dessen Wahlrechtsstatus und genaue gegenwärtige Tätigkeit vor Ort festzustellen. Ob dies noch geschehen ist, läßt sich aufgrund der Quellenlage nicht genau bestimmen. Als Ergebnis der Ermittlungen bezüglich des *jungen* Veličkovskij, der ja in Serpuchov lebte, ist angesichts des Fehlens weiterer ihn betreffender Dokumente zu vermuten, daß die Sache für die Behörden erledigt und der Wehrpflichtige durch Bruch mit dem Vater sowie infolge eigenen werktätigen Einkommens noch einmal der Familienhaftung entronnen war. Vgl. den entsprechenden amtlichen Schriftwechsel unter CGAMO, f. 5812, op. 1 d. 5a, ll. 157, 158, 160.

[1521] Spisok služitelej religioznogo kul'ta g. Serpuchova lišennych izbiratel'nych prav, ibid., ll. 166-167.

[1522] Zu Nachweisen über weitere Wahlrechtsentzüge bei derzeitigen und ehemaligen Geistlichen aus Serpuchov vgl. die *lišency*-Listen 1930-34, z.B.: Isključit' iz spiska lišencev; Spisok lic, lišennych izbiratel'nych prav po gorodu Serpuchovu Moskovsk. obl. na 1-oe nojabrja 1934 goda; Dopolnitel'nyj spisok lic, lišennych izbiratel'nych prav po gorodu Serpuchovu i rajonu na 15-oe nojabrja 1934 g. Ibid., d. 8a, l. 28; d. 12, ll. 51, 52.

schaften" und ihre Mitglieder einerseits, und die „Diener religiöser Kulte" andererseits, mehrfach betroffen: zum einen von zahlreichen ungesetzlichen Kirchenschließungsverfahren, zum zweiten von mißbräuchlicher Besteuerung der kirchlichen Liegenschaften und der Geistlichen selbst, zum dritten von vermehrtem, z.T. ungesetzlichem Wahlrechtsentzug der „Kultdiener". Zusätzlich griffen die städtischen Behörden des Gebiets schließlich auch zu einer rüden Praxis der Zwangsausquartierung der ohnehin nun verstärkt vom *OGPU* belangten Geistlichen[1523] aus den „munizipalisierten" Wohnungen.

Im Zuge der Vorwahlkampagnen zu den örtlichen Räten war es bereits Ende 1929 zur Festsetzung zahlreicher von den einzelnen betrieblichen Parteizellen initiierter „Wähleraufträge" der Werktätigen gekommen, in denen mit großem Nachdruck neue Kirchenschließungen verlangt wurden. Hier ist z.B. die aggressive Kampagne erwähnenswert, die von der Kreisparteizeitung in Volokolamsk, *Krasnyj pachar'*, geführt wurde. Diese beutete die zahlreichen auf „Arbeiterversammlungen" erhobenen und beschlossenen Forderungen extensiv propagandistisch aus[1524]. Allerdings reagierten nach den Informationen der „Antireligiösen Kommission" beim *MK* viele Stadträte zunächst nur zögerlich und langsam mit entsprechenden Beschlüssen auf diese Forderungen der proletarischen Avantgarde[1525]. Besonders betroffen waren hier gerade die moskaunahen sowie im abgelegenen Westen der *oblast'* befindlichen Städte (etwa Možajsk, Volokolamsk, Vereja etc.) des Moskauer Bezirks[1526], aber auch die Verhältnisse in Serpuchov sind in dieser Beziehung ein gutes Beispiel. So bat die Betriebsleitung der 1. Kattundruckfabrik am 10. September das Bezirksvollzugskomitee erfolglos, die Beschlußfassung in der Frage des Abrisses zweier Kirchen, die der geplanten räumlichen Betriebserweiterung im Wege stünden, zu beschleunigen[1527]. Am 10. Dezember 29 erging auf die von einer Arbeiterversammlung der 2. Kattundruckfabrik erhobene Forderung nach Schließung der Kirche „Hinscheiden" (Christi)[1528] zunächst ebenfalls kein offizielles entsprechendes Gesuch des Stadtrats an das Präsidium des *Mossovet*. Selbst zu Jahresbeginn 1931 war die Kirche weiterhin in Betrieb![1529] Es ist bezeichnend, daß am 1. Januar 1930 der Verfasser

[1523]Vgl. Kozlov, S. 73, 74.

[1524]S. die Ausgabe des Blattes vom 24. November 1929. Vgl. Il'ja Medovoj: Drevnyj gorod na Lame. Kolokola Volokolamska. *Otečestvo. Kraevedčeskij al'manach. Podmoskov'e*, Moskva 1996, S. 63.

[1525]Vgl. Protokol Zasedanija antireligioznoj komissii pri MK VKP(b). Ot 5/II-1930 g. CGAMO, f. 2157, op. 5, d. 108, l. 212.

[1526]Vgl. Vo Vse Rajispolkomy, ibid., l. 129.

[1527]Gos. chl. bumažnyj trest. Sitce-nabivnaja fabrika. Serpuchovskomu Okrispolkomu. Ibid., f. 4502, op. 1, d. 87, l. 12.

[1528]Dahinter stand der Wunsch, den bei Erfolg des Begehrens freiwerdenden Kirchenraum als Sporthalle für die körperliche Ertüchtigung der Werktätigen zu nutzen. Vgl. Protokol obščego sobranija kružka fizkul'tury kluba imeni Volodarskogo pri 2. Sitce-nabivnoj f-ke sovmestno s molodež'ju i rabočimi f-ki ot 10/XII-29 g. Ibid., d. 88, l. 21.

[1529]Svedenija o zakrytych cerkvach po g. Serpuchovu po sostojaniju na 1/I-31 g., ibid., d. 352, l. 50.

einer im *Nabat* veröffentlichten Zuschrift bemängelte, daß die Zelle der „Union der Atheisten" bei der Administrativen Abteilung der Serpuchover Bezirksverwaltung schlafe und „überhaupt keine Arbeit" erledige. Es sei „Zeit, sie aus dem Schlaf zu erwecken"[1530]. Der Stadtrat geriet zunehmend unter Druck: Am 26. Januar setzte der Serpuchover Bezirksgewerkschaftsbund das Präsidium des Rats darüber in Kenntnis, daß die eigene Organisation die Bitte des Kreisunterkomitees der Metallarbeiter, beim Stadtrat um den Abriß der bereits geschlossenen Kirche „Kreuzigung" nachzusuchen, am 15. des Monats gebilligt habe[1531]. Weder ein entsprechender Beschluß des Rats noch die tatsächliche Durchführung der Abrißaktion sind indessen belegt, auch nicht in den Materialien für die Jahre 1931-34. Hier zeigte sich ein deutlicher Dissenz zwischen den Verfechtern einer strikten proletarischen „Klassenlinie" in der Partei und den maßgeblichen städtischen Vollzugsorganen des Rats, gleichzeitig der Einfluß und die Stärke der „religiösen Gemeinschaften".

So nimmt es nicht wunder, daß die oben erwähnte „Antireligiöse Kommission" am 5. Februar einen Katalog von Weisungen an alle Parteifraktionen bei den Vollzugskomitees der Bezirke, Kreise und Städte der *oblast'* versandte. U.a. erging die Anordnung, die Wähleraufträge bezüglich der „Frage der Kirchenschließungen" schneller und entschlossener umzusetzen. In diesen Zusammenhang gehöre auch „die Mobilisierung der Aufmerksamkeit der Massen für die Vorwahlkampagne bezüglich der Kontrolle einer Durchführung der Aufträge", die von den Wählern erteilt worden seien. Gleichzeitig sollten „in nächster Zeit" Aktivistengruppen der Partei bei den Kreis- sowie Bezirksparteikomitees und auch beim *MK* „die Frage der konterrevolutionären Rolle der Religion beim Aufbau des Sozialismus sowie der Heranziehung der breiten Parteimassen zur Verstärkung des Kampfes mit der Religion, im besonderen [bezüglich - *Erg. v. H.-M. Miedlig*] der Nutzung der Kultgebäude für die kulturellen Bedürfnisse" der Werktätigen, erörtern. „An alle Zellen und Kreiskomitees" sei ein Zirkular „über die Unumgänglichkeit eines Umbruchs in der antireligiösen Arbeit in Verbindung mit den neuen Aufgaben des Aufbaus und Anwachsens des sozialistischen Bewußtseins der werktätigen Massen" zu versenden. Außerdem sollten sich bei der Presseabteilung des *MK* alle örtlichen Zeitungsredakteure versammeln, „zwecks Instruierung in der Frage einer breiten Beleuchtung der antireligiösen Bewegung und der Einbeziehung der Arbeiter- und Bauernkorrespondentenmassen in sie in den Zeitungen". Auch hätten sich die gesellschaftlichen Organisationen in freiwilliger Samstagsarbeit um den Abriß derjenigen Kirchen zu kümmern, deren Abtragung beschlossen sei. Das gewonnene Baumaterial könnten sie selbständig zur Errichtung von Gebäuden für kulturelle Zwecke verwenden. Schließlich dürfen auch noch jene Bestimmungen hier nicht unerwähnt bleiben, wonach alle „gesellschaftlichen Organisationen" verpflichtet wurden, zum Zwecke der Schließung von Kirchen, Bethäusern, Synagogen etc. eine breitangelegte Massenkampagne zu

---

[1530] Unbetitelter Kurztext der Rubrik *Nam pišut*; *Nabat*, No. 1 (2344), 1.I.1930 g., S. 5.

[1531] V Prezidium Gorsoveta. Vypiska iz protokola Zasedanija Prezidiuma Serpuchovskogo Okrprofsojuza ot 15/I-30 g., CGAMO, f. 4502, op. 1, d. 88, l. 18.

führen. Bei diesem „entschiedenen Vorgehen gegen die Religion" habe die Arbeit der Moskauer Gebietsorganisation der „Union der kämpfenden Atheisten" nun in der Tat einen „kämpferischen Charakter" zu entwickeln[1532].

Diese Kommissionsbeschlüsse hatten für die politisch motivierte Repression gegen die Kirchengemeinden sowie die „Diener religiöser Kulte" weitreichende Folgen: Im Moskauer Bezirk reagierten die in den einzelnen Kreisstädten befindlichen Vollzugskomitees insofern über, als sie die vorher nur zögerlich und mit großer Vorsicht umgesetzten Beschlüsse der Arbeiter- und Bauernversammlungen zur Schließung von Kirchen und Abnahme von Kirchenglocken nunmehr im Hauruckverfahren, d.h. ohne Einholung der vorgeschriebenen Bestätigung seitens des übergeordneten Bezirksvollzugskomitees administrativ vollzogen. Daher erging am 7. des Monats ein dringliches Zirkular der letztgenannten Behörde an alle Kreisvollzugskomitees, in dem, diese Mißstände rügend und verbietend, angeordnet wurde, ihr alle zur Entscheidung anstehenden Gesuche um Kirchenschließung und Entfernung von Glocken „unverzüglich" zuzustellen. Das Bezirksvollzugskomitee wie auch das *VCIK* würden die Sichtung der Fälle „in äußerst minimaler Frist" vornehmen[1533]. Vier Tage später übermittelte der für den Moskauer Bezirk zuständige Milizleiter an alle untergeordneten Administrativabteilungen die Weisung, „bei der Sichtung der Materialien zu ermitteln, welche Siedlungen die [jeweils betroffene - *Erg. v. H.-M. Miedlig*] Kirche" bediene, wie viele Köpfe die Bevölkerung zähle und nicht zuletzt auch, „welche Anzahl an Erwachsenen für und gegen eine Liquidation der Kirche" jeweils gestimmt habe[1534].

Am 14. Februar setzte das bisher in seiner antireligiösen Politik eher zurückhaltende Präsidium des Stadtrats von Orechovo-Zuevo fest, alle sechs städtischen Kirchen und Bethäuser zu schließen und beim Bezirksvollzugskomitee sowie dem *MOIK* um Bestätigung dieser im Sinne der nun gebietsweit verfolgten radikalen „Klassenpolitik" getroffenen Entscheidung nachzusuchen[1535]. Die Billigung der Maßnahme durch die übergeordnete Stelle ließ jedoch auf sich warten. Eine interne Unterlage der Bezirksverwaltung belegt, daß zwei der betroffenen Kirchen einseitig, d.h. in einem gesetzwidrigen Akt auf Anordnung des Kreisvollzugskomitees geschlossen wurden, während vier weitere wegen mangelnder Vollständigkeit des für den Antrag nötigen Materials zunächst einmal bei der Bezirksbehörde verblieben und gar nicht erst ans *MOIK* gelangten[1536]. Der Rat des eben-

---

[1532]Protokol Zasedanija antireligioznoj komissii pri MK VKP(b). Ot 5/II-1930 g., ibid., f. 2157, op. 5, d. 108, l. 212.

[1533]Vo Vse Rajispolkomy. Ibid., l. 129.

[1534]Vsem Načal'nikam RAO Moskovskogo Okruga. Sročno. ibid.

[1535]Vgl. Protokol No. 22 Zasedanija Prezidiuma Orechovo-Zuevskogo Gorodskogo Soveta RK i KD ot 14 fevralja 1930 g., ibid., f. 5700, op. 1, d. 33, l. 43.

[1536]Svedenija, charakterizujuščie sostojanija voprosa o zakrytii cerkvej v Orechovo-Zuevskom okruge. Na 21-e marta 1930 g., ibid., f. 2157, op. 5, d. 108, l. 208. Die neue repressive Kirchenpolitik in Orechovo-Zuevo stieß allerdings, wie schon 1929, gerade in den städtischen Industriebetrieben auf Widerstand. Ein Bericht über den Verlauf der Vorwahlkampagnen in der „Webfabrik Nr. 2" bezeugt, daß mit einer Ausnahme in allen Betriebsabteilungen bei der Abstimmung über den von der Parteizelle vorgelegten Wählerauftrag der Punkt bezüglich der

falls im Bezirk Orechovo-Zuevo gelegenen Kreiszentrums Kurovskaja beschloß - dieser Quelle zufolge - die Schließung von nicht weniger als 14 Kirchen und Bethäusern, eine Maßnahme, die vom *MOIK* nur in drei Fällen (!) bestätigt wurde. Zwei weitere Anträge verblieben infolge Unvollständigkeit der Angaben beim Bezirksvollzugskomitee. In den Städten und Arbeitersiedlungen der Kreise Pavlovo-Posad, Egor'evsk, Šatura und Petuški verzichteten hingegen *alle* Kreis- bzw. Siedlungsräte - im Gegensatz zu den entsprechenden Organen in den Dörfern - auf Kirchenschließungen und diesbezügliche Antragstellungen bei den übergeordneten Instanzen[1537].

Gesetzlosigkeit mit zumindest versuchtem, wenn nicht direkt ausgeübtem Massenterror auf der einen, und Verzicht auf solche Maßnahmen selbst im *gesetzlichen* Verfahren auf der anderen Seite, kennzeichneten also das Bild des Vorgehens gegen die Kirchen in den Städten des Bezirks Orechovo-Zuevo. In anderen Verwaltungsbezirken, wie im Bezirk Moskau, überwog offensichtlich die terroristische Orientierung. Gerade in dieser Uneinheitlichkeit zeigte sich die von Ort zu Ort unterschiedliche Bremskraft des alten, aus der vorrevolutionären Zeit überkommenen Rechtsbewußtseins gegenüber der radikalen, theoretisch *über* dem Recht verankerten „Klassenlinie" als Folge des ideologisch verorteten, verschärften Klassenkampfs der Umbruchskrise.

So nimmt es nicht wunder, daß am 20. und 28. Februar seitens des *Mossovet* und des *MOIK* zwei Zirkulare an alle Vollzugskomitees des Gebiets ergingen, die die genaue Beachtung des neuen Gesetzes „über die religiösen Vereinigungen" durch die örtlichen Behörden im Zuge der Kirchenschließungsaktionen einforderten[1538]. Darüber hinaus wandte sich der *Mossovet* über seinen „geheimen Sektor" nochmals in derselben Angelegenheit an alle direkt untergeordneten Vollzugskomitees unter Androhung sofortiger Entlassung und gerichtlicher Bestrafung aller Amtsträger, die hier gegen das Religionsgesetz verstießen[1539]. Zugleich intervenierte allerdings das Präsidium des Gremiums beim Rat der Volkskommissare der *RSFSR* sowie beim *VCIK* in dieser Sache und forderte eine Vereinfachung der sich manchmal lange hinziehenden gesetzlichen Kirchenschließungsverfahren: Alle Provinz- und Gebietsvollzugskomitees sollten künftig das Recht erhalten, *ohne* abschließende Interventionsmöglichkeit des *VCIK* jede entsprechende Entscheidung in Eigenverantwortung *mit endgültiger Wirkung* zu fällen. Damit könne dem illegalen Handeln der örtlichen Ratsbehörden, die mit ihren eigenmächtigen Aktionen die zähe und langwierige Prozedur des gesetzlichen Verfahrens ja nur

Schließung einer Kirche abgelehnt wurde. Der Bericht betonte dabei, daß keineswegs nur „alte Arbeiterinnen", sondern auch „die Jugend" gegen einen entsprechenden Wählerauftrag gewesen seien. Sogar ein Parteimitglied habe sich dafür ausgesprochen, „die Kirchen in Ruhe zu lassen". Svodka. O chode perevybornoj kampanii soveta po Tkackoj f-ke No. 2 za 15 fevralja - 1930 g., ibid., f. 5736, d. 9, l. 129.

[1537]Anm. 1536, erstgenannte Quelle.

[1538]Vgl. Cirkuljarno. Okrispolkomam Moskovskoj Oblasti sowie Prezidium Moskovskogo Oblastnogo Ispolnitel'nogo Komiteta i Moskovskogo Soveta R., K. i K.D. Predsedateljam Okružnych Ispolkomov Moskovskoj Oblasti. CGAMO, f. 2157, op. 5, d. 108, ll. 227, 219.

[1539]Predsedateljam Okrispolkomov Moskovskoj Oblasti, ibid., l. 222.

abkürzen wollten, vorgebeugt werden[1540]. Es ist typisch für die strikte proletarische Klassenorientierung der *Mossovet*-Führung, daß diese damit bis zu einem gewissen Punkt die ungesetzlichen Kirchenschließungsmaßnahmen der örtlichen Räte entschuldigte. Für die Ausarbeitung einer entsprechenden Gesetzesvorlage fand sich indessen - wie zu erwarten - weder beim *SNK* noch beim *VCIK* eine Mehrheit.

Im Moskauer Bezirk kamen die hier thematisierten Gesetzesbrüche offensichtlich derart massenhaft vor, daß sich der Vorsitzende des zuständigen Vollzugskomitees am 22. März diesbezüglich in einem besonders ausführlichen Rundbrief an alle untergeordneten Kreisinstanzen wandte: Deren Vorsitzenden unterlägen für die ungesetzlichen Aktionen ihrer Verwaltungsabteilungen, d.h. Kirchenschließungen ohne Bestätigung durch das *MOIK* oder trotz noch nicht abgeschlossener Klageverfahren beim *VCIK*, einer „persönlichen Verantwortung". Das vorgeschriebene gesetzliche Verfahren in diesen Dingen, einschließlich bezüglich der Requirierung von Kirchenglocken, gelte auch im Falle von Gotteshäusern, die von den Gläubigen wegen Unfähigkeit zur Zahlung der „verschiedenen Steuern und Abgaben" hätten verlassen werden müssen. Bei allen Aktionen der Behörden sei „besondere Gewandtheit und Feinfühligkeit" zu beachten und die tatsächliche Umsetzung der von höherer Stelle gebilligten Maßnahmen nur „in voller Übereinstimmung mit Wunsch und Gesinnung der tatsächlichen Bevölkerungsmehrheit" zu vollziehen. „Massenauftritte unter Protest der Bevölkerung" dürften nicht gestattet werden[1541]. Entsprechend instruierte die Milizleitung des Bezirks noch am gleichen Tag alle ihr untergeordneten Stellen in den einzelnen Kreisstädten[1542].

Die detaillierte Weisung vom 22. März führt also nicht zuletzt dies vor Augen, daß sowohl die geistlichen Würdenträger ohne Wahlrecht als auch die betroffenen gläubigen Laien ganz legal auch mit der *finanziellen* Keule aus den Kirchen getrieben wurden. Es ist allerdings in diesem Zusammenhang zu betonen, daß die *Art und Weise* der Besteuerung dabei oftmals *ungesetzlich* war. Dies gilt sowohl für die Normierung einer Steuerpflicht in Teilbereichen als auch für die Praktiken bei der Zumessung des Steuersatzes. Damit ist der zweite große Komplex von Problemen, den sich die örtlichen Räte und Parteikomitees nicht nur bezirks-, sondern auch gebiets-, ja unionsweit bei ihrem Vorgehen gegen die Kirchengemeinden im Frühjahr 1930 schaffen sollten, erwähnt: die finanzielle Repression sowohl der „religiösen Gemeinschaften" als auch der einzelnen geistlichen *lišency*. Hierauf wird im einzelnen noch einzugehen sein.

[1540]Prezidium Mossoveta, No. 2601/037/c, 27/II-30 g. Predsedatelju Sovnarkoma RSFSR, Syrcovu. KOPIJA: Sekretarju VCIK Kiselevu. GARF, f. 1235, op. 141, d. 858, l. 1.

[1541]p/p. Predsedatel' Moskovskogo Okrispolkoma. Predsedateljam Rajispolkomov Moskovskogo Okruga i Načal'nikam RAO, CGAMO, f. 2157, op. 5, d. 108, l. 132.

[1542]Administrativnyj Otdel Moskovskogo Okružnogo Ispolnitel'nogo Komiteta. Vsem Načal'nikam RAO Moskovskogo Okruga, ibid., l. 131.

Das Problem der *massenhaften* und illegalen Kirchenschließungen mit der im Gefolge auftretenden Opposition in Stadt und Land war für die Parteiführung in Moskau zu heikel, als daß hierüber Informationen an die Öffentlichkeit gelangen sollten. Entsprechend empfindlich reagierten die Verantwortlichen des *MK*, als am 18. März in der Gebietsparteizeitung *Rabočaja Moskva* in einer „Anmerkung" von der „massenhaften Kirchenschließung" im Moskauer Gebiet die Rede war. Der Text sei „politisch schädlich", da solche Nachrichten vom Klassenfeind „gegen die UdSSR" ausgenutzt werden könnten. So entließ die Redaktion auf Geheiß der Parteizelle diejenigen Mitarbeiter, die das Erscheinen der Zuschrift zu verantworten hatten. Die Grundlage war eine geheime Weisung des *ZK* mit dem Verbot, Material über massenhafte Kirchenschließungen in der Presse zu veröffentlichen[1543]. Das *MK* verordnete daraufhin, noch weitere an diesem Vorfall Beteiligte zur Veranwortung zu ziehen und sie ggf. zu entlassen[1544]. Dies bedeutete indessen nicht, daß Probleme dieser Art gar nicht in den Zeitungen thematisiert werden durften. Entscheidend war, daß der *Massencharakter* illegaler staatlicher Zwangsmaßnahmen nicht öffentlich gemacht werden sollte. Deshalb konnte an jenem 18. März ein Bericht des Vorsitzenden des Serpuchover Bezirksvollzugskomitees im *Nabat* erscheinen, in dem betont wurde, daß „in der letzten Zeit Überspitzungen und grobe Verdrehungen der Klassenlinie der Partei und der Sowjetmacht" in vielen städtischen wie dörflichen Siedlungen des Bezirks vorgekommen seien, darunter auch die „ungesetzliche und unbegründete Schließung von Kirchen". Da hierdurch „die Positionen des Klassenfeindes" gestärkt würden, müßten diese Fragen „in breiter sowjetischer Öffentlichkeit" diskutiert und die Schuldigen zur Verantwortung gezogen werden[1545].

Dieser Zeitungsbericht macht vollends deutlich, daß angesichts der Probleme im Zusammenhang mit der Durchsetzung der rücksichtslosen „Klassenpolitik" gegenüber den Kirchen und „Kultdienern" ein Umdenken in den zentralen Entscheidungsgremien der Partei erfolgt war. Dem staatlichen gesatzten Recht sollte im Sinne einer Stabilisierung der inneren Situation im Lande wieder Geltung verschafft werden[1546]. Dies erhellt auch aus dem Entscheidungsverhalten der Mitglieder der „Antireligiösen Kommission" des *MK* und des „Vollzugsbüros der Union der Atheisten" während einer gemeinsamen noch am 22. des Monats abgehaltenen Sitzung. Die Versammelten sahen sich mit einer Liste konfrontiert, die mehr als 400 Anträge örtlicher Stellen auf Schließung von Kirchen enthielt. Sie nahmen sie lediglich „zur Kenntnis", ohne einen diesbezüglichen Beschluß zu fassen[1547].

[1543]Vypiska. Iz protokola Bjuro jačejki „Rabočej Moskvy" ot 18 marta 1930 g., ibid., l. 210.

[1544]Vsesojuznaja Kommunističeskaja Partija (Bol'ševikov). Moskovskij Komitet. Vsem RK, OK, „Rab. Moskva" - t. Laz'jan, Fr. Oblispolkoma. Ibid., l. 213.

[1545]Vsem predsedateljam rajispolkomov Serpuchovskogo okruga, *Nabat*, No. 63 (2406), 18.III.1930 g., S. 1.

[1546]Am 15. Februar erging hierzu eine geheime Direktive des *MK*. Quellenbeleg nach Anm. 1550.

[1547]Protokol No. 11 zasedanija antireligioznoj komissii i ispolbjuro sojuza „Bezbožnikov" ot 22/III-30 g. CGAMO, f. 2157, op. 5, d. 108, ll. 178-191.

Die Folge dieser parteiideologischen und -taktischen Umorientierung war eine am 13/14. April stattfindende Versammlung der Leiter der Administrativen Abteilungen aller Bezirke des Moskauer Gebiets, an der auch drei Vertreter des *NKVD* teilnahmen. Die Versammlung stellte „eine Reihe von Fehlern, zugelassen seitens der administrativen Organe auf dem Gebiet der administrativen Kirchenschließung“ fest. Die zuständigen Behörden der Bezirke hätten nunmehr bereits begonnen, diese „Fehler und Überspitzungen“ zu bereinigen, weshalb „ein großer Teil unrechtmäßig geschlossener Kirchen“ schon wieder geöffnet worden sei. Den Grund für die ungesetzlichen Maßnahmen sahen die Anwesenden bezeichnenderweise nicht etwa in einer Desorientierung der örtlichen Parteiführungen, die in Umsetzung einer harten proletarischen „Klassenlinie“ an der Außerkraftsetzung der staatlichen Rechtsnormen beteiligt gewesen waren, obwohl ebendies der eigentliche Punkt war, sondern in einer „Schwäche“ der einzelnen Milizkader der mittleren Kommandoebenen. Auf diese wurde die Verantwortung für die „Fehler“ abgewälzt. So erging der Beschluß, „unverzüglich“ diejenigen Mitarbeiter der Administrativen Abteilungen zu entlassen, die sich bei den Kirchenschließungen „Administrieren und Tölpelei“ erlaubt bzw. nicht rechtzeitig und „energisch“ genug an die Verbesserung ihrer Fehler herangegangen seien. Gleichzeitig entschied die Versammlung, das *MOIK* zu bitten, in der Frage der eigenmächtigen Schließung und Umrüstung von Kirchen zu kulturellen oder industriellen Zwecken ohne vorherige Einholung einer Bestätigung durch die zuständigen Räte eine grundsätzliche Entscheidung zu treffen[1548]. Diese erfolgte am 17. Juni: Die Parteifraktionen des *MOIK* und des *Mossovet* ordneten an, daß die einzelnen Bezirksvollzugskomitees binnen 9-Tagesfrist jeweils einen Bericht über die Korrektur der im Rahmen der Kirchenschließungen begangenen „Fehler“ geben sollten[1549].

Für die Bezirksbehörden in Serpuchov und Kolomna belegen die erhaltenen geheimen Briefwechsel die ersten entsprechenden Reaktionen: Aus der erstgenannten Stadt verlautete am 1. Juli, daß Versammlungen der Leiter der einzelnen Kreisadministrativabteilungen stattgefunden hätten, und zwar zur Beratung des Problems der Nutzung geschlossener Kirchen sowie über die „Berichtigung der Fehler und Überspitzungen vor Ort“ gegenüber den Kirchengemeinden, die von den örtlichen Organen begangen worden seien. Zur Umsetzung der Direktive des *MK* im Sinne einer Umorientierung und Überprüfung des bisherigen Vorgehens gegen die Kirchen seien „eine Reihe praktischer Maßnahmen“ ergriffen worden. Bis zum 15. Februar hätten die städtischen und dörflichen Räte des Bezirks von 278 Kirchen insgesamt 148 geschlossen, nach der Überprüfung sei allerdings deren Zahl bis zum 1. Juli auf 44 reduziert worden[1550]. Aus Kolomna wurde gemeldet, daß nunmehr alle Kirchen, die nicht „im gesetzlichen Verfahren“ auf-

---

[1548] Protokol Soveščanija Načal'nikov Admotdelov Okrugov Mos. Oblasti 13/IV i 14/IV - 1930 g., ibid., l. 172.

[1549] Nastojaščim preprovoždaetsja Vam dlja svedenija i rukovodstva: Vypiska iz protokola Prezidiuma Moskovskogo Soveta R., K. i K.D. i Mosoblispolkoma No. 28, 17 VI 1930 g. Ibid., l. 170.

[1550] Administrativnyj Otdel Serpuchovskogo Okružnogo Ispolnitel'nogo Komiteta R., K. i K. D. V Prezidium Moskovskogo Oblastnogo Ispolnitel'nogo Komiteta, ibid., l. 136.

gelöst worden seien, wieder den Gläubigen zur Verfügung stünden, mit Ausnahme derjenigen Gotteshäuser, die sich, bereits zu Mensen oder für kulturelle Zwecke umgerüstet, schon in der neuen Funktion befänden[1551]. Die vorgesetzte Behörde in Moskau akzeptierte augenscheinlich diese Erklärungen, zumindest finden sich in den Archivalien keinerlei Hinweise auf Einsprüche.

Die anderen örtlichen Vollzugskomitees antworteten erst im Herbst, und zwar im Zusammenhang mit der Reaktion des *VCIK* auf sämtliche Kategorien der bisherigen, in großem Maßstab begangenen Mißbräuche und bewußten Gesetzesbrüche der örtlichen Stellen gegenüber den Kirchen und „Kultdienern". Es geht um das *VCIK*-Zirkular vom 20. Juni 1930, das die im Frühjahr massenhaft aufgetretenen Rechtsbrüche gewissermaßen einer Generalabrechnung unterwarf. Das Zirkular nannte im gegebenen Zusammenhang vier Gruppen grundlegender Gesetzesverstöße:

1. Illegale Kirchenschließung und Auflösung der Nutzungsverträge kirchlicher Liegenschaften, abgeschlossen mit den Gläubigen und „Dienern religiöser Kulte".

2. Übermäßig hohe Besteuerung der kirchlichen Gebäude „und auch der Kultdiener".

3. Ungesetzliche Ausquartierung der „Kultdiener" aus ihren Wohnungen.

4. „Verschiedene Arten anderer Verstöße gegen die revolutionäre Gesetzlichkeit, die die Kultdiener an der Ausübung des Kultes hindern".

Zum ersten Punkt erging die Weisung an alle Vollzugskomitees der Autonomen Republiken, Provinzen und Gebiete, in 10-Tagesfrist alle Fälle von Kirchenschließungen und Vertragskündigungen mit den Religionsgemeinschaften - bei fehlender Bestätigung der Maßnahmen durch die übergeordnete Behörde - zu überprüfen und im Falle des Vorliegens von Klagen der Gläubigen die Materialien an das *VCIK* zu übersenden. Jede Ratsbehörde habe dabei darauf zu achten, daß die Existenz einer nahegelegenen Ersatzeinrichtung die religiöse Versorgung der Betroffenen nach einer Kirchenschließung garantiere und ein Schließungsbeschluß trotz Protesten seitens der Gläubigen oder bei fehlendem Hinweis auf eine künftige öffentliche Nutzung der Gebäude aufzuheben sei. Bezüglich Punkt 2. des Zirkulars war nun eine Überprüfung der durch die staatlichen Versicherungsstellen geschätzten Immobilienwerte vorgesehen, die als Grundlage für eine Besteuerung der Gebäude dienten. Eine diesbezügliche Überbewertung mit nachfolgender überzogener Besteuerung entgegen den Geboten einschlägiger früherer Zirkulare der obersten Staatsbehörden habe, so der Rundbrief, „manchmal" auch „zur mechanischen Kirchenschließung" geführt. Eine Steuererhöhung müsse „in jedem einzelnen Falle" (in ihrer Legalität) genau begründet werden. Weiter verbot die Weisung unter Androhung von Sanktionen Sonderabgaben auf Honorare, etwa

[1551] g. Kolomna Moskovskoj Oblasti. Zam. predsedatelja OKRIK-a. V Prezidium Mosoblispolkoma, ibid., l. 149.

für von den Gemeinden verpflichtete auswärtige Kirchenmusiker, oder die Veranlagung zu einer Gewerbesteuer wegen des Verkaufs von Kerzen in den kirchlichen Räumen[1552]. Im Zusammenhang mit der Praxis der mißbräuchlichen Besteuerung des Einkommens der „Diener religiöser Kulte" rügte das Zirkular auch deren Zwangsverpflichtung zur Zahlung überhöhter Mieten. Deren Summe dürfe nicht den Wert von „30% des allgemeinen Einkommens der Kultdiener" überschreiten[1553]. Das *VCIK*-Zirkular betonte ferner, daß es unzulässig sei, den „Kultdienern" Abgaben aufzubürden, die gar nicht im Einklang mit „deren rechtlicher Stellung" stünden. Ihnen als *lišency* sei ja die ordentliche Mitgliedschaft in bestimmten Kooperativen sowie auch den „landwirtschaftlichen Kollektiven" gesetzlich verwehrt, weshalb entsprechende Mitgliedsbeiträge und Abgaben von ihnen nicht zu zahlen seien. Zum Problem der illegalen Zwangsausquartierung der Geistlichen aus den „munizipalisierten" Wohnungen (Punkt 3.) erging ausdrücklich ein Verbot solcher Maßnahmen, wenn sich diese *nur* auf die Tatsache gründeten, daß es sich bei den betroffenen „Kultdienern" um Personen ohne Wahlrecht handelte[1554]. Auch die verbreitete willkürliche Beschränkung der Geistlichen in ihren Rechten, und zwar noch weit über das gesetzliche Maß hinaus, das ihnen als *lišency* ohnehin verordnet war, thematisierte das Zirkular unter Bezug auf Punkt 4. seines Deliktkatalogs. So erging nicht zuletzt das ausdrückliche Verbot jeder Verfügung, den „Kultdienern" die Bewirtschaftung von Land generell zu versagen oder sie zu Arbeitsdiensten zwangszuverpflichten, mit dem Ziel, sie dadurch von der Ausübung ihrer geistlichen Pflichten abzuhalten[1555]. Ebendieses war der Zweck massiver Repressionen gegen die Geistlichen gerade in den Städten und Dörfern des von den illegitimen Verfolgungen besonders betroffenen Moskauer Bezirks gewesen[1556].

So trug dieses Zirkular weitgehend den bereits während jener Sitzung des *VCIK* vom 8. April 1929 formulierten Smidovičschen Postulaten zur Eliminierung

[1552]Bereits am 5. Januar hatte das Volkskommissariat für Finanzen der *UdSSR* aus gegebenem Anlaß die entsprechende Instanz der *RSFSR* in einem Zirkular erinnert, daß „die religiösen Vereinigungen" nicht zur Gewerbe- und Einkommensteuer veranlagt werden dürften. Der für die Finanzen zuständige Kommissar in der Regierung der *RSFSR* erteilte daraufhin am 15. des Monats eine entsprechende Anweisung aus gutem Grund auch an die Moskauer Gebietsfinanzabteilung. Narkomfin RSFSR. Po voprosu: O religioznych obščinach i klubach. Mosfinotdelu. Sekretno. Ibid., l. 94.

[1553]Moskovskomu Oblispolkomu. Central'nym Ispolnitel'nym Komitetam Avtonomnych Respublik, Kraevym i Oblastnym Ispolnitel'nym Komitetam. Cirkuljarno. Ibid., l. 146.

[1554]Ibid., ll. 146/147.

[1555]Ibid., l. 147.

[1556]Der Leiter der Administrativen Abteilung dieses Verwaltungsgebiets wandte sich noch am 12. April an alle untergeordneten Stellen mit dem Verbot, die „Kultdiener" mit Hilfe der bewaffneten Miliz weiterhin daran zu hindern, private Hausbesuche zur Durchführung ritueller Handlungen zu machen. Solche Besuche bedürften nach der geltenden, noch 1929 erlassenen entsprechenden *NKVD*-Instruktion *keiner* vorherigen Genehmigung der örtlichen Räte. Vgl. Administrativnyj Otdel Moskovskogo Okružnogo Ispolnitel'nogo Komiteta Sovetov Rab., Kr. i Kr. Dep. Vsem Načal'nikam RAO Mosk. Okruga. Ibid., l. 128.

der faktischen rechtlichen Ungleichbehandlung der „Kultdiener" im Vergleich zu anderen *lišency* Rechnung.

Das Präsidium des *MOIK* reagierte auf diese Weisungen am 27. Juli mit einem entsprechenden Rundschreiben an alle Bezirks-, Kreis- und Stadträte des Moskauer Gebiets. Das Zirkular erlegte der eigenen Administrativen Abteilung auf, einzelne Verwaltungskreise auszuwählen und sie nach der „Gesetzlichkeit der Handlungen der örtlichen Machtorgane in der Frage der Schließung von Kultgebäuden" und deren weiterer Nutzung zu überprüfen. Eine entsprechende Berichtspflicht der örtlichen Organe gegenüber dem *MOIK* wurde ebenfalls festgeschrieben. Zweitens wurden die Moskauer Gebietsfinanzabteilung sowie die Gebietsversicherungsstelle beauftragt, die bei der Besteuerung der „Kultgebäude" erhobenen Forderungen zu begutachten und im Einklang mit dem *VCIK*-Zirkular entsprechende Direktiven zu erlassen. Drittens erging die Verfügung, bei Klagen gegen eine zu hohe steuerliche Veranlagung der kirchlichen Liegenschaften zur Berechnung der fälligen Schätzgebühr bis zu einer endgültigen Entscheidung der Beschwerde von nicht mehr als 70% des bisherigen Schätzwertes auszugehen, unter Einbeziehung der „Amortisation". Schließlich bestimmte das *MOIK* noch, daß alle Kreiskomitees und Stadträte „konkrete Maßnahmen" hinsichtlich der Erfüllung auch der anderen im *VCIK*-Zirkular aufgeführten Weisungen durchführen sollten. Über alles war dem Präsidium in Zweimonatsfrist Bericht zu erstatten[1557].

Die Regelung der Besteuerungsfragen im System der Gesetzesbrüche hatte nicht nur für das *MOIK* Priorität. Auch die Gebietsstaatsanwaltschaft forderte, ebenfalls Ende Juli, nach Rücksprache mit den Bezirksanklägern in diesen Punkten die schnellstmögliche Intervention des Moskauer Vollzugskomitees[1558].

Das Rundschreiben des *VCIK* hatte die Einsetzung einer speziellen „Kommission zur vorläufigen Begutachtung von Kultfragen" beim *MOIK* zur Folge. Sie bestand aus acht Mitgliedern, und zwar Bevollmächtigten des *Mossovet*, der staatlichen Gebietsversicherungskasse, der Gebietsfinanz- sowie der Administrativabteilung und des *OGPU*. Das Gremium nahm am 20. August einen vom genannten *VCIK*-Präsidiumsmitglied Smidovič ausgearbeiteten Entwurf eines weiteren Zirkulars zum Schutz vor Mißbräuchen bei der Besteuerung der Geistlichen[1559] „zur

[1557]Okružnym, Rajonnym Ispolnitel'nym Komitetam i Gorodskim Sovetam Moskovskoj Oblasti, ibid., l. 50.

[1558]Mosoblprokuratura. V Prezidium Moskovskogo Oblastnogo Ispolnitel'nogo Komiteta. Sekretno, ibid., l. 66.

[1559]10 Tage später erlangte der Entwurf Gesetzeskraft. Alle Geistlichen, die ihrem „Rang" bis zum 1. Mai 1930 entsagt hätten, waren nun von der Zahlung der Einkommensteuer auf ihre „mit der Ausübung ihres Kultes verbundenen nichtwerktätigen Einkünfte" sowie von der Veranlagung zur Landwirtschaftssteuer im besonders drückenden (und mißbrauchten!) individuellen Verfahren auszunehmen, unterlägen sie letzterem nicht bereits durch andere Gegebenheiten. Aber auch im Falle des „individuellen Verfahrens" sollte die Besteuerung des „nichtwerktätigen Einkommens" 1930/31 nur zu 75% der 1928/29 abgeführten Summe erfolgen. Abschließend gebot das Zirkular,

Kenntnis". Die Vertreter der Versicherungsbehörde, der Gebietsfinanz- sowie der Administrativen Abteilung wurden beauftragt, eine „innerbehördliche Versammlung" einzuberufen, die „die Richtigkeit der Handlungen der Amtspersonen" bei den Kirchenschließungen, die Praktiken zur Besteuerung der Geistlichen sowie die versicherungstechnische Werteinschätzung der kirchlichen Liegenschaften als Grundlage für deren steuerliche Veranlagung überprüfen sollte. An die Gebietsstaatsanwaltschaft erging die Aufforderung, jede Amtsperson, die der *MOIK*-Anordnung vom 27. Juli nicht nachkommen sollte, gerichtlich zur Verantwortung zu ziehen[1560].

Am 9. September, also noch vor Ablauf der gesetzten Frist, forderte das *MOIK* alle untergeordneten Kreisvollzugskomitees und Stadträte auf, ihm unverzüglich über die Umsetzung des Zirkulars vom 27. Juli zu berichten. Dabei fällt auf, daß in diesem Zusammenhang lediglich betont wurde, die eingeleiteten Maßnahmen gegen die illegalen Besteuerungspraktiken der „Kultdiener" sowie gegen die unrechtmäßigen Kirchenschließungen mitzuteilen. Die Probleme der ungesetzlichen Zwangsausquartierung aus den „munizipalisierten" Wohnungen und des widerrechtlichen Entzugs *noch weiterer* Bürgerrechte *neben* dem obligatorischen Wahlrechtsentzug blieben in diesem Rundschreiben unerwähnt[1561]. Entsprechend waren die Schwerpunkte der Berichterstattung in den amtlichen Kontrollmitteilungen der einzelnen städtischen Vollzugskomitees. So informierte der Serpuchover Stadtrat am 17. September das *MOIK* darüber, daß in seiner Regie eine Spezialkommission aus Vertretern des Rats, der örtlichen Versicherungsbehörde und der Administrativ- sowie der Finanzabteilung tätig sei und sich mit allen von der vorgeordneten Stelle angesprochenen Fragen beschäftige[1562]. Am 20. des Monats ging an das *MOIK* der offizielle Bericht der Kommission. Er bescheinigte den städtischen Behörden gesetzmäßiges Vorgehen bei der Schließung von Kirchen. Diese seien nicht allein auf Anordnung des Ratspräsidiums, sondern immer erst nach Bestätigung durch das *MOIK* bzw. *VCIK* den Gläubigen entzogen und nunmehr der vorgesehenen öffentlichen Nutzung zugeführt worden. Niemand habe die Rückgabe der Gotteshäuser an die Gläubigen verlangt. Ebenso gesetzmäßig hätten die Verantwortlichen auch die Besteuerung der kirchlichen Gebäude vorgenommen[1563]. Der oben zitierte Bericht des Serpuchover Bezirksvollzugsko-

---

bis zum Inkraftreten der Verfügung mit entsprechenden Verordnungen der örtlichen Räte von „Zwangsmaßnahmen gegenüber den Wirtschaften der Kultdiener" - lebten diese nun in der Stadt oder auf dem Dorf – abzusehen. Vgl. CIK-am ASSR, Kraevym i Oblastnym Ispolnitel'nym Komitetam. V. Sročno. „O nalogovom obloženii nastojaščich i byvšich služitelej kul'ta na 1930-31 g." Ibid., l. 1.

[1560]Protokol zasedanija komissii po predvaritel'nomu rassmotreniju kul'tovych voprosov ot 20/VIII-30 g., ibid., l. 122.

[1561]Rajonnym Ispolnitel'nym Komitetam i Gorodskim Sovetam Moskovskoj Oblasti. Vsem Poselkovym Sovetam. Sročno. Ibid., l. 120.

[1562]Prezidium Serpuchovskogo Gorsoveta. V Prezidium Mosoblispolkoma, ibid., l. 111.

[1563]AKT, ibid., l. 62.

mitees las sich da noch ganz anders[1564]. Ähnliches übermittelte der Stadtrat in Orechovo-Zuevo: In der Stadt seien keine Verstöße, sei es in der Form ungesetzlicher Kirchenschließungen oder unrechtmäßiger Steuerveranlagungen, vorgekommen[1565]. Kurz zuvor hatte das in der gleichen Stadt ansässige Kreisvollzugskomitee gemeldet, daß im gesamten Kreis Orechovo-Zuevo fünf von acht Kirchen „im Moment der Durchführung der Kollektivierungsarbeit“ geschlossen, nun aber bereits wieder geöffnet worden seien. Über eine Öffnung der drei anderen Gotteshäuser werde noch entschieden. Ungesetzliche Besteuerung der kirchlichen Liegenschaften habe es nicht gegeben, allerdings seien 17 Fälle unrechtmäßiger, inzwischen jedoch korrigierter Steuerveranlagungen bei „Kultdienern“ auf dem Lande vorgekommen. Was das Phänomen der ungesetzlichen Zwangsausquartierung der „Diener religiöser Kulte“ aus den kommunalen Wohnungen und noch weitere Verstöße gegen die „sozialistische Gesetzlichkeit“ im Umgang der örtlichen Behörden mit dieser Personengruppe anlange, so habe es solche nicht gegeben[1566]. Am 17. September verlautete aus Noginsk, dem bisherigen Bogorodsk, daß in der Stadt und im Landkreis keine Verstöße der genannten Art seitens der Behörden vorgekommen seien, mit Ausnahme einer Reihe ungesetzlicher Besteuerungen von Kirchengebäuden. Diese Fehler seien nunmehr berichtigt worden[1567].

Die Städte (und Dörfer) des *Moskauer* Bezirks waren, wie oben erwähnt, Orte, die der Willkür und Gesetzlosigkeit der lokalen Behörden gegenüber den „religiösen Gemeinschaften“ und geistlichen *lišency* in besonderem Maße ausgesetzt wurden. Nach einer vorläufigen Statistik des *MOIK* mußten von 102 geschlossenen Kirchengebäuden nicht weniger als 90 den Gläubigen wieder zur Nutzung übergeben werden, im gesamten Bezirk Serpuchov dagegen von 148 nur 92[1568], nach einer anderen Quelle bis zum 1. Juli 104[1569]. Die also besonders harte Repression im Moskauer Bezirk bestätigt auch der Bericht des Präsidiums des Kreisvollzugskomitees in Dmitrov an das *MOIK* vom 21. September. Danach gelangten in der Kleinstadt und im gleichnamigen Kreis die vergleichsweise große Anzahl von nicht weniger als 23 illegal geschlossenen Gebäuden der Religionsgemeinschaften wieder in deren Regie zurück. Fälle ungesetzlicher Besteuerung der Gemeinden durch die „Handwerkssteuer“ seien aufgrund eines Zirkulars der obersten Steuerbehörde der *UdSSR* vom 25. November 29 bereits rückgängig ge-

[1564]Vgl. S. 349 mit Anm. 1550. Auch belegt ein zusätzlicher Rapport vom 18. des Monats Verstöße bei der Besteuerung *bäuerlicher* Wirtschaften der „Kultdiener“ im Landkreis Serpuchov. Vgl. Serpuchovskij Rajispolkom. V MOIK, , l. 105. Es gab also auf dem Höhepunkt der Kollektivierungwelle in der Frage der ungesetzlichen Besteuerungspraktiken einen deutlichen Unterschied zwischen Stadt und Land.

[1565]Prezidium Orechovo-Zuevskogo Gorodskogo Ispolnitel'nogo Komiteta Raboč., Kr. i Kr. Deputat. V Prezidium Mosoblispolkoma, CGAMO, f. 2157, op. 5, d. 108, l. 24.

[1566]Orechovo-Zuevskij Rajonnyj Ispolnitel'nyj Komitet Soveta Rab., Kr. i Kr. Dep. V Prezidium Moskovskogo Oblispolkoma, ibid., l. 114.

[1567]Prezidium Noginskogo Rajispolkoma. V MOIK, ibid., l. 109.

[1568]Svedenija ob otkrytii cerkvej nepravil'no zakrytych po okrugam, ibid., l. 175.

[1569]Vgl. Anm. 1550.

macht worden. Probleme gab es offensichtlich auch hinsichtlich einer mißbräuchlichen, zu hoch angesetzten Werteinschätzung der Kirchengebäude durch den Versicherungsträger. Die Moskauer Gebietsversicherungsbehörde habe deshalb - so das Dmitrover Ratspräsidium weiter - am 3. März 1930 alle derartigen Schätzungen ausdrücklich an den *tatsächlichen, nicht an einen angenommenen* Wert des Gebäudes gebunden und gleichzeitig auch die Zwangsversicherung für kirchliche *bewegliche* Güter ganz ausgesetzt[1570]. Aus der gleichfalls im Bezirk Moskau gelegenen Stadt Klin trafen Nachrichten sowohl über mißbräuchliche Besteuerungspraktiken gegenüber den „Kultdienern“ als auch über illegale Kirchenschließungen seitens der örtlichen Behörden ein, zusammen mit der Versicherung, daß diese Gesetzesverstöße inzwischen von der „Kreissteuerkommission“ korrigiert worden seien[1571]. Das Kreisvollzugskomitee in Možajsk meldete ebenso, daß sämtliche willkürlichen Besteuerungen kirchlicher unbeweglicher Besitztümer, die es im fraglichen Zeitraum in der Tat gegeben habe, nun außer Kraft gesetzt seien[1572].

Aus längst nicht allen Kreisstädten der *oblast'* gingen dem *MOIK* die geforderten Berichte zu. Das *VCIK* bemängelte diesen Umstand schließlich in einem Telegramm an die Gebietsbehörde vom 3. April 1931 und erließ eine Anweisung, die Umsetzung jenes Zirkulars vom 20. Juni 30 durch alle Kreisvollzugskomitees unbedingt zu gewährleisten[1573]. Die Verzögerungen in der Berichterstattung der örtlichen Stellen hatten zumindest zu einem Teil ihren Grund darin, daß den einzelnen Vollzugskomitees für ihre Anwort an das *MOIK* wichtige Unterlagen, wie eben jenes *VCIK*-Zirkular vom 20. Juni, von der vorgesetzten Stelle gar nicht zur Verfügung gestellt worden waren (!)[1574].

Was die Geistlichen selbst betrifft, so gerieten sie auch durch ihren Status *als Personen ohne Wahlrecht* zusammen mit den führenden, z.T. ebenfalls in den *lišency*-Listen verzeichneten *cerkovniki* in der von Willkür gekennzeichneten Phase der ersten Monate des Jahres 1930 weiter unter Druck. Am 11. Februar erließ das *CIK* der *UdSSR* eine geheime Verordnung „über den Kampf mit den konterrevolutionären Elementen in den führenden Organen der religiösen Gemeinschaften“. Die einzelnen Vollzugskomitees vor Ort sollten ihre für die Registrierung der Gemeinden zuständigen Organe beauftragen, die Zusammensetzung der gesetzlichen kirchlichen Leitungsorgane nach der Existenz von „Kulaken, Lišency

---

[1570]Prezidium Dmitrovskogo Rajispolkoma. V Prezidium Mosoblispolkoma, CGAMO, f. 2157, op. 5, d. 108, l. 21.

[1571]Prezidium Klinskogo Rajispolkoma. V Prezidium MOIKa, ibid., l. 74 [Meldung vom 14. Oktober].

[1572]Možajskij Rajispolkom. V MOIK, ibid., l. 75.

[1573]Vgl. Telegramma Prezidiuma VCIK. V Mosoblispolkom. Ibid., l. 142.

[1574]Vgl. diesbezügliche Anfragen der Vollzugskomitees in den Städten Lopasnja und Zvenigorod. Das Komitee in der letztgenannten Stadt fragte am 3. April 31 *bereits zum zweiten Mal* wegen der bisher nicht erfolgten Zusendung des *VCIK*-Zirkulars an. Prezidium Ispolnitel'nogo Komiteta Lopasnenskogo Rajona. V Prezidium MOIKa. 10/X-30 g.; Prezidium Zvenigorodskogo Rajispolkoma. V Prezidium MOIKa. 3/IV-31 g., ibid., ll. 164, 166.

und anderen gegenüber der Sowjetmacht feindlichen Personen" zu überprüfen[1575]. Das Präsidium des *VCIK* monierte allerdings unter Federführung Smidovičs diese Direktive in Teilen als unklar. Dies betraf jene Einbeziehung der „anderen gegenüber der Sowjetmacht feindlichen Personen" in die Überprüfungsmaßnahmen. Smidovičs Argumentation zielte darauf, daß es „unzweckmäßig" wäre, würden in die Führungsgremien (Kirchenräte) der Religionsgemeinschaften nur Werktätige bzw. „Proletarier" gewählt werden. Das Gesetz dürfe den Zugang dieser Gruppen in die religiösen Organisationen nicht „stimulieren" und dadurch die proletarische Schicht in „Beschützer und Gegner der Religion" teilen[1576]. Am 16. April wurde in einer Sitzung des *CIK*-Sekretariats beschlossen, dieser Argumentation zu folgen und den strittigen Zusatz *und anderen gegenüber der Sowjetmacht feindlichen Personen* aus der Weisung zu streichen[1577]. Damit hatte Smidovič als Beauftragter des *VCIK* für die religiösen Angelegenheiten eine Verschärfung der Gesetzeslage zwar nicht verhindert, jedoch die Wahrung der gesetzlich ja zu garantierenden Interessen der Gläubigen wenigstens im engen Bereich der religiösen Vereinigungen gegen die Ansprüche der parteigebundenen „Klassenpolitik" verteidigen können. Auch die zwangsläufige Entstehung gravierender Interessen- und Normenkonflikte mit dem tiefgreifenden Hintergrund der Inkompatibilität zwischen der „revolutionären Gesetzlichkeit" und dem proletarischen Klassenrecht war somit vermieden. In letzterem liegt die eigentliche Bedeutung der erfolgreichen Intervention Smidovičs.

Die zahlreichen Mißbräuche, die sich die örtlichen Wahlkommissionen, wie oben dargestellt, im Zuge der Aberkennung des Wahlrechts in dieser Zeit erlaubten, trafen die „Diener religiöser Kulte" in den Städten des Moskauer Gebiets im Vergleich zu den anderen *lišency*-Gruppen allerdings nur in zweiter Linie. Dies wird in den Ergebnissen der Überprüfungen der Wahlrechtsentzüge durch die oben näher besprochenen örtlichen Sonderkommissionen deutlich, die ab Frühjahr/-sommer 1930 die einzelnen Beschlüsse der Wahlkommissionen bzw. Ratspräsidien auf ihre Gesetzmäßigkeit hin untersuchten. In Serpuchov wurden während zweier Sitzungen der Überprüfungskommission am 4. und 6. Mai insgesamt 135 Ausschlußentscheidungen begutachtet, darunter allein 89 Fälle von *lišency* der geistlichen „Kategorien", und alle Beschlüsse der städtischen Wahlkommission bezüglich der letzteren für rechtens befunden. Bei den hier betroffenen Personen handelte es sich überwiegend um Priester und Diakone samt Ehefrauen und ihren erwachsenen Abkömmlingen. Aus den Reihen der Klostergeistlichkeit

---

[1575] O bor'be s kontr-revoljucionnymi ėlementami v rukovodjaščich organach religioznych ob-edinenij. Sekretno. Ibid., d. 127, l. 40.

[1576] Spravka po chodatajstvu Prezidiuma VCIK ob utočnenii redakcii postanovlenija CIK i SNK Sojuza SSR po bor'be s kontr-revoljucionnymi ėlementami v rukovodjaščich organach religioznych ob-edinenij v otnošenii lic, podležaščich isključeniju iz rukovodjaščich organov religioznych ob-edinenij. Ibid., d. 73, l. 3.

[1577] Priloženie k protokolu No. 36 zasedanija Sekretariata CIK Sojuza SSR, ibid., d. 91, l. 39.

wiesen die Listen aber nur sechs Mönche und eine Nonne zusätzlich nach[1578]. Dies ist nicht verwunderlich, denn die Serpuchover Klöster wurden, wie noch gezeigt werden soll, erst 1931 zum besonderen Repressionsziel. Mit Ausnahme von sechs geistlichen Würdenträgern waren damit alle bereits in der erwähnten *lišency*-Liste vom Oktober 1929[1579] (ohne ihre Angehörigen) erfaßten städtischen „Diener religiöser Kulte" nun endgültig ihres Wahlrechts beraubt. Die sechs übrigen Geistlichen entgingen allerdings 1930 ebensowenig einer amtlichen Festschreibung ihres Status minderen Rechts, wie die amtliche Liste des Serpuchover Rats vom Dezember dieses Jahres verdeutlicht. Es sei hier daran erinnert, daß dieses Verzeichnis mit einer Ergänzung insgesamt 855 Namen von Personen aller *lišency*-Gruppen umfaßte. Wichtig ist dabei für den hier gegebenen Zusammenhang, daß es Geistliche in einer Größenordnung von nicht mehr als 10% der Verzeichneten auswies[1580]. Zwischen dem Erscheinen der Listen vom 4. und 6. Mai bis zum Jahresende bekamen nur einzelne „Popenkinder", nie die Geistlichen selbst, ihr Wahlrecht wieder zuerkannt, ihre Namen wurden durch die von neuen „Kultdienern" ersetzt[1581]. Für die Söhne und Töchter der Priester war es leichter, das Wahlrecht wiederzuerlangen, denn sie besaßen die Chance, durch nachgewiesenen Abbruch der Beziehungen zum Vater und Bezug eines eigenen Einkommens aus „werktätiger" Beschäftigung dem Schicksal des *lišenec* zu entgehen.

In den anderen Städten und Kreisen des Moskauer Gebiets war die Situation, mit wenigen Ausnahmen[1582], ähnlich: Ob in Kolomna, Orechovo-Zuevo, Mytišči, Naro-Fominsk oder Vereja, die Anzahl der ehemaligen oder noch tätigen Geistlichen mit aberkannten Wahlrechten wich nach der Überprüfung durch die örtlichen Sonderkommissionen nicht wesentlich von der ursprünglich durch die Wahlkommissionen festgelegten Quantität dieser Personengruppe ab. Ihr Anteil am Gesamtaufkommen der *lišency* des jeweiligen Verwaltungskreises lag indessen etwas höher als in Serpuchov, nämlich zwischen 10 und 20%[1583].

In Serpuchov wurden die Geistlichen und ihre Familienmitglieder selbst in den Monaten Januar bis März indessen nur sporadisch in Zeitungsartikeln stigmatisiert. Dabei ging es weniger um Aufrufe, ganz bestimmten „Kultdienern" ihr Wahlrecht zu entziehen, dieses hatten die meisten ohnehin bereits eingebüßt. Vielmehr lag den Arbeiterkorrespondenten daran, diese Zielgruppe nun auch aus ihren kirchlichen und kommunalen Wohnungen zu drängen. In der *Nabat*-Ausgabe vom 7. Januar wurde deshalb in einer „Popennest" betitelten Zuschrift gefordert, alle Geistlichen, die noch auf dem „Roten Berg" bei der Dreifaltigkeitskathedrale wohnten, zwangsauszuquartieren. Der Berg müsse „von diesen Konter-

---

[1578]Protokol No. 6 Zasedanija Komissii pri Serpuchovskom Gorsovete po peresmotru lišennych izbiratel'nych prav ot 4-go Maja 1930 goda; Protokol No. 7 Zasedanija Komissii Serpuchovskogo Gorsoveta po peresmotru lic, lišennych izbiratel'nych prav ot 6-go Maja 1930 g. Ibid., f. 5812, op. 1, d. 5a, ll. 7, 9.

[1579]Vgl. Anm. 1521.

[1580]Quelle nach Anm. 738.

[1581]Ibid.

[1582]Hierzu gehörten Stadt und Kreis Dmitrov. Vgl. CGAMO, f. 2157, op. 1, d. 662, l. 89.

[1583]Ibid., ll. 24ff.

revolutionären" gesäubert werden. Als Beispiel zählte der Verfasser drei z.T. hochrangige Geistliche ohne Wahlrecht auf[1584]. In der am 5. Februar veröffentlichten Ausquartierungsliste des Stadtratspräsidiums erschienen unter den 72 Betroffenen folgerichtig auch einige wenige geistliche *lišency*, darunter ein Würdenträger von jenem „Roten Berg", den die „Anmerkung" vom 7. Januar bereits namentlich genannt hatte[1585].

Auch bezüglich der „Diener religiöser Kulte" und ihrer Familien gilt allerdings das oben schon im Zusammenhang mit anderen Personengruppen Dargelegte, wonach eine geforderte Zwangsausquartierung selbst nach Stigmatisierung in der Zeitung oder sogar einer Erfassung in offiziellen Ausquartierungslisten keineswegs eine leicht umsetzbare Angelegenheit war. Die vorliegenden Quellen belegen in keinem der angeführten Fälle eine derartige verfügte *und* durchgeführte Maßnahme, da keine der in den zitierten *Nabat*-Ausgaben stigmatisierten Personen die gesetzlichen Vorbedingungen für eine Zwangsausquartierung im Verwaltungsverfahren erfüllte[1586]. Die Maßnahme konnte eben nur bei denjenigen unter ihnen überhaupt greifen, die eine munizipalisierte Wohnung, z.B. eine früher selbst besessene, etwa als Pächter unterhielten und bewohnten und/oder ein „nichtwerktätiges Einkommen" erzielten, das *über* der gesetzlich vorgeschriebenen Obergrenze der regelmäßigen Einkünfte lag. Aufgrund dieser Bedingungen war es in Serpuchov nach einem Bericht der Kommunalabteilung im Zeitraum zwischen dem 1. August 1929 und dem 1. Mai 1930 tatsächlich nicht möglich, auch nur einen einzigen „Kultdiener" im Verwaltungszwangsverfahren aus seiner Wohnung zu holen![1587] So konnte sich auch hier die terroristische Orientierung radikaler Kräfte in der örtlichen Verwaltung gegen das System der „sozialistischen" bzw. „revolutionären Gesetzlichkeit" letztlich dann doch nicht durchsetzen. Viel besser gelang die Ausquartierung indessen auf *gerichtlichem* Wege. So verfügte das Volksgericht auf Antrag der Kommunalabteilung in dieser Zeit, daß 23 Geistliche ihre städtischen Wohnungen zu verlassen hätten. Allerdings handelte es sich um Einzelpersonen ohne Familie, womit soziale Härten abgemildert waren[1588]. Trotzdem war auch dies angesichts der deutlich größeren Zahl der „Diener religiöser Kulte" nur ein bescheidener Erfolg, den hier die Ratsbehörden auf dem Weg über die Gerichte erzielten.

[1584] KIN.: Popovskoe gnezdo, *Nabat*, No. 5 (2348), 7.I.1930 g., S. 3.

[1585] Doma lišencev - rabočim, ibid., No. 29 (2372), 5.II.1930 g., S. 6.

[1586] Als Beispiel sei die „ehemalige Nonne" A.A. Il'ina genannt, deren Zwangsausquartierung ein klassenbewußter Bürger im *Nabat* verlangte. Vgl. P.: Vyselit' monašku iz rabočego obščežitija, ibid., No. 51 (2394), 2.III.1930, S. 5. In den Quellen fehlt jeglicher Hinweis auf die tatsächliche Umsetzung dieser Forderung.

[1587] Otčet Serpuchovskogo Otdela Kommunal'nogo Chozjajstva. O rezul'tatach primenenija postanovlenija VCIK i SNK RSFSR ot 8 aprelja 1929 goda. Vyseleno v administrativnom porjadke za vremja ot I-go avgusta 1929 goda po I-e Maja 1930 goda. CGAMO, f. 956, op. 1, d. 8, l. 131.

[1588] Spravka-Otčet Serpuchovskogo Otdela Kommun. Chozjajstva. O kaličestve lic netrudovych kategorij , vyselennych na osnovanii sudebnych rešenij po iskam žiliščnych organov, za vremja s I avgusta 29 g. po I-e Maja 1930 goda. Ibid., l. 132.

In den anderen Städten des Gebiets war die Situation für die Verfolgungsbehörden teils besser, teils noch schlechter als in Serpuchov. In den Industriestädten Kolomna und Orechovo-Zuevo griffen die Bestimmungen des Ausquartierungsgesetzes erheblich besser: In der erstgenannten Stadt konnten zwischen Frühsommer 1929 und Februar 1930 immerhin 23 Geistliche mit Familienangehörigen *im Verwaltungsverfahren* zwangsausquartiert werden, auch im Verhältnis zur Anzahl der anderen „nichtwerktätigen" Gruppen (bei den Hausbesitzern und „Händlern" waren es 19 ausquartierte Familien) eine beachtliche Zahl[1589]. In Orechovo-Zuevo wurden im gleichen Zeitraum sechs Familien von „Kultdienern" im Verwaltungsverfahren und drei weitere per Gerichtsurteil aus ihren munizipalisierten Wohnungen zwangsausquartiert[1590]. Wenn man bedenkt, daß es in dieser Stadt nur sechs religiöse Gemeinden und Kirchengebäude gab, so ist diese auf den ersten Blick kleine Zahl dennoch hoch zu bewerten.

Deutlich schlechter für die verfolgenden Behörden war die Lage in den teils industriell, teils vom Handel oder vom bäuerlichen Umfeld geprägten Kleinstädten (unter 15000 Einwohnern) und städtischen Siedlungen. In Zarajsk kam es zur Ausquartierung lediglich einer „Kultdiener"-Familie. Die Anzahl der Familien der übrigen ausquartierten Personengruppen war dabei um ein vielfaches höher[1591]. Im 1930 nur ca. 4500 Einwohner und damit nicht mehr als ein Drittel der Einwohnerschaft von Zarajsk zählenden Bronnicy[1592] waren es höchstens fünf Familien von Geistlichen, wenn nicht weniger[1593]. Für den Moskauer Bezirk, wo die Ausquartierungen im Verwaltungsverfahren, wie oben dargestellt, besonders schlecht vorangingen, liegen nur spärliche Angaben über die Zahl der betroffenen „Diener religiöser Kulte" vor. Nach einem Bericht des Bezirksvollzugskomitees verloren in Stadt *und* Kreis Vereja im entsprechenden Zeitraum lediglich zwei Geistliche, ebenso viele wie ehemalige Hausbesitzer, ihre Wohnungen. Gleiches gilt für die Stadt Dmitrov[1594]. Selbst im erheblich größeren Industriestandort Bogorodsk/Noginsk[1595] *und* dem gleichnamigen Kreis wurden insgesamt nur acht „Kultdiener" ihrer Wohnungen beraubt, schon im Verhältnis zur Anzahl der aus-

---

[1589] V MUNI, ibid., l. 66.

[1590] Svedenija. O vyselenii iz municipalizirovannych domov netrudovogo ėlementa i byvš. domovladel'cev, ibid., l. 136.

[1591] Ibid.

[1592] Wert, berechnet aufgrund der Eckwerte 3800 Einw. (1926) und 6100 Einw. (1939), vgl. dazu Anm. 85.

[1593] Im Bericht der Bezirkskommunalabteilung von Kolomna fehlen für Bronnicy genaue Angaben. Es erscheint lediglich der Vermerk: „nichtwerktätige Familien" (3) sowie „sonstige" (2), neben den Zahlenangaben bezüglich des Anteils der „Händler" (2) und „ehemaligen Hausbesitzer" (2). Quelle nach Anm. 1590.

[1594] Moskovskij Okružnoj Ispolnitel'nyj Komitet R.K. i K.D. Otdel Kommunal'nogo Chozjajstva. CGAMO, f. 956, op. 1, d. 8, ll. 25, 126. V Prezidium Mosoblispolkoma, ibid., f. 2157, op. 5, d. 108, l. 21. Die Einwohnerzahl Dmitrovs dürfte um diese Zeit noch unter 10000 Einwohnern gelegen haben, vgl. dazu Anm. 58.

[1595] Vgl. Anm. 52.

quartierten „Händler" (15) und „Personen mit unbestimmter Beschäftigung" (11) eine eher kleine quantitative Größe[1596].

So fielen die geistlichen *lišency* selbst in dieser Zeit der „Verschärfung des Klassenkampfs" und damit der „Erosion des Rechts" überwiegend nur in geringem Umfang der Zwangsausquartierung anheim, obwohl sie amtlicherseits meist gleichzeitig auch zu den „nichtwerktätigen Elementen" gezählt wurden. Dies gilt sowohl für die Industrie- wie auch die Landstädte des Moskauer Gebiets, unabhängig von deren geographischer Lage. Die Gründe waren, daß die Betroffenen entweder nicht in munizipalisierten Wohnungen lebten und/oder die Anforderungen des Ausquartierungsgesetzes nicht erfüllten[1597].

Der Druck auf die Kirchengemeinden und die geistlichen *lišency* nahm 1931 erneut zu: Am 16. Januar trat eine „Instruktion" für die neu eingesetzte „Ständige Kommission beim Präsidium des VCIK für Fragen der Kulte" in Kraft. Sie erläuterte und ergänzte das Religionsgesetz vom 8. April 1929. Die „Kultdiener" unterlagen nun neben der obligatorischen noch einer besonderen Registrierung durch die örtlichen Administrativen Abteilungen unter Verwendung spezieller Formblätter. Der Erhalt von Daten über die Geistlichen sollte von den Verwaltungsstellen jeweils in getrennten Vordrucken dokumentiert werden[1598]. Mit dieser Art bürokratischer Erfassung vermittels der Anlage von Dossiers über die einzelnen geistlichen *lišency* wurde den Behörden ein zusätzliches Überwachungsinstrument an die Hand gegeben, das auch von den Wahlkommissionen für deren Ausschlußentscheidungen zu Rate gezogen werden konnte. Nicht zufällig tauchten in den *lišency*-Listen der Stadt Serpuchov bereits im gleichen Monat Januar, weiter in Ergänzungsverzeichnissen zur Jahresmitte, besonders viele Namen von „Kultdienern" auf. Dabei fallen - ganz im Gegensatz zu den Verhältnissen in Orechovo-Zuevo[1599] - die vielen bisher in den Listen noch wenig vertretenen „Non-

---

[1596] Moskovskij Okružnoj Ispolnitel'nyj Komitet R.K. i K.D. Otdel Kommunal'nogo Chozjajstva. CGAMO, f. 956, op. 1, d. 8, l. 126.

[1597] Ebenso marginal waren die „Diener religiöser Kulte" dem 1933 eingeführten Paßregime unterworfen, wovon die Verhältnisse in Serpuchov ein gutes Zeugnis ablegen: Die Zugehörigkeit zur Geistlichkeit bedeutete keineswegs automatisch die Eingruppierung in die für die Negativentscheidungen der Paßkommissionen relevante Kategorie der Personen ohne Wahlrecht. Zur kategorialen Festlegung vgl. Perečen' lic, otbyvšich sročnoe lišenie svobody, ssylku ili vysilku po prigovoram sudov i kollegii OGPU, kotorym ne vydaetsja pasporta. Vgl. hier Razdel II. g): *licam, lišennym izbiratel'nych prav soglasno instrukcii CIK Sojuza SSR ot 3-go Oktjabrja 1930 goda.* (Hervorhebung von H.-M. Miedlig). Ibid., f. 4502, op. 1, d. 442, l. 160. Meist war der dann und wann in den Akten auftauchende Hinweis auf einen geistlichen *lišenec* nur ein *zusätzliches* Kriterium, was den ohnehin durch andere Merkmale von der Paßvergabe Ausgeschlossenen nur noch mehr stigmatisierte. Vgl. Beispiele in: Protokol No. 3 zasedanija komissii po razboru žalob na otkaz v vydače pasportov ot 16/II-33 g., ibid., ll. 87, 106; Protokol No. 8 zasedanija komissii po razboru žalob na ot-kaz v vydače pasportov ot 28/II-33 g. u.a.

[1598] Instrukcija Postojannoj komissii pri Prezidiume VCIK po voprosam kul'tov: O porjadke provedenija v žizn' zakonodatel'stva o kul'tach, ibid., d. 352, l. 16.

[1599] Einerseits verzeichneten wegen der dort nur kleinen Anzahl „religiöser Gemeinschaften" auch die *lišency*-Listen nur wenige Geistliche oder deren Angehörige; vgl. Protokol No. 25 zase-

nen“ ins Auge[1600]. Zusätzlich forderte das *VCIK* am 14. Februar 31 per Zirkular von allen Vollzugskomitees genaue Angaben über jede „religiöse Vereinigung“. Ziel der Weisung war es, das Ausmaß der tatsächlichen Umsetzung der gesetzlichen Bestimmungen über die Trennung von Kirche und Staat nach dem Religionsgesetz vom 8. April 29 festzustellen[1601]. Da viele örtliche Stellen auch *nach* der am 31. Mai 1931 erfolgten Einsetzung der „Kommissionen für die Begutachtung religiöser Fragen“ auf allen Verwaltungsebenen[1602] nur sehr ungenaues Material lieferten oder überhaupt nicht antworteten, verordnete das hohe Vollzugskomitee schließlich am 31. März 1932 eine halbjährige Berichtspflicht aller örtlichen untergeordneten Instanzen. Dabei waren außer der Quantität der einzelnen religiösen Vereinigungen, den jeweiligen Zeitpunkten der Schließung von Kirchen und Bethäusern und den Nachweisen über deren ordnungsgemäße gegenwärtige Nutzung auch Daten über die Anzahl der tatsächlich tätigen „Kultdiener“ ohne Wahlrecht zu Beginn und am Ende jeder Rechenschaftsperiode zu übermitteln[1603]. Vorher, am 19. Oktober 1931, hatte auch das *MOIK* nach einer entsprechenden Mahnung des *VCIK* noch einmal von jedem Kreiskomitee des Gebiets die Zusendung der Dokumentation verlangt. Da diese Instanzen, wie auch diejenigen in der gesamten *RSFSR*, keine oder nur unvollständige Belege lieferten, wiederholte das Präsidium des *MOIK* schließlich im Mai 1932 seine Weisung, nicht ohne den strengen Verweis auf die Pflicht der einzelnen Vollzugkomitees, zu erklären, warum sie der Aufforderung selbst nach Ablauf eines ganzen Jahres immer noch nicht nachgekommen waren[1604].

---

danija Komissii po razboru zajavlenij lic, lišennych izbiratel'nych prav ot 14/XI-31 g., ibid., l. 5700, op. 1, d. 46, l. 90 (hier von 11 nur *eine* Person, die als Angehörige eines Geistlichen ihr Wahlrecht verloren hatte, dieses aber aus rein formalen Gründen wieder zurückbekam). Andererseits war, wie oben verdeutlicht, der Einfluß der Kirche gerade in Orechovo-Zuevo besonders groß, was auch das Entscheidungsverhalten der Wahlkommission beeinflußt haben dürfte!

[1600]Dazu Anm. 759 (S. 165).

[1601]Vgl. den einleitenden Text in: Cirkuljar No. 1 vsem CIKam ASSR, kraevym, oblastnym i rajonnym ispolnitel'nym komitetam i gorsovetam: Po voprosu ob učete religioznych ob-edinenij i otčetnosti mestnych komissii po voprosam kul'tov [31.III.1931]. CGAMO, f. 4502, op. 1, d. 352, l. 19.

[1602]Beim *VCIK* wurde eine „Ständige Zentrale Kommission für die Begutachtung religiöser Fragen“ eingesetzt, auf der Ebene der Autonomen Republiken, Provinzen, Gebiete, Kreise und Städte entsprechende Kommissionen. Sie sollten die Aufgaben der Administrativen Abteilungen hinsichtlich Registrierung und Überwachung der einzelnen Religionsgemeinschaften übernehmen und u.a. vorläufig über Klagen der Gläubigen gegen die Schließung von Kirchen und Bethäusern befinden. Die endgültige Entscheidung lag bei der „Ständigen Zentralen Kommission“, deren Abänderungsvotum allerdings vom *VCIK*-Präsidium bestätigt werden mußte. vgl. Položenie o Postojannoj central'noj i mestnych komissijach po rassmotreniju religioznych voprosov, ibid., ll. 17, 18.

[1603]Cirkuljar No. 1 vsem CIKam ASSR, kraevym, oblastnym i rajonnym ispolnitel'nym komitetam i gorsovetam, ibid., l. 20.

[1604]Vgl. Prezidium Moskovskogo Oblastnogo Ispolnitel'nogo Komiteta Sovetov R., K. i K.D. Predsedatelju ... Rajispolkoma, ibid., d. 353, l. 11.

Eine der wenigen örtlichen Stellen, die tatsächlich Material schickten, war der Serpuchover Stadtrat. Aus diesen Unterlagen geht hervor, daß 1929 zwar 11, im gesamten Jahr 1930 in der Stadt jedoch nur noch zwei weitere Kirchen geschlossen wurden. Bis zum 20. Juni 1932 kam keine einzige mehr dazu. So waren zu diesem letztgenannten Termin immer noch knapp die Hälfte der vor 1929 existierenden Kirchen offiziell in Betrieb[1605]. Es ist allerdings darauf zu verweisen, daß dessen ungeachtet bis 1932 der Druck auf die religiösen Gemeinschaften besonders in den alten religiösen Zentren inner- und außerhalb des Moskauer Gebiets anhielt. So kam es in verschiedenen Fällen zu von den zuständigen übergeordneten Behörden, einschließlich des obersten Denkmalschutzkomitees, *nicht* genehmigten Schließungen und schleichenden Zerstörungen historisch wertvoller Objekte seitens der örtlichen Instanzen[1606]. Für Serpuchov ist in der neuen russischen Forschung das Vysockij-Kloster, dessen Mauern mit Billigung des Stadtrats und der örtlichen Parteiführung als Baumaterialreservoir dienten, diesbezüglich hervorgehoben worden[1607]. Andere Kirchenschließungsverfahren waren noch Ende 1932 wegen des Fehlens einer endgültigen Bestätigung der ratsamtlichen Maßnahme durch *MOIK* und/oder *VCIK* gewissermaßen festgefahren. In einem vom Serpuchover Stadtrat gut dokumentierten Fall griff schließlich das *OGPU* selbstherrlich ein und erklärte die betreffende Kirche trotz Klagen und Interventionen der Gläubigen beim *VCIK* für endgültig geschlossen[1608].

Angesichts nach wie vor ausstehender Entscheidungen von *MOIK* und *VCIK* in mehreren Fällen war das Serpuchover Stadtratspräsidium im November 32 in Ermangelung der entsprechenden Unterlagen nicht imstande, auf Anfrage dem städtischen Geheimdienstresidenten genau mitzuteilen, wie viele Kirchen denn nun tatsächlich noch nicht geschlossen seien und wie es denn mit den noch nicht abgeschlossenen Verfahren stehe[1609]. Dies bedeutet, daß nicht nur die auf einschlägiges Informationsmaterial in vielen Fällen vergeblich wartenden übergeordneten Stellen, sondern auch die unmittelbar betroffenen städtischen Behörden den Überblick und damit den Überwachungskontakt verloren hatten! Für die „Diener religiöser Kulte“ und die religiös aktiven Bürger war die Situation um so fataler, als nach dem 1932 veröffentlichten amtlichen Bulletin des *VCIK* auch 1931 die alten Mißstände der ungesetzlichen Besteuerung der kirchlichen Gebäude *und* der Popen bzw. Mönche selbst sowie auch einer illegalen Zwangsausquartierung nur aufgrund der Zugehörigkeit zur geistlichen Berufsgruppe weiterhin bestanden[1610].

[1605] Svedenija o religioznych ob-edinenijach po g. Serpuchovu na 20/VI-1932 goda; Svedenija o zakrytych kul'tovych zdanijach po g. Serpuchovu po sostojaniju na 20 ijunja s.g. Ibid., ll. 14, 15.

[1606] Dazu Kozlov, S. 76, 77.

[1607] Ibid., S. 77.

[1608] Vgl. V Gorotdel OGPU tov. Cukovu. 13/VIII-32 g. CGAMO, f. 4502, op. 1, d. 353, l. 29.

[1609] V Gorotdel OGPU (tov. Korolevu). [Quelle undatiert], ibid., l. 7. Es handelt sich um die Antwort des Stadtrats auf eine Anfrage des *OGPU*-Residenten von Ende November 1932. Zu letzterem ibid., l. 1.

[1610] Vgl. VCIK (Izdanie oficial'noe) Bjulleten' No. 2 Postojannoj Central'noj komissii po voprosam kul'tov, ibid., d. 352, l. 9.

Es ist vor dem Hintergrund des Verlusts der Kontrolle seitens des *MOIK* über die Ratspräsidien in diesen Fragen aufschlußreich, daß einschlägige Zeugnisse für eine entsprechende Situation in den Städten des Moskauer Gebiets auf der Grundlage des bisher zugänglichen Materials nicht explizit nachgewiesen werden können. Dies kann heißen, daß die jeweiligen Dokumente entweder gar nicht erst erstellt wurden, verlorengegangen oder auch für den Forscher in den Archiven vorerst nicht zugänglich sind. Letzteres ist aufgrund der Offenheit des in Frage kommenden Archivfonds allerdings weniger wahrscheinlich. Die obigen Darlegungen könnten – neben einem möglichen Aktenverlust - ersteres in dem Sinne nahelegen, daß die einzelnen Vollzugskomitees mangels eigenen Überblicks einfach nicht zur Zusammenstellung entsprechender Nachweise in der Lage waren.

So wurde die Durchsetzung der amtlichen religionspolitischen Weisungen von *VCIK* und *MOIK* nicht zuletzt auch durch das mangelnde Funktionieren des Instanzenzuges geradezu blockiert. Wie die gezeigten krassen Befunde belegen, hatten die zentralen Stellen tatsächlich nicht die Möglichkeit, diese Blockaden aufzubrechen, d.h., auch die Amtsmißbräuche der örtlichen städtischen Organe zu eliminieren - im Einzelfall durchaus zum Schaden eines *cerkovnik* oder geistlichen *lišenec*. Demnach ermöglichte die „zweite Revolution" auch in diesem Zusammenhang keine Änderung alter krisenhafter Strukturprobleme der Herrschaftssicherung - im Gegenteil.

Spätestens 1932 erscheint den Quellen zufolge die Phase der massiven Verfolgungen der „Kultdiener" und *cerkovniki* in den Städten des Moskauer Gebiets, sei es im Kontext der Auflösung der Kirchengemeinden unter Konfiszierung der religiös genutzten Immobilien oder im direkten Zugriff auf die Person des Geistlichen, als im wesentlichen abgeschlossen.

3. RESÜMÉE

Bis zur Herrschaftskrise des „großen Umbruchs" 1928/29ff. zu Beginn des 1. Fünfjahrplans wurden in der *RSFSR* und im Moskauer Gouvernement im besonderen bereits die institutionellen und (in-)formellen Voraussetzungen geschaffen, nach denen sich die Praxis der politischen Verfolgung der Personen ohne Wahlrecht im Zeitraum der frühstalinistischen Periode ausrichten sollte. Schon mit der ersten Verfassung der *RSFSR* vom Juli 1918 benachteiligt und in ihrem Status minderen Rechts von der Nachfolgekonstitution vom Januar 1925 bestätigt, sah sich diese Personengruppe bereits während der *NĖP*-Periode einer doppelten Bedrohung ausgesetzt: Einerseits wurde die Rechtslage zusehens zu ihren Ungunsten verschärft. Schon das erste Wahlgesetz von 1925 weitete den in der Verfassung genannten politisch inkriminierten Personenkreis ohne Wahlrecht aus und bezog nun auch die *ehemaligen* Kaufleute, profitorientierten Arbeitgeber, privaten Rentiers, Geistlichen und Repräsentanten des Macht- und Sicherheitsapparats des zaristischen Regimes ein. Die nachfolgenden Wahlinstruktionen der *UdSSR* sowie der *RSFSR* erweiterten den Katalog zusätzlich um vom *OGPU* Zwangsausgesiedelte, Kommandeure der „Weißen Armeen" und Führer „konterrevolutionärer Banden". Die gesetzlich verankerten Barrieren gegen eine Wiedererlangung des Wahlrechts waren dabei für die Betroffenen schwer überwindbar. Von großer Bedeutung sollte bis zur Mitte der 30er Jahre auch die Einführung der Sippenhaft sein, wonach die Familienangehörigen der *lišency*, sofern sie sich in materieller Abhängigkeit von diesen befanden, denselben Rechtsentzügen und Benachteiligungen unterlagen. Hinzu kam der Verlust nicht nur der politischen, sondern auch sonstiger bürgerlicher bzw. gesellschaftlicher Rechte wie z.B. das Verbot der Mitgliedschaft in Gewerkschaften, des Dienstes in der regulären Armee, des Wohnens in kooperativ bewirtschafteten Wohnungen, ferner der Verlust des Anspruchs auf Leistungen aus der staatlichen Versicherungskasse, der Entzug von Vergünstigungen für eine verbilligte (staatlich bezuschußte) Ernährung und schließlich auch deutliche steuerliche Benachteiligungen gegenüber den vollberechtigten Bürgern. Die zentrale Parteiführung tat das Ihre, während des 15. Parteitags die systematische „Herausdrängung des Privathändlers vom Markt" zum verpflichtenden Leitsatz zu erheben.

Andererseits wurden die *lišency* und ggf. auch ihre Angehörigen in den Städten des Moskauer Gouvernements ebenfalls bereits vor 1928 hart von den oftmals ungesetzlich arbeitenden städtischen Wahlkommissionen getroffen. Die Kommissionen waren zudem häufig durch die schlechte Arbeitsorganisation, den mangelnden Informationsfluß unter den beteiligten Stellen bezüglich der ermittelten *lišency* sowie nicht zuletzt infolge *verbreiteten Desinteresses* in bzw. bei den Wahlkampagnen in ihrer Arbeit von vornherein beeinträchtigt. So lag der zahlenmäßige Anteil der während und nach den Kampagnen 1926/1927 erfaßten Personen ohne Wahlrecht, trotz starken Druckes seitens der übergeordneten Stellen, in den Industriestädten Orechovo-Zuevo und Serpuchov nur zwischen 1 und 2% der erwachsenen Einwohner. Angesichts der verbreiteten Mißbräuche bei der Entscheidungsfindung der Verantwortlichen erscheint auch dieser Wert allerdings korrekturbedürftig. Es spricht für sich, daß 1927 vor dem Hintergrund der vielen unrechtmäßigen bzw. mangelhaft begründeten Aberkennungsbescheide nach der auf Weisung des *CIK* erfolgten Einsetzung besonderer Überprüfungskommissionen (*trojki*) die diesbezüglichen Entscheidungen in den meisten Städten des Gouvernements wieder außer Kraft gesetzt werden mußten, und zwar *unabhängig* von der geographischen Lage und sozialen Stratifikation der jeweiligen Stadt. Ob es sich um eine Industrie- oder um eine nicht oder kaum von größeren Produktionsbetrieben geprägte Landstadt handelte, spielte also keine Rolle. Somit ergibt sich, daß in dieser Beziehung auch kein grundsätzlicher typologischer Gegensatz im Sinne einer signifikanten Zweiteilung des zu untersuchenden Verwaltungsgebiets modelltheoretisch formuliert werden kann.

Somit können an diesem Befund die einleitend genannten theoretischen Überlegungen im Zusammenhang mit den Krisen der politischen Entwicklung rasant modernisierender Gesellschaften bzw. Staaten, wie sie bereits W.M. Pintner unter Bezug auf die besondere Relevanz und Resistenz vor allem der „Penetrationskrise" als strukturellen Herrschaftssproblems der inneren Geschichte Rußlands und der frühen Sowjetunion formulierte, im Grundsatz durchaus verifiziert werden. Die Kapazitäten der zentralen staatlichen und Parteistellen zur Kontrolle der örtlichen (städtischen) Organe, hier bezogen auf die konkrete Absicherung der vorgeschriebenen Verfolgungsverfahren gegen die *lišency* über den Instanzenzug als Befehlsweg, reichten schon vor 1928 ganz offensichtlich nicht aus. Die von den Wahlkommissionen der einzelnen Kreisstädte des Gouvernements *mehrheitlich* gesetz- bzw. ordnungswidrig angeordneten Wahlrechtsentzüge können dabei in den Zusammenhang der praktischen Auswirkung der zunehmend an Einfluß gewinnenden radikalen Rechtstheorien eines Pašukanis, Stučkas oder Krylenkos gestellt werden. Diese propagierten ja das baldige Absterben des Staates und die Überflüssigkeit des - so die Theorie - seinem Wesen nach bürgerlich-kapitalistischen Bezügen verhafteten staatlichen Rechts zugunsten der proletarischen „Klassenlinie" als radikal-simplifizierende Norm eines Quasi-Rechts, das seine Existenzberechtigung dem Sieg des Proletariats in der bolschewistischen Revolution verdanke. Die anhand der Verhältnisse in Orechovo-Zuevo belegten Fälle eines Schutzes bestimmter städtischer Gruppen, die einer Aberkennung ihres Wahlrechts unterliegen sollten, durch einzelne für den Wahlrechtsentzug zuständige „Unterkommissionen" lassen indessen zumindest bei einzelnen Kommissionsmitgliedern auch auf die Fortexistenz von „bürgerlichem" Rechtsbewußtsein schließen. Diese Einstellungen gegenüber „Recht" und „Unrecht" dürften ihren Ursprung in einer breiten Rezeption westlich-liberalen Ideenguts in der *Intelligencija*, besonders im Rechtswesen während der zweiten Hälfte des 19. Jahrhunderts, gehabt haben. Auch konkrete wirtschaftliche Interessen der Stadtverwaltung spielten hier eine Rolle, denn die oft nicht unvermögenden „Händler" als Hauptkategorie der Personen ohne Anspruch auf ein Wahlrecht konnten über eine verstärkte Besteuerung gut das meist kärglich bemessene städtische Budget erhöhen. Also lag es nahe, deren Wirtschaftskraft möglichst zu erhalten. Die während der *NĖP*-Periode schwankende, uneinheitliche Politik der Regierung in der Frage eines verstärkten Vorgehens gegen die *lišency* wirkte sich zusätzlich verunsichernd auf die Entscheidungsfindung der Wahlkommissionen und ihrer Hilfsorgane aus.

Der Prozeß der allmählich zunehmenden Entrechtung als institutionelle Voraussetzung für die späteren Verfolgungen traf ebenfalls schon zu *NĖP*-Zeiten auch die beiden in dieser Arbeit gesondert beschriebenen *lišency*-Kategorien der „nichtwerktätigen Elemente" sowie der „Diener religiöser Kulte", wie die Geistlichen offiziell genannt wurden. Diesen Gruppen kommt schon deshalb besondere Bedeutung zu, weil es die Partei- und Staatsbehörden ab 1928 für nötig erachteten, sie von den anderen Personen ohne Wahlrecht getrennten Verfolgungsmustern und besonderen Kampagnen zu unterwerfen.

Noch um die Mitte der zwanziger Jahre hatten die „nichtwerktätigen Elemente" vor allem unter einem System gravierender steuerlicher und mietrechtlicher Benachteiligungen zu leiden. Da es um einen Personenkreis ging, dem sich schon laut Verfassung von eigenem Vermögen lebende private Kapitalbesitzer zurechneten, lag hier der Zugriff des sozialistischen Staates nahe. Die 15. Parteikonferenz von 1926 segnete die Politik der ungleichen, ungerechten Besteuerung auch parteiideologisch ab, was 1927 eine weitere Verschärfung der finanziellen Belastung dieser Personen zur Folge hatte. Die im Vergleich zu den „werktätigen" Arbeitern und Angestellten unverhältnismäßig hohen Mietsätze, die ab August 1926 auch die „Diener religiöser Kulte" zu zahlen hatten, womit sie den „nichtwerktätigen" Kapitalseignern gleichgestellt wurden, zielten darauf ab, diese Gruppen aus den munizipalisierten und genossenschaftlich geführten Wohnungen zu drängen. Ähnliche Ziele verfolgten die zentral erlassenen Gesetze vom November 1927 und Januar 1928, durch die der Zuzug der Inkriminierten in diese Wohnungen sowie die von ihnen zu nutzende Wohnfläche prinzipiell beschränkt wurden. Mieter dieses Personenkreises, insbesondere säumige Mietzahler, sollten ohnehin ihre Unterkünfte spätestens auf Gerichtsbeschluß verlassen müssen. Dennoch war auch hier die Verschärfung der *gesetzlichen* Situation der „nichtwerktätigen Elemente" als Sondergruppe der Personen ohne Wahlrecht das eine, die *praktische Umsetzung* der Gesetze und Verordnungen - sehr zugunsten der Betroffenen – jedoch etwas ganz anderes.

Was die Geistlichen betrifft, so definierte sie eine Vorschrift des Volkskommissariats für Finanzen von 1924 eindeutig als „Ausbeuter" gegenüber den „kleinen Kirchendienern" (Küstern, Kantoren u.a.) als „ausgebeuteten" Wahlbürgern. Mit dieser ideologischen Zweiteilung war eine der Voraussetzungen für die späteren Verfolgungen geschaffen. Gleichzeitig verschärfte sich die Situation der geistlichen *lišency* schleichend durch Gesetzesinterpretationen bzw. Bestimmungen zur Durchführung einschlägiger Verordnungen seitens der zentralen Regierungsorgane zu Lasten der „Diener religiöser Kulte". Trotz allem waren die konkreten Auswirkungen dieser Lage auf die Lebenssituation auch des letztgenannten

Personenkreises bis 1928 meist noch wenig dramatisch. So belegen die Quellen für die Geistlichkeit in den Städten (und Dörfern) des Moskauer Gouvernements für jene Zeit z.B. noch kaum Wahlrechtsentzüge. Dies darf als Ergebnis der nach wie vor eher auf gemäßigte Propaganda als auf Zwangsmaßnahmen gegenüber diesem Personenkreis setzenden Parteiführung während der *NÉP*-Periode sowie der weit verbreiteten Passivität der lokalen Zellen der „Union der Atheisten" bzw. „Union der kämpfenden Atheisten" angesehen werden. Letzteres verdeutlichte das strukturelle das Problem der „mangelnden Führung" derjenigen Organisationen, die mit oder im Auftrag der Partei bzw. der örtlichen Räte die amtlichen Repressionsgebote *de facto* durchzusetzen hatten – ein wichtiges Element der heraufziehenden Herrschaftskrise neuer Qualität im Zuge der „Revolution von oben".

Kurz *vor* dem „großen Umbruch" ist eine deutliche Zunahme des Drucks auf alle *lišency*-Gruppen zu konstatieren, etwa in der Wahlkampagne 1927/28, in deren Verlauf spezielle „Bevollmächtigte" der örtlichen Wahlkommissionen über den Gang der einzelnen betrieblichen Vorwahl- und Rechenschaftsversammlungen geheime Berichte übermittelten. In letzteren wurden auch für das *OGPU* relevante oppositionelle Äußerungen einzelner Wahlberechtigter hervorgehoben. Die Kampagne verband sich zumindest in einigen Arbeiterstädten mit der Tendenz radikaler an der „Stalingruppe" im *ZK* orientierter Kräfte in der Partei zur weiteren Kriminalisierung der potentiellen oder auch tatsächlichen *lišency* unter Zuhilfenahme der örtlichen Parteizeitung. Die überraschende Absetzung der Wahlen 1928 und die damit verbundene Einstellung der Arbeit der Wahlkommissionen - eine Maßnahme, wie sie fortan nicht selten sein sollte - hatte ihren Grund in der Überlastung der städtischen Behörden mit der Organisation anderer politischer und vor allem wirtschaftlicher Kampagnen, zu deren Durchführung die Partei die Verantwortlichen verpflichtete. Zudem engagierten sich gerade die *örtlichen* Komitees und Betriebszellen der Partei wenig für eine Mobilisierung der Bürger zu den anstehenden Ratswahlen. Hieraus ergibt sich, welch geringe Bedeutung die lokalen Parteiführungen den Kampagnen zu den Neuwahlen der Räte letztlich beimaßen. Für den genannten verfolgten Personenkreis brachte diese Situation jedoch nur bedingt Erleichterung. Das Beispiel des Serpuchover Parteiblatts *Nabat* zeigt, daß auch *nach* Auflösung der städtischen Wahlkommission einzelne *lišency* weiter in der Zeitung stigmatisiert und so vom Stadtrat in die Ausschlußlisten aufgenommen werden konnten. Hierfür war jedes städtische wie dörfliche Ratspräsidium *außerhalb* der Wahlperioden direkt zuständig. Außerdem boten diese „Anmerkungen" genannten denunzierenden Anzeigen klassenbewußter „Arbeiterkorrespondenten" auch eine Handhabe für ein Eingreifen des *OGPU*, wenn der Verdacht „konterrevolutionärer Tätigkeit" für gegeben erachtet wurde. Für das Jahr 1928 wie auch die folgenden Jahre bis mindestens 1934 gilt, daß die in dieser Weise öffentlich Angeschuldigten mit Sanktionen rechnen *konnten*, es aber nicht *mußten*. Dies gilt für die Parteiblätter *aller*, zentraler wie lokaler, Ebenen. Die Zeitungsredaktion sandte zwar alle Anzeigen vor der Veröffentlichung an die zuständigen Organe (etwa die Staatsanwaltschaft) zur Überprüfung, bei der nicht seltenen Falsifizierung der Angaben, anderer Interpretation des Sachverhalts durch die Prüfer oder bei Verschwinden der Unterlagen auf dem Dienstweg geschah jedoch nichts. Auch von der Zeitung nachträglich öffentlich festgestellte bewußt falsche Angaben zur böswilligen Denunzierung bestimmter Personen kamen dann und wann vor, womit die Relevanz des Mißbrauchs der offiziell gewünschten Denunziation in diesem Zusammenhang klar zutage tritt.

So gaben bereits im Verlauf des Jahres 1928 einzelne städtische Behörden gerade außerhalb der Wahlperiode mit ihren Hinweisen und Anzeigen zu einer Intensivierung der Verfolgung mutmaßlicher Personen ohne Wahlrecht Anlaß, nicht zu reden von der aufgrund einer Weisung des *Mossovet* vom Sommer 28 verordneten Verpflichtung aller Wohnungsverwaltungen, angesichts der bevorstehenden Armeerekrutierungen sämtliche Hausbewohner auf die Existenz von *lišency* für deren Weitermeldung an die militärischen Registraturstellen zu überprüfen. Die sich vorbereitende politische Wende zeigte sich besonders im September im regierungsamtlichen Ausschluß der *lišency* von den „Wohnungspachtkooperativgenossenschaften" sowie in einer Weisung des *Mossovet*-Präsidiums bezüglich der Registrierung der Moskauer Stadtbürger dieser Kategorie. Dabei ist entscheidend, daß die letztere Direktive mit einer ungesetzlichen, in der Folge auf Geheiß des *VCIK* wieder annullierten Durchführungsverordnung der Administrativen Abteilung zu Lasten der genannten Einwohnergruppen verbunden war. Die Verordnung stellte einen bewußten Angriff der Parteihardliner auf das Rechtssystem dar, mit dem Anspruch, dieses durch die an Einfluß gewinnende Klassenrechtstheorie eines Pašukanis zu ersetzen. Der Schluß liegt nahe, daß dies nicht ohne Billigung der übergeordneten Parteiinstanz geschehen konnte. Damit handelte es sich hier um eine der ersten prinzipiellen Auseinandersetzungen einer führenden Behörde des Moskauer Gouvernements mit dem *VCIK* um die Natur des Rechts im sozialistischen Staat. In den Städten des Gouvernements fand dieses Problem auch im sich zunehmend verschärfenden Druck auf die kooperativen Betriebe als angebliche oder auch tatsächliche Heimstätte „ehemaliger Händler" seinen Ausdruck: Obwohl vom Gouvernementskooperativrat schon im Februar 28 eine „Massenuntersuchung des kooperativen Netzes" im gesamten Verwaltungsgebiet zum Zwecke des Aufspürens „kapitalistischer Elemente" beschlossen und im Mai auch vom *MK* gebilligt worden war, konnte diese Weisung trotz entsprechender Beschlüsse einzelner städtischer Betriebsversammlungen, dem Auftauchen einschlägiger „Anmerkungen" in der lokalen Presse oder denunzierender Briefe an die zuständige Kontrollkommission noch nicht flächendeckend umgesetzt werden. Die radikalen Kräfte scheiterten auch hier an dem Fehlen einer verbindlichen gesetzlichen Regelung. Dies änderte sich erst *nach* der politisch-ideologischen Herbstzäsur mit dem Erlaß des Gesetzes „Über die falschen Kooperativen" vom 10. Dezember und seinen Folgeverordnungen. So rüttelte schon seit dem Frühjahr 1928 der Anspruch der „Stalingruppe" in der Partei auf Durchsetzung von Klassenkampf und Klassenrecht in der konkreten politisch motivierten Repressionspraxis am bestehenden kodifizierten System der „revolutionären

Gesetzlichkeit" - ein wichtiges Symptom für die sich allmählich verschärfende Legitimationskrise, in die sich die Partei hineinmanövrierte.

Für die „nichtwerktätigen Elemente" an der „Wohnungsfront" hatte das bereits am 4. Januar 1928 erlassene Gesetz „Über die Wohnungspolitik" zwar *prinzipiell* sehr große, *de facto* jedoch vorerst nur geringe Bedeutung. Jetzt sollte zwar kein Angehöriger dieser Gruppe mehr in eine Kommunalwohnung einziehen dürfen und, verdiente er über 3000 Rubel, drohte ihm das endgültige Auslaufen des Mietvertrages spätestens zum Herbst 1929. Dennoch stieß die Umsetzung des Gesetzes, das die Entschärfung der grassierenden, durch die starke Landflucht verschärften Wohnungsnot in den Städten zum Ziel hatte, vor Ort auf vielfältige Schwierigkeiten. Bei Weigerung der Betroffenen, ihre Wohnungen zu verlassen, mußten nämlich die Gerichte bemüht werden. Gerade diese urteilten nach den vorliegenden Quellen jedoch oftmals zugunsten der Betroffenen. Also erließ das *VCIK* im Mai 28 eine neue Fassung des Mietgesetzes von 1926, womit die rechtliche Schlechterstellung und finanzielle Ausbeutung dieser *lišency*-Gruppe über völlig überzogene Mietsätze weiter verschärft wurde. Im September/Oktober griff dieses Gesetz nach dem Erlaß örtlicher Verfügungen auch in den Städten des Moskauer Gouvernements. Zudem bedeutete die auf der Grundlage des Mietgesetzes von den Innen- und Justizkommissaren der *RSFSR* in Kraft gesetzte „Instruktion" eine faktische Erweiterung des hier betroffenen Personenkreises: Im Zuge der Erläuterung der Gesetzesparagraphen war hier nun verbindlich festgelegt, daß auch „Besitzer von Industrie- und Handelsunternehmen", kommerzielle Pächter, Kreditgeber und Börsenspekulanten sowie alle zu den höchsten Einkommensteuersätzen zu veranlagenden Personen zu den „nichtwerktätigen Elementen" zu rechnen seien.

Nichtsdestoweniger blieb die gerichtlich zu betreibende Ausquartierung dieser Leute aus ihren Wohnungen in der Praxis trotz weiterer Verordnungen der Regierung, die die Gerichte in ihrem Urteil auch gegenüber den oftmals zahlungssäumigen „nichtwerktätigen" Mietern festzulegen suchte, schwierig. Die Betroffenen wußten sich vor Gericht gut zu wehren, wenn sie denn überhaupt angeklagt wurden, da die einzelnen städtischen Behörden, insbesondere die Kommunalabteilungen, eine gewisse Vorsicht in der Frage einer gerichtlich zu betreibenden Zwangsausquartierung dieser wirtschaftlich potenten Leute walten ließen. Zudem waren letztere in vielen Städten des Gouvernements infolge ihres privaten Immobilienbesitzes immer noch die größten Wohnungsgeber. Den örtlichen Räten kam es also zunächst auf eine „Munizipalisierung" der Häuser an, um dann in einem weiteren Schritt die Inkriminierten aus ihren Wohnungen heraustreiben zu können. Noch im Sommer 28 wurden in einzelnen Städten besondere Kommissionen eingesetzt, die die Möglichkeit der Enteignung prüfen und bereits „munizipalisierte" Häuser und Wohnungen inventarisieren sollten. Diese Gremien kamen indessen in ihrer Arbeit kaum voran, wobei in Serpuchov und anderen Städten die Kommunalabteilungen nicht nur nicht hilfreich waren, sondern auch bewußt zugunsten des verfolgten Personenkreises gegen die Gesetze verstießen. Da diese

Situation vor Ort trotz des Einsatzes von überprüfenden „Instruktoren" aus der vorgeordneten Gouvernementsverwaltung so schnell nicht zu ändern war, läßt sich sagen, daß die „nichtwerktätigen Elemente" 1928 in der Regel noch von Zwangsausquartierung und damit im Zusammenhang stehenden physischen Leiden verschont blieben und vorerst nur finanziell ausgebeutet wurden. Damit erlitt auch die Wohnungspolitik von Partei und Regierung, die ja helfen sollte, die gravierenden drängenden Probleme des viel zu knappen Wohnraums zu Lasten der besagten *personae non gratae* wenigstens zu mildern, in ihrer konkreten Durchsetzung vor Ort eine Niederlage.

Der Schutz, den die städtischen Kommunalabteilungen, Hausverwaltungen und nicht zuletzt auch die „Volksgerichte" den „nichtwerktätigen Elementen" gewährten, hatte gewichtige, schwer zu eliminierende Gründe: Folgten die beiden erstgenannten Einrichtungen besonders ihren jeweiligen örtlichen ökonomischen Interessen, so wirkten sich bei den Gerichten jene bereits erwähnten Überreste eines „bürgerlich"-rechtstaatlichen Empfindens aus, das sich besonders beim Justizpersonal der älteren Generation noch aus der Prägewirkung liberal-demokratischer Ideen ergab, wie sie durch die Justizreformen der zweiten Hälfte des 19. Jahrhunderts sowie vor 1917 befördert wurden.

Ebenfalls großen Schwierigkeiten sah sich die Verfolgung der *lišency*-Gruppe der „Diener religiöser Kulte" vom Beginn bis zum Ende des Jahres 1928 gegenüber. Die bisherigen verwaltungsorganisatorischen Mängel, insbesondere aber Regel- und *Gesetzesverstöße* in der Arbeitspraxis der Wahlkommissionen, wirkten sich bei der Erfassung neuer potentieller *lišency* auch in einer im Verhältnis zur dominanten Gruppe der „Händler" und derjenigen, die fremde Arbeitskräfte in Anspruch nahmen, nur geringen Anzahl der schließlich offiziell registrierten Geistlichen aus. Ein solches Ergebnis war auch das Resultat der Vernachlässigung des Themas einer stärker zu betreibenden Aberkennung des Wahlrechts der Kultdiener und ihrer Familien in der zentralen wie auch lokalen Parteipropaganda. Dieser Befund gilt jedoch nur insoweit, als die Repression *im gesetzmäßigen Verfahren* betroffen war. Gerade in den alten religiösen Zentren inner- wie außerhalb des Moskauer Gouvernements ging das *OGPU* nämlich bereits im Frühjahr 1928 mit Billigung bzw. Mitwirkung der örtlichen Parteiführungen und/oder der lokalen Zellen der Atheistenunion sowohl gegen die Geistlichen als auch gegen die religiös aktiven Laien und kirchlichen Dienstleister (einschließlich der Ikonenmaler und Restauratoren), also die *cerkovniki*, vor. Dabei handelte es sich vielfach um konstruierte Delikte „konterrevolutionärer" Tätigkeit. Ein gutes Beispiel aus dem hier behandelten Verwaltungsgebiet ist die alte Stadt Sergiev mit ihrer traditionsreichen dichten religiösen Infrastruktur. In der Verfolgung auch der *cerkovniki* und der im religiösen Bereich tätigen Künstler und Museumsmitarbeiter machte sich der Einfluß radikaler Kräfte in der Partei bemerkbar, die sich im *ZK* bisher nicht voll hatten durchsetzen können, aber einer qualitativ neuen, verschärften, von administrativen Zwangsmaßnahmen gekennzeichneten antireligiösen Verwaltungspraxis das Wort redeten. Gemäß den nach wie vor gültigen offiziellen Leitlinien von Partei und Regierung sollte das als „kleine Kirchendiener“ von den geistlichen „Ausbeutern“ ja ideologisch strikt getrennte Dienstpersonal bei den Kirchen von einer derartigen Repression eigentlich ausgenommen sein!

Die Situation in anderen Städten des Gouvernements war im Jahr 1928 aufgrund der Tatsache, daß *ZK* und *MK* bis zu dem politischen Umbruch am Jahresende in der Frage der antireligiösen Politik jeweils noch nicht mit einer Stimme sprachen, durchaus anders als in Sergiev, zumal auch in der „Union der Atheisten“ radikale wie auch gemäßigte religionspolitische Konzepte vertreten wurden. Gerade in den Arbeiterstandorten wie Orechovo-Zuevo, Serpuchov und Egor'evsk waren die örtlichen Zellen der „Union“, wie auch viele Fabrikparteizellen - in Serpuchov auch der Stadtrat selbst - , in ihrer antireligiösen Arbeit außerordentlich inaktiv und desinteressiert, wobei sie direkt gegen eine Mobilisierungsdirektive des *MK* verstießen. Statt, wie in Sergiev, bestimmte Geistliche und religiös aktive Bürger in Zeitungsartikeln denunzierend vorzuführen, verlegte der Serpuchover *Nabat* deshalb in dieser schwierigen Situation das Schwergewicht auf die Stärkung der antireligiösen Propaganda, was der amtlichen Parteilinie entsprach. Die radikale Richtung in der Religionspolitik kam allerdings ebenfalls in den Artikeln des Blatts besonders in der ersten Jahreshälfte in dem Bemühen zum Tragen, eine innere strukturelle Wechselbeziehung sowohl zwischen den Geistlichen und der „Bourgeoisie“ als dem „ärgsten Klassenfeind“ auf der einen, als auch zwischen den aktiv Gläubigen (Mitgliedern der „Kirchenräte“) und den „Händlern“ auf der anderen Seite, herzustellen. Damit wurden nicht nur die Geistlichkeit, sondern auch die *cerkovniki* und andere Laien als Angehörige der formalgesetzlich in ihrer Existenz nach wie vor garantierten Kirchengemeinden in das Lager der Konterrevolutionäre gerückt und mit den *lišency* ideologisch auf eine Stufe gestellt. So leistete die Zeitung die theoretische Vorarbeit für jenes massive Vorgehen gegen die religiösen Gemeinschaften als solche, wie es sich 1929 in den vielen städtischen Kirchenschließungen zeigen sollte. Diese Maßnahmen konnten selbst auf massiven Druck der Betriebsparteizellen Serpuchovs, deren Sprachrohr die Arbeiterversammlungen waren, sowie des *MK* und der Atheistenunion in den Monaten September bis Dezember 28 infolge des Fehlens gesetzlicher Grundlagen vom Stadtratspräsidium (noch) nicht in Angriff genommen werden. Dennoch, oder gerade deshalb, setzte sich in dieser Zeit eine zunehmende Aggressivität in der antireligiösen Propaganda sowohl seitens der zentralen Parteiorgane und des *MK* als auch des *Nabat* durch. Die Partei trat gewissermaßen die Flucht nach vorn an. So machten sich auch hier deutliche Anzeichen der nun anbrechenden politischen Umbruchskrise bemerkbar, die sich der beginnenden „Revolution von oben“ zuordnete. Die Situation führte, etwa am Beispiel der Lehrer mit nebenamtlicher Tätigkeit als Sänger in Kirchenchören, zur endgültigen Festschreibung gerade des religiös aktiven Laien als eines konterrevolutionären „Klassenfeindes“. So sah sich das Serpuchover „Volksgericht“ unter dem Einfluß der örtlichen Parteiorganisation bereits vor den die Wende einleitenden Oktoberbeschlüssen des *MK* genötigt, die von der Kreisbildungsabteilung energisch betriebene Entlassung mehrerer solcher Pädagogen als rechtmäßig zu bestätigen, womit es seine Urteilsfindung an den Maßstäben einer Klassenjustiz orientierte. Auch galt jetzt die Einführung des Kriteriums aktiver Religiosität als *zusätzlich* verschärfendes Moment bei der Beurteilung potentieller *lišency* durch die Organe des Stadtrats. Damit war das primäre Ziel im antireligiösen Kampf vorgegeben: Die Aushöhlung und langfristige Beseitigung der religiösen Gemeinschaften.

Der „große Umbruch" nicht nur in der Wirtschaft, sondern auch in der Repressionspolitik gegenüber den einzelnen *lišency*-Gruppen vollzog sich in den Städten des Gouvernements nach dem berühmten offenen, gegen die „Rechtsabweichler" in der Partei gerichteten Brief des *ZK* im Oktober 1928, dem *ZK*-November-Plenum sowie der erzwungenen Säuberung des *MK* vom Oktober/November desselben Jahres. Dennoch verloren die alten Probleme der faktischen Durchsetzung politischer Vorgaben, die sich sowohl den Stadtratspräsidien als städtischen Lenkungsorganen als auch den ihnen übergeordneten Instanzen bei der Verfolgung der Personen ohne Wahlrecht in den Weg stellten, auch *nach* dieser Zäsur während der Wahlkampagnen 1928/29 nicht an Bedeutung - ganz im Gegenteil: Laut Verordnung des *Mossovet* sollten die Rechenschaftskampagnen im Moskauer Gouvernement bereits im August 28 beginnen, wenn auch der offizielle Start vom *VCIK* erst auf den 1. Dezember festgesetzt wurde! Die Bereitschaft der Räte in den einzelnen Kreisstädten, entsprechende Maßnahmen schon im Spätsommer zu ergreifen, hielt sich denn auch sehr in Grenzen: Infolge mangelnden Interesses sowohl der verantwortlichen Organisatoren als auch der Werktätigen sowie von Organisationsfehlern kamen die angeordneten betrieblichen Vorwahlversammlungen entweder gar nicht erst zustande, oder sie wurden nur von einer kleinen Zahl der Wahlberechtigten besucht. Propagandistische „Massenarbeit" der örtlichen Zeitungen zugunsten einer konsequenten, ja verstärkten „Entlarvung" von *lišency* waren die Ausnahme. In den Monaten September bis Dezember 1928 bemühten sich daher die zentralen Regierungs- und Parteibehörden mit Weisungen, schließlich sogar mit einer „Allunionsversammlung zu Fragen der Wahlkampagnen" und einer *Pravda*-Kampagne darum, die anstehenden, zum letzten Termin ausgefallenen Wahlen schon bei ihrer Vorbereitung nicht erneut zu einem Fiasko werden zu lassen. Der Ton der Vorgaben der Partei verschärfte sich, wobei die Frage der Verhinderung des Zugangs von Personen ohne Wahlrecht zu den Räten sowie des Ausschlusses derjenigen *lišency*, die sich bereits in den örtlichen Verwaltungsorganen befanden, ein Kernthema war. Nur wenige Stadträte bzw. Vollzugskomitees, etwa der Rat in Orechovo-Zuevo, widmeten sich indessen einer intensiveren Verfolgung und Ausgrenzung dieser „ehemaligen Leute", da sie mit der parallel laufenden dominierenden Oktober-Kampagne des *ZK* und des *MK* zur Ermittlung und Neutralisierung der „Rechtsabweichler" in der Partei und anderen Propagandaaufgaben zu sehr belastet waren. Besonders auch die Gewerkschaften erwiesen sich in dieser Frage allgemein als passiv. Aber selbst in Orechovo-Zuevo, wo mit Hilfe eines speziellen bei der Wahlkommission tätigen „Instruktors" sogar über das Verordnete hinausgehende Maßnahmen im Sinne einer effektiveren Erfassung der *lišency* getroffen wurden, trat die Lückenhaftigkeit und mangelnde Effektivität des Zugriffs auf diejenigen zutage, die einem Entzug ihres Wahlrechts unterliegen sollten. Die Folge waren immer neue Verwaltungsanordnungen und „Arbeitspläne“ zur schonungslosen „Entlarvung“ aller inkriminierten Personen. Einen durchgreifenden Erfolg der Behörden in dieser Beziehung bezeugen die Quellen indessen nicht. So verschärften Partei und Regierung den Druck: Einerseits schrieb das *VCIK* dem *MOIK* vor, durch dessen Administrative Abteilung die Einrichtung von speziellen *lišency*-Registrierstellen in jeder Kreisstadt zu verfügen. Andererseits folgten weitere *Pravda*-Kampagnen, u.a. gegen die oft beobachtete, von den Wahlkommissionen schlampig oder gar nicht bewerkstelligte Erfassung der *lišency* in den amtlichen Listen. Dennoch führte die Verfolgung trotz nachfolgender im Dezember erlassener rüder, die Anwendung revolutionär-klassenrechtlicher Normen einfordernder Weisungen des *MK* zum Zwecke der Vertreibung der inkriminierten Personengruppe aus etwaigen Ratspositionen nur zu bescheidenen Ergebnissen: Das Material bezüglich dreier Industriestandorte und eines Handelsstädtchens belegt für Ende Dezember eine Größenordnung der ermittelten Personen ohne Wahlrecht in Höhe von nicht mehr als 1 bis 4% der jeweiligen städtischen Einwohnerschaft. Die *lišency*-Kategorie der „Händler“ stellte dabei wie zuvor den größten Anteil.

Der Druck auf die einzelnen Stadträte des Gouvernements seitens des *MK*, der zentralen Parteistellen sowie des *Mossovet,* Machtorgane, die unter dem starken Einfluß der genannten alternativen radikal-marxistischen, gegen die „revolutionäre Gesetzlichkeit“ gerichteten Rechtsperzeption standen, war enorm. Dennoch führte er bis zum Jahresende nicht zu einer *tatsächlichen* Verbesserung und Effektivierung in der Führung der Vorwahlkampagnen durch die Verantwortlichen, da sich nicht nur die Gewerkschaften äußerst unzureichend beteiligten. Gleichzeitig verursachte der Druck von „oben“ Gesetzesbrüche vor Ort, ganz im Sinne der Durchsetzung einer rigorosen, kompromißlosen „Klassenlinie“: Entgegen einem im Wahlgesetz verankerten entsprechenden Verbot waren in der Serpuchover Wahlkommission, die 17 statt wie vorgeschrieben nur sieben Mitglieder zählte, alle drei örtlichen Parteisekretäre vertreten!

Durch die bestehenden Probleme sah sich das *ZK* zu Jahresbeginn 1929 zur Formulierung einer Direktive an alle Parteiorganisationen genötigt, die die oben genannten repressiven, gegen die *lišency* gerichteten Weisungen des *MK* vom Dezember 28 zur offiziellen Parteilinie erklärte. Damit begann eine neue Etappe in der Verfolgung der Personen ohne Wahlrecht. Der Serpuchover *Nabat* startete eine Trommelkampagne gegen die „Klassenfeinde“, speziell jene „Händler“, die „NĖP-Leute“ und andere „ehemalige und fremde Elemente“ nebst deren Angehörigen, die nun als „dritte Kraft“ im Staat öffentlich dämonisiert und stigmatisiert wurden. Bei diesen Personen, die Gegenstand der „Anmerkungen“ in der Zeitung wurden, handelte es sich keineswegs nur um solche, die bereits ihr Wahlrecht eingebüßt hatten, sondern auch um *potentielle lišency*, die einem Entzug ihrer Rechte unterlagen, diese aber bislang noch besaßen. Besonders in den kooperativen Betrieben wurden solche Leute ausgemacht.

Nicht nur die genannte, das Jahr 1929 einleitende *ZK*-Richtlinie über die strikte Einhaltung der „Klassenlinie" bei der Führung der Wahlkampagnen, sondern auch weiterer Druck der Parteiführung auf die örtlichen Wahlkommissionen vermittels der *Pravda* hoben nun die „Klassenfeinde in der Stadt", also „NĖP-Leute", bürgerliche Spezialisten u.a., speziell im Moskauer Gouvernement, besonders hervor. Im proletarischen Orechovo-Zuevo führte dies zu verstärkten, zunächst durchaus erfolgreichen Bemühungen von Komsomolzen und jungen Kommunisten, die bevollmächtigten Hilfsorganen der Wahlkommissionen zu unterstützen und neue *lišency* zu ermitteln. Die Betroffenen nahmen indessen die Verschärfung der gegen sie gerichteten Repression nicht widerspruchslos hin. Sowohl die internen Dossiers der Stadtratsbevollmächtigten über den Ablauf der Rechenschaftsversammlungen in den Betrieben und Behörden als auch Zeitungsberichte belegen - trotz aller Vorkehrungen der Behörden - oppositionelle „Auftritte" und andere Versuche „feindlich gesinnter Elemente", die Beschlüsse der Vorwahl- und Rechenschaftsversammlungen zu ihren Gunsten zu beeinflussen. Gleichzeitig setzte wieder der Serpuchover *Nabat* seine „Anmerkungen" gegen die versteckten „Ehemaligen" unter den Werktätigen, besonders im kooperativen Handel, und deren Protektoren in den Behörden fort – oftmals ohne Erfolg. So gelangten sogar vorher in der Zeitung angeprangerte *lišency* in den Genuß einer Aufnahme in die städtische „Arbeitsbörse" mit nachfolgender höchstamtlicher Vermittlung auf Planstellen bei der Zentralen Arbeiterkooperative!

Infolge der Recherchen der örtlichen Wahlkommission kam es zwar zu einer Vermehrung der in den *lišency*-Listen plazierten Namen, dennoch wurde auch jetzt noch längst nicht jeder Bürger, der der Aberkennung seines Wahlrechts per Gesetz unterlag, auch tatsächlich ermittelt. Selbst die in der Zeitung stigmatisierten ehemaligen „Händler", einstigen „zaristischen Beamten" etc. verloren ihr Wahlrecht nicht zuletzt aufgrund ihrer guten, zu *NĖP*-Zeiten ausgebauten innerstädtischen (geschäftlich begründeten) Beziehungen nur zum Teil. Die hier zutage tretende Diskrepanz zu den ganz anderslautenden Repressionsgeboten des „verschärften Klassenkampfs" trug so zur weiteren Verfestigung der krisenhaften Herrschaftsprobleme der Partei im Kontext des politischen Umbruchs bei.

Die großen Schwierigkeiten, mit denen die örtlichen Räte bei der Erfassung neuer *lišency* zu kämpfen hatten, lassen sich besonders gut am Beispiel jener in Serpuchov eingesetzten „Sonderkommission" unter Führung der örtlichen *RKI* illustrieren, die die zahlreichen bereits aufgespürten bzw. vermuteten „Ehemaligen" im Apparat der örtlichen Zentralen Arbeiterkooperative (*SCRK*), des wichtigsten städtischen Unternehmens der Konsumgüterversorgung, genau registrieren sollte. Da auch in anderen Städten des nunmehr in „Moskauer Gebiet" umbenannten bisherigen „Gouvernements" die Verbraucher- bzw. Handelskooperativen in dieser Hinsicht ein Problem darstellten, sollte ein Exempel statuiert werden. Der *Nabat* arbeitete mit eigenen Recherchen der Kommission zu, wobei er in mehreren Listen nicht nur die Namen von potentiellen *lišency*, sondern auch die von Personen, die ihr Wahlrecht längst eingebüßt hatten und dennoch weiter in der Versorgungskooperative arbeiteten, zur Verfügung stellte. Von den hier öffentlich stigmatisierten Personen, die einer Aberkennung ihres Wahlrechts unterliegen sollten, wurden schließlich jedoch nur einzelne in der *lišency*-Liste erfaßt, da Überprüfungen abermals die Ungesetzlichkeit mancher Beschlüsse der Wahlkommission ergaben. So konnte sich hier auch unter den Bedingungen des forcierten „sozialistischen Vormarschs" die Autorität des staatlichen Rechts immer noch gegen die einflußreichen simplifizierenden klassenrechtlichen Vorstellungen behaupten. Teilweise wirkten sich auch die „Unachtsamkeit" der Wahlkommission und die Neigung einzelner ihrer Mitglieder zu einer großzügigen, wohlwollenden Einstufung der Betroffenen aus, wodurch manch einer letztlich sein Wahlrecht behielt. Auch hier hat mit Sicherheit ein aus der vorrevolutionären Zeit überkommenes Rechtsempfinden eine Rolle gespielt. Gleichzeitig liefen in den Betrieben Kampagnen zur Stigmatisierung der „Ehemaligen" im Apparat der Kooperative. Der gewaltige Propagandafeldzug, der eine die „Sonderkommission" unterstützende proletarische „Öffentlichkeit" herzustellen suchte, stand jedoch in keinem Verhältnis zu den tatsächlichen Ergebnissen dieser Sonderüberprüfung des städtischen Großversorgers. Die Arbeit kam infolge des Desinteresses des zuständigen Gewerkschaftskomitees, der Obstruktion der Leitung der Arbeiterkooperative, die einzelne Mitarbeiter in Schutz nahm (!), der mangelnden Zugänglichkeit bzw. des Verlusts von Personalakten und anderen betrieblichen Unterlagen sowie infolge des Fehlens jeglichen Überblicks in der Führung der zugehörigen Handelsabteilung über das eigene Personal und anderer Hemmnisse äußerst schleppend voran. Unter diesen Bedingungen gelang die Ermittlung und Entlassung nur weniger von ihrer Vergangenheit kompromittierter Beschäftigter des Großbetriebs, von denen wiederum 25% auf Weisung der Kreiskontrollkommission ihren Arbeitsplatz schließlich wieder zurückerhielten. Der offizielle Grund waren die schnellen, wenig sorgfältigen Ermittlungen der „Sonderkommission" und die geringe Mitwirkung der Partei-, Komsomol- und Gewerkschaftsorganisationen. Nach einer späteren Meldung des *Nabat* arbeiteten im Januar 1930 sogar wieder *alle* „Gesäuberten" bei der Arbeiterkooperative. Damit mußte auch die örtliche Parteiführung, in deren Auftrag die Kontrollkommission tätig war, eine Niederlage hinnehmen.

Das hier offensichtlich werdende Fehlen einer Konvergenz von theoretisch-ideologischen Vorgaben und der tatsächlichen Repressionpraxis zeigte sich auch darin, daß vom 1. Januar 1928 bis zum März 1929 von allen im *Nabat* stigmatisierten potentiellen oder auch tatsächlichen *lišency* letztlich nur ein Viertel das Wahlrecht einbüßte! So zeigten sich hier erneut die praktischen Auswirkungen der zur („Penetrations"-)Krise verschärften Einschränkung in den Beherrschungsmöglichkeiten der Partei während der Stalinschen „Revolution von oben", hier verursacht durch die Resistenz und den Einfluß des noch zu *NĖP*-Zeiten wieder gefestigten Netzes des städtischen Kleinunternehmertums. Das Dilemma für die Regierenden war dabei, daß die privaten „Händler" nach wie vor gerade den wichtigen Sektor der städtischen Lebensmittelversorgung in weiten Teilen kontrollierten und wegen des Mangels an entsprechenden staatlichen Versorgungsstellen, so gesehen, unverzichtbar waren. In anderen Städten des Moskauer Gebiets bestanden ähnliche Probleme, wenn es hier auch nicht zu einer derartigen Sondersäuberung der kooperativen Apparate kam.

Trotz des Propagandafeldzugs der *Pravda* und lokaler Zeitungen „zur Inspektion der Arbeit der Räte" einschließlich der Wahlkommissionen im Moskauer Gebiet stellten Organisation und Abhaltung der Rechenschafts- und Vorwahlversammlungen bis zu den Ratswahlen im Februar 1929 weiterhin ein Problem dar. Einerseits war das Interesse der „betrieblichen Öffentlichkeit", aber auch wichtiger Organisatoren wie der Gewerkschaften nach wie vor sehr unterschiedlich, zum Teil sehr begrenzt, was weiter zu geringen Teilnehmerzahlen bei den Versammlungen führte. Andererseits gab es im Zuge solcher Veranstaltungen gerade in den Arbeiterstädten auch „konterrevolutionäre Auftritte" unzufriedener Regimekritiker. Während das örtliche *OGPU* hier in etlichen Fällen eingriff, zeigen die Verhältnisse in Orechovo-Zuevo eine deutliche Zurückhaltung des Geheimdienstes, der nicht nur bei der Bevölkerung, sondern auch bei den städtischen Behörden äußerst unbeliebt war, ja abgelehnt wurde. Letzteres kann auf der Grundlage der Quellen von 1929/30 für etliche Städte des Verwaltungsgebiets behauptet werden. Im Falle Orechovo-Zuevos dürfte allerdings die ungewöhnliche Milde der *OGPU*-Organe im Umgang mit kompromißlosen Regimekritikern aus den Reihen der Arbeiterschaft direkt mit der Passivität des örtlichen *RK* zusammenhängen. Letzteres war auch andernorts, z.B. in Volokolamsk, ein Problem. Mit dieser folgenreichen Dysfunktion der Machtausübung im hierarchisch gestuften imperativen Instanzenzug der Parteistellen komplizierte sich die Situation, in die sich die zentralen wie auch die lokalen Partei- und Ratsorgane gestellt sahen: Der verschärfte Kontroll- und Verfolgungsanspruch im ideologischen Kontext des „sozialistischen Vormarschs" stieß erneut mit der Realität zusammen, die die faktische Umsetzung der Repressionsgebote gegen die *lišency* stark behinderte oder gar verunmöglichte.

In der Zeit von Mitte bis Ende Februar 1929 unternahm die Serpuchover Wahlkommission besondere Anstrengungen, um neue *lišency* listenmäßig zu erfassen. In diesem kurzem Zeitraum gelang es der Kommission, das Kontingent der Personen minderen Rechts um ein Viertel der bisherigen Anzahl aufzustokken. Als Hilfsorgan spielte der *Nabat* mit seinen personenbezogenen „Anmerkungen" hierbei allerdings nur eine geringe Rolle. Das Gros der Delinquenten ermittelte die Wahlkommission im behördeninternen Amtsverkehr unter Mitwirkung des *OGPU*, zusätzliches Material lieferten einzelne anonyme denunziatorische Zuschriften und Anzeigen an das Stadtratspräsidium. Dieser Befund gilt auch für die folgenden Monate und Jahre. Wichtig ist, daß gerade hier jenes für die gesamte *UdSSR* relevante generelle, durch die zentrale Parteipolitik des Umbruchs bedingte Problem der bewußten „Überspitzung" (*peregib*) der Anwendung einschlägiger Richtlinien seitens der Wahlkommissionen im Sinne einer ungesetzlichen Ausweitung des einem Wahlrechtsentzug unterliegenden Personenkreises besonders prägnant hervortrat. Die höchsten staatlichen und Parteistellen beschäftigten sich mit diesem Problem, mit dem Resultat der Märzverordnungen des *CIK* sowie des *VCIK*, wonach alle Aberkennungen des Wahlrechts vom zuständigen Staatsanwalt binnen Monatsfrist auf ihre Gesetzmäßigkeit zu überprüfen waren. Erneut mußte der Klassenkampfeifer vieler unter dem Einfluß der proletarisch-klassenrechtlichen Konzeptionen eines Pašukanis, Stučka oder Krylenko stehender Wahlkommissionen gebändigt und dem staatlichen Rechtssystem der „revolutionären Gesetzlichkeit" wieder untergeordnet werden. Nicht zufällig erwies sich eine große Zahl von Aberkennungsbescheiden gerade im proletarisch geprägten Serpuchov als ungesetzlich. Bis zum 15. Mai erhielt nicht weniger als 10% aller bisher erfaßten *lišency* das Wahlrecht von der städtischen Wahlkommission wieder zurück! Die Probleme waren in dieser Beziehung in den kleinen Landstädten und anderen nicht oder wenig industrialisierten Orten im Westen des Verwaltungsgebiets *prinzipiell* ähnlich, allerdings *graduell* (quantitativ) vielfach sehr unterschiedlich und dadurch besonders relevant: Lag die Anzahl der *lišency* in Orechovo-Zuevo, Serpuchov und Podol'sk bei 3-5%, so waren es in Možajsk 9,5 und in Volokolamsk sogar 15%. Diese letzteren vom *MOIK* als „anomal" eingestuften hohen Zahlen minderberechtigter Bürger hatten mit der Anzahl und Bedeutung der „Händler" in diesen kleinen Städten, d.h. mit deren Einfluß auf die Politik der Stadträte, zu tun. Auch in diesen Städtetypen zeigte sich zudem die große Bedeutung der Verbraucherkooperativen als Zufluchtsort für „klassenfremde Elemente".

Die konkrete Durchführung der schließlich vor Ort stattfindenden Wahlen brachte den Herrschenden gleichfalls große Probleme: Trotz aller Präventivmaßnahmen gelang es keineswegs, daß die Werktätigen pflichtgemäß immer nur die von den Parteizellen nominierten Kandidaten in den Rat wählten. Ein besonders gutes Beispiel dafür, daß die Wähler auch offiziell höchst unerwünschte „fremde Elemente" zu künftigen Ratsmitgliedern bestimmten, ist hier wieder Orechovo-Zuevo - eine für die Partei besondere Blamage, da es sich um *die* proletarische Musterstadt im Moskauer Gebiet handelte bzw. nach dem Willen des *MK* handeln sollte. Aber auch in anderen Städten kam derartiges vor - ein weiterer Beleg dafür, wie wenig die örtlichen Organe in der Lage waren, der zentralen Parteiführung die Lancierung der „richtigen" Kandidaten in den Stadtrat *de facto* zu garantieren.

Nach dem Ende der Wahlen und der Auflösung der Wahlkommissionen entschärfte sich vorübergehend der Druck auf die Personen ohne Wahlrecht, nahm jedoch im Herbst 1929 erneut zu. In Serpuchov geschah dies im Zusammenhang mit den nun vermehrt auftauchenden Anfragen des Kreismilitärkommandos an den Stadtrat, in denen um Überprüfung des Wahlrechtsstatus der neu einzuberufenden Rekruten gebeten wurde. Anlaß hierzu gab nicht zuletzt ein *Pravda*-Artikel vom 19. September, in dem die Vernachlässigung derartiger Überprüfungen durch die verantwortlichen Stellen mit der Folge des Eindringens „fremder Leute" in die Armee gebrandmarkt wurde.

Gebietsweit setzte sich zunehmend ein Trend zur weiteren Kriminalisierung der „Ehemaligen" durch, etwa auf dem Wege einer Anzeige bei dem „Gebietsklagebüro" der *RKI*. Diese Tendenz zeigte sich auch darin, daß die öffentlichen

Arbeitgeber nun von den Beschäftigten eine - gesetzlich nicht vorgeschriebene - Bescheinigung über den Besitz des Wahlrechts verlangten. Dies zog entsprechende Recherchen der Administrativen Abteilung bzw. der Miliz nach sich. Die Gefährlichkeit der *lišency* sollte auch ein mehrteiliger *Pravda*-Bericht über Ereignisse in einer Ziegelfabrik in der Nähe von Podol'sk demonstrieren. Er problematisierte einen gewaltsamen Übergriff einer Gruppe von angeblich durch „Klassenfeinde", besonders einen *lišenec*, irregeleiteten Arbeitern auf einen Agenten des *OGPU*. Der mit einem Schauprozeß geahndete Vorfall wurde als „konterrevolutionärer Ausfall" eingestuft und dem Angriff eines „Kulaken" auf eine Kolchose, wie er zu jener Zeit nicht selten vorkam, gleichgestellt. Auch andernorts im Moskauer Gebiet fanden über die Presse derartige Stigmatisierungen „fremder Elemente" statt.

Den Höhepunkt bildete jenes Geheimzirkular des *MK* vom 11. Dezember an alle untergeordneten Partei- sowie Gewerkschaftsorganisationen zur ausdrücklich auch auf die *lišency* bezogenen systematischen „Ermittlung und Entfernung der klassenfremden, schädlichen, konterrevolutionären Elemente aus den Betrieben". Da diese Weisung auch eine Mahnung an die Richter und Staatsanwälte enthielt, dieses Gebot in ihrer täglichen Rechtspraxis zu berücksichtigen, berührte die Gebietsparteiführung offen den - wenn auch nur in formaler Hinsicht - autonomen Status der Justiz mit deren eigener Befehlskette und handelte so *rechtswidrig*. Die *MK*-Weisung stellte einen neuen schweren Schlag gegen das ursprünglich auch von der Partei legitimierte, im Rahmen jener kompromißhaften Reform von 1921/22 kodifizierte System der „sozialistischen Gesetzlichkeit" dar, mit dem Ziel, dieses durch die eigenes Recht setzenden Gebote der strikten proletarisch-revolutionären Klassendisziplin zu ersetzen. Die Direktive erging zu Beginn der Vorwahlkampagnen 1929/30 im Rahmen einer von der zentralen Parteiführung verordneten Kampagne der „noch größeren Verschärfung des Klassenkampfs", durch den die schlecht arbeitenden und angeblich infolge eines falschen ideologischen Standorts zu viele *lišency* nicht erfassenden Wahlkommissionen zur Einhaltung ebenjener rigorosen Parteilinie verpflichtet werden sollten. Der verordnete Klassenkampf führte indessen vor Ort zur Perpetuierung alter Probleme: Als das *MOIK* in Reaktion auf die *MK*-Verordnung – offiziell in Ausführung einschlägiger Beschlüsse des Gebietsrätekongresses - eine Durchsetzung der „klaren Klassenlinie" und eine „Massenkontrolle" aller Räte durch die *RKI*-Sektionen forderte, konnten diese Vorgaben nicht umgesetzt werden. Der Grund war einerseits die Arbeitsüberlastung der örtlichen Stellen, andererseits deren fehlende Führung durch die vorgesetzten Instanzen mit dem Resultat allgemeiner Passivität. Betroffen waren viele Städte und städtische Siedlungen des Gebiets, unabhängig von ihrer geographischen Lage. Zu diesem Kontrollverlust des *MOIK* trug die Tatsache bei, daß sich die einzelnen beteiligten Dienststellen gegenseitig blockierten, gleichzeitig offenbarte sich die Schwäche der Instanzenzüge der Räte. Die Lage diente nicht gerade der „Entlarvung" neuer *lišency* bzw. Klassenfeinde, um so mehr aber einer Vertiefung der Umbruchskrise in ihren charakteristischen oben genannten Erscheinungsformen.

Abermals infolge fehlender Führung und Vorbereitung, erdrückt von anderen angeordneten „Massenkampagnen“, engagierten sich in etlichen Städten des Gebiets im Frühjahr 1930 trotz klassenkämpferischer Weisungen der *Pravda*, gerade die Personen ohne Wahlrecht im Wahlkampf besonders aufmerksam zu verfolgen, nur wenige amtliche Stellen sowie Werktätige in den Vorwahlaktivitäten. Manch eine Versammlung mußte wieder aus Mangel an Beteiligung abgesagt werden. Die Situation hatte dann schließlich, wie schon 1928, die Absetzung der gesamten Wahlen zur Folge. In dieser krisenartigen Vorwahlsituation verzichtete der Serpuchover *Nabat* weitgehend auf die herkömmlichen „Anmerkungen“, die gegen die *lišency* gerichtet waren, und konzentrierte sich einerseits auf die in der Stadt beginnenden „Säuberungen“ der behördlichen und kooperativen Apparate, die nur *unter anderem* auch einzelne Personen ohne Wahlrecht trafen, andererseits auf wirtschaftspolitische Mobilisierungskampagnen. Der steigende Einfluß der durch das genannte *MK*-Zirkular ermutigten Hardliner in der örtlichen Parteiführung führte allerdings dazu, daß neben „Produktionsschädlingen“ und kriminellen „Ehemaligen“ nun auch „Klassenfeinde“ belangt wurden, die im Zuge ihrer beruflichen Tätigkeit die Zusammenarbeit mit privaten Unternehmern gepflegt hatten, selbst jedoch nicht direkt zu den Personen ohne Anspruch auf ein Wahlrecht zu zählen waren. Die Verfolgung der „Ehemaligen“ *und ihres Umfeldes* erhielt dabei eine neue Qualität: Sie zeigte sich in der Organisation von betrieblichen Schauprozessen, wie sie in Serpuchov von Januar bis März 1930 stattfanden. Es handelte sich dabei um proletarische Musterprozesse, die in den fabrikeigenen Arbeiterklubs zwar unter dem Vorsitz des ersten Richters am zuständigen Bezirksgericht, jedoch unter Beteiligung von ad hoc bestellten Laienrichtern, zuweilen auch von nicht volljuristisch ausgebildeten Staatsanwälten aus den Reihen der Arbeiterschaft des jeweiligen Betriebs, abgehalten wurden. Das Wesentliche war dabei die Durchsetzung einer parteiideologisch begründeten proletarischen Klassenjustiz. Verurteilt wurde zwar nach dem geltenden Strafgesetzbuch der *RSFSR*, die Bestrafung richtete sich indessen *nur formal* nach den dort formulierten Straftatbeständen, viel mehr Gewicht besaß die inkriminierende „soziale Herkunft“ der Delinquenten, d.h. deren „Klassenzugehörigkeit“ als *lišency*. An diesen Kriterien orientierte sich auch die Höhe des Strafmaßes. In Serpuchov konnten solche Prozesse stattfinden, ohne daß die regulären „Volksrichter“ dagegen opponierten. In anderen Städten des Gebiets zeigten die örtlichen Gerichte jedoch ein gegenteiliges Verhalten. Es handelte sich hier um tiefgreifende Normenkonflikte, die aus der grundsätzlichen Inkompatibilität zwischen den genannten beiden Rechtsperzeptionen erwuchsen. Eine solche Verdrängung der „sozialistischen Gesetzlichkeit“ wurde auf Druck des *MK* vom Moskauer Gebietsgericht im Januar 1930 in internen Weisungen sogar explizit verfügt: Die unteren Gerichte sollten sich bei ihren Urteilen vor allem eben von jenem Kriterium der „Klassenzugehörigkeit“ des Angeklagten leiten lassen. Allerdings ließ sich dieser Kurs, zumal er Staat und Recht in eine Legitimationskrise führte, im Interesse der Bewahrung der staatlichen Ordnung und letztlich des Regimeerhalts nicht lange aufrechterhalten. Im Februar wurde das Gebietsgericht durch die vorgesetzte Instanz gezwungen, seine Anordnungen zu widerrufen. Ab April sprechen auch die Serpuchover Quellen nicht mehr von solchen Prozessen.

Dennoch waren solche Normenkonflikte grundsätzlicher Art damit keineswegs erledigt. Gerichtsschelte klassenbewußter Amtsträger wegen angeblichen Schutzes eines *lišenec* gab es weiterhin. Noch im Mai 1930 formulierte das *MK* in einer internen Entschließung Angriffe auf die örtlichen Gerichte wegen deren „Schwächen in der Strafpolitik bezüglich der kapitalistischen Elemente" und mahnte eine „klassenkonsequente" gerichtliche Arbeit, ja sogar die Notwendigkeit der weiteren Abhaltung von proletarischen Laienschauprozessen im Fabrikmilieu an. Somit wird klar, daß die Vertreter der radikal-marxistischen Klassenrechtstheorie auch in verantwortlichen Führungspositionen noch längst nicht aufgegeben hatten. Zunächst stellte sich weiterhin die Frage nach der Legitimation der herrschenden Rechts*praxis*, gleichzeitig die nach der Legitimität des Rechts*systems*. Die Krise des „großen Umbruchs" war also auch in dieser Hinsicht noch keineswegs überwunden.

Gerade in den ersten Monaten des Jahres 1930 kam es aber auch von anderer Seite zu einer Verstärkung der Repression gegen die *lišency* unter dem Primat der „Klassenzugehörigkeit" und der „sozialen Herkunft". Dies zeigte sich einerseits in einer regen Tätigkeit der städtischen Verwaltungsbehörden, etwa im Zuge der Durchsetzung einer zentral erlassenen, gegen den inkriminierten Personenkreis gerichteten Neuregelung der Pensions- und Sozialversicherungsordnung sowie in vermehrten Recherchen der Miliz auf Weisung der Administrativen Abteilungen. Andererseits wurde der verschärfte Druck in dem wachsenden Einfluß des *OGPU* mit seinen Vertretern in staatlichen Kommissionen (Ratspräsidien, Aufnahmekommissionen bei den Militärschulen) und den vermehrten, teilweise ungesetzlichen Zugriffen des Geheimdienstes auf angeblich verdächtige Bürger fühlbar. Diese verloren nach einer Verurteilung durch die für das Moskauer Gebiet zuständige *trojka* des Dienstes ja schon automatisch ihr Wahlrecht, falls sie es bis dahin noch besessen hatten. Letzteres mit einer Klage wiederzuerlangen, war auch nach Abbüßung der Strafe (häufig Verbannung bzw. Ausweisung aus dem Moskauer Gebiet) schwer, da das *OGPU* sich in der Regel mit formalen Argumenten gegen eine Rückgabe der Rechte sperrte.

Mit steigendem politisch-ideologischem Druck von ganz oben nahmen die Kontrollkapazitäten der vorgesetzten Behörden gegenüber den einzelnen ihnen zugeordneten städtischen Instanzen indessen weiter ab - eine erneute Bestätigung der wichtigsten Komponenten der Herrschaftskrise, in die die neue Politik des „großen Umbruchs" führte: In dieser Zeit wuchs nämlich die Anzahl der *lišency* auch durch viele unbegründete Wahlrechtsentzüge seitens der städtischen Ratsorgane allgemein dramatisch an, und zwar derart, daß sich das *CIK* als oberste Instanz des Rätesystems im März veranlaßt sah, mit einer Grundsatzverordnung gegen diese gesetzwidrigen Zustände vorzugehen. Hier ging es nämlich um nicht weniger als um die prinzipielle *Möglichkeit* einer Kontrolle seitens der jeweils übergeordneten Instanzen im Interesse der konkreten Implementierung vorgegebener gesetzlicher Verfahren auf allen Ebenen bei der Verfolgung der Personen ohne Wahlberechtigung. Zu den wichtigsten, vom *VCIK* nachfolgend noch deutlicher gefaßten Bestimmungen der neuen Verordnung gehörte deshalb das Verbot des Entzugs noch anderer Bürgerrechte als des Wahlrechts nach Einreichung der Klage des Betroffenen, die Pflicht zur nochmaligen Überprüfung aller noch nicht endgültig entschiedenen Beschwerdefälle sowie die Einsetzung spezieller Kommissionen auch in den unteren Verwaltungsebenen, den Kreisen und Städten, zur Überprüfung der *lišency*-Listen.

Im Gegensatz zu etlichen anderen Kreisstädten, wo diese neuen Gremien entweder nicht fristgerecht eingesetzt wurden oder ohne Kontrolle durch das zuständige Bezirksvollzugskomitee bzw. den zur Aufsicht verpflichteten örtlichen Staatsanwalt gar gesetzwidrig arbeiteten, begann die Serpuchover Kommission ihre Tätigkeit fristgerecht und arbeitete, nach den Quellen zu urteilen, gründlich unter genauer Beachtung der gesetzlichen Vorschriften. Dabei stützte sie sich auf Milizrecherchen. Im April, vor Inkrafttreten ihrer Beschlüsse, waren noch 3% der Serpuchover Stadtbevölkerung ohne Wahlrecht, ähnlich lag der für die Industriestädte Kolomna und Orechovo-Zuevo ermittelte Wert. Bis zum November reduzierten dann die meisten Stadt- und Kreiskommissionen in der *oblast'* die Zahl der vorher amtlich erfaßten *lišency* in größerem Ausmaß. In Orechovo-Zuevo ergab sich nun eine Verminderung der in den Listen verzeichneten inkriminierten Stadtbürger um 13%, weitere ca. 6% der Einträge wurden aufgrund des Wegzugs oder des Todes der betreffenden Personen gestrichen, in Kolomna erhielten um 18% der Erfaßten ihr Wahlrecht zurück, in Serpuchov und in Stadt und Kreis Dmitrov sogar jeweils nicht weniger als 50% (!). Auch das Material der anderen örtlichen Überprüfungsgremien bestätigte die Tatsache, daß die Wahlkommissionen im Moskauer Gebiet fast überall gegen die Prinzipien der „revolutionären Gesetzlichkeit" verstoßen hatten, sei es in übertriebenen repressiven Maßnahmen (in der Mehrheit der Fälle) oder durch Passivität und Vernachlässigung ihres Auftrags, z.T. auch bewußt zugunsten der Betroffenen. So zeigten sich auch hier die typischen Probleme des „großen Umbruchs": Doktrinärer, revolutionär-proletarischer Übereifer als Massenerscheinung und Kennzeichen der sich zunehmend vollziehenden „Erosion des Rechts" auf der einen, und deutliche Anzeichen eines nach wie vor vorhandenen Schutzbedürfnisses gegenüber den Betroffenen bei manchen noch von Überresten bürgerlich-liberaler Rechtsauffassungen beeinflußten Kommissionsmitgliedern auf der anderen Seite. Gleichzeitig verwies eine derartige Korrektur der Beschlüsse auch auf die Legitimationskrise, in die sich die Partei mit ihrer rigorosen „Klassenpolitik" hineinmanövriert hatte.

Um solche Dienstvergehen künftig auszuschließen, erließen *CIK*, *VCIK* und *MOIK* sowie schließlich im Dezember auch *ZK* und *ZKK* während ihres gemeinsamen Plenums angesichts der anstehenden Vorwahlkampagnen 1930/31 neben einem neuen Wahlgesetz strenge Richtlinien, wodurch die Organisatoren der Kampagnen sowie die Wahlkommissionen verstärktem Druck unterworfen wurden. Letztere hatten aus „klassenkonsequenten Mitarbeitern" zu bestehen, um das Eindringen „klassenfeindlicher Elemente" in die Räte zu verhindern. Hierzu sollten bei den Kommissionen tätige „Instruktoren" helfen. Auch wurden die beruflichen Möglichkeiten für *lišency* weiter gesetzlich eingeschränkt. Die nun ebenfalls vorgeschriebenen Schulungen für die Führung der Vorwahlkampagnen vor Ort, die Tätigkeit spezieller Beauftragter der Stadträte zur Steigerung der Effektivität sowie die durch das *MOIK* angeordneten zusätzlichen Sonderüberprüfungen der personellen Zusammensetzung der Wahlkommissionen u.a. brachten jedoch längst nicht überall die gewünschten Resultate. In zahlreichen Städten wurden die Weisungen des *MOIK* kaum beachtet, die Kampagnen liefen infolge des leidigen Problems der mangelhaften Führung und Mobilisierung der Werktätigen schlecht, zahlreiche Versammlungen mußten erneut aus Mangel an Beteiligung abgesagt werden. Wieder war der Hauptgrund für die Schwierigkeiten die Überlastung der verantwortlichen Organisatoren infolge des Zwangs zur Durchführung noch anderer Kampagnen, die die „Wahlfront" gewissermaßen überrannten und an den Rand drängten. Gerade für das industrielle Serpuchov ist nachweisbar, daß sich besonders für die Fabrikarbeiter die Frage der Akzeptanz der Wahlkampagnen stellte, da es sich für sie um *zusätzlichen* Kraft- und Zeitaufwand erfordernde Mobilisierungen handelte. Damit erwuchs den Regierenden ein weiteres Legitimationsproblem. Am Beispiel derselben Stadt ist ferner zu belegen, daß die Kommunikation zwischen den städtischen Parteiinstanzen und den mit der Führung der Wahlkampagne betrauten Ratsbehörden sehr zu wünschen übrig ließ. Die Kontrolle der Partei ging hier zeitweilig verloren. Diese Situation war im Moskauer Gebiet sehr verbreitet. Daher versuchten die Gebietswahlkommission sowie die Gebietsabteilung der Textilgewerkschaft, die Wahlkampagnen in den einzelnen Kreisstädten durch Entsendung zahlreicher „Beauftragter" sowie Hilfsbrigaden zu steuern und die Arbeit der örtlichen Wahlkommissionen zu überwachen. Die städtischen Vollzugskomitees setzten zu diesem Zweck auch eigene „Beauftragte" ein. Trotz aller Bemühungen zeigten die Verhältnisse in Serpuchov indessen, daß die nachlässige Arbeit dieser Mitarbeiter zusammen mit den Mängeln der internen Nachrichtenübermittlung in der Stadt zur Erfassung nur weniger weiterer *lišency* führten.

Wenn auch die Behörden in der letztgenannten und in anderen Städten erneut ein derartiges Fiasko der Wahlkampagnen erleben mußten, so konnten sie allerdings dennoch wieder Informationen über mutmaßliche Personen ohne Wahlberechtigung *auf dem zwischenbehördlichen Amtsweg* erhalten. Nicht nur die Ergebnisse der Recherchen der Serpuchover Kommission zur Untersuchung der Klagen vom Wahlrechtsentzug Betroffener nutzten in den zutage geförderten Fakten auch der Ergänzung der bei der Wahlkommission geführten *lišency*-Liste. Andere Stellen, wie die „Versicherungskasse", interessierte Hausverwaltungen, die den Wahlrechtsstatus ihrer zahlungssäumigen Mieter abfragten, um vor Gericht leichter eine Kündigung der betreffenden Mietverträge zu erreichen, ferner diskrete Informationen klassenbewußter Werktätiger über ihre Berufskollegen oder schließlich auch Bürgerbegehren an den Rat zur Ausstellung der vom Arbeitgeber oft geforderten Bescheinigungen (*spravki*) über den Wahlrechtsstatus taten hier gleichfalls ihre Wirkung. So stieg die Zahl der ermittelten Personen ohne Wahlrecht zwischen Dezember 1930 und Februar 1931 trotz allem wieder deutlich an, woran auch das *OGPU* mit vermehrten Verfolgungen einen großen Anteil hatte. An die während der Wahlkampagnen 1929/30 - oft im illegalen Verfahren - ermittelten hohen Zahlen reichten diese Kontingente jedoch noch bis 1934 nicht heran. Dieser Befund ist charakteristisch für die Verhältnisse in den Städten des *gesamten* Moskauer Gebiets, Vergleichszahlen ergeben im übrigen ähnliches für die *RSFSR*. So erweisen sich die Jahre 1929 und 1930 in der Tat als Höhepunkte in der Verfolgung der hier behandelten Zielgruppen.

Das Paßgesetz vom Dezember 1932 hatte nicht nur den Zweck, der starken, auch interstädtischen, Fluktuation von Arbeitskräften zwischen den Betrieben entgegenzuwirken, sondern nicht zuletzt auch der Erfassung neuer *lišency* dienlich zu sein. Dies verdeutlichen die in dem Gesetz normierten Kategorien der aufgrund ihrer Lebensweise und ihrer beruflichen Tätigkeit inkriminierten Personen, denen ein Paß künftig nicht zustehen sollte. Für die Ausgabe der neuen Dokumente wurden auch in den Städten des Moskauer Gebiets spezielle von der Miliz geführte Paßstellen (*punkty*), zusätzlich entsprechende auch in den großen Fabriken, eingerichtet. Gegen die Verweigerung der Paßausgabe durch die Miliz konnte der Betroffene bei einer besonderen Kommission klagen. Diese *trojki* bestanden aus je einem Vertreter des *OGPU*, des Stadtratspräsidiums sowie der Staatsanwaltschaft. Die örtlichen schlecht bezahlten und miserabel untergebrachten Staatsanwälte waren in diesen Kommissionen in einer schwachen Position. Formal waren sie ihrer übergeordneten Fachbehörde unterstellt, als Parteimitglieder hatten sie aber auch dem Primat der Parteilinie zu folgen, wodurch sie von den lokalen Parteistellen problemlos manipuliert werden konnten. Dies wurde noch durch den Umstand erleichert, daß die Gebietsstaatsanwaltschaft die ihr untergebenen Amtsträger in den Kreisen bzw. Städten oft genug mit ihren Problemen allein ließ, was nicht selten zu Passivität führte und das Problem der „mangelnden Führung" der örtlichen Anwälte durch die vorgesetzte Instanz klar zutage treten ließ. Durch diese Schwäche der örtlichen Ankläger hatten es die lokalen Parteiführungen leicht, über die *trojki* die Leitidee des proletarischen Klassenrechts zumindest kurzfristig immer wieder gegen die etablierte „revolutionäre Gesetzlichkeit" durchzusetzen. Dies zeigen Klageverfahren aus dem Jahr 1933 gegen die von der örtlichen Miliz verweigerte Ausgabe der Inlandspässe am Beispiel Serpuchovs: Die Einsprüche des Staatsanwalts bei der Paßkommission zugunsten der zwar nicht nach den offiziellen Kategorien, aber de facto mehrheitlich zu den *lišency* zu zählenden Betroffenen auf der Grundlage der Wahrung von Rechtsansprüchen und der Sicherung der noch bestehenden Bürgerrechte besaßen eher *formale*, keine *praktische* Bedeutung. Die Intervention des Verteidigers des staatlichen Rechtssystems gegen die oft überzogenen, ja z.T. offen rechtswidrigen Entscheidungen sowohl der Miliz als auch der von den genannten örtlichen Vollzugsorganen beherrschten *trojki* zum Nachteil der Beschwerdeführer vermochte die letztlich gefällten Urteile kaum zu beeinflussen. Dieser Befund kann auch für andere Städte des Gebiets Geltung beanspruchen. So verfolgten die Paßorgane, sei es in den Arbeiterstädten Orechovo-Zuevo, Noginsk und Mytišči als auch in den wenig industrialisierten

Kleinstädten und Siedlungen (etwa im Kreis Puškino, nordöstlich von Moskau), oft eine harte „Klassenlinie", z.T. ohne Ansehen der Gesetze - unbehelligt vom machtlosen, passiven oder unfähigen Staatsanwalt. Dennoch zeigte sich auch hier, daß der Konflikt zwischen den genannten beiden grundlegenden, miteinander unvereinbaren Rechtsperzeptionen auch jetzt noch präsent war. Dies erhellt nicht zuletzt aus der Tatsache, daß das *VCIK*, das die Amtsmißbräuche der Paßstellen erkannte, mit einer eigenen vor Ort abkommandierten Überprüfungskommission einzuschreiten suchte. Der ursprüngliche Anspruch, in *jeder* Stadt des Moskauer Gebiets solche Überprüfungen der *punkty* anzustellen, erwies sich allerdings mangels Finanzmitteln und Personal bald als illusionär.

Der Einfluß des *OGPU* auf die Verfolgung der *lišency* stieg 1933/34 abermals stark an. War der Geheimdienst seit 1933 in den Paß-*trojki* vertreten, so zeigte er sich seit Oktober 1934 auch in der Anwesenheit bevollmächtigter Vertreter des nun *NKVD* genannten Dienstes sowie der Politabteilungen der *MTS* in der Wahlkommission und in der Organisationsführung der mehr oder weniger schlecht laufenden Wahlkampagnen. Dennoch bedeutete dies, wie in den Jahren zuvor, nicht unbedingt automatisch nun auch eine verstärkte Verfolgung der *lišency*. Das „Schwert und Schild der Partei" folgte, zumindest in den *Städten* des Gebiets, in seinem repressiven Vorgehen zu dieser Zeit noch einer bestimmten *standardisierten* Verfahrensordnung (Orientierung an § 58/10 bzw. 58/14 des Strafgesetzbuches), was für potentielle Betroffene immerhin ein Mindestmaß an Berechenbarkeit versprach. Zudem konnte sich für diese positiv auswirken, daß sich die örtlichen Geheimdienstmitarbeiter aus der Sicht der übergeordneten Stelle, zumindest bis zur Jahresmitte 1933, „nicht ernsthaft" genug um die soziale Einordnung der zu verfolgenden Personengruppen bemühten. Hinzu kam ggf. die Passivität des örtlichen Parteikomitees mit ihren entsprechenden Folgen für die Aktivität der Angehörigen des Dienstes (Orechovo-Zuevo!). So war das *OGPU* in der Regel zwar verläßlich, zuweilen aber offensichtlich weniger durchsetzungskräftig und rührig als von der Zentrale gewollt, womit das Krisenszenarium des „großen Umbruchs" in der praktischen Auswirkung dieses Umstands auf die Herrschaftsausübung der Zentrale nur eine *weitere* charakteristische Komponente zugewiesen bekommt. Dies zeigte sich auch darin, daß die Ermittlung zusätzlicher *lišency* durch die Tätigkeit der Serpuchover Wahlkommission und deren Beauftragte *trotz* Mitwirkung des *NKVD* auch in den Kampagnenmonaten Oktober bis Dezember 1934 ein deutliches Fiasko erlebte. So kam es vor Ort, wie für Serpuchov belegt, zu einem beträchtlichen Namensschwund auf der amtlichen *lišency*-Liste. Veränderte ideologische Vorgaben der Parteiführung im Gefolge des 17. Parteitags, wonach nun von einer angeblich inzwischen gelungenen sozioökonomischen Umgestaltung von Wirtschaft und Gesellschaft mit einer behauptetermaßen nur noch in „Resten" vorhandenen „kapitalistischen" Schicht auszugehen war, mögen sich hier zusätzlich ausgewirkt haben. Es ist wichtig zu betonen, daß es der Stadtverwaltung durch das Unvermögen der teils dem *NKVD*, teils dem Stadtrat zugeordneten Wahlbeauftragten letztlich nicht möglich war, selbst unter dem Druck klassenkämpferischer Direktiven eine wesentliche Aufstockung der in

Serpuchov vergleichsweise nun besonders kleinen Anzahl der listenmäßig Erfaßten zu erreichen. Die Gründe waren keineswegs nur der Personalmangel bei den Hilfskräften, sondern auch die Schwierigkeiten bei der Feststellung der Wohnungen potentieller *lišency* bzw. deren Angehöriger, und, hiermit im Zusammenhang, der *sehr effektive Widerstand* der Betroffenen. Die verbreitete „mangelnde Führung" seitens der übergeordneten städtischen Dienststellen tat ihr Übriges. Auch für andere Städte bezeugen die Quellen eine vergleichbar schwierige Situation. Somit stellte sich erneut auch den lokalen Machtorganen selbst noch zu Beginn des 2. Fünfjahrplans weiter die Frage nach der *grundsätzlichen Möglichkeit* einer wirkungsvollen Kontrolle, Erfassung und Mobilisierung der mit der Ermittlung der Personen ohne Wahlrecht direkt beauftragten städtischen Amtsträger und ihrer Hilfsorgane auf den unteren und untersten Ebenen als strukturelles Herrschaftsdilemma. Dieses politische Krisenszenarium verschärfte sich nicht zuletzt durch die gegebene Inkompatibilität mit den Zielen der Ende 1934 *UdSSR*-weit erneut einsetzenden Repressionswelle.

Nach dem politisch-ideologischen Umbruch vom Oktober/November 1928 scheiterte auch die „Nichtwerktätigen"-Politik der zentralen Parteiführung zur „Hinausdrängung des privaten Unternehmers vom Markt" sowie aus den Wohnungen in ihrer lokalen Implementierung in den Städten des Moskauer Gebiets. Bis zum berühmten Ausquartierungsgesetz vom 8. April 1929 schafften es die Parteiführungen in einer parallel zu den Mobilisierungen der Wahlperiode 1928/29 gestarteten Sonderkampagne selbst in den wichtigen Industriestandorten Orechovo-Zuevo und Serpuchov nicht, die zuständigen Ratsbehörden und Gerichte auf eine „klassenkonsequente" Politik gegenüber den z.T. vermögenden ehemaligen Hausbesitzern, den privaten „Händlern", Rentiers, „Spekulanten" und anderen „nichtwerktätigen Elementen" zu verpflichten. Eine im November 28 erlassene Weisung des Serpuchover Kreisparteikomitees zur gezielten Durchführung einer Zwangsausquartierung dieser Personengruppe aus den kommunalen Wohnungen durch die Parteifraktion des Vollzugskomitees und die Staatsanwaltschaft blieb unausgeführt, denn nach wie vor fehlte hierfür die formalrechtliche Grundlage: Nach der bestehenden Gesetzeslage konnten die Angehörigen der inkriminierten Personengruppe aus ihren kommunalisierten Wohnungen ausschließlich per Gerichtsbeschluß, nicht im administrativen Verfahren zwangsausquartiert werden. Eine erfolgreiche Ausquartierung wurde aber auch durch die Tatsache wesentlich erschwert, daß in etlichen Städten des Gebiets, unabhängig von deren geographischer Lage, noch bis mindestens 1930 lediglich ein kleiner Teil der vorhandenen Häuser und Wohnungen tatsächlich „munizipalisiert" war, was den Kommunalabteilungen von vornherein eine geringe Handhabe gegenüber den verfolgten Privatleuten einräumte. Trotz der Einsetzung einer speziellen Gebietskommission „zur Stärkung der Arbeiterklassenpolitik in den Häusern" und des Beginns einer massiven Pressekampagne gegen die „nichtwerktätigen Elemente", wie sie für Serpuchov im Frühjahr 1929 exemplarisch belegt werden kann, gelang es daher in nur sehr bescheidenem Ausmaß, die Betroffenen tatsächlich aus den

Kommunalwohnungen zu vertreiben. Weitere wichtige Gründe waren der Widerstand der örtlichen, auf die Wahrung der Prinzipien der „sozialistischen“ bzw. „revolutionären Gesetzlichkeit“ bedachten „Volksgerichte“. Diese hielten sich an vielen Orten des Moskauer Gouvernements bzw. Gebiets noch an die Regeln des verbliebenen bürgerlichen Rechtsschutzes, wie sie bereits in den Justizreformen vor der Revolution etabliert und zu *NĖP*-Zeiten kompromißhaft - unter großen Zugeständnissen an die marxistisch-leninistische Staatsordnung - mit einem detailliert kodifizierten Rechtssystem zumindest ansatzweise erneut restituiert worden waren. Immer wieder zeigte sich das zähe Festhalten an einem rückwärtsgewandten Rechtsbewußtsein. Andererseits mußte sich die örtliche Parteiführung auch - ebenfalls weitgehend erfolglos - mit der Passivität und den *Eigeninteressen* der Ratsbehörden auseinandersetzen. Insbesondere ist hier erneut die zögerliche Haltung der Kommunalabteilungen gegenüber der Ergreifung energischer Maßnahmen gegen die „nichtwerktätigen Elemente“ zu nennen, die auf diese *lišency* als zahlungskräftige und daher finanziell lukrative Mieter nicht verzichten mochten. Somit traten also weiter auch ökonomische Gründe neben rechtliche Bedenken gegen die Durchsetzung einer nicht formalgesetzlich abgesicherten „Klassenlinie“. Der deshalb wenig erfolgreiche Kampf des Serpuchover Parteikomitees illustriert so gerade in diesem Kontext das strukturelle Problem der eingeschränkten Kontroll- und Lenkungskapazitäten auch der *zentralen* Parteiführung bei der praktischen Umsetzung der neuen Klassenpolitik des „großen Umbruchs“ an den einzelnen Orten des Verwaltungsgebiets. Damit ist die Relevanz der genannten ausgewählten Aspekte des krisentheoretischen Ansatzes W.M. Pintners auch hier empirisch unter Beweis gestellt.

Die Ausquartierungsdirektive des Parteikomitees beruhte auf einer internen Weisung des *MK* auf Druck der „Stalingruppe“ im Politbüro der Partei, die auch in anderen Städten Parteiweisungen zur Ausquartierung der „nichtwerktätigen Elemente“ aus den munizipalisierten Wohnungen zur Folge hatte. Die die Umsetzung der Direktive verhindernden Widerstände mit ihren subjektiven wie objektiven Gründen veranschaulichen erneut, daß es sich hier um keinen lediglich regionalspezifischen Konflikt handelte, sondern ein *prinzipielles* Problem der Auseinandersetzung zweier konkurrierender Rechtsperzeptionen auf eine Lösung drängte. Dies verdeutlichte besonders kraß die Kraftprobe zwischen den eine ehrgeizige Klassenpolitik im Sinne der Hardliner der Partei treibenden politischen Führungsorganen des Moskauer Gebiets (*MOIK, MUNI/MOUNI, MK*) einerseits, und den Regierungsinstanzen der *RSFSR* als Vertretern des Rechts andererseits. Gegenstands des Konflikts waren die Bestimmungen des Gesetzes über die Ausquartierung der „nichtwerktätigen Elemente“ und ehemaligen Hausbesitzer nunmehr im *Verwaltungsverfahren* vom 8. April 1929, die entsprechende „Instruktion“ der Volkskommissariate für Justiz und Inneres sowie die Folgeverordnungen des *VCIK, MOIK* bzw. *MOUNI*. Insbesondere das Justizkommissariat legte nämlich die Paragraphen dieses Gesetzes eher *zugunsten* der Betroffenen aus. Demgegenüber sah sich die *Mossovet*-Führung gerade infolge der geringen faktischen Wirksamkeit der neuen Regelungen, des Widerstands vieler Hausverwaltungen und des Desinteresses selbst der Ratsbehörden gegenüber einer diesbezüglichen strikten Orientierung an einer proletarischen „Klassenlinie" in den einzelnen Städten zu mehreren Rechtsbrüchen veranlaßt. Sie versuchte, mit Hilfe einer Durchführungsanordnung zum Gesetz auf dem Wege der Einbeziehung noch weiterer Bevölkerungsgruppen (etwa der „Personen ohne besondere Beschäftigung") in den Kreis der Auszuquartierenden die Zahl der Delinquenten eigenmächtig zu erhöhen. In der Folge mußte die illegale Weisung, wie eine ähnliche des *MOUNI*, wieder aufgehoben bzw. modifiziert werden.

Es ist wichtig, festzuhalten, daß es hier weniger um eine Auseinandersetzung um bestehende oder nicht bestehende formalgesetzliche Regelungen bzw. deren Interpretation, sondern um die Durchsetzung einer strikten und als fortschrittlich erachteten Klassengesetzlichkeit ging, die direkt von den örtlichen Proletariaten auf Initiative der Partei im Zuge des „verschärften Klassenkampfs" beschlossen worden sei. Nach dieser Logik war ein solcher „Klassenkampf" eben auch einer um die „Verrechtlichung" revolutionärer Gewalt, die ihren Ursprung im als legitim gesetzten Machtanspruch des in der bolschewistischen Revolution siegreichen Proletariats hatte. Einen solchen Grundkonflikt um die Legitimität ursprünglich außerstaatlichen Rechts im sozialistischen Staat konnte dieser nie wirklich lösen. So nimmt es nicht wunder, daß die „nichtwerktätigen Elemente" etlichen ungesetzlichen Urteilen der bei den städtischen Kommunalabteilungen eingesetzten Ausquartierungskommissionen ausgesetzt waren. Auch die Gebietsbehörden versuchten, verstärkt im Frühjahr 1930, die genannten Zielgruppen im Zuge der Umsetzung der Parteidirektive über die „Liquidierung der städtischen Bourgeoisie als Klasse" *ungesetzlicher* Ausquartierung, aber auch unrechtmäßiger Besteuerung, zu unterwerfen. Die Gebietsstaatsanwaltschaft spielte dabei eine ambivalente Rolle: Einerseits zeigte sich in ihren Entscheidungen und Aktionen ein gesetzloser, proletarisch-revolutionärer Übereifer, andererseits wurde offenbar, daß die Handlungen des führenden Personals der Anklagebehörde auch in diesem Kontext noch von den Resten alten, vorrevolutionären Rechtsempfindens in der Tradition der russischen liberal-demokratischen Jurisprudenz geprägt war, wie sie sich seit den 40er Jahren des 19. Jahrhunderts und den liberalen Reformen im Justizsektor zwischen 1864 und 1917 herausgebildet hatte. Somit konnten die schlecht ausgebildeten und unterbezahlten Mitarbeiter des Gebietsanklägers wie auch die der Kreisstaatsanwaltschaften bequem als Sündenböcke für das Scheitern der Klassenpolitik der Partei an der „Wohnungsfront" dienen. Wichtig ist, zu betonen, daß der hier zutage tretende Normenkonflikt mit den ideologischen Leitsätzen der „zweiten Revolution" auch in diesem Kontext nicht nur ein regionales Phänomen des Moskauer Gebiets, sondern ein *prinzipielles* Problem der Parteiherrschaft nach dem Umbruch war: Entsprechendes läßt sich denn auch für andere Verwaltungsgebiete der *RSFSR* nachweisen.

Insgesamt ist zu konstatieren, daß weder die ideologischen Ziele der Partei nach flächendeckender Verdrängung der inkriminierten „kapitalistischen" Bevölkerungsgruppen aus den Städten erreicht, noch die bestehende Rechtsordnung durch die eines revolutionär-proletarischen Klassenstaates im Sinne des Konzepts eines Pašukanis oder Krylenko dauerhaft beseitigt werden konnten. Dies gilt um so mehr, als die ungesetzlichen Weisungen vor Ort nur unzureichend umgesetzt wurden. Die Repressionskampagnen gegen die „nichtwerktätigen Elemente" brachten in den meisten Städten des Moskauer Gebiets allenfalls bescheidene Erfolge. Die (zu) hoch angesetzten, nur selten de facto überschrittenen Einkommensbemessungsgrenzen des Ausquartierungsgesetzes, ein immer noch geringes Munizipalisierungsniveau, die beziehungsreiche Tatenlosigkeit des einen oder anderen Stadtrats, die Schwächen des Instanzenzuges der Räte infolge mangelnder Führung durch die übergeordnete Instanz sowie nicht zuletzt der Widerstand manch einer Hausverwaltung trugen dazu bei, daß nur wenige Betroffene ihre Wohnungen tatsächlich verloren. Die Beherrschungskrise, in der das Regime steckte, perpetuierte sich weiter - hier als gravierendes Problem der zentralstaatlichen Penetration lokaler Strukturen bzw. der Umsetzungskontrolle politischer Vorgaben. Die Kampagne wurde daher 1931 eingestellt, ohne ihr wichtigstes Ziel, die Linderung der Wohnungsnot durch die Bereitstellung einer größeren Anzahl von „Nichtwerktätigen"-Wohnungen an die vielen bedürftigen Arbeiter und Angestellten auch nur annähernd erreicht zu haben.

Die Aberkennung des Wahlrechts der *Geistlichen* und ihrer Familien durch die zuständigen Kommissionen in der Wahlkampagne 1928/29 sowie erst recht die Zwangsausquartierung dieser Personengruppe aus den kommunalen Wohnungen brachten bis zum Dezember 1928 nur sehr bescheidene Resultate. Sie waren durch die nach wie vor große Passivität (Desinteresse!) der zuständigen Behörden sowie die erfolgreichen Verhinderungsstrategien der Betroffenen bedingt. Diese Befunde gelten auch für das Jahr 1929. Besonders in der ersten Jahreshälfte hielt sich die diesbezügliche Verfolgung nämlich in Grenzen. In Serpuchov waren im Oktober zwar die wichtigsten, aber immer noch längst nicht alle „Kultdiener" in den amtlichen Listen verzeichnet. Dennoch bedeutete dies keineswegs, daß die geistlichen *lišency* ein gutes Leben führen konnten, da ihnen in der täglichen Praxis oftmals *illegal* Rechte entzogen wurden, die den anderen Personen ohne Wahlrecht durchaus zustanden. Die mangelnde Effektivität der Repression im *gesetzlichen* Verfahren zeigte sich noch mehr bei den Zwangsausquartierungen der Geistlichen und ihrer Familien *auf dem Verwaltungswege* nach dem Gesetz vom 8. April 29.

Um die auch durch den vermehrten Zuzug vom Lande sehr einflußreich gewordenen religiösen Orientierungen zu schwächen, beschloß die zentrale Parteiführung Anfang 1929, zunächst nicht der Verfolgung der dem Wahlrechtsverlust unterliegenden ehemaligen bzw. derzeitigen Geistlichen, sondern derjenigen der religiös Aktiven (*cerkovniki*) und im Zusammenhang damit dem Vorgehen gegen die Kirchengemeinden Priorität einzuräumen. Dabei wurden die *cerkovniki* in ihrer ideologisch festgeschriebenen Stellung als „Klassenfeinde" und vermeintliche Bundesgenossen der *lišency* diesen weiter direkt zugeordnet. Die Parteihardliner vor Ort bemühten sich dementsprechend mit unterschiedlichem Erfolg nun verstärkt darum, die religiös aktiven Bürger möglichst durch den Nachweis einer direkten Verbindung zur Personenkategorie der „Ehemaligen" ohne Wahlrecht - also mit einer doppelten Zuschreibung von Stigmata - zu kriminalisieren und sie teilweise auch in betrieblichen Schauprozessen dem Urteil der proletarischen Avantgarde zu unterwerfen.

Unter dem Druck der zentralen antireligiösen Leitlinien und entsprechender „Wähleraufträge" aus den Betrieben schaffte es allerdings nur das Präsidium des *Serpuchover* Rats, bis zum Jahresende 1929 fast 50% der städtischen Kirchen im gesetzlichen Verfahren schließen zu lassen. Für die faktische Durchsetzung eines Schließungsbeschlusses durch die Verwaltungsbehörden war das neue Religionsgesetz vom 8. April 29 mit seinen zusätzlichen Einschränkungen für die Geistlichen und ihre Gemeinden entscheidend, denn erst hierdurch erlangte die neue antireligiöse „Klassenpolitik" die nötige Legitimität. In anderen Städten (und Dörfern) gelangen Kirchenschließungen in weitaus geringerem Maße, teilweise erst 1930. Zuweilen führte die starke Opposition nicht nur der parteilosen städtischen Bevölkerung, sondern selbst der betrieblichen *Parteizellen* gegen die Kirchenschließungen zur Verhinderung der Maßnahmen. Passivität einerseits, und ein illegales Vorgehen der jeweiligen Vollzugskomitees andererseits, waren als Reaktion auf diese problematische Situation häufig. Gerade die proletarische Musterstadt Orechovo-Zuevo und die direkt bei Moskau gelegene Industriestadt Mytišči sind gute Beispiele zur Illustration dieses Herrschaftsdilemmas der Partei. Der Widerstand gegenüber dem verschärften Vorgehen gegen die Kirchengemeinden bewirkte besonders im Frühjahr 1929 von den übergeordneten Stellen später korrigierte Gesetzesbrüche, wobei die lokale Administration im revolutionären Übereifer z.T. auch vor offenem Terror, etwa der Erschießung religiöser Oppositioneller ohne Billigung der örtlichen Parteiinstanzen, nicht haltmachte. Dabei handelte es sich keineswegs um auf das Moskauer Gebiet beschränkte, sondern um landesweit verbreitete Erscheinungen. *VCIK*, *ZK* und *MK* versuchten bis Oktober mit Instruktionen und der Einsetzung spezieller Überprüfungskommissionen gegenzusteuern. Nichtsdestoweniger radikalisierte sich das Vorgehen vor Ort weiter. Anhand dieser Herrschaftsprobleme des Regimes läßt sich zeigen, daß es nach wie vor zu keinem tragfähigen Kompromiß, sondern im Gegenteil zu erhöhten Spannungen zwischen den nach vorn drängenden Verfechtern einer radikal-proletarischen Klassenpolitik und -justiz und den Befürwortern einer strikten Beibehaltung der „revolutionären" bzw. „sozialistischen Gesetzlichkeit", wie sie die *NĖP* seit 1921/22ff. kennzeichnete, gekommen war. Die von den oberen Instanzen offensichtlich nur unzureichend kontrollierbare staatliche und parteiamtliche Gewaltausübung auf lokaler Ebene bedrohte letztlich das Machtmonopol der zentralen Parteiführung und trug so zur weiteren Verschärfung des latent vorhandenen, sich nun zur Krise steigernden Herrschaftsdilemmas des Regimes bei der Umsetzung der Repressionsgebote der politischen Wende bei.

In der zweiten Jahreshälfte 1929 gingen die Ratsbehörden, aber auch das *OGPU*, gerade in den Industriestandorten trotz vermehrter Opposition wieder verstärkt gegen die Geistlichen und deren Familien vor. Erneut griffen die städtischen Ratsbehörden auf bewährte Verfolgungsmethoden *außerhalb* offizieller Kampagnen zurück, nämlich auf eine Repression im zwischenbehördlichen Amtsverfahren unter Einsatz von Sonderermittlungen der Miliz, auch als Reaktion auf gezielte Denunziationen. Einen Automatismus der nachfolgenden Sanktion gab es aber auch hier nicht. Viele Stadträte reagierten zögerlich und langsam auf die nun im Auftrag der Partei verstärkt eingereichten „Wähleraufträge" der klassenbewußten Werktätigen bezüglich neuer Kirchenschließungen. Speziell in den Städten und Dörfern des *Moskauer* Bezirks, wo die Vollzugskomitees in dieser Hinsicht besonders passiv waren, kam es jedoch als Folge eines Mobilisierungsbefehls der „Antireligiösen Kommission" des *MK* Anfang 1930 zu einer terroristisch zu nennenden Kirchenschließungswelle, nämlich im *außergesetzlichen* administrativen Verfahren ohne Billigung der vorgeordneten Instanzen. In anderen Bezirken (etwa Orechovo-Zuevo) verzichteten indessen im Gegenteil viele Stadt- und Siedlungsräte, z.T. auf Druck der Werktätigen, entweder ganz auf derartige Maßnahmen selbst im *gesetzlichen* Verfahren, oder sie handelten überhastet und beantragten – auch unter Begehung gravierender Formfehler, aber ohne Anwendung von Gewalt – unverhältnismäßig viele Kirchenschließungen. Im letztgenannten Fall verweigerte das *MOIK* in der Regel die nötige Bestätigung. In dieser Uneinheitlichkeit der städtischen Religionspolitik manifestierte sich die von Ort zu Ort unterschiedliche Bremskraft des alten, aus der vorrevolutionären Zeit überkommenen Rechtsbewußtseins gegenüber dem Einfluß der rüden revolutionär-parteilichen „Klassenlinie" als Folge des ideologisch vorgegebenen Denkparadigmas vom gesetzmäßig verschärften Klassenkampf. Zur Stabilisierung der Situation mußte die zentrale Parteiführung intervenieren. So sah sich selbst das klassenbewußte *MK* veranlaßt, bereits im Februar 1930 eine Reorientierung der illegalen Religionspolitik der örtlichen Räte und eine Wiederherstellung der weitgehend abgedrängten „revolutionären Gesetzlichkeit" zu verfügen. In der Folge mußten die einzelnen Kreisstädte besondere Kommissionen einsetzen, um jeden einzelnen Gesetzesbruch zu korrigieren, worauf das *VCIK* dann zusätzlich alle örtlichen Vollzugskomitees einer diesbezüglichen Generalüberprüfung unterwarf. Die in diesem Zusammenhang angeforderten Untersuchungsberichte aus den Kreisstädten dokumentierten meist illegale Kirchenschließungen und eine überhöhte Besteuerung kirchlicher Liegenschaften sowie der Geistlichen selbst. Diese waren, obwohl starkem behördlichem Druck ausgesetzt, in den Städten des Moskauer Gebiets von unrechtmäßiger Aberkennung ihres Wahlrechts im Vergleich zu den anderen *lišency*-Gruppen bis Ende 1930 nach wie vor nur marginal betroffen. Dies belegen die Akten der zur Jahresmitte eingesetzten örtlichen Spezialkommissionen zur Überprüfung der Wahlrechtsentzüge. Die „Diener religiöser Kulte" stellten einen Anteil von höchstens 10-20% der in den Orten des jeweiligen Kreises vorhandenen Gesamtgruppe der Personen ohne Wahlrecht.

In Serpuchov versuchten die Behörden zu Jahresbeginn 1930 – mit nur geringem Erfolg - auch wieder auf die Zwangsausquartierung der Geistlichen im Verwaltungverfahren zurückzugreifen. Aber auch in anderen Städten des Gebiets war die strikte Durchsetzung der Maßnahme schwierig. Nur an wenigen Orten, wie z.B. in Kolomna oder Orechovo-Zuevo, gelang dies deutlich besser. Der

Grund war die kleine Anzahl derjenigen „Diener religiöser Kulte“, die entweder überhaupt in munizipalisierten Stadtwohnungen lebten und/oder, wie nach dem Ausquartierungsgesetz vorgeschrieben, über 3000 Rubel Einkommen erzielten bzw. ehemalige Hauseigentümer waren. So wurden die geistlichen *lišency* selbst in der Phase der „Erosion des Rechts“ von dieser Repressionsmaßnahme nur wenig berührt.

Sowohl auf die geistlichen *lišency* als auch auf die *cerkovniki* verstärkte sich der Verfolgungsdruck allerdings dann 1931/32 merklich. Die verbesserte Erfassung der ersteren in den *lišency*-Listen ermöglichte eine im Januar 1931 verfügte Sonderregistrierung ihrer Namen. Eine deutliche Vermehrung der Ausschlußeinträge in den einschlägigen Verzeichnissen ist für Serpuchov Anfang des Jahres 31 denn auch belegt, ganz im Gegensatz etwa zu Orechovo-Zuevo, wo die Geistlichkeit zwar einflußreich war, quantitativ jedoch eine deutlich geringere Rolle spielte. Zusätzlich forderte das *VCIK* per Zirkular von jedem Vollzugskomitee genaue Angaben über den Status jeder „religiösen Vereinigung“, um aus gutem Grund die tatsächliche Einhaltung der Bestimmungen des Religionsgesetzes sowie auch die jeweilige Anzahl der geistlichen *lišency* zu überprüfen. Dies führte im Mai jenes Jahres erneut zur Einsetzung örtlicher Spezialkommissionen, deren konkrete Arbeit auf der Basis des vorliegenden Materials allerdings nicht im einzelnen dokumentiert werden kann. Es ist zu vermuten, daß diese Kommissionen, soweit sie überhaupt tätig wurden, in ihrer Arbeit durch die nicht kooperierenden Stadträte stark behindert waren. Nach den verfügbaren Quellen genügten letztere schon ihrer Auskunftspflicht über die Beachtung oder Verletzung des Religionsgesetzes in den Terrormonaten und danach gegenüber *MOIK* und *VCIK* nicht oder nur unvollkommen. Viele ließen ein ganzes Jahr ohne die geforderte Rückmeldung verstreichen und befolgten auch eine erneute verschärfte Weisung kaum. Manche Vollzugskomitees, wie für Serpuchov besonders exakt nachweisbar, verloren ganz offensichtlich infolge der zäh verlaufenden, durch die Einsprüche der Gläubigen stockenden Kirchenschließungsverfahren vollkommen den Überblick über die Situation in der eigenen Stadt. Dies hatte gravierende Konsequenzen, denn das Funktionieren des administrativen Kommandosystems in den Instanzenzügen war hierdurch empfindlich gestört. Dic Folgen waren um so verheerender, als sich das *OGPU* in dieser Situation selbst zu eigenmächtigen Kirchenschließungsaktionen hinreißen ließ. Somit führten Störungen und Unregelmäßigkeiten in der Befehlskette des Rätesystems zu weiteren Verstößen gegen die staatliche Rechtsordnung der sog. „revolutionären Gesetzlichkeit“, zum Schaden sowohl der kriminalisierten, ideologisch in die Nähe der *lišency* gerückten religiös Aktiven wie auch der geistlichen Personen ohne Wahlrecht: Die Praxis der Verletzung gesetzlicher Rechte der Geistlichen wie auch ihrer Gemeinden setzte sich fort, wobei die zentralen Stellen offensichtlich nicht die Möglichkeit hatten, die Blockaden im Befehls- und Kontrollmechanismus gegenüber den lokalen Machtorganen zu beseitigen. Auch in diesen konkreten Schwierigkeiten spiegelte sich das Problem der latent schwachen, durch den „großen Umbruch“ krisenhaft verminderten Fähigkeit des Regimes zur konkreten, effizienten Umsetzung seiner verschärften Repressionspolitik vor Ort.

Die gezeigten großen, insbesondere institutionellen und ethisch-mentalen, aber auch verwaltungsorganisatorischen und sonstigen Schwierigkeiten und Widerstände bei der Verfolgung der Angehörigen aller *lišency*-Kategorien in den Städten des hier betrachteten Verwaltungsterritoriums trugen dazu bei, daß sich die künstliche Induzierung von Klassenkampf und Bürgerkrieg in die städtischen Gesellschaften durch die Vorgaben des Stalinschen Politbüros während des „großen Umbruchs" und danach - mindestens bis hin zum Beginn des 2. Fünfjahrplans - im Sinne der Unterwerfung unter einen komplexen, effizient wirksamen und alle öffentlichen und privaten Bereiche erfassenden Repressionsdruck nur sehr bedingt, unter vielen Rückschritten und Kompromissen, durchsetzen ließ. Muß zudem von einer Schwäche der örtlichen Parteiführung ausgegangen werden, so geriet, nach den obigen Befunden, offensichtlich auch die von den Ratsorganen vielfach mit Mißtrauen behandelte, ja abgelehnte städtische *OGPU*-Repräsentanz in eine schwierige Position, die ihr Handeln beeinträchtigte.

In diesem durch den erhöhten Repressionsanspruch der obersten Parteiführung herbeigeführten Szenarium der Herrschafts- bzw. Beherrschungskrise bestanden Möglichkeiten zur Durchsetzung einer rigorosen, ja terroristischen Klassenpolitik gegenüber den Personen ohne Wahlberechtigung - jedenfalls in den Städten - nur zeitweise 1929/30. Die Versuche der Parteihardliner, im Zuge des „sozialistischen Vormarschs" die staatliche Gesetzesordnung der *NĖP* durch ein radikalproletarisches Klassenrechtssystem zu ersetzen und alle örtlichen Machtinstanzen, einschließlich der Gerichte, dem Quasi-Recht einer extremistisch und exklusiv konzipierten Parteilinie zu unterwerfen, führte zwar zu erheblichen Turbulenzen und zeitweise auch zu einer Polarisierung der Machtinteressen zwischen den Institutionen der Partei und denen der Räte. Die tatsächliche Wirksamkeit der Kontroll- und Verfolgungsmechanismen vor Ort stieß aber nicht zuletzt in den *weniger gegen die Zentrale gerichteten regions- als vielmehr ämterbezogenen* Eigeninteressen der einzelnen städtischen Stellen im gesamten Untersuchungszeitraum auf klare Grenzen. Im Justizapparat wirkte hier das im Gefolge der Professionalisierung der Justiz im 19. Jahrhundert herangebildete und nach wie vor existente *Berufsethos,* verbunden mit einem noch in Resten vorhandenen „bürgerlichen" Rechtsbewußtsein, außerordentlich hemmend. In der durch die Bedingungen der Mangelwirtschaft immer noch gegebenen objektiven Unerläßlichkeit privater „Händler" zur Versorgung der Stadtbevölkerung ergab sich ein wesentliches weiteres Dilemma für die praktische Umsetzung der Anti-*lišency*-Politik in und nach der „Revolution von oben".

4. QUELLEN- UND LITERATURVERZEICHNIS

4.1. UNVERÖFFENTLICHTES MATERIAL

4.1.1. Gosudarstvennyj Archiv Rossijskoj Federacii (GARF)

F. 353, op. 10, d. 30, 36, 37, 40, 74;

f. 1235, op. 140, d. 723, 749, 1090, 1107; op. 141, d. 38, 130, 145, 178, 195, 428, 589, 816, 858, 997, 1020, 1507, 1517, 1616, 2211;

f. 1652, op. 1, d. 53;

f. 8131, op. 9, d. 53;

f. 8409, op. 1, d. 276, 275, 406, 407, 408, 546, 547, 1076;

f. 10035, op. 1, d. P-524, P-933, P-1740, P-1802, P-4358.

4.1.2.Central'nyj Archiv Federal'noj Služby Bezopasnosti (CAFSB)

Vnutr. op. T. I, d. 20, 21, 27, 48, 50, 53, 61 [nicht alle Faszikel gezählt!].

4.1.3. Rossijskij Centr Chranenija i Izučenija Dokumentov Novejšej Istorii (RCChIDNI)

F. 17, op. 21, d. 3011; op. 85, d. 419, 432, 434, 436, 437, 439.

4.1.4 Central'nyj Gosudarstvennyj Archiv Moskovskoj Oblasti (CGAMO)

F. 667, op. 1, d. 223, 238, 239, 214, 240, 245, 273, 290, 293, 325, 358;

f. 807, op. 1., d. 24, 37, 241, 341, 526, 527, 685, 1072;

f. 956, op. 1, d. 8, 13, 27, 29, 32, 35, 36;

f. 1652, op. 1, d. 53;

f. 2139, op. 1, d. 365, 366, 405, 409, 459;

f. 2157, op. 1, d. 12, 68, 72, 75, 77, 84, 87, 89, 91, 93, 95, 177, 235, 262, 286, 306, 341, 370, 374, 399, 471, 473, 575, 662, 666, 922;

f. 2157, op. 5, d. 6, 17, 26, 71, 73, 79, 89, 91, 107, 108, 127, 131, 137, 150, 282, 285, 212, 338;
f. 4502, op. 1, d. 34, 38, 43, 44, 49, 50, 51, 52, 54, 60, 75a, 83, 87, 88, 89, 96, 97, 103, 109, 128, 169, 190, 198, 281, 352, 353, 442, 505, 523, 532, 539;

f. 5700, op. 1, d. 26, 28, 33, 34, 40, 42, 44, 46, 56, 64, 71;

f. 5736, op. 1, d. 5, 8, 9, 10;

f. 5805, op. 1, d. 62, 143, 309;

f. 5812, op. 1, d. 1, 3, 5a, 6, 7, 8, 8a, 9a, 12, 13, 14, 15;

f. 6266, op. 1, d. 1, 5;

f. 6609, op. 1, d. 1-3, 7, 10.

4.2. GEDRUCKTE QUELLEN

4.2.1. Zeitungen[1611]

„Kolomenskij rabočij“ (Kolomna), No. 93, 28.XI.1928 g.

„Kolotuška“ (Orechovo-Zuevo), No. 275, 28.XI.1928 g.

„Krasnyj put’“ (Egor’evsk), No.169, 31.VII.1929 g.

„Nabat“ (Serpuchov), Jge. 1928-1930, 1933.

„Pravda“ (Moskva), Jge. 1928-1931, 1933.

„Večernjaja Moskva“ (Moskva), No. 112, 20.V.1929 g.

4.2.2. Veröffentlichungen der Regierung der *UdSSR* und *RSFSR* sowie der örtlichen Räte

SZ und SU, Jge. 1924-34.

Konstitucija Rossijskoj Socialističeskoj Federativnoj Sovetskoj Respubliki, Moskva 1925.

Ugolovnyj kodeks RSFSR. Oficial’nyj tekst s izmenenijami na 1 ijulja 1950 g. i s priloženiem postatejno-sistematizirovannych materialov, Moskva 1950 [Basistext nach der Fassung vom 22. November 1926].

Graždanskij kodeks Rossijskoj Socialističeskoj Federativnoj Respubliki. Prinjatyj na IV sessii Vserossijskogo Central’nogo Ispolnitel’nogo Komiteta IX sozyva 31 oktjabrja 1922 g. S izmenenijami i dopolnenijami po 25 ijulija 1926 g., Moskva 1926.

God raboty pravitel’stva RSFSR. Materialy k otčetu pravitel’stva za 1926-27 g., Moskva 1928.

God raboty pravitel’stva RSFSR. Materialy k otčetu pravitel’stva za 1927-28 g., Moskva 1929.

[1611] Zeitungsexemplare bzw. -abschnitte, inventarisiert in Archivfonds bzw. Faszikel, sind nicht gesondert aufgenommen.

Sbornik dejstvujuščich na territorii RSFSR administrativnych zakonov. S priloženiem važnejšich vedomstv, cirkuljarov i instrukcij. Sostavili S.S. Kiškin, B.P. Uskov, Moskva 1927.

Instrukcija o vyborach sovetov i ispolkomov RSFSR. Tekst i postatejnyj komentarij s dopolnenijami i raz-jasnenijami prezidiuma VCIK i Vserossijskoj Izbiratel'noj Komissii. Pod obščej redakciej i s predisloviem Ja.V. Polujana, Moskva 1928.

Instrukcija o vyborach v sovety i na s-ezdy sovetov RSFSR, Moskva 1934.

Instrukcija o vyborach v sovety i na s-ezdy sovetov RSFSR. Postatejnyj kommentarij k tekstu i sistematizirovannye otdel'nye postanovlenija i raz-jasnenija Prezidiuma VCIK i Vserossijskoj Central'noj Izbiratel'noj Komissii na 1. nojabrja 1934 god. Pod obščej redakciej: I. Raab, Moskva 1934.

Statističeskaja svodka No. 12 (5): Predvaritel'nye itogi vyborov v sel'skie, rajonnye i gorodskie organy vlasti, Moskva o. J.

Giduljanov, P.V.: Otdelenie cerkvi ot gosudarstva v SSSR, Moskva 1926 [kommentierte Gesetze und Zirkulare].

Otdelenie cerkvi ot gosudarstva. Dopolnenie Pervoe k knige P.V. Giduljanova, Moskva 1928.

O vedenii edinoj pasportnoj sistemy v SSSR. Zakonodatel'nye i direktivnye materialy. S vstupitel'noj statej A.J. Vyšinskogo, o.O. 1933.

Žiliščnoe zakonodatel'stvo. Spravočnik postanovlenij i rasporjaženij central'nych i mestnych vlasti s priloženiem sudebnoj praktiki za 1928 god, Moskva 1929.

Žiliščnoe zakonodatel'stvo. Sbornik dekretov, rasporjaženij i instrukcij, s kommentarijami, Moskva 1929.

Kommunal'no-žiliščnye sekcii o sebe, Moskva 1932.

Dejstvujuščee zakonodatel'stvo o pečati. Sistematičeskij sbornik. Izd. vtoroe. Sostavil L.G. Fogelevič, Moskva 1929.

Pečat' SSSR. K XV-mu parts-ezdu. Sbornik pod obščej redakciej E.O. Bumažnogo, Moskva, Leningrad 1928.

Materialy po rajonirovaniju Moskovskoj oblasti. Predvaritel'nye dannye ob okružnom i rajonnom delenii, Moskva 1929.

Otčet ispolnitel'nogo komiteta serpuchovskogo uezdnogo soveta. S pervogo oktjabrja 1925 goda po 1-oe oktjabrja 1926 goda, o.O. 1927.

Otčet ispolnitel'nogo komiteta serpuchovskogo uezdnogo soveta rabočich, krest'janskich i Krasnoarmejskich deputatov za oktjabr' - mart 1926/27 goda, Serpuchov 1927.

Otčet ispolnitel'nogo komiteta serpuchovskogo uezdnogo soveta za 1926-27 g. i za 1927-28 g., o.O. 1928.

Rezoljucii po rabote serpuchovskogo Uispolkoma i socialističeskomu pereustrojstvu sel'skogo chozjajstva, prinjatye na XIV uezdnom s-ezde sovetov v marte 1929 goda, Serpuchov 1929.

Otčet o rabote orechovo-zuevskogo gorodskogo soveta r.k. i k.d. za 1928-29 god., o.O., o.J.

Materialy k otčetu o sostojanii i perspektivach raboty orechovo-zuevskogo okrispolkoma sovetov r.k. i k.d. Bloknot dlja dokladčikov, Orechovo-Zuevo, o.J.

Orechovo-Zuevskij okrug. Predvaritel'nye materialy, charakterizujuščie okrug, Orechovo-Zuevo 1929.

Otčet kolomenskogo uezdnogo ispolnitel'nogo komiteta soveta rabočich, krest'janskich i krasnoarmejskich deputatov za 1926/27 i 1927/28 gg., Kolomna 1929.

4.2.3. Druckschriften der zentralen und lokalen Parteiführungen und deren Exponenten

Lenin, V.I: Plechanov o terrore, in: Ders.: Polnoe sobranie sočinenij. Izd. pjatoe. T. 35, Moskva 1962, S. 185-186.

Stalin, J.V.: Das Jahr des großen Umbruchs. Zum 12. Jahrestag des Oktober, in: Ders.: Werke, Bd. 12., Berlin 1954, S. 105-120.

KPSS v rezoljucijach i rešenijach, s-ezdov, konferencij i plenumov CK. T. 2-4 (1917-1931), Moskva 1970.

Idem, izd. 9-oe. T. 3 (1922-1925), T. 4 ((1926-1929), Moskva 1984.

Stalinskoe politbjuro v 30e gody. Sbornik dokumentov. Sostaviteli: O.V. Chlevnjuk, A.V. Kvašonkin, L.P. Koševa, L.A. Rogovaja (= Serija „Dokumenty sovetskoj istorii"), Moskva 1995.

O bol'ševistskoj pečati i rabsel'korach. Sbornik postanovlenij CK, CKK i Sredazbjuro CK VKP (b), Moskva, Taškent 1933.

XVI. Moskovskaja gubernskaja konferencija. Stenografičeskij otčet, Moskva 1928.

Rezoljucii XVII Moskovskoj gubkonferencii, Moskva, Leningrad 1929.

Rezoljucija I. Oblastnoj Moskovskoj Konferencii VKP(b) po dokladu tov. Baumana, in: Bauman, K.: Polosa velikogo stroitel'stva, Moskva 1929 (s.u.), S. 109-124.

Itogi pervoj Moskovskoj oblastnoj konferencii VKP(b). Materialy dlja dokladčikov, Moskva 1929.

Bauman, K.: Polosa velikogo stroitel'stva. Doklad o rabote MK i Orgbjuro CK VKP (b) na I. Moskovskoj oblastnoj konferencii 16 sentjabrja 1929 g., Moskva 1929.

Itogi vtorogo plenuma MOK VKP(b), Moskva 1930.

Stenografičeskij otčet III. plenuma Moskovskogo oblastnogo komiteta, Moskva 1930.

IV. plenum Moskovskogo oblastnogo komiteta VKP (b). Stenografičeskij otčet, Moskva 1930.

Kaganovič L.M.: Moskovskie bol'ševiki v bor'be za pobedu pjatiletki (Doklad o rabote MK i MGK na III. Moskovskoj oblastnoj i II. gorodskoj konferencijach VKP (b) 23 janvarja 1932 g.), Moskva 1932.

Michailov, Michail: Otčet o rabote Moskovskogo komiteta na IV. oblastnoj i III. gorodskoj konferencijach VKP(b), Moskva 1934.

Ryndin, K.V.: Otčet o rabote Moskovskogo komiteta na IV oblastnoj i III. gorodskoj konferencijach VKP(b), Moskva 1934.

Religija i klassovaja bor'ba (Materialy dlja dokljadčikov), Moskva 1930.

Materialy XXII-j serpuchovskoj uezdnoj partijnoj konferencii 15-18 dekabr' 1928 god., Serpuchov 1929.

Proekt predloženij k 1-oj okružnoj Partkonferencii (Delegatam 1-oj okružnoj Partkonferencii), o. O. 1929.

Rezoljucii 1-voj okružnoj konferencii VKP (b) i Plan Raboty Okružkoma na 6 mesjacev (oktjabr' - mart 1929-30 g.), Serpuchov 1929.

Rezoljucii pervoj okružnoj partijnoj konferencii Orechovo-Zuevskoj organizacii VKP (b) 5-8 sentjabrja 1929 g., o.O., o.J.

Rezoljucii pervoj okružnoj partijnoj konferencii VKP (b), Kolomna 1929.

Rezoljucii plenuma Orechovo-Zuevskogo Gorkoma VKP(b), sovmestno s partaktivom, 12 i 14 fevralja 1933 g., Orechovo-Zuevo 1933.

4.2.4. Geheimdienstdokumente

Lubjanka. VČK - OGPU - NKVD - NKGB - MGB - MVD - KGB 1917-1960. Spravočnik. Sost.: A.N. Kokurin, N.V. Petrov, Moskva 1997.

Vlasov, V.A.: „Sovvlast' idet po ložnomu puti". „Velikij perelom" po svodkam OGPU, in: Zemstvo (1994), No. 2, S. 80-87.

Vostryšev, Michail: Sledstvennoe delo No. 36960 (po archivam KGB), in: ŽMP (1993), No. 3, S. 15-18.

4.2.5. Tagebücher und sonstige Dokumente

Fabričnyj, And.: Častnyj kapital na poroge pjatiletki. Klassovaja bor'ba v gorode i gosudarstvennyj apparat, Moskva 1930.

Die Orthodoxe Kirche in Rußland. Dokumente ihrer Geschichte (860-1980). Hrsg.: P. Hauptmann, G. Stricker, Göttingen 1988.

Die Sowjetunion. Von der Oktoberrevolution bis zu Stalins Tod. Hrsg. von Helmut Altrichter. Bd.1: Staat und Partei, München 1986.

Getty, J. Arch; Oleg V. Naumov: The Road to Terror. Stalin and the Self-Destruction of the Bolsheviks, New Haven, London 1999.

Obščestvo i vlast'. 1930-e gody. Povestvovanie v dokumentach, Moskva 1998.

Palibin, N.V.: Zapiski sovetskogo advokata. 20-e - 30-e gody, Paris 1988 (= Serija „Naše Nedavnee" ; 9).

Revolution from above 1929-1931, Gulf Breeze, Fla., 2000 (= Documents of Soviet History. Ed. by Alex G. Cummins ; vol. 5).

Russkaja pravoslavnaja cerkov' i kommunističeskoe gosudarstvo, 1917-1941. Dokumenty i fotomaterialy, Moskva 1996.

Šitc, I.I.: Dnevnik „velikogo pereloma" (mart 1928 - avgust 1931), Paris 1991.

Valentinov, A.A.: Černaja kniga („Šturm nebes"). Sbornik dokumental'nych dannych, charakterizujuščich bor'bu sovetskoj kommunističeskoj vlasti protiv vsjakoj religii, protiv vsech ispovedanij i cerkvej [Sammlung von Texten, zusammengestellt und kommentiert von Valentinov bereits im November 1925 in der Londoner Emigration], in: Volga (1991), No. 4, S. 107-116; No. 8, S. 145-163; No. 12, S. 125-147.

4.3. LITERATUR

Alexopoulos, Golfo: Rights and Passage. Making Outcasts and Making Citizens, in: Soviet Russia 1926-1936, Ph.D., Chicago 1996.

- . The Ritual Lament: A Narrative of Appeal in the 1920s and 1930s, in: RH 24 (1997), No. 1-2, S. 117-129.

Archipov, V.A.; L.F. Morozov: Bor'ba protiv kapitalističeskich ėlementov v promyšlennosti i torgovle, 20-e načalo 30ch godov, Moskva 1978.

Baberowski, Jörg: Der rote Terror. Die Geschichte des Stalinismus, München, Stuttgart 2003.

- . Stalinismus „von oben". Kulakendeportationen in der Sowjetunion 1929-1933, in: JbfGO 46 (1998), H. 4, S. 572-595.

- . Wandel und Terror: Die Sowjetunion unter Stalin 1928-1941. Ein Literaturbericht, in: JbfGO 43 (1995), H. 1, S. 97-129.

Baldin, V.I: Zagorsk. Istorija goroda i ego planirovki, Moskva 1981.

Ball, Alan M.: Russia's Last Capitalists. The Nepmen, 1921-1929, Berkeley u.a. 1987.

Benvenuti, Francesco: The 'Reform' of the NKVD, 1934, in: EAS 49 (1997), No. 6, S. 1037-1056.

Bordyugov, Gennadii: The Policy and Regime of Extraordinary Measures in Russia under Lenin and Stalin, in: EAS 47 (1995), No. 4, S. 615-632.

Černopitskij, P.G.: Na velikom perelome, Rostov na Donu 1965.

Černych, A.I.: Žiliščnyj peredel. Politika 20-ch godov v sfere žil'ja, in: SI (1995), No. 10, S. 71-78.

Contending with Stalinism. Soviet Power and Popular Resistance in the 1930s. Ed. by Lynne Viola, Ithaka, London 2002.

Crises and Sequences in Political Development, Princeton 1971 (= Studies in Political Development ; 7).

Cultural Revolution in Russia 1928-1931. Ed. by Sheila Fitzpatrick, Columbia 1978.

Curtiss, John Shelton: Die Kirche in der Sowjetunion (1917-1956), München 1957.

Dobkin, A.I.: Lišency: 1918-1936, in: Zven'ja. Istoričeskij al'manach. Vyp. 2 (1992), S. 600-621.

Fechner, M.V.: Kolomna, Moskva 1966.

Fitzpatrick, Sheila: After NEP: The fate of NEP entrepreneurs, small traders, and artisans in the „Socialist Russia" of the 1930s, in: RH 13 (1986), Nos. 2-3, S. 187-233.

- . Ascribing Class: The Construction of Social Identity in Soviet Russia, in: JMH 65 (1993), No. 4, S. 745-770.

- . Cultural Revolution as Class War, in: Cultural Revolution in Russia 1928-1931, S. 8-40.

- . Everyday Stalinism. Ordinary Life in Extraordinary Times. Soviet Russia in the 30s, New York, Oxford 1999.

- . New Perspectives on Stalinism, in: RR 45 (1986), S. 357-373.

- . Revisionism revisited, in: RR 45 (1986), S. 109-413.

- . Signals from Below: Soviet Letters of Denunciation of the 1930s, in: Accusatory Practices: Denunciation in Modern European History, 1789-1989. Ed. by Sheila Fitzpatrick and Robert Gellately, Chicago, London 1997, S. 85-120.

- . Supplicants and Citizens: Public Letter Writing in Soviet Russia in the 1930s, in: SR 55 (1996), No. 1, S. 78-105.

Freeze, Gregory L.: The Stalinist Assault on the Parish, 1929-1941, in: Stalinismus vor dem Zweiten Weltkrieg. Neue Wege der Forschung / Stalinism before the Second World War. New Avenues of Research, hrsg. von Manfred Hildermeier unter Mitarbeit von Elisabeth Müller-Luckner, München 1998, S. 209-232.

Getty, J. Arch: Origins of the Great Purges. The Soviet Communist Party reconsidered, 1933-1938, Cambridge 1985.

- . The Politics of Repression Revisited, in: Stalinist Terror. New Perspectives. Ed. by J. Arch Getty and Roberta Manning, Cambridge 1993, S. 40-62.

Gill, Graeme: Stalinism, Basingstoke 1990 (2. ed. 1998).

Gincberg, L.I.: Massovye deportacii krest'jan v 1930-1931 godach i uslovija ich suščestvovanija v severnych krajach: Po materialam "osobych papok" politbjuro CK VKP(b) i "komissii Andreeva", in: OI (1998), No. 2, S. 190-196.

Ginsburgs, George: The Soviet Procuracy and Forty Years of Socialist Legality, in: ASEER XVIII (1959), No. 1, S. 34-62.

Golubeva, E.; A. Guzov: Putevoditel' po Kolomne, Moskva 1970.

Gorod na Kljaz'me. Kniga o slavnych, revoljucionnych, boevych i trudovych tradicijach trudjaščichsja Orechovo-Zueva, Moskva 1977.

Goroda Rossii. Ėnciklopedija, Moskva 1994.

Harris, James: Resisting the Plan in the Urals 1928-1956. Why Regional Officials Needed „Wreckers" and „Saboteurs", in: Contending with Stalinism. Soviet Power and Popular Resistance in the 1930s, S. 201-227.

- . The Great Urals: Regionalism and the Evolution of the Soviet System, Ithaca, New York 1999.

Haumann, Heiko: Arbeiterklasse, Partei und Stalinismus. Die Auswirkungen sozialer und organisatorischer Umbrüche 1927-1929 auf die Entstehung eines neuen Machtsystems, in: Stalinismus. Probleme der Sowjetgesellschaft zwischen Kollektivierung und Weltkrieg. Hrsg. von Gernot Erler und Walter Süß, Frankfurt, New York 1982, S. 345-366.

- . Die Wende von 1929. Sozialökonomische Veränderungen in der Sowjetunion und das System des Stalinismus, in: Das Argument 21 (1979), 115, S. 395-402.

Hazard, John N.: Settling Disputes in Soviet Society. The Formative Years of Legal Institutions, New York 1960.

Hildermeier, Manfred: Geschichte der Sowjetunion 1917-1991. Entstehung und Niedergang des ersten sozialistischen Staates, München 1998.

- . Interpretationen des Stalinismus, in: HZ 264 (1997), S. 655-674.

- . Revision der Revision? Herrschaft, Anpassung und Glaube im Stalinismus, in: Stalinismus vor dem Zweiten Weltkrieg, S. 17-33.

- . Stalinismus und Terror, in: Osteuropa 50 (2000), H. 6, S. 593-605.

Husband, William B.: Soviet Atheism and Russian Orthodox Strategies of Resistance, 1917-1932, in: JMH 70 (1998), No. 3, S. 74-107.

Huskey, Eugene: Russian Lawyers and the Soviet State. The Origins and the Development of the Soviet Bar, 1917-1939, Princeton 1986.

- . Vyshinskii, Krylenko, and the Shaping of the Soviet Legal Order, in: SR 46 (1987), No. 3-4, S. 414-428.

Ivanov, Ju.M.: Položenie rabočich Rossii v 20-ch - načale 30-ch godov, in: VI (1998), No. 5, S. 28-43.

Ivanov, Viktor: Byvšie ljudi, in: Rodina (1999), No. 4, S. 70-73.

- . Operacija "Byvšie ljudi" v Leningrade (fevral'- mart 1935g.), in: Novyj časovoj (1998), No. 6-7, S. 118-131.

Izmenenija social'noj struktury sovetskogo obščestva 1921 - seredina 30ch godov, Moskva 1979.

Izmozik, V.S.: Političeskij kontrol' v Sovetskoj Rossii. 1918-1928 gody, in: VI (1997), No. 7, S. 32-53.

Juviler, Peter H.: Revolutionary Law and Order, New York 1976.

Karlov, B.B.: Možajsk, Moskva 1981.

Kimerling, Elise: Civil Rights and Social Policy in Soviet Russia, 1918-1936, in: RR (1982), No. 1, S. 24-46.

Korovin, N.R.: O nekotorych voprosach istorii industrializacii i rabočego klassa SSSR v 1933-1937 godach, in: Idei i real'nosti 1920-1930-ch godov v sovetskoj istoričeskoj nauke. Mežvuzovskij sbornik naučnych trudov, Ivanovo 1993, S. 5-13.

Koržichina, T.P.: Osnovnye čerty administrativno-komandnoj sistemy upravlenija, in: Formirovanie administrativno-komandnoj sistemy, 20-30-e gody. Sbornik statej, Moskva 1992, S. 146-164.

Kotkin, Stephen: Magnetic Mountain: Stalinism as a Civilization, Berkeley [u.a.] 1995.

Kozlov, F.V.: Tragedija malych gorodov, in: Rossijane (1995), No. 7/8, S. 67-79.

Kozlov, V.F.: Gibel' cerkovnych kolokolov v 20-e - 1930-e gody, in: Otečestvo (1994), Vyp. 5, S. 143-161.

Krasil'nikov, S.A.: Na izlomach social'noj struktury. Marginaly v poslerevoljucionnom rossijskom obščestve (17 – konec 1930-ch gg.), Novosibirsk 1998.

- . Tyloopolčency, in: ĖKO (1994), No. 3, S. 176-188.

Krasil'nikov, S.A.; D.D. Minenkov: Tylovoe opolčenie kak ėlement sistemy prinuditel'nogo truda: ėtap stanovlenija (1930-1933 gg.), in: Gumanitarnye nauki v Sibiri. Serija: Otečestvennaja istorija (2001), No. 2, S. 41-46.

Kucherov, Samuel: The Organs of Soviet Administration of Justice. Their History and Operation, London 1970.

Kuromiya, Hiroaki: Stalin's Industrial Revolution. Politics and Workers 1928-1932, Cambridge u.a. 1988.

Lebakova, E.R.: Opyt KPSS po priobščeniju melkoj buržuazii goroda k stroitel'stvu socializma, Moskva 1970.

Lebina, N.B.: Dejatel'nost' "voinstvujuščich bezbožnikov" i ich sud'ba, in: VI (1996), No. 5/6, S. 154-157.

Lepeškin, A.I.: Sovety - vlast' naroda. 1917-1936, Moskva 1966.

Levintov, A.: Municipalizacija po-sovetski. Stranicy istorii, in: Ėkonomika i organizacija promyšlennogo proizvodstva (1993), No. 11, S. 183-192.

Lewin, M.: Society and the Stalinist state in the period of the Five Year Plans, in: SH (1976), No. 2, S. 139-175.

Lisicyn, M.Ju.; V.V. Lyscov: Osobennosti realizacii izbiratel'nych prav graždan v period osuščestvlenija splošnoj kollektivizacii v SSSR, in: Vestnik voronežskoj vysšej školy MVD Rossii (1998), No. 1, S. 85-89.

Lovell, Stephen: The Making of the Stalin-Era-Dacha, in: JMH 74 (2002), No. 2, S. 253-288.

Luks, Leonid: Geschichte Russlands und der Sowjetunion von Lenin bis Jelzin, Regensburg 2000.

Luukkanen, Arto: Religious Policy of the Stalinist State. A Case Study: The Central Standing Commission on Religious Questions, 1929-1938, Helsinki 1997.

- . The Party of Unbelief. The Religious Policy of the Bolshevik Party, 1917-1929, Helsinki 1994.

Manykin, V.A.: Ličnye dela lic, lišennych izbiratel'nych prav: Issledovatel'skie perspektivy i vozmožnosti, in: Istočnikovedenie XX stoletija. Tezisy dokladov i soobščenij naučnoj konferencii, Moskva 1993, S. 136-137.

Mawdsley, Evan: The Stalin Years. The Soviet Union 1929-1953, Manchester [u.a.] 1998.

McCauley, Martin: Stalin and Stalinism. 2. ed., London, New York 1995.

Mechanisms of Power in the Soviet Union, ed. by Niels Erik Rosenfeldt, Bent Jensen, Erik Kulavig, Basingstoke, Hampshire 2000.

Medovoj, Il'ja: Drevnyj gorod na Lame. Kolokola Volokolamska, in: Otečestvo. Kraevedčeskij al'manach. Podmoskov'e, Moskva 1996, S. 60-77.

Merl, Stefan: Bilanz der Unterwerfung - die soziale und ökonomische Reorganisation des Dorfes, in: Stalinismus vor dem Zweiten Weltkrieg, S. 119-145.

Met'juz, M.: Ograničenija svobody proživanija i peredviženija v Rossii (do 1932 goda), in: VI (1994), No. 4, S. 22-34.

Morgan, Glenn G.: The Soviet Procuracy and the Class Struggle: Smolensk (1929-1930), in: ASEER VI (1957), No. 1, S. 14-31.

Morozov, L.F.: Rešajuščij ėtap bor'by s nėpmanskoj buržuaziej (iz istorii likvidacii kapitalističeskich ėlementov goroda, 1926-1929), Moskva 1960.

„Moskovskaja oblast'", in: BSĖ, T. 40, Moskva 1938, Sp. 419-432.

Moskovskaja oblast' za 50 let. Statističeskij sbornik, Moskva 1967.

Moskovskaja oblast'. Topografičeskaja karta, o.O. 1994.

Na barrikadach revoljucii, Orechovo-Zuevo 1927.

Northrop, Douglas: Subaltern Dialogues. Subversion and Resistance in Soviet Uzbek Family Law, in: Contending with Stalinism. Soviet Power and Popular Resistance in the 1930s, S. 109-138.

Obertreis, Ju.: 'Byvšee' i 'izlišnee' – izmenenie social'nych norm v žiliščnoj sfere v 1920 - 1930-e gody: Na materialach Leningrada, in: Normy i cennosti povsednevnoj žizni. Stanovlenie socialističeskogo obraza žizni v Rossii, 1920 – 1930-e gody. Pod obščej redakcii Timo Vichavajnena, Sankt-Peterburg 2000, S. 75-98.

Očerki istorii Moskovskoj organizacii KPSS 1883-1965, Moskva 1966.

Očerki istorii Moskovskoj organizacii KPSS. Kniga II: 1917-1945, Moskva 1983.

Osokina, E.A.: Iearchija potreblenija. O žizni ludej v uslovijach stalinskogo snabženija 1928-1935, Moskva 1993.

Osuždeny k rasstrelu…, in: Čelovek (1997), No. 5, S. 163-182.

Peris, Daniel: The 1929 Congress of the Godless, in: SS 43 (1991), No. 4, S. 711-732.

- . Storming the Heavens: The Soviet League of the Militant Godless, Ithaca u.a. 1998.

Pintner, Walter M.: Russia, in: Crises of Political Development in Europe and the United States. Ed. by Raymond Grew, Princeton 1978 (= Studies in Political Development ; 9), S. 347-382.

Plaggenborg, Stefan: Die wichtigsten Herangehensweisen an den Stalinismus in der westlichen Forschung, in: Stalinismus. Neue Forschungen und Konzepte. Hrsg.: Stefan Plaggenborg, Berlin 1998, S. 13-33.

- . Stalinismus als Gewaltgeschichte, in: Stalinismus. Neue Forschungen und Konzepte, S. 71-112.

Politics, Society and Stalinism in the USSR. Ed. by John Channon, London 1998.

Popov, V.P.: Pasportnaja sistema v SSSR (1932-1976), in: SI (1995), No. 8, S. 3-14.

Pospielovsky, Dimitry V.: A History of Marxist-Leninist Atheism in Theory and Practice, and the Believer. Vol. 1: A History of Marxist-Leninist Atheism and Soviet Antireligious Policies, London 1987.

- . A History of Soviet Atheism in Theory and Practice and the Believer. Vol. 2: Soviet Antireligious Campaigns and Persecutions, London 1988.

Rassweiler, Anne: The Local Press as a Source: Dneprostroj Newspapers, 1927-33, in: RH 12 (1985), No. 2-4, S. 327-347.

Rees, E.A.: The Primacy of Politics, in: Politics, Society and Stalinism in the USSR. Ed. by John Channon, London 1998, S. 35-67.

Reiman, Michal: Die Geburt des Stalinismus. Die UdSSR am Vorabend der „zweiten Revolution", Frankfurt 1979.

- . The Forging of Stalin's Dictatorship, in: The Stalin Revolution. Foundations of the Totalitarian Era. Ed. by Robert V. Daniels, 3. ed., Massachusetts, Toronto 1990.

Rekviem. Kniga pamjati žertv političeskich repressij na Orlovščine. T. 3-5, Orel 1996-2001.

Rimmel, Lesley A.: A Microcosm of Terror, or Class Warfare in Leningrad: The March 1935 Exile of "Alien Elements", in: JbfGO 48 (2000), H. 4, S. 528-551.

Rittersporn, G.T.: Soviet Politics in the 1930s: Rehabilitating Society, in: Studies in Comparative Communism XIX (1986), S. 105-128.

- . Stalinist Simplifications and Soviet Complications: Social Tensions and Political Conflict – the USSR 1933-1953, Harwood, Chur 1991.

- . The State Against Itself. Socialist Tensions and Political Conflict, in: Telos (1979), No. 41, S. 87-104.

Sakwa, Richard: Soviet Politics in Perspective. 2. ed., London, New York 1998.

Salamatova, Marina: Lišennye izbiratel'nych prav v Novosibirske v 1927-1936 gg., in: Korni travy. Sbornik statej molodych istorikov, Moskva 1996, S. 9-22.

Šaškov, V.Ja.: K voprosu o vyselenii raskulačennych semej v Severnyj kraj 1930-1933 gody, in: OI (1996), No. 1, S. 150-155.

Schlesinger, Rudolf: Soviet Legal Theory. Its Social Background and Development, London 1945.

Schramm, Gottfried: Industrialisierung im Eiltempo und kollektivierte Landwirtschaft unter Stalin 1928/29-1941, in: Handbuch der Geschichte Russlands. Band 3.II. 1856-1945. Von den autokratischen Reformen zum Sowjetstaat, hrsg. von Gottfried Schramm unter Mitarbeit von Bernd Bonwetsch, Heiko Haumann u.a., Stuttgart 1992, S. 782-908.

Schröder, Hans-Henning: Industrialisierung und Parteibürokratie in der Sowjetunion. Ein sozialgeschichtlicher Versuch über die Anfangsphase des Stalinismus (1928-1934), Berlin 1988.

- . Stalinismus von „unten"? Zu den gesellschaftlichen Voraussetzungen politischer Herrschaft in der Phase der Vorkriegsfünfjahrpläne, in: Die Umwertung der sowjetischen Geschichte, hrsg. von Dietrich Geyer, Göttingen 1991, S. 133-166.

Selunskaja, V.M.: Social'naja struktura sovetskogo obščestva. Istorija i sovremennost', Moskva 1987.

Sharlet, Robert: Pashukanis and the Withering Away of Law in the USSR, in: Cultural Revolution in Russia 1928-1931, S. 169-188.

- . Stalinism and Soviet Legal Culture, in: Stalinism: Essays in Historical Interpretation. Ed. by Robert C. Tucker, New York 1977, S. 155-179.

Škarovskij, Michail Vital'evič: Die russische Kirche unter Stalin in den 20er und 30er Jahren des 20. Jahrhunderts, in: Stalinismus vor dem Zweiten Weltkrieg, S. 233-253.

Slavko, T.I.: Kulackaja ssylka na Urale. 1930-1936, Moskva 1995.

Smirnova, T.M.: Byvšie. Štrichi k social'noj politike sovetskoj vlasti, in: OI (2000), No. 2, S. 37-48.

Smirnova, T.V.: Dom na Valovoj i ego obitateli. 1920-e gody v Sergievom Posade, in: MŽ (1997), No. 12, S. 33-40.

Sokolov, A.K.: Lekcii po sovetskoj istorii 1917-1940, Moskva 1995.

Solomon, Peter H.: Local Political Power and Soviet Criminal Justice 1921-41, in: SS XXVII (1985), No. 3, S. 305-329.

- . Soviet Criminal Justice under Stalin, Cambridge u.a. 1996.

Somjee, A.N.: Development Theory: Critics and Explorations, New York 1991.

Sozinov, E.M.: Istoriografija sovetskich profsojuzov 20-ch godov, in: Idei i real'nosti 1920-1930-ch godov v sovetskoj istoričeskoj nauke. Mežvuzovskij sbornik naučnych trudov, Ivanovo 1993, S. 13-19.

Stalinism: Essays in Historical Interpretation. Ed. by Robert C. Tucker, New York 1977.

Stalinism. New Directions. Ed. by Sheila Fitzpatrick, London [u.a.] 2000.

Stalinism. The Essential Readings. Ed. by David L. Hoffmann, Malden, Mass. [u.a.] 2003.

Stalinismus. Neue Forschungen und Konzepte. Hrsg.: Stefan Plaggenborg, Berlin 1998.

Stalinismus vor dem Zweiten Weltkrieg. Neue Wege der Forschung / Stalinism before the Second World War. New Avenues of Research, hrsg. von Manfred Hildermeier unter Mitarbeit von Elisabeth Müller-Luckner, München 1998.

Stalinist Terror. New Perspectives. Ed. by J. Arch Getty and Roberta Manning, Cambridge 1993.

Starr, S. Frederick: Decentralization and Selfgovernment in Russia 1830-1870, Princeton/N.J. 1972.

Stecovskij, Jurij: Istorija sovetskich repressij. T. 1-2, Moskva 1997.

The Stalin Revolution. Foundations of the Totalitarian Era. Ed. by Robert V. Daniels, 3. ed., Massachusetts, Toronto 1990.

Tichonov, V.I.; V.S. Tjažel'nikova, I.F. Jušin: Lišenie izbiratel'nych prav v Moskve v 1920-1930-e gody. Novye archivnye materialy i metody obrabotki, Moskva 1998.

Trofimov, A.S.: K 100-letiju Morozovskoj stački, in: IS (1985), No. 1, S. 87-94.

Trukan, G.A.: Put' k totalitarizmu 1917-1929 gg., Moskva 1994.

Tucker, Robert C.: Stalin in Power. The Revolution from above 1928-1941, New York, London 1990.

- . Stalinism as Revolution from Above, in: Stalinism: Essays in Historical Interpretation, S. 77-108.

U En' Juan': Nėpmany, ich charakteristika i rol', in: OI (2001), No. 5, S. 78-87.

Vasilenkov, P.T.: Vybory sovetskich predstavitel'nych organov, Moskva 1966.

Vasil'eva, O.Ju.: Russkaja pravoslavnaja cerkov' v 1927-1943 godach, in: VI (1994), No. 4, S. 35-46.

Viola, Lynne : The second coming: Class enemies in the Soviet countryside, 1927-1935, in: Stalinist Terror. New Perspectives, S. 65-98.

Vlast' i oppozicija. Rossijskij političeskij process XX stoletija, Moskva 1995.

Wehner, Markus: Stalinismus und Terror, in: Stalinismus. Neue Forschungen und Konzepte, S. 372-378.

Werth, Nicolas: Ein Staat gegen sein Volk. Gewalt, Unterdrückung und Terror in der Sowjetunion, in: Stéphane Courtois, Nicolas Werth u.a.: Das Schwarzbuch des Kommunismus. Unterdrückung, Verbrechen und Terror, München, Zürich 1998, S. 51-295.

Wollin, S.; R.M. Slusser: The Soviet Secret Police, New York 1957.

Wortman, Richard S.: The Development of a Russian Legal Consciousness, Chicago, London 1976.

Zvjagincev, A.G.; Ju.G. Orlov: Raspjatye revoljuciej. Rossijskie i sovetskie prokurory. XX vek. 1922-1936, Moskva 1998.